Die grenzüberschreitende Verschmelzung unter Beteiligung deutscher und spanischer Kapitalgesellschaften

Europäische Hochschulschriften

European University Studies

Publications Universitaires Européennes

Reihe II **Rechtswissenschaft**

Series II Law

Série II Droit

Band/Volume **5415**

Hugo Bascopé

Die grenzüberschreitende Verschmelzung unter Beteiligung deutscher und spanischer Kapitalgesellschaften

Gesellschafts- und steuerrechtliche Fragen

PL ACADEMIC RESEARCH

Bibliografische Information der Deutschen Nationalbibliothek
Die Deutsche Nationalbibliothek verzeichnet diese Publikation in der Deutschen Nationalbibliografie; detaillierte bibliografische Daten sind im Internet über http://dnb.d-nb.de abrufbar.

Zugl.: Frankfurt am Main, Univ., Diss., 2012

D 30
ISSN 0531-7312
ISBN 978-3-631-63397-7

Internationaler Verlag der Wissenschaften
Frankfurt am Main 2013

PL Academic Research ist ein Imprint der Peter Lang GmbH

www.peterlang.de

Vorwort

Die vorliegende Arbeit wurde im Wintersemester 2011/2012 von der Juristischen Fakultät der J. W. Goethe Universität Frankfurt am Main als Dissertation angenommen. Nach Kenntnis des Autors existiert weder in der deutschen noch in der spanischen Literatur eine wissenschaftliche Arbeit, die sowohl die gesellschafts- als auch die steuerrechtliche Durchführung deutsch-spanischer Verschmelzungen umfassend und in systematischer Form nach der neuen Rechtslage nach der SEVIC-Entscheidung des EuGH, der Umsetzung der VRL 2005/56/EG und FRL 90/434 jeweils in Spanien und Deutschland untersucht hat. Literatur, Rechtsprechung und aktuelle Gesetzesvorhaben konnten überwiegend noch bis Anfang Januar 2012 berücksichtigt werden.

Mein Dank gilt selbstverständlich meinem Doktorvater, Herrn Prof. Dr. Eckard Rehbinder, der nicht nur die Betreuung dieser Arbeit übernommen, sondern mich darüber hinaus in vielfältiger Weise während der vielen Jahre meines Studiums und Promotion gefördert hat. Danken möchte ich ferner Herrn Prof. Dr. Peter von Wilmowsky für die rasche Fertigstellung des Zweitgutachtens.

Ein herzliches Dankeschön sei an Herrn Ralf Stepholt StB, Herrn Alexander Hering RA/StB und Herrn Adrian Lohmann StB für fruchtbare Diskussionen im Verlauf der Arbeit gerichtet. Sie haben mir bei der Durchsicht des Manuskripts mit Rat und Tat zur Seite gestanden. Ferner bin ich Herrn Martin Freund für die Formatierung zu Dank verpflichtet.

A mis Padres Hugo y Teresa, gracias por haberme dado el amor y las herramientas para poder ser quién soy.

Ganz besonders danken möchte ich meiner Frau, Dr. Sabine Buschbeck de Bascopé, die mich während der vielen Jahren bis zur Fertigstellung dieser Arbeit mit ihrer Geduld, Liebe, stetigen Aufmunterung und Verständnis unterstützte und aufbaute.

In Memoriam Ivan Hugo & Christa

Frankfurt, Anfang September 2012

Abkürzungsverzeichnis

a.A.	anderer Ansicht
a.a.O.	am angeführten/angegebenen Ort
a.E.	am Ende
a.F.	alte Fassung
A/S	Aktieselskaber (dänische Gesellschaftsform)
AB	Aktiebolag (schwedische Gesellschaftsform)
ABl.	Amtsblatt
AcP	Archiv für die civilistische Praxis
AEAT	Agencia Estatal de Administración Tributaria
AEUV	Vertrag über die Arbeitsweise der Europäischen Union in der konsolidierten Fassung v. 9.5.2008, ABl. EU Nr. C-115/47
AfP	Archiv für Presserecht
AG	Amtsgericht oder Aktiengesellschaft (Rechtsform) oder Die Aktiengesellschaft (Zeitschrift)
AktG	Aktiengesetz
allg.	allgemein(e)
Alt.	Alternative
Amtshilferichtlinie 77/799/EWG	Richtlinie 77/799/EWG des Rates v. 19.12.1977 über die Amtshilfe zwischen den zuständigen Behörden der Mit gliedstaaten im Bereich der direkten Steuern und der Steuern auf Versicherungsprämien, ABl. EG Nr. L 336/15 v. 27.12.1977 in der aktuellen Fassung
Anm.	Anmerkung
Art. (Artt.)	Artikel (Plural)
ARUG	Gesetz zur Umsetzung der Aktionärsrechterichtlinie
Aufl.	Auflage
AuR	Arbeit und Recht (Fachzeitschrift)
Ausschuss-Drs.	Ausschuss-Drucksache

BAG	Bundesarbeitsgericht
BayObLG	Bayerisches Oberstes Landesgericht
BB	Betriebsberater
BB-Special	Betriebsberater Special
BBVA	Banco Bilbao Vizcaya Argentaria
Bd.	Band
Begr.	Begründung
Beitreibungsrichtlinie 76/308/EWG	Richtlinie 76/308/EWG des Rates v. 15.3.1976 über die gegenseitige Unterstützung bei der Beitreibung von For derungen in Bezug auf bestimmte Abgaben, Zölle, Steu ern und sonstige Maßnahmen, ABl. EG Nr. L 73/18 v. 19.3.1976 in der aktuellen Fassung
Betriebsstättenerlass	BMF, Schreiben v. 24.12.1999 betr. Grundsätze der Verwaltung für die Prüfung der Aufteilung der Einkünfte bei Betriebsstätten international tätiger Unternehmen - IV B 4 -S 1300 - 111/99, BStBl. I 1999, 1096 in der aktuellen Fassung
BFH	Bundesfinanzhof
BFH/NV	Sammlung der Entscheidungen des Bundesfinanzhofs
BGB	Bürgerliches Gesetzbuch
BGBl.	Bundesgesetzblatt
BGH	Bundesgerichtshof
BGHZ	Entscheidungen des Bundesgerichtshofs in Zivilsachen
BMF	Bundesministerium der Finanzen
BMJ	Bundesministerium der Justiz
BOE	Boletín Oficial del Estado
BORME	Boletín Oficial del Registro Mercantil
BR-Drucks.	Bundesrats-Drucksachen
BReg.	Bundesregierung
bspw.	Beispielsweise
BStBl.	Bundessteuerblatt
BT-Drucks.	Bundestags-Drucksachen

BVerfG	Bundesverfassungsgericht
bzgl.	Bezüglich
bzw.	Beziehungsweise
C.C.	Código Civil
C.Com.	Código de Comercio
ca.	Circa
CJEL	Columbia Journal of European Law
CNMV	Comisión Nacional del Mercado de Valores
d.h.	das heißt
DAI	Deutsches Anwaltsinstitut
DAV	Deutscher Anwaltsverein
DB	Der Betrieb Wochenschrift für Betriebswirtschaft, Steuerrecht, Wirtschaftsrecht, Arbeitsrecht
DBA	Doppelbesteuerungsabkommen
ders.	Derselbe
DGRN	Dirección General de los Registros y del Notariado
DGT	Dirección General de Tributos
dies.	dieselbe(n)
DNotZ	Deutsche Notar-Zeitschrift
Dritte Richtlinie 78/855/EWG	Richtlinie 78/855/EWG des Rates v. 9.10.1978 gem. Art. 54 Abs. 3 lit. g des Vertrages betreffend die Verschmelzung von Aktiengesellschaften, ABl. EG Nr. L 295/36 v. 20.10.1978
Drittes UmwG	Drittes Gesetz zur Änderung des Umwandlungsgesetzes. In der Fassung v. 15.7.2011, BGBl. I 2011, 1338
DStR	Deutsches Steuerrecht (Fachzeitschrift)
DStZ	Deutsche Steuer-Zeitschrift
DZWIR	Deutsche Zeitschrift für Wirtschafts- und Insolvenzrecht
E	Entwurf
EBRG	Gesetz über Europäische Betriebsräte
ECFR	European Company and Financial Law Review

EFG	Entscheidungen der Finanzgerichte (Fachzeitschrift)
EG	Europäische Gemeinschaft; EG-Vertrag in der Fassung des Vertrages von Amsterdam v. 2.10.1997 (ABl. EG Nr. C 340 v. 10.11.1997, S. 1.)
EGBGB	Einführungsgesetz zum Bürgerlichen Gesetzbuch
EGKS	Vertrag zur Gründung der Europäischen Gemeinschaft für Kohle und Stahl
EGV	EG-Vertrag, im Zusammenhang mit einzelnen Artikeln in der Fassung vor dem Vertrag vom Amsterdam, im Übrigen ohne Beschränkung
endg.	Endgültig
EP	Europäisches Parlament
EStG	Einkommensteuergesetz
ET	Estatuto de Trabajadores
et seq.	et sequentes
etc.	et cetera
EU	Europäische Union, EU-Vertrag in der Fassung des Vertrages von Amsterdam v. 2.10.1997 (ABl. EG Nr. C 340 v. 10.11.1997, S. 1.)
EuGH	Gerichtshof der Europäischen Gemeinschaften
EuGVÜ	Übereinkommen über die gerichtliche Zuständigkeit und die Vollstreckung gerichtlicher Entscheidungen in Zivil- und Handelssachen v. 27.9.1968, ABl. EG Nr. L 1972, 299/32
EuGVVO	Verordnung Nr. 44/2001 über die gerichtliche Zuständigkeit und die Anerkennung und Vollstreckung von Entscheidungen in Zivil- und Handelssachen v. 22.12.2000, ABl. EG Nr. L 2001, 12/1
EuR	Europarecht (Fachzeitschrift)
Euratom	Europäische Atomgemeinschaft
EU-Staaten	27 Europäische Staaten nach Abschluss der fünften Erweiterungsrund 1.1.2007
EUV	Vertrag über die Europäische Union, sog. Vertrag vom Maastricht v. 7.2.1992, ABl. C 191 v. 29.7.1992
EuZW	Europäische Zeitschrift für Wirtschaftsrecht

evtl.	Eventuell
EWG	Vertrag zur Gründung der Europäischen Wirtschaftsgemeinschaft v. 1957 oder Europäische Wirtschaftsgemeinschaft
EWiR	Entscheidungen zum Wirtschaftsrecht
EWIV	Europäische Wirtschaftliche Interessenvereinigung
EWR	Europäischer Wirtschaftsraum
EWS	Europäisches Wirtschafts- und Steuerrecht (Fachzeitschrift)
f.	folgende (Seite)
FAZ	Frankfurter Allgemeine Zeitung
ff.	fortfolgende (Seite)
FG	Finanzgericht
FGG	Gesetz über die Angelegenheiten der freiwilligen Gerichtsbarkeit
FGO	Finanzgerichtsordnung
Fn.	Fußnote
FRL 90/434	Richtlinie 90/434/EWG des Rates v. 23.7.1990 über das gemeinsame Steuersystem für Fusionen, Spaltungen, Abspaltungen, die Einbringung von Unternehmensteilen und den Austausch von Anteilen, die Gesellschaften verschiedener Mitgliedstaaten betreffen, sowie für die Verlegung des Sitzes einer Europäischen Gesellschaft oder einer Europäischen Genossenschaft von einem Mitgliedstaat in einen anderen Mitgliedstaat, ABl. EG Nr. L 225/1 v. 20.8.1990 in der aktuellen Fassung
FS	Festschrift
gem.	Gemäß
GesRZ	Der Gesellschafter (Fachzeitschrift)
GG	Grundgesetz
ggf.	Gegebenenfalls
GmbH	Gesellschaft mit beschränkter Haftung
GmbHG	Gesetz betreffend die Gesellschaften mit beschränkter Haftung

GmbHR	GmbH-Rundschau
GPR	Zeitschrift für Gemeinschaftsprivatrecht
GRURInt	Gewerbliche Rechtschutz und Urheberrecht: Internationaler Teil
GS	Gedächtnisschrift
GWB	Gesetz gegen Wettbewerbsbeschränkungen
h.L.	herrschende Lehre
h.M.	herrschende Meinung
Hdb.	Handbuch
HFR	Höchstrichterliche Finanzrechtsprechung
HGB	Handelsgesetzbuch
HK-Kommentar	Kommentar zum Umwandlungsgesetz von Maulbetsch /Klumpp
Hrsg.	Herausgeber
Hs.	Halbsatz
i.d.F.	in der Fassung
i.d.R.	in der Regel
i.E.	im Ergebnis
i.e.S.	im engeren Sinn
i.S.d.	im Sinne der/des
i.S.v.	im Sinne von
i.Ü.	im Übrigen
i.V.m.	in Verbindung mit
i.w.S.	im weiteren Sinn
IAJD	Impuesto sobre Actos Jurídicos Documentados
IDW	Institut der Wirtschaftsprüfer in Deutschland e.V.
IFRS	International Financial Reporting Standards
insb.	Insbesondere
IntGesR	Internationales Gesellschaftsrecht
InvG	Investmentgesetz
InvZulG	Investitionszulagengesetz

IPR	Internationales Privatrecht
IPRax	Praxis des Internationalen Privat- und Verfahrensrechts
IStR	Internationales Steuerrecht (Fachzeitschrift)
IStR-LB	Internationales Steuerrecht Länderbericht (Fachzeitschrift)
ITP	Impuesto sobre Transmisiones Patrimoniales
ITPO	Impuesto sobre Transmisiones Patrimoniales Onerosas
IWB	Internationale Wirtschaftsbriefe (Fachzeitschrift)
IWW	Institut für Wirtschaftspublizistik
JBl.	Juristische Blätter
jurisPR-SteuerR	Juris PraxisReport Steuerrecht
JuS	Juristische Schulung Zeitschrift für Studium und Referendariat
JZ	Juristenzeitung (Fachzeitschrift)
Kapitalrichtlinie 77/91/EWG	Zweite Richtlinie 77/91/EWG des Rates v. 13.12.1976 zur Koordinierung der Schutzbestimmungen, die in den Mitgliedstaaten den Gesellschaften im Sinne des Art. 58 Absatz 2 des Vertrages im Interesse der Gesellschafter sowie Dritter für die Gründung der Aktiengesellschaft sowie für die Erhaltung und Änderung ihres Kapitals vorgeschrieben sind, um diese Bestimmungen gleichwertig zu gestalten, ABl. EG Nr. L 26/1 v. 31.1.1977 in der aktuellen Fassung
KOM	Mitteilung der Kommission (Mitteilungsblatt)
KStG	Körperschaftsteuergesetz
LAC	Gesetz 19/1988 v. 12.7.1988 Ley 19/1988 de Auditoría de Cuentas
Ley 35/2006	Ley 35/2006 del Impuesto sobre la Renta de las Personas Físicas y de Modificación Parcial de las Leyes de los Impuestos sobre Sociedades, sobre la Renta de no Residentes y sobre el Patrimonio. Gesetz 35/2006 v. 29.11.2006, BOE Nr. 285 S. 41734
Ley 36/2006	Ley 36/2006 de Medidas para la Prevención del Fraude Fiscal

	Gesetz 36/2006 v. 29.11.2006; BOE Nr. 286 v. 30.11.2006, S. 42087
LG	Landgericht
LGT	Ley General Tributaria Gesetz 58/2003 v. 17.12.2003; BOE Nr.302 v. 18.12.2003, S. 44987 (spanische Abgabeordnung)
LIRNR	Real Decreto Legislativo 5/2004 de Impuesto a la Renta de no Residentes (spanisches Einkommensteuergesetz für nicht ansässige)
LIRPF	Ley 35/2006 de Impuesto a la Renta de las Personas Físicas (spanisches Einkommensteuergesetz)
LIS	Ley de Impuesto sobre Sociedades Gesetz 43/1995 v. 27.12.1995; BOE Nr. 310 v. 28.12.1995, S. 37072 (spanisches Körperschaftssteuergesetz)
lit.	Literal
LITPYAJD	RDLeg 1/1993 - Ley de Impuesto sobre Transmisiones Patrimoniales y Actos Jurídicos Documentados
LIVA	Ley de Impuesto al Valor Agregado spanisches Umsatzsteuergesetz
LME	Ley 3/2009 sobre Modificaciones Estructurales de las Sociedades Mercantiles Gesetz 3/2009 v. 3.4.2009; BOE Nr. 82 v. 4.4.2009, S. 31928 (spanisches Umwandlungsgesetz)
LSA a.F.	Ley de Sociedades Anónimas i.d.F. des Real Decreto Legislativo 1564/1989, v. 22. Dezember 1989, por el que se aprueba el texto refundido de la Ley de Sociedades Anónimas.spanisches Aktiengesetz in der alten Fassung v. 22.12.1989
LSA n.F.	Ley de Sociedades Anónimas spanisches Aktiengesetz in der Fassung bis 31.8.2010
LSC	Real Decreto Legislativo 1/2010 por el que se aprueba el texto refundido de la Ley de Sociedades de Capital Königliches Gesetzesdekret 1/2010 v. 2.7.2010; BOE Nr. 161 v. 3.7.1973, S.58472
LSRL	Ley de Sociedades de Responsabilidad Limitada

	Gesetz 2/1995 v. 23.3.1995, BOE Nr. 71 v. 21.3.1995, S. 9181
Ltd.	Private company limited by shares (britische Gesellschaftsform)
M&A	Mergers & Acquisitions
m.	Mit
m.a.W.	mit anderen Worten
m.w.N.	mit weiteren Nachweisen
MDR	Monatsschrift für Deutsches Recht
MgVG	Gesetz zur Umsetzung der Regelungen über die Mitbestimmung der Arbeitnehmer bei einer Verschmelzung von Kapitalgesellschaften aus verschie denen Mitgliedstaaten, BGBl. I 2006, 3332 v. 28.12.2006
MitbestG	Gesetz über die Mitbestimmung der Arbeitnehmer (Mitbestimmungsgesetz 1976)
MoMiG	Gesetz zur Modernisierung des GmbH-Rechts und zur Bekämpfung von Missbräuchen v. 23.10.2008 BGBl. I 2008, S. 202
MüHa	Münchener Handbuch
MünchKomm	Münchener Kommentar
MwStSystRL	Mehrwertsteuer- Systemrichtlinie
Nachw.	Nachweise
NewCo	Neu gegründete bzw. zu gründende Gesellschaft
NJW	Neue Juristische Wochenschrift
NJW-RR	NJW-Rechtsprechungs-Report Zivilrecht
NotBZ	Zeitschrift für notarielle Beratungs- und Beurkundungspraxis
Nr.	Nummer
NWB	Neue Wirtschafts-Briefe
NZA	Neue Zeitschrift für Arbeitsrecht
NZG	Neue Zeitschrift für Gesellschaftsrecht
o.	Oben

öAktG	Aktiengesetz (Österreich)
öBGBl.	Bundesgesetzblatt (Österreich)
OECD	Organisation for Economic Co-operation and Develop ment; Organisation für wirtschaftliche Zusammenarbeit und Entwicklung
OECD-MA 2005	OECD-Musterabkommen 2005 zur Vermeidung der Doppelbesteuerung auf dem Gebiet der Steuern vom Einkommen und vom Vermögen öEU-VerschG Bundesgesetz über die grenzüberschreitende Verschmel zung von Kapitalgesellschaften in der Europäischen Union (Österreich), verkündet als Art. 1 des Gesellschaftsrechts Änderungsgesetzes 2007 (Österreich)
OGAW	Organismus/Organismen für gemeinsame Anlagen in Wertpapieren
öGesRÄG 2007	Gesetz, mit dem ein Bundesgesetz über die grenzüberschreitende Verschmelzung von Kapitalgesellschaften in der Europäischen Union erlassen wird sowie das Firmenbuchgesetz, das Gerichtskostengesetz, das Rechtspflegergesetz, das GmbH-Gesetz, das Aktiengesetz 1965, das Umwandlungsgesetz, das Unternehmensgesetzbuch und das Übernahmegesetz geändert werden (Gesellschaftsrechts-Änderungsgesetz 2007) (Österreich)
öGmbHG	GmbH-Gesetz (Österreich)
OLG	Oberlandesgericht
öOGH	Oberster Gerichtshof (Österreich)
ÖStZ	Österreichische Steuer-Zeitung
öUmgrStG	Umgründungssteuergesetz (Österreich)
öUmwG	Umwandlungsgesetz (Österreich)
Plc	Public company limited by shares (britische Gesellschaftsform)
Plenardok.	Offizielles Dokument des Europäischen Parlaments
PRES	Pressemitteilung des Rats der Europäischen Union

Publizitätsrichtlinie	68/151/EWG Erste Richtlinie 68/151/EWG des Rates v. 9.3.1968 zur Koordinierung der Schutzbestimmungen, die in den Mitgliedstaaten den Gesellschaften i.S.d. Art. 58 Abs. 2 des Vertrages im Interesse der Gesellschafter sowie Dritter vorgeschrieben sind, um die Bestimmungen gleichwertig zu gestalten, ABl. EG Nr. L 065 S. 8 v. 14.3.1968 in der aktuellen Fassung
Ratsdok.	Offizielles Dokument des Rats der Europäischen Union
RD	Real Decreto
RDL	Real Decreto Ley
RD-Leg	Real Decreto Legislativo
RDM	Revista de Derecho Mercantil (Fachzeitschrift)
RdS	Revista de Sociedades (Fachzeitschrift)
RefE	Referentenentwurf
RegE	Regierungsentwurf
Rgto	Reglamento
RGZ	Entscheidungen des Reichsgerichts in Zivilsachen
RIRNR	Reglamento del Impuesto sobre la Renta de no Residentes
RIW	Recht der Internationalen Wirtschaft (Fachzeitschrift)
RLIS	Reglamento del Impuesto sobre Sociedades
RMC	Registro Mercantil Central
Rn.	Randnummer
RRM	Reglamento del Registro Mercantil
Rs.	Rechtssache
Rspr.	Rechtsprechung
Rz.	Randziffer
S.	Satz/Seite
s.	Siehe
S.p.A.	Società per Azioni (italienische Gesellschaftsform)
S.R.L.	Sociedad de Responsabilidad Limitada (spanische Gesellschaftsform)

S.r.l.	Società a responsabilità limitata (italienische Gesellschaftsform)
SA	Sociedad Anónima (spanische Gesellschaftsform)
SE	Europäische Aktiengesellschaft (Societas Europaea)
SEAG	Gesetz zur Ausführung der Verordnung (EG) Nr. 2157/2001 des Rates v. 8.10.2001 über das Statut der Europäischen Gesellschaft (SE), BGBl. I 2004, 3675
SEBG	Gesetz über die Beteiligung der Arbeitnehmer in der Europäischen Gesellschaft (SE) v. 28.12.2004, BGBl. I 2004, 3686
sec.	Section
Sechste Richtlinie	82/891/EWG Sechste Richtlinie 82/891/EWG des Rates v. 17.12.1982 gemäß Artikel 54 Absatz 3 Buchstabe g) des Vertrages betreffend die Spaltung von Aktiengesell schaften, ABl. Nr. L 378 v. 31.12.1982 S. 0047 – 0054
SEG	Gesetz über das Statut der Europäischen Gesellschaft
SE-Richtlinie 2001/86/EG	Richtlinie 2001/86/EG des Rates v. 8.10.2001 zur Ergänzung des Statuts der Europäischen Gesellschaft hinsichtlich der Beteiligung der Arbeitnehmer, ABl. EG Nr. L 294 v. 10.11.2001
SEStEG	Gesetz über steuerliche Begleitmaßnahmen zur Einführung der Europäischen Gesellschaft und zur Änderung weiterer steuerrechtlicher Vorschriften v. 7.12.2006, BGBl. I 2006, 2782
SE-VO	Verordnung (EG) Nr. 2157/2001 des Rates v. 8.10.2001 über das Statut der Europäischen Gesellschaft (SE), ABl. EG Nr. L 294 v. 10.11.2001
SIC	Sociedades de Inversión Colectiva
Slg.	Sammlung des Gerichtshofs der Europäischen Gemeinschaften
sog.	so genannte(r)
SpruchG	Gesetz über das gesellschaftsrechtliche Spruchverfahren
st.Rspr.	ständige Rechtsprechung

SteuerStud	Steuer und Studium (Fachzeitschrift)
StJb	Steuerberater-Jahrbuch
StuW	Steuer und Wirtschaft (Fachzeitschrift)
TRLIRNR	Real Decreto Legislativo 5/2004, por el que se aprueba el Texto Refundido de la Ley del Impuesto sobre la Ren ta de no Residentes Königliches Gesetzesdekret v. 5.3.2004; BOE Nr. 62 v. 12.3.2004, S. 11176
TRLIRPF	Real Decreto Legislativo 3/2004, por el que se aprueba el Texto Refundido de la Ley del Impuesto sobre la Ren ta de las Personas Físicas Königliches Gesetzesdekret v. 5.3.2004; BOE Nr. 60 v. 11.3.2004, S. 10951
TRLIS	Real Decreto Legislativo 4/2004, por el que se aprueba el Texto Refundido de la Ley del Impuesto sobre Socie dades Königliches Gesetzesdekret 4/2004 v. 5.3.2004; BOE Nr. 61 v. 11.3.2004, S. 10951
TRLITPyAD	Decreto Legislativo 1/1993 por el que se aprueba el Texto Refundido de la Ley del Real Impuesto sobre Transmisiones Patrimoniales y Actos Jurídicos Docu mentados Königliches Gesetzesdekret v. 24.9.1993; BOE Nr. 251 v. 20.10.1993, S. 29545
Tz.	Textziffer
u.	unten oder und
u.a.	unter anderem
u.U.	unter Umständen
UA	Unterabsatz
Umwandlungs-steuererlass	BMF, Schreiben v. 25.3.1998 IV B 7 S 1978 21/98, BStBl. II 1998, 268 in der aktuellen Fassung UmwBerG Gesetz zur Bereinigung des Umwandlungsrechts, BGBl. I 1994, 3210
UmwG	Umwandlungsgesetz
UmwGÄG	Zweites Gesetz zur Änderung des Umwandlungsgeset zes, BGBl. I 2007, 542 v. 24.04.2007
UmwStG	Umwandlungssteuergesetz
USA	United States of America
UStG	Umsatzsteuergesetz

usw.	und so weiter
v.	von bzw. vom
vgl.	Vergleiche
Vierte Richtlinie 78/660/EWG	Vierte Richtlinie 78/660/EWG des Rates v. 25.7. 1978 aufgrund von Artikel 54 Absatz 3 Buchstabe g) des Vertrages über den Jahresabschluß von Gesellschaften bestimmter Rechtsformen, ABl. Nr. L 222 vom 14.8.1978 S. 0011 – 0031
VO	Verordnung
Vorb.	Vorbemerkung
VRL 2005/56/EG	Richtlinie 2005/36/EG des Europäischen Parlaments und des Rates v. 26.10.2005 über die Verschmelzung von Kapitalgesellschaften aus verschiedenen Mitgliedstaaten, ABl. EU Nr. L 310 S. 1 v. 25.11.2005
VRL-E 1985	Vorschlag für eine 10. Richtlinie des Europäischen Parlaments und des Rates nach Artikel 54 Absatz 3 Buchstabe g) des Vertrages über die grenzüberschreitende Verschmelzung von Aktiengesellschaften, KOM (1984) 727 endg.
VRL-E 2003	Vorschlag für eine Richtlinie des Europäischen Parlaments und des Rates über die Verschmelzung von Kapitalgesellschaften aus verschiedenen Mitgliedstaaten, KOM (2003) 703
vs.	Versus
VÜ-E 1972	Entwurf eines Übereinkommens über die internationale Verschmelzung von Aktiengesellschaften, Bull. EG 1973, Beilage 13 = RabelsZ 1975, 539
WM	Wertpapier-Mitteilungen (Fachzeitschrift)
WuB	Kommentierende Entscheidungssammlung zum Wirt schafts- und Bankrecht
WuS	Wirtschaft und Statistik (Fachzeitschrift)
z.B.	zum Beispiel
ZBB	Zeitschrift für Bankrecht und Bankwirtschaft
ZEuP	Zeitschrift für Europäisches Privatrecht

ZfRV	Zeitschrift für Rechtsvergleichung, Internationales Privatrecht und Europarecht
ZGR	Zeitschrift für Unternehmens- und Gesellschaftsrecht
ZHR	Zeitschrift für das gesamte Handelsrecht und Wirtschaftsrecht
Ziff.	Ziffer
ZIP	Zeitschrift für Wirtschaftsrecht und Insolvenzpraxis
zit.	Zitiert
ZPO	Zivilprozessordnung

Inhaltsverzeichnis

1. Einführung

1.1 Aktualität und Relevanz der Zulassung sowie Regelung grenzüberschreitender (innergemeinschaftlicher) Verschmelzungen von deutschen und spanischen Gesellschaften

Spanien rangiert unter der zehn wichtigsten Handelspartner Deutschlands:[1] Im Jahr 2007 stieg der bilaterale Handel um über 12 % an, mit einem Gesamtvolumen von 69,3 Milliarden Euro.[2] Die Finanz- und Wirtschaftskrise war zwar sowohl in Spanien als auch in Deutschland deutlich spürbar und der Warenaustausch seit Herbst 2008[3] leicht rückläufig,[4] erzielte jedoch 2010 noch immer ein Volumen von 56,64[5] Milliarden Euro (um 12,7 Prozent uber dem Vorjahresniveau im Jahr 2009: 50,56 Milliarden Euro[6]). Unter den im Rahmen der Eurokrise unter Druck geratenen Ländern Portugal, Italien, Irland, Griechenland und Spa-

---

1 Nach dem Statistischen Bundesamt belegt Spanien den Rang 7 (Außenhandelssaldo Einfuhr /Ausfuhr); aus o.V.; Außenhandel, Statistisches Bundesamt (DESTATIS Wiesbaden); Stand: 10.3.2011 für das Jahr 2010 (diese Angaben für 2010 sind laut Quelle vorläufig); abrufbar unter: http://www.destatis.de/jetspeed/portal/cms/Sites/destatis/Internet/DE/Content/Statistiken/Aussenhandel/Handelspartner/Tabellen/Content100/RangfolgeHandelspartner,property=file.pdf; siehe auch Cáceres, „Bilden statt bauen" in Süddeutsche Zeitung Nr. 118, S. 17 v 25.5.2009 abrufbar unter: http://archiv.sueddeutsche.de/sueddz/index.php?id=A45198160_EGTPOGWPPTPSWSGRSOTHOAP.

2 Vgl. Born in Jahrbuch der deutschen Handelskammer für Spanien 2007/2008 S. 24 abrufbar unter: http://www.ahk.es/fileadmin/ahk_spanien/INFORME_2007_2008_01.pdf.

3 In der zweiten Jahreshälfte 2008 sanken die spanischen Exporte nach Deutschland im Vergleich zum Vorjahr um 4,9% und die Importe um 13,3%. Der Konsumrückgang in Spanien und der Auftragseinbruch in der deutschen Industrie tragen maßgeblich zu dieser Bilanz bei, Vgl. Jahrbuch der deutschen Handelskammer für Spanien 2008/2009, S. 27.

4 Vgl. Born in Jahrbuch der deutschen Handelskammer für Spanien 2008/2009 S. 23 abrufbar unter: http://www.ahk.es/fileadmin/ahk_spanien/Revista/2009_Informe_Anual_01.pdf.

5 Vgl. o.V. Auswertiges Amt, abrufbar unter: http://www.auswaertiges-amt.de/DE/Aussenpolitik/Laender/Laenderinfos/Spanien/Wirtschaft_node.html.

6 Vgl. o.V. Auswertiges Amt, abrufbar unter: http://www.auswaertiges-amt.de/DE/Aussenpolitik/Laender/Laenderinfos/Spanien/Wirtschaft_node.html.

nien[7] gilt Spanien einer aktuellen Umfrage unter ausgewählten international tätigen deutschen Mittelstands- und Großunternehmen zufolge bereits wieder „als Hoffnungsträger".[8] Deutschland wird somit wohl auch in Zukunft seine Position als zweitwichtigster Handelspartner Spaniens (nach Frankreich) weiterhin behaupten können;[9] bei den Exporten nach Spanien lag Deutschland sogar auf Platz eins vor Frankreich.[10]

Spanien ist damit weiterhin ein attraktiver Standort für deutsche Investoren.[11] Deutlich wird dies unter anderem an der verstärkten Verflechtung im Bereich Energiewirtschaft: Nachdem der größte deutsche Energiekonzern E.ON Ende März 2008 Aktivitäten des spanischen Energieunternehmens Endesa übernommen hat, könnte E.ONkünftig Platz vier auf dem spanischen Energiemarkt einnehmen.[12]

---

7 Vgl. o.V. BDI Konjunktur-Report v. 26.1.2011; abrufbar unter: http://www.bdi.eu/rd-ext/konjunktur/ausgabe_01_26012011.html.

8 Vgl. o.V. in PWC Studie, Euro-Krise: Auswirkungen auf deutsche Unternehmen, S. 20 ff; abrufbar unter http://www.pwc.de/de/mittelstand/assets/Studie-Eurokrise-V05-DRUCK.pdf.

9 Vgl. Salgado in Jahrbuch der deutschen Handelskammer für Spanien 2009/2010, S. 19, abrufbar unter: http://www.ahk.es/fileadmin/ahk_spanien/Publikationen/informe_anual_2009-10_al/index.html; bereits so in Jahr 2007 der Bundesminister für Wirtschaft und Technologie Michael Glos im Jahrbuch der deutschen Handelskammer für Spanien 2007/2008, S. 14 ff.

10 Vgl. Born in Jahrbuch der deutschen Handelskammer für Spanien 2007/2008 S. 24, abrufbar unter: http://www.ahk.es/fileadmin/ahk_spanien/INFORME_2007_2008_01.pdf. Den mit Abstand größten Anteil am deutschen Export nach Spanien hält die Kfz-Branche, gefolgt von chemischen Produkten und sonstigen Vorerzeugnissen und Fertigwaren.

11 Vgl. o.V. in Handelsblatt v. 2.2.2007, abrufbar unter: http://www.handelsblatt.com/Unternehmen/industrie/eon-legt-bei-endesa-noch-einmal-nach;1219947.

12 Aus Born in Jahrbuch der deutschen Handelskammer für Spanien 2007/2008 S. 24, abrufbar unter: http://www.ahk.es/fileadmin/ahk_spanien/INFORME_2007_2008_01.pdf. Den mit Abstand größten Anteil am deutschen Export nach Spanien hält die Kfz-Branche, gefolgt von chemischen Produkten und sonstigen Vorerzeugnissen und Fertigwaren; Tapia Hermida in Métodos de Concentración Transfronteriza Intracomunitaria de Sociedades Cotizadas: Fusiones, OPAS y Otros Métodos Alternativos. Las Directivas 2004/25/CE Y 2005/56/CE, S. 9, abrufbar unter: http://eprints.ucm.es/6115/1/A._Tapia.Concentraciones_intracomunitarias_de_sociedades.pdf.

Derzeit[13] sind deutsche Gesellschaften mit über 1.100 Niederlassungen in Spanien die bedeutendste Gruppe ausländischer Investoren. Die deutschen Tochtergesellschaften, die in Spanien ansässig sind, erwirtschafteten im Jahr 2008 insgesamt Umsätze von über 70 Milliarden Euro, was etwa 7 % des spanischen Bruttoinlandsprodukts entspricht.[14]

Ca. 70 % der spanischen Tochtergesellschaften verbinden ihre deutschen Mutterkonzerne mittelbar mit Drittmärkten, insbesondere Portugal, Lateinamerika[15] und in Nordafrika.[16]

In dem Maße, in dem die Attraktivität des Standorts Spanien für deutsche Konzerne (wieder) steigt und insbesondere in den boomenden Drittmärkten in Lateinamerika eine Mittlerrolle einnimmt, erhöht sich auch das Interesse an der Akquisition von Gesellschaften; sei es durch den Erwerb von Beteiligungen an Unternehmen[17] oder durch die Verschmelzung von deutschen Konzerngesellschaften auf spanische Gesellschaften, um darin beispielsweise Kompetenzen oder Geschäftspotentiale zu bündeln.

Umgekehrt engagieren sich spanische Konzerne auch stark in Deutschland. Dies ist insbesondere in den Bereichen Finanzdienstleistungen,[18] Bau-[19] und Be-

---

13 Stand März 2011; aus o.V. Auswertiges Amt, abrufbar unter: http://www.auswaertigesamt.de/DE/Aussenpolitik/Laender/Laenderinfos/Spanien/Wirtschaft_node.html.

14 Aus o.V. Auswertiges Amt, abrufbar unter: http://www.auswaertiges-amt.de/DE/Aussenpolitik/Laender/Laenderinfos/Spanien/Wirtschaft_node.html; ebenso Born in Jahrbuch der deutschen Handelskammer für Spanien 2007/2008 S. 25, abrufbarunter: http://www.ahk.es/fileadmin/ahk_spanien/INFORME_2007_2008_01.pdf.

15 Aus o.V. in Handelsblatt von 2.2.2007, „...E.on will (durch die Übernahme von Endesa) mit dem in Lateinamerika stark vertretenen spanischen Konkurrenten in die Weltspitze der Strom- und Erdgas-Konzerne vordringen. Um dieses Ziel zu erreichen, hatte der Konzern gegen den Widerstand der spanischen Regierung einen langen Poker um Endesa begonnen...“. http://www.focus.de/finanzen/boerse/endesa-uebernahme_aid_123942.html.

16 Aus dem Jahrbuch der deutschen Handelskammer für Spanien 2007/2008, S. 25; o.V. Auswertiges Amt, abrufbar unter: http://www.auswaertiges-amt.de/DE/Aussenpolitik/Laender/Laenderinfos/Spanien/Wirtschaft_node.html.

17 Metro-Gruppe (in Spanien: Macro), Deutsche Bank, Volkswagen (Seat).

18 Z.B. Banco Santander, La Caixa, Banco Bilbao Viscaya Argentaria (BBVA).

19 Der spanische Bau-Konzern ACS, der sich seit langem um die Mehrheitsübernahme des deutschen Konkurrenten Hochtief bemühte und seine Beteiligungen Schritt für Schritt ausgebaut hatte, nun an seinem Ziel angekommen. Im Jahr 2011 sicherte sich ACS die Mehrheit an Hochtief; vgl. O.V. in Süddeutsche Zeitung v. 17.06.2011, abrufbar unter: http://www.sueddeutsche.de/wirtschaft/mehrheit-perfekt-prozent-acs-uebernimmt-mehrheit-an-hochtief-1.1109876.

kleidungsindustrie[20] feststellbar.[21] Auf Seiten spanischer Konzerne besteht großes Interesse, in Deutschland weitere Gesellschaften zu akquirieren. Dies kann entweder auf herkömmlichem Wege mittels Erwerb der Beteiligung an deutschen Gesellschaften[22] erfolgen oder aber – nachdem nunmehr die rechtlichen Rahmenbedingungen existieren– auch durch die Verschmelzung spanischer Gesellschaften auf deutsche Unternehmen.[23]

Aber nicht nur in Spanien und Deutschland, sondern auch in anderen Mitgliedstaaten der Europäischen Union (EU-Staaten) oder des Europäischen Wirtschaftsraums (EWR-Staaten), wächst das Bedürfnis, grenzüberschreitende Um-

---

20 Die Gruppe Inditex erwirbt von Otto 28% der Beteiligung an Zara Deutschland, damit hält Inditex nun 78% der Beteiligung an Zara Deutschland; siehe Europa Press, El Econominsta v. 22.3.2006, abrufbar unter: http://www.eleconomista.es/mercados-cotizaciones/noticias/1282/03/06/Economia-Empresas--Inditex-eleva-al-78-su-participacion-en-Zara-Alemania-tras-la-compra-del-28-a-su-socio-Otto-.html.

21 Bspw. O2, die bereits durch Telefonica oder Uralita, die durch GAMESA (URSA Gruppe) erworben wurden.

22 Telefónica erwarb zuerst O2 und nun Hansenet; hierzu Europa Press in El Economista v. 5.11.2009 abrufbar unter: http://www.eleconomista.es/mercados-cotizaciones/noticias/1673609/11/09/Economia-Empresas-Ampliacion-Telefonica-compra-el-operador-aleman-Hansenet-a-Telecom-Italia-por-900-millones-.html. Die Santander Bank erwarb 27% der HSH Nordbank, siehe hierzu Europa Press, El Economista v. 1.11.2006, abrufbar unter www.eleconomista.es/mercados-cotizaciones/noticias/63392/09/06/Banco-Santander-desembarca-en-Alemania-al-comprar-con-un-grupo-de-inversores-el-27-del-HSH-Nordbank-por-1250-millones.html. Die spanische Gruppe Puig kaufte im Jahr 2007 PDH, hierzu www.blogperfumerias.com/2007/12/27/puig-compra-la-empresa-alemana-de-distribucion-pdh/.

23 Vgl. Tapia Hermida in Métodos de Concentración Transfronteriza Intracomunitaria de Sociedades Cotizadas: Fusiones, OPAS y Otros Métodos Alternativos: Las Directivas 2004/25/CE Y 2005/56/CE, S. 5, abrufbar unter http://eprints.ucm.es/6115/1/A._Tapia.Concentraciones_intracomunitarias_de_sociedades.pdf. Über den umgekehrten Fall der Herausverschmelzung einer spanischen SA (Sociedad Unipersonal kurz SAU) auf Ihre deutsche Muttergesellschaft, die Bertrandt AG (HRB 245259 Bertrandt Aktiengesellschaft, Birkensee 1, 71139 Ehningen) berichtet Tapia Hermida in Modificaciones Estructurales de Sociedades Mercantiles, Band 1, S. 831 (FN 42). Ein weiterer Fall bei der das neue umgesetzte Recht Anwendung fand, ist die Verschmelzung der BMW Financial Services Ibérica Establecimiento Financiero de Crédito SA. (die BMW "SA" hat ihren Sitz auf der Avda Burgos 118 Madrid 28050 Spanien) auf die BMW Bank GmbH. Hierbei handelt es sich um eine Herausverschmelzung aus spanischer Sicht. Vgl. Ankündigung der Verschmelzung in BORME Nr. 179 v. 18.9.2009, S. 29862 dokumentiert.

strukturierungen von Gesellschaften zu ermöglichen.[24] Vor allem grenzüberschreitende (zumindest innergemeinschaftliche) Verschmelzungen treten zuletzt wieder in den Blickpunkt, indem international agierende Konzerne immer häufiger diese Alternative in ihre Restrukturierungsüberlegungen einbeziehen[25] und den damit betrauten Mitarbeitern und Beratern viel Raum für Pionierarbeit bieten.[26]

Für rein nationale Beteiligungsstrukturen, die innerhalb der Konzerne nicht selten historisch entweder mit den operativen Bedürfnissen oder eben vorrangig in der Verfolgung steuerlicher Vorteile gewachsen sind, deren ursprüngliche Vorzüge den verantwortlich Handelnden jedoch oftmals nicht (mehr) geläufig sind, ist die Verschmelzung eine vielfach genutzte Alternative, Konzern- oder Gruppenstrukturen zu verkürzen. Diese bisher auf die nationale Ebene beschränkte Möglichkeit wird nun auch grenzüberschreitend häufiger in Erwägung gezogen werden, wodurch das Instrument der grenzüberschreitenden innergemeinschaftlichen Verschmelzung in der Praxis an Bedeutung gewinnen wird.[27]

Ein wichtiger Grund, sich für eine grenzüberschreitende (innergemeinschaftliche) Verschmelzung zu entscheiden, muss auch darin gesehen werden, dass Gesellschaften und ihre Vertretungs- bzw. Verwaltungsorgane – nach der Analyse der für sie in Frage kommenden Rechtsordnung verschiedener Staaten – sich für sie günstigere ausländische Rechtsordnung entscheiden wollen.[28] Dieses wachsende Bedürfnis ist nicht nur auf grenzüberschreitende innergemeinschaftliche Verschmelzungen beschränkt,[29] es erstreckt sich auf alle Umwandlungs- und Umstrukturierungsformen, wie etwa die grenzüberschreitende Spaltung oder

24 Vgl. zwei erste Begründungserwägungen des Vorschlags v. 18.11.2003 für eine Richtlinie über die Verschmelzung von Kapitalgesellschaften aus verschiedenen Mitgliedstaaten (Komm /2003) 703). Ebenso Kappes, NZG 2006, 101; Müller, ZIP 2004, 1790; ebenso Vila Costa/Arenas Garcia in Fusiones y Adquisiciones de Empresas, S. 245f.

25 Vgl. Geyrhalter/Weber, DStR 2006, 146.

26 Vgl. Kappes, NZG 2006, 101; Müller, ZIP 2004, 1790.

27 Vgl. Gesell/Krömker, DB 2006, 2558; ebenso Jennewein, der Richter des Landesgerichts Innsbruck (Österreich) in Firmenbuch- und Insolvenzsachen ist, berichtet über den Erhalt mehrerer Anmeldungen für grenzüberschreitende innergemeinschaftliche Verschmelzungen,
Vgl. iusmaps blogs abrufbar unter iusmaps.blogspot.com/2008/07/grenzueberschreitend e-verschmelzung-einer.html.

28 Vgl. Spahlinger/Wegen, NZG 2006, 721.

29 Vgl. Wenglorz, DB 2004, 1061. „...grenzüberschreitende Verschmelzungen haben jedoch unter den grenzüberschreitenden Umwandlungen eine hervorgehobene Stellung..." Drinhausen/Gesell in Das SEStEG, S. 17.

auch die Sitzverlegung von Gesellschaften, die ihren Sitz in verschiedenen EU-Staaten aufweisen.[30]

Vor diesem Hintergrund mussten sowohl der Gemeinschaftsgesetzgeber als auch die europäische Judikative, der Europäische Gerichtshof (EuGH), auf die wirtschaftlichen Bedürfnisse der Marktteilnehmer reagieren, um die grenzüberschreitende innergemeinschaftliche Verschmelzung zu ermöglichen.[31] Um dieses Ziel rechtlich gesichert zu erreichen, war letztlich eine Weiterentwicklung und Harmonisierung des Gesellschafts- und Steuerrecht innerhalb der EU unumgänglich.

Dennoch herrschte im Bereich der grenzüberschreitenden innergemeinschaftlichen Verschmelzungen von Kapitalgesellschaften bedauerlicherweise jahrelang Stillstand. Zwar wurde die Fusionsrichtlinie[32] (FRL 90/434), die grenzüberschreitende innergemeinschaftliche Verschmelzungen in rein steuerrechtlicher Hinsicht regelt,[33] bereits 1990 verabschiedet, jedoch fand erst am 26.10.2005 ein langwieriges[34] Gesetzgebungsverfahren zum Erlass einer gesellschaftsrechtlichen Verschmelzungsrichtlinie einen Abschluss. Das Europäische Parlament und der Rat der Europäischen Union verabschiedeten die Richtlinie über die Verschmelzung von Kapitalgesellschaften aus verschiedenen EU-Staaten[35] (VRL 2005/56/EG), die am 25.11.2005 veröffentlicht wurde und am 15.12.2005 in Kraft trat.[36]

---

30 Vgl. Kappes, NZG 2006, 101.

31 Erwägungsgründe der VRL 2005/56, ebenso in der Begründung des Entwurfs eines Zweiten Gesetzes zur Änderung des Umwandlungsgesetzes, BT-Drucks. 16/2919, S. 11. Zu dieser Notwendigkeit in Deutschland auch Haritz, GmbHR 2006, 140; in Spanien: Alarcon Elorrieta/Parello Schumann, JAUSAS abrufbar unter www.jausas.es.

32 Richtlinie 90/434/EWG des Rates v. 23.7.1990 über das gemeinsame Steuersystem für Fusionen, Spaltungen, Abspaltungen, die Einbringung von Unternehmensteilen und den Austausch von Anteilen, die Gesellschaften verschiedener Mitgliedstaaten betreffen, sowie für die Verlegung des Sitzes einer Europäischen Gesellschaft oder einer Europäischen Genossenschaft von einem Mitgliedstaat in einen anderen Mitgliedstaat. Zuletzt geändert durch Art. 1 ÄndRL 2006/98/EG von 20.11.2006 (ABl. EU Nr. L 363 S. 129) (ABl. EU Nr. L 225 S. 1) EU-Dok.-Nr. 3 1992 L 0050. Zur Umsetzung in Europa siehe: http://ec.europa.eu/taxation_customs/resources/ documents/taxation/company_tax/mergers_directive/study_impl_direct.pdf.

33 Der deutsche Gesetzgeber setzte die FRL 90/434 mit Verzug um. Zur Umsetzung der FRL 90/434 in Deutschland und Spanien siehe Kapitel 5.

34 Ein Entwurf eines Übereinkommens über die internationale Verschmelzung von Aktiengesellschaften gemäß Art. 293 EGV (Art. 220 EGV a.F.) wurde bereits 1973 vorgelegt. EG-Bulletin, Beilage 13/73.

35 Richtlinie 2005/56/EG des Europäischen Parlaments und des Rates v. 26.10.2005 über die Verschmelzung von Kapitalgesellschaften aus verschiedenen Mitgliedstaaten (ABl.

Bahnbrechend und am Ende entscheidend für die zügige Entwicklung der gesellschaftsrechtlichen Grundlagen für grenzüberschreitende innergemeinschaftliche Verschmelzungsvorgänge war allerdings das wegweisende EuGH-Urteil[37] in Sachen SEVIC Systems (SEVIC-Entscheidung) am 13.12.2005, welches die Möglichkeit grenzüberschreitender innergemeinschaftlicher Verschmelzungen unter Beteiligung europäischer Gesellschaften eröffnet hat – bereits lange vor Implementierung der VRL 2005/56/EG - unabhängig von einer Umsetzung in das jeweilige nationale Recht und auf Basis der europäischen Niederlassungsfreiheit bereits mit einem sehr weitreichenden Anwendungsbereich.[38]

Nach Art. 19 VRL 2005/56/EG hatten die EU-Staaten die VRL 2005/56/EG spätestens bis zum 15.12.2007[39] in das jeweilige nationale Recht umzusetzen.[40] Der deutsche Gesetzgeber setzte die VRL 2005/56/EG durch die Einfügung eines neuen Abschnitts über die grenzüberschreitende (innergemeinschaftliche) Verschmelzung von Kapitalgesellschaften in das Umwandlungsgesetz[41] (UmwG)in deutsches Recht um.

Der spanische Gesetzgeber implementierte seinerseits die VRL 2005/56/EG durch die Ley 3/2009 sobre Modificaciones Estructurales de Sociedades Mercantiles[42] (LME) im spanischen Recht.[43]

EU Nr. L 310 S. 1, ber. ABl. EU Nr. L 28 S. 40) EU-Dok.-Nr. 3 2005 L 0056, zuletzt geändert durch Art. 4 ÄndRL 2009/109/EG v. 16.9.2009 (ABl. EU Nr. L 259 S. 14).

36 Vgl. Art. 20 VRL 2005/56/EG.

37 Vgl. EuGH-Urteil v. 13.12.2005 - Rs. C-411/03; Slg. 2005, I-10805 = ZIP 2005, 2311.

38 Vgl. EuGH-Urteil v. 13.12.2005 - Rs. C-411/03; Slg. 2005, I-10805 = ZIP 2005, 2311, Rn. 26; hierzu Geyrhalter/Weber, DStR 2006, 146.

39 Die deutsche Fassung des Art. 19 VRL 2005/56/EG weicht von der spanischen (und auch von der englischen) Fassung ab. Nach der deutschen Fassung ist lediglich formuliert … „bis zum Dezember 2007 nachzukommen“, ohne dass das genaue Datum, wie in der spanischen (u.a. auch in der englischen, französischen und portugiesischen) Fassung, nämlich der 15.12.2007 vorgeschrieben wird.

40 Ausführlich zur Umsetzung der VRL 2005/56/EG in spanisches und deutsches Recht siehe Abschnitt Entwicklung der Rechtsgrundlagen auf europäischer Ebene

41 Umsetzung in Deutschland durch die Einfügung eines neuen Abschnitts über die grenzüberschreitende Verschmelzung von Kapitalgesellschaften in das Umwandlungsgesetz (UmwG) sowie Verbesserungen von bereits bestehenden Vorschriften des Umwandlungsgesetzes, so genanntes „Zweites Gesetz zur Änderung des Umwandlungsgesetzes“ v. 28.10.1994 (BGBl. I 1994, S. 3210) (BGBl. I 1995, S. 428), geändert durch „Zweites Gesetz zur Änderung des Umwandlungsgesetzes“ v. 19.4.2007 (BGBl I 2007, S. 542), zuletzt geändert durch das Gesetz zur Modernisierung des Bilanzrechts (Bilanzrechtsmodernisierungsgesetz, BilMoG) v. 25.5.2009 (BGBl I 2009, S. 1102).

42 Spanien hat die VRL 2005/56/EG erst mit Inkrafttreten des Titel II, Kapitel II des Gesetzes 3/2009 „Ley de Modificaciones Estructurales“ am 5.4.2009 umgesetzt. Dieses

Mit der Umsetzung der VRL 2005/56/EG, welche die grundsätzlichen Regelungen zur grenzüberschreitenden (innergemeinschaftlichen) Verschmelzung in gesellschaftsrechtlicher[44] Hinsicht enthält, bzw. die nachstehend näher erläuterte FRL 90/434, welche die steuerrechtlichen Konsequenzen der grenzüberschreitenden innergemeinschaftlichen Verschmelzung grundlegend regelt, wird die Verschmelzung über die Grenze innerhalb Europa in ihren Grundsätzen einheitlich geregelt.[45]

Die FRL 90/434 enthält die europarechtlichen Rahmenbedingungen für eine steuerneutrale Durchführung (Besteuerungsaufschub) einer grenzüberschreitenden innergemeinschaftlichen Verschmelzung.[46] In das deutsche Recht ist sie durch das Gesetz über steuerliche Begleitmaßnahmen zur Einführung der Europäischen Gesellschaft und zur Änderung weiterer steuerrechtlicher Vorschriften[47] (SEStEG) umgesetzt worden.[48]

Die praktische Bedeutung der VRL 2005/56/EG und der FRL 90/434 besteht darin, dass Gesellschaften mit Sitz in verschiedenen EU-Staaten auf der Grundlage einheitlicher Vorschriften nun verschmelzen können. Beide Richtlinien bieten jedoch lediglich eine einheitliche Grundlage, ein rechtliches „Korsett“.[49] Auch nach der Umsetzung der VRL 2005/56/EG und der FRL 90/434 bleiben daher rechtliche Lücken für die Durchführung grenzüberschreitender innergemeinschaftlicher Verschmelzungen von Kapitalgesellschaften,[50] da beide Richtlinienlediglich bestimmte grundlegende Fragen regeln.[51]

Gesetz wurde im spanischem Bundesgesetzblatt "Boletín Oficial del Estado" (BOE) Nr. 82, S. 31928 v. 4.4.2009 veröffentlicht; hierzu Stepholt/Bascopé, IStR-LB 2009, 39; ausführlich zur Umsetzung der VRL 2005/56/EG in Spanien siehe Abschnitt Umsetzung der VRL 2005/56/EG in Spanien.

43 Ausführlich zur Umsetzung der VRL 2005/56/EG in deutsches Recht siehe Abschnitt Umsetzung der VRL 2005/56/EG in Deutschland

44 Art. 16 VRL 2005/56/EG enthält arbeitsrechtliche Regelungen.

45 Vgl. Heckschen in Widmann/Mayer, Vor § 122a UmwG, Rz. 234.

46 Siehe im Einzelnen die Erwägungsgründe der FRL 90/434.

47 Gesetz über steuerliche Begleitmaßnahmen zur Einführung der Europäischen Gesellschaft und zur Änderung weiterer steuerrechtlicher Vorschriften v. 7.12.2006 (BGBl. I 2006, S. 2782 ber. 2007 I S. 68).

48 Ausführlich zur Umsetzung der FRL 90/434 in Deutschland und Spanien siehe Abschnitt Steuerrechtliche Behandlung der grenzüberschreitenden innergemeinschaftlichen Verschmelzung.

49 Ebenso Bayer in Lutter, § 122a UmwG, Rz. 6; Bayer/Schmidt, NJW 2006, 401; Krause/Kulpa, ZHR (171) 2007, 38.

50 Vgl. Heckschen in Widmann/Mayer, Vor § 122a UmwG, Rz. 234.

51 Vgl. Herrle, EuZW 2007, 295; Maul/Teichmann/Wenz, BB 2003, 2633 (2634); Gesell/Krömker, DB 2006, 2558.

Andere Fragen speziellerer Natur, wie etwa die Verschmelzungsfähigkeit der Gesellschaften, die Verschmelzungskombinationen, Beurkundungsbedürftigkeit und Sprache des gemeinsamen Verschmelzungsplanes, die Bestellung des Verschmelzungsprüfers, etc., bestimmen sich weiterhin ausschließlich nach dem jeweiligen nationalen Recht.[52] Aus diesem Grund wird auf die rechtlichen Fragen, die weiterhin ausschließlich nach dem nationalen Recht beantwortet werden müssen,[53] in der vorliegenden Untersuchung besonderes Augenmerk gelegt.

1.2 Entwicklung und gegenwärtige Rechtslage

Vor Verkündung der SEVIC-Entscheidung des EuGH[54] bzw. Umsetzung der VRL 2005/56/EG und FRL 90/434 war es in der deutschen Literatur umstritten, ob nach geltender Rechtslage Gesellschaften mit Sitz im Ausland nach Deutschland herein- und solche mit Sitz im Inland aus Deutschland herausverschmolzen werden konnten.[55]

Die wenigen grenzüberschreitenden innergemeinschaftlichen Verschmelzungen, die sowohl unter Beteiligung deutscher[56] als auch spanischer[57] Gesell-

---

52 Vgl. Müller, ZIP 2004, 1970; Gesell/Krömker, DB 2006, 2558.

53 Art. 4 Abs. 1 Buchst. b) VRL 2005/56/EG.

54 EuGH-Urteil v. 13.12.2005 - Rs. C-411/03; Slg. 2005, I-10805 = ZIP 2005, 2311.

55 Näher hierzu Spahlinger/Wegen, IntGesR in der Praxis 2005, Rn. 504 m.w.N.; Lutter/Drygala, JZ 2006, 770 m.w.N, Siems, EuZW, 2006, 135.

56 So etwa die Eintragung zweier Hineinverschmelzungen, einer französischen "SA" und einer italienischen S.r.l. auf eine deutsche GmbH, durch Verfügungen des AG Düsseldorf v. 25.3.2002 und 5.3.2002. Dorr/Stuckenbog, DB 2003, 647, berichten über die erstmals gelungene Hinausverschmelzung einer deutschen Gesellschaft auf einen ausländischen Rechtsträger. Von der Eintragung der Verschmelzung einer deutschen GmbH auf eine österreichische GmbH (Herausverschmelzung), siehe Wenglorz, BB 2004, 1061ff.; Rixen/Böttcher, die über die Verschmelzung einer französischen Aktiengesellschaft auf eine deutsche GmbH berichten (Hereinverschmelzung), Rixen/Böttcher, GmbHR 1993, 572; Heckschen in Widmann/Mayer, Vor § 122a UmwG, Rz. 68 m.w.N. Die Herausverschmelzung einer deutschen AG auf eine luxemburgische SA wurde bereits im Jahre 1901 von dem Kammergericht (KG, Jahrbuch der Entscheidung des Kammergerichts, 21. Bd. 1901, A 294) abgelehnt; hierzu Gottschalk, EuZW 2006, 83.

57 Es gibt bereits verschiedene Präzedenzfälle, bspw. die Verschmelzung der spanischen Sarrio SA auf die italienische Reno di Medici SpA; hierzu Tapia Hermida, RdS, 1999, 133; Tapia Hermida, Métodos de Concentración Transfronteriza Intracomunitaria de Sociedades Cotizadas: Fusiones, OPAS y Otros Métodos Alternativos. Las Directivas 2004/25/CE y 2005/26/CE, abrufbar unter:

schaften vor der Verkündung der SEVIC-Entscheidung des EuGH bzw. Verabschiedung der VRL 2005/56/EG und ihrer Umsetzung stattfanden, hingen hinsichtlich ihrer tatsächlichen Durchführung/Eintragung – angesichts fehlender-Regelungen – von der individuellen Beurteilung der beteiligten Registergerichte ab.[58]

Der Vertrag zur Gründung der Europäischen Wirtschaftsgemeinschaft[59] (EWG) vom 24.3.1957 hat den so genannten gemeinsamen Binnenmarkt[60] als zu verwirklichendes Ziel. Sinn und Zweck dieses gemeinsamen Binnenmarkts war und ist, Hemmnisse zu beseitigen und Vorschriften zu vereinfachen, damit natürliche und juristische Personen in der gesamten EU das Potenzial optimal nutzen können[61], das ihnen ein direkter Zugang zu einem Markt mit 27[62] Staaten und 480 Millionen Menschen bietet.[63]

Durch den Vertrag über die Europäische Union (EUV)[64], sog. „Vertrag von Maastricht" werden u.a. die drei Gemeinschaften sowie der Euratom-Vertrag,[65]der EGKS-Vertrag[66] sowie der EWG-Vertrag unter dem Dach der neu geschaffenen Europäischen Union zusammengefasst. Hierdurch wurde der Ver-

---

http://eprints.ucm.es/6115/1/A._Tapia.Concentraciones_intracomunitarias_de_sociedad es.pdf.

58 Vgl. Müller, ZIP 2004, 1790 (1791) m.w.N.; Wenglorz, BB 2004, 1061; Dorr/Stuckenbog, DB 2003, 647; Böttcher, GmbHR 1993, 572.

59 Vertrag zur Gründung der Europäischen Wirtschaftsgemeinschaft v. 24.3.1957, zuletzt geändert durch die Akte über die Bedingungen des Beitritts der Tschechischen Republik, der Republik Estland, der Republik Zypern, der Republik Lettland, der Republik Litauen, der Republik Ungarn, der Republik Malta, der Republik Polen, der Republik Slowenien und der Slowakischen Republik und die Anpassungen der die Europäische Union begründenden Verträge (Beitrittsakte 2003) v. 16.4.2003 (ABl. EU Nr. L 236 2003, S. 33).

60 Vgl. Art. 14 Abs. 2 EGV. (EGV idF bis 30.11.2009).

61 Vgl. Art. 3 Abs. 1 Buchst. c.) EGV idF bis 30.11.2009.

62 Die aktuelle Liste aller Mitgliedsstaaten ist abrufbar unter: http://ec.europa.eu/inteRn.al_market/top_layer/index_1_de.htm .

63 Vgl. http://ec.europa.eu/internal_market/top_layer/index_1_de.htm.

64 Vertrag vom Maastricht v. 7.2.1992, ABl. C 191 vom 29.7.1992.

65 Siehe hierzu Gesetz v. 27.7.1957 (BGBl. II S. 753). Der Vertrag ist in seiner ursprünglichen Fassung am 1.1.1958 in Kraft getreten gem. Bek. v. 27.12.1957 (BGBl. 1958 II S. 1).

66 Vertrag zur Gründung der Europäischen Gemeinschaft für Kohle und Stahl nicht im Amtsblatt veröffentlicht; vgl. http://europa.eu/legislation_summaries/institutional_affairs/treaties/treaties_ecsc_de.ht m.

trag zur Gründung der Wirtschaftseuropäischen Gemeinschaft (EWG)[67] in Vertrag zur Gründung der Europäischen Gemeinschaft EGV umbenannt.

15 Jahre später, am 13.12.2007,wurde der sog. Vertrag von Lissabon zwischen den Mitgliedstaaten[68] der Europäischen Union unterzeichnet.[69] Der Vertrag von Lissabon zur Änderung des Vertrags über die Europäische Union und des Vertrags zur Gründung der Europäischen Gemeinschaft[70], der am 1.12.2009 in Kraft trat,[71] ersetzte weder den Vertrag über die Europäische Union (EUV) noch den Vertrag zur Gründung der Europäischen Gemeinschaft (EGV), sondern änderte sie nur ab.Die EU wird somit künftig weiterhin auf mehreren Verträgen beruhen.[72]Am bedeutendsten sind davon der EUV und der EGV, welcher nun in „Vertrag über die Arbeitsweise der Europäischen Union" (AEUV) umbenannt wird.[73]

Nach dem AEUV (ex-EGV) ist der gemeinsame Binnenmarkt ein Raum ohne Grenzen, in dem der freie Verkehr von Waren, (natürlichen und juristischen) Personen, Dienstleistungen und Kapital gemäß den Bestimmungen des Vertrags gewährleistet ist.[74] Er ist als Wirtschaftsraum einer Zollunion[75] mit vier Grund-

---

67 Vertrag zur Gründung der Europäischen Wirtschaftsgemeinschaft v. 24.3.1957, zuletzt geändert durch die Akte über die Bedingungen des Beitritts der Tschechischen Republik, der Republik Estland, der Republik Zypern, der Republik Lettland, der Republik Litauen, der Republik Ungarn, der Republik Malta, der Republik Polen, der Republik Slowenien und der Slowakischen Republik und die Anpassungen der die Europäische Union begründenden Verträge (Beitrittsakte 2003) v. 16.4.2003 (ABl. EU Nr. L 236 2003, S. 33).

68 Aktuell sind dies 27 Mitgliedstaaten. Die aktuelle Liste aller Mitgliedsstaaten ist abrufbar unter: http://ec.europa.eu/inteRn.al_market/top_layer/index_1_de.htm.

69 Konsolidierte Fassungen des Vertrags über die Europäische Union und des Vertrags über die Arbeitsweise der Europäischen Union Charta der Grundrechte der Europäischen Union ABl. EU Nr. C 306 17.12.2007 abrufbar unter http://eur-lex.europa.eu/LexUriServ/LexUriServ.do?uri=OJ:C:2008:115:0047:0199:DE:PDF.

70 Vertrag von Lissabon zur Änderung des Vertrags über die Europäische Union und des Vertrags zur Gründung der Europäischen Gemeinschaft vom 13.12.2007; ABl. EU Nr. 2007/C 306/021.

71 Vgl. Art. 6 AEUV.

72 Vgl. Art. 1 AEUV.

73 In der konsolidierten Fassung vom 9.5.2008, ABl. EU Nr. C-115/47. Diese Namensänderung ergab sich, da durch die veränderte Struktur der EU nach dem neuen Vertrag die „Europäische Gemeinschaft" nicht mehr als Institution mit eigenem Namen existieren wird; all ihre Funktionen werden von der EU übernommen.

74 Vgl. Art. 3 Abs. 1 EGV idF bis 30.11.2009.

75 Vgl. Art. 28 AEUV (ex-Art. 23 EGV), hierzu Voß in Grabitz/Hilf, Das Recht der Europäischen Union, Art. 28 AEUV, Rn. 1 ff.

freiheiten konzipiert: (1) Warenverkehrsfreiheit,[76] (2) Freizügigkeit (vor allem Personenverkehrsfreizügigkeit[77] für Arbeitnehmer und Selbstständige sowie Niederlassungsfreiheit[78]), (3) Dienstleistungsfreiheit[79] und (4) Kapital- und Zahlungsverkehrsfreiheit.[80]

Die Niederlassungsfreiheit stellt eine Grundfreiheit für selbstständige natürliche Personen dar und hat als EU-rechtliches Primärrecht unmittelbare Wirkung.[81] Hiernach können diese Personenin jedemEU-Staat eine Niederlassung oder eine Gesellschaft gründen und unterhalten.[82]Die Niederlassungsfreiheit bedarf keiner Umsetzung in nationales Recht, sodass EU-Bürger und nach den Rechtsvorschriften eines EU-Staats gegründete Gesellschaften[83] in jedem EU-Staat der Gemeinschaft einen unmittelbaren Anspruch auf Gleichbehandlung (Diskriminierungsverbot) mit entsprechenden inländischen Personen haben.[84]

Durch Art 54 AEUV (ex-Art. 48 EGV)werden die nach den Rechtsvorschriften eines EU-Staats gegründeten Gesellschaften, die ihren satzungsmäßigen Sitz, ihre Hauptverwaltung oder ihre Hauptniederlassung innerhalb der Gemeinschaft haben, natürlichen Personen, die Angehörige der EU-Staaten sind,

---

76 Vgl. Art. 28 AEUV (ex-Art. 23 ff. EGV).

77 Vgl. Art. 45 AEUV (ex-Art. 39 EGV), ausführlich zur Freizügigkeit der Arbeitnehmer: Randelhofer/Forsthoff in Grabitz/Hilf, Das Recht der Europäischen Union, Art. 45 AEUV, Rn. 1 ff.

78 Art. 49 AEUV (ex-Art. 43 EGV). In der nachfolgenden Arbeit wird gleichwohl der Art. 43 EGV verwendet, wenn auf die Rechtsprechung des Gerichtshofs vor dem Inkrafttreten des Vertrags in der konsolidierten Fassung des Vertrags über die Arbeitsweise der Europäischen Union – Dritter Teil: Die internen Politiken und Massnahmen der Union - Titel IV: Die Freizügigkeit, der freie Dienstleistungs- und Kapitalverkehr - Kapitel 2: Das Niederlassungsrecht - ABl. EU Nr. 115 v. 9.5.2008 S. 0067 – 0067.

79 Vgl. Art. 56 AEUV (ex-Art. 49 EGV), ausführlich zu Dienstleistungsverkehr: Randelhofer/Forsthoff in Grabitz/Hilf, Das Recht der Europäischen Union Art. 56 AEUV und Art. 57 AEUV, Rn. 8 ff.

80 Vgl. Art. 63 AEUV (ex-Art. 56 EGV); Ress/Ukrow in Grabitz/Hilf, Das Recht der Europäischen Union, Art. 56 EGV, Rn. 94 ff.

81 Art. 49 AEUV (ex-Art. 43 des EGV).

82 Vgl. Lörcher in Büchting, Beck'sches Rechtsanwaltshandbuch, Rn. 6 ff.; Rehm in Eidenmüller, Ausländische Kapitalgesellschaften, Rn. 51.

83 Vgl. Art. 49 i.V.m. Art. 54 AEUV (ex-Art. 43 i.V.m. ex-Art. 48 EGV).

84 Ausführlich hierzu Randelzhofer/Forsthoff in Grabitz/Hilf in Das Recht der Europäischen Union, Art. 54 AEUV, Rn. 28 ff.

gleichgestellt.[85] Die genannten Gesellschaften sind mithin in den persönlichen Anwendungsbereich der Niederlassungsfreiheit einbezogen.[86]

Eine Verschmelzung über die Grenze war jedoch nach überwiegender Meinung in der deutschen Literatur nicht zulässig.[87]Die eine solche Verschmelzung als zulässig erachtende Mindermeinung stand der Hereinverschmelzung wesentlich offener gegenüber[88] als der Herausverschmelzung.[89] Die deutsche Rechtsprechung[90] hingegen erlaubte eine Hereinverschmelzung einfach nicht und würdigte den Herausverschmelzungsbeschlussals Auflösungsbeschluss.[91] Der Verschmelzungsvorgang stellt jedoch eine besondere Art der Ausübung der Niederlassungsfreiheit dar.[92] *...Fusionen, Spaltungen, die Einbringung von Unternehmensanteilen und der Austausch von Anteilen, die Gesellschaften verschiedener Mitgliedstaaten betreffen, können notwendig sein, um binnenmarktähnliche Verhältnisse in der Gemeinschaft zu schaffen und damit die Errichtung und das Funktionieren des Gemeinsamen Marktes zu gewährleisten...*[93]§ 1 Abs. 1[94] (UmwG) sah hingegen ausweislich seines Wortlauts („Rechtsträger mit Sitz im Inland") die Umwandlung[95] allein für inländische Rechtsträger vor. Es war mit-

---

85 Hierzu Troberg/Tiedje in von der Groeben/Schwarze, Kommentar zum EU-/EG-Vertrag, Rn. 6 ff.; Rehm in Eidenmüller, Ausländische Kapitalgesellschaften, Rn. 51.

86 Nach Art. 54 Abs. 2 AEUV (ex-Art. 48 Abs. 2 EGV) gelten als Gesellschaften die Gesellschaften des bürgerlichen Rechts und des Handelsrechts, einschließlich der Genossenschaften und sonstigen juristischen Personen des öffentlichen und privaten Rechts mit Ausnahme derjenigen, der keinen Erwerbszweck verfolgen.

87 Vgl. Kindler in MünchKomm-BGB, Rn. 872ff.; Semler/Stengel in Semler/Stengel, UmwG (2003), Einl. A Rn. 110 ff.; Heckschen in Widmann/Mayer, § 1 UmwG, Rz. 206 ff., insb. Rz. 212 ff.; Großfeld, AG 1996, 302; Jung, GPR 2004, 87; Schaumburg, GmbHR 1996, 501.

88 Vgl. Kallmeyer, ZIP 1996, 535.

89 Vgl. Eyles in Das Niederlassungsrecht der Kapitalgesellschaften in der EG, S. 459 ff.

90 Die deutsche Rechtsprechung ging davon aus, dass die Anwendbarkeit der Vorschriften des UmwG 1994 auf rein innerstaatliche Umwandlungsvorgänge beschränkt war OLG Hamm, DB 1997, 1865; BayObLG, DB 1998, 2318; hierzu Klein, RNotz 2007, 565. OLG Zweibrücken v. 27.6.1990 (AZ 3 W 43/90): Keine Eintragung ausländischer Aktiengesellschaften im inländischen Handelsregister, NJW, 1990, 3092.

91 Vgl. BayOLG v. 7.5.1992 (3Z BR 14/92) GmbHR, 1992, 529.

92 Vgl. EuGH-Urteil v. 13.12.2005 - Rs. C-411/03; Slg. 2005, I-10805 = ZIP 2005, 2311, Rn. 19, 23, ebenso Müller-Huschke in von der Groeben/Schwarze - Kommentar zum EU-/EG-Vertrag, Art. 48 EGV, Tz. 25.

93 Aus der Erwägungsgründe FRL 90/434/EWG.

94 BGBl. I v. 28.10.1994, verkündet als Art. 1 Umwandlungsrechtsbereinigungsgesetz von 28.10.1994 (BGBl. I S. 3210), in Kraft getreten gem. Art. 20 des Gesetzes am 1.1.1995.

95 Unter dem Oberbegriff der "Umwandlung" sind die verschiedenen Umstrukturierungsmöglichkeiten abschließend geregelt (numerus clausus mit Analogieverbot, § 1 Abs. 2

hin unzulässig, dass eine deutsche GmbH bspw. auf eine spanische *„Sociedad de Responsabilidad Limitada“*[96] (der deutschen GmbH vergleichbar) verschmolzen würde.[97] Die spanische *„Sociedad de Responsabilidad Limitada“* unterlag in dieser Konstellation im Vergleich zu einer deutschen Gesellschaft einer Ungleichbehandlung.[98] Der EuGH bestätigte diese Ansicht in der SEVIC-Entscheidung.[99] Der Ausschluss ausländischer Rechtsträger vom Anwendungsbereich des UmwG stellte eine Einschränkung[100] des in Art. 49 i.V.m. Art. 54 AEUV (ex-Art. 43 i.V.m. ex-Art. 48 EGV) vorgesehenen Rechts auf Niederlassungsfreiheit dar.[101] Eine Einschränkung ist nur dann zulässig, wenn damit ein berechtigtes Ziel erreicht werden soll, das mit dem Vertrag im Einklang stehen muss und sofern diese Benachteiligung aus zwingenden Gründen des Allgemeininteresses gerechtfertigt ist.[102]

1.3 Festlegung, Gegenstand und Ziel dieser Arbeit

In der Regel wird die grenzüberschreitende (innergemeinschaftliche) Verschmelzung im Fachschrifttum entweder aus gesellschafts- oder aus steuerrechtlicher Sicht untersucht. Dabei bleibt oft entweder die eine oder die andere Sicht unberücksichtigt. Spätestens bei der Umsetzung der Verschmelzung wird jedoch klar, dass beide Rechtsbereiche von Anfang an zusammenspielen müssen. Das Steuerrecht muss mit den gesellschaftsrechtlichen Anforderungen und Vorgängen Schritt halten, da eine fehlende steuerliche Würdigung des gesamten Verfahrens unerwünschte steuerliche Konsequenzen mit sich bringen kann. Gegenstand dieser Arbeit ist daher sowohl die gesellschafts- als auch die steuerrechtli-

---

UmwG). Der Begriff Umwandlung umfasst gemäß § 1 UmwG: 1. die Verschmelzung, 2. die Spaltung (Aufspaltung, Abspaltung und Ausgliederung), 3. Vermögensübertragung und 4. den Formwechsel.

96 Ausführlich zur Errichtung, Organisation, Liquidation und Besteuerung einer spanischen „Sociedad de Responsabilidad Limitada“ siehe Bascopé/Hering, GmbHR 2005, 609.

97 Vgl. Mäsch in Beck´scher Online Kommentar EGBGB, Art 11, Rn. 68.

98 EuGH-Urteil v. 13.12.2005 - Rs. C-411/03; Slg. 2005, I-10805 = ZIP 2005, 2311, Rn. 20 und 22; Klein, RNotZ 2007, 565.

99 Vgl. EuGH-Urteil v. 13.12.2005 - Rs. C-411/03; Slg. 2005, I-10805 = ZIP 2005, 2311.

100 Vgl. EuGH-Urteil v. 13.12.2005 - Rs. C-411/03; Slg. 2005, I-10805 = ZIP 2005, 2311.

101 Vgl. EuGH-Urteil v. 13.12.2005 - Rs. C-411/03; Slg. 2005, I-10805 = ZIP 2005, 2311, Rn. 22 und Rn. 23.

102 Vgl. EuGH-Urteil v. 13.12.2005 - Rs. C-411/03; Slg. 2005, I-10805 = ZIP 2005, 2311, Rn. 23; ebenso Amtsgericht (Kantongerecht) Amsterdam, Urteil v. 29.1.2007 (EA 06-3338 166), Übersetzung in DB 2007, 677 mit Anmerkung von Gesell/Krömker.

che Untersuchung der grenzüberschreitenden innergemeinschaftlichen Verschmelzung von Kapitalgesellschaften zwischen Deutschland und Spanien. Der Schwerpunkt der Untersuchung liegt auf der spanischen Perspektive.

Im Rahmen dieser Arbeit sollen vor allem die folgenden Aspekte einer grenzüberschreitenden innergemeinschaftlichen Verschmelzung im Vordergrund stehen:

- Darstellung der europarechtlichen Rahmenbedingungen und Vorgaben;
- Darstellung und Analyse der gesellschaftsrechtlichen Rahmenbedingungen in Deutschland und insbesondere in Spanien sowie deren Anwendung auf die grenzüberschreitende innergemeinschaftliche Verschmelzung spanischer und deutscher Kapitalgesellschaften;
- Dieser Punkt stellt den Schwerpunkt der vorliegenden Arbeit dar. Insbesondere wird auf das spanische Recht eingegangen, wobei jeweils zuerst die europarechtlichen Regelungen, sodann die deutschen und anschließend die spanischen Vorschriften untersucht werden;
- Darstellung und Analyse der steuerrechtlichen Rahmenbedingungen in Deutschland und insbesondere in Spanien.Hierbei werden immer wieder systematische Bezüge zu FRL 90/434 hergestellt;
- Erarbeitung eines praktischen Leitfadens zur Umsetzung der genannten Verschmelzungsvorgänge. Hierbei werden die Gemeinsamkeiten und Unterschiede im Hinblick auf die deutsche und die spanische Rechtsordnungen herausgearbeitet.

Nach Kenntnis des Autors existiert weder in der deutschen noch in der spanischen Literatur eine wissenschaftliche Arbeit, die sowohl die gesellschafts- als auch die steuerrechtliche Durchführung deutsch-spanischer Verschmelzungen umfassend und in systematischer Form nach der neuen Rechtslage (nach der SEVIC-Entscheidung des EuGH, der Umsetzung der VRL 2005/56/EG und FRL 90/434 jeweils in Spanien und Deutschland) untersucht hat.

Ziel dieser Arbeit ist es vor allem, eine ebenso wissenschaftliche wie auch praxisnahe Abhandlung zur Gestaltung, Durchführung und Problembehandlung von grenzüberschreitenden innergemeinschaftlichen Verschmelzungen unter Beteiligung spanischer und deutscher Kapitalgesellschaften zu geben. Hiermit soll dem Leser, der eine grenzüberschreitende innergemeinschaftliche Verschmelzung unter Beteiligung deutscher und spanischer Kapitalgesellschaften[103] durchführen möchte, insbesondere die Rechtslage in Spanien dargestellt werden.

103 Kapitalgesellschaften, die nach dem Recht Spaniens oder Deutschlands gegründet wurden und ihren satzungsmäßigen Sitz, ihre Hauptverwaltung oder ihre Hauptniederlassung in diesen Ländern haben.

Zu diesem Zweck werden neben der VRL 2005/56/EG und der FRL 90/434 insbesondere das deutsche Umwandlungsgesetz[104](UmwG), das Umwandlungssteuergesetz[105](UmwStG) sowie die einschlägigen spanischen Gesetze[106], die die Verschmelzung von Kapitalgesellschaften regeln, analysiert.

1.4 Abgrenzung des Untersuchungsgegenstandes

Für den Zweck der vorliegenden Arbeit soll der Fokus auf der grenzüberschreitenden innergemeinschaftlichen Verschmelzung lediglich zwischen spanischen *„Sociedades Anónimas*" (kurz *„SA"*; die den deutschen AGs entsprechen), *„Sociedades de Responsabilidad Limitada"* (kurz *„SRL"* oder *„SL"*, die den deutschen GmbHs entsprechen) und deutschen Aktiengesellschaften (kurz AGs) sowie Gesellschaften mit beschränkter Haftung (kurz GmbHs) liegen.

Obwohl die deutsche Kommanditgesellschaft auf Aktien (KGaA) und die *„Sociedad Comanditaria por Acciones"* (*„SCcomA"*, die der deutschen KGaA entspricht) sowohl in der VRL 2005/56/EG als auch im UmwG und LME[107] beinhaltetsind, werden diese Gesellschaftsformen in der vorliegenden Arbeit nur punktuell untersucht.

Obschon im Einzelfall andere Rechtsgebiete von erheblicher Bedeutung sein könnten, werden die folgenden Rechtsgebiete nicht näher im Rahmen dieser Arbeit untersucht:

Die Fragen des Mitbestimmungsrechts werden in vorliegender Arbeit grundsätzlich nicht untersucht[108] und auf Regelungen zu öffentlichen Übernahmeangeboten (in Spanien: *„Oferta Pública de Adquisición"*, *„OPA"*) wird im Rahmen dieser Arbeit nicht eingegangen.

---

104 Umwandlungsgesetz v. 28.10.1994; BGBl. I S. 3210, ber. 1995 I S. 428.

105 Umwandlungsteuergesetz in der Fassung v. 7.12.2006, BGBl. I 2006, S. 2791. Zuletzt geändert durch das Jahressteuergesetz 2009 (JStG 2009) v. 19.12.2008, BGBl I 2008, S. 2794.

106 Anders als im deutschen Recht verfügt das spanische Recht weder über ein eigenständiges Umwandlungs- noch Umwandlungssteuergesetz.

107 A.a.O.

108 Ausführlich zur Mitbestimmung der Arbeitnehmer bei einer grenzüberschreitenden innergemeinschaftlichen Verschmelzung, siehe Velasco in Modificaciones Estructurales de las Sociedades Mercantiles, Band I, S. 975.

1.5 Begriffsbestimmung

Der Begriff „grenzüberschreitende Verschmelzung“ wurde zum ersten Mal in Art. 1 VRL 2005/56/EG gesellschaftsrechtlich legal definiert.[109] Die VRL 2005/56/EG verwendet in Art. 1 VRL 2005/56/EG den Begriff „grenzüberschreitend“ in der deutschen und „*transfronteriza*“ in der spanischen Fassung. Im Folgenden soll der Begriffsinhalt näher bestimmt werden.

1.5.1 Deutscher und spanischer Begriff der Verschmelzung

Die Begriffe „Zusammenschluss“, „Fusion“ und „Verschmelzung“ werden in der gesellschaftsrechtlichen Fachliteratur, im Sprachgebrauch sowie in der Wirtschaftspresse[110] weitgehend synonym verwendet[111] *„Unter einer internationalen Verschmelzung versteht man die – gesellschaftsrechtliche – Fusion über die Grenze“.*[112] Für *Heß*[113] ist *„die Fusion (...) die Verschmelzung von mindestens zwei eigenständigen Rechtsträgern; im Sprachgebrauch des deutschen Rechts wird für den Begriff der Fusión regelmäßig der Begriff Verschmelzung verwandt“.*Der Begriff Unternehmenszusammenschluss, durch den zwei eigenständige Gesellschaften zu einer „virtuellen“ Einheit zusammengeführt werden, innerhalb derer vertragliche Regeln dafür sorgen, dass die Gesellschafter der beteiligten Gesellschaften im Rahmen der für den Zusammenschluss vereinbarten wirtschaftlichen Verhältnisse gleich behandelt werden, ohne dass die beteiligten Gesellschaften ihre rechtliche Selbstständigkeit aufgeben,[114] ist nicht im Sinne dieser Arbeit.

Die VRL 2005/56/EG verwendet den Begriff „Verschmelzung“. Verschmelzung ist nach Art. 2 Abs. 2 VRL 2005/56/EG der „Vorgang, durch den eine oder mehrere Gesellschaften zum Zeitpunkt ihrer Auflösung ohne Abwicklung ihr gesamtes Vermögen auf eine bereits bestehende Gesellschaft (Verschmelzung zur Aufnahme) oder auf eine hierdurch neu gegründete Gesellschaft (Verschmelzung zur Neugründung) gegen Gewährung von Aktien oder sonstigen

---

109 Vgl. Kindler in MünchKomm-BGB, IntGesR, 5. Aufl. Rn. 854 m.w.N; Beutel, Der neue rechtliche Rahmen grenzüberschreitender Verschmelzungen in der EU, S. 7; kritisch zur Umsetzung der Legaldefinition in § 122a UmwG.

110 Vgl. Beispielhaft Ziesemer, „In die Ehe getrieben“, Handelsblatt v. 4.9.2001 abrufbar unter http://www.handelsblatt.com/archiv/kommentar-in-die-ehe-getrieben;456344.

111 Vgl. Kindler in MünchKomm-BGB, IntGesR, 5. Aufl. Rn. 854 m.w.N

112 Vgl. Beitzke, RIW/AWD 1961, 288.

113 Vgl. Heß in Beck'sches Steuer- und Bilanzrechtslexikon, Rn. 1.

114 Vgl. Stengel in Arbeitshandbuch für Unternehmensübernahmen, Rn. 321ff (Fn. 33); Samson/Flindt, NZG 2006, 290.

Anteilen am Gesellschaftskapital der übernehmenden Gesellschaft an die Gesellschafter der übertragenden Gesellschaft und gegebenenfalls eine bare Zuzahlung übertragen, wobei die Zuzahlung 10 % des Nennwerts oder – bei Fehlen eines solchen – des rechnerischen Werts dieser Aktien oder sonstigen Anteile nicht überschreiten darf". Auch die FRL 90/434[115], die die Verschmelzung steuerlich regelt, beinhaltet ausweislich des Art. 2 Buchst. a) 1. und 2. Spiegelstrich – obgleich unter Verwendung des abweichenden Terminus „Fusion" – ein derartiges Begriffsverständnis.[116]

Der Begriff der grenzüberschreitenden (innergemeinschaftlichen) Verschmelzung des Art. 2 Nr. 2 VRL 2005/56/EG findet sich nach der Umsetzung der VRL 2005/56/EG jeweils im deutschen und im spanischen Recht wieder.[117] Die Legaldefinitionen des § 122a i.V.m. § 2 UmwG und des Art. 54 i.V.m. Art. 55 i.V.m. Art. 22 LME[118] stimmen insoweit überein. Sie bilden das dieser Arbeit zugrunde liegende Verständnis des Verschmelzungsbegriffs.

1.5.2 Deutscher Begriff der Grenzüberschreitung im innergemeinschaftlichen Sinne

In der deutschsprachigen Literatur werden die Begriffe „grenzüberschreitend" und „international"[119] häufig synonym verwendet. Auch der Begriff „transnational"[120] findet im Hinblick auf Verschmelzungen Verwendung.[121] Für *Kindler* und *Ficker* ist der Begriff „transnationale Verschmelzung" dem der „internationalen Verschmelzung" vorzuziehen, da auf diese Weise die Zielrichtung der Ver-

115 Richtlinie 90/434/EWG von 23.7.1990 über das gemeinsame Steuersystem für Fusionen, Spaltungen, die Einbringung von Unternehmensteilen und den Austausch von Anteilen, die Gesellschaften verschiedener Mitgliedstaaten betreffen, ABl. EG Nr. L 225 von 20.8.1990, S. 1-5.

116 Ausführlich zur Verschmelzung im steuerlichen Sinne siehe Abschnitt Rechtslage in Spanien ff.

117 Ausführlich zur Umsetzung der VRL 2005/56/EG in Spanien und Deutschland siehe Abschnitt Entwicklung der Rechtsgrundlagen auf europäischer Ebene

118 Der spanische Gesetzgeber implementierte die VRL 2005/56/EG durch das Ley de Modificaciones Estructurales de Sociedades Mercantiles ausführlich hierzu siehe Abschnitt Umsetzung der VRL 2005/56/EG in Spanien.

119 Vgl. Behrens in Dauses, Handbuch des EU-Wirtschaftsrechts, Rn. 143; Lennerz, Die internationale Verschmelzung und Spaltung unter Beteiligung deutscher Gesellschaften (2001); Lutter/Drygala, JZ 2006, 770.

120 Vgl. Rixen/Böttcher, GmbHR 1993, 572.

121 Vgl. Kindler in MünchKomm-BGB, Rn. 829 m.w.N.

schmelzung besser zum Ausdruck komme.[122] Bei der Umsetzung der VRL 2005/56/EG in das deutsche UmwG hat sich der deutsche Gesetzgeber jedoch dazu entschieden, den Begriff „grenzüberschreitende Verschmelzung" zu verwenden.[123]

In Deutschland, anders als in Spanien[124], ist die grenzüberschreitende Verschmelzung lediglich innerhalb der EU[125] und nur für bestimmte Rechtsformen von Kapitalgesellschaften ausdrücklich geregelt.[126] Aufgrund der Rechtslage findet nach deutschem Recht, keine Differenzierung zwischen einer Verschmelzung deutscher mit EU- bzw. EWR-Kapitalgesellschaften und einer Verschmelzung zwischen deutschen und Kapitalgesellschaften aus nicht EU- bzw. EWR-Staaten (Drittstaaten) statt.[127]

Unter dem Begriff „grenzüberschreitende Verschmelzung" versteht man die – gesellschaftsrechtliche – Verschmelzung über die Grenze. Da jedoch diese Arbeit lediglich die grenzüberschreitende Verschmelzung innerhalb der EU-Länder untersucht, ist eine Präzisierung des Begriffs erforderlich.

Für diesen Zweck können Anleihen in anderen Steuerrechtsgebieten genommen werden. Im Zuge des Zusammenwachsens der Europäischen Gemeinschaft erlangen die Begriffe „Gemeinschaftsgebiet" und „Binnenmarkt" immer mehr an Bedeutung. So ist im Bereich Mehrwertsteuer das Ziel, schrittweise ein gemeinsames Steuersystem einzuführen, bereits in einem sehr fortgeschrittenen Stadium. Dank der weitgehenden Harmonisierung[128] ist hierdie Abgrenzung zwi-

---

122 Vgl. Kindler in MünchKomm-BGB, Rn. 829 m.w.N.; Ficker in Lutter, Recht und Steuer, S. 220; Lutter Gutachten H 15.

123 Vgl. § 122a UmwG.

124 Vgl. Abschnitt Spanischer Begriff der grenzüberschreitenden (innergemeinschaftlichen) Verschmelzung

125 Es wird nicht auf die Frage eingegangen, ob ähnliche Gewährleistungen im Rahmen bilateraler Abkommen bestehen können. In diesem Zusammenhang ist fraglich, ob die Meistbegünstigungsklausel des Art. VII Abs. 4 des Freundschafts-, Handels- und Schifffahrtsvertrag zwischen der Bundesrepublik Deutschland und den USA von 29.10.1954, BGBl. II 1956, 488 es gebietet, die §§ 122a ff UmwG auch auf nach dem Recht eines US-Bundesstaats gegründete Kapitalgesellschaften anzuwenden ist; ebenso Beutel, Der neue rechtliche Rahmen grenzüberschreitender Verschmelzungen in der EU, S. 9, Fn. 50.

126 Vgl. Preißer in Die Steuerberaterprüfung, S. 421.

127 Der deutsche Gesetzgeber hat einer aus der Praxis erhobene Wunsch nicht entsprochen vgl. Heckschen in Widmann/Mayer, § 122a UmwG, Rz. 141.

128 Für die umsatzsteuerrechtliche Behandlung von erheblicher Bedeutung war die Einführung der Sechsten Richtlinie (77/388 EWG) des Rates v. 17.5.1977 zur Harmonisierung der Rechtsvorschriften der Mitgliedstaaten über die Umsatzsteuer (6. EG-Richtlinie). Diese wurde geschaffen, um innerhalb der EU einheitliche Wettbewerbsbedingungen zu

schen EU-Staaten und Nicht-EU-Staaten klar definiert. Es besteht eine klare Abgrenzung des Inlands gegenüber dem Ausland, das sich in das übrige Gemeinschaftsgebiet und das „Drittland oder EU-Ausland“ unterteilt.[129]

Der europäische Gemeinschaftsgesetzgeber hat den Anwendungsbereich der VRL 2005/56/EG anhand des gleichen Prinzips abgegrenzt. Die VRL 2005/56/EG findet lediglich auf Verschmelzungen von Kapitalgesellschaften Anwendung, die nach dem Recht eines EU-Staats gegründet worden sind und ihren satzungsmäßigen Sitz, ihre Hauptverwaltung oder ihre Hauptniederlassung in der Gemeinschaft haben, sofern mindestens zwei der Gesellschaften dem Recht verschiedener EU-Staaten unterliegen.[130]

In dieser Untersuchung wird der Begriff „innergemeinschaftlich“ daher im Sinne eines Vorgangs mit grenzüberschreitendem Bezug, der sich jedoch auf das Gemeinschaftsgebiet beschränkt, verwendet. Insoweit besteht eine Inhaltsgleichheit zum entsprechenden umsatzsteuerlichen Begriff. Über den Wortlaut der VRL 2005/56/EG hinaus erstreckt sich ihr Anwendungsbereich auch auf Verschmelzungen, bei denen eine der beteiligten Gesellschaften dem Recht eines Vertragsstaats des Abkommens über den Europäischen Wirtschaftsraum (EWR-Staaten)[131] unterliegt.[132] Für vorliegende Zwecke soll diese Erweiterung des Anwendungsbereichs auf EWR-Gesellschaften unbeachtet bleiben, da Gegenstand der Untersuchung mit Spanien und Deutschland zwei EU-Staaten sind.

---

schaffen. Aufgrund der Vielzahl von Änderungen dieser Richtlinie seit 1977, welche nicht amtlich konsolidiert wurden, wurde u.a. diese Richtlinie mit Wirkung v. 1.1.2007 aufgehoben. In Kraft getreten ist zum gleichen Zeitpunkt die Richtlinie 2006/112/EG des Rates über das gemeinsame Mehrwertsteuersystem – sog. Mehrwertsteuer- Systemrichtlinie (MwStSystRL), abrufbar unter: http://eur-lex.europa.eu/smartapi/cgi/sga_doc?smartapi!celexplus!prod!DocNumber&lg=de&type_doc=Directive&an_doc=1967&nu_doc=227.

129 § 1 Abs. 2a UStG.

130 Vgl. Art. 1 VRL 2005/56/EG.

131 Das Abkommen über den Europäischen Wirtschaftsraum (EWR) ist am 1.1.1994 in Kraft getreten (ABl. EG 1994 Nr. L 1 S. 3), Es handelt sich um ein Assoziierungsabkommen nach Art. 310 EG-Vertrag, das in seinem Art. 28 eine dem Art. 39 EG-Vertrag entsprechende Vorschrift enthält. Damit wurde die Freizügigkeit für Arbeitnehmer, einschließlich des gesamten Sekundärrechts (Anhänge V bis VII), vollständig auf Österreich, Finnland, Island, Norwegen und Schweden ausgedehnt. Nachdem das Abkommen nach Art. 1 Abs. 2 des Anpassungsprotokolls (ABl. EG Nr. L 1 S. 572) i.V.m. dem Beschluss Nr. 1/95 des EWR-Rates v. 10.3.1995 (ABl. EG Nr. L 86 S. 58) am 1.5.1995 auch für Liechtenstein in Kraft trat, gilt es (nach dem Beitritt der übrigen Staaten zur Union) nun für Island, Norwegen und Liechtenstein.

132 Vgl. VRL 2005/56/EG „Text von Bedeutung für den EWR“.

1.5.3 Spanischer Begriff der grenzüberschreitenden (innergemeinschaftlichen) Verschmelzung

In Spanien war die Zulässigkeit der Verschmelzung über die spanische Grenze innerhalb der EU bereits vor Inkrafttreten der VRL 2005/56/EG unstrittig.[133] Der verwendete Begriff in der spanischen Fassung des Art. 2 Nr. 2 der VRL 2005/56/EG „*transfronteriza*" bedeutet undifferenziert „grenzüberschreitend"[134] und wurde im spanischen Recht in Art. 54 LME umgesetzt. Da allerdings nach spanischem Recht nicht nur die Verschmelzung spanischer Gesellschaften mit anderen EU- bzw. EWR-Kapitalgesellschaften, sondern vielmehr auch mit nicht in EU- bzw. EWR-Staaten ansässigen Gesellschaften zulässig ist,[135] hat der spanische Gesetzgeber den in der VRL 2005/56/EG verwendeten Begriff „grenzüberschreitende Verschmelzung" präziser und differenzierter in nationales Recht umgesetzt und zwischen innergemeinschaftlicher und außergemeinschaftlicher Verschmelzung unterschieden.[136] Somit hat der spanische Gesetzgeber dem Vor-

---

133 Vgl. Art. 9 Abs. 11 spanischer CC; Präambel des LME Gesetz; Lázaro Sánchez in Noticias de la Unión Europea (CISS) S. 25ff m.w.N; Fernandéz de la Gándara/Calvo Caravaca in Derecho Mercantil Internacional, S. 197, „Die grenzüberschreitende innergemeinschaftliche Verschmelzung ist unmittelbar auf der Rechtsgrundlage des Art. 43 und 48 EGV zulässig" (eigene Übersetzung); Ávila Navarro in Modificaciones Estructurales de las Sociedades Mercantiles. Ley 3/2009, S. 356; Sánchez Rus, La fusión transfronteriza de Sociedades Anónimas desde la perspectiva del Derecho español, S. 1034; Memento Fusiones 2005/2006, Rz. 1505; Tapia Hermida in Modificaciones Estructurales de las Sociedades Mercantiles, Band I, S. 811; Mambrilla Rivera in Modificaciones Estructurales de las Sociedades Mercantiles, Band I, S. 854; In Spanien existieren verschiedene Präzedenzfälle wie bspw. die Verschmelzung zur Aufnahme der spanischen Aktiengesellschaft Sarrio SA auf die italienische Aktiengesellschaft Reno de Medici SpA; die Verschmelzung zur Aufnahme der spanischen Aktiengesellschaft Damart SA auf die französische Aktiengesellschaft Belmart SA; die Verschmelzung zur Aufnahme der portugiesischen Aktiengesellschaft Tecnologías Música e Áudio Roland Portugal, SA und der spanischen Aktiengesellschaft Roland Electronics de Espana, SA auf die spanische Ein-Mann GmbH Roland Iberia, S.L. (Sociedad Unipersonal Absorbente); „BORME" Nr. 166 v. 27.8.2004, S. 24085; ausführlich zum Verfahren dieser Verschmelzung Tapia Hermida, RdS 1999, 133; a.A. Vincent Chulia in Derecho Mercantil Band I, S. 475.

134 Vgl. Wörterbuch der Rechts- und Wirtschaftssprache, Teil II Deutsch-Spanisch (Herbert Becher), 3. Auflage, S. 383

135 Vgl. Art. 27 Abs. 2 LME; Art. 9.11 C.C. hierzu Sequeira Martin, RdS 2009, 50; Memento Fusiones 2005/2006 Rz. 1505; Tapia Hermida in Modificaciones Estructurales de Sociedades Mercantiles, Band I, S. 811.

136 Hierzu siehe Stepholt/Bascopé, IStR-LB 2009, 39.

schlag der Literatur entsprochen.[137] Sowohl das Gesetz als auch das Schrifttum verwenden den Begriff *„transfronterizo intracomunitario“* („grenzüberschreitend innergemeinschaftlich“), wenn es sich um Verschmelzungen innerhalb der EU handelt. Hier wird zwar im Rahmen der Verschmelzung die spanische Grenze überschritten, jedoch sind die beteiligten Gesellschaften innerhalb der Grenzen der EU ansässig. Sofern bei der Verschmelzung spanische und nicht-EU-gemeinschaftliche Kapitalgesellschaften[138] beteiligt sind, wird von einer *„fusión transfronteriza extracomunitaria“*, mithin einer grenzüberschreitenden außergemeinschaftlichen Verschmelzung gesprochen.[139]

Zum ersten Mal wurde die grenzüberschreitende inner- und auch außergemeinschaftliche Verschmelzung durch den spanischen Gesetzgeber im LME[140] gesetzlich definiert. Dort wurde zudem – entsprechend der bisherigen Rechtslage – ausdrücklich klargestellt, dass eine grenzüberschreitende Verschmelzung auch mit Nicht-EU- bzw. EWR-Gesellschaften zulässig ist.[141]

---

137 Die herrschende Meinung der spanischen Literatur schließt sich der Meinung von Sánchez Calero an. Dieser Autor kritisiert die Verwendung des Begriffes grenzüberschreitend („transnacional“) in der spanischen Fassung der 10. Richtlinie. Dieser Begriff sei nicht präzise genug, da eigentlich grenzüberschreitend innergemeinschaftlich (“intracomunitario”) und nicht nur grenzüberschreitend gemeint ist. Vgl. La propuesta de la Comisión de la CEE de Décima Directiva referente a las Fusiones transfronterizas de Sociedades Anónimas y su incidencia en la posición jurídica de los Trabajadores de las Sociedades fusionadas, conforme al Derecho español Noticias de la Unión Europea 1989 S, 61 (62) ; Gonzales/Pereda in La Directiva 2005/56 del reglamento europeo y del consejo de 26 de Octubre de 2005 relativa a las Fusiones Transfronterizas de las Sociedades de Capital , S. 49 insbesondere S. 50 Fn 10; Lázaro Sánchez in Noticias de la Unión Europea, 2002, S 25 (siehe insbesondere 26 Fn 7 und 8); Prats Jané, Management Empresa 2006, 1 abrufbar unter: http://www.ub.edu/empresarials/ec/pdfs/11622-ESP-Directiva_fusions.pdf.

138 Hier sind die Kapitalgesellschaften i.S.d. Art. 1 VRL 2005/56/EG gemeint, die nicht nach dem Recht eines Mitgliedstaats gegründet worden sind und ihren satzungsmäßigen Sitz, ihre Hauptverwaltung oder ihre Hauptniederlassung nicht in der Gemeinschaft bzw. EWR haben.

139 Vgl. Sequeira Martin in Comentario al Proyecto de Ley sobre modificaciones in Revista de Derecho de Sociedades 2009, S. 50; Memento Sociedades Mercantiles 2010, Rz. 5819; Ávila Navarro in Modificaciones Estructurales de las Sociedades Mercantiles. Ley 3/2009, S. 356, (489); Tapia Hermida in Modificaciones Estructurales de Sociedades Mercantiles, Band I, S. 811.

140 Gesetz (Ley) 3/2009 v. 3.4.2009, BOE v. 4.4.2009.

141 Präambel des LME Gesetz.

1.5.4 Zwischenergebnis

Da es sich bei der Verschmelzung einer deutschen und einer spanischen Kapitalgesellschaft zwar um eine Verschmelzung über die deutsche bzw. spanische Grenze hinaus, jedoch innerhalb der Gemeinschaftsgrenzen handelt, wird für den benannten Vorgang im Rahmen dieser Arbeit der Begriff **„grenzüberschreitende innergemeinschaftliche Verschmelzung"** verwendet.

Unter einer grenzüberschreitenden innergemeinschaftlichen Verschmelzung im Sinne dieser Arbeit, die der Definition des Art. 2 Nr. 2 VRL 2005/56/EG, § 122a UmwG und Art. 54 LME entspricht, soll die vollständige Verschmelzung von bisher rechtlich selbstständigen Kapitalgesellschaften zu einer einzigen rechtlichen Einheit verstanden werden. Im Rahmen dieses Verschmelzungsvorgangs geht das gesamte Vermögen im Wege der Universalsukzession auf die übernehmende Gesellschaft über. Die Verschmelzung kann im Weg der Neugründung oder durch Aufnahme erfolgen. Die übertragende(n) Kapitalgesellschaft(en) wird/werden dabei ohne Abwicklung aufgelöst. Die Gesellschafter der übertragenden Gesellschaft erhalten Aktien oder Anteile an der übernehmenden Gesellschaft und gegebenenfalls eine bare Zuzahlung, die 10 % des Nennwerts oder — bei Fehlen eines solchen — des rechnerischen Werts dieser Aktien oder sonstigen Anteile nicht überschreiten darf.[142]

1.6 Aufbau der Arbeit

Die vorliegende Arbeit gliedert sich in sechs Teile:

In Kapitel 2 soll die Entwicklung der bisherigen Grundsatzrechtsprechung des EuGH und deren Auswirkung auf eine grenzüberschreitende innergemeinschaftliche Verschmelzung dargestellt werden. Hierbei wird aufgrund ihrer Bedeutung für die grenzüberschreitenden innergemeinschaftlichen Verschmelzungen und anderen Umwandlungsformen insbesondere die SEVIC-Entscheidung ausführlich erläutert.

Hiernach erfolgt die Darstellung der neuen gesellschaftsrechtlichen Rahmenbedingungen grenzüberschreitender innergemeinschaftlicher Verschmelzungen aus dem sekundären europäischen Recht, VRL 2005/56/EG, sowie deren Umsetzung in deutsches und spanisches Recht. Insbesondere wird auf das LME, das die VRL 2005/56/EG in spanisches Recht implementiert, eingegangen.

---

142 Diese Begriffsbestimmung entspricht der Definition der Verschmelzung des Art. 2 Nr. 2 VRL 2005/56, § 122a UmwG und Art. 54 LME.

Anschließend wird in Kapitel 3 die kollisionsrechtliche Behandlung der grenzüberschreitenden innergemeinschaftlichen Verschmelzung sowie ihre Entwicklung in Spanien und Deutschland in kompakter Form untersucht.

Kapitel 4 stellt den Hauptteil dieser Arbeit dar. In Kapitel 4 wird rein aus gesellschafts- nicht aber aus steuerrechtlicher Sicht geprüft, wie eine Verschmelzung unter Beteiligung spanischer und deutscher Kapitalgesellschaften durchzuführen ist. In diesem Kapitel wird das gesellschaftsrechtliche Verfahren zur Durchführung einer grenzüberschreitenden innergemeinschaftlichen Verschmelzung sowie die Besonderheiten und Konsequenzen auf Ebene der übertragenden und übernehmenden Kapitalgesellschaften, deren Gesellschafter und Gläubiger untersucht. Für ein besseres Verständnis werden hier in einem ersten Schritt die europäischen Regelungen dargestellt. In einem zweiten Schritt wird auf das deutsche und anschließend auf das spanische Recht eingegangen.

In Kapitel 5 wird lediglich die steuerliche Behandlung einer grenzüberschreitenden innergemeinschaftlichen Verschmelzung untersucht. Hierbei werden die europäischen Rahmenbedingungen der FRL 90/434 dargestellt und deren Umsetzung in Deutschland und in Spanien geprüft.

Der zweite Teil des Kapitels widmet sich der steuerrechtlichen Analyse der Durchführung einer grenzüberschreitenden innergemeinschaftlichen Verschmelzung nach deutschem Recht. Die Untersuchung verläuft systematisch nach dem Aufbau des UmwStG, die steuerliche Behandlung und Konsequenzen auf Ebene der übertragenden Kapitalgesellschaften, anschließend der übernehmenden Gesellschaft und zuletzt auf Ebene der Gesellschafter untersucht.

Nach dem das steuerliche Verfahren in Deutschland untersucht wurde, folgt eine Darstellung der steuerlichen Rechtsgrundlage und des Verfahrens in Spanien. Hier werden ebenfalls zuerst die steuerliche Behandlung und Konsequenzen auf Ebene der übertragenden Gesellschaft, danach der übernehmenden Kapitalgesellschaften und anschließend der Gesellschafter gewürdigt.

Die Arbeit schließt in Kapitel 6 mit einer Zusammenfassung und einem Ausblick.

2 Rahmenbedingungen für eine grenzüberschreitende innergemeinschaftliche Verschmelzung auf europäischer Ebene

2.1 Entwicklung der Rechtsprechung auf europäischer Ebene (Gesellschaftsrecht)

2.1.1 Grundsatzrechtsprechung des Europäischen Gerichtshofes zur Interpretation der Niederlassungsfreiheit der Gesellschaften

2.1.2 Einleitung

Um eine tatsächliche und einheitliche Anwendung des Unionsrechts[143] zu gewährleisten sowie widersprechende und divergierende Rechtsauslegungen zu verhindern, können nationale Gerichte dem EuGH Rechtsfragen zur Vorabentscheidung vorlegen. Letztinstanzliche Gerichte sind im Rahmen der sog. C.I.L.F.I.T.-Doktrin[144] gar zur Vorlage verpflichtet.[145] Das nationale Gericht, bei dem der Rechtsstreit anhängig ist und das die Rechtsfragen zur Vorabentscheidung dem EuGH vogelegte, ist an die Rechtsauslegung durch diese EuGH-Entscheidung gebunden. Die gleiche bindende Wirkung hat das Urteil oder Be-

143 Mit dem Inkrafttreten des Vertrags von Lissabon am 1.12.2009 hat die Europäische Union Rechtspersönlichkeit erlangt und die zuvor der Europäischen Gemeinschaft eingeräumten Zuständigkeiten übernommen. Das Gemeinschaftsrecht ist daher zum Unionsrecht geworden, das auch alle Bestimmungen umfasst, die in der Vergangenheit aufgrund des Vertrags über die Europäische Union in seiner Fassung vor dem Vertrag von Lissabon ergangen sind. In der nachfolgenden Darstellung wird gleichwohl weiterhin der Begriff „Gemeinschaftsrecht" bzw. „innergemeinschaftlich“ verwendet. Vgl. unter: www.curia.europa.eu/jcms/jcms/Jo2_7024/#avantpropos.

144 EuGH–Urteil v. 6.10.1982 – Rs. C-283/81, Slg. 1982, 3415; Die Vorlagepflicht gilt jedoch nicht ausnahmslos. Keine Vorlagepflicht besteht, wenn der EuGH über eine gleichlautende Frage in einem anderen Verfahren bereits entschieden hat; vgl. EuGH-Urteil v. 4.11.1997 – Rs. C-337/95 (Parfums Christian Dior) Slg. 1997, I-6013, Rn. 31.

145 Art. 267 AEUV (ex-Art. 234 EGV).

schluss des EuGH auf andere nationale Gerichte, die mit demselben Rechtsproblem konfrontiert sind.[146]

Im Folgenden sollen die Grundsatzurteile des EuGH zur Mobilität von Gesellschaften in ihren wesentlichen Aussagen im Hinblick auf die Niederlassungsfreiheit sowie ihre Auswirkungen auf das deutsche und spanische Gesellschaftsrecht analysiert werden:

2.1.3 DAILY MAIL

Der Rechtsstreit zwischen der Daily Mail[147] and General Trust Plc und dem britischen Finanzministerium drehte sich um die Verlegung des Verwaltungssitzes der Daily Mail von Großbritannien in die Niederlande. Das britische Einkommen- und Körperschaftsteuergesetz verbot den Gesellschaften mit steuerlichem Sitz im Vereinigten Königreich ihren britischen Sitz ohne Zustimmung des Finanzministeriums aufzugeben. Das Finanzministerium hatte im Urteilsfall die erforderliche Zustimmung verweigert. Die Zustimmung des Finanzministeriums war nur für den Fall vorgeschrieben, dass diese Gesellschaft unter Beibehaltung ihrer Rechtspersönlichkeit und ihrer Eigenschaft als Gesellschaft britischen Rechts den Sitz ihrer Geschäftsleitung aus dem Vereinigten Königreich verlegen wollte.[148] Diese Konstellation lag im Urteilsfall jedoch nicht vor.

Eine Gesellschaft macht vom Niederlassungsrecht im Allgemeinen durch die Gründung von Agenturen, Zweigniederlassungen und Tochtergesellschaften Gebrauch. Eine Gesellschaft kann von ihrem Niederlassungsrecht weiter Gebrauch machen, indem sie an der Gründung einer Gesellschaft in einem anderen Mitgliedstaat teilnimmt; insoweit garantiert ihr Art. 221 EWG-Vertrag für die Beteiligung am Kapital der neuen Gesellschaft die Inländerbehandlung.[149] Eine solche Niederlassung hatte die Daily Mail im vorliegenden Fall mit der Eröffnung ihres Anlageberatungsbüros in den Niederlanden geschaffen. Der EuGH-war der Auffassung, dass die strittige britische Rechtsvorschrift solche Niederlassungsvorgänge nicht beschränke. Obgleich die Verweigerung der Zustimmung zu einer Liquidation und Wegzugs-/Abschlussbesteuerung der betreffenden Gesellschaft führte, verhinderte sie nach Auffassung des Gerichts auch nicht die teilweise oder selbst vollständige Übertragung des Kapitals einer Gesell-

---

146 Vgl. unter: www.curia.europa.eu/jcms/jcms/Jo2_7024/#avantpropos.

147 EuGH-Urteil v. 27.9.1988 – Rs. C-81/87, Slg. 1988 I, S. 5483 = NJW 1989, 2186.

148 Vgl. EuGH-Urteil v. 27.9.1988 – Rs. C-81/87, Slg. 1988 I, S. 5483 = NJW 1989, 2186, Rn. 18.

149 Vgl. EuGH-Urteil v. 27.9.1988 – Rs. C- 81/87, Slg. 1988 I, S. 5483 = NJW 1989, 2186, Rn. 17.

schaft britischen Rechts auf eine in einem anderen Mitgliedstaat neu gegründete Gesellschaft.

Der EuGH entschied somit im Ergebnis, dass die Niederlassungsfreiheit einer Gesellschaft, die nach dem Recht eines Mitgliedstaates gegründet wurde, nicht das Recht gewährt ihren Verwaltungssitz in einen anderen Mitgliedstaat zu verlegen.[150] Das britische Finanzministerium konnte daher die Erteilung der Zustimmung zur Verlegung des Sitzes der Geschäftsleitung der Daily Mail & General Trust Plc verweigern.

2.1.4 CENTROS

Die dänische Zentralverwaltung lehnte die Eintragung einer Zweigniederlassung einer britischen *„Limited“* (*„Ltd.“*), die ihre Geschäftstätigkeit ausschließlich in Dänemark ausübte, ab. Die Begründung der dänischen Verwaltung war, dass die *„Ltd.“* in dieser Konstellation lediglich das Ziel verfolge, die dänischen Mindestkapitalanforderungen umzugehen. Die Kernaussage des CENTROS-Urteils[151] ist, dass die Weigerung der dänischen Behörden, eine von dänischen Gesellschaftern in Großbritannien ordnungsgemäß mit einem Stammkapital von £ 100 gegründete *„Ltd.“* als dänische Zweigniederlassung einzutragen, nicht mit der Niederlassungsfreiheit vereinbar ist. Der dänische Staat war verpflichtet, die dänische Zweigniederlassung einer von zwei Dänen im Vereinigten Königreich errichteten englischen *„Ltd.“* zu registrieren, ohne dass dabei die Gründungsanforderungen des dänischen Gesellschaftsrechts zur Anwendung kamen. Die Tatsache, dass die Gründung den ausschließlichen Zweck verfolgte die dänischen Mindestkapitalvorschriften zu umgehen, stand der Berufung auf Artt. 49, 54 AEUV (ex-Artt. 43, 48 EGV) nach Ansicht des EuGH nicht entgegen.

2.1.5 ÜBERSEERING

Die Rechtssache Überseering,[152] die auf Vorlage des Bausenats des BGH[153] erging, betraf die Frage, ob eine Gesellschaft, die in den Niederlanden in der Rechtsform der *„Besloten Vennootschap“* (*„BV“*) gegründet wurde, nach der Verlegung ihres Verwaltungssitzes nach Deutschland rechts- und parteifähig war.

---

150 Vgl. EuGH-Urteil v. 27.9.1988 – Rs. C-81/87, Slg. 1988 I, S. 5483 = NJW 1989, 2186, Rn. 29.

151 EuGH-Urteil v. 9.3.1999 – Rs. C-212/97, Slg. 1999, I, S. 1459.

152 EuGH-Urteil v. 5.11.2002 – Rs. C-208/00, Slg. 2002, I, S. 9919.

153 BGH von 13.3. 2000 – VII ZR 370/98, BGHZ 154, 185 = ZIP 200, 967.

Die niederländische Überseering BV machte Ansprüche gegen eine deutsche Gesellschaft gerichtlich geltend. Sie unterlag in zwei Instanzen, da der niederländischen Kapitalgesellschaft nach der durch die sog. Sitztheorie gefestigten Rechtsprechung die Rechts- und Parteifähigkeit abgesprochen wurde. Nach Auffassung des LG Düsseldorf[154] und des OLG Düsseldorf[155] war die Frage der Rechts- und Parteifähigkeit nach der Verlegung des Verwaltungssitzes von den Niederlanden nach Deutschland nach deutschem Recht zu beurteilen. Da die Überseering BV sich jedoch in Deutschland nicht als Gesellschaft deutschen Rechts neu gegründet hatte, sei sie weder rechts- noch parteifähig.

Der BGH legte dem EuGH die Frage vor, ob es einen Verstoß gegen die Niederlassungsfreiheit i.S.d. Art. 49 i.V.m. Art. 54 AEUV (ex-Art. 43 i.V.m. ex-Art. 48 EGV) darstelle, wenn die Rechts- und die Parteifähigkeit einer Gesellschaft, die nach dem Recht eines EU-Staats wirksam gegründet worden ist, nach dem Recht des Staates beurteilt wird, in den die Gesellschaft ihren tatsächlichen Verwaltungssitz verlegt hat, wenn sich aus dessen Recht ergibt, dass sie vertraglich begründete Ansprüche dort nicht mehr gerichtlich geltend machen kann.[156]

Der EuGHführte diesbezüglich wörtlich aus: "*Es verstößt gegen die Artikel 43 EG und 48 EG* (Art. 49 i.V.m. Art. 54 AEUV), *wenn eine Gesellschaft, die nach dem Recht des Mitgliedstaats, in dessen Hoheitsgebiet sie ihren satzungsgemäßen Sitz hat, gegründet worden ist und von der nach dem Recht eines anderen Mitgliedstaats angenommen wird, dass sie ihren tatsächlichen Verwaltungssitz dorthin verlegt hat, in diesem Mitgliedstaat die Rechtsfähigkeit und damit die Parteifähigkeit vor seinen nationalen Gerichten (...) abgesprochen wird.*"[157] (...) Für eine Beseitigung dieses Verstoßes erachtete der EuGH Folgendes als erforderlich:[158] „*Die Inanspruchnahme der Niederlassungsfreiheit setzt zwingend die Anerkennung dieser Gesellschaften durch alle EU-Staaten voraus, in denen sie sich niederlassen wollen. Dieser andere Mitgliedstaat ist somit verpflichtet, die Rechtsfähigkeit und damit die Parteifähigkeit zu achten, die diese Gesellschaft nach dem Recht ihres Gründungsstaats besitzt.*"

In Anwendung des EuGH-Urteils entschied der BGH[159], dass Überseering BV in Deutschland rechts- und parteifähig ist. Diese Entscheidung wurde in der Literatur für konsequent und folgerichtig gehalten.[160] Es ist nicht zulässig, dass

---

154 Vgl. LG Düsseldorf, Urteil v. 5.11.1997, 5 O 132/96, NJW 2002, 3614.

155 Vgl. OLG Düsseldorf, Urteil v. 10.9.1998, 5 U 1/98, JZ 2000, 203.

156 Vgl. EuGH-Urteil v. 5.11.2002 -Rs.C-208/00; Slg. 2002, I, S. 9919, Rn. 21.

157 Vgl. EuGH-Urteil v. 5.11.2002 - Rs.C-208/00- Slg. 2002, I, S. 9919, Rn. 22.

158 Vgl. EuGH-Urteil v. 5.11.2002 - Rs. C-208/00- Slg. 2002, I, S. 9919, Rn. 95.

159 Vgl. BGH Urteil v. 13.3.2003 – VII ZR 370/98, Der Konzern 2003, 409.

160 Vgl. Forsthoff, DB 2003, 979; Leible/Hoffmann, ZIP 2003, 925; Geyrhalter/Gänßler, NZG 2003, 409.

ein EU-Staat den Zuzug einer Gesellschaft, die nach dem Recht eines anderen Mitgliedstaats gegründet wurde, beschränkt.

2.1.6 INSPIRE ART

In dem Fall „Inspire Art“[161] wollte eine englische Gesellschaft in der Rechtsform einer „*Limited*“ („*Ltd.*“) eine Zweigniederlassung in den Niederlanden begründen. Die niederländischen Behörden wollten dies gestatten, verlangten jedoch, dass die „*Ltd.*“ im Rechtsverkehr den zusätzlichen Titel *"formal ausländische Gesellschaft"* trägt, über ein Mindestkapital verfügt und der Geschäftsführer persönlich für die Gesellschaft haftet.

Dem EuGH hat dieser Sachverhalt die Möglichkeiten gegeben, zur Frage der Zulässigkeit von Sonderanknüpfungen ein gewisses Maß an Klarheit zu schaffen. Sonderanknüpfungen bedeuten, dass zwar die Rechtsfähigkeit von zuziehenden ausländischen Gesellschaften grundsätzlich anerkannt wird, gleichzeitig aber nationale gesellschaftsrechtliche Erfordernisse aufgestellt werden, an die sich diese Gesellschaften halten müssen.

In dem Urteil des EuGH heißt es diesbezüglich: „Die Artikel 43 EGV und 48 EGV (= Art. 49 und Art. 54 AEUV) stehen einer Regelung eines Mitgliedstaates (...) entgegen, die die Ausübung der Freiheit zur Errichtung einer Zweigniederlassung in diesem Staat durch eine nach dem Recht eines anderen Mitgliedstaats gegründete Gesellschaft von bestimmten Voraussetzungen abhängig macht, die im innerstaatlichen Recht für die Gründung von Gesellschaften bezüglich des Mindestkapitals und der Haftung der Geschäftsführer vorgesehen sind. Die Gründe, aus denen die Gesellschaft in dem anderen Mitgliedstaat errichtet wurde, sowie der Umstand, dass sie ihre Tätigkeit ausschließlich oder nahezu ausschließlich im Mitgliedstaat der Niederlassung ausübt, nehmen ihr nicht das Recht, sich auf die durch den EU-Vertrag garantierte Niederlassungsfreiheit zu berufen, es sei denn, im konkreten Fall wird ein Missbrauch nachgewiesen.“[162]

2.1.7 SEVIC Systems

Wegen seiner besonderen Bedeutung wird die SEVIC-Entscheidung nachfolgend ausführlich analysiert.

---

161 Vgl. EuGH-Urteil v. 30.9.2003 - Rs. C-167/01, Slg. 2003, I, S. 10155 = AG 2003, 680.

162 Vgl. EuGH-Urteil v. 30.9.2003 - Rs. C-167/01, Slg. 2003, I, S. 10155 = AG 2003, 680; Rn. 105.

Fast zeitgleich mit der Verabschiedung der VRL 2005/56/EG stellte der EuGH in seiner richtungweisenden Entscheidung in der Rechtssache "SEVIC Systems"[163] vom 13.12.2005 fest, dass sich das deutsche Gesellschaftsrecht zum Teil als europarechtswidrig erweist.[164] Die SEVIC-Entscheidung ist wegweisend, da danach grenzüberschreitende innergemeinschaftlichen Verschmelzungen unter Beteiligung deutscher (europäischer) Rechtsträger bereits vor Umsetzung der VRL 2005/56/EG in deutsches (und in das jeweilige europäische) Recht über deren Umfang hinaus aufgrund der EU-vertraglichen Niederlassungsfreiheit möglich sind[165]

Der Entscheidung lag folgender Sachverhalt zugrunde:

Das Amtsgericht Neuwied verweigerte die Eintragung der Verschmelzung zur Aufnahme der inländischen SEVIC Systems AG mit Sitz in Neuwied (als aufnehmende Gesellschaft) mit der Security Vision Concept SA mit Sitz in Luxemburg (als übertragende Gesellschaft).[166] Der Verschmelzungsvertrag sah die Auflösung der ausländischen Tochtergesellschaft ohne Abwicklung und die Übertragung ihres Gesamtvermögens im Wege der Universalsukzession auf die inländische Muttergesellschaft, SEVIC Systems AG, vor.[167]

Das Amtsgericht Neuwied begründete die Verweigerung mit Hinweis auf § 1 UmwG, wonach eine Umwandlung de lege lata nur möglich sei, wenn der Sitz der beteiligten Rechtsträger sich in der Bundesrepublik Deutschland befindet.[168]Hiergegen erhob die SEVIC Systems AG Beschwerde vor dem LG Koblenz. Daraufhin legte das LG Koblenz[169], als Beschwerdegericht, die folgende Frage dem EuGHzur Vorabentscheidung vor:

„...sind Art. 43 und 48 EGV dahin auszulegen, dass es im Widerspruch zur Niederlassungsfreiheit der Gesellschaften steht, wenn die Eintragung einer aus-

---

163 Vgl. EuGH-Urteil v. 13.12.2005 - Rs. C-411/03; Slg. 2005, I, S. 10805 = ZIP 2005, 2311.

164 Vgl. EuGH-Urteil v. 13.12.2005 - Rs. C-411/03; Slg. 2005, I, S. 10805 = ZIP 2005, 2311.

165 Vgl. EuGH-Urteil v. 13.12.2005 - Rs. C-411/03; Slg. 2005, I, S. 10805 = ZIP 2005, 2311, Rn. 26; ebenso Gesell/Krömker, DB 2006, 2558; Siems, EuZW 2006, 135; Spahlinger/Wegen, NZG 2006, 721.

166 Den umgekehrten Fall der Herausverschmelzung einer deutschen AG auf eine luxemburgische SA wurde bereits im Jahre 1901 von dem Kammergericht (KG, Jahrbuch der Entscheidung des Kammergerichts, 21. Bd. 1901, A 294) abgelehnt; hierzu Gottschalk, EuZW 2006, 83.

167 Vgl. EuGH-Urteil v. 13.12.2005 - Rs. C-411/03; Slg. 2005, I, S. 10805 = ZIP 2005, 2311, Rn. 6.

168 Vgl. EuGH-Urteil v. 13.12.2005 - Rs. C-411/03; Slg. 2005, I. S. 10805 = ZIP 2005, 2311, Rn 7.

169 LG Koblenz Vorlagebeschluss v. 16.9.2003 – 4 HK.T 1/03, ZIP 2003, 2210.

ländischen europäischen Gesellschaft in das deutsche Handelsregister gem. §§ 16 ff. UmwG versagt wird, weil § 1 Abs. 1 Nr. 1 UmwG nur eine Umwandlung von Rechtsträgern mit Sitz im Inland vorsieht...?"

2.1.7.1 Die EuGH-Entscheidung

In erster Linie wurde mit der SEVIC-Entscheidung klargestellt, dass die Regelungen der Artt. 49, 54 AEUV (ex-Artt. 43, 48 EGV) einschlägig zur Anwendbarkeit der Niederlassungsfreiheit sind und die Modalität der grenzüberschreitenden innergemeinschaftlichen Verschmelzung ihrem Schutz unterliegt. Art. 49 AEUV (ex-Art. 43 EGV) umfasst die Niederlassungsfreiheit für die in Art. 54 AEUV (ex-Art. 48 EGV) genannten Gesellschaften u.a. das Recht auf Gründung und Leitung dieser Gesellschaften nach den Bestimmungen des Aufnahmestaats, die für dessen eigene Angehörige gelten. Von Art. 54 AEUV (ex-Art. 48 EGV) sind ebenfalls Personengesellschaften erfasst.

„GrenzüberschreitendeVerschmelzungen entsprechen nach Auffassung des EuGHs – *wie andere Gesellschaftsumwandlungen*[170]*den Zusammenarbeit- und Umgestaltungsbedürfnissen von Gesellschaften mit Sitz in verschiedenen Mitgliedsstaaten. Sie stellen besondere, für das reibungslose Funktionieren des Binnenmarktes wichtige Form der Ausübung der Niederlassungsfreiheit dar und gehören damit zu den wirtschaftlichen Tätigkeiten, hinsichtlich deren die EU-Staaten die Niederlassungsfreiheit nach* Art. 49 AEUV(ex-*Art. 43 EGV) beachten müssen*"[171]

Die EU-Staaten dürfen die Durchführung einer grenzüberschreitenden innergemeinschaftlichen Verschmelzung nicht allgemein verweigern. Ferner stellt der EuGH eine unberechtigte Ungleichbehandlung im deutschen Recht (in concreto durch: § 1 Abs. 1 UmwG) fest, die bei der Verschmelzung zur Diskriminierung von Gesellschaften mit Sitz in anderen EU-Staaten führt und ein Verstoß gegen Artt. 49, 54 AEUV (ex-Artt. 43, 48 EGV) darstellt.

Der EuGH führt wie folgt aus:

„Die Artikel 43 EG und 48 EG stehen dem entgegen, dass in einem Mitgliedstaat die Eintragung einer Verschmelzung durch Auflösung ohne Abwicklung einer Gesellschaft und durch Übertragung ihres Vermögens als Ganzes auf eine andere Gesellschaft in das nationale Handelsregister generell verweigert wird, wenn eine der beiden Gesellschaften ihren Sitz in einem anderen Mitgliedstaat hat, während eine solche Eintragung, sofern bestimmte Voraussetzungen

---

170 Hiernach dürften ebenfalls die Spaltung gemeint sein.

171 Vgl. EuGH-Urteil v. 13.12.2005 - Rs. C-411/03; Slg. 2005, I, S. f10805 = ZIP 2005, 2311, Rn. 19.

erfüllt sind, möglich ist, wenn beide an der Verschmelzung beteiligten Gesellschaften ihren Sitz im erstgenannten Mitgliedstaat haben“[172]

Die unterschiedliche Behandlung inländischer und ausländischer Gesellschaften durch das deutsche UmwG in § 1 Abs. 1 UmwG sieht der EuGH somit als eine unzulässige Beschränkung der Niederlassungsfreiheit (Diskriminierung) an. Eine Beschränkung kann nur gerechtfertigt sein, wenn mit ihr ein legitimes, mit dem AEUV (ex-EGV) zu vereinbarendes Ziel verfolgt werde. Als Rechtfertigungsgründe kämen grundsätzlich zwingende Allgemeininteressen wie der Schutz der Interessen von Gläubigern, Minderheitsgesellschaftern und Arbeitnehmern sowie die Wahrung der Wirksamkeit der Steueraufsicht und der Lauterkeit des Handelsverkehrs in Betracht.[173]

Darüber hinaus stellte der EuGH klar, dass gemeinschaftliche Harmonisierungsvorschriften, wie in der VRL 2005/56/EG enthalten, zur Erleichterung grenzüberschreitender innergemeinschaftlicher Verschmelzungen zwar hilfreich sein können, diese allerdings keine Vorbedingung für die Durchführung der in den Artt. 49, 54 AEUV (ex-Art. 43, 48 EGV) verankerten Niederlassungsfreiheit darstellen.[174]

2.1.7.2 Stellungnahme, Reichweite und Würdigung der SEVIC-Entscheidung

Die Entscheidung in Sachen SEVIC ist unter folgenden Aspekten von besonderer Bedeutung:

Vor der SEVIC-Entscheidung wurde vereinzelt im Schrifttum argumentiert, dass eine Gesellschaft sich nur dann auf die Niederlassungsfreiheit berufen kann, wenn sie sowohl vor als auch nach dem Umwandlungsvorgang weiterhin existiert. Bei der Verschmelzung ist dies jedoch regelmäßig für eine der beteiligten Gesellschaften nicht der Fall, da die übertragende Gesellschaft im Zuge der Verschmelzung auf die aufnehmende Gesellschaft untergeht (sog. "corporate suicide“ oder „selbst Zerstörung“).[175] Es ließe sich bei einer grenzüberschreitenden innergemeinschaftlichen Verschmelzung die Auffassung vertreten, dass hierbei der Schutz der Niederlassungsfreiheit nicht zum Tragen kommen kann, da sich hier weder die übertragende Gesellschaft im EU-Staat der aufnehmenden

172 EuGH-Urteil v. 13.12.2005 - Rs. C-411/03; Slg. 2005, I, S. 10805 = ZIP 2005, 2311, Rn. 31.

173 EuGH-Urteil v. 13.12.2005 - Rs. C-411/03; Slg. 2005, I, S. 10805 = ZIP 2005, 2311, Rn. 23, 24; hierzu Geyrhhalter/Weber, DStR 2006, 146.

174 EuGH-Urteil v. 13.12.2005 - Rs. C-411/03; Slg. 2005, I, S. 10805 = ZIP 2005, 2311, Rn. 26.

175 Vgl. Paefgen, GmbHR 2004, 463 (467) m.w.N.; Kuntz, EuZW 2005, 524 (526).

Gesellschaft noch die aufnehmende bzw. neuzugründende Gesellschaft im EU-Staat der übertragenden Gesellschaft niederlassen wollten. Die übertragende(n) Gesellschaft(en) werden ihre Existenz aufgrund der Verschmelzung verlieren während bei der Verschmelzung zur Aufnahme die übernehmende Gesellschaft unabhängig von der Verschmelzung bestehen bleibt.[176]

Mit der SEVIC-Entscheidung wurde jedoch diese Argumentation entkräftet und klargestellt, dass auf die sekundäre Niederlassungsfreiheit der aufnehmenden bzw. neuzugründenden Gesellschaft und nicht auf die primäre Niederlassungsfreiheit der übertragenden Gesellschaft abzustellen ist.[177] Die Frage der Abstellung auf die übertragende Gesellschaft („corporate suicide“ oder „selbst Zerstörung“) wurde somit in der SEVIC-Entscheidung geklärt.[178]

Die SEVIC-Entscheidung stellt ferner klar, dass die Artt. 49, 54 AEUV (ex-Artt. 43 und 48 EGV) unmittelbar, d.h. ohne weiterführende sekundärrechtliche Ausgestaltung die Durchführung einer grenzüberschreitenden innergemeinschaftlichen Verschmelzung ermöglichen und diese direkt auf die Grundfreiheiten gestützt werden kann.[179] Wenn gemeinschaftliche Harmonisierungsvorschriften, wie die bereits in Deutschland und Spanien umgesetzte VRL 2005/56/EG[180], zur Erleichterung grenzüberschreitender innergemeinschaftlicher Verschmelzungen Nutzen bringen, so sind sie doch keine Vorbedingung für die Durchführung der in den Artt. 49, 54 AEUV (ex-Artt. 43, 48 EGV) verankerten Niederlassungsfreiheit.[181]

---

176 Vgl. Siems, EuZW 2006, 135 (136).

177 EuGH-Urteil v. 13.12.2005 - Rs. C-411/03; Slg. 2005, I-10805 = ZIP 2005, 2311, Rn. 17; hierzu Louven/Dettmeier/Pöschke/Wenig, BB-Special 3/2006, 4.

178 EuGH-Urteil v. 13.12.2005; Rs. C-411/03; Slg. 2005, I-10805 = ZIP 2005, 2311, Rn. 17; hierzu Louven/Dettmeier/Pöschke/Wenig, BB-Special 3/2006, 4.

179 EuGH-Urteil v. 13.12.2005; Rs. C-411/03; Slg. 2005, I-10805 = ZIP 2005, 2311, Rn. 16 und 26, hierzu Gesell/Krömker, DB 2006, 2558; Siems, EuZW 2006, 135; Spahlinger/Wegen, NZG 2006, 721.

180 Ausführlich zur Umsetzung der VRL 2005/56/EG in Deutschland und Spanien siehe Kapitel 4.

181 Der Generalanwalt Tizzano hatte bereits diese Meinung in den Schlussanträgen vertreten, DB 2005, 1510; Dieser Auffassung ist der EuGH ausdrücklich wie zutreffend gefolgt; EuGH-Urteil v. 13.12.2005 - Rs. C-411/03; Slg. 2005, I-10805 = ZIP 2005, 2311, Rn. 26; in diesem Sinne ebenso Urteil v. 28.1.1992 - Rs C-204/90, Slg. 1992, I-249, Rn. 11.

2.1.7.3 Einfluss der SEVIC-Entscheidung auf Herein- und Herausverschmelzungen

Nach der Auffassung einiger Stimmen in der deutschen Literatur[182] war nicht völlig geklärt, ob die SEVIC-Entscheidung lediglich für "Hereinverschmelzungen" oder aber auch für sog. „Herausverschmelzungen“[183] gilt, sowie ferner andere grenzüberschreitende innergemeinschaftliche Restrukturierungsmaßnahmen wie z.B. Spaltungen erfasst.

Hierzu ist anzumerken, dass der EuGH richtigerweise nicht zwischen Herein- und Herausverschmelzungen unterscheidet und stets allgemein von Verschmelzungen spricht.[184] Eine Unterscheidung nach Art. 49 und Art. 54 AEUV (ex-Artt. 43 und 48 EGV) zwischen Herein- und Herausverschmelzungen erfolgt somit nicht. Die Niederlassungsfreiheit wird einheitlich für jedwede Verschmelzung gewährleistet, ohne zu differenzieren, ob es sich um Herein- oder Herausverschmelzungen handelt.[185] Die Hereinverschmelzung in einen EU-Staat setzt die Herausverschmelzung aus einem anderen voraus. Herein- und Herausverschmelzung stellen somit lediglich zwei Aspekte desselben wirtschaftlichen Vorgangs dar. Zutreffend stellen u.a. auch *Weber und Geyrhalter* fest, dass es sich hier um zwei Seiten der gleichen Medaille handelt.[186]

Obschon in dem SEVIC-Fall die Verschmelzung aus Luxemburg hinaus nicht problematisch war, da die luxemburgische Rechtsordnung Herausverschmelzungen offensichtlich zulässt,[187] lässt sich m.E das Urteil auf Fälle der

182 Vgl. Louven/Dettmeier/Pöschke/Wenig, BB-Special 3/2006, 4; Kappes, NZG 2006, 101 (102); Kieninger, EWS 2006, 49 (50), Drygala, EWiR 2006, 25 (26).

183 EuGH-Urteil v. 13.12.2005- Rs. C-411/03; Slg. 2005, I-10805 = ZIP 2005, 2311, Rn. 19; zustimmend zur "Hinausverschmelzung": Gesell/Krömker, DB 2006, 2558 Drinhausen/Keinath, BB 2006 725 (732); Geyrhhalter/Weber, DStR 2006, 146 (150); Leible/Hoffmann, RIW 2006, 161 (165); Bungert, BB 2006, 53 (55); mit Ausnahme des Formwechsels Siems, EuZW 2006 S. 135 (139); zur Frage anderer Formen der Umwandlung: Drinhausen/Gesell, BB-Special 8 (zum SEStEG), 2006, 3 (14); Geyrhhalter/Weber, DStR 2006, 146 (150); Teichmann, ZIP 2006, 355 (357); Siems, EuZW 2006, 135 (138); Sedemund, BB 2006, 519 (520); Bungert, BB 2006, 53 (56); ähnlich bereits Drygala, ZIP 2005 S. 1995 (1997); a. A. Leible/Hoffmann, RIW 2006, 161 (166).

184 Vgl. EuGH-Urteil v. 13.12.2005 - Rs. C-411/03; Slg. 2005, I-10805 = ZIP 2005, 2311, Rn. 19; zutreffend Geyrhalter/Weber, DStR 2006, 146.

185 Ebenso Klein, RNotZ 2007, 565 (570).

186 Vgl. Geyrhalter/Weber, DStR 2006, 146; ebenso Klein, RNotZ 2007, 567 (570).

187 Schlussanträge des Generalanwalts Antonio Tizzano, ZIP 2005, 1227 (1231, Fn. 22); „...Im vorliegenden Fall ergibt sich aus den Akten, dass Luxemburg keinerlei Einwand erhoben und die Löschung der SVC aus dem nationalen Handelsregister vorgenommen

Herausverschmelzung von Kapitalgesellschaften in andere EU-Staaten übertragen.[188] So berichten *Gesell* und *Krömker*[189] über eine Herausverschmelzung aus niederländischer Sicht, bei der das AG Amsterdam in einer Entscheidungvom 29.1.2007 das o.g Rechtsverständnis ausdrücklich bestätigte, indem es der Verschmelzung zur Aufnahme einer niederländischen Gesellschaft in der Form einer *„Besloten Venootschap" („BV")* auf eine deutsche Kapitalgesellschaft vor der Umsetzung der VRL 2005/56 in den Niederlanden unter Hinweis auf die SEVIC-Entscheidung des EuGH zustimmte.[190]

Der EuGH hat, bevor die VRL 2005/56/EG in das jeweilige nationale Recht umgesetzt wurde und ihre Wirkung entfalten konnte, klargestellt, dass eine grenzüberschreitende innergemeinschaftliche Verschmelzung in beide Richtungen möglich ist. Schon aufgrund der SEVIC-Entscheidung des EuGH mussten nationale Registergerichte nun Hineinverschmelzungen ausländischer Gesellschaften in das Handelsregister eintragen, sofern die jeweils national anwendbaren Verfahrensregelungen eingehalten wurden und dem Hineinverschmelzen keine Allgemeininteressen[191] entgegenstehen.[192] Zwar verkomplizieren mangelnde Harmonisierung und heterogene Rechtsformalitäten der jeweiligen Länder das Verfahren; dies ließe sich jedoch in der Praxis bei konsequenter Anwendung der Vereinigungslehre durch distributive Anwendung und kumulative Erfüllung

---

hat…"; hierzu auch Komo, Grenzüberschreitende Zusammenschlüsse britischer und deutscher Unternehmen, S. 66.

188 Die Ausführungen des EuGH beziehen sich allgemein auf „grenzüberschreitende Verschmelzung" vgl. EuGH-Urteil v. 13.12.2005 - Rs. C-411/03, Slg. 2005, I-10805 = ZIP 2005, 2311, Rn. 19 und 30. In der Beurteilung wie hier ebenso Lutter/Drygala, JZ 2006, 770 (771); Bungert, BB 2006, 53; Siems, EuZW 2006, 135; Teichmann, ZIP 2006, 355 (358); Izzo-Wagner, Kollisionsrecht und Gesellschaftsrecht nach der EuGH- Rechtsprechung und europäischen Normgebung, S. 136; a.A. Kappes, NZG 2006, 101 (102); Leible/Hoffmann, RIW 2006, 161; OLG München v. 2.5.2006 -31 Wx 9/06, 31 Wx 009/06; GmbHR 2006, 600.

189 Vgl. AG Amsterdam EA 063338 166, DB 2007, 677, mit Kommentar von Gesell/Krömker.

190 Vgl. AG Amsterdam EA 063338 166, DB 2007, 677, mit Kommentar von Gesell/Krömker; hierzu Klein, RNotZ 2007, 567 (570).;

191 Zu dem Allgemeininteresse zählen der Schutz der Interessen von Gläubigern, Minderheitsgesellschaftern und Arbeitnehmern; vgl. EuGH-Urteil v. 5.11.2002 - Rs. C-208/00, Slg. 2002, I, S. 9919, Rn. 92; sowie die Wahrung der Wirksamkeit der Steueraufsicht und der Lauterkeit des Handelsverkehrs; vgl. EuGH-Urteil v. 30.9.2003 - Rs. C-167/01, Slg. 2003, I, S. 10155, Rn. 132; ebenso EuGH-Urteil v. 13.12.2005 - Rs. C-411/03; Slg. 2005, I-10805 = ZIP 2005, 2311, Rn. 17 und Rn. 28.

192 Vgl. EuGH-Urteil v. 13.12.2005 - Rs. C-411/03; Slg. 2005, I-10805 = ZIP 2005, 2311, Rn. 26; hierzu Geyrhhalter/Weber, DStR 2006, 146.

der Vorschriften beider Rechtsordnungen überbrücken.[193] Die Zuzugsfreiheit durch Hereinverschmelzung würde in dem Falle, dass es den EU-Staaten freistünde die Herausverschmelzung zu untersagen, leer laufen.[194] Dies dürfte bei der Sitzverlegung entsprechend gelten.

2.1.7.4 Erfasste Gesellschaftsformen

Auf der Grundlage der VRL 2005/56/EG sind nur Kapitalgesellschaften verschmelzungsfähig, die nach dem Recht eines EU-Staates gegründet sind und ihren satzungsmäßigen Sitz, ihre Hauptverwaltung oder ihre Hauptniederlassung in der Gemeinschaft haben.[195] Art. 2 Nr. 1 VRL 2005/56/EG definiert den Begriff Kapitalgesellschaft. Entsprechend der Regelungen des Art. 2 Nr. 1 VRL 2005/56/EG haben sowohl der spanische[196] als auch der deutsche[197] Gesetzgeber - wie nachstehend zu erörtern sein wird– die Beschränkung auf nur bestimmte Kapitalgesellschaften umgesetzt.

Die Bedeutung der SEVIC-Entscheidung übersteigt hingegen bei weitem den Regelungsgehalt der VRL 2005/56/EG in Art. 2 Nr. 1.[198] Die Beschränkung steht somit nicht im Einklang mit der SEVIC-Entscheidung, da nach der VRL 2005/56/EG und den jeweiligen nationalen Gesetzen die grenzüberschreitende innergemeinschaftliche Verschmelzung nur für „bestimmte" Kapitalgesellschaften Anwendung findet. Der EuGH bezieht sich auf Art. 54 AEUV (ex-Art. 48 EGV) und stellt somit klar, dass die Niederlassungsfreiheit in Form der Verschmelzungsfreiheit auch anderen von Art. 54 AEUV[199] (ex-Art. 48 EGV) geschützten Rechtsträgern, also auch für Personengesellschaften verfügbar ist.[200]

---

193 Vgl. Gesell und Krömker berichten über die Verschmelzung einer niederländischen auf eine deutsche Kapitalgesellschaft nach der SEVIC-Entscheidung des EuGH; Gesell/Krömker, DB 2006, 2558.

194 Ebenso Klein, RNotZ 2007, 565 (570).

195 Art. 1 VRL 2005/56.

196 Art. 54 Nr. 2 LME.

197 § 122b Abs. 1 UmwG.

198 Vgl. Klein, RNotZ 2007, 565 (570); Geyrhhalter/Weber, DStR 2006, 146; Kappes, NZG 2006, 101.

199 Nach Art. 54 Abs. 2 AEUV (ex-Art. 48 Abs. 2 EGV) gelten „Als Gesellschaften (gelten) die Gesellschaften des bürgerlichen Rechts und des Handelsrechts einschließlich der Genossenschaften und die sonstigen juristischen Personen des öffentlichen und privaten Rechts mit Ausnahme derjenigen, die keinen Erwerbszweck verfolgen." Hierzu Troberg/Tiedje in von der Groeben/Schwarze - Kommentar zum EU-/EG-Vertrag , Art. 48 EGV, Rn. 2 ff.

200 Schlussanträge des Generalanwalts Antonio Tizzano v. 7.7.2005, DB 2005, 1510, Rn. 4; Mambrilla Rivera in Modificaciones Estructurales de las Sociedades Mercantiles, S.

2.1.7.5 Grenzüberschreitende innergemeinschaftliche Spaltung

In der SEVIC-Entscheidung wird betont, dass „die grenzüberschreitende Verschmelzung wie andere Gesellschaftsumwandlungen den Zusammenarbeits- und Umgestaltungsbedürfnissen von Gesellschaften in verschiedenen Mitgliedsstaaten“[201] entsprechen. Das UmwG versteht dabei den Begriff Umwandlung als Oberbegriff, unter den die Verschmelzung, die Spaltung[202], die Vermögensübertragung sowie der Formwechsel subsumiert werden können.[203] Dies spricht in erster Linie für die Zulässigkeit der Herein- und Herausverschmelzung, da sich aus den Ausführungen des EuGH keine Beschränkungen, die nur für die Hereinverschmelzung sprechen würden, ergeben und vielmehr allgemein über die grenzüberschreitende Verschmelzung gesprochen wird. Zum anderen spricht diese Formulierung für die Zulässigkeit anderer grenzüberschreitenden Gesellschaftsumwandlungen nämlich der grenzüberschreitenden innergemeinschaftlichen Spaltung und der grenzüberschreitenden innergemeinschaftlichen Sitzverlegung,[204] die in Spanien[205] ebenfalls zulässig und bereits (sogar grenzüberschreitend außegemeinschaftlich) geregelt sind.[206]

882; Bayer in Lutter, § 122a UmwG, Rz. 12; Bayer/Schmidt, BB 2008, 454 (459); Bayer/Schmidt, ZIP 2006, 210 (212); Doralt, IPrax 2006, 572 (576); Heckschen in Widmann/Mayer, Vor § 122a ff UmwG, Rz. 14; Lutter/Drygala, JZ 2006, 770 (771, 773); Spahlinger/Wegen, NZG 2006, 721 (727); Neye/Timm GmbH 2007, 561 (565); Inwinkl/Schneider, RIW 2008, 4 (7); Leutner /Wagner, GPR 2006, 32 (34); Bayer/ Schmidt, NJW 2006, 401; Winter, GmbHR 2008, 532; der berichtet über die Fortschritte der Umsetzung der VRL 2005/56/EG in den anderen Mitgliedstaaten und die Unterschiede vor allem bei der Festlegung des Kreises der verschmelzungsfähigen Gesellschaften, insbesondere der Einbeziehung von Genossenschaften. Luxemburg - am wenigsten konservativ - lässt eine grenzüberschreitende Verschmelzung auf inländischer Seite mit jeder Gesellschaft mit eigener Rechtspersönlichkeit sowie auf ausländischer Seite sogar mit Gesellschaften aus Nicht-EU/EWR-Staaten zu.

201 EuGH-Urteil v. 13.12.2005 - Rs. C-411/03; Slg. 2005, I-10805 = ZIP 2005, 2311, Rn. 19.

202 Spaltung ebenfalls als Oberbegriff unter den Aufspaltung, Abspaltung und Ausgliederung subsumiert werden können.

203 Vgl. Ott in Ressort Ertragsteuern/Bilanzsteuerrecht: Umwandlungssteuerrecht (Haufe-Index: 12242).

204 Art. 92 i.V.m Art. 93 LME, die die Sitzverlegung einer spanischen Gesellschaft ins Ausland regeln. Art. 92 i.V.m. Art. 94 LME, die die Sitzverlegung einer ausländischen Gesellschaft nach Spanien regeln.

205 Die grenzüberschreitende Spaltung in Spanien ist in Art. 73 Abs. 2 LME.

206 Ausführlich in Abschnitt 2.2.1.2. ff andere Restrukturierungsmöglichkeiten in Spanien. Bemerkenswert ist auch die Umsetzung in Finnland, die sowie Spanien ebenfalls neben

Die Diktion des EuGH *„andere Gesellschaftsumwandlungen“*[207] ist dahingehend auszulegen, dass hier nicht nur die Verschmelzung - damit ist nicht nur die Herein- sondern auch die Herausverschmelzung gemeint -sondern auch die Spaltung betroffen sein muss.[208] Wie *Klein* zutreffend feststellte, lassen sich das Ergebnis und die Auswirkung der SEVIC-Entscheidung analog auf die Spaltung übertragen. Folglich ist ein generelles Verbot der grenzüberschreitenden innergemeinschaftlichen Spaltung nach der Diktion des EuGH ebenso wenig vertretbar.[209]

Gesell und *Krömker* legen die Entscheidung des EuGH weiterführend dahingehend aus, dass auch andere Umwandlungsformen wie die Spaltung, Sitzverlegung etc. von der Niederlassungsfreiheit garantiert sind.[210]Dieser Auffassung ist zuzustimmen.

Zur Durchführung einer grenzüberschreitenden innergemeinschaftlichen Spaltung sind die Rechtsordnungen der übertragenden als auch der übernehmenden bzw. neu zugründenden Gesellschaft zu berücksichtigen.[211] Dabei setzt sich die strengste Rechtsordnung durch (Vereinigungstheorie). Hinsichtlich des Verfahrens zur Durchführung einer grenzüberschreitenden innergemeinschaftlichen Spaltung unter Anwendung der Vereinigungstheorie ist auf die entsprechenden Ausführungen zur kollisionsrechtlichen Behandlung einer grenzüberschreitenden innergemeinschaftlichen Verschmelzung in Kapitel 3 zu verweisen.

---

grenzüberschreitenden Verschmelzungen auch grenzüberschreitende innergemeinschaftliche Spaltungen erlaubt; hierzu Winter, GmbHR 2008, 532.

207 EuGH-Urteil v. 13.12.2005 - Rs. C-411/03; Slg. 2005, I-10805 = ZIP 2005, 2311, Rn. 21.

208 H.M. Brocker, BB 2010, 971; Geyrhhalter/Weber, DStR 2006, 146; Siems, EuZW 2006, 135; Lutter/Drygala, JZ 2006, 770; Spahlinger/Wegen, NZG 2006, 721; Bungert, BB 2006, 53; Zimmermann in Beck´sches Notar-Handbuch, Rn. 189; Mambrilla Rivera in Modificaciones Estructurales de las Sociedades Mercantiles, Band I, S. 882, Frischhut, EWS 2006, 55 (56); Geyrhhalter/Weber, DStR 2006, 145 (150); Kallmeyer/Kappes, AG 2006, 224 (234); Spahlinger/Wegen, NZG 2006, 721 (725); Meilicke/Rabback, GmbHR 2006, 123 (126); Heckschen in Widmann/Mayer § 122a Rz. 21. m.w.N; Krause/Kulpa, ZHR 171 (2007), 38, 46ff; Bayer/Schmidt, NZG 2006, 841; Bungert, BB 2006, 53 (55); Drinhausen/Keinath, BB 2006, 725; Geyrhhalter/Weber, DStR 2006, 146 (150); Haritz/von Wolff, GmbHR 2006, 340 (344); Louven, ZIP 2006, 2021 (2023); Weiss/Wöhlert, WM 2007, 580 (584); Klein, RNotZ 2007, 565 (570) m.w.N.; a. A. Forsthoff, DStR 2006, 613. Mit einem Zusatz in § 125 UmwG wurde lediglich klargestellt, dass sich die neue Regelungen zur grenzüberschreitenden Verschmelzung nicht auf die grenzüberschreitende Spaltung anwenden lassen. In Spanien ist sie zulässig und bereits geregelt; hierzu Stepholt/Bascopé, IStR-LB 2009, 39 ff.

209 Vgl. Klein, RNotZ 2007, 565 (570).

210 Vgl. Gesell/Krömker, DB 2006, 2558.

211 Ebenso Spahlinger/Wegen, NZG 2006, 721 m.w.N.

M.E.findet für die grenzüberschreitende innergemeinschaftliche Spaltung die VRL 2005/56/EG analoge Anwendung.[212]

2.1.7.6 Beschränkung der grenzüberschreitenden innergemeinschaftlichen Verschmelzung

Eine Beschränkung der grenzüberschreitenden innergemeinschaftlichen Verschmelzung ist nach Ansicht des EuGH nur zulässig, wenn einer solchen Verschmelzung oder sonstigen Gesellschaftsumwandlung im Einzelfall zwingende Gründe des Allgemeininteresses wie der Schutz der Interessen von Minderheitsgesellschaftern, Gläubigern und Arbeitnehmern sowie die Wahrung der Wirksamkeit der Steueraufsicht und der Lauterkeit des Handelsverkehrs entgegenstehen. Eine solche beschränkende Maßnahme ist jedoch nur zulässig, wenn sie zur Erreichung der verfolgten Ziele geeignet ist und nicht über das hinausgeht, was hierzu erforderlich ist.[213]

2.1.7.7 Bedeutung der SEVIC-Entscheidung

Die SEVIC-Entscheidung hat in Deutschland und (in einigen anderen EU-Staaten[214]) für die grenzüberschreitende innergemeinschaftliche Verschmelzung eine Vorreiterfunktion. Sie hat nun jedoch bzgl. der Frage der Zulässigkeit der Herein- und der Herausverschmelzung an Bedeutung verloren, da spätestens mit Inkrafttreten der VRL 2005/56/EG klargestellt wurde, dass mit der grenzüberschreitenden innergemeinschaftlichen Verschmelzung nicht nur die Herein-, sondern auch die Herausverschmelzung zulässig ist. Da die grenzüberschreitende innergemeinschaftliche und auch außergemeinschaftliche Verschmelzung in allen Richtungen und Kombinationen nach spanischem Recht bereits zulässig war,[215] hat diese Entscheidung nicht die gleiche Bedeutung wie in Deutschland.

---

212 Ebenso Spahlinger/Wegen, NZG 2006, 721 m.w.N.

213 EuGH-Urteil von13.12.2005 - Rs. C-411/03; Slg. 2005, I-10805 = ZIP 2005, 2311, Rn. 24 ff insbesondere Rn. 28 u. 29; hierzu Mambrilla Rivera in Modificaciones Estructurales de las Sociedades Mercantiles, Band I, S. 882.

214 Vgl. AG Amsterdam EA 063338 166, DB 2007, 677, mit Kommentar von Gesell/Krömker.

215 Vgl. Art. 9 Abs. 11 C.C. (spanisches BGB); Präambel des LME Gesetz; Lázaro Sánchez in Noticias de la Unión Europea (CISS) S. 25ff m.w.N; Fernandéz de la Gándara/Calvo Caravaca in Derecho Mercantil Internacional, S. 197 (198), „Die grenzüberschreitende innergemeinschaftliche Verschmelzung ist auf der Rechtsgrundlage des Art. 43 und 48 EGV zulässig“ (eigene Übersetzung); Ávila Navarro in Modificaciones Estructurales de las Sociedades Mercantiles. Ley 3/2009, S. 356, (467); Sánchez Rus, La Fusión transfronteriza de Sociedades Anónimas desde la perspectiva del Derecho español, S. 1034,

Aus dem Entscheidungstenor ergibt sich, dass die Niederlassungsfreiheit zum einen nicht nur die Verschmelzung, sondern auch *„andere Gesellschaftsumwandlungsformen“*[216] erfasst und, dass diese zum anderen nicht nur für die in der VRL 2005/56/EG erfassten Kapitalgesellschaften, sondern auch für Personengesellschaften gilt, da der EuGH in der Begründung der Entscheidung unterschiedslos von „Gesellschaften“ redet.[217] Daher ist die SEVIC-Entscheidung weiterhin von großer Bedeutung für die Frage, ob „für andere Gesellschaftsumwandlungsformen“, wie bspw. die grenzüberschreitende innergemeinschaftlche Spaltung[218] und für die grenzüberschreitende innergemeinschaftliche Verschmelzung von anderen Gesellschaften, wie bspw. Personengesellschaften, auch von

---

1035; Memento Fusiones 2005/2006, Rz. 1505; Tapia Hermida in Modificaciones Estructurales de las Sociedades Mercantiles, Band I, S. 811; Mambrilla Rivera in Modificaciones Estructurales de las Sociedades Mercantiles, Band I, S. 854; Es existieren verschiedene Präzedenzfälle wie bspw. die Verschmelzung zur Aufnahme der spanischen Aktiengesellschaft Sarrio SA auf die italienische Aktiengesellschaft Reno de Medici SpA; die Verschmelzung zur Aufnahme der spanischen Aktiengesellschaft Damart SA auf die französische Aktiengesellschaft Belmart SA; die Verschmelzung zur Aufnahme der portugiesischen Aktiengesellschaft Tecnologías Música e Áudio-Roland Portugal, SA und die spanische Aktiengesellschaft Roland Electronics de Espana, SA auf die spanische Ein-Mann GmbH Roland Iberia, S.L. (Sociedad Unipersonal Absorbente); „BORME“ Nr. 166 v. 27.8.2004, S. 24085; ausführlich zum Verfahren dieser Verschmelzung Tapia Hermida, RdS 1999, 133; a.A. Vincent Chulia in Derecho Mercantil, Band I, S. 475.

216 EuGH-Urteil v. 13.12.2005 - Rs. C-411/03, Slg. 2005, I-10805 = ZIP 2005, 2311, Rn. 19 und 21.

217 EuGH-Urteil v. 13.12.2005 - Rs. C-411/03, Slg. 2005, I-10805 = ZIP 2005, 2311, Rn. 17.

218 H.M. Brocker, BB 2010, 971; Geyrhhalter/Weber, DStR 2006, 146; Siems, EuZW 2006, 135; Lutter/Drygala, JZ 2006, 770; Spahlinger/Wegen, NZG 2006, 721; Bungert, BB 2006, 53; Zimmermann in Beck´sches Notar-Handbuch, Rn. 189; Mambrilla Rivera in Modificaciones Estructurales de las Sociedades Mercantiles, Band I, S. 882, Frischhut, EWS 2006, 55 (56); Geyrhhalter/Weber, DStR 2006, 145 (150); Kallmeyer/Kappes, AG 2006, 224 (234); Spahlinger/Wegen, NZG 2006, 721 (725); Meilicke/Rabback, GmbHR 2006, 123 (126); Heckschen in Widmann/Mayer § 122a Rz. 21. m.w.N; Krause/Kulpa, ZHR 171 (2007), 38, 46ff; Bayer/Schmidt, NZG 2006, 841; Bungert, BB 2006, 53 (55); Drinhausen/Keinath, BB 2006, 725; Geyrhhalter/Weber, DStR 2006, 146 (150); Haritz/von Wolff, GmbHR 2006, 340 (344); Louven, ZIP 2006, 2021 (2023); Weiss/Wöhlert, WM 2007, 580 (584); Klein, RNotZ 2007, 565 (570) m.w.N.; a. A. Forsthoff, DStR 2006, 613. Mit einem Zusatz in § 125 UmwG wurde lediglich klargestellt, dass sich die neue Regelungen zur grenzüberschreitenden Verschmelzung nicht auf die grenzüberschreitende Spaltung anwenden lassen. In Spanien ist sie zulässig und bereits geregelt; hierzu Stepholt/Bascopé, IStR-LB 2009, 39 ff.

der Niederlassungsfreiheit des Art. 49 AEUV (ex-Art. 43 EGV) Gebrauch gemacht werden kann.

Da in Spanien sowohl die Herein- als auch die Herausverschmelzung von Kapital- und Personengesellschaften, grenzüberschreitende inner- als auch außergemeinschaftliche Verschmelzungen zulässig waren bzw. sind, hat die SEVIC-Entscheidung nicht die gleichen Auswirkungen wie in Deutschland. Aus spanischer Sicht bestätigt die SEVIC-Entscheidung, was bereits zulässig war, nämlich, dass die gemeinschaftlichen Harmonisierungsvorschriften wie die VRL 2005/56/EG zur Erleichterung grenzüberschreitender innergemeinschaftlicher Verschmelzungen zwar gewiss hilfreich, jedoch keine Vorbedingung für die Durchführung der in den Artikeln 49 und 54 AEUV (ex-Artt. 43, 48 EGV) verankerten Niederlassungsfreiheit sind.[219] Dass nicht nur die Verschmelzung sondern auch andere Umwandlungsformen[220] wie die grenzüberschreitende Spaltung bzw. Sitzverlegung auf der Rechtsgrundlage des Art. 49 und Art. 54 AEUV (ex-Artt. 43, 48 EGV) zulässig sind, ist ebenfalls in Spanien unstrittig und sogar bereits gesetzlich geregelt.[221]

2.1.8 CARTESIO

Dem EuGHlag der folgende Sachverhalt in Rechtssachen Cartesio[222] zur Entscheidung vor:

Cartesio ist eine Personengesellschaft nach ungarischem Recht in der Form einer *„betéti társaság"*,[223] die ihren Sitz in Ungarn hat. Cartesio stellte beim Handelsregistergericht einen Antrag auf Verlegung des Sitzes nach Italien, dieser wurde jedoch vom Handelsregistergericht zurückgewiesen. Das Gericht vertrat die Auffassung, es sei nach ungarischem Recht nicht möglich, dass Gesellschaften ihren operativen Geschäftssitz in einen anderen Mitgliedstaat verlegten und gleichzeitig ihren Rechtsstatus als ungarische Gesellschaft aufrecht erhielten. Daher müsse Cartesio wenn es seinen operativen Geschäftssitz ändern wolle, zunächst in Ungarn aufgelöst und anschließend nach italienischem Recht neu gegründet werden.

---

219 Vgl. Fernández del Pozo in Modificaciones Estructurales de las Sociedades Mercantiles, Band I, S. 947.

220 Vgl. Memento Sociedades Mercantiles 2010, Rz. 5803; Fernández del Pozo in Modificaciones Estructurales de las Sociedades Mercantiles, Band I, S. 947.

221 Siehe ausführlich hierzu Abschnitt 2.2.1.2. ff.

222 EuGH-Urteil v. 16.12.2008 - C-210/06, Slg. 2008, I-9641 = NZG 2009, 61.

223 Diese Rechtsform entspricht der deutschen Kommanditgesellschaft; siehe Frobenius, DStR 2009, 487.

Gegen den Beschluss des Handelsregistergerichts legte Cartesio Rechtsmittel ein u.a. mit der Begründung, die Entscheidung verstoße gegen Art. 49 und 54 AEUV (ex-Art. 43 und ex-Art. 48 EGV) und stützte sich hierbei u.a. auf die SEVIC-Entscheidung.[224]

2.1.8.1 Die EuGH-Entscheidung in Rechtssachen Cartesio

Anders als erwartet,[225] urteilte der EuGH in sehr starker Anlehnung an die Daily Mail-Entscheidung[226], dass es mangels einer einheitlichen gemeinschaftsrechtlichen Regelung den EU-Staaten frei stehe, die Bedingungen zur Errichtung und der Auflösung von Gesellschaften selbständig zu regeln.[227] Diese Befugnis umfasse auch die Möglichkeit, es einer nach innerstaatlichem Recht gegründeten Gesellschaft zu versagen, ihren Sitz unter Beibehaltung ihrer Eigenschaft als Gesellschaft des Rechts des Gründungsstaates in einen anderen EU-Staat zu verlegen. Nach Ansicht des EuGH sind *„die Art. 43 und Art. 48 EGV beim gegenwärtigen Stand des Gemeinschaftsrechts dahin auszulegen, dass sie Rechtsvorschriften eines Mitgliedstaats nicht entgegenstehen, die es einer nach dem nationalen Recht dieses Mitgliedstaats gegründeten Gesellschaft verwehren, ihren Sitz in einen anderen Mitgliedstaat zu verlegen und dabei ihre Eigenschaft als Gesellschaft des nationalen Rechts des Mitgliedstaats, nach dessen Recht sie gegründet wurde, zu behalten“*.[228] Der EuGH führte aus, dass eine *„aufgrund einer nationalen Rechtsordnung gegründete Gesellschaft jenseits der nationalen Rechtsordnung, die ihre Gründung und ihre Existenz regelt, keine Realität hat“*.[229] Ein EU-Staat könne daher sowohl die Anknüpfungsmerkmale festlegen, die eine Gesellschaft aufweisen muss, um als nach seinem innerstaatlichen Recht gegründet angesehen zu werden und damit in den Genuss der Niederlassungsfreiheit gelangen zu können, als auch die Anknüpfungsmerkmale, die für den Erhalt dieser Eigenschaft verlangt werden. Der EuGH beruft sich zur Begründung auf den Wortlaut von Art. 54 AEUV. Die Vorschrift verweise bei der Definition derjenigen Gesellschaften, denen die Niederlassungsfreiheit zugute kommen solle, auf Anknüpfungsmerkmale, wie den satzungsmäßigen Sitz, die

---

224 Vgl. EuGH-Urteil v. 13.12.2005 - Rs. C-411/03, Slg. 2005, I-10805 = ZIP 2005, 2311.

225 Vgl. Schlussanträge des Generalantwalts Poiareso Maduro; Kleinert/Schwarz GmbHR

226 A.a.O.

227 Vgl. EuGH-Urteil v. 16.12.2008 - C-210/06, Slg. 2008, I-9641 = NZG 2009, 61, Rn. 109.

228 Vgl. EuGH-Urteil v. 16. 12. 2008 - C-210/06, Slg. 2008, I-9641 = NZG 2009, 61, Rn. 124, hierzu Izzo-Wagner, Kollisionsrecht und Gesellschaftsrecht nach der EuGH-Rechtsprechung und europäischen Normgebung, S. 237 ff.

229 Vgl. EuGH Daily Mail, Rs. 81/87, Rn. 19; Urteil Überseering, Rs. C-208/00, Rn. 81

Hauptverwaltung oder die Hauptniederlassung innerhalb der Gemeinschaft, deren Festlegung den EU-Staaten vorbehalten sei.[230]

2.1.8.2 Bedeutung der Cartesio-Entscheidung

Für die Untersuchung der rechtlichen Folgen der EuGH-Rechtssprechung muss zwischen den Fällen des Zuzuges ausländischer nach dem Recht eines EU-Staates gegründeten Gesellschaften (vgl. die EuGH-Entscheidungen in Rs. Überseering[231] und Inspire Art[232]), und des Wegzuges „Hinausverlegung des Verwaltungssitzes" (vgl. die EuGH-Entscheidungen in Rs. Daily Mail und Cartesio) einer nach dem Recht eines EU-Staates gegründeten Gesellschaft unterschieden werden. Eine nach dem Recht eines anderen EU-Staates (Gründungsstaat) wirksam gegründete Gesellschaft, die den Ort ihrer Hauptverwaltung (Verwaltungssitz) in einen anderen EU-Staat (Zuzugsstaat) verlegt, muss vom Zuzugsstaat weiterhin als wirksam errichtete Gesellschaft des Gründungsstaates anerkannt werden, sofern der Gründungsstaat die Verlegung des Verwaltungssitzes nicht zum Anlass nimmt, der betreffenden Gesellschaft ihre Persönlichkeit abzusprechen. Dies gilt nach der EuGH Rechtsprechung selbst dann, wenn sich die Tätigkeit der Gesellschaft ausschließlich im Zuzugsstaat abspielt.[233] Aus deutscher Sicht bedeutet dies:

- Verlegt eine in einem EU-Staat, der der Gründungstheorie folgt, errichtete Gesellschaft ihren Verwaltungssitz nach Deutschland, so muss Deutschland die Gesellschaft unter Einschränkung der Rechtswirkungen der Sitztheorieunabhängig von dem Ort ihres tatsächlichen Verwaltungssitzes in der Rechtsform anerkennen, in der sie gegründet wurde.[234]
- Verlegt eine in einem EU-Staat, der der Sitzstheorie folgt, errichtete Gesellschaft ihren Verwaltungssitz nach Deutschland, so wird der Gründungsstaat grundsätzlich dieser Gesellschaft ihre Rechtspersönlichkeit aberkennen. Deutschland darf sich dieser rechtlichen Qualifikationen des Gründungsstaates anschließen.[235]

---

230 Vgl. EuGH-Urteil v. 16.12.2008 - C-210/06, Slg. 2008, I-9641 = NZG 2009, 61, Rn. 109; hierzu Paefgen WM 2009, 529

231 A.a.O.

232 A.a.O.

233 Hierzu Thömmes in 60. Steuerrechtliche Jahresarbeitstagung Unternehmen 2009, S. 37 ff.

234 BGH Urteil v. 14.3.2005, Az. II ZR 5/03, NJW 2005, 1648; Thömmes in 60. Steuerrechtliche Jahresarbeitstagung Unternehmen 2009, S. 38.

235 BGH Urteil v. 27.10.2008, Az. II ZR 158/06 (Trabrennbahn), NJW 2009, 289; Thömmes in 60. Steuerrechtliche Jahresarbeitstagung Unternehmen 2009, S. 38.

Bei Cartesio handelte es sich um einen Wegzugsfall. Der EuGH stellte fest, dass es dem Gründungstaat gestattet sei, der Hinausverlegung des Verwaltungssitzes der nach seinem Recht errichteten Gesellschaften rechtliche Schranken in den Weg zu stellen. Zur Behandlung der grenzüberschreitenden Sitzverlegung aus spanischer Sicht wird auf Abschnitt Entwicklung der Rechtsgrundlagen auf europäischer Ebene, Rechtslage bis zum 15.12.2007verwiesen.

Nach Art. 49 AEUV (ex-Art. 43 EGV) beinhaltet die Niederlassungsfreiheit für die Angehörigen eines EU-Staats:

- „...das Recht, den Sitz einer Gesellschaft auf Dauer in das Hoheitsgebiet eines anderen EU-Staats zu verlegen, um dort eine selbständige Erwerbstätigkeit nach den für die Staatsangehörigen des Aufnahmestaats geltenden Bestimmungen aufzunehmen und auszuüben;
- das Recht, im Hoheitsgebiet eines anderen EU-Staats Agenturen, Zweigniederlassungen und Tochtergesellschaften zur Aufnahme und Ausübung einer selbständigen Erwerbstätigkeit zu gründen, ohne den Sitz der Muttergesellschaft zu verlegen...“[236]

Aus dem Wortlaut des Art. 54 AEUV (ex-Art. 48 EGV) ergibt sich ausdrücklich, dass für Zwecke der Niederlassungsfreiheit nach den Rechtsvorschriften eines EU-Staats errichteten Gesellschaften, die ihren satzungsmäßigen Sitz, ihre Hauptverwaltung oder ihre Hauptniederlassung innerhalb des Gemeinschaftsgebiets haben, natürlichen Personen gleichstehen. Nach Art. 54 Abs. 2 AEUV sind Personengesellschaften ebenfalls erfasst. Bei Cartesio handelte es sich unstrittig um eine Kommanditgesellschaft, die nach ungarischem Rechtsverständnis als Personengesellschaft anzusehen war.

Generalanwalt Poiares Maduro[237] zitierte zutreffend in seinem Schlussanträgen die Ausführungen des Generalanwalts Tizzano in der Rechtssache SE-

---

236 Öffentliche Konsultation betreffend die 14. EU-Richtlinie, sog. Sitzverlegungsrichtlinie, Tz. 3 UAbs. 2 S.2, abrufbar unter: http://ec.europa.eu/internal_market/company/seat-transfer/2004-consult_de.htm.

237 Generalanwalt Poiares Maduro in seinen Schlussanträgen v. 22.5.2008 in der Rechtssache C-210/06 (Cartesio), Rn. 28; abrufbar unter http://curia.europa.eu/jurisp/cgi-bin/form.pl?lang=de&newform=newform&alljur=alljur&jurcdj=jurcdj&jurtpi=jurtpi&jurtfp=jurtfp&alldocrec=alldocrec&docj=docj&docor=docor&docdecision=docdecision&docop=docop&docppoag=docppoag&docav=docav&docsom=docsom&docinf=docinf&alldocnorec=alldocnorec&docnoj=docnoj&docnoor=docnoor&radtypeord=on&typeord=ALL&docnodecision=docnodecision&allcommjo=allcommjo&affint=affint&affclose=affclose&numaff=&ddatefs=&mdatefs=&ydatefs=&ddatefe=&mdatefe=&ydatefe=&nomusuel=cartesio&domaine=&mots=&resmax=100&Submit=Suchen.

VIC[238]:„Überdies geht aber aus der Rechtsprechung auch noch hervor, dass ein Mitgliedstaat nach Artikel 43 EG nicht nur die Niederlassung ausländischer Wirtschaftsbeteiligter im Inland nicht verhindern oder beschränken, sondern auch die Niederlassung inländischer Wirtschaftsbeteiligter in einem anderen Mitgliedstaat nicht behindern darf. Mit anderen Worten sind sowohl Beschränkungen des, Zugangs‘ zum nationalen Hoheitsgebiet als auch Beschränkungen des ‚Weggangs‘ aus diesem Gebiet verboten." Diese Auffassung des Generalanwalts wurde vom EuGH in der Rs. SEVIC bestätigt.[239]

So wie die Herein- und die Herausverschmelzung stellen ebenfalls der Zu- und der Wegzug innerhalb des Binnenmarkts zwei Seiten der gleichen Medaille dar. Die Zuzugsfreiheit geht ins Leere, wenn der Wegzug verhindert wird. Das Idealbild eines Binnenmarkts soll häufig identisch mit dem Hoheitsgebiet eines Staates sein. Daraus folgt, dass der europäische Binnenmarkt nun das Territorium aller EU-Staaten - ohne Ländergrenzen - erfasst.[240]

Kein Binnenmarkt kann entstehen, wenn Waren, Dienstleistungen, Kapital und Personen nicht frei (Grundfreiheiten) von einem EU-Staat in den anderen gelangen können und es keine oder nur eingeschränkte Freizügigkeit für Arbeitnehmer und keine oder nur eingeschränkte Niederlassungsfreiheit für natürliche Personen und ihnen gleichgestellte Gesellschaften gibt.[241] Die o.g. Grundfreiheiten gewähren den EU-Bürgern (und auch gem. Art 54 Abs. 2 AEUV den Gesellschaften) das Recht wegzuziehen, sich in einem anderen EU-Staat niederzulassen und sich dort zu entfalten[242]

Dies bestätigte der EuGH in seiner Entscheidung in der Rs. Hughes de Lasteyrie du Saillant.[243] Hier ging es um eine natürliche Person, die faktisch gehindert wurde, aus Frankreich wegzuziehen. Der EuGH führte aus: *„Auch wenn Artikel 52 EG-Vertrag ebenso wie die anderen Bestimmungen über die Niederlassungsfreiheit nach seinem Wortlaut insbesondere die Inländerbehandlung im Aufnahmemitgliedstaat sichern soll, so verbietet er es doch auch, dass der Her-*

238 Schlussanträge von Generalanwalt Tizzano im Urteil SEVIC Systems. Die Auffassung des Generalanwalts ist vom EuGH in den Rn. 22 und 23 des Urteils bestätigt worden.

239 Ausführungen des Generalanwalts Poiares Maduro in seinen Schlussanträgen in der Rs. Cartesio Rn. 28. Die Auffassung des Generalanwalts Tizzano sei vom EuGH in den Rn. 22 und 23 des SEVIC Urteils bestätigt worden.

240 Vgl. Großerichter, DStR 2003, 159 (160).

241 Vgl. o.V Europäisches Parlament; abrufbar unter ttp://www.europarl.europa.eu/brussels/website/content/modul_05/start.html.

242 EuGH-Urteil v. 11.3.2004, Rs. C-9/02 ("Hughes des Lasteyrie du Saillant"), Slg. 2004, 2409; Kleinert/Schwarz GmbHR 2006, R 365 m.w.N.

243 EuGH-Urteil v. 11.3.2004, Rs. C-9/02 ("Hughes des Lasteyrie du Saillant"), Slg. 2004, 2409 Rn. 42.

kunftsmitgliedstaat die Niederlassung seiner Staatsangehörigen in einem anderen Mitgliedstaat behindert (Urteil Baars, Randnr. 28 und dort zitierte Rechtsprechung)".[244]

2.1.8.3 Stellungnahme

M.E. steht die Cartesio-Entscheidung in Widerspruch mit dem Urteil des EUGH in der Rs. Hughes de Lasteyrie du Saillant, da vorliegend diese Wegzugbeschränkung *„die Niederlassung seiner Staatsangehörigen in einem anderen Mitgliedstaat behindert".*[245]

Bei der Cartesio-Entscheidung war unstrittig, dass Cartesio eine Personengesellschaft ungarischen Rechts(*„betéti társaság"*) war, die der Rechtsform der deutschen Kommanditgesellschaft entspricht.[246] Beim vorliegenden Sachverhalt geht es daher letzendlich nicht, wie der EuGH untersucht und beurteilt hat, um die Frage, "*ob eine natürliche Person ein Staatsangehöriger eines EU-Staats ist und sich aus diesem Grund auf die Freiheit berufen kann"*, sondern vielmehr (beim Wegzug) um die Frage, ob ein EU-Staat ihr die Staatsangehörigkeit entziehen darf, nur weil sie sich in einem anderen EU-Staat niederlassen möchte.[247] Richtigerweise stellen *Kleinert* und *Schwarz* fest: *„Niemand käme auf die Idee, einer natürlichen Person, die z.B. in Deutschland geboren ist, damit deutscher Staatsangehöriger ist und dann später - nach Wohnsitznahme in Italien - beim für sie zuständigen Einwohnermeldeamt die Eintragung ihres neuen italienischen Wohnsitzes in den deutschen Reisepass(...) zu verweigern. Entsprechend würde man dieser Person nicht vorhalten, sie sei aufgrund ihres Umzugs von Deutschland nach Italien nunmehr kein deutscher Staatsangehöriger mehr; (*oder könne nur dann*) deutscher Staatsangehöriger bleiben, wenn sie ihren Wohnsitz von Italien nach Deutschland zurückverlegen würde".*[248]

Das Gesellschaftsrecht hat in den letzten Jahren durch mehrere mobilitätsfreundliche EuGH-Entscheidungen[249] eine grundlegende und weitreichende Öffnung erfahren.Hierbei wurde der Alleingeltungsanspruch des jeweiligen nationalen Rechts beseitigt, um das Ziel eines Binnenmarkts ohne Grenzen überhaupt

---

244 EuGH-Urteil v. 11.3.2004, Rs. C-9/02 ("Hughes des Lasteyrie du Saillant"), Slg. 2004, 2409 Rn. 42.

245 EuGH-Urteil v. 11.3.2004, Rs. C-9/02 ("Hughes des Lasteyrie du Saillant"), Slg. 2004, 2409 Rn. 42.

246 Vgl. Frobenius, DStR 2009, 487.

247 Vgl. Leible/Hoffmann, DB 2008, 58.

248 Vgl. Kleinert/Schwarz, GmbHR 2006, R 365.

249 Vgl.EuGH v. 9.3.1999, Rs. C-212/97, (Centros) a.a.O; v. 5.11.2002, Rs. C-208/00 (Überseering), a.a.O.; v. 30.9.2003, C-167/01 (Inspire Art) a..a.O; v. 11.3.2004, C-9/02 (Hugues des Lasteryrie du Saillant) a.a.O.; v. 13.12.2005, C-411/03 (SEVIC) a.a.O.

gewärleisten zu können.[250] Der EuGH leistet mit der Entscheidung in der Rechtsachen Cartesio nicht nur keinen weiteren Beitrag zur Abschaffung der Hindernisse auf dem Weg zu einem einheitlichen Wirtschaftsraum, sondern, da diese nicht in Übereinstimmung mit dem zu erreichenden Ziel des europäischen Binnemarkts steht, wie *Izzo-Wagner* richtigerweise feststellte, einen Bruch mit den aktuellen Entwicklungen im Bereich Mobilität der Gesellschaften innerhalb des Binnenmarkts.[251] In einem europäischen Binnenmarkt dürfen Ländergrenzen keine Rolle spielen. Das bedeutet, dass es vor dem Hintergrund des bestehenden europäischen Binnenmarkts keine unterschiedlichen rechtlichen Konsequenzen nach sich ziehen darf, ob eine Gesellschaft ihren Verwaltungssitz von Frankfurt nach Offenbach, München oder Madrid verlegt.[252]

Darüber hinaus ist festzustellen, dass trotz der großen Relevanz der Cartesio-Entscheidung im Bereich Mobilität der Gesellschaften innerhalb des Binnenmarkts insbesondere für den Wegzugsfall, diese für die grenzüberschreitende innergemeinschaftliche Verschmelzung folgenlos bleibt, da die Verschmelzung bereits durch die Umsetzung der VRL 2005/56/EG in die jeweiligen Rechtsordnungen der EU-Staaten nicht nur für die Herein,- sondern auch für die Herausverschmelzung geregelt ist.

2.1.8.4 Status quo der Rechtsgrundlagen in der EU, in Deutschland und Spanien

Die EU-Kommission hat in jüngster Zeit vermehrt Anstrengungen unternommen (bspw. mit der Verabschiedung der VRL 2005/56/EG), die Hindernisse für die Gesellschaften im europäischen Binnemarkt abzubauen; die Arbeiten an der 14. Richtlinie zur grenzüberschreitenden Verlegung des Satzungssitzes von Kapitalgesellschaften stellte sie jedoch bedauerlicherweise ein. Erst nachdem die Forderung der Marktteilnehmer, Praxis und Schrifttum[253] nach einer solchen Richtinie europaweit immer dringlicher wurde und der EuGH die Rechtsache Cartesio entschied, forderte das Europäische Parlament in einer Entschließung vom

250 Vgl. Frobenius, DStR 2009, 487.

251 Vgl. Izzo-Wagner, Kollisionsrecht und Gesellschaftsrecht nach der EuGH-Rechtsprechung und europäischen Normgebung, S. 23.

252 Vgl. Großerichter, DStR 2003, 159 (160) "...Es liegt auf der Hand , dass der geschilderte Rechtszustand mit dem Idealbild eines Binnemarkts, in dem Gesellschaften wie natürliche Personen sich in einem Staat ihrer Wahl niederlassen oder von einem Staat in den anderen „umziehen" können, in Konflikt steht...." ; ebenso Kleinert/Schwarz, GmbHR 2006, R 365.

253 Vgl. Bayer/Schmidt, BB 2010, 387 m.w.N.

10.3.2009[254] nachdrücklich die Vorlage eines entsprechenden Entwurfs und unterbreitete hierzu auch bereits eine Reihe inhaltlicher Vorschläge.[255] Die geplante Sitzverlegungsrichtlinie soll Gesellschaften ermöglichen, ihren Satzungssitz identitätswahrend von einem EU-Staat in einen anderen zu verlegen. Diese Richtlinie wäre m.E. sicherlich hilfreich für die Durchführung einer Sitzverlegung, ist jedoch keine Vorbedingung für die Durchsetzung der Niederlassungsfreiheit.

Der deutsche Gesetzgeber ermöglichte nun deutschen Geselschaften durch die Streichung des § 4a Abs. 2 GmbHG und § 5 Abs. 2 AktG, einen Verwaltungssitz zu bestimmen, der nicht notwendig mit dem Satzungssitz übereinstimmt.[256] Das bedeutet, dass dieser Verwaltungssitz ebenfalls im Ausland liegen kann.[257] Es wäre jedoch wünschenswert, wenn der deutsche Gesetzgeber nicht bis zur Verabschiedung einer europäischen Sitzverlegungsrichtlinie warten würde und ebenfalls die grenzüberschreitende (zumindest innergemeinschaftliche) Sitzverlegung gesetzlich regeln würde. Hierbei müsste jede Restriktion des Wegzugs daraufhin untersucht werden, ob sie der Verfolgung zwingender Allgemeininteressen dient und zur Erreichung dieses Zieles geeignet und verhältnismäßig ist.[258]

Trotz Ermangelung einer europäischen Richtlinie zur Sitzverlegung hat der spanische Gesetzgeber in vorbildlicher Weise die (grundsätzlich) identitätswahrende grenzüberschreitende inner- und auch außergemeinschaftliche Verlegung des Verwaltungssitzes bereits im LME geregelt.[259]

2.2 Entwicklung der Rechtsgrundlagen auf europäischer Ebene

Wie bereits oben dargelegt, hat sich nicht nur der EuGH zum Impulsgeber für den Entwicklungsprozess der Rechtsetzung in Sachen grenzüberschreitende in-

---

254 Siehe BMJ, Pressemitteilung „Das neue GmbH-Recht" vom 30.10.2009.

255 P6_TA(2009)0086; abrufbar unter: http://www.europarl.europa.eu/sides/getDoc.do?pubRef=-//EP//TEXT+TA+P6-TA-2009-0086+0+DOC+XML+V0//DE#BKMD-5. Hierzu Bayer/Schmidt, BB 2010, 387.

256 In der Fassung der Gesetz zur Modernisierung des GmbH-Rechts und zur Bekämpfung von Missbräuchen (MoMiG), BGBl. I, 2026.

257 Aus BMJ, Pressemitteilung „Das neue GmbH-Recht" vom 30.10.2009.

258 Ebenso Leible/Hoffmann, DB 2008, 58.

259 Vgl. Abschnitt Entwicklung der Rechtsgrundlagen auf europäischer Ebene, Rechtslage bis zum 15.12.2007.

nergemeinschaftliche Verschmelzungen gemacht,[260] auch die Kommission der Europäischen Gemeinschaften trug durch die Verabschiedung der Richtlinie über die grenzüberschreitende innergemeinschaftliche Verschmelzung von Kapitalgesellschaften[261] zum Rechtsetzungsprozess bei.

2.2.1 Richtlinie über die grenzüberschreitende (innergemeinschaftlichen) Verschmelzung von Kapitalgesellschaften (VRL 2005/56/EG)

Angesichts der Priorität, die der Unternehmensmobilität in einem gemeinschaftlichen Binnenmarkt beigemessen werden muß, legte die Kommission der Europäischen Gemeinschaften bereits am 10.12.1984 den ersten Entwurf[262] einer 10. gesellschaftsrechtlichen Richtlinie zur grenzüberschreitenden innergemeinschaftlichen Verschmelzung von Kapitalgesellschaften in Europa vor. Dieser Vorschlag hatte zum Ziel, den Stillstand der jahrelangen Arbeiten an einem Übereinkommen über die internationalen Zusammenschlüsse zu überwinden. Es kam aber lange nicht zu einem entsprechenden Abkommen der EU-Staaten, da die großen Unterschiede der EU-Staaten in den Fragen der Mitbestimmung und der steuerrechtlichen Behandlung dieser Vorgänge schier unüberwindlich erschienen. Erst nachdem die Barrieren aus steuerrechtlicher und mitbestimmungsrechtlicher Sicht für die SE überwunden wurden, hat der Grundkonsens, der letztendlich zur Einführung der Europäischen Gesellschaft[263] geführt hat, legte die Kommission der Europäischen Gemeinschaften dem Gemeinschaftsgesetzgeber am 18.11.2003 einen zweiten Vorschlag[264] für eine Richtlinie über die

260 SEVIC-Entscheidung. EuGH-Urteil v. 13.12.2005 – Rs. 411/03; Slg. 2005, I-10805 = ZIP 2005, 2311.

261 Richtlinie 2005/56/EG des Europäischen Parlaments und des Rates v. 26.10.2005 über die Verschmelzung von Kapitalgesellschaften aus verschiedenen Mitgliedstaaten L310/1 v. 25.11.2005.

262 ABl. EG Nr. C 23 v. 25.1.1985.

263 SE-VO; Verordnung Nr. 2157/2001 zur Ergänzung das Statut der Europäischen Gesellschaft (SE) ABl. EG Nr. L 294 v. 10.11.2001.

264 Die Kommission der Europäischen Gemeinschaften legte bereits am 14.12.1984 den ersten Entwurf einer EG-Richtlinie zur grenzüberschreitenden innergemeinschaftlichen Verschmelzung von Kapitalgesellschaften in Europa vor. Ausführlich zu Vorschlag Mambrilla Rivera in Modificaciones Estructurales de las Sociedades Mercantiles, Band I, S. 868ff.

Verschmelzung von Kapitalgesellschaften aus verschiedenen EU-Staaten vor.[265] Die Einigung im Rat erfolgte am 25.11.2004.[266] Die VRL 2005/56/EG wurde am 25.11.2005 im Amtsblatt der Europäischen Union veröffentlicht und trat am 15.12.2005 in Kraft.[267] Die VRL 2005/56/EG regelt die grenzüberschreitende Verschmelzung von Kapitalgesellschaften aus unterschiedlichen EU-Staaten und unterschiedlicher Rechtsformen von Kapitalgesellschaften. Eine solche Verschmelzung war nach dem Recht einiger EU-Staaten bisher entweder nicht erlaubt oder aber mit zahlreichen rechtlichen und tatsächlichen Schwierigkeiten behaftet.

Die VRL 2005/56/EG enthält gesellschaftsrechtliche Grundregeln über u.a. Verfahren, Wirksamwerden und Rechtsfolgen einer solchen grenzüberschreitenden innergemeinschaftlichen Verschmelzung.[268] Die VRL 2005/56/EG ist im Wesentlichen an den Regelungsmodellen der Verordnung zur Ergänzung des Statuts der Europäischen Gesellschaft[269] (SE-VO) sowie der Dritten Richtlinie 78/855/EWG[270] über die innerstaatliche Verschmelzung von Aktiengesellschaften[271] angelehnt.[272]

In deren ersten beiden Begründungserwägungen heißt es:

„...Zur Vollendung und zum reibungslosen Funktionieren des Binnenmarkts ist eine gemeinschaftsrechtliche Regelung, die eine grenzüberschreitende (innergemeinschaftliche) Verschmelzung ermöglicht und erleichtert, erforderlich.

---

265 Vorschlag. der Kommission v. 18.11.2003 (KOM(2003) 703 2003/0277 (COD)) abrufbar unter http://eur-lex.europa.eu/LexUriServ/LexUriServ.do?uri=COM:2003:0703:FIN:DE:PDF.

266 Die Stellungnahme des Europäischen Parlaments datiert v. 10.5.2005 Kommissionsdokument Nr. 703/03; abrufbar unter: http://europa.eu/rapid/pressReleasesAction.do?reference=IP/05/551&format=HTML&aged=0&language=DE&guiLanguage=en

267 Richtlinie 2005/56 EG des Europäischen Parlaments und des Rates v. 26.10.2005 über die Verschmelzung von Kapitalgesellschaften aus verschiedenen Mitgliedstaaten ABl. EU Nr. L310/1 v. 25.11.2005.

268 Art. 16 VRL regelt die Auswirkungen einer grenzüberschreitenden Verschmelzung auf die ggf. in einer der Gründungsgesellschaften bestehenden Mitbestimmungsrechte der Arbeitnehmer.

269 SE-VO; Verordnung Nr. 2157/2001 zur Ergänzung das Statut der Europäischen Gesellschaft (SE) ABl. EG Nr. L 294 von 10.11.2001.

270 Richtlinie 78/855/EWG des Rates v. 9.10.1978 gem. Art. 54 Abs. 3g des Vertrages betreffend die Verschmelzung von Aktiengesellschaften, ABl. EG Nr. L 295 v. 9.10.1978, 36 ff.

271 In Deutschland durch das UmwG.

272 Vgl. Klein, RNotZ 2007, 565.

Das Bedürfnis europäischer Kapitalgesellschaften nach Kooperation und Reorganisation sowie die rechtlichen und administrativen Schwierigkeiten, die eine Verschmelzung von Kapitalgesellschaften aus verschiedenen EU-Staaten innerhalb der Gemeinschaft mit sich bringt, erfordern eine gemeinschaftsrechtliche Regelung, die eine (grenzüberschreitende innergemeinschaftliche) Verschmelzung ... erleichtert und auf diese Weise zur Vollendung und zum reibungslosen Funktionieren des Binnenmarkts beiträgt..."

Die VRL 2005/56/EG stellt einen Rechtsakt des sekundären Gemeinschaftsrechts i.S.d. Art. 288 Abs. 3 AEUV (ex-Art. 249 Abs. 3 EGV) dar und ist aufgrund ihrer Rechtsnatur (anders als eine Verordnung) in den EU-Staaten nicht unmittelbar anwendbar, sondern bedarf der Umsetzung in das jeweilige mitgliedstaatliche Recht.[273] Die EU-Staaten sind nach dem Grundsatz der Gemeinschaftstreue oder Grundsatz der loyalen Zusammenarbeit gemäß Art. 4 Abs. 3 EUV i.V.m. Art. 288 AEUV (ex-Art. 10 i.V.m. ex-Art. 249 Abs. 3 EGV) verpflichtet, die VRL 2005/56/EG fristgemäß, richtig und vollständig in nationales Recht umzusetzen. Nach Art. 19 der VRL 2005/56/EG mussten die EU-Staaten diese bis zum 15.12.2007[274] in nationales Recht umsetzen.[275]

Nach ihrer Umsetzung ist nun, neben den grenzüberschreitenden innergemeinschaftlichen Gestaltungsmöglichkeiten durch die Gründung einer SE, auch die unmittelbare Verschmelzung von anderen Kapitalgesellschaften aus verschiedenen EU-Staaten geregelt.

2.2.1.1 Umsetzung der VRL 2005/56/EG in Deutschland

2.2.1.1.1 Rechtslage bis zum 24.4.2007

Das deutsche Umwandlungsrecht sah, wie bereits in Kapitel 1 ausgeführt, bis einschließlich zum 24.4.2007 die Möglichkeit grenzüberschreitender innerge-

273 Art. 288 AEUV (ex-Art. 249 EGV). Die Richtlinie ist für jeden EU-Staat, an den sie gerichtet wird, hinsichtlich des zu erreichenden Zieles verbindlich, überlässt jedoch den innerstaatlichen Stellen die Wahl der Form und der Mittel.

274 Die deutsche Fassung des Art. 19 VRL 2005/56/EG enthält kein genaues Datum zur Umsetzung der Richtlinie, lediglich die Formulierung: „zum Dezember 2007". Die spanische, britische, französische, portugiesische Fassungen des Art. 19 VRL 2005/56/EG weichen von der deutschen Fassung ab und enthalten als Umsetzungsfrist den 15.12.2007.

275 Hierzu Gonzáles/Pereda in Actualidad Juridica Nr. 13/2006, S. 49 abrufbar unter: http://www.uria.com/esp/actualidad_juridica/n13/b04.pdf ; Gesell/Krömker, DB 2007, 677 (678).

meinschaftlicher Verschmelzungen im UmwG nicht vor. Umwandlungen waren gesetzlich auf Rechtsträger mit Sitz im Inland beschränkt.[276]

Am 24.4.2007 wurde das Zweite Gesetz zur Änderung des Umwandlungsgesetzes verkündet und trat am nächsten Tag in Kraft.[277] Damit ist der gesellschaftsrechtliche Teil der VRL 2005/56/EG durch dieses Gesetz gänzlich[278] in das deutsche Recht umgesetzt.[279]

Es stellt sich mithin die Frage der Zulässigkeit der grenzüberschreitenden innergemeinschaftlichen Verschmelzung aus deutscher Sicht während des Zeitraums zwischen dem Zeitpunkt des Inkrafttretens der VRL 2005/56/EG am 15.12.2005 und dem tatsächlichen Zeitpunkt der Umsetzung durch Inkrafttreten des Gesetzes in Deutschland am 25.4.2007.

Da in Deutschland das Zweite Gesetz zur Änderung des Umwandlungsgesetzes[280] erst am 25.4.2007 in Kraft getretenist und somit die Umsetzungsfrist nicht verstrichen war, entfaltete die VRL 2005/56/EG für deutsche Gesellschaften, die während des Zeitraumes zwischen dem 15.12.2005 und dem 24.4.2007 eine grenzüberschreitende innergemeinschaftliche Verschmelzung (bspw. mit spanischen Gesellschaften) durchführen wollten, keine unmittelbare Wirkung nach Art. 288 AEUV (ex-Art. 249 EGV).[281]

Solange die VRL 2005/56/EG nicht in nationales Recht umgesetzt wurde und die Frist zur Umsetzung nicht überschritten war, waren aus deutscher Sicht grenzüberschreitende innergemeinschaftlichen Verschmelzungen vorerst an den EU-Grundsätzen (wie von der SEVIC-Entscheidung bestätigt) zu messen,[282] unter Berufung auf die im europäischen Primärrecht nach Art. 49 i.Vm. Art. 54 AEUV (ex-Art. 43 i.V.m. ex-Art. 48 EGV) garantierte Niederlassungsfreiheit,

---

276 § 1 Abs. 1 UmwG; hierzu Ganske in Umwandlungsrecht (1994) § 1 S. 34.

277 BGBl. I 2007, 542; hierzu Neye/Timm, GmbHR 2007, 561; Neye, BB 2007, 389; Wachter, GmbHR 2007, R 161.

278 Art. 16 VRL 2005/56/EG, der die Regelungen zur Mittbestimmung der Arbeitnhemer regelt, wurde durch das nicht umgesetzt..

279 Vgl. Neye/Timm, GmbHR 2007, 561.

280 BGBl. I 2007, S. 542.

281 EuGH-Urteil v. 20.2.1979 – Rs. 148/78 – Slg. 1979, 1629 ff.; EuGH-Urteil v. 22.9.1983,- Rs. 271/82 – Slg. 1983, 2727 ff.; EuGH-Urteil v. 11.2.1992 - T-16/90 – Slg. 1992, II, S. 89 ff.; hierzu Schwedlhem, GmbH-StB 2007, 182.

282 „die präjudizielle SEVIC-Entscheidung des EuGH enthält eine Erläuterung zur Bedeutung des europäischen Rechts, der auch im vorliegenden Fall Bedeutung zukommt. Die Art. 43 und 48 des EGV gelten unmittelbar für eine Verschmelzung; vgl. Rn. 11 des AG Amsterdam, Urteil v. 29.1.2007 - EA 06-3338 166 abgedrückt in DB 2007, 677 mit Kommentar von Gesell/Krömker.

die unmittelbar für eine grenzüberschreitende innergemeinschaftliche Verschmelzung gilt.[283]

2.2.1.1.2 Rechtslage ab dem 25.4.2007/ Das Zweite Gesetz zur Änderung des Umwandlungsgesetzes (UmwGÄG)

Das Bundesministerium der Justiz stellte bereits am 17.2.2006 den Referentenentwurf eines Zweiten Gesetzes zur Änderung des Umwandlungsgesetzes vor, mit dem der gesellschaftsrechtliche Teil der VRL 2005/56/EG (Artt. 1 bis 15 und 17 bis 21) in deutsches Recht umgesetzt werden sollte. Lediglich Art. 16 VRL 2005/56/EG, der die Regelungen zur Mitbestimmung enthält,[284] wurde in diesem Entwurf nicht berücksichtigt. Art. 16 VRL 2005/56/EG wurde gesondert durch das Gesetz über die Mitbestimmung der Arbeitnehmer bei einer grenzüberschreitenden innergemeinschaftlichen Verschmelzung (MgVG) umgesetzt.[285]

Mit der Verabschiedung des Zweiten Gesetzes zur Änderung des Umwandlungsgesetzes vom 19.4.2007 wurde der gesellschaftsrechtliche Teil der VRL 2005/56/EG im deutschen Recht implementiert.[286]

Die gesellschaftsrechtliche Umsetzung der VRL 2005/56/EG erfolgte im Wesentlichen durch die Einführung eines neuen Abschnitts im Zweiten Buch des Umwandlungsgesetzes.[287] Sämtliche Sondervorschriften zur Regelung der grenzüberschreitenden innergemeinschaftlichen Verschmelzung sind somit nun in einem neuen Zehnten Abschnitt (§§ 122a – 122l UmwG) erfasst, der durch das Zweite Gesetz zur Änderung des Umwandlungsrechts angefügt wurde. Die Regelungen im Zehnten Abschnitt sind ab 25.4.2007 anzuwenden.[288] Im Übrigen wird mit Hilfe der Regelung in § 122a Abs. 2 UmwG auf die Vorschriften des Ersten Teils, also die allgemeinen Verschmelzungsvorschriften sowie die be-

283 Vgl. Heckschen in Widmann/Mayer, Vor § 122a UmwG, Rz. 71; AG Amsterdam, Urteil v. 29.1.2007 - EA 06-3338 166, DB 2007, 677 mit Kommentar von Gesell/Krömker.

284 Art. 16 VRL 2005/56/EG regelt die Auswirkungen einer grenzüberschreitenden Verschmelzung auf die ggf. in einer der Gründungsgesellschaften bestehenden Mitbestimmungsrechte der Arbeitnehmer.

285 Gesetz über die Mitbestimmung der Arbeitnehmer bei einer grenzüberschreitenden Verschmelzung v. 21.12.2006, BGBl. I. S. 3332. Zuletzt geändert durch Art. 11 des Gesetzes v. 30.7.2009, BGBl. I, S. 2479.

286 Zweites Gesetz zur Änderung des Umwandlungsgesetzes v. 19.4.2007, BGBl I 2007, S. 542.

287 Umwandlungsgesetz v. 28.10.1994 (BGBl. I 1994, S. 3210) BGBl. I 1995, S. 428.

288 Vgl. Art. 6 des Gesetzes „dieses Gesetz tritt am Tag nach der Verkündung (am 24.4.2007) in Kraft, somit am 25.4.2007.

sonderen Verschmelzungsvorschriften der Kapitalgesellschaften, die sich an einer grenzüberschreitenden innergemeinschaftlichen Verschmelzung beteiligen können, verwiesen.[289]

Mit dem Inkrafttreten des UmwGÄG wurde die VRL 2005/56/EG vor Ablauf der Umsetzungsfrist in deutsches Recht umgesetzt. Das bedeutet, dass für Deutschland ab diesem Zeitpunkt eine gesicherte Rechtsgrundlage für grenzüberschreitende innergemeinschaftliche Verschmelzungen, nicht nur unter Berufung auf europäisches Primärrecht, sondern auch auf Grundlage nationaler Vorschriften, zur Verfügung steht.

2.2.1.2 Umsetzung der VRL 2005/56/EG in Spanien

Nur wenige EU-Staaten[290] erließen Gesetze zur Umsetzung innerhalb der in Art. 19 VRL 2005/56/EG vorgegebenen Frist.[291] Zu diesen Ländern zählte Spanien, im Gegensatz zu Deutschland,[292] nicht.

2.2.1.2.1 Rechtslage bis zum 15.12.2007

Auch in Spanien konnte die VRL 2005/56/EG bis zum 15.12.2007 keine unmittelbare Wirkung entfalten.[293]

Vor Ablauf der Umsetzungsfrist am 15.12.2007[294] war jedoch ohnehin aus spanischer Sicht eine Verschmelzung zwischen spanischen und ausländischen

---

289 § 122a Abs. 2 UmwG; hierzu Simon/Rubner in Kölner Kommentar zum UmwG, § 122a UmwG, Rn. 21.

290 Bspw. Deutschland und Polen. Die EU-Kommission leitete gegen 11 Mitgliedstaaten förmliche Vertragsverletzungsverfahren wegen der fehlenden Umsetzung der Richtlinie 2005/56/EG ein. Vgl. Pressemitteilung EU-Kommission v. 5.6.2008. Belgien, Griechenland, Spanien, Frankreich, Italien, Litauen, Lettland, die Niederlande, Portugal, Schweden und Slowenien erhielten eine begründete Stellungnahme mit förmlicher Aufforderung zur Umsetzung der Richtlinie. Die Abgabe einer begründeten Stellungnahme durch die EU-Kommission stellt die zweite Stufe des Verletzungsverfahrens nach Art. 226 EG dar. Die o.g. EU-Staaten haben ab der Zustellung der Stellungnahme zwei Monate Zeit, der Kommission eine „zufriedenstellende" Antwort zu geben, andernfalls ist diese berechtigt, den EuGH anzurufen und entsprechende Sanktionen zu verhängen.

291 Bis zum 15.12.2007.

292 In Deutschland ist die VRL 2005/56/EG bereits am 25.4.2007 (Vgl. Art. 6 dieses Gesetzes) mit Inkrafttreten des Zweiten Gesetz zur Änderung des Umwandlunggesetzes VRL 2005/56/EG implementiert worden.

293 Art. 249 EGV; EuGH-Urteil v. 5.4.1979 – Rs. 148/78 – Slg. 1979, S. 1629 ff.; EuGH-Urteil v. 22.9.1983,- Rs. 271/82 – Slg. 1983, S. 2727 ff.; EuGH-Urteil v. 11.2.1992 - T-16/90 – Slg. 1992, II, S. 89 ff.

294 Vgl. Art. 19 Abs. 1 VRL 2005/56/EG . .

Gesellschaften auf der Grundlage des Art. 9 Nr. 11 C.C.[295] unter Anwendung der Vorschriften des LSA a.F. zulässig.[296] Es ist unstrittig, dass nach spanischem Recht bereits vor der tatsächlichen Umsetzung der VRL 2005/56/EG am 5.4.2009 nicht nur grenzüberschreitende innergemeinschaftliche sondern auch außergemeinschaftliche Verschmelzungen zulässig waren.[297] Bei der ersten fehlte es allerdings an einer Harmonisierung mit den Regelungen der VRL 2005/56/EG.[298]

2.2.1.2.2 Rechtslage ab dem 15.12.2007 bis zum 5.4.2009

Erst nach Ablauf der Umsetzungsfrist am 15.12.2007[299] konnte die VRL 2005/56/EG nach Art. 287 AEUV (ex-Art. 249 EGV) direkte Anwendung finden, da sie bis dahin nicht in spanisches Recht umgesetzt wurde und die Voraussetzungen[300] für die unmittelbare Wirkung erfüllt waren.[301] Die unmittelbare Anwendung der Vorschriften der VRL 2005/56/EG nach Ablauf der Umsetzungs-

---

295 Vgl. Galeote Muñoz in Diarío La Ley. Nr. 7273 v. 30.10.2009.

296 Vgl. Tapia Hermida in Modificaciones Estructurales de Sociedades Mercantiles, Band I, S. 830 und 831.

297 Während dieser Untersuchung wird punktuell auf verschiedene Präzedenzfälle eingegangen, die vor dem 15.12.2007 durchgeführt wurden. Bspw. Verschmelzung der spanischen Tochtergesellschaft Damart SA auf ihre französische (100%ige) Muttergesellschaft Belmart SA, hierzu Tapia Hermida in Fusiones y OPAS transfronterizas, S. 92; Tapia Hermida in Modificaciones Estructurales de Sociedades Mercantiles, Band I, S. 831.

298 Vgl. Art. 9 Abs. 11 C.C.; ebenso im Präambel zum LME; Galeote Muñoz in Diarío La Ley. Nr. 7273 v. 30.10.2009; Tapia Hermida in Modificaciones Estructurales de Sociedades Mercantiles, Band I, S. 830 und 831.

299 Spanische Fassung des Art. 19 VRL 2005/56/EG.

300 Voraussetzung ist, dass die Regelungen, die Richtlinien enthalten, inhaltlich unbedingt und hinreichend genau sind sowie die Umsetzungsfrist abgelaufen sein muss. Vgl. EuGH-Urteil v. 17.12.1970 - Rs. 33/70 - Slg. 1970, 1223 f., std. Rspr., für die spätere Rspr. etwa EuGH-Urteil v. 1.2.1977 – Rs. 51/76 – Slg. 1977, 126 f.; EuGH-Urteil v. 29.11.1978 – Rs. 21/78 - Slg. 1978, 2340; EuGH-Urteil v. 4.12.1986 – Rs. 71/85 – Slg. 1986, 3855, EuGH-Urteil v. 20.9.1988 – Rs. 190/87 – Slg. 1988, 4689, Rn. 21 ff.; EuGH-Urteil v. 22.2.1990 - Rs. 221/88 – Slg. 1990, I-495.

301 EuGH-Urteil v. 20.2.1979 – Rs. 148/78 – Slg. 1979, 1629 ff; EuGH-Urteil v. 22.9.1983,- Rs. 271/82 – Slg. 1983, 2727 ff.; EuGH-Urteil v. 11.2.1992 - T-16/90 – Slg. 1992, II-89 ff.; hierzu Schmidt in von der Groeben/Schwarze - Kommentar zum EU-/EG-Vertrag, Art. 249 EGV, Rn. 42; Nettesheim in Grabitz/Hilf, Das Recht der Europäischen Union, Art. 249 EGV, Rn. 159.

frist war somit aufgrund fehlender Umsetzung in Spanien, zwar möglich[302] jedoch nicht notwendig.

Zusätzlich zu der Möglichkeit der direkten Anwendung der sekundärrechtlichen Vorschriften der VRL 2005/56/EG nach Ablauf der Umsetzungsfrist sind ebenfalls die primärrechtlichen Regelungen der Art. Art. 49 und des Art. 54 AEUV (ex-Art. 43 und ex-Art. 48 EGV) ohnehin unmittelbar anwendbar.[303] Gemeinschaftliche Harmonisierungsvorschriften sind zur Erleichterung grenzüberschreitender innergemeinschaftlicher Verschmelzungen zwar hilfreich, jedoch keine Vorbedingung für die Durchführung der in den Artikeln 49 und 54 AEUV (ex-Art. 43 und 48 EGV) verankerten Niederlassungsfreiheit.[304] Eine grenzüberschreitende innergemeinschaftliche Verschmelzung ist unter Berufung auf die im europäischen Primärrecht nach Art. 49 i.V.m. Art. 54 AEUV (Art. 43 i.V.m. 48 EGV) garantierte Niederlassungsfreiheit, die unmittelbar für eine grenzüberschreitende innergemeinschaftliche Verschmelzung gilt, möglich.[305]

Weder die Möglichkeit der Durchführung einer grenzüberschreitenden innergemeinschaftlichen Verschmelzung auf der Grundlage des Art. 288 AEUV[306] (ex-Art. 249 EGV) noch auf der Rechtsgrundlage des Art. 49 i.V.m. Art. 54 AEUV (ex-Art. 43 i.V.m. 48 ex-Art. EGV), die die Niederlassungsfreiheit gewähren und auf der die Rechtsprechung des EuGHs in Sachen SEVIC gestützt ist, wird in dieser Arbeit näher untersucht, da in Spanien eine grenzüberschreitende innergemeinschaftliche (und auch außergemeinschaftliche) Verschmelzung oh-

---

302 Art. 288 AEUV (ex-Art. 249 EGV); Ulrich, Praxis Internationale Steuerberatung 2008, 335; grundsätzlich zur unmittelbaren Wirkung von Richtlinien Walzel/Becker, Jura 2007, 653 m.w.N.; Fisahn/Mushoff, EuR 2005, 222.

303 EuGH-Urteil v. 13.12.2005 – Rs. 411/03; Slg. 2005, I-10805 = ZIP 2005, 2311, Rn. 17; ebenso Gesell/Krömker, DB 2006, 2558; Siems, EuZW 2006, 135; Spahlinger/Wegen, NZG 2006, 721.

304 Der Generalanwalt Tizzano hatte bereits diese Meinung in den Schlussanträgen vertreten, DB 2005, 1510; Dieser Auffassung ist der EuGH ausdrücklich wie zutreffend gefolgt; vgl. Rn. 26 des EuGH-Urteils v. 13.12.2005; Rs. C-411/03; Slg. 2005, I-10805 = ZIP 2005, 2311; in diesem Sinne ebenso EuGH-Urteil v. 28.1.1992 - Rs. C-204/90 -Slg. 1992, I, S. 249, Rn. 11.

305 Vgl. Heckschen in Widmann/Mayer, § Vor 122a UmwG, Rz. 71; AG Amsterdam, Urteil v. 29.1.2007 - EA 06-3338 166 DB 2007, 677 mit Kommentar von Gesell/Krömker; Lutter/Drygala, JZ 2006, 770 m.w.N; Krause/Kulpa, ZHR 171, 38; Ulrich, Praxis Internationale Steuerberatung 2008, 335

306 Unmittelbare Anwendung der Vorschriften der VRL 2005/56/EG nach Ablauf der Umsetzungsfrist vgl. EuGH-Urteil v. 5.4.1979 – Rs. 148/78 – Slg. 1979, 1629 ff.; EuGH-Urteil v. 22.9.1983 – Rs. 271/82 – Slg. 1983, 2727 ff.; hierzu Schmidt in von der Groeben/Schwarze - Kommentar zum EU-/EG-Vertrag, Art. 249 EGV, Rn. 42; Nettesheim in Grabitz/Hilf, Das Recht der Europäischen Union, Art. 249 EGV Rn. 159.

nehin auf der Grundlage des geltenden nationalen Rechts des Art. 9 Nr. 11 C.C. bzw. der Vorschriften des LSA a.F. bereits zulässig war.[307]

2.1.1.2.3 Rechtslage ab dem 5.4.2009 / Ley sobre Modificaciones Estructurales de las Sociedades Mercantiles

Anders als in Deutschland, wo die gesellschaftsrechtlichen Vorschriften zur Umwandlung[308] in einem eigenständigen Gesetz, nämlich dem Umwandlungsgesetz,[309] enthalten sind, existierte in Spanien ein solches Gesetz nicht.[310] Der spanische Gesetzgeber regelte die gesellschaftsrechtliche Behandlung von Umwandlungsvorgängen in dem „*Ley de Sociedades Anónimas*“[311] (nachfolgend LSA a.F.).[312] Die rechtliche Behandlung von Umwandlungsvorgängen (Verschmelzung, Ab- und Aufspaltung, Einbringung, Austausch von Anteilen, Ausgliederung und Sitzverlegung) war somit lediglich für die „*Sociedad Anónima*“ unmittelbar geregelt. Für andere Rechtsformen, wie bspw. die „*SRL*“, fand dieses Gesetz lediglich durch einen Verweis mittelbare (analoge) Anwendung.[313]

Der spanische Gesetzgeber hat sich entschieden, anlässlich der Umsetzung der VRL 2005/56/EG in spanisches Recht, alle Umwandlungsvorgänge in einem

---

307 Vgl. Tapia Hermida in Modificaciones Estructurales de Sociedades Mercantiles, Band I, S. 831; Tapia Hermida berichtet über verschiedene Heraus- bzw. Hereinverschmelzungen (aus spanischer Sicht) vor und nach der Umsetzungsfrist der VRL 2005/56/EG am 15.12.2007. Vor der Umsetzungsfrist bspw. die Herausverschmelzung der spanischen Tochtergesellschaft Damart SA auf Ihre französische Muttergesellschaft Belmart SA; die spanische Sarrio SA auf die italienische Reno di Medici SpA in 1998; die spanische AG Roland Electronics de Espana SA und die portugiesische Tecnologias Música e Audio Roland Portugal SA auf die spanische Ein-Mann-GmbH Roland Iberia SL in 2004. Nach der Umsetzungsfrist die Herausverschmelzung der Mondial Assistance, Seguros y Reaseguros, SAU auf die niederländische AG Elvia Travel Insurance, NV in 2008. Sowohl die aufnehmende als auch die übertragende Gesellschaften waren 100%-ige Töchter der deutschen Elvia Reiseversicherungsgesellschaft AG. Auch im Jahr 2008 wurde die spanische Ein-Mann-GmbH FACI METALES SA auf die italienische FACI SpA, siehe BORME Nr. 202 v. 22.10.2008, S. 34565.

308 Im breiteren Sinne so, dass hierdurch die Verschmelzung, Formwechsel, Sitzverlegung, Spaltung erfasst sind.

309 A.a.O.

310 Vgl. Tapia Hermida in Modificaciones Estructurales de Sociedades Mercantiles, Band I, S. 823.

311 Königliches Gesetzesdekret 1564/1989 von 22.12.1989 (Real Decreto Legislativo 1564/1989) BOE Nr. 31 von 27.12.1989, S. 30361.

312 Das spanische LSA entspricht dem deutschen Aktiengesetz.

313 Vgl. Quijano González in Modificaciones Estructurales de las Sociedades Mercantiles, Band I, S. 27.

eigenständigen Gesetz zusammenzufassen.[314] Die Regelungen des Art. 16 VRL 2005/56/EG zur Mitbestimmung wurden in Art. 67 LME und gesondert durch das Gesetz 31/2006[315] (Titel IV) über die Mitbestimmung der Arbeitnehmer bei einer grenzüberschreitenden innergemeinschaftlichen Verschmelzung umgesetzt.

Der Ministerrat stimmte dem Regierungsentwurf des spanischen Justizministeriums, dem *„Ley de Modificaciones Estructurales de Sociedades Mercantiles 3/2009*[316]*"* (LME), am 23.5.2008 zu.[317] Der Regierungsentwurf, der nach der Zustimmung als Gesetzesentwurf durch das Abgeordnetenhaus *"Congreso de los Diputados"* zu verabschieden war, wurde am 30.5.2008 als Gesetzesentwurf im offiziellen Anzeiger des Abgeordnetenhauses *„Boletin Oficial de las Cortes Generales Congreso"* veröffentlicht.[318]

a) Inkrafttreten

Da der spanische Gesetzgeber die Frist versäumt und die VRL 2005/56/EG nicht rechtzeitig, wie in Art. 19 VRL 2005/56/EG festgelegt, in nationales Recht umgesetzt hat, leitete die Kommission der Europäischen Gemeinschaft unter anderem auch gegen Spanien ein förmliches Vertragsverletzungsverfahren mangels Umsetzung der VRL 2005/56/EG ein.[319]

Aufgrund des laufenden Verfahrens der EU Kommission entschied sich der spanische Gesetzgeber, die VRL 2005/56/EG sobald wie möglich in spanisches

---

314 Vgl. Präambel des LME.

315 Gesetz 31/2006 v. 18.10.2006 BOE, Nr. 250 v. 19.10.2006, S. 36302 (Ley 31/2006 sobre Implicación de los Trabajadores en las Sociedades Anónimas y Cooperativas Europeas).

316 „Umstrukturierungsgesetz von Handelsgesellschaften" (eigene Übersetzung).

317 Pressemitteilung des Präsidentenhauses „La Moncloa" abrufbar unter: http://www.lamoncloa.es.

318 Gesetzentwurf v. 30.5.2008 "Proyecto de Ley sobre Modificaciones Estructurales de las Sociedades Mercantiles" veröffentlicht in dem "Parlamentanzeiger" Num 121/000004 "Boletin Oficial de las Cortes Generales Congreso de los Diputados"; hierzu Quijano González in Modificaciones Estructurales de las Sociedades Mercantiles, Band I, S. 33.

319 Pressemitteilung EU-Kommission v. 5.6.2008. Auch Griechenland wurde verurteilt: Urteil des Gerichtshofs (Achte Kammer) v. 23.4.2009 — Kommission der Europäischen Gemeinschaften/ Hellenische Republik (Rs. C-493/08) (1) (Vertragsverletzung eines Mitgliedstaats — Richtlinie 2005/56/EG — Verschmelzung von Kapitalgesellschaften aus verschiedenen Mitgliedstaaten — Nichtumsetzung innerhalb der vorgeschriebenen Frist) (2009/C 141/33) abrufbar unter: http://eur-lex.europa.eu/LexUriServ/LexUriServ.do?uri=OJ:C:2009:141:0019:0020:DE:PDF

Recht umzusetzen.[320] Das LME wurde am 3.4.2009 verabschiedet und am 4.4.2009 im spanischen Amtsblatt ("*Boletín Oficial del Estado*", kurz BOE) veröffentlicht. Der spanische Gesetzgeber teilte das Inkrafttreten des LME in zwei Teile auf. Der gesellschaftsrechtliche Teil, der VRL 2005/56/EG in das spanische Recht umsetzt, wurde in den Art. 54 bis 67 des Titels II Kapitels II des LME Gesetzes eingefügt.[321] Die Vorschriften des Titel II Kapitel II des LME, die die grenzüberschreitende innergemeinschaftliche Verschmelzung regeln, sind einen Tag nach der Verkündung, somit am 5.4.2009 in Kraft getreten.[322] Durch die Aufteilung des Inkrafttretens wurde die Umsetzung der VRL 2005/56/EG beschleunigt. Alle übrigen Vorschriften des LME Gesetzes traten erst am 4.7.2009 in Kraft.[323]

Das LME dient nicht nur der Umsetzung der VRL 2005/56/EG sondern zugleich der Umsetzung der Richtlinie 2007/63.[324]

b) Allgemeiner subjektiver Anwendungsbereich

Das LME findet grundsätzlich für alle Handelsgesellschaften Anwendung, sofern dieses Gesetz nicht etwas anderes bestimmt.[325] Für die grenzüberschreitende innergemeinschaftliche Verschmelzung ist jedoch nach Art. 54 Abs. 2 LME der subjektive Anwendungsbereich ausdrücklich auf die „*Sociedad Anónima*" ("*SA*") „*Sociedad de Responsabilidad Limitada*" („*SRL*" oder „*SL*"), „*Sociedad Comanditaria por Acciones*" („*SComA*") beschränkt.[326] Die SE mit Sitz in Spanien kann sich ebenfalls grundsätzlich an einer grenzüberschreitenden innergemeinschaftlichen Verschmelzung beteiligen.[327]

---

320 Vgl. Quijano González in Modificaciones Estructurales de las Sociedades Mercantiles, Band I, S. 25ff.

321 Vgl. Tapia Hermida in Modificaciones Estructurales de las Sociedades Mercantiles, Band I, S. 811.

322 Vgl. Achte Schlussbestimmung des LME; hierzu Tapia Hermida in Modificaciones Estructurales de las Sociedades Mercantiles, Band I, S. 811.

323 Vgl. Achte Schlussbestimmung Satz 1 LME; hiernach ist der Teil bzgl. der innergemeinschaftlichen Verschmelzung bereits am 5.4.2009 in Kraft getreten.

324 Richtlinie 2007/63/EG des Europäischen Parlaments und des Rates v. 13.11.2007 zur Änderung der Richtlinien 78/855/EWG und 82/891/EWG des Rates hinsichtlich des Erfordernisses der Erstellung eines Berichts durch einen unabhängigen Sachverständigen anlässlich der Verschmelzung oder der Spaltung von Aktiengesellschaften; ABl. EU Nr. L 300 v. 17.11.2007, S. 47–48, EU-Dok.-Nr. 3 2005 L 0056.

325 Vgl. Art. 2 LME.

326 Vgl. Galeote Muñoz in Diarío La Ley. Nr. 7273 v. 30.10.2009.

327 Ausführlich hierzu in Abschnitt 4.4 zu verschmelzungsfähigen Rechtsformen.

c) Systematischer Überblick zu den neuen Umwandlungsregelungen / Aufbau des Gesetzes

Das LME ist nach den verschiedenen Umstrukturierungsarten gegliedert und wie folgt aufgebaut:

Tab. 1.1: Umstrukturierungsarten nach dem neuen LME

Umwandlungsarten	**Vorschriften**
Titel I Kapitel I-IV Formwechsel	Art. 3 - 21 LME
Titel II Kapitel I Allgemeine Vorschriften zu innerstaatlicher Verschmelzung	Art. 22 - 53 LME
Titel II Kapitel II Grenzüberschreitende innergemeinschaftliche Verschmelzung	Art. 54 – 67 LME
Titel III Kapitel I-II Spaltung (Ab- und Aufspaltung sowie Ausgliederung)	Art. 68 - 80 LME
Titel IV Kapitel I-II Vermögensübertragung	Art. 81 - 91 LME
Titel V Kapitel I-II Grenzüberschreitende Sitzverlegung	Art. 92 - 103 LME

(1) Titel I LME - Formwechsel

Das Gesetz regelt im Titel I Kapitel I den Formwechsel (sog. „*Transformación*). Art. 3 LME definiert den Formwechsel als den Vorgang, durch den eine Gesellschaft eine andere Rechtsform erhält. Hierbei bleibt jedoch die Identität der Gesellschaft unberührt.

Nach Art. 4 LME kommen grundsätzlich Umwandlungen in alle Handelsgesellschaftsformen in jeglichen Rechtsformen von Handelsgesellschaften in Betracht.[328]

328 Vgl. Stepholt/Bascopé, IStR-LB 2009, 39; Memento Sociedades Mercantiles 2010, Rz. 5646 und 5647.

Auch Handelsgesellschaften, die sich in Liquidation befinden, können umgewandelt werden, solange die Verteilung des Gesellschaftsvermögens an die Gesellschafter noch nicht begonnen hat.[329]

(2) Titel II Kapitel I - Allgemeine Verschmelzung

Art. 22 LME, der nun Art. 233 LSA A.F. ersetzt, definiert die Verschmelzung wie folgt:

Die Verschmelzung ist der Vorgang durch den zwei oder mehrere eingetragenen Handelsgesellschaften ihr gesamtes Vermögen im Wege der Universalsukzession *„en-bloque"* in einer einzelnen neugegründeten oder übernehmenden Gesellschaft integrieren. Die Gesellschafter der übertragenden Gesellschaft(en) werden Gesellschafter der aufnehmenden bzw. neu zu gründenden Gesellschaft und erwerben von letzterer Aktien bzw. sonstige Geschäftsanteile.

Während Kapitel I des Titels II LME (innerstaatliche) Vorschriften zur Verschmelzung im Allgemeinen enthält, ist Kapitel II LMEden grenzüberschreitenden innergemeinschaftlichen Verschmelzungen im Speziellen sog. *„Fusiones Transfronterizas Intracomunitarias"* gewidmet.

Innerstaatliche Verschmelzungsvorgänge sind somit in den Art. 22–53 LME geregelt. Die Artikel 22-53 LME ergänzen, ändern bzw. heben entsprechend das spanische Aktiengesetz *„Ley de Sociedades Anónimas"* (LSA) auf,[330] das die Dritte Richtlinie[331] über die Verschmelzung von Aktiengesellschaften umsetzte.

Titel II Kapitel II LME enthält Sonderregelungen für die grenzüberschreitende innergemeinschaftliche Verschmelzung.

329 Vgl. Art. 4 LME, hierzu Stepholt/Bascopé, IStR-LB 2009, 39; Memento Sociedades Mercantiles 2010, Rz. 5647.

330 Königliches Gesetzesdekret 1564/1989 v. 22.12.1989, BOE Nr. 310 v. 27.12.1989.

331 Dritte Richtlinie 78/855/EWG v. 9.10.1978; ABl. EG Nr. L 295 v. 20/10/1978 S. 0036 – 0043.

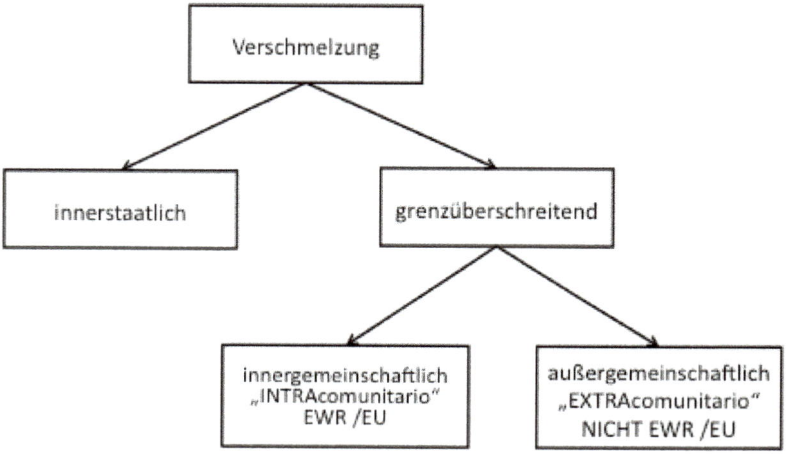

Abb. 1.1: Verschmelzungsmöglichkeiten nach spanischem Recht

(3) Titel I Kapitel II Grenzüberschreitende innergemeinschaftliche Verschmelzung

Grenzüberschreitend innergemeinschaftlich ist, im Einklang mit Art. 1 der VRL 2005/56/EG, nach Art. 54 Abs. 1 LME (i.V.m. Artt. 22 und 23 LME) eine Verschmelzung, wenn mindestens eine der beteiligten Kapitalgesellschaften dem Recht eines anderen EU-Staates (oder sonstigen EWR-Staates[332]) unterliegt. Nicht erfasst werden daher Verschmelzungen mit Gesellschaften aus sogenannten Drittstaaten (wie z. B. Schweiz oder USA).

332 Norwegen, Island und Liechtenstein.

(i) Subsidiarität sonstiger Vorschriften des Verschmelzungsrechts

Kapitel II LME beruht auf dem Prinzip der subsidiären Anwendbarkeit des allgemeinen Verschmelzungsrechts, wenn und soweit die Art. 54 bis Art. 67 LME keine Sonderregelungen enthalten.[333]

Im Übrigen wird jedoch mit Hilfe der Generalverweisungsnorm des Art. 55 LME auf die allgemeinen Verschmelzungsvorschriften des LME zurückgegriffen.[334] Somit gelten für grenzüberschreitende innergemeinschaftliche Verschmelzungen größtenteils dieselben Regelungen wie für innerstaatliche Verschmelzungen.[335]

(ii) Grenzüberschreitende extra- oder außergemeinschaftliche Verschmelzung

Sollten bei der Verschmelzung spanische und „außergemeinschaftliche" Gesellschaften beteiligt sein, so ist von einer grenzüberschreitenden außergemeinschaftlichen Verschmelzung (*„Fusión Transfronteriza* oder *Extracomunitaria")* die Rede.[336] Rechtsgrundlage für die grenzüberschreitende außergemeinschaftliche Verschmelzung sind Art. 27 Abs. 2 LME aber auch Art. 9 Nr. 11 C.C.[337]

Nach Art. 27 Abs. 2 LME bestimmt sich die Verschmelzung von Handelsgesellschaften, die verschiedenen Gesellschaftsstatuten unterliegen, nach ihren jeweiligen Personalstatuten. Hierbei bleiben die Vorschriften des Kapitels II zur grenzüberschreitenden Verschmelzung und die ggf. anwendbaren Vorschriften zur SE unberührt.[338]

Für grenzüberschreitende außergemeinschaftliche Verschmelzungen gelten somit dieselben Bestimmungen wie für die grenzüberschreitende innergemeinschaftliche Verschmelzung, für die SE sowie subsidiär die übrigen Regelungen

---

333 Vgl. Stepholt/Bascopé, IStR-LB 2009, 39; Ávila Navarro in Modificaciones Estructurales de las Sociedades Mercantiles. Ley 3/2009, S. 468.

334 Vgl. Sequeira Martín, RdS 2009, 33 (34); Galeote Muñoz in Diarío La Ley. Nr. 7273 v. 30.10.2009; Ávila Navarro in Modificaciones Estructurales de las Sociedades Mercantiles. Ley 3/2009, S. 468.

335 Vgl. Galeote Muñoz in Diarío La Ley. Nr. 7273 v. 30.10.2009; Sequeira Martín, RdS 2009, 33; Ávila Navarro in Modificaciones Estructurales de las Sociedades Mercantiles. Ley 3/2009, S. 468.

336 Vgl. Ávila Navarro in Modificaciones Estructurales de las Sociedades Mercantiles. Ley 3/2009, S. 489 oder auch "transfronteriza no comunitaria"; Memento Sociedades Mercantiles 2010, Rz. 5819.

337 Hierzu Sequeira Martín, RdS 2009, 33 (34).

338 Sinngemäße Übersetzung des Art. 27 Abs. 2 LME.

für die innerstaatliche Verschmelzungen.[339] Die Kollisionsnorm des Art. 9 Abs. 11 C.C. enthält eine ähnliche Regelung. Nach Art. 9 Abs. 11 C.C. bestimmt sich die Verschmelzung von Handelsgesellschaften, die verschiedenen Gesellschaftsstatuten unterliegen, nach ihren jeweiligen Personalstatuten.[340] Durch den Verweis des Art. 9 Abs. 11 C.C. auf die jeweiligen Gesellschaftsstatuten, findet das LME für die beteiligten spanischen Handelsgesellschaften Anwendung.

Da sowohl nach Art. 27 LME als auch nach Art. 9 Abs. 11 C.C. bei dem Verschmelzungsvorgang sämtliche Personalstatuten der an der grenzüberschreitenden Verschmelzung beteiligten Gesellschaften Anwendung finden sollen,[341] entscheidet sich der spanische Gesetzgeber eindeutig für die Vereinigungstheorie.[342] Jede Gesellschaft[343] wendet seine eigene Rechtsordnung an, solange kein gemeinsames Tätigwerden erforderlich ist. Soweit ein gemeinsames Tätigwerden erforderlich ist, sind alle Rechtsordnungen der an der Verschmelzung beteiligten Gesellschaften kumulativ *„Observancia Acumulada"* anzuwenden. Die stärkste Rechtsordnung setzt sich hierbei durch.[344]

(4) TITEL III LME - Spaltung

TITEL III des LME Gesetzes ist der Spaltung (*„Escisión"*) gewidmet. Hier wird der Begriff nicht im engeren Sinne verwendet, da er alle drei Spaltungsarten, nämlich die Aufspaltung[345], die Abspaltung[346] und die Ausgliederung,[347]erfasst.[348]

---

339 Vgl. Ávila Navarro in Modificaciones Estructurales de las Sociedades Mercantiles. Ley 3/2009, S. 469.

340 Vgl. Sánchez Álvarez in Modificaciones Estructurales de las Sociedades Mercantiles, Band I, S. 64.

341 Vgl. Ávila Navarro in Modificaciones Estructurales de las Sociedades Mercantiles. Ley 3/2009, S. 468.

342 Vgl. Art. 27 Abs. 2 LME; auch bereits in Art. 9 Abs. 11 C.C.; Ávila Navarro in Modificaciones Estructurales de las Sociedades Mercantiles. Ley 3/2009, S. 356, 468; Lázaro Sánchez, Noticias de la Unión Europea 2002, 25.

343 Aus der Formulierung des Art. 27 Abs. 2 Satz 1 LME „Sociedades Mercantiles " Handelsgesellschaften ergibt sich, dass nicht nur Kapitalgesellschaften sondern auch Personengesellschaften für die grenzüberschreitende Verschmelzung von der Norm erfasst sind. Satz 2 ordnet jedoch an, dass die Vorschriften des Kapitels 2 zur grenzüberschreitenden Verschmelzung unberührt bleiben, sodass durch Art. 54 Abs. 2 LME der Anwendungsbereich auf Kapitalgesellschaften beschränkt wird.

344 Vgl. Lázaro Sánchez, Noticias de la Unión Europea 2002, 25 (27).

345 „Escisión total".

346 „Escisión parcial".

347 „Segregación".

Bei allen drei Spaltungsarten kann die übernehmende Gesellschaft eine bestehende Gesellschaft (zur Aufnahme) oder eine neue Gesellschaft (zur Neugründung) sein.[349]

Gemeinsam haben alle drei Spaltungsarten, dass stets nur eine übertragende Gesellschaft besteht, die sich spaltet wobei Vermögensteile auf eine andere Gesellschaft im Wege der partiellen Gesamtrechtsnachfolge übertragen werden.[350]

Die Spaltung darf nur beschlossen werden, wenn alle Aktien oder sonstigen Geschäftsanteile der spaltenden Gesellschaft vollständig eingezahlt sind.[351]

Im Einzelnen sind die drei o.g. Spaltungsarten gesetzlich wie folgt definiert:

(i) Aufspaltung

Titel III Kapitel I regelt in Art. 69 die Aufspaltung sog. *„Escisión Total"*.

Bei der Aufspaltung kommt es zur Auflösung der übertragenden Gesellschaft und zum Übergang seines gesamten Vermögens im Wege der Universalsukzession auf mehrere bereits bestehende Gesellschaften oder zur Neugründung auf eine neue Gesellschaft.[352] Bei der Aufspaltung erhalten die Gesellschafter der spaltenden Gesellschaft anteilig (*„proporcional")* Aktien oder sonstige Anteile an der Beteiligung an der übernehmenden Gesellschaft.[353]

(ii) Abspaltung

In Art. 70 LME[354] ist die Abspaltung sog. *„Escisión Parcial"*definiert. Bei der Abspaltung bleibt die sich abspaltende übertragende Gesellschaft bestehen und wird weder aufgelöst noch liquidiert. Von ihrem Vermögen wird lediglich nur ein oder mehrere Teile (daher nur *„Escisión Parcial")* abgespalten und auf eine oder mehrere Gesellschaften jeweils als Gesamtheit im Wege der Universalsukzession übertragen.[355] Das übertragende Vermögen muss eine wirtschaftliche

348 Vgl. Art. 68 Abs. 1 LME, hierzu Rodriguez Artigas in Modificaciones Estructurales de las Sociedades Mercantiles, Band 2, S. 175 ff.

349 Vgl. Art. 69 LME für die Aufspaltung, Art. 70 Abs. 1 LME für die Abspaltung und Art. 71 LME für die Ausgliederung.

350 Vgl. Rodriguez Artigas in Modificaciones Estructurales de las Sociedades Mercantiles, Band II, S. 175 ff.

351 Vgl. Art. 68 Abs. 3 LME.

352 Vgl. Art. 69 LME; vgl. Memento Sociedades Mercantiles 2010, Rz. 5827.

353 Vgl. Art. 69 LME; vgl. Memento Sociedades Mercantiles 2010, Rz. 5827; Rodriguez Artigas in Modificaciones Estructurales de las Sociedades Mercantiles, Band 2, S. 179.

354 Entspricht der Definition in Art. 252 Abs. 1 Buchst. b) LSA a.F.; ausführlich hierzu Rodriguez Artigas in Modificaciones Estructurales de las Sociedades Mercantiles, Band II, S. 180.

355 Vgl. Art. 70 Abs. 1 LME; Memento Sociedades Mercantiles 2010, Rz. 5828.

Einheit bilden („*Unidad Económica*").[356] Besteht der abgespaltene Vermögensteil aus einem oder mehreren Unternehmen oder Handels-, Dienstleitungs- oder Produktionsbetrieben, können der übernehmenden Gesellschaft die Verbindlichkeiten auferlegt werden, die zum Zwecke der Organisation und Geschäftsganges der übertragenden Handelsgesellschaft eingegangen wurden.[357]

(iii) Ausgliederung

Nach Art. 71 LME liegt eine Ausgliederung „*Segregación*" dann vor, wenn eine Handelsgesellschaft einen Betrieb oder Teilbetrieb auf eine andere Handelsgesellschaft - gegen Gewährung neuer Gesellschaftsrechte an der übertragenden Gesellschaft - überträgt Jeder einzelne Vermögensteil bildet eine wirtschaftliche Einheit, die auf eine oder mehrere neu errichtete oder schon bestehende Gesellschaften gegen Gewährung von Geschäftsanteilen übertragen werden.[358] Das bedeutet, dass die übertragende Gesellschaft selbst als Gegenleistung eine Gesellschafterstellung an der übernehmenden Gesellschaft erhält.[359]

Die Ausgliederung unterscheidet sich von der Ab- und Aufspaltung dadurch, dass die übertragende Gesellschaft selbst und nicht deren Gesellschafter Anteile an der übernehmenden Gesellschaft erhalten.[360]

(iv) Subjektiver und sachlicher Anwendungsbereich der Spaltung

Anders als Art. 252 LSA a.F., der ausschließlich die Spaltung von Aktiengesellschaften regelt, erfasst nun Art. 68 Abs. 1 LME alle in Spanien registrierten Handelsgesellschaften.[361]

Nach Art. 68 Abs. 2 LME ist ausdrücklich geregelt, dass die begünstigten Gesellschaften auch eine andere Rechtsform haben können als die der spaltenden Handelsgesellschaft.[362] Die Spaltung kann somit zwischen verschiedenen

---

356 Vgl. Memento Sociedades Mercantiles 2010, Rz. 5829; Rodriguez Artigas in Modificaciones Estructurales de las Sociedades Mercantiles, Band 2, S. 184 m.w.N.

357 Vgl. Art. 70 Abs. 2 LME; hierzu Memento Sociedades Mercantiles 2010, Rz. 5829.1; Rodriguez Artigas in Modificaciones Estructurales de las Sociedades Mercantiles, Band II, S. 180.

358 Vgl. Memento Sociedades Mercantiles 2010, Rz. 5831.

359 Rodriguez Artigas in Modificaciones Estructurales de las Sociedades Mercantiles, Band 2, S. 175 ff.

360 Vgl. Memento Sociedades Mercantiles 2010, Rz. 5831.2.

361 Vgl. Stepholt/Bascopé, IStR-LB 2009, 39; Memento Sociedades Mercantiles 2010, Rz. 5824.

362 Vgl. Memento Sociedades Mercantiles 2010, Rz. 5824.1.

Rechtsformen von Handelsgesellschaften vollzogen werden, also sowohl zwischen artgleichen als auch artverschiedenen Gesellschaften.

Die Spaltung kann innerstaatlich und grenzüberschreitend (sowohl innergemeinschaftlich als auch außergemeinschaftlich) erfolgen.[363]

(v) Regelung der (grenzüberschreitenden) Spaltung

Die Spaltung richtet sich, vorbehaltlich der in den Kapitel II enthaltenen Ausnahmen, nach den Regelungen des LME über Verschmelzung, wobei die betreffenden Regelungen entsprechende Anwendung auf die von der Spaltung begünstigte Gesellschaft finden.[364]

Hier ist der spanische Gesetzgeber einen Schritt voraus und hat nun nicht nur die grenzüberschreitende innergemeinschaftliche, sondern auch die grenzüberschreitende außergemeinschaftliche Spaltung geregelt.[365]

Art. 73 Abs. 2 LME enthält für die Spaltung eine ähnliche kollisionsrechtliche Bestimmung wiefür die Verschmelzung.[366] Hiernach richtet sich die Spaltung bei der sich Handelsgesellschaften verschiedener Staatsangehörigkeit beteiligen oder hervorgehen, nach ihren jeweiligen Personalstatuten. Bei der SE sind ggf. die Sonderregelungen über die Societas Europea anwendbar.[367]

(5) Titel IV LME - Vermögensübertragung -

Der spanische Gesetzgeber regelt die Vermögensübertragung „*Cesión Global de Activo y Pasivo*“ in den Artt. 81 bis 91 LME.

Bei der Vermögensübertragung überträgt eine Gesellschaft ihr Vermögen im Wege der Universalsukzession auf einen oder mehrere Gesellschafter oder Dritte.[368] Die Vollübertragung entspricht im Grundsatz der Verschmelzung. Von der Verschmelzung unterscheidet sich jedoch die „*Cesión Global*“ dadurch, dass sie nicht zwingend zur Auflösung der zedierenden Gesellschaft führt. Die Auflösung der Gesellschaft erfolgt, wenn die komplette Gegenleistung unmittelbar von den Gesellschaftern erhalten wird. Darüber hinaus erfolgt keine Aufnahme von Gesellschaftern der zedierenden Gesellschaft in die Gesellschaft der Abtre-

---

363 Art. 73 Abs. 2 LME; hierzu Vgl. Memento Sociedades Mercantiles 2010, Rz. 5824.1; Rodriguez Artigas in Modificaciones Estructurales de las Sociedades Mercantiles, Band 2, S. 202.

364 Art. 73 Abs. 1 LME; vgl. Stepholt/Bascopé, IStR-LB 2009, 39.

365 Vgl. Stepholt/Bascopé, IStR-LB 2009, 39.

366 Art. 27 Abs. 2 LME; Rodriguez Artigas in Modificaciones Estructurales de las Sociedades Mercantiles Band 2, S. 202.

367 Vgl. Stepholt/Bascopé, IStR-LB 2009, 39.

368 Vgl. Art. 81 Abs. 1 LME.

tungsempfängerin. Dies bedeutet, dass die Gegenleistung nicht in Anteilen bzw. Aktien an den übernehmenden Gesellschaftern oder Dritte, sondern in einer Gegenleistung anderer Art, wie z. B. Barleistung besteht.

Die Vermögensübertragung ist in Spanien nicht auf bestimmte Rechtsformen beschränkt.

(6) Titel V LME: Grenzüberschreitende Sitzverlegung

Europarechtlich wird die Sitzverlegung, neben der grenzüberschreitenden innergemeinschaftlichen Verschmelzung und der Spaltung, von der FRL 90/434[369] jedoch nicht von der VRL 2005/56/EG erfasst. Für die grenzüberschreitende Sitzverlegung von sonstigen, nach nationalem Recht der EU-Staaten errichteten Gesellschaften liegt ein Vorentwurf für eine gesellschaftsrechtliche Sitzverlegungsrichtlinie aus dem Jahre 1997 vor.[370] Die Kommission hat jedoch ihre Arbeiten daran in Jahr 2007 eingestelt.[371]

Der spanische Gesetzgeber hat gleichwohl vorbildlich die gesellschaftrechtliche Sitzverlegung - ohne Verabschiedung einer europäischen Richtlinie – bereits im Titel V LME geregelt. Titel V LME enthält nicht nur Regelungen, die eine grenzüberschreitende inner- sondern auch eine außergemeinschaftliche Sitzverlegung von Handelsgesellschaften zulassen.[372]

Spanische Gesellschaften können ihren Sitz „*Domicilio Social*" ins Ausland verlegen,[373] wenn das aufnehmende Land die Identitätsgewährung der Rechtspersönlichkeit der Gesellschaft „*Mantenimiento de la Personalidad Jurídica*" erlaubt.[374]

Umgekehrt ist es auch zulässig, dass ausländische Gesellschaften ihren Sitz ins spanische Territorium verlegen ohne dass die Identität / Rechtspersönlichkeit der Gesellschaft geändert oder aberkannt wird.[375] Hier sind jedoch die Gründungsvoraussetzungen der jeweiligen Rechtsform nach spanischem Recht zu erfüllen, wenn dies nach internationalen Abkommen nicht anders geregelt ist.

---

369 Richtlinie 90/434/EWG des Rates v. 23.7.1990, ABl. EG Nr. L 225, 1, zuletzt geändert durch Änderungsrichtlinie 2005/19/EG v. 17.2.2005, ABl. EG Nr. L 58, 19.

370 Vorentwurf für eine Vierzehnte gesellschaftsrechtliche Richtlinie über die grenzüberschreitende Verlegung des Satzungssitzes von Kapitalgesellschaften; ZIP 1997, 1721ff. = ZGR 199, 157ff.; hierzu Grohmann/Gruschinske, GmbHR 2008, 27.

371 Vgl. http://europa.eu/rapid/pressReleasesAction.do?reference=SPEECH/07/592; Thömes in 60. Steuerrechtliche Jahresarbeitstagung Unternehmen 2009, S. 37.

372 Vgl. Art. 93 LME.

373 Vgl. Art. 92 i.V.m. Art. 93 LME.

374 Vgl. Art. 92 i.V.m. Art. 93 Abs. 1 LME.

375 Vgl. Art. 94 Abs. 1 Satz 2 LME, hierzu Memento Sociedades Mercantiles 2010, Rz. 5884; Stepholt/Bascopé, IStR-LB 2009, 39.

Spanische Handelsgesellschaften, die sich in Liquidation oder in Insolvenzverfahren *„Concurso de Acreedores"* befinden, können nach Art. 93. Abs. 2 LME ihren Sitz nicht ins Ausland verlegen.[376]

d) Ermächtigung zur Verabschiedung eines konsolidierten Gesetztextes für Kapitalgesellschaften

Der spanische Gesetzgeber hat die Regierung ermächtigt einen „zusammengefassten Gesetzestext" (*„Texto Refundido)"* innerhalb einer Frist von zwölf Monaten zu verabschieden.[377] Die Regierung übte diese Ermächtigung aus und verkündete das Königliche Gesetzesdekret von Kapitalgesellschaften (*„Real Dereto Legislativo 1/2010 por que se aprueba el Texto refundido de la Ley de Sociedades de Capital"- „LSC"*[378]*)*, das am 1.9.2010 in Kraft trat.[379]

In das LSC sind nun u.a.:

- Abschnitt 4 Titel I, Buch II des Handelsgesetzbuches (C.Com.) bzgl. der spanischen KGaA;
- das LSA;[380]
- das LSRL;[381]
- Titel X des Gesetzes über den Wertpapiermarkt bzgl. der börsennotierten SA

erfasst.

Mit Inkrafttreten des LSC sind das bisherige spanische AktG (LSA) sowie das spanische GmbHG (LSRL) zwar außer Kraft gesetzt worden, jedoch sind die bislang geltenden Vorschriften zu Kapitalgesellschaften lediglich harmonisiert und im Wesentlichen unverändert geblieben.

Das LSC prägen die früheren Regelungen zur spanischen GmbH (LSRL), denn das spanische Aktiengesellschaftsgesetz (LSA) und das Handelsgesetzbuch (C.Com.) galten als antiquiert. Lediglich an den Stellen, an denen aufgrund der

---

376 Vgl. Memento Sociedades Mercantiles 2010, Rz. 5885.1.

377 In Abs. 2 der 7. Schlussbestimmung des LME wird die Regierung ermächtigt, im Wege königlichen Gesetzesdekrets alle notwendigen Maßnahmen für die korrekte Einhaltung dieses Gesetzes zu verabschieden; hierzu Sánchez Calero abrufbar unter http://jsanchezcalero.blogspot.com/2009/04/hacia-un-nuevo-derecho-de-sociedades-de.html.

378 Königliches Gesetzesdekret 1/2010 v. 2.7.2010; BOE Nr. 161 v. 3.7.2010, S. 58472.

379 Dritte Schlussbestimmung LSC.

380 A.a.O. Das königliches Gesetzesdekret 1564/1989 von 22.12.1989 wurde durch das LSC zum 31.8.2010 konsolidiert.

381 Das Gesetz 2/1995, v. 23.3.1995 zu GmbHG wurde durch das neue LSC mit Wirkung zum 31.8.2010 konsolidiert.

Rechtsform (SA oder KGaA) Sonderregelungen erforderlich bzw. notwendig erschienen, enthält das LSC zusätzliche Sonderbestimmungen zu diesen Rechtsformen.[382]

2.2.2 Änderungsrichtlinie 2009/109 (ÄndRL 2009/109)

Die Kommission der Europäischen Gemeinschaften legte bereits im September 2008 einen Vorschlag[383] zur Änderung der Richtlinie 77/91/EWG[384] und der Richtlinie 82/891/EWG[385] des Rates sowie der VRL 2005/56/EG vor. Der Entwurf wurde anschießend als Richtlinie 2009/109[386] (ÄndRL 2009/109) verabschiedet. Die ÄndRL 2009/109 vereinfacht die o.g. Richtlinien hinsichtlich der Berichts- und Dokumentationspflicht bei Verschmelzungen und Spaltungen.

Ziel der ÄndRL 2009/109 ist es, die Verwaltungslasten der in der Europäischen Union ansässigen Unternehmen im Zusammenhang mit Umwandlungsmaßnahmen zu verringern. Dies gilt insbesondere für die Erfüllung von Berichts- und Informationspflichten. Zugleich sollen die Informationsinteressen der von einer Umwandlung betroffenen Gesellschafter und Gläubiger weiterhin ge-

382 Vgl. Bascopé/Stepholt ISTR-LB 2010, 88.

383 Richtlinienvorschlag des Europäischen Parlaments und des Rates zur Änderung der Richtlinien 77/91/EWG, 78/855/EWG und 82/891/EWG des Rates sowie der Richtlinie 2005/56/E hinsichtlich der Berichts- und Dokumentationspflicht bei Verschmelzungen und Spaltungen - Begründung NZG 2009, 50; Die Spaltungs- und Kapitalrichtlinie sowie der Richtlinie über grenzüberschreitende Verschmelzungen sollen ebenfalls geändert bzw. ergänzt werden, hierzu siehe Sandhaus, NZG, 2009, 41.

384 Zweite Richtlinie 77/91/EWG des Rates v. 13.12.1976 zur Koordinierung der Schutzbestimmungen, die in den Mitgliedstaaten den Gesellschaften im Sinne des Artikels 58 Abs. 2 des Vertrages im Interesse der Gesellschafter sowie Dritter für die Gründung der Aktiengesellschaft sowie für die Erhaltung und Änderung ihres Kapitals vorgeschrieben sind, um diese Bestimmungen gleichwertig zu gestalten, ABl. EG Nr. L 026 v. 31/01/1977 S. 0001 – 0013.

385 Sechste Richtlinie 82/891/EWG des Rates v. 17.12.1982 gem. Art. 54 Abs. 3 Buchstabe g) des Vertrages betreffend die Spaltung von Aktiengesellschaften, ABl. EG Nr. L 378 v. 31.12.1982 S. 0047 – 0054.

386 Richtlinie Europäischen Parlaments und des Rates von 16.9.2009 zur Änderung der Richtlinien 77/91/EWG, 78/855/EWG und 82/891/EWG des Rates sowie der Richtlinie 2005/56/E hinsichtlich der Berichts- und Dokumentationspflicht bei Verschmelzungen und Spaltungen ABl. EU Nr. L 259/14 von 2.10.2009; hierzu Bayer/Schmidt, BB 2010, 387. Richtlinienvorschlag bereits veröffentlicht in NZG 2009, 50; hierzu Sandhaus, NZG 2009, 41.

schützt bleiben.[387] Die ÄndRL 2009/109 ermöglicht die Nutzung des Internets und der elektronischen Datenübermittlung. Jede der verschmelzenden Gesellschaften ist von der Offenlegungspflicht nach Artikel 3 der Richtlinie 68/151/EWG befreit, sofern sie die gemeinsamen Verschmelzungspläne während eines fortlaufenden Zeitraums, der mindestens einen Monat vor dem Tag der Hauptversammlung, die über die gemeinsamen Verschmelzungspläne für die grenzüberschreitende Verschmelzung zu beschließen hat, beginnt, und nicht vor dem Abschluss dieser Versammlung endet, für die Öffentlichkeit kostenlos auf ihren Internetseiten der Öffentlichkeit zugänglich macht. Alternativ kann jeder Mitgliedstaat verlangen, dass die Veröffentlichung über die zentrale elektronische Plattform im Sinne der Publizitätsrichtlinie[388] oder eine andere von ihm benannte Internetseite bekannt zu machen.[389] Umzusetzen war die ÄndRL 2009/109 bis zum 30.6.2011.[390]

Die Umsetzung der ÄndRL 2009/109 in deutsches Recht erfolgte durch das sog. Dritte Umwandlungsgesetz, das am 15.7.2011 in Kraft trat.[391] Betroffen waren insbesondere § 8 UmwG, der den Verschmelzungsbericht regelt und § 62 und § 63 UmwG, die die Frage der Notwendigkeit der Beschlussfassung der Hauptversammlung sowie deren Vorbereitung enthalten.

Die Umsetzung der ÄndRL 2009/109 in spanisches Recht erfolgte bisher nicht.[392] Am 26.1.2012 hat die Europäische Kommission Maßnahmen ergriffen, um sicherzustellen, dass Spanien und vier weitere EU-Staaten (Italien, Rumänien, Slowenien und Zypern) ihrer Verpflichtung zur Umsetzung der ÄndRL 2009/109 bis zum 30.11.2011 über vereinfachte Anforderungen bei Unternehmensverschmelzungen und -spaltungen nachkommen. Es ist allerdings anzumerken, dass der spanische Gesetzgeber einige Regelungender ÄndRL 2009/109 bereits vor der Verabschiedung der ÄndRL 2009/109 im nationalen Recht verankert hat.

---

387 Vgl. Mambrilla Rivera in Modificaciones Estructurales de las Sociedades Mercantiles, Band I, S. 901 m.w.N.

388 Art. 3 Abs. 4 der 1. ÄndRL 2009/109.

389 Vgl. Sandhaus, NZG 2009, 41; Mambrilla Rivera in Modificaciones Estructurales de las Sociedades Mercantiles, Band I, S. 901.

390 Art. 6 Abs. 1 ÄndRL 2009/109.

391 BGBl. I 2011, 1338; hierzu Heckschen, NJW 2011, 2390.

392 Vgl. http://europa.eu/rapid/pressReleasesAction.do?reference=IP/12/74&format=HTML&aged=0&language=DE&guiLanguage=fr; http://www.diariojuridico.com/actualidad/noticias/bruselas-advierte-a-espana-que-debe-simplificar-su-normativa-de-fusiones-y-adquisiciones-como-toda-la-ue.html

Die (Nicht-) Umsetzung der ÄndRL 2009/109 in das deutsche und spanische Recht wird punktuell in dem jeweiligen Abschnitt (bspw. die Änderungen bei der Bekanntmachung / Veröffentlichung des Verschmelzungsberichts, etc) erläutert.[393]

2.2.3 Ergebnis zu Kapitel 2

Die Regelungen der Artt. 49, 54 AEUV (ex-Artt. 43, 48 EGV) sind hinsichtlich der Fragestellung der Anwendbarkeit der Niederlassungsfreiheit einschlägig. Die grenzüberschreitende innergemeinschaftliche Verschmelzung stellt, wie andere Umwandlungsmodalitäten auch, eine wichtige Ausprägungsform der Niederlassungsfreiheit dar. Die EU-Staaten dürfen die Durchführung einer grenzüberschreitenden innergemeinschaftlichen Verschmelzung nicht allgemein verweigern. Zudem sieht der EuGH in der unterschiedlichen Behandlung inländischer und ausländischer Gesellschaften durch das deutsche Umwandlungsgesetz a.F. eine unzulässige Beschränkung der Niederlassungsfreiheit. Eine solche Beschränkung könne nur gerechtfertigt sein, wenn mit ihr ein legitimes, mit dem AEUV (ex-EGV) zu vereinbarendes Ziel verfolgt werde. Als Rechtfertigungsgründe kämen grundsätzlich zwingende Allgemeininteressen wie der Schutz der Interessen von Gläubigern, Minderheitsgesellschaftern und Arbeitnehmern sowie die Wahrung der Wirksamkeit der Steueraufsicht und der Lauterkeit des Handelsverkehrs in Betracht. Harmonisierungsvorschriften, wie in der VRL 2005/56/EG enthalten, grenzüberschreitende Verschmelzungen vereinfachen, stellen allerdings keine Vorbedingung für die Durchführung der in den Artt. 49, 54 AEUV (ex-Artt. 43, 48 EGV) verankerten Niederlassungsfreiheit dar. Von Art. 54 AEUV (ex-Art. 48 EGV) werden ebenfalls Personengesellschaften erfasst.

Die VRL 2005/56/EG stellt einen Rechtsakt des sekundären Gemeinschaftsrechts i.S.d. Art. 288 Abs. 3 AEUV (ex-Art. 249 Abs. 3 EGV) dar, welcher noch der Umsetzung in das jeweilige nationale Recht bedarf. Die VRL 2005/56/EG harmonisiert die gesellschaftsrechtliche Behandlung grenzüberschreitender innergemeinschaftlicher Verschmelzungen.

Der deutsche Gesetzgeber hat die gesellschaftsrechtlichen Vorgaben der VRL 2005/56/EG in deutsches Recht innerhalb der Umsetzungsfrist implementiert. Die Umsetzung erfolgte durch das Zweite UmwGÄG mit der Einfügung des Zehnten Abschnitts (§ 122a – § 122l UmwG) in den Zweiten Teil des Ersten Buches des UmwG. Die Regelungen zur Mitbestimmung des Art. 16 VRL 2005/56/EG wurden gesondert durch das Gesetz über die Mitbestimmung der

393 Siehe hierzu Abschnitt ÄndRL 2009/109

Arbeitnehmer bei einer grenzüberschreitenden innergemeinschaftlichen Verschmelzung (MgVG) umgesetzt.

Der spanische Gesetzgeber hat die gesellschaftsrechtlichen Vorgaben der VRL 2005/56/EG ebenfalls in das spanische Recht umgesetzt jedoch nicht innerhalb der vorgegebenen Frist. Allerdings war nach spanischem Recht (Art. 9 Abs. 11 C.C.) die Durchführung einer grenzüberschreitenden innergemeinschaftlichen bzw. außergemeinschaftlichen Verschmelzung ohnehin bereits zulässig. Die Umsetzung der gesellschaftsrechtlichen Regelungen der VRL 2005/56/EG erfolgte im Titel II Kapitel II des LME. Die Regelungen zur Mitbestimmung des Art. 16 VRL 2005/56/EG wurden in Art. 67 LME und gesondert durch das Gesetz 31/2006 (Titel IV) über die Mitbestimmung der Arbeitnehmer bei einer grenzüberschreitenden innergemeinschaftlichen Verschmelzung umgesetzt.

Da der spanische Gesetzgeber nicht nur die grenzüberschreitende inner-, sondern auch die außergemeinschaftliche Verschmelzung regelt, präzisierte er den Begriff „grenzüberschreitende Verschmelzung“ und differenzierte in „grenzüberschreitende innergemeinschaftliche“ einerseits und „grenzüberschreitende außergemeinschaftliche“ Verschmelzung andererseits.

Zusätzlich sind nach spanischem Recht auch andere Umwandlungsmodalitäten wie die grenzüberschreitende Spaltung und Sitzverlegung geregelt.

Das LME erfasst, anders als das UmwG, für die Durchführung grenzüberschreitender Umwandlungen grundsätzlich auch Personengesellschaften (Art. 27 LME).

3 Kollisionsrechtliche Behandlung der grenzüberschreitenden innergemeinschaftlichen Verschmelzung

3.1 Einleitung

Das Kollisionsrecht bestimmt, welches materielle oder Sachrecht eines welchen Rechtskreises auf einen konkreten Sachverhalt anwendbar ist, wenn verschiedene Rechtsordnungen hinsichtlich eines bestimmten Sachverhalts dem Grunde nach gleichermaßen Anwendung finden könnten und somit kollidieren würden.[394] Im Falle der grenzüberschreitenden (innergemeinschaftlichen) Verschmelzung sind gemäß der Natur des Vorgangs Gesellschaften beteiligt, die verschiedenen (EU-) Rechtsordnungen unterliegen. Hierbei stellt sich die Frage, ob bei der grenzüberschreitenden innergemeinschaftlichen Verschmelzung unter Beteiligung deutscher und spanischer Kapitalgesellschaften die deutsche, die spanische oder beide Rechtsordnungen Anwendung finden.

Bei einer natürlichen Person ergibt sich grundsätzlich ihr Personalstatut aus ihrer Staatsangehörigkeit. Jede natürliche Person besitzt grundsätzlich eine bestimmte Staatsangehörigkeit deren nationale Rechtsordnung ihr „Heimatrecht" (Personalstatut) darstellt. Übertragen auf eine juristische Person, ist zu klären, welches eigentlich das Heimatrecht dieser juristischen Person ist. Zuerst stellt sich die Frage, was man unter dem „Heimatrecht" einer Gesellschaft zu verstehen hat. Das „Heimatrecht" einer Gesellschaft ist das Personalstatut der Gesellschaft – auch als Gesellschafts-, Organisationsstatut[395] oder lex societatis bezeichnet.[396]Das Gesellschaftsstatut ist die Summe aller für sie maßgeblichen materiellen Normen, nach denen die Beurteilung der rechtlichen Beziehungen dieser Gesellschaft zu vollziehen ist.[397] Unter das Gesellschaftsstatut fallen grund-

---

394 Ebenso Garcimartín Alférez in Modificaciones Estructurales de las Sociedades Mercantiles, Band II, S. 27 ff.; Beutel, Der neue rechtliche Rahmen grenzüberschreitender Verschmelzungen in der EU, S. 16 m.w.N.; Izzo-Wagner, Kollisionsrecht und Gesellschaftsrecht nach der EuGH-Rechtsprechung und europäischen Normgebung, S. 18 m.w.N.

395 Vgl. Izzo-Wagner, Kollisionsrecht und Gesellschaftsrecht nach der EuGH-Rechtsprechung und europäischen Normgebung, S. 19.

396 Vgl. Garcimartín Alférez in Modificaciones Estructurales de las Sociedades Mercantiles, Band II, S. 27 ff.

397 Vgl. Izzo-Wagner, Kollisionsrecht und Gesellschaftsrecht nach der EuGH-Rechtsprechung und europäischen Normgebung, S. 19.

sätzlich alle vom Beginn der Gesellschaft bis zu ihrem Ende entstehenden Fragen.[398] Hierbei sind somit die Rechtsfragen der Errichtung, des Fortbestands, der Auflösung (*„entsteht, lebt und vergeht“*[399]) sowie die Rechtsstellung der Gesellschaft nach außen und die Haftung der Gesellschafter, also grundsätzlich sämtliche Innen- und Außenverhältnisse der Gesellschaft, erfasst.[400]

Der europäische Gesetzgeber hat keine einheitlichen gesellschaftsrechtlichen Kollisionsvorschriften verabschiedet, d.h. jede nationale Rechtsordnung hat ihr eigenes Kollisionsrecht. Durch das Kollisionsrecht werden die sog. Anknüpfungspunkte festgelegt. Mit Hilfe dieser Anknüpfungspunkte wird entschieden, welche von mehreren möglichen nationalen Privatrechtsordnungen in einem Kollisionsfall zur Anwendung kommt.[401] Da hiermit nicht alle Fälle abgedeckt sind, wurde es den Gerichten und der Lehre überlassen, den Anknüpfungspunkt für die Bestimmung des Gesellschaftsstatutes festzulegen. So haben sich verschiedene Theorien, wie u.a. die Sitz-, Gründungs-, Übertragungs-, Aufnahme- und Vereinigungstheorie herausgebildet, über deren Anwendung Uneinigkeit besteht.

Nach der Gründungstheorie[402] ist das Recht des Staates maßgeblich, nach dem die Gesellschaft errichtet worden ist; nicht relevant ist hierbei, wo sich das Verwaltungszentrum oder die Produktionsstätten befinden.[403] Sie hat zur Rechtsfolge, daß eine einmal wirksam errichtete Gesellschaft ihren Sitz ohne Probleme unter Beibehaltung des auf sie anzuwenden Rechts ins Ausland verlegen kann und überall anerkannt wird,[404]da sie nicht den nationalen Bestimmungen des Zuzugstaates genügen muß. Voraussetzung ist allerdings, dass ihr Heimatrecht und das des Aufnehemstaates dies zulasssen. Die Gründungstheorie bietet daher eine großere Flexibilität bei grenzüberschreitender Sitzverlegung von Gesellschaften.

---

398 Vgl. Staudinger/Großfeld 1998, IntGesR Rn 17; Mäsch in BeckOK Bamberger/Roth, Art 12 EGBGB, Rn 43.

399 BGH Urteil v. 11.7.1957 - II ZR 318/55; BGHZ 25, 134, 144 = NJW 1957, 1433.

400 Vgl. Garcimartín Alférez in Modificaciones Estructurales de las Sociedades Mercantiles, Band II, S. 27 ff.

401 Vgl. Izzo-Wagner, Kollisionsrecht und Gesellschaftsrecht nach der EuGH-Rechtsprechung und europäischen Normgebung, S. 21.

402 Der Grundungstheorie folgen Dänemark, Finnland, Irland, Niederlande, das vereignigte Königsreich, Schweden, die USA, Kanada, Schweiz und Liechtenstein; vgl. Izzo-Wagner, Kollisionsrecht und Gesellschaftsrecht nach der EuGH-Rechtsprechung und europäischen Normgebung, S. 23.

403 Ausführlich zur Sitz- und Gründungstheorie siehe Izzo-Wagner, Kollisionsrecht und Gesellschaftsrecht nach der EuGH-Rechtsprechung und europäischen Normgebung, S. 22 ff. m.w.N.

404 Vgl. Großfeld/König, RIW 1992, 433; Drobing, ZHR 129 (1967), 93 (115).

Nach der Sitztheorie oder auch sog. Theorie des effektiven Verwaltungssitzes soll hingegen das Recht des Staates zur Anwendung kommen, in dem die Gesellschaft ihren tatsächlichen Verwaltungssitz hat. Mit dem Merkmal „tatsächlicher Verwaltungssitz" wurde ein objektiver Anknüpfungspunkt für die Bestimmung des Gesellschaftsstatuts gefunden.[405]Unter dem Verwaltungssitz wird der Tätigkeitsort der Geschäftsführung und der dazu berufenen Vertretungsorgane verstanden, also der Ort, wo die grundlegenden Entscheidungen der Unternehmensleitung effektiv in laufende Geschäftsführungsakte umgesetzt werden.[406]

Die Rechtsfolge der Sitztheorie ist, daß eine Gesellschaft für den Fall des Auseinanderfallens von Gründungsrecht (Satzungssitz) und Sitzstaat (Verwaltungssitz) grundsätzlich nicht als juristische Person angesehen wird, weil sie die Gründungsvoraussetzungen des Sitzsstaates, die zur Erlangung der Rechtsfähigkeit erforderlich sind, nicht erfüllt hat.[407]

1) Deutschland

Nach Ansicht des EuGH verstößt die Sitztheorie gegen die in Artt. 49, 54 AEUV (ex-Art. 43, 48 EGV) verankerte Niederlassungsfreiheit.[408]Als Konsequenz hat der BGH die Sitztheorie, der Deutschland bisher folgte,[409]nunmehr für die Bereiche aufgegeben, in denen nach ausländischem Recht gegründete Kapitalgesellschaften im Inland Niederlassungsfreiheit genießen.[410] Auch das Bundesministerium der Justiz brachte am 7.1.2008 einen Gesetzentwurf[411] zum Internationalen Privatrecht der Gesellschaften auf den Weg.Der Entwurf ergänzt das Einführungsgesetz zum Bürgerlichen Gesetzbuch (EGBGB)[412] um Vorschrif-

405 Vgl. von Bar in Internationale Privatrecht, Rn. 621, ebenso in Spanien: Präambel LME; Garcimartín Alférez in Modificaciones Estructurales de las Sociedades Mercantiles, Band II, S. 27 ff.

406 Vgl. BMJ, Pressemitteilung „Das neue GmbH-Recht" vom 30.10.2009.

407 Vgl. BGHZ 53, 181, 184 = NJW 1970, 998, 999; BGHZ, 97, 269, 272 = NJW 1986, 2194, 2195;

408 Vgl. a.a.O. (Überseering-Entscheidung)

409 Vgl. BGHZ 53, 181, 183; BGHZ 78, 318, 334 = ZIP 1981, 31; BGHZ 178, 192, 196 ff. = ZIP 2008, 2411, Rz. 19 bis 22 – Trabrennbahn, dazu Tepfer, EWiR 2009, 355.

410 Vgl. BGHZ 153, 353, 355 ff. = ZIP 2003, 720.

411 Abrufbar unter http://www.bmj.bund.de/files/-/2751/RefE%20Gesetz%20zum%20Internationalen%20Privatrecht%20der%20Gesellschaften,%20Vereine%20und%20juristischen%20Personen.pdf.

412 Vgl. BGBl. I S. 2494, ber. BGBl. 1997 I S. 1061; Zuletzt geändert durch Art. 2 G zur Einführung einer Musterwiderrufsinformation für Verbraucherdarlehensverträge, zur

ten zum Recht für grenzüberschreitend tätige Gesellschaften, Vereine und juristischen Personen. Hintergrund der Neuregelung sind ebenfalls die Entscheidungen des EuGH, in denen die sog. Sitztheorie, wonach auf Gesellschaften das an ihrem tatsächlichen Sitz geltende Recht anzuwenden sei, als Verstoß gegen die Niederlassungsfreiheit beurteilt wurde.Nach § 10a Abs. 1 i.V.m § 10 Abs. 1 des Entwurfes unterliegen die Voraussetzungen, das Verfahren und die Wirkungen einer Umwandlung im Wege der Verschmelzung, Spaltung, Vermögensübertragung oder des Formwechsels für jede der beteiligten Gesellschaften, Vereine oder juristischen Personen dem Recht des Staates, nach dem die Gesellschaft gegründet worden ist (Registrierungsort).[413]

Dass der deutsche Gesetzgeber nicht mehr an der Sitztheorie, wie in der Vergangenheit, festhält, wird ebenfalls durch die Streichung des § 4a Abs. 2 GmbHG und § 5 Abs. 2 AktG deutlich.[414] Hierduch hat er deutschen Gesellschaften ermöglicht, einen Verwaltungssitz zu wählen, der nicht notwendig mit dem Satzungssitz übereinstimmt. Die Rechtsfolge ist, dass dieser Verwaltungssitz ebenfalls im Ausland liegen kann.[415] Sollte das EGBGB mit diesen Änderungen verabschiedet werden, wird die von Deutschland gefolgte Sitztheorie aufgegeben.

2) Spanien

In der allgemeinen gesellschaftsrechtsvergleichenden und internationalprivatrechtlichen Literatur wird Spanien ohne weitere Ausführungen den Sitztheoriestaaten zugeordnet.[416]Die grundsätzliche Anknüpfung des Gesellschaftsstatus in Spanien ist jedoch, wie *Kieninger* richtigerweise feststellt, umstritten,[417] da die Gesetzeslage, wie folgend dargestellt, nicht klar ist.

Aus dem Wortlaut des Art. 9 Abs. 11 C.C. ergibt sich, dass das Gesellschaftsstatut der juristischen Personen an ihre Staatsangehörigkeit anknüpft. Die Norm lässt jedoch offen, wie die Staatsangehörigkeit einer juristischen Person zu bestimmen ist.

Änd. der Vorschriften über das Widerrufsrecht bei Verbraucherdarlehensverträgen und zur Änd. des Darlehensvermittlungsrechts vom 24. 7. 2010 (BGBl. I S. 977).

413 Vgl. § 10a i.V.m. § 10 des Entwurfes.

414 In der Fassung des Gesetzes zur Modernisierung des GmbH-Rechts und zur Bekämpfung von Missbräuchen (MoMiG) vom 23.10.2008, BGBl. 2008 I, S. 2026.

415 Vgl. BMJ, Pressemitteilung „Das neue GmbH-Recht" vom 30.10.2009.

416 Vgl. Kieninger, Wettbewerb der Privatrechtsordnungen im Europäischen Binnemarkt, S. 122 (Fn 115) m.w.N.

417 Vgl. Garcimartín Alférez in Modificaciones Estructurales de las Sociedades Mercantiles, Band II, S. 28 ff m.w.N.; Blanco-Morales Limone, La transferencia Internacional de Sede Social, S 40 ff; Steiger, RIW 1998, 695 (697)

Gem. Art. 8 LSC, der lex specialis gegenüber Art. 9 Abs. 11 C.C. ist, besitzen alle Gesellschaften, die ihren Sitz („*domicilio*“) in spanischem Staatsgebiet haben, ungeachtet wo sie gegründet wurden, die spanische Staatsangehörigkeit und sind dem spanischem Recht unterworfen. Sitz i.S.d. Art. 8 LSC ist der satzungsmäßige Sitz der Gesellschaft.[418]Daraus folgt, dass Spanien auf den Satzungssitz abstellt.

Maßgeblicher Anknüpfungspunkt ist somit für die spanische Staatsangehorigkeit einer Gesellschaft das Domizil („domicilio“). Hat eine Gesellschaft ihr Domizil in Spanien, so hat sie die spanische Staatsangehörigkeit

Nach Art. 9 Abs. 1 LSC bestimmt sich der (domicilio) Sitz der Gesellschaften in Spanien aus dem Ort ihrer Hauptverwaltung und Hauptführung („*administración y dirección*“) oder Hauptniederlassung oder Hauptbetriebsstätte *(„establecimiento o explotación“).*

Art. 9 Abs. 2 LSC bestimmt, dass Gesellschaften, deren Hauptniederlassung oder Hauptbetriebsstätte *(„establecimiento o explotación“)* sich in Spanien befindet, ihren Sitz (*domicilio*) in Spanien haben müssen.[419] Haben die Gesellschaften nach Art. 9 LSC ihr Domizil in Spanien, sind sie nach Art. 8 spanische Gesellschaften.

Daraus ergeben sich folgende Szenarien:

- Eine Gesellschaft wird nach spanischem Recht gegründet und besitzt als Rechtsfolge die spanische Staatsangehörigkeit.
- Eine Kapitalgesellschaft kann aber auch nach dem Recht eines anderen Staates errichtet werden und dort ihren Satzungssitz haben, auch wenn ihre Hauptbetriebsstätte sich in Spanien befindet. In diesem Fall wird sie jedoch gem. Art. 9 Abs. 2 LSC aufgrund der Hauptbetriebsstätte dem spanischem Recht unterworfen und gilt als spanische Gesellschaft nach Art. 8 LSC.

Spanien nimmt somit eine Sonderstellung zwischen Sitz- und Gründungstheorie ein.[420]

418 Vgl. Präambel LME; Garcimartín Alférez in Modificaciones Estructurales de las Sociedades Mercantiles, Band II, S. 28 ff m.w.N.

419 Vgl. ex-Art. 6 LSRL für die Sociedad de Responsabilidad Limitada und ex-Art. 5 LSA für die Sociedad Anónima.

420 Ebenso Kieninger in Wettbewerb der Privatrechtsordnungen im Europäischen Binnemarkt, S. 122 (Fn 115) m.w.N.

3.2 Kollisionsrechtliche Aussagen des Art. 4 Abs. 1 VRL 2005/56/EG

Kapitalgesellschaften, die an grenzüberschreitenden innergemeinschaftlichen Verschmelzungen beteiligt sind, sind gem. Art. 4 Abs. 1 Buchst. b) VRL 2005/56/EG verpflichtet, die Vorschriften und Formalitäten des für sie geltenden innerstaatlichen Rechts einzuhalten. Somit sind bei der grenzüberschreitenden innergemeinschaftlichen Verschmelzung unter Beteiligung spanischer und deutscher Kapitalgesellschaften die Vorschriften und Formalitäten sowohl des deutschen als auch des spanischen Sachrechts einzuhalten. Ein einheitliches europäisches Kollisionsrecht besteht jedoch derzeit nicht.

Die Anwendung der spanischen und der deutschen Rechtsordnungen auf ein und denselben Verschmelzungsvorgang bereitet insoweit keine Schwierigkeiten, als es lediglich um die gesellschaftsinternen Verfahrensschritte geht, die jede der beteiligten Gesellschaften vollziehen muss.[421] Anders verhält es sich hingegen, wenn ein gemeinsames Tätigwerden aller erforderlich wird.

Nachfolgend ist in kompakter Form darzulegen, wie sich die von der Lehre und der Praxis herausgebildeten Theorien hinsichtlich der kollisionsrechtichen Behandlung einer grenzüberschreitenden Verschmelzung im deutschen und spanischen Recht entwickelt haben.

3.3 Die kollisionsrechtliche Behandlung der grenzüberschreitenden innergemeinschaftlichen Verschmelzung

Aus deutscher Sicht[422] ist für die grenzüberschreitende innergemeinschaftliche Verschmelzung unstreitig, dass das sog. Personalstatut der betreffenden Gesell-

421 Vgl. Kindler in MünchKomm-BGB, Rn. 852 ff; Heckschen in Widmann/Mayer, § 1 UmwG, Rn. 278.

422 Der deutsche Gesetzgeber beabsichtigt, das Internationale Gesellschaftsrecht zu kodifizieren. Dazu wurde ein entsprechender Gesetzentwurf auf den Weg gebracht, mit dem das EGBGB um Vorschriften zum Recht für grenzüberschreitend tätige Gesellschaften, Vereine und juristische Personen ergänzt werden soll. Nach dem Entwurf soll Art. 10a EGBGB eingefügt werden. Hiernach richtet sich das Verfahren der Umwandlung einer Gesellschaft nach dem Recht des Gründungsstaates. Abrufbar unter: http://www.bmj.bund.de/files/-/2751/RefE%20Gesetz%20zum%20Internationalen%20Privatrecht%20der%20Gesellschaften,%20Vereine%20und%20juristischen%20Personen.pdf.

schaft maßgeblich ist.[423] Hierbei stellte sich jedoch die Frage, welches Recht bei der grenzüberschreitenden (innergemeinschaftlichen) Verschmelzung wann und wie anwendbar ist. Ist das Sachrecht des Sitzstaates der aufnehmenden Gesellschaft oder das Recht des Sitzstaates der übertragenden Gesellschaft anzuwenden?[424] AlsAnknüpfungspunkt für die Bestimmung des im Zuge einer grenzüberschreitenden Verschmelzung anwendbaren Sachrechts käme mithin das Recht einer der an der grenzüberschreitenden (innergemeinschaftlichen) Verschmelzung beteiligten Gesellschaften in Betracht. Zusätzlich wurden weitere Theorien entwickelt. So könnte man, wie es früher der herrschenden Meinung entsprach, an das Recht der aufnehmenden oder der übertragenden Gesellschaft anknüpfen (sog. Einzeltheorien).[425] Eine solche Einzelanknüpfung führt aber zu erheblichen Schwierigkeiten.

Zur Lösung dieser Fragestellung sind die sog. Einzeltheorien entstanden, die nachfolgend kurz erläutert werden.

3.4 Einzeltheorien

3.4.1 Aufnahmetheorie

Nach der Aufnahmetheorie soll bei einer grenzüberschreitenden (innergemeinschaftlichen) Verschmelzung ausschließlich an das Recht der aufnehmenden bzw. neuzugründenden Gesellschaft angeknüpft werden.[426] Dies hat zur Folge, dass der gesamte Verschmelzungsvorgang nach dem Recht der aufnehmenden Gesellschaft zu behandeln ist.[427] Dadurch kann z.B. der Schutz der Gläubiger

---

423 H.M. Kindler in MünchKomm-BGB IntGesR, Rn. 843; Spahlinger/Wegen, NZG 2006, 721 m.w.N.; Staundinger-Großfeld, InterGesR, Rn., 689; Siems, EuZW 2006, 135; Koppensteiner in Internationale Unternehmen, S. 156; Beitzke, FS Hallstein, 1966, S. 20; Westermann, ZGR 1975, 68, 83; Beutel, Der neue rechtliche Rahmen grenzüberschreitender Verschmelzungen in der EU, S. 16 m.w.N.

424 Bei der grenzüberschreitenden Verschmelzung entstehen jedoch nicht die Probleme, die sich bei einem Wechsel des Gesellschaftsstatuts im Falle der Sitzverlegung ergeben. Da die übertragende Gesellschaft sich durch die Verschmelzung nicht einem neuen Gesellschaftsstatut unterstellt und somit also kein Statutenwechsel, wie bei der Sitzverlegung, stattfindet.

425 Vgl. Kindler in MünchKomm-BGB, IntGesR, Rn. 843 m.w.N.

426 Vgl. Siems, EuZW 2006, 135 (137); Rixen/Böttcher, GmbHR 1993, 572 (573)

427 Vgl. Kindler in MünchKomm-BGB, IntGesR, Rn. 844

und der Gesellschafter der übertragenden Gesellschaft(en), da diese aufgelöst wird/werden, hier nicht in ausreichendem Maße gewährleistet werden.[428]

Darüber hinaus sind die Voraussetzungen der Auflösung ohne Abwicklung der übertragenden Gesellschaft nach den gegenwärtigen allgemeinen Prinzipien des internationalen Gesellschaftsrechts ausschließlich aus dem Personalstatut des übertragenden und nicht des aufnehmenden Rechtsträgers zu folgen,so dass diese Theorie dadurch angreifbar ist.[429]

3.4.2 Übertragungstheorie

Die sog. Übertragungstheorie stellt für die Bestimmung des anwendbaren Rechts anlässlich einer grenzüberschreitenden (innergemeinschaftlichen) Verschmelzung ausschließlich auf das Recht des Staates der übertragenden Gesellschaft ab. Hiernach bliebe das Recht des Staates der aufnehmenden Gesellschaft unberücksichtigt.[430] Bei dieser Lösung wäre die Rechtsstellung der hinter der übertragenden Gesellschaft stehenden Gesellschafter und Gläubiger zwar gewahrt, aber die Belange der aufnehmenden Gesellschaft und der hinter ihr stehenden Personen blieben unbeachtet.[431]

Die Übertragungstheorie ist daher als ungeeignet ebenfalls abzulehnen.[432]

3.4.3 Vereinigungstheorie

Die Ausführungen in den beiden vorstehenden Abschnitten haben gezeigt, dass eine grenzüberschreitende (innergemeinschaftliche) Verschmelzung weder vollständig dem Recht des Staates der übernehmenden noch vollständig nach dem Recht des Staates der übertragenden Gesellschaft unterliegen kann. Es ist, wie *Kindler* richtigerweise feststellt, verständlich, dass die frühere Rechtsprechung[433]und die damalige h.M. der Literatur[434] unter diesen Umständen die

---

428 Vgl. Kindler in MünchKomm-BGB, IntGesR, Rn. 844

429 Vgl. Kindler in MünchKomm-BGB, IntGesR, Rn. 844 m.w.N.; Beitzke, FS Hallstein, 1966, S. 20; Kronke ZGR 1994, 26, 31 f.

430 Vgl. Rixen/Böttcher, GmbHR 1993, 572 (573).

431 Hierzu Veil, Der Konzern 2007, 98.

432 Vgl. Kindler in MünchKomm-BGB, IntGesR, Rn. 845ff. Die Entscheidung des österreichischen OGH stellte eine deutsch-österreichische Verschmelzung auf das leges societatum der übertragenden Gesellschaft ab (österreichisches Recht) Österreichisches OGH ZIP 2003, 1086

433 BayObLG OLGRspr. 14, 357; aA Obergericht Danzig LZ 1929, 62, jedoch für materiell-rechtlich übereinstimmendes Recht.

grenzüberschreitende (innergemeinschaftliche) Verschmelzung für unzulässig halten musste.[435]

Im deutschen[436] und auch im spanischen Recht hat sich daher in der Frage des auf die Verschmelzung anwendbaren Rechts die sog. Vereinigungstheorie durchgesetzt, die von *v. Spindler*[437] gebildet und *von Beitzke*[438] weiterentwickelt wurde.[439] Für die Verschmelzungsvoraussetzungen gilt der Grundsatz, dass jeweils das Personalstatut einer jeden Gesellschaft maßgeblich ist (distributive Rechtsanwendung). Nach Art. 4 Abs. 1 Buchst. b) i.V.m. Abs. 2 VRL 2005/56/EG und der h.M.[440] im Schrifttum richten sich die Voraussetzungen und Verfahren der grenzüberschreitenden innergemeinschaftlichen Verschmelzung für jede der beteiligten Gesellschaften nach ihrem jeweiligen Personalstatut. Sachverhalte, die sich nur auf einen der beteiligten Rechtsträger beziehen, bestimmen sich nach dem materiellen Recht seines Sitzstaates.[441]

---

434 Vgl. Semler/Stengel in Semler/Stengel, Einl. A UmwG, Rn. 110 ff.; Heckschen in Widmann/Mayer, § 1 UmwG Rz. 206 ff., insb. Rz. 212ff.

435 Vgl. Kindler in MünchKomm-BGB, IntGesR, Rn. 847 m.w.N.

436 Der deutsche Gesetzgeber beabsichtigt, das Internationale Gesellschaftsrecht zu kodifizieren. Dazu wurde ein entsprechender Gesetzentwurf auf den Weg gebracht, mit dem das EGBGB um Vorschriften zum Recht für grenzüberschreitend tätige Gesellschaften, Vereine und juristische Personen ergänzt werden soll. Nach dem Entwurf soll Art. 10a EGBGB eingefügt werden. Hiernach richtet sich das Verfahren der Umwandlung einer Gesellschaft nach dem Recht des Gründungsstaates. Abrufbar unter: http://www.bmj.bund.de/files/-/2751/RefE%20Gesetz%20zum%20Internationalen%20Privatrecht%20der%20Gesellschaften,%20Vereine%20und%20juristischen%20Personen.pdf.

437 Vgl. v. Spindler, (Wanderung gewerblicher Körperschaften von Staat zu Staat als Problem des internationalen Privatrechts, 1932, S. 78); zitiert nach Kindler in MünchKomm-BGB, IntGesR, Rn. 848.

438 Beitzke (FS Hallstein, 1966, S. 23) zitiert nach Kindler in MünchKomm-BGB, IntGesR, Rn. 848.

439 Hierzu Lázaro Sánchez, Noticias de la Unión Europea 2002, 25ff; Sequeira Martín, RdS 2008, 33 (50); Ulrich, Praxis Internationale Steuerberatung 2008, 335 (336); Garcimartín Alférez in Derecho de Sociedades: Problemas de la Ley aplicable, S. 114 abrufbar unter: http://www.uam.es/centros/derecho/privado/mercanti/investigacion/fga%20-%20DER%20INT%20SOC.pdf.; Hörtnagl in Schmitt/Hörtnagl/Stratz, § 1 UmwG, Rn. 27; Klein, RNotZ 2007, 565.

440 In Deutschland: Rixen/Böttcher, GmbHR 1993, 572; Kindler in MünchKomm-BGB, IntGesR, Rn. 875 m.w.N.; Maul/Teichmann/Wenz, DB 2003, 2634; Siems, EuZW 2006, 135; Geyrhalter/Weber, DStR 2006, 146 (147); in Spanien: statt aller Pérez Milla in FISA, S. 109.

441 Vgl. Kindler in MünchKomm-BGB, IntGesR, Rn. 852.

Nach der heute h.M.[442] sind die Vorschriften der Rechtsordnungen aller an der grenzüberschreitenden innergemeinschaftlichen Verschmelzung beteiligten Gesellschaften zu kumulieren, sobald ein gemeinsames Tätigwerden aller erforderlich wird.[443] Die Rechtsordnungen der EU-Staaten der verschmelzenden Unternehmen sollen dergestalt zur Anwendung kommen, dass sich für den Bereich gemeinsamer Erfordernisse die jeweils strengste[444] durchsetzt.[445] Dies hat zur Folge, dass nach der Vereinigungstheorie das Recht der Staaten aller beteiligten Gesellschaften zu berücksichtigen ist[446]und dabei jeweils die qualitativ höheren/strengsten Voraussetzungen dieser Rechtsordnung zu erfüllen sind.[447]

Die undifferenzierte Anwendung der Vereinigungstheorie kann in der Praxis problematisch werden, da verschiedene partiell konkurrierende Rechtsordnungen zur Anwendung kämmen und im Einzelfall vorab zu untersuchen wäre, welche Rechtsordnung heranzuziehen bzw. die strengste ist.[448] Daher bevorzugt die h.M. die Anwendung einer sog. differenzierten oder auch modifizierten[449] Form der Vereinigungstheorie, die an die Voraussetzungen, das Verfahren und die

---

442 Vgl. Pérez Milla in Fusión Internacional de Sociedades Anónimas en el Espacio Jurídico Europeo, S. 40 “.. la solución pasa por la aplicación de ambos métodos...”; Gesell/Krömker, DB 2006, 2558; Spahlinger/Wegen, NZG 2006, 721; Lázaro Sánchez in Fusión Internacional Noticias de la Unión Europea, S. 25 (26); Kindler in Münch-Komm-BGB, Rn. 848 ff.; Großfeld in Staudinger, Internationales Gesellschaftsrecht, Rn. 688; Kindler in MünchKommBGB, Rn. 840 ff; Beitzke, FS Hallstein 1966, S. 78 ff; Krause/Kulpa, ZHR 171 (2007), 38, 50, f; Bungert, BB 2006, 53, 55; Heckschen in Widmann/Mayer, § 1 UmwG, Rz. 270; Eidenmüller/Engert in Ausländische Kapitalgesellschaften im deutschen Recht § 4, Rn. 100 ff; Louven,/Dettmeier/Pöschke/Wenig, BB-Special 3/2006, 1; Schmidt/Maul, BB 2006, 13; Wenglorz, BB 2004, 1061; Gottschalk, EuZW 2006, 83; OLG München NZG 2006, 513, 514.

443 Vgl. Kindler in MünchKomm-BGB, IntGesR, Rn. 686; Rixen Böttcher, GmbHR 1993, 572 (573).

444 Vgl. Beitzke zitiert nach Kindler in MünchKomm-BGB, IntGesR, Rn. 661.

445 Vgl.Kindler in MünchKomm-BGB, IntGesR, Rn. 849; Rixen/Böttcher, GmbHR 1993, 572 (575).

446 Vgl. Pérez Milla in Fusión Internacional de Sociedades Anónimas en el Espacio Jurídico Europeo, S. 40; Heckschen in Widmann/Mayer, § 1 UmwG, Rn. 270; Eidenmüller/Engert in Ausländische Kapitalgesellschaften im deutschen Recht § 4 Rn. 100ff; Louven,/Dettmeier/Pöschke/Weng, BB-Special 3/2006, 1; Schmidt/Maul, BB 2006, 13; Wenglorz, BB 2004, 1061; Gottschalk, EuZW 2006, 83.

447 Vgl. Pérez Milla in Fusión Internacional de Sociedades Anónimas en el Espacio Jurídico Europeo, S. 40; Adolf, ZHR 173 (2009) 67 (90).

448 Vgl. Rixen/Böttcher, GmbHR 1993, 572; Kindler in MünchKomm-BGB, IntGesR, Rn. 875 m.w.N.

449 Vgl. Geyrhalter/Weber, DStR 2006, 146 (147).

Wirkungen der grenzüberschreitenden (innergemeinschaftlichen) Verschmelzung gesondert anknüpft.[450]

3.5 Die kollisionsrechtliche Behandlung der grenzüberschreitenden innergemeinschaftlichen Verschmelzung aus Sicht des spanischen Rechts

Bei der Frage nach der Zulässigkeit grenzüberschreitender inner- als auch außergemeinschaftlicher Verschmelzungen unter Beteiligung spanischer Rechtsträger ist von der jeweils einschlägigen Kollisionsnorm auszugehen.

Die spanische Rechtsordnung kannte bereits vor Umsetzung der VRL 2005/56/EG mit Art. 9 Nr. 11 C.C.[451] (spanisches BGB)eine eigenständige Kollisionsnorm zur grenzüberschreitenden Verschmelzung.[452]

Art. 9 Abs. 11 C.C. lautet wie folgt:

„...Das auf juristische Personen anwendbare Recht wird durch ihren Sitz bestimmt und umfasst alle Fragen der Geschäftsfähigkeit, Gründung, Vertretung, Organisation, Umwandlung, Auflösung und Beendigung.

Bei der Verschmelzung von Gesellschaften, die verschiedenen Gesellschaftsstatuten unterliegen, werden die jeweilige Personalstatuten berücksichtigt... "[453]

Der Wortlaut des Art. 9 Abs. 11 C.C. wurde mit der Begründung, dass sich hieraus nicht genau bestimmen lasse, in welchem Umfang das jeweilige Personalstatut zu berücksichtigen ist, stark kritisiert.[454] Dies würde zu Problemen bei der Bestimmung des in den einzelnen Phasen der Verschmelzung anwendbaren

---

450 Vgl. Rixen/Böttcher, GmbHR 1993, 572; Kindler in MünchKomm-BGB, IntGesR, Rn. 875 m.w.N; Geyrhalter/Weber, DStR 2006, 146 (147).

451 Ausführlich zur Entstehung der Vorschrift siehe Steiger in Grenzüberschreitende Fusion und Sitzverlegung, S. 58ff m.w.N.

452 Hierzu Pérez Vera in "Art. 9 Abs. 11", en La reforma del título preliminar del C.C., 1977, S. 201; Galeote Muñoz in Diarío La Ley . Nr. 7273 v. 30.10.2009.

453 Sinngemäße Übersetzung des Art. 9 Abs. 11 C.C.

454 Vgl. Calvo Caravaca in Comentarios al C.C. y Compilaciones Forales, Band I, Vol II, Art. 8 al Art. 16 del C.C. Aufl. 2; S. 517; auch in Paz-Ares u.a. in Comentario del C.C. (Ministerio de Justicia, Madrid 1991, Band I, S. 105; Steiger in Grenzüberschreitende Fusion und Sitzverlegung, S. 62ff m.w.N.; Corriente Córdoba in La Fusión Internacional de Sociedades, S. 81, 323, 341, de la Cámara, S. 475; Garcimartín Alférez in Derecho de Sociedades: Problemas de la Ley aplicable, S. 114 abrufbar unter: http://www.uam.es/centros/derecho/privado/mercanti/investigacion/fga%20-%20DER%20INT%20SOC.pdf.

Rechts (wann und wie) führen.[455] Der Wortlaut der Vorschrift „werden berücksichtigt“ (*„se tendrán en cuenta“*) anstatt bspw. „ist anzuwenden“ (*„regirán“* oder *„someterán“)* ist jedoch nach der Auffassung von *Lázaro Sánchez* eher zu begrüßen und sollte positiv ausgelegt werden.[456] Aufgrund einer fehlenden Harmonisierung der verschiedenen Rechtsordnungen habe in der Praxis der „flexible“ Wortlaut des Art. 9 Abs. 11 C.C. nach seiner Auffassung die grenzüberschreitende Verschmelzung ermöglicht.[457]

Art. 9 Abs. 11 C.C. ist daher als eine Kollisionsnorm aufzufassen, die durch ihre distributive Anwendung *(„Aplicación distributiva“)* die Möglichkeit der Verschmelzung zwischen spanischen mit deutschen sowie anderen ausländischen Gesellschaften mit Sitz innerhalb oder aber auch außerhalb der EU eröffnet, da sie keinerlei Beschränkung in qualitativer oder quantitativer Hinsicht bezüglich der Beteiligung von Kapital- oder Personengesellschaften sowie der verschiedenen Verschmelzungskombinationen und -arten enthält.[458]

Zusätzlich zu Art. 9 Abs. 11 C.C. hat nun der spanische Gesetzgeber bei der Umsetzung der VRL 2005/56/EG in spanisches Recht weitere kollisionsrechtliche Normen zur international privatrechtlichen Behandlung grenzüberschreitender Verschmelzungen, Spaltungen und Sitzverlegungen in dem LME eingeführt. Zur kollisionsrechtlichen Behandlung der grenzüberschreitenden Verschmelzung wurde Art. 27 LME, zur Behandlung der grenzüberschreitenden Spaltung Art. 73 Abs. 2 LME und zur Behandlung der grenzüberschreitenden Sitzverlegung Art. 93 und Art. 94 LME eingeführt.

Art. 27 Abs. 2 LME lautet:

„...Die Verschmelzung von Handelsgesellschaften, die verschiedenen Gesellschaftsstatuten unterliegen, bestimmt sich nach den jeweiligen Personalstatuten; die Vorschriften des Kapitel II zur grenzüberschreitenden innergemein-

---

455 Vgl. Corriente Córdoba in La Fusión Internacional de Sociedades, S. 81, 323, 341.

456 Vgl. Lázaro Sánchez in Noticias de la Unión Europea, 2002, S. 27 m.w.N.

457 Vgl. Lázaro Sánchez in Noticias de la Unión Europea, 2002, S. 27 m.w.N; Garcimartín Alférez in Derecho de Sociedades: Problemas de la Ley aplicable, S. 112ff abrufbar unter: http://www.uam.es/centros/derecho/privado/mercanti/investigacion/fga%20-%20DER%20INT%20SOC.pdf.

458 Vgl. Lázaro Sánchez in Noticias de la Unión Europea, 2002, S 25 (26); Pérez Vera in Art. 9 Abs. 11, S. 201; ebenso Pérez Milla in Fusión Internacional de Sociedades Anónimas en el Espacio Jurídico Europeo, S. 110; Tapia Hermida, RdS 1999, S. 139; vgl. Garcimartín Alférez in Derecho de Sociedades: Problemas de la Ley aplicable, S. 114 abrufbar unter: http://www.uam.es/centros/derecho/privado/mercanti/investigacion/fga%20-%20DER%20INT%20SOC.pdf.

schaftlichen Verschmelzung und die ggf. anwendbaren Vorschriften zur SE bleiben unberührt ... "[459]

Der spanische Gesetzgeber entscheidet sich eindeutig gegen die Einzeltheorien und für die Vereinigungstheorie,[460] da bei dem Verschmelzungsvorgang sämtliche Personalstatuten der an der grenzüberschreitenden Verschmelzung beteiligten Gesellschaften Anwendung finden sollen.[461] Jede Gesellschaft[462] wendet ihre eigene Rechtsordnung an, solange kein gemeinsames Tätigwerden erforderlich ist.[463] Soweit ein gemeinsames Tätigwerden erforderlich ist, sind alle Rechtsordnungen der an der Verschmelzung beteiligten Gesellschaften kumulativ anzuwenden. Die stärkste Rechtsordnung setzt sich hierbei durch.[464]

3.6 Ergebnis zu Kapitel 3

Die Untersuchungen haben gezeigt, dass für die kollisionsrechtliche Behandlung einer grenzüberschreitenden (innergemeinschaftlichen) Verschmelzung unter Beteiligung deutscher und spanischer Kapitalgesellschaften sowohl nach deutschem als auch nach spanischem Recht die sog. Vereinigungstheorie Anwendung findet.[465] Jede Gesellschaft,[466] die sich an einer grenzüberschreitenden (in-

---

459 Sinngemäße Übersetzung des Art. 27 Abs. 2 LME, der folgendes festschreibt „...La Fusión de Sociedades Mercantiles de distinta Nacionalidad se regirá por lo establecido en las respectivas Leyes Personales, sin perjuicio de lo establecido en el Capítulo II sobre Fusiones Transfronterizas Intracomunitarias y, en su caso, del régimen aplicable a las Sociedades Anónimas Europeas.

460 Vgl. Ávila Navarro in Modificaciones Estructurales de las Sociedades Mercantiles. Ley 3/2009, S. 356 (489).

461 Vgl. Ávila Navarro in Modificaciones Estructurales de las Sociedades Mercantiles. Ley 3/2009, S. 356 (468).

462 Aus der Formulierung des Art. 27 Abs. 2 Satz 1 LME „Sociedades Mercantiles " Handelsgesellschaften ergibt sich, dass nicht nur Kapitalgesellschaften sondern auch Personengesellschaften für die grenzüberschreitende Verschmelzung von der Norm erfasst sind. Satz 2 ordnet jedoch, dass die Vorschriften des Kapitels 2 zur grenzüberschreitenden Verschmelzung unberührt bleiben, sodass durch Art. 54 Abs. 2 LME der Anwendungsbereich auf Kapitalgesellschaften beschränkt wird.

463 Vgl. Ávila Navarro in Modificaciones Estructurales de las Sociedades Mercantiles. Ley 3/2009, S. 469; Lázaro Sánchez in Noticias de la Unión Europea S. 25.

464 Vgl. Ávila Navarro in Modificaciones Estructurales de las Sociedades Mercantiles. Ley 3/2009, S. 468; Lázaro Sánchez in Noticias de la Unión Europea S. 25.

465 Vgl. Perez Milla in Fusion Internacional de Sociedades Anónimas en el Espacio Jurídico Europeo, S. 40 ".. la solución pasa por la aplicación de ambos métodos.. "; Gesell/Krömker, DB 2006, 2558; Spahlinger/Wegen, NZG 2006, 721; Lázaro Sánchez in Fusión Internacional Noticias de la Unión Europea S. 25 (26); Entert in Eidenmüller

nergemeinschaftlichen)Verschmelzung beteiligt, hat die Voraussetzungen ihrer eigenen Rechtsordnung zu erfüllen. Das bedeutet, dass jede beteiligte Gesellschaft bspw. die Fragen der Verschmelzungskombination, der Verschmelzungsarten sowie der aktiven und passiven Verschmelzungsfähigkeit, gemäß ihres eigenen Personalstatutes beurteilt. Dieses ist auch jeweils maßgeblich für jeden einzelnen Verfahrensschritt, da jede der an der Verschmelzung (zur Aufnahme) beteiligten Gesellschaften noch als solche fortbesteht. Bei der Verschmelzung zur Neugründung ist die Rechtsordnung der neu zu gründenden Gesellschaft anzuwenden (Gründungsvoraussetzungen). Hier sind sämtliche Formalitäten und Voraussetzungen des für die Gesellschaft geltenden Rechts einzuhalten bzw. durchzuführen.

Soweit der jeweilige Verfahrensschritt aber ein gemeinsames Tätigwerden der Gesellschaften verschiedener Personalstatuten erfordert, sind die maßgeblichen Rechtsordnungen distributiv anzuwenden *(„Aplicación distributiva")*, wobei sich zum Schutz der beteiligten Interessengruppen die jeweils strengste Rechtsordnung durchsetzt. Ein derartiges Ineinandergreifen unterschiedlicher Rechtsordnungen erfolgt danach u.a. bei Fragen der Sprache, des Inhalts, der Beurkundung des gemeinsamen Verschmelzungsplanes, der Erstellung der Verschmelzungsprüfungsberichte, etc.

(Fn. 8), § 4 Rn. 71; Kindler in MünchKomm-BGB, Rn. 848 ff.; Großfeld in Staudinger, Internationales Gesellschaftsrecht, (13. Bearbeitung 1998), Rn. 688; Kindler in MünchKomm-BGB, Rn. 840 ff; Beitzke, FS Hallstein 1966, S. 78 ff; Krause/Kulpa, ZHR 171 (2007), 38, 50, f; Bungert, BB 2006, 53, 55; Heckschen in Widmann/Mayer, § 1 UmwG, Rn. 270; Eidenmüller/Engert in Ausländische Kapitalgesellschaften im deutschen Recht § 4, Rn. 100ff; Louven,/Dettmeier/Pöschke/Wenig, BB-Special 3/2006, 1; Schmidt/Maul, BB 2006, 13; Wenglorz, BB 2004, 1061; Gottschalk, EuZW 2006, 83; OLG München NZG 2006, 513, 514 (obiter);

466 Aus der Formulierung des Art. 27 Abs. 2 Satz 1 LME „Sociedades Mercantiles" (Handelsgesellschaften) ergibt sich, dass nicht nur Kapitalgesellschaften sondern auch Personengesellschaften für die grenzüberschreitende Verschmelzung von der Norm erfasst sind. Satz 2 ordnet jedoch, dass die Vorschriften des Kapitels 2 zur grenzüberschreitenden Verschmelzung unberührt bleiben, sodass durch Art. 54 Abs. 2 LME der Anwendungsbereich auf Kapitalgesellschaften beschränkt wird.

4 Gesellschaftsrechtliche Behandlung einer grenzüberschreitenden innergemeinschaftlichen Verschmelzung

4.1 Legaldefinition der grenzüberschreitenden innergemeinschaftlichen Verschmelzung

Art. 2 Nr. 2 VRL 2005/56/EG unterscheidet hinsichtlich der grenzüberschreitenden (innergemeinschaftlichen) Verschmelzung zwischen der Verschmelzung zur Aufnahme, der Verschmelzung zur Neugründung und der Verschmelzung der 100%igen Tochtergesellschaft auf die Muttergesellschaft (Aufwärtsverschmelzung).

Verschmelzung zur Aufnahme nach Art. 2 Nr. 2 Buchst. a) VRL 2005/56/EG

Bei der Verschmelzung zur Aufnahme übertragen eine oder mehrere Gesellschaften ihr gesamtes Aktiv- und Passivvermögen auf eine bereits bestehende Gesellschaft, die in einem anderen EU-Staat ansässig ist. Die Übertragung führt zur Auflösung der übertragenden Gesellschaft(en) ohne deren Abwicklung. Sie erfolgt gegen Gewährung von Anteilen am Gesellschaftskapital der übernehmenden bereits existenten Gesellschaft als Kompensation für die untergegangenen Anteile an der aufgelösten Gesellschaft sowie gegebenenfalls einer baren Zuzahlung. Die bare Zuzahlung darf 10 % des Nennwertes oder - bei Fehlen eines solchen - des rechnerischen Werts dieser Anteile nicht überschreiten.

Verschmelzung zur Neugründung nach Art. 2 Nr. 2 Buchst. b) VRL 2005/56/EG

Bei der Verschmelzung zur Neugründung übertragen (mindestens) zwei oder mehrere Gesellschaften ihr gesamtes Aktiv- und Passivvermögen auf eine im Zuge des Vorgangs neu gegründete Gesellschaft, wobei mindestens zwei der beteiligten Gesellschaften dem Recht verschiedener EU-Staaten unterliegen müssen. Die Übertragung führt zur Auflösung der übertragenden Gesellschaft(en) ohne deren Abwicklung. Sie erfolgt gegen Gewährung von Anteilen am Gesellschaftskapital der neuen Gesellschaft sowie gegebenfalls einer baren Zuzahlung. Auch in dieser Variante darf die bare Zuzahlung 10 % des Nennwerts oder - bei Fehlen eines solchen - des rechnerischen Werts dieser Anteile nicht überschreiten.

Verschmelzung einer 100%-igen Tochtergesellschaft auf ihre Muttergesellschaft nach Art. 2 Nr. 2 Buchst. c) VRL 2005/56/EG

Bei der Aufwärtsverschmelzung überträgt eine Gesellschaft unter Auflösung, ohne Abwicklung ihr gesamtes Aktiv- und Passivvermögen auf die Gesellschaft, die sämtliche Anteile an ihrem Gesellschaftskapital besitzt (sog. Aufwärtsverschmelzung, „*Up-Stream-Merger*" oder Verschmelzung einer 100%-igen Tochtergesellschaft auf ihre Muttergesellschaft) und in einem anderen EU-Staat ansässig ist. Die Aufwärtsverschmelzung stellt eine Sonderform der Verschmelzung zur Aufnahme dar.

4.2 Voraussetzungen für die Durchführung einer grenzüberschreitenden innergemeinschaftlichen Verschmelzung

Die Voraussetzungen für die Durchführung einer grenzüberschreitenden innergemeinschaftlichen Verschmelzung ergeben sich aus Art. 1 ff. VRL 2005/56/EG. Gemäß Art. 2 VRL 2005/56/EG ist eine grenzüberschreitende innergemeinschaftliche Verschmelzung ausschließlich unter Beteiligung von Kapitalgesellschaften zulässig. Kapitalgesellschaft ist entweder eine Gesellschaft im Sinne des Art. 1[467] der Ersten Richtlinie 68/151/EWG (Publizitätsrichtlinie)[468] oder „*eine Gesellschaft, die Rechtspersönlichkeit besitzt und über gesondertes Gesellschaftskapital verfügt, das allein für die Verbindlichkeiten der Gesellschaft haftet, und die nach dem für sie maßgebenden innerstaatlichen Recht Schutzbestimmungen im Sinne der Publizitätsrichtlinie im Interesse der Gesellschafter sowie Dritter einhalten muss*". Diese Gesellschaften müssen ferner nach dem Recht eines EU-Staats gegründet worden sein und ihren satzungsmäßigen Sitz, ihre Hauptverwaltung oder ihre Hauptniederlassung in der europäischen

467 In Deutschland für Gesellschaften folgender Rechtsformen: die Aktiengesellschaft, die Kommanditgesellschaft auf Aktien, die Gesellschaft mit beschränkter Haftung, in Spanien für Gesellschaften folgender Rechtsformen: „Sociedad Anónima", „Sociedad de Responsabilidad Limitada" y „Sociedad Comanditaria por Acciones".

468 Richtlinie 68/151/EWG des Rates v. 9.3.1968 zur Koordinierung der Schutzbestimmungen, die in den Mitgliedstaaten den Gesellschaften im Sinne des Artikels 58 Abs. 2 des Vertrags im Interesse der Gesellschafter sowie Dritter vorgeschrieben sind, um diese Bestimmungen gleichwertig zu gestalten (ABl. EG Nr. L 65 v. 14.3.1968, S. 8). Zuletzt geändert durch die Beitrittsakte von 2003.

Gemeinschaft[469] haben. Darüber hinaus müssen mindestens zwei der Gesellschaften dem Recht verschiedener EU-Staaten unterliegen.

Auf der Grundlage des Art. 1 VRL 2005/56/EG ist ebenfalls die Verschmelzung zur Neugründung dahingehend erfasst, dass zwei inländische Gesellschaften auf eine neu zu gründende, dem Recht eines anderen EU-Staats unterliegende Gesellschaft, verschmolzen werden. Die Auffassung einiger deutscher Autoren,[470] *„es fehlt in dieser Konstellation an der Voraussetzung, dass mindestens zwei der beteiligten Gesellschaften dem Recht verschiedener Mitgliedsstaaten unterliegen müssen"*, überzeugt nicht. Wenn bspw. zwei spanische *"SRL"* zur Neugründung auf eine deutsche GmbH verschmelzen, liegt eine Verschmelzung von Gesellschaften aus verschiedenen EU-Staaten vor, da die übertragenden Rechtsträger spanischem und der übernehmende Rechtsträger deutschem Recht, d.h. die beteiligten Gesellschaften dem Recht verschiedener EU-Staaten unterliegen.[471] Eine einschränkende Auslegung des Art. 1 VRL 2005/56/EG dahin gehend, dass „nach dem Recht eines Mitgliedstaats gegründet " lediglich bereits gegründete Gesellschaften erfasse, ist nicht nachvollziehbar. Würde man dieser Auffassung folgen, so wäre lediglich die Verschmelzung zur Aufnahme und somit nicht die zur Neugründung zulässig. *Komo* schlägt in diesem Zusammenhang vor,[472] zunächst eine Gesellschaft (im anderen EU/EWR Staat) zu gründen und erst dann zu verschmelzen. Eine solche Vorgehensweise würde jedoch eine grenzüberschreitende innergemeinschaftliche Verschmelzung gegenüber einer reinen Inlandsverschmelzung unnötig behindern und damit eine ungerechtfertigte Diskriminierung im Lichte von Art. 49 bzw. 54 AEUV (ex-Art. 43 bzw. ex-

---

469 Oder in den sog. EWR-Staaten.

470 Vgl. Klein, RNotz 2007, 565 (573); Spahlinger/Wegen, NZG 2006, 721 (722) m.w.N.; Winter, Der Konzern 2007, 24; Komo, Grenzüberschreitende Zusammenschlüsse britischer und deutscher Unternehmen, S. 95, a.A. Simon/Rubner in Kölner Kommentar zum UmwG, § 122a UmwG, Rn. 13ff m.w.N.; Tapia Hermida, RdS 1999, 133 (136); Frischhut, EWS 2006, 55; Grundmannn in Europäisches Gesellschaftsrecht, S. 424; Müller, NZG 2006, 286; Ochsler, NZG 2006, 161 offen gelassen, aber im Grunde zustimmend.

471 Vgl. Tapia Hermida in Modificaciones Estructurales de Sociedades Mercantiles, Band I, S. 829; Tapia Hermida, RdS 1999, 133 (136); Frischhut, EWS 2006, 55 (56); Grundmann, Europäisches Gesellschaftsrecht, S. 424; Müller, NZG 2006, 286; Ochsler, NZG 2006, 161 offen gelassen aber im Grunde zustimmend; a.A. Spahlinger/Wegen, NZG 2006, 721 (722); Winter, Der Konzern 2007, 24; Komo, Grenzüberschreitende Zusammenschlüsse britischer und deutscher Unternehmen, S. 95.

472 Vgl. Komo, Grenzüberschreitende Zusammenschlüsse britischer und deutscher Unternehmen, S. 95.

Art. 48 EGV) darstellen.[473] Ferner würde eine solche Hürde bei der Verschmelzung zur Neugründung zweier oder mehrerer Ausgangsrechtsträger,[474] die derselben Rechtsordnung unterliegen, den EU-Grundsätzen der SEVIC-Entscheidung[475] und dem von VRL 2005/56/EG verfolgten Ziel der Vereinfachung widersprechen.[476] Letztlich ist aus dem Wortlaut des Art. 2 Nr. 2 Buchst. b) VRL 2005/56/EG *„...zwei oder mehrere Gesellschaften (...) auf eine von ihnen gegründete Gesellschaft – neue Gesellschaft“*, nicht zu entnehmen, dass bereits die zwei übertragenden Gesellschaften ihren Sitz in verschiedenen EU- bzw. EWR-Staaten haben müssen. Vielmehr ist auch eine neu zu gründende Kapitalgesellschaft als eine an der Verschmelzung beteiligte Gesellschaft zu behandeln.[477]

Für eine grenzüberschreitende innergemeinschaftliche Verschmelzung ist zusätzlich conditio sine qua non, dass jede Rechtsordnung der beteiligten Gesellschaften das Rechtsinstitut der Verschmelzung kennt[478] und als zulässig erachtet.[479] Überdies ist eine Kompatibilität der Kollisions- bzw. Sachrechte erforderlich.[480] Dies bedeutet, dass eine grenzüberschreitende innergemeinschaftliche Verschmelzung nur dann möglich ist, wenn die jeweiligen Kollisionsnormen übereinstimmen und die verschmelzungsrechtlichen Vorschriften der verschiedenen EU-Staaten sich entsprechen bzw. ineinander greifen.[481]

---

473 Vgl. Heckschen in Widmann/Mayer, Vor § 122a UmwG, Rz. 71, § 122a UmwG, Rz. 74; AG Amsterdam, Urteil v. 29.1.2007 - EA 06-3338 166 DB 2007, 677 mit Kommentar von Gesell/Krömker.

474 Nicht nur Kapitalgesellschaften, sondern auch Personengesellschaften.

475 Die Artt. 49 und 54 AEUV (ex-Artt. 43 und 48 des EGV) gelten unmittelbar für (grenzüberschreitende innergemeinschaftliche) Verschmelzung Vgl. Rn. 11 des AG Amsterdam, Urteil v. 29.1.2007 - EA 06-3338 166 DB 2007, 677 mit Kommentar von Gesell/Krömker.

476 Vgl. Abs. 1 Erwägungsgründe VRL 2005/56/EG. .

477 Vgl. Simon/Rubner in Kölner Kommentar zum UmwG, § 122a UmwG, Rn. 16; a.A. Klein, RNotz 2007, 565 (573).

478 Vgl. Abs. 2 Erwägungsgründe VRL 2005/56; ebenso Kindler in MünchKomm-BGB, Rn. 852; Rixen/Böttcher, GmbHR 1993, 572.

479 Vgl. Abs. 2 der Erwägungsgründe VRL 2005/56/EG; Rixen/Böttcher, GmbHR 1993, 572; in Spanien ebenso Lázaro Sánchez Noticias de la Unión Europea, S. 25 m.w.N.; Gonzales/Perda in Actualidad Jurídica Uría Menendez, Nr. 13, 2006, S. 49 (51); Kindler in MünchKomm-BGB, Rn. 852ff.

480 Vgl. Lampe, Steueroptimale Gestaltung eines deutsch-französischen Unternehmenszusammenschlusses, S. 174 m.w.N.; ebenso in Spanien Lázaro Sánchez in Noticias de la Unión Europea S. 27 m.w.N.; Sanchez Rus, La Fusión Transfronteriza de Sociedades Anónimas desde la Perspectiva del Derecho Español, S. 1038 und 1049.

481 Ebenso Rixen/Böttcher, GmbHR 1993, 572.

Nachfolgend ist das Rechtverständnis der grenzüberschreitenden innergemeinschaftlichen Verschmelzung nach deutschem und anschließend nach spanischem Recht zu untersuchen.

4.2.1 Deutsches Recht

Der deutsche Gesetzgeber setzt Art. 1 VRL 2005/56/EG in § 122a Abs. 1 UmwG und § 122b UmwG um.

Im Zehnten Abschnitt des UmwG, der die Sonderregelungen zur grenzüberschreitenden innergemeinschaftlichen Verschmelzung enthält, wird die Verschmelzung nicht definiert. Auf die Beteiligung einer Kapitalgesellschaft, die dem deutschen Recht unterliegt, gelten durch den Verweis von § 122a Abs. 2 UmwG die Vorschriften über die innerstaatliche Verschmelzung entsprechend. Durch den Verweis des § 122a Abs. 2 UmwG findet somit § 2 UmwG, der die Definition für die innerstaatliche Verschmelzung enthält, auch für die grenzüberschreitende innergemeinschaftliche Verschmelzung Anwendung.

Eine Verschmelzung i.S.d. § 2 UmwG ist die Vereinigung der Vermögen mehrerer (mindestens zwei) Rechtsträger[482] durch Gesamtrechtsnachfolge mit Auflösung jedoch ohne Durchführung einer Liquidation der übertragenden Rechtsträger. Den Gesellschaftern der übertragenden Rechtsträger wird dabei im Wege des Anteilstausches eine Beteiligung am übernehmenden bzw. hervorgehenden Rechtsträger gewährt. § 2 UmwG unterscheidet zwischen zwei Verschmelzungsarten nämlich der Verschmelzung zur Aufnahme[483] und der Verschmelzung zur Neugründung.[484]

Eine grenzüberschreitende innergemeinschaftliche Verschmelzungen kann nach § 122a Abs. 1, Abs. 2 i.V.m. § 122b Abs. 1 UmwG nur unter Beteiligung von Kapitalgesellschaften erfolgen, die nach dem Recht eines EU-Staats (oder eines EWR-Staates) gegründet worden sind und ihren satzungsmäßigen Sitz, ihre Hauptverwaltung oder ihre Hauptniederlassung in der Gemeinschaft haben. Grenzüberschreitend ist eine Verschmelzung nach § 122a Abs. 1 UmwG, wenn mindestens eine der beteiligten Kapitalgesellschaften dem Recht eines anderen

---

482 § 2 UmwG spricht stets von an der Verschmelzung beteiligten „Rechtsträgern“, anstatt von „Gesellschaften“. Dies ist darauf zurückzuführen, dass sich die Normen der § 2 UmwG auch nicht nur an Kapitalgesellschaften sondern auch an Personengesellschaften richten. Entsprechend dieser Terminologie wird daher auch in dieser Arbeit von „Gesellschaften“ bzw. „Rechtsträgern“ gesprochen.

483 § 2 Nr. 1 UmwG.

484 § 2 Nr. 2 UmwG.

EU-Staates (oder auch EWR-Staates[485]) unterliegt, wobei jedenfalls mindestens eine dem deutschen Recht unterliegen muss.[486] Nicht erfasst werden Verschmelzungen mit Gesellschaften aus sogenannten Drittstaaten.[487] Erfasst ist hingegen die Verschmelzung zur Neugründung dergestalt, dass zwei oder mehrere inländische Gesellschaften auf eine neu zu gründende, dem spanischen Recht unterliegende Gesellschaft verschmolzen werden können.[488]

4.2.2 Spanisches Recht

Auch in Titel II, Kapitel II LME, der die Sonderregelungen für die grenzüberschreitende innergemeinschaftliche Verschmelzung enthält, wird die Verschmelzung nicht definiert. Durch den Verweis in Art. 54 LME finden die allgemeinen Regelungen zur Verschmelzung Anwendung.

Die Verschmelzung ist in Spanien nach Art. 22 LME[489] ein Vorgang, durch den zwei oder mehrere eingetragene Handelsgesellschaften ihr gesamtes Vermögen im Wege der Universalsukzession (en-bloque) in eine einzelnen neugegründeten oder übernehmenden Gesellschaft integrieren.[490] Die Gesellschafter der übertragenden Gesellschaft(en) werden Gesellschafter der aufnehmenden bzw. neu zu gründenden Gesellschaft und erwerben von letzterer Aktien bzw. sonstige Geschäftsanteile.[491]

Nach Art. 54 Abs. 1 (i.V.m. Art. 22) LME ist eine grenzüberschreitende innergemeinschaftliche Verschmelzung im Einklang mit Art. 1 VRL 2005/56/EG die Verschmelzung von Kapitalgesellschaften,[492] die nach dem Recht eines EU-Staats[493] gegründet worden sind und ihren satzungsmäßigen Sitz, ihre Hauptverwaltung oder ihre Hauptniederlassung in der Gemeinschaft haben, sofern mindestens zwei der Gesellschaften dem Recht verschiedener EU-Staaten unterliegen,

---

485 Die Richtlinie ist durch Beschluss des gemeinsamen EWR-Ausschusses Nr. 177/2006 von 22.9. 2006 auf die EWR Staaten Norwegen, Island und Liechtenstein ausgedehnt worden (ABl. EU Nr. 333 v. 30.11.2006 S. 59)

486 § 122a UmwG.

487 Wie z. B. Schweiz oder USA.

488 Auf die Ausführungen unter 5.2 wird verwiesen.

489 Art. 22 LME ersetzt nun Art. 233 LSA a.F.

490 Art. 23 LME.

491 Art. 24 LME; hierzu Ávila Navarro in Modificaciones Estructurales de las Sociedades Mercantiles. Ley 3/2009, S. 351.

492 Art. 54 Abs. 2 LME beschränkt den subjektiven Anwendungsbereich auf bestimmte spanische Kapitalgesellschaften Ausführlich siehe unter Abschnitt 4.4.1.2.

493 Oder eines anderen Vertragsstaats des Abkommens über den Europäischen Wirtschaftsraum (EWR-Staaten).

wobei jedenfalls mindestens eine dem spanischen Recht unterliegen muss.[494] Erfasst ist ebenfalls die Verschmelzung zur Neugründung in der Form, dass zwei oder mehrere spanische Kapitalgesellschaften auf eine neu zu gründende, dem deutschen (bzw. einem anderen ausländischen) Recht unterliegende Gesellschaft verschmolzen werden.[495]

4.2.3 Zwischenergebnis

Im Einklang mit der VRL 2005/56/EG definieren sowohl das deutsche[496] als auch das spanische Recht[497] die grenzüberschreitende innergemeinschaftliche Verschmelzung als die Verschmelzung, an der sich lediglich Kapitalgesellschaften und keine Personengesellschaften beteiligen. Diese Kapitalgesellschaften müssen nach dem Recht eines EU-Staats gegründet worden sein und ihren satzungsmäßigen Sitz, ihre Hauptverwaltung oder ihre Hauptniederlassung in einem Mitgliedstaat der Europäischen Union haben. Zusätzlich müssen mindestens zwei der beteiligten Kapitalgesellschaften dem Recht verschiedener EU-Staaten unterliegen. Bei der Verschmelzung wird das gesamte Vermögen einer oder mehrerer Gesellschaften auf eine andere Gesellschaft zur Aufnahme oder zur Neugründung übertragen. Das Vermögen wird dabei unter Auflösung - jedoch ohne Abwicklung - im Wege der Gesamtrechtsnachfolge auf die übernehmenden Gesellschaften gegen Gewährung von Anteilen an die Gesellschafter der übertragenden Rechtsträger übergehen.

Bei der Verschmelzung unter Beteiligung von Kapitalgesellschaften, die dem spanischen und dem deutschen Recht unterliegen und ihren satzungsmäßigen Sitz, ihre Hauptverwaltung oder ihre Hauptniederlassung in Deutschland bzw. Spanien haben, liegt eine grenzüberschreitende innergemeinschaftliche Verschmelzung i.S.d. Art. 1 VRL 2005/56/EG vor. Dabei wird von Art. 1 VRL 2005/56/EG auch die Verschmelzung zweier inländischer Gesellschaften auf eine neuzugründende, dem Recht eines anderen Mitgliedstaats unterliegende Gesellschaft erfasst.[498] D.h. auch bei der Verschmelzung bspw. zwei deutscher

---

494 Eigene Übersetzung des Art. 54 LME.

495 Vgl. Tapia Hermida, RdS 1999, 133.

496 Eine grenzüberschreitende Verschmelzung ist eine Verschmelzung, bei der mindestens eine der beteiligten Gesellschaften dem Recht eines anderen Mitgliedstaats der Europäischen Union oder eines anderen Vertragsstaats des Abkommens über den Europäischen Wirtschaftsraum unterliegt.

497 Hierzu Ávila Navarro in Modificaciones Estructurales de las Sociedades Mercantiles. Ley 3/2009, S. 468.

498 Vgl. Brocker, BB 2010, 971.

GmbHs zur Neugründung auf eine spanische SA oder umgekehrt liegt eine grenzüberschreitende innergemeinschaftliche Verschmelzung vor.[499]

4.3 Anwendbares Recht

4.3.1 Deutsches Recht

Beteiligt sich eine Kapitalgesellschaft, die dem deutschen Recht unterliegt, an einer grenzüberschreitenden innergemeinschaftlichen Verschmelzung, gelten für sie unmittelbar die § 122a bis §122l UmwG und subsidiär die von §122a Abs. 2 UmwG in Bezug genommenen allgemeinen und rechtsformspezifischen Verschmelzungsvorschriften.[500] Die Generalverweisung des §122a Abs. 2 UmwG steht dabei unter dem Vorbehalt, dass sich aus dem Zehnten Abschnitt, d.h. aus §122a bis § 122l UmwG keine abschließenden Sonderregelungen ergeben.[501]

4.3.2 Spanisches Recht

Für die Beteiligung einer Kapitalgesellschaft, die dem spanischen Recht unterliegt, an einer grenzüberschreitenden innergemeinschaftlichen Verschmelzung, finden die Sondervorschriften des Titel II Kapitel II LME (Art. 54 bis Art. 65 LME) unmittelbare Anwendung.[502] Durch den Verweis des Art. 55 LME gelten subsidiär die allgemeinen Regelungen zur innerstaatlichen Verschmelzung und rechtsformspezifische innerstaatliche Vorschriften über die Verschmelzung, so-

---

499 Vgl. Frischhut, EWS 2006, 55 (56); Grundmann, Europäisches Gesellschaftsrecht, S. 424; Müller, NZG 2006, 286; Ochsler, NZG 2006, 161 offen gelassen aber im Grunde zustimmend a.A. Spahlinger/Wegen, NZG 2006, 721 (722); Winter, Der Konzern 2007, 24 (27); Komo, Grenzüberschreitende Zusammenschlüsse britischer und deutscher Unternehmen, S. 95.

500 Vgl. Heckschen in Widmann/Mayer, § 122a UmwG, Rz. 24.

501 Vgl. Simon/Rubner in Kölner Kommentar zum UmwG, § 122a UmwG, Rn. 20, 21; enbenso Bayer in Lutter, § 122a UmwG, Rn. 17, 29 ff; Heckschen in Widmann/Mayer, § 122a UmwG, Rz. 90.

502 Vgl. Ávila Navarro in Modificaciones Estructurales de las Sociedades Mercantiles. Ley 3/2009, S. 468ff; ebenso Galeote Muñoz in Diarío La Ley. Nr. 7273 v. 30.10.2009; Memento Sociedades Mercantiles 2010, Rz. 5805.1; Largo Gil in Modificaciones Estructurales de las Sociedades Mercantiles, Band I, S. 439.

weit die Art. 54 bis Art. 65 LME jeweils keine abschließenden Sonderregelungen enthalten.[503]

4.3.3 Zwischenergebnis

Voraussetzung für die Anwendbarkeit der § 122a bis § 122l UmwG bzw. Art. 54 bis Art. 65 LME ist, dass mindestens eine der an der Verschmelzung beteiligten Gesellschaften dem deutschen und mindestens eine dem spanischen Recht unterliegt.[504]

4.4 Verschmelzungsfähige Rechtsformen, Verschmelzungskombinationen und Verschmelzungsarten

Vor der Untersuchung des Verfahrens einer grenzüberschreitenden innergemeinschaftlichen Verschmelzung zwischen deutschen und spanischen Gesellschaften soll zunächst untersucht werden, welche Rechtsformen nach deutschem und nach spanischem Recht an einer grenzüberschreitenden innergemeinschaftlichen Verschmelzung beteiligt sein können bzw. welche Verschmelzungskombinationen sowie Verschmelzungsarten (zur Neugründung oder zur Aufnahme, Aufwärts-, Abwärts-, Seitwärtsverschmelzung, etc.) das jeweilige nationale Recht insoweit zulässt.[505]

4.4.1 Rechtsformen

Nach Art. 4 Abs. 1 Buchst. a) VRL 2005/56/EG sind grenzüberschreitende innergemeinschaftliche Verschmelzungen nur zwischen Gesellschaften solcher

---

503 Vgl. Ávila Navarro in Modificaciones Estructurales de las Sociedades Mercantiles. Ley 3/2009, S. 468ff; ebenso Galeote Muñoz in Diarío La Ley. Nr. 7273 v. 30.10.2009; Memento Sociedades Mercantiles 2010, Rz. 5805.1; Largo Gil in Modificaciones Estructurales de las Sociedades Mercantiles, Band I, S. 439.

504 Vgl. Drinhausen in Semler/Stengel, § 122a UmwG, Rn. 5, 7; Heckschen in Widmann/Mayer, § 122a UmwG, Rz. 66, 71.

505 Vgl. Garcimartín Alférez in Derecho de Sociedades: Problemas de la Ley aplicable, S. 113; abrufbar unter: http://www.uam.es/centros/derecho/privado/mercanti/investigacion/fga%20-%20DER%20INT%20SOC.pdf.

Rechtsformen möglich, die nach dem innerstaatlichen Recht der jeweiligen EU-Staaten verschmelzen dürfen.[506]

Die aktive wie die passive Verschmelzungsfähigkeit bestimmt sich somit nach dem jeweiligen Personalstatut der beteiligten Gesellschaften.[507] Dabei ist – jedenfalls nach spanischem und deutschem Recht – auch zu berücksichtigen, dass nur bestimmte Rechtsformen für eine grenzüberschreitende innergemeinschaftliche Verschmelzung in Betracht kommen.

Verschmelzungskombinationen, die nach dem jeweiligen nationalen Recht unbekannt sind, müssen die EU-Staaten nicht zulassen.[508] Nach dem nationalen Recht einiger EU-Staaten ist nicht selbstverständlich, dass Gesellschaften verschiedener Rechtsformen zur Neugründung oder zur Aufnahme miteinander verschmolzen werden können. Beispielsweise sind nach Art. 3 des österreichischen Änderungsgesetzes[509] nur die österreichischen Aktiengesellschaften und Gesellschaften mit beschränkter Haftung für grenzüberschreitende innergemeinschaftliche Verschmelzungen vorgesehen, wobei eine Europäische Gesellschaft (SE) mit Sitz in Österreich wie eine Aktiengesellschaft behandelt wird und somit ebenfalls erfasst ist.[510] Da es nach österreichischem Recht die Kommanditgesellschaft auf Aktien[511] als Rechtsform nicht gibt, ist auch innergemeinschaftlich keine Verschmelzung mit Beteiligung einer KGaA vorgesehen bzw. möglich.

Ferner sind nach österreichischem Recht nur bestimmte Verschmelzungskombinationen zulässig. So kommen bezüglich Kapitalgesellschaften nur grenzüberschreitende innergemeinschaftliche Verschmelzungen zwischen Aktiengesellschaften, zwischen Gesellschaften mit beschränkter Haftung sowie von Ge-

---

506 Hierzu Bayer/Schmidt, NJW 2006, 401; Bayer in Lutter, § 122a UmwG, Rn. 4, § 122b UmwG, Rn. 13.

507 Ebenso Tapia Hermida in Fusiones y OPAS transfronterizas, S. 108 m.w.N.

508 Diese Klausel wurde erst im Rat eingefügt; vgl. Bayer in Lutter, § 122a UmwG, Rn. 4 m.w.N.; Ávila Navarro in Modificaciones Estructurales de las Sociedades Mercantiles. Ley 3/2009, S. 468.

509 Bundesgesetz, mit dem das Bundesgesetz über die grenzüberschreitende Verschmelzung von Kapitalgesellschaften in der Europäischen Union erlassen wird sowie das Firmenbuchgesetz, das Gerichtsgebührengesetz, das Rechtspflegergesetz und das GmbH-Gesetz geändert werden (Gesellschaftsrechts-Änderungsgesetz 2007) abrufbar unter http://www.bmj.gv.at/_cms_upload/_docs/gesraeg2007.pdf.

510 Vgl. Art. 5 Abs. 1 österreichisches Gesellschaftsrechts-Änderungsgesetz.

511 Die KGaA wurde in Österreich bereits in 1965 abgeschafft; vgl. Bayer in Lutter, § 122b UmwG, Rn. 14, Fn 1 m.w.N.

sellschaften mit beschränkter Haftung auf Aktiengesellschaften (nicht aber entgegengesetzt) in Betracht.[512]

4.4.1.1 Deutsches Recht

Nach § 122b Abs 1 Satz 1 UmwG sind an einer grenzüberschreitenden innergemeinschaftlichen Verschmelzung als übertragende sowie übernehmende (bestehende oder neu zu gründende) Gesellschaft nur Kapitalgesellschaften i.S.d. Art. 2 Nr. 1 der VRL 2005/56/EG beteiligungsfähig.[513] Demnach kommen als deutsche Kapitalgesellschaften gemäß § 122a Abs. 2 i.V.m. § 3 Abs. 1 Nr. 2, Abs. 4 UmwG grundsätzlich nur die Gesellschaft mit beschränkter Haftung (GmbH), Aktiengesellschaft (AG) und Kommanditgesellschaft auf Aktien (KGaA) als an einer grenzüberschreitenden innergemeinschaftlichen Verschmelzung beteiligte Gesellschaft in Frage.[514] Conditio sine qua non für die Anwendbarkeit der §§ 122a–122l UmwG ist, dass mindestens eine der an der grenzüberschreitenden innergemeinschaftlichen Verschmelzung beteiligten Gesellschaften eine der oben aufgelisteten Rechtsformen besitzt und dem deutschen Recht unterliegt.[515]

Darüber hinaus kann auch die Societas Europea (SE) mit Sitz in Deutschland[516] an einer grenzüberschreitenden innergemeinschaftlichen Verschmelzung beteiligt sein.[517] Dies ergibt sich aus der Generalverweisung des Art. 9 Abs. 1

---

512 „Sollte sich die Ansicht durchsetzen, dass eine planwidrige Lücke vorliegt, die die Zulassung einer Verschmelzung einer AG auf eine GmbH kraft Analogie rechtfertigt, wäre auch eine solche Verschmelzung grenzüberschreitend zulässig" Vgl. Ministerialratsentwurf abrufbar unter http://www.bmj.gv.at/_cms_upload/_docs/erlaeuterungen_gesraeg2007.pdf und auch unter http://www.parlament.gv.at/PG/DE/XXIII/ME/ME_00056/imfname_076097.pdf.

513 Vgl. Drinhausen in Semler/Stengel, § 122a UmwG, Rn. 9; eine Aufstellung zu den Kapitalgesellschaften i.S.d. Art. 2 Nr. 1 Buchst. a) findet sich als Anhang zur VRL 2005/56/EG.

514 Vgl. Bayer in Lutter, § 122b UmwG, Rn. 13; Müller, ZIP 2007, 1081 (1083); Frenzel in Grenzüberschreitende Verschmelzung von Kapitalgesellschaften 2008, S. 169.

515 Dies ergibt sich mittelbar aus § 122a Abs. 1 UmwG; vgl. Bayer in Lutter, § 122a UmwG, Rz. 22.

516 Vgl. Drinhausen in Semler/Stengel, § 122a UmwG, Rn. 9 „Mit „Sitz" ist in diesem Fall sowohl der Satzungs- als auch der Verwaltungssitz der SE gemeint, da Satzungs- und Verwaltungssitz einer SE gem. Art. 7 Satz 1 SE-VO zwingend im selben Mitgliedstaat liegen müssen".

517 Vgl. Begr. zu § 122b Abs. 1, BT-Drucks. 16/2919 S. 14; Bayer/Schmidt, NJW 2006, 401; Drinhausen/Keinath, BB 2006, 725, 726; Forsthoff, DStR 2006, 613; Haritz/v.Wolff, GmbHR 2006, 340 (341); Krause/Kulpa, ZHR 171 (2007) 38 (54); Louven, ZIP 2006, 2021, 2024; Müller, NZG 2006, 286 (287); Neye/Timm, DB 2006, 488 (490) m.w.N.; Oechsler, NZG 2006, 161 (162); Simon/Rubner, Der Konzern 2006, 835

Buchst. c) ii) der SE-Verordnung (SE-VO)[518] und dem Diskriminierungsverbot des Art. 10 SE-VO, wonach eine in Deutschland ansässige SE gegenüber einer deutschen AG ohne sachlichen Grund nicht schlechter behandelt werden darf, sondern dieser gleichzustellen ist.[519] Die Gleichbehandlung und -stellung gelten unter dem Vorbehalt, dass die SE-VO oder spezifische zur SE erlassene Vorschriften nichts anderes bestimmen.

Nach einer Literaturmeinung[520]können SE allerdings nicht als übernehmender Rechtsträger bei einer Verschmelzung zur Neugründung beteiligt sein, da die SE-Gründung ausschließlich in der SE-VO geregelt ist,die gegenüber dem nationalen Recht der EU-Staaten Vorrang hat und eine Neugründung als aufnehmende Gesellschaft im Rahmen einer Verschmelzung insoweit nicht vorgesehen ist.

Nach anderer Auffassung[521] soll die SE auch als aufnehmende Gesellschaft im Falle der Verschmelzung zur Neugründung mit folgender Begründung tauglich sein: Soweit die SE-VO Regelungslücken enthält, soll die Verweisung des Art. 18 SE-VO zur Anwendung der §§ 122a bis 122l UmwG führen. Art. 18 SE-VO erklärt lediglich die Vorschriften zur Verschmelzung nationaler Aktiengesellschaften für entsprechend anwendbar, die in Umsetzung der Dritten Richtlinie erlassen wurden. Der insoweit eingeschränkte Verweis in der SE-VO erklärt sich jedoch daraus, dass die VRL 2005/56/EG bei Erlass der SE-VO noch nicht existierte. Dieser Auffassung ist jedoch nicht zu folgen. Die Gründung einer SE ist in Art. 2 SE-VO und im SEAG detailliert geregelt, so dass die Verweisung auf das nationale Recht der AG vorliegend nicht greift. Die Vorschriften zur Gründung einer SE sind spezieller gegenüber den §§ 122a ff. UmwG, somit sind letztere nicht auf die Neugründung einer SE zur Verschmelzung anwendbar.[522]

(836f).; Winter, Der Konzern 2007, 24 (27); Drinhausen in Semler/Stengel, § 122 UmwG, Rn. 5.

518 SE-Verordnung v. 8.10.2004 ABl. EG Nr.L 294 vom 10.11.2001.

519 Vgl. Oechsler, NZG 2006, 161.

520 Vgl. Louven, ZIP 2006, 2021 (2024); Oechsler in MünchKomm AktG, vor Art. 1 SE-VO Rn. 19; ders. NZG 2006, 161, (162); Simon/Rubner, Der Konzern 2006, 835 (836f.), nach deren Auffassung sei die Beteiligung einer SE an einer grenzüberschreitenden wie auch innerstaatlichen Verschmelzung nur zulässig, wenn am Ende der Transaktion keine SE stehe.

521 Vgl. Drinhausen in Semler/Stengel, § 122b UmwG, Rn. 5; Heckschen in Widmann/Mayer, §122b UmwG, Rz. 63 mit Veweis auf die Gesetzbegründung zu § 122b UmwG „der Gesetzgeber geht selbsvertändlich davon aus, dass die SE beteiligungsfähig ist", da er keine Einschränkungen nennt.

522 Simon/Rubner, Der Konzern 2006, 835; Drinhausen/Keinath, BB 2006, 725; Winter, Der Konzern 2007, 24 (27); Bayer in Lutter, § 122b UmwG, Rn. 7; Grambow, der Kon-

Als Verschmelzungskombinationen kommen grundsätzlich Gesellschaften derselben Rechtsform (bspw. AG auf AG) als auch Gesellschaften unterschiedlicher Rechtsform in alle Richtungen (bspw. GmbH auf AG aber auch AG auf GmbH) in Betracht.[523]

Somit ist festzuhalten, dass nach deutschem Recht alle Kapitalgesellschaften sowohl zur Neugründung (mit Beschränkungen bei der SE) als auch zur Aufnahme für eine grenzüberschreitende innergemeinschaftliche Verschmelzung tauglich sind.[524]

Nach Art. 3 Abs. 2 VRL 2005/56/EG können die EU-Staaten beschließen, diese Richtlinie nicht auf grenzüberschreitende innergemeinschaftliche Verschmelzungen anzuwenden, an denen eine Genossenschaft beteiligt ist. Diese Regelung hat der deutsche Gesetzgeber in § 122b Abs. 2 Nr. 1 UmwG aufgegriffen.

Der neu in das GenG[525] eingefügte § 8agibt Genossenschaften die Möglichkeit, in der Satzung ein Mindestkapital festzusetzen, das nicht unterschritten werden darf. Genossenschaften, die von dieser Möglichkeit Gebrauch machen, wären dann grundsätzlich als Kapitalgesellschaft i.S.v. § 122b Abs. 1 UmwG für grenzüberschreitende innergemeinschaftliche Verschmelzungen beteiligungsfähig. Um diese Umgehung zu vermeiden, gilt die Regelung ausdrücklich unabhängig auch dann, wenn diese Genossenschaft unter die Definition des Begriffs „Kapitalgesellschaft“ gemäß Art. 2 Nummer 1 VRL 2005/56/EG fällt.[526]

Art. 3 Abs. 2 Nr. 2 VRL 2005/56/EG schließt ausdrücklich die Anwendung dieser Richtlinie für grenzüberschreitende innergemeinschaftliche Verschmelzungen aus, an denen eine Gesellschaft beteiligt ist, deren Zweck es ist, die vom Publikum bei ihr eingelegten Gelder nach dem Prinzip der Risikostreuung gemeinsam anzulegen und deren Anteile auf Verlangen der Gesellschafter unmittelbar oder mittelbar zulasten des Vermögens dieser Gesellschaft zurückzunehmen oder auszuzahlen werden (sog. Organismen für gemeinsame Anlagen in

---

zern 2009, 97 (98); Grambow/Stadler, BB 2010, 977 (978) m.w.N.; Louven, ZIP 2006, 2021 (2024).

523 § 3 Abs. 4 UmwG; die Verschmelzung einer AG mit einer GmbH zur Neugründung einer OHG ist ohne weiteres möglich; so in etwa Stratz in Schmitt/Hörtnagl/Stratz, § 3 UmwG, Rn. 58 ff.

524 Vgl. Bayer in Lutter, § 122b UmwG, Rn. 13.

525 Gesetz zur Einführung der Europäischen Genossenschaft und zur Änderung des Genossenschaftsrechts, BGBl. I 2006 Nr. 39 v. 17. 8. 2006, S. 1911 ff.

526 § 122b Abs. 2 Nr. 1 UmwG; RegEBegr zu § 122 b II BT-Drucks. 16/291; Hörtnagl in Schmitt/Hörtnagl/Stratz, § 122b UmwG, Rn. 14.

Wertpapiere, kurz OGAW).[527] Art. 3 Abs. 3 VRL 2005/56/EG wurde somit durch § 122b Abs. 2 Nr. 2 UmwG in deutsches Recht umgesetzt.[528]

4.4.1.2 Spanisches Recht

Aus dem Wortlaut des Art. 27 LME (Allgemeiner Teil), *...die Verschmelzung von Handelsgesellschaften, die verschiedenen Gesellschaftsstatuten unterliegen...* ergibt sich, dass nicht nur Kapitalgesellschaften sondern alle Handelsgesellschaften „*Sociedades Mercantiles*"[529], somit auch Personengesellschaften, sich an einer grenzüberschreitenden innergemeinschaftlichen Verschmelzung beteiligen können, soweit dies nicht ausdrücklich gesetzlich beschränkt ist.[530] Somit sind grundsätzlich sämtliche Handelsgesellschaften grenzüberschreitend (nicht nur inner- sondern auch außergemeinschaftlich) verschmelzungsfähig.[531] Nach Art. 27 Abs. 2 Satz 2 LME bleiben *die Vorschriften des Kapitel II zur grenzüberschreitenden innergemeinschaftlichen Verschmelzung und die ggf. anwendbaren Vorschriften zur SE unberührt...* "[532]

In Titel II Kapitel II LME, der die Vorschriften zur grenzüberschreitenden innergemeinschaftlichen Verschmelzung enthält, beschränkt Art. 54 Abs. 2 LME, welche Gesellschaftsformen an einer grenzüberschreitenden innergemeinschaftlichen Verschmelzung beteiligt sein können.[533] So wie in Deutschland, je-

527 Drinhausen in Semler/Stengel, § 122b UmwG, Rn. 12.

528 Hörtnagl in Schmitt/Hörtnagl/Stratz, § 122b UmwG, Rn. 15.

529 Der spanische Gesetzgeber verwendet den Begriff „Sociedades Mercantiles" (entspricht Handelsgesellschaften) und nicht „Sociedades de Capital" (entspricht Kapitalgesellschaften).

530 Vgl. Memento Sociedades Mercantiles 2010, Rz. 5647.

531 Ebenso Tapia Hermida in Modificaciones Estructurales de Sociedades Mercantiles, Band I, S. 832 ff; bereits so Embid Irujo in Comentarios a la Ley de Sociedades Anónimas, Band III, S. 2236; Sanchez Olivan in Las fusiones de sociedades, S. 80. "(...) Anders als in der Richtlinie geregelt ist, beschränkt der spanische Gesetzgeber im LSA die subjektive Anwendung des Art. 233 LSA a.F nicht nur auf AGs. Nach dem Wortlaut des Art. 233 LSA a.F. sind sämtliche Rechtsformen von Handelsgesellschaften "cualesquiera sociedades" grenzüberschreitend verschmelzungsfähig, wenn die nicht ausdrücklich gesetzlich verboten ist.

532 Sinngemäße Übersetzung des Art. 27 Abs. 2 LME, der folgendes festschreibt...La fusión de Sociedades Mercantiles de distinta nacionalidad se regirá por lo establecido en las respectivas leyes personales, sin perjuicio de lo establecido en el Capítulo II sobre fusiones transfronterizas intracomunitarias y, en su caso, del régimen aplicable a las sociedades anónimas europeas.

533 Da die Beschränkung des Art. 54 Abs. 2 LME auf Kapitalgesellschaften lediglich für grenzüberschreitende innergemeinschaftliche Verschmelzungen gilt, soll die Beteili-

doch anders als bspw. in Österreich,[534] können sich im Einklang mit Art. 2 VRL 2005/56/EG in Spanien ausdrücklich nur die *„Sociedad de Responsabilidad Limitada“*[535] (entspricht der deutschen GmbH), die *„Sociedad Anónima“* (entspricht der deutschen AG) und die *„Sociedad Comanditaria por Acciones“* (entspricht der KGaA) an einer grenzüberschreitenden innergemeinschaftlichen Verschmelzung beteiligen.[536] Die Vorschriften über die innerstaatliche Verschmelzung und die Vorschriften des Titel II Kapitel II LME finden bei der *„SA“* und allen ihren Unterformen wie der *“Sociedad Anónima Laboral“*, der *„SRL“* sowie für alle ihre Unterformen, wie die *„Sociedad de Responsabilidad Limitada laboral“*[537] und die *„Sociedad Limitada Nueva Empresa“* (*„SLNE“*) Anwendung.[538]

Über Artikel 9 Abs. 1 Buchst. c) Doppelbuchstabe ii) und Artikel 10 der SE-Verordnung[539] finden die Vorschriften über die innerstaatliche Verschmelzung und die Vorschriften des Titels II Kapitel II LME auch auf eine SE mit Sitz in Spanien Anwendung.[540] Die SE mit Sitz in Spanien darf sich daher sowohl an einer innerstaatlichen als auch an einer grenzüberschreitenden innergemeinschaftlichen Verschmelzung beteiligen.[541] In dem Falles, daß es sich um eine Verschmelzung zur Neugründung einer SE handelt, finden die insofern abschließenden Regelungen zur Gründung einer SE der Art. 2 Abs. 1, 17 ff SE-VO Anwendung, da sie in Spanien durch Gesetz 19/2005[542] vor dem LME Vorrang haben. Die Regelungen der VRL 2005/56/EG und die Umsetzungsvorschriften

---

gung von Personengesellschaften an einer grenzüberschreitenden außergemeinschaftlichen Verschmelzung (bspw. mit USA) zulässig sein.

534 Anders als in Deutschland und in Spanien, ergibt sich aus Art. 5 des Gesellschaftsrechts-Änderungsgesetz, dass sich die österreichische KGaA nicht an einer grenzüberschreitender innergemeinschaftlichen Verschmelzung beteiligen kann, da in Österreich eine solche Rechtsform nicht existiert.

535 Ausführlich zur Errichtung, Organisation, Liquidation und Besteuerung der”SRL” siehe Bascopé/Hering in GmbHR 2005, 609.

536 Vgl. Ávila Navarro in Modificaciones Estructurales de las Sociedades Mercantiles. Ley 3/2009, S. 468; Memento Sociedades Mercantiles 2010, Rz. 5805; Memento Reorganizacion Empresarial (fusiones) 2009/2010, Rz. 7540.

537 Gesetz 4/1997 v. 24.3.1997, veröffentlicht in BOE Nr. 72 v. 25.3.1997.

538 Vgl. Tapia Hermida in Modificaciones Estructurales de Sociedades Mercantiles, Band I, S. 838.

539 Verordnung (EG) Nr. 2157/ 2001 des Rates v. 8.10.2001 über das Statut der Europäischen Gesellschaft (SE) (ABl. EG Nr. L 294/1 v. 10.11.2001 S. 1 ff.).

540 Vgl. Memento Sociedades Mercantiles 2009, Rz. 2879.

541 Vgl. Sequeira Martín, RdS 2009 S. 33 (34).

542 Ley 19/2005 von 14.11.2005 über die Societas Europeae mit Sitz in Spanien.

in Art. 54 ff LME werden hierdurch verdrängt.[543] Daraus folgt, dass sich eine SE bei der grenzüberschreitenden innergemeinschaftlichen Verschmelzung zur Neugründung als übertragende jedoch nicht als neu zu gründende Kapitalgesellschaft beteiligen kann.[544] Bei einer Verschmelzung zur Aufnahme ist hingegen die SE sowohl als übertragende als auch als aufnehmende Kapitalgesellschaft unter Anwendung des LME verschmelzungsfähig.[545]

Art. 63 LME bestimmt, dass für die „*Sociedades de Responsabilidad Limitada*" (kurz „*SRL*" oder „*SL*"), die sich an einer grenzüberschreitenden innergemeinschaftlichen Verschmelzung beteiligen, die allgemeinen Regelungen für die Verschmelzung der „*Sociedad Anónima*" (spanische AG) bzw. „*Sociedad Comanditaria por Acciones*" (spanische KGaA), Anwendung finden.[546]

Das spanische Recht kennt grundsätzlich keine weitere Beschränkung, so dass die in Art. 54 Abs. 2 LME erfassten Kapitalgesellschaften sich, wie auch in Deutschland, sowohl als übernehmende (mit Beschränkung für die SE) als auch als übertragende Gesellschaften an der grenzüberschreitenden innergemeinschaftlichen Verschmelzung in allen Verschmelzungskombinationen (mit Beschränkung bei der SE) beteiligen können.[547]

Mit Art. 3 Abs. 2 VRL 2005/56/EG können die EU-Staaten die „*Sociedades Cooperativas*" (entspricht Genossenschaften) von der Anwendung des grenzüberschreitenden innergemeinschaftlichen Verschmelzungsrechts ausnehmen. Der spanische Gesetzgeber hat diese Möglichkeit in Art. 56 Abs. 1 LME aufgegriffen.

Da in Spanien „*Sociedades Cooperativas*" ebenfalls die Möglichkeit haben, in der Satzung ein Mindestkapital festzusetzen und somit dann grundsätzlich als Kapitalgesellschaft i.S.v. Art. 2 Nummer 1 VRL 2005/56/EG für grenzüberschreitende innergemeinschaftliche Verschmelzungen beteiligungsfähig werden, gilt für die, die von dieser Möglichkeit Gebrauch machen, die Regelung aus-

543 Ebenso Tapia Hermida in Modificaciones Estructurales de Sociedades Mercantiles, Band I, S. 832 ff.

544 Art. 2 Abs. 1, 17 SE-VO; ebenso Tapia Hermida in Modificaciones Estructurales de Sociedades Mercantiles, Band I, S. 832 ff.

545 Ebenso Tapia Hermida in Modificaciones Estructurales de Sociedades Mercantiles, Band I, S. 832.

546 Vgl. Memento Fusiones 2005/2006, Rz. 7472, 7467.

547 Vgl. Memento Sociedades Mercantiles 2010, Rz. 5805; Memento Sociedades Mercantiles 2009, Rz. 5677 ff. 5682; Tapia Hermida, RdS 1999, 133 (136); Ávila Navarro in Modificaciones Estructurales de las Sociedades Mercantiles. Ley 3/2009, S. 468; Garcimartín Alférez in Derecho de Sociedades: Problemas de la Ley aplicable, S. 121 abrufbar unter: http://www.uam.es/centros/derecho/privado/mercanti/investigacion/fga%20-%20DER%20INT%20SOC.pdf.

drücklich unabhängig auch dann, wenn diese „*Sociedades Cooperativas*“ unter die Definition des Begriffs „Kapitalgesellschaft“ fallen.[548]

Nach Art. 1 Abs. 1 der Richtlinie 85/611/EWG[549] sind „*Sociedades de Inversion Colectiva*“ („*SIC*“) Gesellschaften, deren ausschließlicher Zweck es ist, beim Publikum beschaffte Gelder für gemeinsame Rechnung nach dem Grundsatz der Risikostreuung in Wertpapieren anzulegen, und deren Anteile auf Verlangen der Gesellschafter unmittelbar oder mittelbar zu Lasten des Vermögens dieser Organismen zurückzunehmen oder auszubezahlen bzw. Maßnahmen vornehmen, die sicherstellen, dass der Kurs der Anteile nicht erheblich von deren Nettoinventar abweicht. Diese Anlagegesellschaften unterliegen europaweit gesonderten Vorschriften.[550] Art. 56 Abs. 2 LME schließt Gesellschaften für gemeinsame Anlagen in Wertpapiere („*Sociedades de Inversion Colectiva*“) von der grenzüberschreitenden innergemeinschaftliche Verschmelzung aus. Damit wurde Art. 3 Abs. 3 VRL 2005/56/EG wortlautgetreu ebenfalls in spanisches Recht umgesetzt.[551]

4.4.1.3 Eigene Rechtsauffassung / EU-Rechtliche Bedenken

Wie zuvor dargelegt wird sowohl nach deutschem Recht in § 122b Abs. 1 UmwG als auch nach spanischem Recht in Art. 54 Abs. 2 LME der Anwendungsbereich zur grenzüberschreitenden innergemeinschaftlichen Verschmelzung nur auf bestimmte Kapitalgesellschaften beschränkt. Genossenschaften und OGAW sind nach § 122b Abs. 2 UmwG ausdrücklich ausgeschlossen.

Dass §122a i.V.m. § 3 Abs. 1 Nr. 2 UmwG lediglich Kapitalgesellschaften erfasst, entspricht zwar der VRL 2005/56/EG, berücksichtigt jedoch nicht die Entscheidung des EuGH in der Rechtssache SEVIC,[552] wo dieser klarstellt, dass die Niederlassungsfreiheit nicht nur für die grenzüberschreitende innergemeinschaftliche Verschmelzung von Kapitalgesellschaften, sondern nach richtiger Auslegung dieser Entscheidung auch für die Verschmelzung von Personengesellschaften und anderen Unternehmensträgern gilt.[553]

548 Ebenso Tapia Hermida in Modificaciones Estructurales de Sociedades Mercantiles, Band I, S. 840 ff.

549 Richtlinie 85/611/EWG v. 20.12.1985; ABl. EG Nr. L 375 v. 31.12.1985, S. 3.

550 Richtlinie 85/611/EWG a.a.O.

551 Ebenso Tapia Hermida in Modificaciones Estructurales de Sociedades Mercantiles, Band I, S. 842.

552 Ausführlich siehe Abschnitt SEVIC Systems zu SEVIC-Entscheidung.

553 Hierzu Decher, Der Konzern 2006, 805; Drinhausen/Keinath, BB 2006, 725 (732); Spahlinger/Wegen,, NZG 2006, 721; Mayer in Umwandlungsrecht und Umwandlungssteuerrecht, S. 370 m.w.N.; Geyrhhalter/Weber, DStR 2006, 146. Ausführlich hierzu siehe in Abschnitt 2.1.7 zu SEVIC-Entscheidung.

Nach spanischem Recht sind durch Art. 27 LME für die Durchführung grenzüberschreitender Verschmelzungen sämtliche Handelsgesellschaften *„sociedades mercantiles"*, somit nicht nur Kapitalgesellschaften sondern auch Personengesellschaften erfasst. Nach Art. 56 LME ist zwar die Anwendung des speziellen Teil des LME für *„Sociedades Cooperativas"* und *„Sociedad de Inversion Colectiva"* ausdrücklich ausgeschlossen, dieser findet jedoch im Umkehrschluss für Personengesellschaften, die sich an einer grenzüberschreitende nicht nur an einer inner- sondern auch an einer außergemeinschaftlichen Verschmelzung beteiligen, sofern sie nicht die Rechtsform einer *„Sociedad cooperativa"* oder einer *„Sociedad de Inversion Colectiva"* haben, weiterhin Anwendung.[554]

Unter Berücksichtigung der o.g. europäischen Rechtsprechung und Ableitung aus der sich aus Art. 49 i.V.m. Art. 54 AEUV (ex-Art. 43 i.V.m. ex-Art. 48 EGV) ergebenden europäischen Prinzipien ist m.E. festzuhalten, dass Personengesellschaften sich an einer grenzüberschreitenden innergemeinschaftlichen Verschmelzung beteiligen können. Da der EuGH in seiner Entscheidung in Rs. SEVIC jedoch diesbezüglich keine Vorgaben gemacht hat und die VRL 2005/56/EG lediglich auf Kapitalgesellschaften Anwendung findet, bleibt es im Falle einer grenzüberschreitenden innergemeinschaftlichen Verschmelzung unter Beteiligung von Personengesellschaften bei der Anwendung der kollisionsrechtlichen Vereinigungstheorie.[555]

4.5 Verschmelzungsarten

4.5.1 Deutsches Recht

In Deutschland sind in dem Zehnten Abschnitt des UmwG die Verschmelzungsarten nicht gesondert geregelt. § 122a Abs. 2 UmwG ist die zentrale Verweisungsvorschrift in das für innerstaatliche Verschmelzungen geltende Recht. Hiernach sind u.a. die Vorschriften des Ersten Teils (Allgemeine Vorschriften) auf die Beteiligung einer deutschen Gesellschaft an einer grenzüberschreitenden innergemeinschftlichen Verschmelzung anwendbar. Aus deutscher Sicht sind nach § 122a Abs. 2 i.V.m. § 2 UmwG sowohl die Verschmelzung zur Neugründung[556] als auch die zur Aufnahme[557] erfasst.[558]

---

554 Art. 27 i.V.m. Art. 55 i.V.m. Art. 56 LME.

555 Ebenso Bayer in Lutter, § 122a UmwG, Rn. 13 m.w.N.

556 § 122a i.V.m. § 2 Nr. 1 UmwG.

4.5.2 Spanisches Recht

Art. 55 LME ist das Pendant zum deutschen § 122a Abs. 2 UmwG. Art. 55 ist die zentrale Verweisungsvorschrift in das für innerstaatliche Verschmelzungen geltende Recht. Hiernach sind subsidiär die allgemeinen Vorschriften auf die Beteiligung einer spanischen Gesellschaft an einer grenzüberschreitenden innergemeinschaftlichen Verschmelzung anwendbar. Im Einklang mit Art. 2 Abs. 2 VRL 2005/56/EG[559] sieht Art. 55 i.V.m. Art. 23 des LME ebenfalls verschiedene Verschmelzungsarten vor,[560] nämlich die Verschmelzung zur Neugründung[561] und die Verschmelzung zur Aufnahme.[562]

4.5.3 Verschmelzung zur Neugründung

4.5.3.1 Deutsches Recht

Mangels Sonderregelungen im Zehnten Abschnitt UmwG sind durch den Verweis des § 122a Abs. 2 UmwG die allgemeinen geltenden Vorschriften zur innerstaatlichen Verschmelzung anwendbar.

Nach § 122a Abs. 2 i.V.m § 2 Nr. 2 UmwG können Rechtsträger im Wege der Neugründung durch Übertragung der Vermögen zweier oder mehrerer Rechtsträger (übertragende Rechtsträger) jeweils als Ganzes auf einen neuen, von ihnen dadurch gegründeten Rechtsträger gegen Gewährung von Anteilen oder Mitgliedschaften des übernehmenden oder neuen Rechtsträgers an die Gesellschafter der übertragenden Rechtsträger verschmolzen werden. Die übertragende Kapitalgesellschaft wird bzw. die übertragenden Kapitalgesellschaften werden ohne Abwicklung aufgelöst. Vorliegend ist der Fall erfasst, wenn sämtliche übertragende Kapitalgesellschaften dem Recht desselben Staates unterliegen und nur die durch Verschmelzung gegründete neue Kapitalgesellschaft einer anderen (in concreto: spanischen) Rechtsordnung unterliegt, bspw. zwei GmbHs

557 § 122a i.V.m. § 2 Nr. 2 UmwG.

558 Ebenso Hörtnagl in Schmitt/Hörtnagl/Stratz, § 122a UmwG, Rn. 6; Heckschen in Widmann/Mayer, §122a UmwG, Rz. 49 ff.

559 Art. 2 Nr. 2 VRL 2005/56.

560 Vgl. Ávila Navarro in Modificaciones Estructurales de las Sociedades Mercantiles. Ley 3/2009, S. 468, 351; Memento Sociedades Mercantiles 2009, Rz. 5682.

561 Art. 23 Abs. 1 LME.

562 Art. 23 Abs. 2 LME; hierzu Ávila Navarro in Modificaciones Estructurales de las Sociedades Mercantiles. Ley 3/2009, S. 468.

zur Neugründung auf eine *„SRL“*.[563] Vorliegend stellt sich die Frage, ob die Rechtsordnung am Sitz der neuzugründenden Gesellschaft, Spanien, den Vorgang ebenfalls als grenzüberschreitende innergemeinschaftliche Verschmelzung ansieht. Die Frage stellt sich nach spanischem Recht ebenfalls im Falle, dass, bspw. eine *"SRL"* und eine *„SA“* zur Neugründung auf eine GmbH verschmelzen würden. Nachfolgend soll diese Frage nach spanischem Recht untersucht werden.

4.5.3.2 Spanisches Recht

Mangels Sonderregelungen im Kapitel II Titel II LME sind durch den Verweis des Art. 55 LME die allgemeinen geltenden Vorschriften zur innerstaatlichen Verschmelzung anwendbar.

Der spanische Gesetzgeber hatte die Verschmelzung zur Neugründung bereits in Art. 233 Abs. 1 LSA A.F. geregelt. Nunmehr wurde die Regelung durch Art. 23 Abs. 1 LME ersetzt, der i.V.m Art. 55 für die grenzüberschreitende innergemeinschaftliche Verschmelzung gilt.[564] Die Neuregelung dehnt den Anwendungsbereich des Art. 233 LSA a.F., der zunächst nur unmittelbar auf Aktiengesellschaften und durch mittelbare Anwendung[565] auf andere Kapitalgesellschaften beschränkt war, nunmehr auf alle Handelsgesellschaften aus.[566] Für die grenzüberschreitende innergemeinschaftliche Verschmelzung gilt jedoch die Beschränkung des Art. 54 Abs. 2 LME auf Kapitalgesellschaften.[567]

Die Verschmelzung zur Neugründung führt zum Übergang der gesamten Gesellschaftsvermögen der übertragenden Gesellschaften auf eine neu zu errichtende Gesellschaft im Wege der Universalsukzession sowie zur Auflösung ohne

---

563 Vgl. Hörtnagl in Schmitt/Hörtnagl/Stratz, § 122a UmwG, Rn. 9; Drinhausen in Semler/Stengel, § 122a UmwG, Rn. 10; Müller, NZG 2006, 286 (287); ebenso aus spanischer Sicht Ávila Navarro in Modificaciones Estructurales de las Sociedades Mercantiles. Ley 3/2009, S. 468 a.A. Heckschen in Widmann/Mayer, § 122a UmwG, Rz. 55, 72; Spahnlinger/Wegen, NZG 2006, 721 (722); Winter, Der Konzern 2007, 24.

564 “La Fusión en una nueva Sociedad implicará la Extinción de cada una de las Sociedades que se fusionan y la Transmisión en bloque de los respectivos Patrimonios sociales a la nueva Entidad, que adquirirá por sucesión universal los derechos y obligaciones de aquellas”.

565 Durch den Verweis des Art. 94 LSRL fanden die Vorschriften des LSA bzgl. der Verschmelzung bei der spanischen GmbH (SRL) Anwendung, vgl. Memento Sociedades Mercantiles 2009, Rz. 5677.

566 Vgl. Art. 2 LME; hierzu Ávila Navarro in Modificaciones Estructurales de las Sociedades Mercantiles. Ley 3/2009, S. 351.

567 Vgl. Abschnitt Gesellschaftsrechtliche Behandlung einer grenzüberschreitenden innergemeinschaftlichen Verschmelzung, Spanisches Recht

Abwicklung „*Disolución sin Liquidación*“[568] aller übertragenden Gesellschaften.[569]. Analog zum deutschen Recht erhalten die Gesellschafter der übertragenden Gesellschaften Anteile am Gesellschaftskapital der neu gegründeten Gesellschaft als Gegenleistung für das Erlöschen ihrer Rechte an der untergehenden Gesellschaft.[570]

Nach spanischem Recht liegt, ebenso wie nach deutschem Recht, eine Verschmelzung zur Neugründung vor, wenn sämtliche übertragende Kapitalgesellschaften dem Recht desselben Staates unterliegen und nur die durch Verschmelzung gegründete neue Kapitalgesellschaft einer anderen Rechtsordnung unterliegt.[571]

4.5.3.3 Zwischenergebnis

Sowohl nach spanischem als auch nach deutschem Recht liegt eine Verschmelzung zur Neugründung vor, wenn sämtliche übertragende Kapitalgesellschaften dem Recht desselben Staates unterliegen und nur die durch Verschmelzung gegründete neue Kapitalgesellschaft einer anderen Rechtsordnung unterliegt.[572]

4.5.4 Verschmelzung zur Aufnahme

4.5.4.1 Deutsches Recht

§ 122a Abs. 2 UmwG verweist auf die Vorschriften des Ersten Teils des UmwG (Allgemeine Vorschriften). Nach § 122a Abs. 2 i.V.m. § 2 Nr. 1 UmwG können Rechtsträger unter Auflösung ohne Abwicklung im Wege der Aufnahme durch Übertragung des Vermögens eines Rechtsträgers oder mehrerer Rechtsträger (übertragende Rechtsträger) als Ganzes auf einen anderen bestehenden Rechtsträger (übernehmender Rechtsträger) gegen Gewährung von Anteilen oder Mitgliedschaften des übernehmenden an die Gesellschafter der übertragenden Rechtsträger verschmolzen werden.[573]

---

568 Vgl. Memento Sociedades Mercantiles 2009, Rz. 5691; Ávila Navarro in Modificaciones Estructurales de las Sociedades Mercantiles. Ley 3/2009, S. 468.

569 Eigene Übersetzung des Art. 23 Abs.1 LME.

570 Vgl. Ávila Navarro in Modificaciones Estructurales de las Sociedades Mercantiles. Ley 3/2009, S. 352

571 Art. 23 Abs. 1 LME i.V.m. Art. 55 LME.

572 Art. 23 Abs. 1 LME i.V.m. Art. 55 LME.

573 Ausführlich zur Verschmelzung zur Aufnahme und Abgrenzung von verschmelzungsähnlichen Verbindungen etwa Holding, Eingliederung, Organschaftsvertrag und Teilverschmelzungen Stratz in Schmitt/Hörtnagl/Stratz, § 2 UmwG, Rn. 2 m.w.N.

4.5.4.2 Spanisches Recht

Aufgrund fehlender Sonderregelungen im Kapitel II Titel II LME finden durch den Verweis des Art. 55 LME die Vorschriften des allgemeinen Teils des LME Anwendung. Art. 23 Abs. 2 LME[574] (i.V.m. Art. 55 LME) definiert die Verschmelzung zur Aufnahme als den Übergang des gesamten Vermögens mindestens einer übertragenden Gesellschaft auf eine bereits bestehende, übernehmende Gesellschaft im Wege der Universalsukzession, wobei alle übertragenden Gesellschaften ohne Abwicklung aufgelöst werden.[575] Regelmäßig wird das Gesellschaftskapital der aufnehmenden Gesellschaft erhöht, um den Gesellschaftern der übertragenden Gesellschaften Anteile als Gegenleistung für das Erlöschen ihrer Rechte an der untergehenden Gesellschaft zu gewähren.[576] Eine der beteiligten Kapitalgesellschaften, entweder eine der übertragenden oder die übernehmende Gesellschaft, muss dem spanischen Recht unterliegen. Der spanische Gesetzgeber hat damit die Regelungen zur Verschmelzung zur Aufnahme im Einklang mit Art. 2 Abs. 2 Buchst. a) VRL 2005/56/EG umgesetzt.

4.5.4.3 Zwischenergebnis

Beide oben genannten Verschmelzungsarten können für die Verschmelzung unter Beteiligung deutscher und spanischer Kapitalgesellschaften mit unterschiedlichen Rechtsformen genutzt werden.[577]

Eine Einschränkung der zulässigen Kombinationsmöglichkeiten unter Beteiligung deutscher[578] und spanischer[579] Kapitalgesellschaften ergibt sich insoweit nicht.

574 Ex-Art. 233 Abs. 2 des LSA a.F.

575 Eigene Übersetzung des Art. 23. Abs. 2 LME. Art. 233 Abs. 3 LSA a.F hat den Begriff Universalsukzession nicht enthalten. Art. 23 LME enthält den Begriff Gesellschaft anstatt Aktiengesellschaft in Gegensatz zu Art. 233 LSA a.F.

576 Art. 24 Abs. 1 LME; hierzu Memento Sociedades Mercantiles 2010, Rz. 5693.

577 Bei der Verschmelzung der BMW Financial Services Ibérica Establecimiento Financiero de Crédito SA. auf die BMW Bank GmbH handelt es sich um eine Herausverschmelzung aus spanischer Sicht, bei der das neu umgesetzte LME Anwendung fand. Die Einzelheiten des Verschmelzungsverfahrens zu Informationsrecht, Veröffentlichung, etc. werden in den jeweiligen Abschnitten erläutert. Der gemeinsame Verschmelzungsplan wurde am7.7.2008 durch die Verwaltungs- und Vertretungsorgane aufgestellt.

578 Vgl. Bayer in Lutter, § 122b UmwG, Rn. 14.

579 Vgl. Garcimartín Alférez in Derecho de Sociedades: Problemas de la Ley aplicable, S. 119 abrufbar unter:
http://www.uam.es/centros/derecho/privado/mercanti/investigacion/fga%20-

Sowohl nach deutschem als auch nach spanischem Recht liegt eine grenzüberschreitende innergemeinschaftliche Verschmelzung zur Neugründung vor, wenn sämtliche übertragende Kapitalgesellschaften dem Recht desselben EU-Staates unterliegen und nur die durch Verschmelzung gegründete neue Kapitalgesellschaft einer anderen Rechtsordnung unterliegt.

4.5.6 Konzernverschmelzung

Eine Verschmelzung liegt grundsätzlich nur dann vor, wenn den Anteilsinhabern der übertragenden Gesellschaften als Ausgleich für die Vermögensübertragung an der übernehmenden Gesellschaft gewährt werden. Da bei der Verschmelzung innerhalb eines Konzerns grundsätzlich[580] keine Anteilsgewährung stattfindet, wären nicht alle Voraussetzungen (in concreto die Anteilsgewährungspflicht) i.S.d. § 2 UmwG bzw. Art. 22 LME erfüllt.

Nachfolgend sollen die nach deutschem und nach spanischem Recht zulässigen konzerninternen Verschmelzungsvarianten aufgezeigt werden.

4.5.6.1 Deutsches Recht

Mit Einfügung des neuen § 54 Abs. 1 Satz 3 durch das UmwGÄG hat sich der deutsche Gesetzgeber der bislang h.M.[581] im Schrifttum angeschlossen.

Von der grundsätzlich nach § 2 UmwG bestehenden Anteilsgewährungspflicht ist nun nach § 54 Abs. 1 Satz 3 UmwG eine Ausnahme möglich, wenn alle Anteilsinhaber eines übertragenden Rechtsträgers, denen die Anteile zu gewähren wären, in notariell beurkundeter Form darauf verzichten.[582] Zweck der Kapitalerhöhung ist allein die Zurverfügungsstellung der an die Anteilsinhaber des übertragenden Rechtsträgers auszugebenden Geschäftsanteile. Wo der Anteilstausch infolge eines Verzichts der Anteilsinhaber entbehrlich ist, entfällt ebenfalls die Notwendigkeit einer Kapitalerhöhung.

%20DER%20INT%20SOC.pdf.; Memento Sociedades Mercantiles 2010, Rz. 5653 insbesondere Rz. 5655 ("fusiones mixtas").

580 Soweit außenstehende Anteilsinhaber der übertragenden Gesellschaft nicht vorhanden sind; vgl. für die Rechtslage in Deutschland BayObLG DB 1983, 2675; 1984, 285.

581 Reichert in Schmitt/Hörtnagl/Stratz, § 54 UmwG, Rn. 12ff; Heckschen, DB 1989, 1560 (1561); Krieger, ZGR 1990, 517 (522); Priester, BB 1985, 363 ff.; Krieger, ZGR 1990, 522.

582 § 54 Abs. 1 Satz 3 UmwG.

4.5.6.1.1 Aufwärtsverschmelzung

Ist die übernehmende Kapitalgesellschaft an der übertragenden Kapitalgesellschaft beteiligt, d.h. wird die Tochtergesellschaft auf die Muttergesellschaft verschmolzen, liegt unabhängig von der Beteiligungshöhe eine "Aufwärtsverschmelzung oder ein sog. *Up-Stream-Merger*" vor.

Die Beteiligung der übernehmenden Kapitalgesellschaft an der übertragenden Kapitalgesellschaft geht bei einer "Aufwärtsverschmelzung" mit Übergang des Vermögens unter. Eine Kapitalerhöhung ist nicht zulässig,[583] soweit die übernehmende Kapitalgesellschaft an der übertragenden Kapitalgesellschaft beteiligt ist. Die Gewährung von Anteilen als Gegenleistung für den Vermögensübergang ist überdies auch gar nicht erforderlich, da insoweit auch keine Anteilseigner der übertragenden Kapitalgesellschaft abzufinden sind.

Trotz der unterbleibenden Anteilsgewährung handelt es sich bei der "Aufwärtsverschmelzung" um eine Verschmelzung i.S.d. § 1 Abs. 1 Nr. 1 i.V.m. § 2 i.V.m. § 122a Abs. 2 UmwG, da hier die erforderliche Gegenleistung in Gestalt des übergehenden Vermögens gewährt wird.[584]

4.5.6.1.2 Abwärtsverschmelzung

Im umgekehrten Fall der Abwärtsverschmelzung („*Down-Stream-Merger*“), werden die von der übertragenden Muttergesellschaft gehaltenen Anteile an der übernehmenden Tochtergesellschaft nach dem Vermögensübergang zu eigenen Anteile der übernehmenden Kapitalgesellschaft.

Die Anteilsgewährungspflicht bezüglich der Gesellschafter an der übertragenden Gesellschaft kann entweder durch die Ausgabe eigener Anteile oder durch die Schaffung von neuen Anteilen (Kapitalerhöhung) erfüllt werden. Die übernehmende Kapitalgesellschaft hat gem. § 54 Abs. 1 Satz 2 Nr. 2 UmwG in Fällen einer "Abwärtsverschmelzung" grundsätzlich ein Kapitalerhöhungswahlrecht. Bestehen Teile des Vermögens der übertragenden Kapitalgesellschaft aus eigenen Anteilen, so besteht insoweit ein Kapitalerhöhungsverbot.[585] Beträgt die Beteiligung der übertragenden an der übernehmenden Kapitalgesellschaft weniger als 100 % und reichen die Anteile nicht aus, um die Anteilseigner der Überträgerin abzufinden, ist eine Kapitalerhöhung zwingend vorzunehmen.

Auch die Abwärtsverschmelzung stellt eine Verschmelzung i.S.d. § 1 Abs. 1 Nr. 1 i.V.m. § 2 UmwG dar.

---

583 § 122a Abs. 2 i.V.m § 54 Abs. 1 Satz 1 Nr. 1 UmwG.

584 Dies ergibt sich aus dem Wortlaut von § 5 Abs. 2, § 8 Abs. 3 Satz 1, § 9 Abs. 2 sowie § 62 Abs. 1 Satz 1 UmwG.

585 § 54 Abs. 1 Satz 1 Nr. 2 UmwG.

4.5.6.1.3 Seitwärtsverschmelzung

Die Seitwärtsverschmelzung („*Side-Stream-Merger*") liegt vor, wenn beide, übertragende und übernehmende Kapitalgesellschaft, Töchter der gleichen Muttergesellschaft sind. Für die Seitwärtsverschmelzung verlangt der Gesetzgeber zwischenzeitlich nicht mehr zwingend die Vornahme einer Kapitalerhöhung, wenn alle Anteilsinhaber eines übertragenden Rechtsträgers, denen die Anteile zu gewähren wären, in notariell beurkundeter Form darauf verzichten.[586] Es liegt aber auch ohne Kapitalerhöhung eine Verschmelzung i.S.d. § 1 Abs. 1 Nr. 1 i.V.m. § 2 UmwG vor.[587]

4.5.6.2 Spanisches Recht

Der spanische Gesetzgeber hat die im LSA a.F. sogenannten „Vereinfachten Verschmelzungen" („*Fusiones Simplificadas*") in einem eigenen Abschnitt VIII im LME (Art. 49 bis Art. 52 LME) geregelt und mit „Verschmelzung in Sonderfällen" („*Fusiones Especiales*") überschrieben. Bei Verschmelzungsverfahren von Kapitalgesellschaften innerhalb eines Konzerns greifen einige Erleichterungen, die punktuell in den jeweiligen Abschnitten erläutert werden.[588] Die Regelungen betreffend „Sonderfälle von Verschmelzungen" finden über den Verweis in Art. 55 LME auch bei der grenzüberschreitenden innergemeinschaftlichen Verschmelzung Anwendung, soweit dies nicht explizit ausgeschlossen wird.[589]

Auch bei diesen „Sonderfällen von Verschmelzungen" handelt es sich um Verschmelzungen i.S.d. Art. 22 i.V.m. Art. 23 i.V.m. Art. 24 LME.[590]

---

586 § 122a Abs. 2 i.V.m. § 54 Abs. 1 Satz 3, § 68 Abs. 1 Satz 3 UmwG.

587 § 54 Abs. 1 Satz 3 UmwG; vgl. BT-Drucks. 16/2919, 13; Stratz in Schmitt/Hörtnagl/Stratz, § 54 UmwG, Rn. 12, 17

588 Bspw. ist ebenfalls in Deutschland gemäß § 122g Abs. 2 UmwG ein Zustimmungsbeschluss der Gesellschafter der übertragenden Gesellschaft nicht erforderlich, bei der Verschmelzung einer 100 %-igen Tochtergesellschaft auf ihre Mutter. Diese Erleichterungen werden in den jeweiligen Abschnitt untersucht, vorwiegend in dem Abschnitt zum Zustimmungsbeschluss

589 Vgl. Juste Mencia in Modificaciones Estructurales de las Sociedades Mercantiles, Band I, S. 775.

590 Danach sind wesentliche Kriterien der Verschmelzung erfasst, nämlich Übertragung des Vermögens der übertragenden Gesellschaft(en) als Ganzes, durch Rechtsgeschäft bzw. gesellschaftsrechtlichen Organisationsakt, Auflösung ohne Abwicklung der übertragenden Gesellschaft (alternativ: Aufnahme des übergehenden Vermögens bei einer bestehenden Gesellschaft oder bei der durch Neugründung entstehenden übernehmenden Gesellschaften) und Gewährung von Anteilen der übernehmenden oder neuen Gesellschaft an die Gesellschafter der übertragenden Gesellschaft(en).

4.5.6.2.1 Aufwärtsverschmelzung

Die Verschmelzung der Tochter- auf die Muttergesellschaft („*Fusión Impropia*“[591]) ist in Art. 49 LME geregelt. Bei dieser Verschmelzung findet bei der Übernehmerin keine Kapitalerhöhung statt, weil diese bereits an der Tochtergesellschaft beteiligt ist und diese Beteiligung gegen das übernommene Vermögen getauscht wird.[592]

Die Beteiligung der übernehmenden Kapitalgesellschaft an der übertragenden Kapitalgesellschaft geht bei der Aufwärtsverschmelzung mit Übergang des Vermögens unter. Eine Kapitalerhöhung ist nach Art. 49 Abs. 1 Nr. 3 LME nicht zulässig, soweit die übernehmende Kapitalgesellschaft an der übertragenden Kapitalgesellschaft unmittelbar beteiligt ist. Zudem erübrigt sich die Gewährung von Anteilen als Gegenleistung für den Vermögensübergang, da insoweit auch keine Gesellschafter der übertragenden Kapitalgesellschaft abzufinden sind.[593]

4.5.6.2.2 Abwärtsverschmelzung

Der umgekehrte Fall, die Verschmelzung der Mutter- auf die Tochtergesellschaft, („*Fusión Inversa*“)[594] wurde in Art. 52 LME normiert. Die Muttergesellschaft überträgt zunächst ihr gesamtes Vermögen – mit Ausnahme der Beteiligung an der Tochtergesellschaft – auf die Tochtergesellschaft. Die Muttergesellschaft gibt die Anteile an der Tochtergesellschaft an ihre Gesellschafter im Tausch gegen die eigenen Anteile aus. Eine Kapitalerhöhung findet bei der Tochtergesellschaft nicht statt.

4.5.6.2.3 Seitwärtsverschmelzung

Art. 52 Abs. 2 LME regelt die sog. Verschmelzung von Schwestergesellschaften („*Fusión de Gemelas*“ *oder* „*Fusión de Hermanas*“).[595] Hierbei handelt es sich um die Verschmelzung einer Gesellschaft auf eine andere, an denen dieselbe Kapitalgesellschaft beteiligt ist. Bei der Verschmelzung von Kapitalgesellschaften, bei der die übernehmende und die übertragende Kapitalgesellschaft nicht gegenseitig beteiligt sind und somit keine der beteiligten Kapitalgesellschaften

591 Memento Sociedades Mercantiles 2010, Rz. 5657.

592 Vgl. Art. 49. Abs. 1 Nr. 3 i.V.m. Art. 55 LME; hierzu Juste Mencia in Modificaciones Estructurales de las Sociedades Mercantiles, Band I, S. 775.

593 Art. 49 Abs. 1 LME; hierzu Juste Mencia in Modificaciones Estructurales de las Sociedades Mercantiles, Band I, S. 775, Garrido de Palma in La Ley 3/2009 de las Modificaciones Estructurales de las Sociedades Mercantiles, S. 95.

594 Vgl. Memento Sociedades Mercantiles 2010, Rz. 5658.

595 Vgl. Sociedades Mercantiles 2010, Rz. 5659.

Tochter oder Mutter der anderen ist, handelt es sich um eine Verschmelzung i.S.d. Art. 22 LME.

Die Gesellschafter erhalten als Ausgleich für die Vermögensübertragung Anteile an der übernehmenden Kapitalgesellschaft. Die Anteilsgewährungspflicht kann entweder durch die Schaffung von Anteilen mittels Kapitalerhöhung oder durch die Ausgabe eigener Anteile erfüllt werden. Bestehen Teile des Vermögens der übertragenden Kapitalgesellschaft aus eigenen Anteilen, so besteht insoweit ein Kapitalerhöhungsverbot.

Da eine Gegenleistung für den Vermögensübergang grundsätzlich gewährt wird, liegt eine Verschmelzung i.S.d. Art. 22 i.V.m. Art. 23 i.V.m. Art. 24 LME vor.

4.5.6.2.4 90%ige Beteiligung

Als Sonderfall ist in Art. 50 LME der Fall der Verschmelzung einer Gesellschaft auf eine andere Gesellschaft geregelt, bei dem die übernehmende mindestens 90 %, jedoch nicht alle in der Gesellschafterversammlung Stimmrechte gewährenden Aktien und sonstige Anteile der übertragenden Gesellschaft(en) hält.[596] Bei dieser Konstellation gelten die gleichen Ausführungen, wie bei der Aufwärtsverschmelzung.

596 Hierzu Sociedades Mercantiles 2010, Rz. 5660.

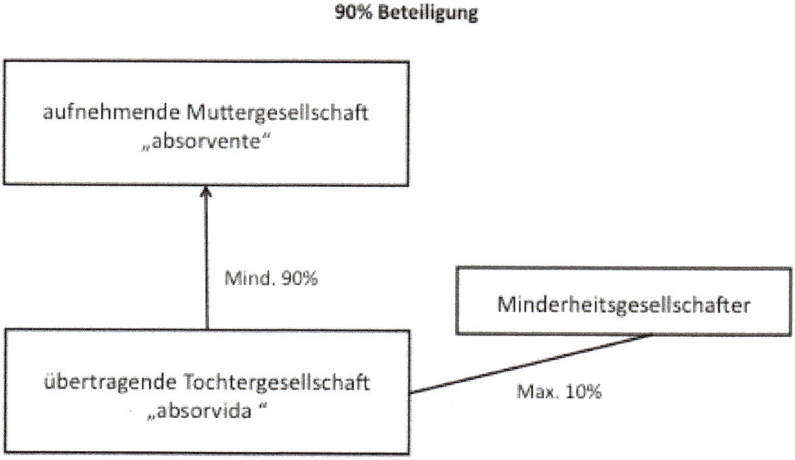

Abb. 1.2: Art. 50 LME

4.5.6.3 Zwischenergebnis

Eine Verschmelzung liegt grundsätzlich nur dann vor, wenn den Anteilsinhabern der übertragenden Gesellschaften als Ausgleich für die Vermögensübertragung Anteile an der übernehmenden Gesellschaft gewährt werden. Eine Ausnahme hiervon besteht sowohl nach deutschem als auch nach spanischem Recht bei der konzerninternen Verschmelzung. Bei der Auf-, Ab- und Seitwärtsverschmelzung liegt eine Verschmelzung i.S.d. § 1 Abs. 1 Nr. 1i.V.m. § 2 Nr. 1 UmwG bzw. Art. 22 i.V.m 23 LME vor. Die Möglichkeit der Durchführung einer grenzüberschreitenden innergemeinschaftlichen konzerninternen Verschmelzung ist durch den Verweis des § 122a Abs. 2 UmwG bzw. Art. 55 LME gegeben und mit VRL 2005/56/EG richtlinienkonform.[597]

597 Art. 2 Abs. 1 Buchst. c) VRL 2005/56; hierzu Beutel, Der neue rechtliche Rahmen grenzüberschreitender Verschmelzungen in der EU, S. 278.

4.6 Verschmelzungsverfahren

Sowohl nach deutschem als auch nach spanischem Recht ist die Verschmelzung das Ergebnis eines aufwendigen Verfahrens, das drei Phasen zu durchlaufen hat,[598] nämlich die Vorbereitungs-[599], die Entscheidungs-[600] und schließlich die Durchführungsphase.[601]

4.6.1 Weiterer Gang der Darstellung

Die praktische Durchführung einer Verschmelzung gliedert sich in mehrere Phasen, die sowohl aus deutscher als auch aus spanischer Perspektive beleuchtet werden sollen. Nachfolgend wird auf die Vorbereitungsphase und hier insbesondere auf den gemeinsamen Verschmelzungsplan näher eingegangen. Anschließend sollen sowohl die Berichte der Vertretungs- bzw. Verwaltungsorgane aus deutscher und spanischer Sicht untersucht werden.

4.6.2 Vorbereitung der Verschmelzung (Vorbereitungsphase)

Die Vorbereitung der Verschmelzung obliegt in Deutschland den Vertretungs-[602] und in Spanien den Verwaltungsorganen[603] *(„Administradores")* der beteiligten Gesellschaften.

---

598 Vgl. Hörtnagl in Schmitt/Hörtnagl/Stratz, § 1 UmwG, Rn. 7 ff; in Spanien vgl. Ávila Navarro in Modificaciones Estructurales de las Sociedades Mercantiles. Ley 3/2009 Band I, S. 352.

599 Zu spanisch sog. „Fase preparatoria", hierzu nach spanischem Recht, Martí Moya , RdS 2006, 299 (305). Zur Vorbereitungsphase nach deutschem Recht Hörtnagl in Schmitt/Hörtnagl/Stratz, § 1 UmwG, Rn. 7

600 Zu spanisch sog. „Fase descisoria". Zur Entscheidungsphase nach deutschem Recht Hörtnagl in Schmitt/Hörtnagl/Stratz, § 1 UmwG, Rn. 8.

601 Zu spanisch sog. „Fase ejecutoria". Zur Durchführungsphase in Deutschland Hörtnagl in Schmitt/Hörtnagl/Stratz, § 1 UmwG, Rn. 9.

602 § 122c Abs. 1 UmwG.

603 Art. 30 Abs. 1 i.V.m. Art. 55 i.V.m. Art. 59 Abs. 1 LME; Für Tapia Hermida handelt es sich bei der Verschmelzung um einen aristokratischen Vorgang, da der Verschmelzungsplan durch die Verwaltungs- und Vertretungsorgane in Gang gesetzt, vorbereitet und entschieden wird; Tapia Hermida in Fusiones y OPAS transfronterizas, S. 110; Largo Gil in Modificaciones Estructurales de las Sociedades Mercantiles, Band I, S. 423.

4.6.2.1 Gemeinsamer Plan für grenzüberschreitende innergemeinschaftliche Verschmelzungen (*proyecto común de fusión transfronteriza*)

Bei dem gemeinsamen[604] Verschmelzungsplan[605] handelt es sich um das Hauptdokument der grenzüberschreitenden innergemeinschaftlichen Verschmelzung, das von den Vertretungs- bzw. Verwaltungsorganen[606] der zu verschmelzenden Gesellschaften einvernehmlich mit einem bestimmten Mindestinhalt und ggf. weiteren Ergänzungen aufzustellen und nach erfolgter sachverständiger Prüfung (durch die Verschmelzungsprüfer) sowie unter Beifügung eines Verschmelzungsberichts der jeweiligen Hauptversammlung der Gesellschafter zur zustimmenden Beschlussfassung vorzulegen ist.[607]

4.6.2.1.1 Kollisionsrecht

Der gemeinsame Verschmelzungsplan stellt den ersten[608] Rechtsakt des Verschmelzungsverfahrens dar.[609]

Wie bereits oben dargelegt, richtet sich das Verschmelzungsverfahren nach dem jeweiligen Personalstatut der beteiligten Gesellschaften.[610] Nach diesem Grundsatz hat jedes Vertretungs- bzw. Verwaltungsorgan lediglich die Pflichten zu erfüllen, die sich aus ihrem eigenen Personalstatut (jeweils nationale Rechtsordnung) ergeben. Eine solche distributive Anwendung der beteiligten Personalstatuten kann jedoch nicht beibehalten werden, soweit es um Verfahrensschritte

---

604 Für Largo Gil ist die Verwendung des Begriffes gemeinsam redundant, da dieser grundsätzlich durch alle beteiligten Gesellschaften gemeinsam aufzustellen ist. Somit erübrigt sich die Verwendung des Begriffes „gemeinsam" offensichtlich; Largo Gil in Modificaciones Estructurales de las Sociedades Mercantiles, Band I, S. 439 m.w.N.

605 Art. 5 VRL 2005/56; § 122c UmwG und Art. 59 LME hierzu Memento Sociedades Mercantil 2009, Rz. 5838.1

606 Art. 59 Abs. 1 LME.

607 Art. 5 VRL 2005/56; § 122c UmwG und Art. 59 LME hierzu Memento Sociedades Mercantil 2009Rz. 5838.1.

608 Vor der Erstellung des Verschmelzungsplanes werden andere Dokumenten, Protokolle, etc. erstellt, die jedoch nicht durch die VRL 2005/56/EG bzw. UmwG oder LME geregelt werden.

609 Vgl. Tapia Hermida in Fusiones y OPAS Transfronterizas, S. 112; Largo Gil in Modificaciones Estructurales de las Sociedades Mercantiles, Band I, S. 423.

610 Vgl. Kindler MünchKomm-BGB, Rn. 671 m.w.N.; Tapia Hermida in Fusiones y OPAS Transfronterizas, S. 120.

geht, an denen sämtliche Gesellschaften beteiligt werden und diese zum gemeinsamen Tätigwerden aufgefordert sind.[611]

Da die Erstellung des gemeinsamen Verschmelzungsplanes alle beteiligten Gesellschaften in gleichem Maße betrifft, sind die betreffenden Vorschriften der spanischen und der deutschen Rechtsordnung zu kumulieren.[612] Dabei setzt sich die strengste Rechtsordnung durch.[613]

Der gemeinsame Verschmelzungsplan muss von sämtlichen an der grenzüberschreitenden innergemeinschaftlichen Verschmelzung beteiligten deutschen und spanischen Kapitalgesellschaften erarbeitet werden, so dass alle Voraussetzungen, die von den involvierten Personalstatuten an den Verschmelzungsplan hinsichtlich des Inhalts, der Form sowie der Publizitätserfordernisse gestellt werden, erfüllt werden müssen.[614]

4.6.2.1.2 Rechtsnatur des gemeinsamen Verschmelzungsplanes

a) Deutsches Recht

In einem rein deutschen Verschmelzungsvorgang ist die Erstellung eines Verschmelzungsvertrages nach § 5 UmwG erforderlich.[615] Die VRL 2005/56/EG sieht jedoch bei einer grenzüberschreitenden innergemeinschaftlichen Verschmelzung die Erstellung eines gemeinsamen Verschmelzungsplanes, nicht jedoch die Erstellung eines Verschmelzungsvertrages vor.[616]

Das Rechtsinstitut des Verschmelzungsplanes ist in Deutschland unbekannt[617] und seine Rechtsnatur umstritten.[618]

---

611 Vgl. Rixen/Böttcher, GmbHR 1993, 572 (573); Ávila Navarro in Modificaciones Estructurales de las Sociedades Mercantiles. Ley 3/2009, S. 468ff.

612 Vgl. Kindler MünchKomm, Rn. 668 m.w.N.; Rixen/Böttcher, GmbHR 1993, 572 (573); Tapia Hermida in Fusiones y OPAS Transfronterizas, S. 120; Memento Reorganización Empresarial (Fusiones) 2009-2010; Rz. 7540; Ávila Navarro in Modificaciones Estructurales de las Sociedades Mercantiles. Ley 3/2009, S. 468.

613 Vgl. Rixen/Böttcher, GmbHR 1993, 572 (573).

614 Vgl. Steiger in grenzüberschreitende Fusion und Sitzverlegung von Kapitalgesellschaften innerhalb der EU nach spanischem und portugiesischem Recht, S. 85; Rixen/Böttcher, GmbHR 1993, 572 (573); Largo Gil in Modificaciones Estructurales de las Sociedades Mercantiles, Band I, S. 446.

615 Vgl. § 4 UmwG.

616 Art. 5 VRL 2005/56.

617 Einen Umwandlungsplan kennt das UmwG nur in der Form des Spaltungsplanes. Vgl. § 136 UmwG hiernach hat das Vertretungsorgan des übertragenden Rechtsträgers einen Spaltungsplan aufzustellen. Der Spaltungsplan tritt an die Stelle des Spaltungs- und Übernahmevertrags.

Nach Auffassung einiger Stimmen der Literatur handelt es sich um einen schuldrechtlichen Vertrag, der entsprechend schuldrechtliche Wirkungen auslöst.[619] Wird der gemeinsame Verschmelzungsplan als schuldrechtlicher Vertrag gewertet, weil er die Verpflichtung enthält, Vermögen gegen Gewährung von Anteilen zu übertragen und gegenseitige Pflichten der am Vertragsabschluss beteiligten Rechtsträger festlegt, so sind die allgemeinen Regelungen des bürgerlichen Rechts auf den gemeinsamen Verschmelzungsplan anzuwenden. Daraus folgt, dass dieser nach allgemeinen Grundsätzen nichtig oder anfechtbar sein könnte, jedoch bei Wirksamkeit auf seine Erfüllung geklagt werden kann. Auch Schadensersatzansprüche aufgrund Verzug oder Haftung aus § 311 Abs. 2, 3 BGB könnten entstehen[620], wobei die Gesellschafter aus dem gemeinsamen Verschmelzungsplan nur im Einzelfall einklagbare Ansprüche ableiten können sollen.[621]

Andere Stimmen der deutschen Literatur vertreten die Meinung, dass er keinem Vertrag, sondern eher einem Beschluss der Leitungs- oder Verwaltungsorgane der beteiligten Gesellschaften entspricht, in dem jedes Leitungs- oder Verwaltungsorgan dem gemeinsamen Verschmelzungsplan rechtsverbindlich zustimmt.[622]

M.E. handelt es sich bei dem gemeinsamen Verschmelzungsplan einer grenzüberschreitenden innergemeinschaftlichen Verschmelzung um einen gesellschaftsrechtlichen Organisationsakt, bei dem eine Bindung zwischen den an der Verschmelzung beteiligten Gesellschaften erst nach Zustimmung der Gesellschafterversammlungen entsteht.[623]

618 Vgl. Vetter, AG 2006, 613; Kiem, WM 2006, 1091, Becker in HK-Kommentar, § 122c UmwG, Rn. 5; Fortshoff, DStR 2006, 613; Simon/Rubner, Der Konzern 2006, 835; Winter, Der Konzern 2007, 24 (33).

619 Vgl. Vetter, AG 2006, 613 (617); Kiem, WM 2006, 1091 (1094), Becker in HK-Kommentar, § 122c UmwG, Rn. 5; Fortshoff, DStR 2006, 613 (614); Simon/Rubner, Der Konzern 2006, 835; Winter, Der Konzern 2007, 24 (33).

620 Vgl. Stratz in Schmitt/Hörtnagl/Stratz, § 122c UmwG, Rn. 4; ausführlich zur Rechtsnatur des Verschmelzungsvertrages Stratz in Schmitt/Hörtnagl/Stratz, § 4 UmwG, Rn. 4 ff.

621 OLG München, BB 1993, 2040.

622 Vgl. Kallmeyer, AG 2007, 472; a.A. Marsch-Baner in Kallmeyer § 122c UmwG, Rz. 1 "...Verschmelzungsplan entspricht in seiner Funktion dem Verschmelzungsvertrag bei innerstaatlichen Verschmelzungen ...„

623 Ebenso Mayer in Widmann/Mayer, § 122c UmwG, Rz. 15; Drinhausen in Semler/Stengel, § 122c UmwG, Rn. 6, Hörtnagl in Schmitt/Hörtnagl/Stratz, § 122c UmwG, Rn. 5; Frenzel, RIW 2008, 12 (16).

b) Spanisches Recht

Aus spanischer Sicht hat der verwendete Begriff eine Änderung bzw. Ergänzung erfahren, da nach dem alten Recht lediglich von einem Verschmelzungsplan (*„Proyecto de Fusión“)* die Rede war. Mit Inkrafttreten des LME ist nun sowohl für eine innerstaatliche als auch für eine grenzüberschreitende innergemeinschaftliche Verschmelzung ein „gemeinsamer“ Verschmelzungsplan (*„Proyecto comúnde Fusión bzw. Proyecto común de Fusión Transfronteriza“)* aufzustellen.[624] Der spanische Gesetzgeber hat den Begriff gemeinsam *(„común“)* richtlinienkonform eingefügt, da die grenzüberschreitende innergemeinschaftliche Verschmelzung nach Umsetzung der VRL 2005/56/EG (sowohl nach deutschem[625] als auch) nach spanischem[626] Recht die Aufstellung eines gemeinsamen[627] Verschmelzungsplanes voraussetzt.

In Spanien ist die Rechtsnatur des Verschmelzungsplanes ebenfalls umstritten. Einige Stimmen in der Literatur vertreten die Auffassung, dass es sich bei dem Verschmelzungsplan um eine „Art“[628] vertragliche Verpflichtung der Verwalter handelt, deren Nichterfüllung die in Art. 1101 C.C. niedergelegte Haftung gegenüber den übrigen an der Verschmelzung beteiligten Gesellschaften auslöst.[629] Eine Verpflichtung („*Obligación*“) kann nach spanischem Recht insbesondere aus dem Gesetz, Vertrag oder illegalen Rechtsakten entstehen.[630] Sie kann sowohl ein Tun oder Unterlassen beinhalten.[631] Vorliegend erwächst eine gesetzliche Verpflichtung der Vertretungsorgane gegenüber der Gesellschaft. Aus Art. 31 i.V.m. Art. 1088, 1089 i.V.m. Art. 1254 des C.C. kann somit abgeleitet werden, dass es sich bei dem gemeinsamen Verschmelzungsplan um eine Art Vertrag handelt, der allerdings zunächst zwischenden Vertretungsorgane-

---

624 Ebenso Galeote Muñoz in Diarío La Ley. Nr. 7273 v. 30.10.2009 m.w.N. insbesondere Fn 6.

625 Vgl. Müller, NZG 2006, 286.

626 Art. 30 i.V.m. Art. 59 LME; hierzu Ávila Navarro in Modificaciones Estructurales de las Sociedades Mercantiles. Ley 3/2009, S. 469 ff.

627 Für Largo Gil ist die Verwendung des Begriffes „gemeinsam“ redundant; Largo Gil in Modificaciones Estructurales de las Sociedades Mercantiles, Band I, S. 439.

628 Vgl. Memento Sociedades Mercantiles 2009, Rz. 5730.1 “Constituye una especie de contrato”

629 Ebenso im Memento Sociedades Mercantiles 2008, Rz. 5730.1; Fusiones 2005-2006 Rz. 7457; Gomez Purrua in La Fusión de Sociedades Anónimas en el Derecho Espanol y Comunitario, S. 180, 94, 31; a.A. Perez Milla in FISA en el espacio jurídico Europeo, S. 92, Largo Gil in Modificaciones Estructurales de las Sociedades Mercantiles, Band I, S. 445.

630 Vgl. Art. 1089 C.C.

631 Vgl. Art. 1088 C.C. “toda obligación consiste en dar , hacer o no hacer alguna cosa”.

nund ihren eigenen Gesellschaften verbindlich ist. Daneben besteht im Innenverhältnis gegenüber der eigenen Gesellschaft eine Haftung der Vertretungsorgane nach Art. 134 LSA. Aus dem gemeinsamen Verschmelzungsplan entsteht eine vertragliche Verpflichtung (*„Efectos vinculantes“)*[632]der Vertretungsorgane gegenüber der Gesellschaft, da diese sich nach der Unterzeichnung des gemeinsamen Verschmelzungsplanes jeglicher Transaktionen zu enthalten haben, die der geplanten Verschmelzung abträglich sein oder das Umtauschverhältnis der Aktien oder sonstigen Geschäftsanteile verändern könnten.[633] Der vertragliche Charakter, der durch die Annahme seitens der betreffenden Hauptversammlungen aufschiebend bedingt ist, wird auch durch das Erfordernis der Unterzeichnung des gemeinsamen Verschmelzungsplanes durch alle Mitglieder der jeweiligen Vertretungsorgane der an der Verschmelzung beteiligten Gesellschaften verdeutlicht.[634] Es handelt sich folglich um einen Vertrag, der - in einem ersten Schritt - nur zwischen Vertretungsorganen und der jeweiligen Gesellschaft seine Wirkung entfaltet und nicht um einen Vertrag zwischen den zu verschmelzenden Gesellschaften.[635] Eine Verbindlichkeit zwischen den an der Verschmelzung beteiligten Gesellschaften entsteht erst nach Zustimmung der Gesellschafterversammlungen.

4.6.2.1.3 Aufstellung und Abschlusskompetenz

Art. 5 VRL 2005/56/EG sieht für die Durchführung einer grenzüberschreitenden innergemeinschaftlichen Verschmelzung die Aufstellung eines gemeinsamen Verschmelzungsplans durch die Leitungs- oder Verwaltungsorgane der beteiligten Gesellschaften vor.

a) Deutsches Recht

Nach § 122c Abs. 1 UmwG sind die jeweiligen „Vertretungsorgane“ der verschmelzenden Gesellschaften für die Erstellung des gemeinsamen Verschmelzungsplanes zuständig. Somit stellt der deutsche Gesetzgeber in der Umsetzung des vorgenannten Artikels auf das Vertretungsorgan ab. Somit ist bei einer GmbH, der Geschäftsführer und bei einer AG, der Vorstand für die Aufstellung des gemeinsamen Verschmelzungsplanes verantwortlich. Fraglich ist, wenn an

---

632 Vgl. Memento Sociedades Mercantiles 2008, Rz. 5730.1.

633 Vgl. Uría/Menéndez/Iglesias Prada in Curso de Derecho Mercantil, Band I, Fusión y Escisión de Sociedades Kap. 52, S. 1257; Memento Sociedades Mercantiles 2008, Rz. 5734.

634 Ebenso Steiger in grenzüberschreitende Fusion und Sitzverlegung von Kapitalgesellschaften innerhalb der EU nach spanischem und portugiesischem Recht, S. 86 f.

635 Vgl. Alonso Soto in Fusiones y Adquisiciones de Empresas, S. 499 f.

der Verschmelzung eine nach dem monistischen System organisierte SE beteiligt ist, die dem deutschen Recht unterliegt, ob die Direktoren oder der Verwaltungsrat für die Aufstellung des gemeinsamen Verschmelzungsplanes verantwortlich sind. Bei einer SE, die nach dem monistischen System organisiert ist, repräsentieren die geschäftsführenden Direktoren das Vertretungsorgan.[636] Daraus folgt, dass die Direktoren - und nicht der Verwaltungsrat - für die Erstellung des gemeinsamen Verschmelzungsplanes zuständigsind.[637]

b) Spanisches Recht

Der spanische Gesetzgeber stellt in der Umsetzung des Art. 5 der VRL 2005/56/EG auf das Verwaltungsorgan („*Administradores*") ab. Gem. Art. 59 Abs. 1 Satz 1 LME[638] sind die Verwalter der an der Verschmelzung beteiligten Gesellschaften für die Verfassung eines gemeinsamen Verschmelzungsplanes zuständig.[639]

4.6.2.1.4 Sprache des gemeinsamen Verschmelzungsplanes

Die Richtlinie schweigt über die Sprache, in der der gemeinsame Verschmelzungsplan zu erstellen ist. Nachfolgend ist zu untersuchen, ob die jeweiligen Rechtsordnungen Vorschriften zur Bestimmung der Sprache des gemeinsamen Verschmelzungsplanes enthalten.

a) Deutsches Recht

Im UmwG ist nicht ausdrücklich geregelt, in welcher Sprache der gemeinsame Verschmelzungsplan aufgestellt werden soll. Nach *Haritz/v Wolff* muss sich die Zustimmung der Gesellschafter zum gemeinsamen Verschmelzungsplan auf eine einzige Sprachfassung beziehen.[640] Teilweise wird in der Literatur auch die Meinung vertreten, dass dies zwingend die Sprachfassung der aufnehmenden

---

636 § 41 Abs. 1 SEAG.

637 Vgl. Mayer in Widmann/Mayer, § 122c UmwG, Rz. 22.

638 Die Vorschrift entspricht Art. 234 des LSA a.F.; Memento Sociedades Mercantiles 2009, Rz. 5734; Memento Reorganización Empresarial (Fusiones) 2009/2010, Rz. 7540.

639 Vgl. Memento Sociedades Mercantiles 2009, Rz. 5734; Memento Reorganización Empresarial (Fusiones) 2009-2010; Rz. 7540; Galeote Muñoz in Diarío La Ley. Nr. 7273 v. 30.10.2009.

640 Vgl. Haritz/v Wolf, GmbHR 2006, 340 (341); a.A. zutreffend Becker in HK-Kommentar, § 122c UmwG, Rn. 58.

Gesellschaft sein muss.[641] Würde bspw. eine deutsche GmbH auf eine spanische SRL zur Aufnahme verschmelzen, wäre nach dieser Auffassung der gemeinsame Verschmelzungsplan in spanischer Sprache zu erstellen. Dieser Meinung ist daher nicht zu folgen, da damit die Informationsfunktion des gemeinsamen Verschmelzungsplanes bei der deutschen übertragenden Gesellschaft grundsätzlich nicht sichergestellt werden kann.[642]

Nach § 122d UmwG ist der gemeinsame Verschmelzungsplan beim Handelsregister einzureichen und von diesem bekannt zu machen.[643] Um die Verschmelzung im deutschen Handelsregister einzutragen, muss der gemeinsame Verschmelzungsplan nach § 125 i.V.m. § 8 FGG, § 184 GVG mindestens in deutscher Sprache vorliegen. Dies gilt unabhängig, ob die deutsche die aufnehmende oder die übertragende Gesellschaft ist.[644]

b) Spanisches Recht

Das spanische Gesetz regelt, ebenso wenig wie das deutsche, ausdrücklich, in welcher Sprache oder welchen Sprachen der gemeinsame Verschmelzungsplan aufzustellen ist. Der gemeinsame Verschmelzungsplan ist jedoch zur Offenlegung und bei Anmeldung der Verschmelzung zum Register in Spanien (*„Registro Mercantil“)* grundsätzlich in der Amtssprache einzureichen.[645] Folgerichtig muss der gemeinsame Verschmelzungsplan mindestens in spanischer Sprache verfasst werden.

Aus Art. 36 und Art. 37 des Reglements des Hypothekengesetzes (*„Reglamento Hipotecario*“)[646] ergibt sich die Möglichkeit, die Registrierung bzw. Eintragung von Vorgängen ins Handelsregister anhand von Dokumenten, die in einer ausländischen Sprache erfasst wurden, einzutragen, solange diese durch einen vereidigten Übersetzer (*„Traductor jurado“)* in die spanische Sprache übersetzt werden.

---

641 Vgl. Krause/Kulpa, ZHR 171, (2007) 38, 61; Mayer in Widmann/Mayer, § 122c UmwG, Rz. 24 m.w.N.

642 Vgl. Becker in HK-Kommentar, § 122c UmwG, Rn. 58.

643 Vgl. Heckschen, RNotZ 2007, 444 (457) zweifelnd, ob § 122d UmwG richtlinienkonform ist, da nach Art. 6 Abs. 1 VRL 2005/56/EG der Verschmelzungsplan einen Monat vor der Beschlussfassung bekannt zu machen und nicht lediglich einzureichen ist.

644 Mayer in Widmann/Mayer, § 122c UmwG, Rz. 24 ff. Der Verzicht auf eine deutschsprachige Fassung ist nach der Auffassung von Klein zwar problematisch jedoch möglich, wenn zuvor sichergestellt wird, dass alle an der Durchführung der Verschmelzung Beteiligten dieser Sprache mächtig sind; . Klein, RNotZ 2007, 565 (588);.

645 Vgl. Art. 226 Abs. 1 RRM; hierzu Ávila Navarro in Modificaciones Estructurales de las Sociedades Mercantiles. Ley 3/2009, S. 472.

646 Dekret v. 14.2.1947; BOE v. 16.4.1947 zur Reglementierung des Hypothekengesetzes.

Der gemeinsame Verschmelzungsplan kann auch in zwei Spalten mehrsprachig bspw. spanisch und deutsch abgefasst sein. In diesem Fall empfiehlt sich die Bestimmung, welche Fassung maßgeblich sein soll.[647] Bei der Verschmelzung der spanischen Gesellschaft Sarrio "SA" auf die italienische Reno di Medici SpA. hatten die jeweiligen Verwaltungsorgane (*„Consejo de Administración"*) der beiden Gesellschaften am 26. und 27.3.1988 beschlossen, einen gemeinsamen, zweispaltigen und zweisprachigen Verschmelzungsplan aufzustellen. Dieser in italienischer und spanischer Sprache aufgestellte Verschmelzungsplan wurde durch die jeweiligen Verwaltungsorgane unterzeichnet.[648]

c) Zwischenergebnis

Da an der grenzüberschreitenden innergemeinschaftlichen Verschmelzung Gesellschaften aus (mindestens) deutschen und spanischen Sprachkreisen beteiligt sind, ist eine wörtliche Identität bei einem gemeinsamen Verschmelzungsplan zwischen deutschen und spanischen Gesellschaften aufgrund der verschiedenen Sprachen grundsätzlich[649] nicht möglich. Der gemeinsame Verschmelzungsplan ist bei einer Verschmelzung unter Beteiligung deutscher und spanischer Gesellschaften somit mindestens in deutscher und in spanischer Sprache aufzustellen. Durch die multilinguale Aufstellung des gemeinsamen Verschmelzungsplanes ist ebenfalls die Informationsfunktion sichergestellt.[650]

Sowohl in der deutschen[651] als auch in der spanischen[652] Literatur wird angeregt den gemeinsamen Verschmelzungsplan als ein mehrsprachiges Dokument zu verfassen.[653] Hier ist die Aufstellung eines zweispaltigen (*„a doble columna"*)

---

647 Vgl. Tapia Hermida in Fusiones y OPAS Transfronterizas, S. 114; Ávila Navarro in Modificaciones Estructurales de las Sociedades Mercantiles. Ley 3/2009, S. 472.

648 Vgl. Tapia Hermida in Fusiones y OPAS Transfronterizas, S. 120; im Einklang mit Art. 234 Abs. 1 LSA a.F. war am Schluss dieses Verschmelzungsplanes das Fehlen der Unterschrift zwei Verwalter der italienischen Gesellschaft, unter Angabe der Gründe dafür, vermerkt.

649 Die Beteiligten können als Sprache für den gemeinsamen, gleich lautenden Verschmelzungsplan bspw. die englische Sprache wählen.

650 Vgl. Müller, ZIP 2007, 1081 (1083); Bayer in Lutter, § 122c UmwG, Rn. 10 m.w.N.; Vetter, AG 2006, 613; Krause/Kulpa, ZHR 171 (2007), 38; Ávila Navarro in Modificaciones Estructurales de las Sociedades Mercantiles. Ley 3/2009, S. 473.

651 Vgl. Drinhausen in Semler/Stengel, § 122c UmwG, Rn. 5; Mayer in Widmann/Mayer, § 122c UmwG, Rz. 21, 24

652 Vgl. Tapia Hermida in Fusiones y OPAS Transfronterizas, S. 114; Ávila Navarro in Modificaciones Estructurales de las Sociedades Mercantiles. Ley 3/2009, S. 483.

653 Für Becker muss sich die Zustimmung der Gesellschafter zum gemeinsamen Verschmelzungsplan auf eine einzige Sprachfassung beziehen; so in etwa Becker in HK-Kommentar, § 122c UmwG, Rn. 58. Teilweise wird in der Literatur auch die Meinung

Dokuments zu empfehlen. Ferner ist im gemeinsamen Verschmelzungsplan eine maßgebliche Sprache festzulegen, um im Falle etwaiger Divergenzen eine Klärung herbeiführen zu können.[654] Es ist überdies möglich, den gemeinsamen Verschmelzungsplan in einer anderen Sprache wie bspw. Englisch zu verfassen und anschließend für die Eintragung ins jeweilige Handelsregister und *„Registro Mercantil"* übersetzen zu lassen.

4.6.2.1.5 Notarielle Beurkundung

Kollisionsrecht

Nach zutreffender Auffassung wird die gestellte Frage, ob eine notarielle Beurkundung erforderlich ist, über Art. 6 der VRL 2005/56/EG durch das anwendbare nationale Verschmelzungsrecht jedes Mitgliedstaats geklärt.[655] Auf diese Frage ist nach den jeweiligen Rechtordnungen in dem nachfolgenden Abschnitt einzugehen.

b)Deutsches Recht

Gemäß § 122c Abs. 4 UmwG ist der gemeinsame Verschmelzungsplan notariell zu beurkunden.[656] Dieses Formerfordernis ergibt sich ebenfalls über § 122a Abs. 2 i.V.m. § 6 UmwG, wo auf die Regelungen für Verschmelzungsverträge verwiesen wird.

Ob eine Beurkundung im Ausland für Zwecke des UmwG im Wege der sog. Substitution als zulässig anzusehen ist, bleibt nach wie vor umstritten.[657] Ob dem Formerfordernis durch Beurkundung in Spanien Genüge getan ist, ist nach der Begründungsgesetz[658] anhand der allgemeinen Regeln, insbesondere der vom BGH insoweit entwickelten Kriterien der Gleichwertigkeit im sog. „Zürich" - Fall zu entscheiden.[659]

---

vertreten, dass dies zwingend die Sprachfassung der aufnehmenden Gesellschaft sein muss; Haritz/v Wolf, GmbHR 2006, 340 (341).

654 Vgl. Mayer in Widmann/Mayer, § 122c UmwG, Rz. 24 ff.

655 Vgl. Mayer in Widmann/Mayer, § 122c UmwG, Rz. 26.

656 Hierzu Becker in HK-Kommentar, § 122c UmwG, Rn. 44; Hörtnagl in Schmitt/Hörtnagl/Stratz, § 122c UmwG, Rn. 39; Bayer in Lutter, § 122c UmwG, Rn. 7.

657 Vgl. Heckschen in Widmann/Mayer, § 6 UmwG, Rn. 42 ff.; Klein, RNotz 2007, 565 (584).

658 Vgl. BR-Drs. 548/06, S. 31.

659 Vgl. Kallmeyer, AG 2007, 472 (475); Lutter/Drygala in Lutter, § 6 UmwG, Rn. 8; Weller, BB 2005, 1807 m.w.N.; kritisch Heckschen, DNotZ 2007, 444; kritisch Klein, RNotz 2007, 565 (584).

Der BGH entschied im „Zürich“-Fall[660], dass die vorgeschriebene Beurkundungserfordernis grundsätzlich auch ein ausländischer Notar erfüllen kann *„...Voraussetzung ist nur, dass die ausländische Beurkundung der deutschen gleichwertig ist. Gleichwertigkeit ist gegeben, wenn die ausländische Urkundsperson nach Vorbildung und Stellung im Rechtsleben eine der Tätigkeit des deutschen Notars entsprechende Funktion ausübt und für die Errichtung der Urkunde ein Verfahrensrecht zu beachten hat, das den tragenden Grundsätzen des deutschen Beurkundungsrechts entspricht...“*

Grundsätzlich kann jedoch eine Auslandsbeurkundung für Umwandlungsvorgänge seit der sog. „Supermarkt“-Entscheidung des BGH[661] nicht mehr ohne weiteres als gleichwertig angesehen werden.[662] Die notarielle Beurkundung soll nach Ansicht des BGH nämlich auch die Einhaltung des deutschen materiellen Rechts sicherstellen. Die Sicherstellung der materiellen Richtigkeit eines dem deutschen Recht unterworfenen Umwandlungssachverhaltes kann nur gewährt werden, wenn der ausländische Notar über die dafür erforderlichen deutschen Rechtskenntnisse verfügt. Daraus ergibt sich, dass die ausländische Beurkundung nur in Ausnahmefälle der deutschen gleichwertig sein kann.

Da im Regelfall davon auszugehen ist, dass ein spanischer Notar nicht über Fachkenntnisse zum deutschen Gesellschafts- und Umwandlungsrecht verfügt, wird ein deutsches Registergericht wohl regelmäßig dazu tendieren, eine spanische Beurkundung nicht anzuerkennen. Eine daraus resultierende Unsicherheit könnten die Beteiligten jedoch durch eine frühzeitige Abstimmung mit dem zuständigen deutschen Registergericht vermeiden.

Der deutsche Notar kann gem. § 5 Abs. 2 BeurkG auf Verlangenauch in einer anderen Sprache beurkunden, wenn er der fremden Sprache hinreichend kundig ist.Eine Beurkundung in spanischer Sprache ist somit bei entsprechender Sprachkenntnis des deutschen Notars ohne weiteres zulässig (bspw. bilingualer und zweispaltiger Verschmelzungsplan in deutscher und spanischer Sprache); in englischer Sprache in der Praxis sogar üblich. Der deutsche Notar kann nach § 50 Abs. 1 Satz 1 BeurkG ebenfalls die deutsche Übersetzung einer spanischen Urkunde mit der Bescheinigung der Richtigkeit und Vollständigkeit versehen, wenn er die Urkunde selbst bspw. in spanischer Sprache erstellt hat oder für die Erteilung einer Ausfertigung der Niederschrift zuständig war.

---

660 Vgl. Beschluss von 16.2.1981, Az II ZB 8/80 BGHZ 80,76 „Zürich“; auch OLG Frankfurt v. 25.1.2005, 11 U 8/04 für den Fall einer Vereinbarungstreuhand, die vor einem Schweizer Notar (Basel) beurkundet wurde.

661 Beschluss v. 24.10.1988, Az II ZB 7/88, BGHZ 105, 324.

662 Klein, RNotz 2007, 565 (585).

c) Spanisches Recht

Nach spanischem Recht schreiben Art. 55 LME i.V.m. Art. 45 LME i.V.m. Art. 227 RRM vor, dass zum Zwecke der Eintragung der Verschmelzung von allen beteiligten Gesellschaften eine öffentliche Urkunde (*„Escritura pública")* zu errichten ist.[663] Eine *„Escritura pública"* ist eine notarielle Beurkundung. Daraus folgt, dass auch in Spanien der gemeinsame Verschmelzungsplan in notarieller Form zu beurkunden ist.[664] Aus beurkundungsrechtlicher Sicht müssen Urkunden grundsätzlich in spanischer Sprache errichtet werden. Wenn der spanische Notar kundig in einer fremden Sprache ist, ergibt sich allerdings die Möglichkeit der Beurkundung von Dokumenten, die in dieser ausländischen (bspw deutscher oder englischer) Sprache verfasst wurden.

Die öffentliche Urkunde hat von jeder einzelnen beteiligten Gesellschaft mindestens folgende Angaben zu enthalten:

- Eine Versicherung aller Vertretungsorgane der beteiligten spanischen Kapitalgesellschaften, dass kein Widerspruch der Gläubiger gegen die Durchführung der Verschmelzung vorliegt oder im Falle des Vorliegens eines solchen Widerspruchs die Angabe der Personalien dieser Gläubiger. Ferner sind in diesem Fall die genauen geschuldeten Beträge sowie die Garantie, die die Gesellschaft den Gläubigern geleistet hat, anzugeben[665],
- Das Datum der Veröffentlichung im *„Boletín Oficial del Registro Mercantil"* bzgl. der Einreichung des gemeinsamen Verschmelzungsplanes,[666]
- Das Datum der Veröffentlichung des Verschmelzungsbeschlusses im *„Boletín Oficial del Registro Mercantil",*[667]

663 Vgl. Fernández del Pozo in Modificaciones Estructurales de las Sociedades Mercantiles, Band I, S. 948

664 Vgl. Ávila Navarro in Modificaciones Estructurales de las Sociedades Mercantiles. Ley 3/2009, S. 483; Garcimartín Alférez in Derecho de Sociedades: Problemas de la Ley aplicable, S. 125 abrufbar unter: http://www.uam.es/centros/derecho/privado/mercanti/investigacion/fga%20-%20DER%20INT%20SOC.pdf.; Fernández del Pozo in Modificaciones Estructurales de las Sociedades Mercantiles, Band I, S. 650

665 Vgl. Art. 55 i.V.m. Art. 45 i.V.m. Art. 44 LME i.V.m. Art. 227 Abs. 2 Nr. 2 RRM; hierzu Fernández del Pozo in Modificaciones Estructurales de las Sociedades Mercantiles, Band I, S. 651

666 Vgl. Art. 55 i.V.m. Art. 45 Abs. 1 i.V.m Art. 227 Abs. 2 Nr. 3 RRM; hierzu Fernández del Pozo in Modificaciones Estructurales de Sociedades Mercantiles, Band I, S. 651.

667 Vgl. Art. 55 i.V.m. Art. 45 Abs. 1 LME i.V.m. Art. 43 i.V.m. Art. 227 Abs. 2 Nr. 4 RRM; hierzu Fernández del Pozo in Modificaciones Estructurales de Sociedades Mercantiles, Band I, S. 651.

- Die Verschmelzungsbilanz der übertragenden Gesellschaften sowie die Berichte des sachverständigen Prüfers,[668]
- Art. 227 Abs. 2 Nr. 6 RRM verlangt die Beifügung des vollständigen Textes des gefassten Verschmelzungsbeschlusses mit den Angaben nach Art. 228 RRM,
- Bei einer Verschmelzung zur Neugründung der Entwurf der notariellen Gründungsurkunde der Kapitalgesellschaft;[669] bei einer Verschmelzung zur Aufnahme alle Änderungen in der Satzung sowie Angabe aller in Zusammenhang mit den Aktien bzw. Anteilen stehenden Daten: Anzahl, Nennwert etc., die die neuen Aktionäre bzw. Gesellschafter erhalten werden.[670]

d) Zwischenergebnis

Sowohl nach deutschem (§ 122c Abs. 4 UmwG) als auch nach spanischem Recht (Art. 55 i.V.m. 45 LME i.V.m 227 RRM) besteht eine notarielle Beurkundungspflicht. Daraus folgt, dass der gemeinsame Verschmelzungsplan, soweit keine Kompromissbereitschaft von zumindest einem der beteiligten Registergerichte besteht, jeweils von einem deutschen und einem spanischem Notar, also doppelt beurkundet wird.

4.6.2.1.6 Form des gemeinsamen Verschmelzungsplanes

Aus der VRL 2005/56/EG ergeben sich keine Formvorschriften. Der gemeinsame Verschmelzungsplan ist jedoch sowohl nach deutschem als auch nach spanischem Recht schriftlich zu erstellen, da dieser notariell beurkundet werden muss.[671]

Da es sich um einen „gemeinsamen Verschmelzungsplan“ handelt, ist insoweit eine Verständigung der zu verschmelzenden Gesellschaften durch ihre jeweils zuständigen Vertretungs- und Verwaltungsorgane erforderlich.[672]

Auch wenn das deutsche und das spanische Recht heterogen sein könnten, ist der gemeinsame Verschmelzungsplan homogen zu erfassen, d.h. es muss eine einheitliche, gleichlautende Fassung des gemeinsamen Verschmelzungsplanes geben, die den Mindestanforderungen beider involvierten Jurisdiktionen gerecht

---

668 Vgl. Art. 55 i.V.m. Art. 45 Abs. 1 LME i.V.m. Art. 227 Abs. 2 Nr. 5 RRM

669 Vgl. Art. 55 i.V.m. Art. 45 Abs. 2 Satz 1 LME.

670 Vgl. Art. 55 i.V.m. Art. 45 Abs. 2 Satz 2 LME.

671 In Deutschland: § 122c Abs. 4 UmwG. In Spanien: Art. 30 i.V.m. Art. 59 LME; Ávila Navarro in Modificaciones Estructurales de las Sociedades Mercantiles. Ley 3/2009, S. 472.

672 Vgl. Tapia Hermida in Fusiones y OPAS Transfronterizas, S. 114; Mayer in Widmann/Mayer, § 122c UmwG, Rz. 24.

wird.[673] Das Erfordernis eines gemeinsamen, gleichlautenden Verschmelzungsplanes beschränkt sich jedoch lediglich auf einen inhaltlichen Gleichlaut, da zwischen Spanien und Deutschland eine wörtliche Identität aufgrund der verschiedenen Sprachen grundsätzlich nicht möglich ist.[674]

4.6.2.1.7 Unterzeichnung

Art. 5 der VRL 2005/56/EG schreibt vor, dass die Leitungs- oder Verwaltungsorgane der verschmelzenden Gesellschaften einen gemeinsamen Verschmelzungsplan für die grenzüberschreitende innergemeinschaftliche Verschmelzung aufstellen müssen. Eine Unterzeichnung wird dabei nicht explizit gefordert.

a) Deutsches Recht

Nach richtlinienkonformer Umsetzung des o.g. Artikels der 2005/56 VRL/EG in deutsches Recht fordert nun § 122c Abs. 1 UmwG ebenfalls die gemeinsame Aufstellung des Verschmelzungsplanes durch die Vertretungsorgane aller beteiligten Gesellschaften.[675] Ein ausdrückliches Erfordernis der Unterzeichnung wird insoweit in § 122c UmwG nicht statuiert, die Notwendigkeit der Unterzeichnung ergibt sich jedoch gem. § 126 Abs. 1 BGB aufgrund der schriftlichen Aufstellung des Verschmelzungsplanes[676] und ist somit in Deutschland auch ohne spezialgesetzliche Regelung in § 122c UmwG von den Vertretungsorganen einzuhalten.[677]

---

673 Vgl. Álvarez Royo Villanova in Las Modificaciones Estructurales de la Sociedad Anónima S. 818; Tapia Hermida in Fusiones y OPAS Transfronterizas, S. 114 m.w.N.

674 Mayer in Widmann/Mayer, § 122c UmwG, Rz. 21.

675 Hierzu Neye/Timm, GmbHR 2007, 561 (562) m.w.N.

676 Vgl. § 126 Abs. 1 BGB „(...) Ist durch Gesetz eine schriftliche Form vorgeschrieben, so muss die Urkunde von dem Aussteller eigenhändig durch Namensunterschrift oder mittels notariell beglaubigten Handzeichens unterzeichnet werden(...).“ Jennewein, berichtet über die grenzüberschreitende Verschmelzung einer Deutschen GmbH auf ihre österreichische Alleingesellschafterin. „..Wesentliche Änderungen dieses Verschmelzungsvertrags-Entwurfs wurden in weiterer Folge nicht vorgenommen, vielmehr wurde dieser Entwurf als Verschmelzungsvertrag am 6.2.2008 von den Geschäftsführern der beiden Gesellschaften unterschrieben...“ abrufbar unter: http://iusmaps.blogspot.com/2008/06/eu-verschmelzung-deutsche-gmbh.html.

677 § 122c UmwG i.V.m. § 122a Abs. 2 UmwG i.V.m. § 126 BGB.

b) Spanisches Recht

Die Vertreter einer *"SRL"* bzw. einer *„SA"* (Verwalter bzw. Vorstand / Verwaltungsrat) können durch den Gesellschaftsvertrag zur Allein-, gemeinschaftlichen oder Gesamtvertretung befugt werden.[678]

Wenn die Gesellschaft einen Einzelverwalter hat, ist die Rechtslage unkompliziert: Entweder unterzeichnet der Einzelverwalter den gemeinsamen Verschmelzungsplan oder die Gesellschaft kann nicht verschmelzen.[679] Hat hingegen die Gesellschaft einen Verwaltungsrat, werden die Beschlüsse des Verwaltungsrates mit Stimmenmehrheit gefasst.[680]

Hat die Gesellschaft eine gemeinsame Verwaltung, haben alle Mitglieder des Verwaltungsorgans dem gemeinsamen Verschmelzungsplan zuzustimmen und zu unterzeichnen. In Spanien ist der gemeinsame Verschmelzungsplan nach Art. 30 Abs. 1 LME durch alle Verwalter der an der Verschmelzung beteiligten Gesellschaften zu erstellen, und - aufgrund ausdrücklicher Regelung - auch zu unterzeichnen.[681] Die Unterzeichnung des Verwaltungsorgans muss zusätzlich durch einen Notar legitimiert werden.[682]

Das Fehlen der Unterschrift eines Verwalters ist am Ende des gemeinsamen Verschmelzungsplanes unter Angabe des Grundes zu vermerken.[683] Die Vorschrift lässt implizit das Fehlen der Unterschrift eines Verwalters zu, ohne dass dieser Umstand zur Unwirksamkeit des Verschmelzungsplanes führt,[684] soweit am Schluss des Verschmelzungsplanes die Gründe für das Fehlen vermerkt sind.[685]

Ab dem Zeitpunkt, von dem an sich die Gesellschaft in Liquidation befindet, endet die Vertretungsbefugnis der Verwalter zum Abschluss neuer Verträge und Begründung neuer Verbindlichkeiten.[686]

---

678 Art. 447 LSC.

679 Vgl. Art. 233 Abs. 2 Buchst. a) LSC; hierzu Ávila Navarro in Modificaciones Estructurales de las Sociedades Mercantiles. Ley 3/2009, S. 364.

680 Vgl. Art. 233 Abs. 2 LSC hierzu Ávila Navarro in Modificaciones Estructurales de las Sociedades Mercantiles. Ley 3/2009, S. 365.

681 Die Vorschrift entspricht Art. 234 Abs. 1 Satz 1 LSA a.F.

682 Vgl. Memento Sociedades Mercantiles 2010, Rz. 5714 m.w.N.; ausführlich zur Legitimierung durch Notar Rz. 4780ff („legitimadas notarialmente").

683 Vgl. Art. 30 Abs. 1 Satz 2 LME.

684 Vgl. Tapia Hermida in Fusiones y OPAS Transfronterizas S. 114.

685 Bei der grenzüberschreitenden innergemeinschaftlichen Verschmelzung der spanischen Sarrio SA auf die italienische Reno de Medici S.p.A. fehlte auf dem gemeinsamen Verschmelzungsplan die Unterschrift zweier Geschäftsführer der italienischen Gesellschaft. Hierzu Tapia Hermida in Fusiones y OPAS Transfronterizas S. 114.

686 Vgl. Memento Sociedades Mercantiles 2009, Rz. 5734.

Befindet sich eine spanische Gesellschaft im Liquidationsverfahren, ist der gemeinsame Verschmelzungsplan von den Liquidatoren an Stelle der Verwalter zu unterzeichnen, solange die Verteilung des Gesellschaftsvermögens an die Gesellschafter noch nicht begonnen hat.[687] Auch bei der Liquidation bleibt die Hauptversammlung (*„Junta General"*) zuständiges Organ für die Zustimmung zum Verschmelzungsplan.[688]

4.6.2.2 Zuleitung an den Betriebsrat

a) Deutsches Recht

Aus deutscher Sicht stellt sich die Frage, ob der gemeinsame Verschmelzungsplan, so wie auch der Verschmelzungsvertrag bei der innerstaatlichen Verschmelzung, nach § 5 Abs. 3 UmwG dem zuständigen Betriebsrat zuzuleiten ist, da § 122c UmwG eine solche Regelung nicht enthält.

Bei einem innerstaatlichen Verschmelzungsvorgang hat die Regelung des § 5 UmwG die Funktion, den Betriebsrat frühzeitig über den Inhalt des Verschmelzungsvertrages zu informieren und ihn in die Lage zu versetzen, die Rechte der Arbeitnehmer zu vertreten.[689] Bei der grenzüberschreitenden innergemeinschaftlichen Verschmelzung übernimmt allerdings diese Funktion der Verschmelzungsbericht.[690]

Da § 122c UmwG eine solche Regelung nicht enthält und der Verschmelzungsbericht die Funktion der Information des Betriebsrates erfüllt, ist die Verpflichtung der Zuleitung des gemeinsamen Verschmelzungsplanes an den zuständigen Betriebsrat zu verneinen.[691] Auch eine entsprechende Anwendung von § 5 Abs. 3 UmwG über die allgemeine Verweisung des § 122a Abs. 2 UmwG kann nicht zum Tragen kommen.[692]

Es besteht somit aus deutscher Sicht bei der grenzüberschreitenden innergemeinschaftlichen Verschmelzung keine Verpflichtung, den gemeinsamen Verschmelzungsplan dem zuständigen Betriebsrat zuzuleiten.[693]

---

687 Vgl. Art. 28 LME; hierzu Memento Sociedades Mercantiles 2009, Rz. 5797.

688 Vgl. Memento Sociedades Mercantiles 2009, Rz. 5797.

689 Vgl. Schröer in Semler/Stengel, § 5 UmwG, Rn. 1.

690 Vgl. Mayer in Widmann/Mayer, § 122c UmwG, Rz. 29.

691 Vgl. Drinhausen in Semler/Stengel, § 122c UmwG, Rn. 44; Mayer in Widmann/Mayer, § 122c UmwG, Rz. 29 und 31.

692 Vgl. Drinhausen in Semler/Stengel, § 122c UmwG, Rn. 44.

693 H.M. Drinhausen in Semler/Stengel, § 122c UmwG, Rn. 44; Hörtnagl in Schmitt/Hörtnagl/Stratz, § 122c UmwG, Rn. 38; Kiem, WM 2006, 1091 (1096); Limmer, ZNotP 2007, 242 (256); Simon/Rubner, Der Konzern 2006, 835 (837); Handels-

b) Spanisches Recht

Vor Umsetzung der VRL 2005/56/EG durch das LME war eine Zuleitung gem. Art. 227 Abs. 2 Nr. 1 RRM i.V.m. Art. 238 LSA a.F. i.V.m Art. 242. LSA a.F. geboten.

Nach Art. 227 Abs. 2 Nr. 1 i.V.m. Art. 238 LSA a.F. hatte der zu beurkundende gemeinsame Verschmelzungsplan eine Versicherung aller Verwaltungsorgane der beteiligten spanischen Kapitalgesellschaften zu enthalten, dass bei Veröffentlichung der Einberufung der Hauptversammlung den Gesellschaftern sowie den Vertretern der Arbeitnehmer zum Zwecke der Überprüfung am Sitz der Gesellschaft alle Unterlagen u.a. der Verschmelzungsplan nach Art. 238 LSA a.F. zur Verfügung gestellt wurden.[694] Mit Einführung des LME wurden Art. 238 und Art. 242 LSA a.F. aufgehoben und stattdessen Art. 39 LME eingeführt. Der Wortlaut des Art. 39 LME ist mit dem des Art. 238 LSA a.F. inhaltsgleich.

Bei Veröffentlichung der Einberufung der Hauptversammlung ergibt sich weiterhin aus Art. 39 Abs. 1 LME i.V.m Art. 55 LME die Verpflichtung u.a.den Vertretern der Arbeitnehmer – zum Zwecke der Überprüfung am Sitz der Gesellschaft – alle Unterlagen nach Art. 39 LME zur Verfügung zu stellen. Unter der in Art. 39 Abs. 1 LME aufgelisteten Unterlagen ist der gemeinsame Verschmelzungsplan mit erfasst.

Auch wenn Art. 39 Abs. 1 Nr. 1 LME i.V.m. Art. 55 LME nicht greifen würden, ergibt sich ohnehin aus rein arbeitsrechtlichen Vorschriften die Verpflichtung für die Verwaltungsorgane, den gemeinsamen Verschmelzungsplan den Arbeitnehmervertretern zur Verfügung zu stellen.[695]

---

rechtsausschuss des DAV, NZG 2006, 737 (741); Beutel, Der neue rechtliche Rahmen grenzüberschreitender Verschmelzungen in der EU, 2008, S. 175 m.w.N.; Vetter, AG 2006, 613 (620); Bayer in Lutter, § 122c UmwG, Rn. 32 m.w.N.; Mayer in Widmann/Mayer, § 122c UmwG, Rz. 31 m.w.N; a.A. Krause/Kulpa, ZHR (171) 2007, 38; Frenzel in Grenzüberschreitende Verschmelzung von Kapitalgesellschaften, S. 226ff;.

694 Bei der Verschmelzung von Sarrio SA auf Reno de Medici SpA wurde gem. Art. 227 Abs.2 Nr. 1 RRM i.V.m. Art. 238 LSA i.V.m. Art. 242 LSA der Verschmelzungsplan den Vertretern der Arbeitnehmer zum Zwecke der Überprüfung am Sitz der Gesellschaft Sarrio; hierzu Tapia Hermida in Fusiones y OPAS transfronterizas S. 114.

695 Aus Art. 44 ET ergibt sich ebenfalls die Verpflichtung der Zuleitung des Verschmelzungsplanes an den Betriebsrat, bei solcher Änderung in der Struktur einer Gesellschaft; hierzu Ávila Navarro in Modificaciones Estructurales de las Sociedades Mercantiles. Ley 3/2009, S. 475.

c) Zwischenergebnis

Nach deutschem Recht ist,[696] anders als nach spanischem Recht,[697] eine Zuleitung des gemeinsamen Verschmelzungsplanes an den Betriebsrat nicht erforderlich.

4.6.2.3 Einreichung des gemeinsamen Verschmelzungsplanes zum Handelsregister

Gemäß Art. 6 Abs. 1 VRL 2005/56/EG muss der gemeinsame Verschmelzungsplan auf die im innerstaatlichen Recht jedes Mitgliedstaats vorgesehene Weise - im Einklang mit Artikel 3 der Richtlinie 68/151/EWG - für jede der verschmelzenden Gesellschaften spätestens einen Monat vor der entsprechenden Gesellschafterversammlung bekannt gemacht werden.

4.6.2.3.1 Kollisionsrecht

Für die Einreichung des gemeinsamen Verschmelzungsplanes beim Handelsregister gilt das jeweilige Personalstatut.[698] Das Verfahren zur Einreichung des gemeinsamen Verschmelzungsplanes wird in dem nachfolgenden Abschnitt nach den jeweiligen Rechtsordnungen erläutert.

a) Deutsches Recht

Jede deutsche beteiligte Kapitalgesellschaft hat den gemeinsamen Verschmelzungsplan oder dessen Entwurf bei dem Amtsgericht einzureichen, in dem die Gesellschaft eingetragen und das für die Führung des Handelsregisters zuständig ist. Bei mehreren beteiligten deutschen Kapitalgesellschaften hat jede einzelne Kapitalgesellschaft diese Verpflichtung entsprechend.[699] Dabei sind dem Handelsregister die nach § 122d S. 2 Nr. 1-4 UmwG bekannt zu machenden Anga-

---

696 Vgl. Drinhausen in Semler/Stengel, § 122c UmwG, Rn. 44; Hörtnagl in Schmitt/Hörtnagl/Stratz, § 122c UmwG, Rn. 38; Kiem, WM 2006, 1091; Limmer, ZNotP 2007, 242; Simon/Rubner, Der Konzern 2006, 835; Handelsrechtsausschuss des DAV, NZG 2006, 737 (741); Beutel, Der neue rechtliche Rahmen grenzüberschreitender Verschmelzungen in der EU, 2008, S. 175; Vetter, AG 2006, 613 (620); Bayer in Lutter, § 122c UmwG, Rn. 32 m.w.N. aA Krause/Kulpa, ZHR 171 (2007), 38; Frenzel in Grenzüberschreitende Verschmelzung von Kapitalgesellschaften, 2008, S. 226ff.

697 Art. 39 Nr. 1 i.V.m 55 LME, auch nach Art. 44 ET ergibt sich die Verpflichtung der Zuleitung Ávila Navarro in Modificaciones Estructurales de las Sociedades Mercantiles. Ley 3/2009, S. 475.

698 Vgl. bereits Rixen/Böttcher, GmbHR 1993, 572; Ebenroth in MünchKomm-BGB, Rn. 468 ff.

699 Vgl. Hörtnagl in Schmitt/Hörtnagl/Stratz, § 122d UmwG, Rn. 2ff.

ben mitzuteilen.[700] Bei Doppelsitz hat die Gesellschaft die Einreichung des gemeinsamen Verschmelzungsplanes oder dessen Entwurf bei beiden Gerichten vorzunehmen.[701]

Die Einreichung des gemeinsamen Verschmelzungsplanes oder dessen Entwurf sowie die Mitteilung nach § 122d S. 2 Nr. 1-4 UmwG muss gemäß den Vorgaben des § 12 Abs. 2 HGB elektronisch erfolgen.[702]

b) Spanisches Recht

Die Verwalter aller von der Verschmelzung betroffenen spanischen Gesellschaften haben nach Art. 59 i.V.m. Art. 32 Abs. 1 LME i.V.m. Art. 226 Abs. 1 RRM ein Exemplar des gemeinsamen Verschmelzungsplanes beim Handelsregister (*„Registro Mercantil“),* in dessen Bezirk die betroffenen Gesellschaften ihren Sitz haben, einzureichen.[703] Daraus folgt, dass in Spanien ebenfalls bei mehreren beteiligten spanischen Kapitalgesellschaften jede Kapitalgesellschaft den gemeinsamen Verschmelzungsplan bei ihrem zuständigen Handelsregister einzureichen hat.[704] Aus Art. 59 LME i.V.m Art. 30 LME i.V.m. 226 RRM lässt sich keine Möglichkeit der Einreichung eines Entwurfes des gemeinsamen Verschmelzungsplanes beim zuständigen Handelsregister herleiten. Da diese Vorschriften ausdrücklich lediglich die Möglichkeit der Einreichung des gemeinsamen Verschmelzungsplanes und nicht dessen Entwurfs vorsehen, ist die Einreichung eines Entwurfes des gemeinsamen Verschmelzungsplanes in Spanien nicht zulässig.

Die Einreichung eines Exemplars des gemeinsamen Verschmelzungsplanes beim zuständigen Handelsregister einer neuzugründenden Gesellschaft ist nicht erforderlich.[705]

---

700 § 122d S. 3 UmwG.

701 Vgl. Drinhausen in Semler/Stengel, § 122d UmwG, Rn. 6; Hörtnagl in Schmitt/Hörtnagl/Stratz, § 122d UmwG, Rn. 4 m.w.N.

702 Vgl. Hörtnagl in Schmitt/Hörtnagl/Stratz, § 122d UmwG, Rn. 5; Bayer in Lutter, § 122d UmwG, Rn. 5.

703 Gemäß § 226 RRM sind ebenfalls die Verwaltungsorgane der beteiligten Gesellschaften verpflichtet, eine Ausfertigung des gemeinsamen Verschmelzungsplans bei den jeweiligen Handelsregistern einzureichen; Memento Sociedades Mercantiles 2009, Rz. 5735.

704 Art. 59 i.V.m. Art. 55 i.V.m. Art. 32 Abs. 1 LME i.V.m Art. 226 RRM; hierzu Ávila Navarro in Modificaciones Estructurales de las Sociedades Mercantiles. Ley 3/2009, S. 376.

705 Vgl. Ávila Navarro in Modificaciones Estructurales de las Sociedades Mercantiles. Ley 3/2009, S. 376.

4.6.2.3.2 Frist zur Einberufung der Gesellschafterversammlung

a) Deutsches Recht

Der gemeinsame Verschmelzungsplan oder dessen Entwurf ist nach § 122d Satz 1 UmwG spätestens einen Monat vor der Versammlung der Gesellschafter, die dem gemeinsamen Verschmelzungsplan durch Beschlussfassung zustimmen soll, dem Registergericht einzureichen.[706] Maßgeblich für die Berechnung der Monatsfrist ist nach deutschem Recht die Einreichung und nicht, wie Art. 6 Abs. 1 VRL 2005/56/EG vorsieht, der Tag der Bekanntmachung.[707] Diese muss allerdings unverzüglich nach der Einreichung des gemeinsamenVerschmelzungsplanes erfolgen.

Die Frist wird nach §§ 187 ff BGB berechnet. Maßgeblich ist ebenfalls der Tag der Versammlung der Gesellschafter, der selbst für die Rückwärts-Berechnung nicht berücksichtigt wird. Damit noch ein ganzer Monat zwischen dem Tag der Einreichung des gemeinsamen Verschmelzungsplanes und dem der Abhaltung der Gesellschafterversammlung liegt, muss die Einreichung des Verschmelzungsplanes oder dessen Entwurf spätestens an dem Tag vor dem errechneten Fristende erfolgt sein.[708]

b) Spanisches Recht

Titel II Kapitel II LME, der die Vorschriften zur grenzüberschreitenden innergemeinschaftlichen Verschmelzung regelt, enthält keine Sonderregelung zur Einreichung des gemeinsamen Verschmelzungsplanes beim Handelsregister. Die allgemeinen Regelungen zur Verschmelzung in Titel II Kapitel I LME finden somit durch den Verweis in Art. 55 LME Anwendung.

Nach Art. 55 i.V.m. Art. 40 Nr. 2 LME[709] ist die Einberufung der Hauptversammlung mit einer Frist von mindestens einem Monat nach Einreichung vor dem für die Abhaltung der Hauptversammlung anberaumten Termin bekannt zu geben.[710] Maßgeblich für die Berechnung der Monatsfrist ist nach spanischem Recht ebenfalls die Einreichung und nicht der Tag der Bekanntmachung. Der spanische Gesetzgeber setzt auch die Monatsfrist zwischen den Tag der Einreichung des gemeinsamen Verschmelzungsplanes und den Tag der Einberufung

---

706 § 122d Satz 1 UmwG.

707 Vgl. Hörtnagl in Schmitt/Hörtnagl/Stratz, § 122d UmwG, Rn. 7 m.w.N.; kritisch hierzu Bundesrat, BR-Drucks. 848/06.

708 Vgl. Hörtnagl in Schmitt/Hörtnagl/Stratz, § 122d UmwG, Rn. 8; Bayer in Lutter, § 122d UmwG, Rn. 7ff.

709 Vormals Art. 240 LSA a.F.

710 Vgl. Memento Sociedades Mercantiles 2010, Rz. 5714

der Versammlung der Gesellschafter, und nicht den Tag der tatsächlichen Versammlung.

Der zuständige Registerbeamte hat nach Art. 226 RRM (i.V.m. Art. 55 LME) den gemeinsamen Verschmelzungsplan innerhalb von fünf Arbeitstagen, nachdem er zur Registrierung eingereicht worden ist, dahingehend zu prüfen, ob er den gesetzlichen Anforderungen (Mindestinhalt) an einen gemeinsamen Verschmelzungsplan nach Art. 59 i.V.m Art. 31 LME entspricht und ob dieser rechtmäßig unterschrieben worden ist.[711] Erst nach erfolgter Prüfung, ob die entsprechenden Voraussetzungen erfüllt sind, gilt der gemeinsame Verschmelzungsplan als beim Handelsregister eingereicht„ *depositado*".[712] Die Einberufung der Hauptversammlungen der beteiligten Gesellschaften, die über die Verschmelzung zu entscheiden haben, darf erst bekanntgegeben werden, wenn der gemeinsame Verschmelzungsplan als ordnungsgemäß eingereicht gilt.[713]

4.6.2.3.3 Gültigkeit des gemeinsamen Verschmelzungsplanes

Nach Aufstellung und Unterzeichnung des gemeinsamen Verschmelzungsplanes sieht das deutsche Recht keine Befristung für die Genehmigung durch die Gesellschafterversammlung vor. Aus spanischer Sicht wird der Verschmelzungsplan jedoch wirkungslos, wenn er nicht binnen sechs Monaten nach seiner Unterzeichnung von den Gesellschafterversammlungen aller an der Verschmelzung beteiligten Gesellschaften genehmigt wird.[714]

4.6.2.3.4 Mindestinhalt des Verschmelzungsplanes

Art. 5 VRL 2005/56/EG legt fest, dass der gemeinsame Verschmelzungsplan bestimmte Mindestangaben enthalten muss. Die Anforderungen des Art. 5 VRL 2005/56/EG wurden durch § 122c Abs. 2 UmwG in deutsches Recht umgesetzt.

Der spanische Gesetzgeber hat lediglich einige der Angaben des Verschmelzungsplanes in Titel II Kapitel II LME (in concreto in Art. 59 LME), der die Sonderregelungen zur grenzüberschreitenden innergemeinschaftlichen Ver-

---

711 Vgl. Largo Gil in Modificaciones Estructurales de las Sociedades Mercantiles, Band I, S. 445ff. Vgl. auch S. 475

712 Hierzu Ávila Navarro in Modificaciones Estructurales de las Sociedades Mercantiles. Ley 3/2009, S. 376

713 Vgl. Art. 32 Nr. 1 LME; hierzu Memento Fusiones 2005-2006 Rz. 7615.

714 Art. 30 Abs. 3 i.V.m. Art. 55 LME; bereits so geregelt in § 234 Abs. 3 LSA, hierzu Memento Fusiones 2005-2006 Rz. 7611 ff; Memento Sociedades Mercantiles 2008, 5742; Largo Gil in Modificaciones Estructurales de las Sociedades Mercantiles, Band I, S. 445.

schmelzung enthält, berücksichtigt. Art. 59 Abs. 1 LME verweist jedoch für die weiteren Angaben auf Art. 31 LME, der die Mindestangaben eines Verschmelzungsplanes bei der innerstaatlichen Verschmelzung enthält.

In Spanien sah bereits Art. 235 LSA a.F., der durch Art. 31 LME ersetzt wurde, vor, dass der Verschmelzungsplan bestimmte Mindestangaben enthalten muss.[715] Der gemeinsame Verschmelzungsplan muss alle Mindestangaben enthalten, die die Vorschriften des Art. 31 i.V.m. Art. 59 LME bestimmen. Ferner sind alle anderen Vorschriften und Formalitäten des für sie geltenden spanischen Rechts einzuhalten bzw. zu erledigen. Der Mindestinhalt des Art. 31 LME i.V.m. Art. 59 LME und des § 122c UmwG deckt sich grundsätzlich mit denen des Art. 5 VRL 2005/56/EG. Die Verschmelzung kann angefochten werden, wenn der gemeinsame Verschmelzungsplan diesen Mindestinhalt nicht enthält.[716]

Der erforderliche Mindestinhalt des gemeinsamen Verschmelzungsplanes wird nachfolgend in kompakter Form dargestellt:

- Nach Art. 5 Buchst. a) VRL 2005/56/EG muss der gemeinsame Verschmelzungsplan Rechtsform, Firma und Sitz aller an der grenzüberschreitenden innergemeinschaftlichen Verschmelzung beteiligten Gesellschaften enthalten. Art. 5 Buchst a) der VRL 2005/56/EG wurde durch § 122c Abs. 2 Nr. 1 UmwG in deutsches und durch Art. 59 Abs. 1 i.V.m. Art. 31 Abs. 1 Nr. 1 LME in spanisches Recht transferiert.
  - Zusätzlich nach spanischem Recht sind erforderlich: Detaillierte Angaben zur Eintragung im Handelsregister *(„datos registrales")* der übertragenden und der übernehmenden oder neuen (falls vorhanden) Gesellschaft. Das sind insbesondere die Nummer der Eintragung in das Register, Buch-Nummer, Seite, (*tomo, folio, hoja nr, etc*) (Art. 59 Abs. 1 i.V.m. Art. 31 Abs. 1 Nr. 1 LME),
- das Umtauschverhältnis der Gesellschaftsanteile und gegebenenfalls die Höhe der baren Zuzahlungen (§ 122c Abs. 2 Nr. 2 UmwG; Art. 59 Abs. 1 i.V.m. Art. 31 Abs. 1 Nr. 2 LME),
- Einzelheiten hinsichtlich der Übertragung der Gesellschaftsanteile der übernehmenden oder neuen Gesellschaft (§ 122c Abs. 2 Nr. 3 UmwG; In Spanien nicht umgesetzt),

715 Gómez Purrua, La fusión de sociedades anónimas en el derecho español y comunitario S. 95, (96) und ausdrücklich in Seite 182; Pérez Milla in Fusíon Internacional, de Sociedades Anónimas, S. 128, Fn. 327.

716 Vgl. Art. 47 Abs. 1 Satz 1 LME (im Umkehrschluss); hierzu Largo Gil in Modificaciones Estructurales de las Sociedades Mercantiles, Band I, S. 445.

- nur wenn Arbeitnehmer vorhanden sind: die voraussichtlichen Auswirkungen der Verschmelzung auf die Beschäftigung, (§ 122c Abs. 2 Nr. 4 UmwG; Art. 59 Abs. 2 Nr. 2 i.V.m. Art. 31 Nr. 11 LME),
- den Zeitpunkt, von dem an die Gesellschaftsanteile deren Inhabern das Recht auf Beteiligung am Gewinn gewähren, sowie alle Besonderheiten, die eine Auswirkung auf dieses Recht haben (§ 122c Abs. 2 Nr. 5 UmwG; Art. 59 Abs. 1 i.V.m. Art. 31 Abs. 1 Nr. 6 LME),
- den Tag (Verschmelzungsstichtag), ab dem Handlungen der übertragenden Gesellschaft als für Rechnung der übernehmenden oder neuen Gesellschaft vorgenommen gelten (§ 122c Abs. 2 Nr. 6 UmwG; Art. 59 Abs. 1 i.V.m. Art. 31 Abs. 1 Nr. 7 LME),
- die Rechte, die die übernehmende oder neue Gesellschaft den mit Sonderrechten ausgestatteten Gesellschaftern und den Inhabern von anderen Wertpapieren als Gesellschaftsanteilen gewährt, oder die für diese Personen vorgeschlagenen Maßnahmen (§ 122c Abs. 2 Nr. 7 UmwG; Art. 59 Abs. 1 i.V.m. Art. 31 Abs. 1 Nr. 4 LME),
- etwaige besondere Vorteile, die den Sachverständigen, die den Verschmelzungsplan prüfen, oder den Mitgliedern der Verwaltungs-, Leitungs-, Aufsichts- oder Kontrollorganen der an der Verschmelzung beteiligten Gesellschaften gewährt werden (§ 122c Abs. 2 Nr. 8 UmwG; Art. 59 Abs. 2 Nr. 1 i.V.m. Art. 31 Abs. 1 Nr. 5 LME),
- die Satzung der übernehmenden oder neuen Gesellschaft (§ 122c Abs. 2 Nr. 9 UmwG; Art. 59 Abs. 1 i.V.m. Art. 31 Abs. 1 Nr. 8 LME),
- ggf. Angaben zu dem Verfahren, nach dem die Einzelheiten über die Beteiligung der Arbeitnehmer an der Festlegung ihrer Mitbestimmungsrechte in der aus der grenzüberschreitenden innergemeinschaftlichen Verschmelzung hervorgehenden Gesellschaft geregelt werden (§ 122c Abs. 2 Nr. 10 UmwG; Art. 59 Abs. 2 i.V.m. Art. 67 LME),
- Angaben zur Bewertung des Aktiv- und Passivvermögens, das auf die übernehmende oder neue Gesellschaft übertragen wird (§ 122c Abs. 2 Nr. 11 UmwG; Art. 59 Abs. 1 i.V.m. Art. 31 Abs. 1 Nr. 9 LME),
- den Stichtag der Bilanzen der an der Verschmelzung beteiligten Gesellschaften, die zur Festlegung der Bedingungen der Verschmelzung verwendet werden (§ 122c Abs. 2 Nr. 12 UmwG; Art. 59 Abs. 1 i.V.m. Art. 31 Abs. 1 Nr. 10 LME).

a) Bezeichnung der beteiligten Gesellschaften (Rechtsform, Firma und Sitz der übertragenden und übernehmenden oder neuen Gesellschaft)

(1) Rechtsform

Die Rechtsmäßigkeit der grenzüberschreitenden innergemeinschaftlichen Verschmelzung soll nach Artt. 10 und 11 der VRL 2005/56/EG überprüft werden. Durch die Aufnahme der Rechtsform im gemeinsamen Verschmelzungsplan soll die Überprüfung der Rechtmäßigkeit der Verschmelzung vereinfacht werden.[717] Hierbei soll insbesondere durch einen Blick in den gemeinsamen Verschmelzungsplan leicht überprüfbar sein, ob die am Verschmelzungsvorgang beteiligten Kapitalgesellschaften verschmelzungsfähig sind.[718]

Sowohl nach deutschem[719] als auch nach spanischem Recht[720] können sich die Aktiengesellschaft (AG), die Gesellschaft mit beschränkter Haftung (GmbH), die Kommanditgesellschaft auf Aktien (KGaA), die „*Sociedad de Responsabilidad Limitada*“ („*SRL*“ oder „*SL*“)[721], die „*Sociedad Anónima*“ („*SA*“), die „*Sociedad Comanditista por Acciones*“ („*SComA*“) und die SE mit Sitz in Deutschland oder Spanien an einer grenzüberschreitenden innergemeinschaftlichen Verschmelzung beteiligen. Hinsichtlich der Verschmelzungsfähigkeit wird auf die Ausführungen zu verschmelzungsfähigen Rechtsformen unter Abschnitt 4.4.1.2. verwiesen.

(2) Firma

Da die VRL 2005/56/EG keine anderen firmenrechtlichen Bestimmungen enthält, kommen die für nationale Gesellschaften geltenden Vorschriften der EU-Staaten zur Anwendung. Im gemeinsamen Verschmelzungsplan sind die Firma sowohl der übertragenden als auch der Übernehmenden bzw. neuzugründenden Gesellschaft aufzunehmen. Dies dient der genauen Identifizierung der beteiligten Gesellschaften.

---

717 Vgl. Mayer in Widmann/Mayer, § 122c UmwG, Rz. 40; Hörtnagl in Schmitt/Hörtnagl/Stratz, § 122c UmwG, Rn. 12 m.w.N.

718 Vgl. Mayer in Widmann/Mayer, § 122c UmwG, Rz. 40.

719 Vgl. § 122b UmwG i.V.m. Art. 2 Nr. 1 der VRL 2005/56/EG und Art. 1 der Publizitätsrichtlinie.

720 Vgl. Art. 54 Abs. 2 LME.

721 Hierzu Bascopé/Hering, GmbHR 2005, 609.

(i) Deutsches Recht

In Deutschland gelten für die AG die § 17 ff. HGB i.V.m. § 4 AktG, für die GmbH § 17 ff. i.V.m. 4 GmbHG.[722]

(ii) Spanisches Recht

In Spanien finden Art. 55 LME i.V.m. Art. 6 Abs. 1 LSC[723] für die *„Sociedad de Responsabilidad Limitada"* und Art. 55 LME i.V.m. Art. 6 Abs. 2 LSC für die *„Sociedad Anónima"* Anwendung.

Bei einer neuen Firmierung darf die Gesellschaft keine bereits existierende Firma führen.[724] Außerdem muss ein Hinweis auf die Rechtsform der Gesellschaft in Gestalt des Zusatzes "*Sociedad Anónima*" oder der entsprechenden Abkürzungen "SA" enthalten sein.[725]

Für die spanische *„Sociedad de Responsabilidad Limitada"* gilt für die Firmierung das gleiche Prinzip wie für die *„SA"*: die Gesellschaft darf keine bereits existierende Firma führen.[726] Außerdem muss ein Hinweis auf die Rechtsform der Gesellschaft in Gestalt des Zusatzes "*Sociedad de Responsabilidad Limitada*", "*Sociedad Limitada*" oder der entsprechenden Abkürzungen "*SRL*" oder "*SL*"[727] enthalten sein.[728]

(3) Sitz

Der Anwendungsbereich der VRL 2005/56/EG beschränkt sich gemäß Art. 1 VRL 2005/56/EG auf Verschmelzungen von Kapitalgesellschaften, die nach dem Recht eines EU- bzw. EWR-Staats gegründet worden sind und ihren satzungsmäßigen Sitz, ihre Hauptverwaltung oder ihre Hauptniederlassung in einem EU- oder EWR-Staat haben, sofern mindestens zwei der Gesellschaften dem Recht verschiedener EU-Staaten unterliegen.

(i) Deutsches Recht

In Einklang mit dem europäischen Richtliniengeber bestimmt der deutsche Gesetzgeber in § 122b Abs. 1 Satz 1 UmwG, dass nur Kapitalgesellschaften, die nach dem Recht eines EU-Staates (oder EWR-Staates) gegründet wurden und

722 Vgl. Mayer in Widmann/Mayer, § 122c UmwG, Rz. 42.
723 Hierzu Bascopé/Hering, GmbHR 2005, 609.
724 Vgl. Art. 7 Abs. 1 LSC.
725 Vgl. Art. 6 Abs. 2 LSC (vormals Art. 2 Abs. 1 LSA).
726 Vgl. Art. 7Abs. 1 LSC (vormals Art. 2 Abs.2 LSRL).
727 Vgl. Die Firmenzusätze"SRL" oder SL werden synonym verwendet.
728 Vgl. Art. 6 Abs. 1 LSC.

ihren satzungsmäßigen Sitz, ihre Hauptverwaltung oder ihre Hauptniederlassung in einem EU-Staat (oder einen anderen EWR-Staat) haben, sich an einer grenzüberschreitenden innergemeinschaftlichen Verschmelzung beteiligen können.

Sitz i.S.d. § 122c Abs. 2 Nr. 1 UmwG ist der Satzungssitz und nicht der evtl. abweichende Verwaltungssitz.[729]

Im Falle einer deutschen Kapitalgesellschaft befindet sich somit der Sitz in der von der Satzung bestimmten Ortsgemeinde.[730] Hier ist die vollständige Adresse anzugeben.

(ii) Spanisches Recht

Der spanische Gesetzgeber implementierte Art. 5 Abs. 1 Satz 2 Buchst. a) VRL 2005/56/EG durch Art. 59 Abs. 1 i.V.m. Art. 31 Abs. 1 Nr. 1 LME.

Nach spanischem Recht kann sich der Sitz einer *„SA“*[731] oder *„SRL“*[732] auch an einem anderen Ort, als dem satzungsmäßigen Sitz befinden, wenn an diesem anderen Ort, die Verwaltung oder Geschäftsleitung tatsächlich geführt wird oder dort die Gesellschaft ihre Hauptniederlassung oder ihren Hauptbetrieb (Aktivitäten) unterhält.[733] Weicht der satzungsmäßige Sitz (*„Domicilio registral“)* vom Sitz nach o.g. Kriterien ab, so sind Dritte befugt, einen der Orte als Gerichtsstand zu wählen, um dort ggf. gerichtliche Maßnahmen einzuleiten.[734]

Sitz i.S.d. Art. 59 Abs. 1 i.V.m. Art. 31 Abs. 1 Nr. 1 LME ist der Satzungssitz. Im Falle einer spanischen Kapitalgesellschaft ist ebenfalls die vollständige Anschrift des in Spanien gelegenen satzungsmäßigen Sitzes anzugeben.[735] Anzugeben ist insoweit nach spanischem Recht der Satzungssitz aller beteiligten Gesellschaften bzw. der neu zu gründenden Gesellschaft.[736]

---

729 Vgl. Mayer in Widmann/Mayer, § 122c UmwG, Rz. 43 m.w.N.; Hörtnagl in Schmitt/Hörtnagl/Stratz, § 122c UmwG, Rn. 12 m.w.N.

730 Bei der AG, § 5 AktG; bei der GmbH §§ 3 Abs. 1 Nr. 1, 4a GmbHG. Durch die Neufassung des § 4 a GmbHG und § 5 AktG (i.d.F. v. MoMiG) bestimmt sich der Sitz der Gesellschaft wie folgt: Sitz der Gesellschaft ist der Ort im Inland, den der Gesellschaftsvertrag bestimmt.

731 Vgl. Art 9 LSC (vormals Art. 6 Abs. 1 LSA).

732 Vgl. Art. 9 LSC (vormals Art. 7 Abs. 1 LSRL).

733 Sog. „domicilio coactivo“; hierzu Memento Sociedades Mercantiles 2010, Rz. 275; Entscheidung der DGRN. v. 17.7.1956 , RJ 3156.

734 Art 10 LSC i.V.m. Art. 59 Abs. 1 i.V.m. Art. 31 Abs. 1 Nr. 1 LME (vormals Art. 7 Abs. 2 LSRL bzw. Art. 6 Abs. 2 LSA) hierzu Memento Sociedades Mercantiles 2010, Rz. 275.

735 Vgl. Memento Sociedades Mercantiles 2010, Rz. 5706.

736 Art. 31 Abs. 1 Nr. 1 LME; ebenso Memento Sociedades Mercantiles 2010, Rz. 5706.

b) Umtauschverhältnis und bare Zuzahlung

Nach Art. 5 Satz 2 Buchst. b) VRL 2005/56/EG muss der gemeinsame Verschmelzungsplan bei einer grenzüberschreitenden innergemeinschaftlichen Verschmelzung das Umtauschverhältnis der Aktien oder sonstigen Gesellschaftsanteile und ggf. die Höhe der baren Zuzahlungen enthalten.

Wie viele Gesellschaftsanteile an der übernehmenden bzw. neuzugründenden Gesellschaft auf einen Gesellschaftsanteil an der übertragenden Gesellschaft entfallen, wird durch das Umtauschverhältnis bestimmt. Das Umtauschverhältnis stellt einen der Schwerpunkte des gemeinsamen Verschmelzungsplanes dar, da diesem die Verschmelzungswertrelation der Bemessung des Preises beim Kauf/Verkauf entspricht.[737]

Nach Art. 2 Nr. 2 Buchst a) und b) VRL 2005/56/EG liegt eine grenzüberschreitende innergemeinschaftliche Verschmelzung nur dann vor, wenn die bare Zuzahlung 10 % des Nennwerts bzw. des rechnerischen Werts dieser Aktien oder sonstigen Anteile nicht überschreitet.

Ungeachtet des Art. 2 Nr. 2 VRL 2005/56/EG findet die VRL 2005/56/EG auch dann auf grenzüberschreitende Verschmelzungen Anwendung, wenn die bare Zuzahlung gemäß Art. 2 Nr. 2 Buchst a) und b) nach dem Recht mindestens eines der beteiligten EU-Staaten 10 % des Nennwerts bzw. des rechnerischen Werts der Aktien oder sonstigen Anteile am Kapital der Gesellschaft, die aus der grenzüberschreitenden innergemeinschaftlichen Verschmelzung hervorgeht, überschreiten darf.[738]

Die VRL 2005/56/EG enthält keine Vorgabe für die dem Umtauschverhältnis zu Grunde liegende Ermittlung der Wertrelation, somit finden die unharmonisierten Bestimmungen der Rechtsordnung der einzelnen an der Verschmelzung beteiligten Gesellschaften Anwendung.

(1) Deutsches Recht

Der deutsche Gesetzgeber setzte Art. 5 Abs. 1 Satz 2 Buchst. b) VRL 2005/56/EG durch § 122c Abs.2 Nr. 2 UmwG in deutsches Recht um. Hiernach muss der gemeinsame Verschmelzungsplan Angaben über das Umtauschverhältnis der Gesellschaftsanteile und ggf. die Höhe der baren Zuzahlungen enthalten. Die Angabe im gemeinsamen Verschmelzungsplan dient der Information der Gesellschafter.[739]

---

737 Ebenso Bayer in Lutter, § 122c UmwG, Rn. 15 m.w.N.; Largo Gil in Modificaciones Estructurales de las Sociedades Mercantiles, Band I, S. 448.

738 Art. 3 Abs. 1 VRL 2005/56/EG.

739 Bei einer innerstaatlichen Verschmelzung sind weitere vorgeschriebene Angaben über die Mitgliedschaft zu machen. Auf diese Angaben kann bei der grenzüberschreitenden

Da die Gesellschafter der übertragenden Gesellschaft anhand des Umtauschverhältnisses feststellen können, in welchem Maße sie nach der Verschmelzung an der übernehmenden oder neuen Gesellschaft beteiligt sein werden, stellen die Angaben über das Umtauschverhältnis und die Höhe der baren Zuzahlung den Schwerpunkt des gemeinsamen Verschmelzungsplanes dar.[740]Aus § 122e UmwG i.V.m. § 8 UmwG ergibt sich, dass im gemeinsamen Verschmelzungsplan lediglich die Angaben (aber nicht die Erläuterung) über das Umtauschverhältnis und die Höhe der baren Zuzahlung zu machen sind. Zur Erläuterung dieser dient der Verschmelzungsprüfungsbericht.[741] In Deutschland findet grundsätzlich in der Praxis, soweit das Gesetz kein bestimmtes Verfahren für die Ermittlung des Unternehmenswerts vorgibt, die Ertragswertmethode Anwendung.[742]

§ 122a Abs. 2 i.V.m. § 54 Abs. 4 UmwG bestimmt, dass im Verschmelzungsplan festgesetzte bare Zuzahlungen nicht den zehnten Teil des Gesamtnennbetrags der gewährten Geschäftsanteile der deutschen übernehmenden GmbH übersteigen dürfen.[743]

Nach § 122a Abs. 2 i.V.m. §§ 68 Abs. 3, 78 UmwG dürfen ebenfalls bei einer aufnehmenden deutschen Aktiengesellschaft bzw. KGaA die baren Zuzahlungen den zehnten Teil des Gesamtbetrags der gewährten Aktien der übernehmenden deutschen Aktiengesellschaft nicht überschreiten.[744] Sofern das Recht der aufnehmenden bzw. neuen Gesellschaft aber eine höhere bare Zuzahlung zulässt, kann auch den Gesellschaftern einer übertragenden deutschen Gesellschaft eine 10 % übersteigende bare Zuzahlung gewährt werden.[745]

Verschmelzung verzichtet werden, da hierbei nur Kapitalgesellschaften beteiligt sind. Vgl. Drinhausen in Semler/Stengel, § 122c UmwG, Rn. 13

740 Vgl. Drinhausen in Semler/Stengel, § 122c UmwG, Rn. 14.

741 § 122e UmwG i.V.m. § 8 UmwG; ebenso Drinhausen in Semler/Stengel, § 122c UmwG, Rn. 15.

742 Vgl. IDW-Grundsätze zur Durchführung von Unternehmensbewertung Stand 18.10.2005); WPg 2005, 1303; ebenso Becker in HK-Kommentar, § 122c UmwG, Rn 16. Ausführlich zu konkurrierenden Bewertungssysteme bei der grenzüberschreitenden innergemeinschaftlichen Verschmelzung von Aktiengesellschaften siehe Adolff, ZHR 173 (2009), 67 ff.

743 Vgl. Mayer in Widmann/Mayer, § 122c UmwG, Rz. 88.

744 Vgl. Mayer in Widmann/Mayer, § 122c UmwG, Rz. 88, Ochsler, NZG 2006, 161; Bayer in Lutter, § 122c UmwG, Rn. 16.

745 Vgl. Bayer in Lutter, § 122c UmwG, Rn. 16.

(2) Spanisches Recht

Durch Art. 31 LME i.V.m. Art. 55 LME wurde Art. 5 Abs. 1 Satz 2 Buchst. b) VRL 2005/56/EG in spanisches Recht umgesetzt. Das Gesetz sieht in Art. 31 Abs. 1 Nr. 2 LME zusätzlich eine bare Zuzahlung vor, wenn das Umtauschverhältnis zu niedrig bemessen ist.[746]

Ferner verlangt die spanische Bestimmung des Art. 31 Abs. 1 Nr. 2 LME i.V.m. Art. 55 LME in dem Falle, in dem außer den gewährten Gesellschaftsanteilen noch bare Zuzahlungen geleistet werden, dass der gemeinsame Verschmelzungsplan das maßgebliche Verfahren zur Bestimmung der Höhe der baren Zuzahlung enthält.[747] Die Höhe der baren Zuzahlung darf grundsätzlich nicht 10 % des Nennwerts oder — bei Fehlen eines solchen — des rechnerischen Werts der Aktien oder sonstigen Anteile am Kapital der Gesellschaft, die aus der grenzüberschreitenden innergemeinschaftlichen Verschmelzung hervorgehen, überschreiten.[748]

Bei der Verschmelzung soll das Umtauschverhältnis der Aktien oder sonstigen Gesellschaftsanteile nach dem wirklichen (Markt-) Wert (*„Valor real")* des Gesellschaftsvermögens ermittelt werden.[749]

Im Einklang mit Art. 3 Abs. 1 VRL 2005/56/EG hat der spanische Gesetzgeber geregelt, dass sofern das Recht der aufnehmenden bzw. neuen ausländischen Gesellschaft höhere bare Zuzahlung zulässt, auch den Gesellschaftern einer übertragenden spanischen Gesellschaft eine 10 % übersteigende bare Zuzahlung gewährt werden kann.[750]

(3) Zwischenergebnis

Welche rechtlichen Anforderungen an die Angemessenheit des Umtauschverhältnisses zu stellen sind, bereitet den deutschen[751] sowie den spanischen Gerichten bereits bei der innerstaatlichen Verschmelzung Schwierigkeiten. Aufgrund der nicht harmonisierten und ggf. divergierenden Methoden für die Ermittlung der Verschmelzungswertrelation wird dies bei der grenzüberschreitenden inner-

---

746 Vgl. Memento Sociedades Mercantiles 2010, Rz. 5707.

747 Vgl. Memento Sociedades Mercantiles 2010, Rz. 5707.

748 Art. 25 Abs. 2 LME; hierzu Memento Sociedades Mercantiles 2010, Rz. 5807.

749 Ausführlich zur Ermittlungsmethoden in Spanien Memento Reorganizaciones Empresarial (Fusiones) 2009/2010, Rz. 7900ff. Es handelt sich um eine Mischform zwischen Substanzwertmethode und Ertragswertverfahren „Activo menos los pasivos más beneficios futuros"vgl. Rz.7915.

750 Art. 57 LME; hierzu Memento Sociedades Mercantiles 2010, Rz. 5807.

751 OLG Stuttgart AG 2007, 705; eingehend Adolff, Unternehmensbewertung im Recht der börsennotierten Aktiengesellschaft, 2007, S. 457 m.w.N.: OLG Stuttgart AG 2006, 420 (Wüstenrot und Württembergische AG, Vgl. Adolff, ZHR (173) 2009, 68.

gemeinschaftlichen Verschmelzung nicht anders sein. Da die Ermittlung des Unternehmenswertes nach der Ertragswertmethode von der Ermittlung nach dem spanischen Marktwert *(„Valor real")* abweichen könnte, sollten die Verwaltungs- und Vertretungsorgane der an der grenzüberschreitenden innergemeinschaftlichen Verschmelzung beteiligten Gesellschaften daher bereits im Vorfeld des gemeinsamen Verschmelzungsplanes alle Gesellschaften auf die Anwendung einheitlicher und abgestimmter Bewertungsmethoden und -ansätze einschwören.[752] Auf internationaler Ebene wird bspw. die *„Discounted Cash-Flow-Methode"* als führend bevorzugt.[753]

Nach richtiger Umsetzung der VRL 2005/56/EG dürfen sowohl nach deutschem[754] als auch nach spanischem[755] Recht bare Zuzahlungen bei einer aufnehmenden deutschen[756] bzw. spanischen[757] Gesellschaft den zehnten Teil des Gesamtnennbetrags der gewährten Geschäftsanteile bzw. Aktien der übernehmenden deutschen bzw. spanischen Kapitalgesellschaft grundsätzlich nicht übersteigen.[758]

c) Einzelheiten hinsichtlich der Übertragung der Aktien oder sonstigen Gesellschaftsanteilen

Art. 5 Satz 2 Buchst. c) VRL 2005/56/EG bestimmt, dass der gemeinsame Verschmelzungsplan Einzelheiten hinsichtlich der Übertragung der Aktien oder sonstigen Gesellschaftsanteile der aus der grenzüberschreitenden innergemeinschaftlichen Verschmelzung übernehmenden oder neuen Gesellschaft enthalten muss.

(1) Deutsches Recht

Im Einklang mit der o.g. Bestimmung setzte der deutsche Gesetzgeber diese Regelung in nationales Recht durch § 122c Abs. 2 Nr. 3 UmwG um.

Bei der Hereinverschmelzung unterliegt die übernehmende oder neuzugründende Gesellschaft dem deutschen Recht. In dem Hereinverschmelzungsfall fin-

752 Vgl. Kiem, ZGR 2007, 542 (565); Becker in HK-Kommentar, § 122c UmwG, Rn. 16.

753 Vgl. Kiem, ZGR 2007, 542 (562); Becker in HK-Kommentar, § 122c UmwG, Rn. 16.

754 Vgl. Mayer in Widmann/Mayer, § 122c UmwG, Rz. 88.

755 Hierzu Memento Fusiones 2005/2006 Rz. 7467.

756 Vgl. § 122a Abs. 2 UmwG i.V.m. § 54 Abs. 4 UmwG bei einer aufnehmende deutsche GmbH und § 122a Abs.2 UmwG i.V.m. § 68 Abs. 3, 78 UmwG bei einer deutschen AG/KGaA

757 Art. 247 Abs. 2 LSA a.F.

758 Voraussetzung, damit die Steuerneutralität in Spanien gewährt wird, ist Nichtüberschreitung der 10%-Grenze. Siehe Kapitel 5 zur steuerlichen Behandlung

den für die Anteilsgewährung durch den Verweis des § 122a Abs. 2 UmwG die Vorschriften Anwendung, die auch für die Anteilsgewährung bei innerstaatlichen Verschmelzungen gelten.[759] Bei der Herausverschmelzung unterliegt hingegen die übernehmende oder neuzugründende Gesellschaft der spanischen Rechtsordnung. In diesem Fall sind Einzelheiten hinsichtlich der Übertragung von Anteilen an dieser Gesellschaft im gemeinsamen Verschmelzungsplan anzugeben. Daraus folgt, dass Angaben zu machen sind, wie die Anteile an der übernehmenden bzw. neuzugründenden Gesellschaft begründet werden. Im Falle, dass eigene oder fremde Anteile zum Austausch verwendet werden, sind hierüber im gemeinsamen Verschmelzungsplan entsprechende Angaben zu machen. Dies gilt ebenfalls, wenn überhaupt keine Anteilsgewährung oder Kapitalerhöhung erfolgen soll.[760]

(2) Spanisches Recht

Der Wortlaut der spanischen Fassung des Art. 5 Satz 2 Buchst c) VRL 2005/56/EG *(...* Einzelheiten hinsichtlich der Übertragung der Aktien oder sonstigen Gesellschaftsanteile ...)[761] findet sich in dem LME nicht wieder.

Der spanische Gesetzgeber hat Art. 5 Satz 2 Buchst c) VRL 2005/56/EG weder in Art. 31 LME noch in Art. 59 LME, die die Mindestangaben des Verschmelzungsplanes enthalten, berücksichtigt.

Lediglich der letzte Satz des Art. 31 Abs. 1 Nr. 6 LME enthält die Formulierung *„peculiaridades a este Derecho“.* Diese Formulierung entspricht jedoch nicht Art. 5 Satz 2 Buchst c) VRL 2005/56/EG. Da es sich um den Mindestinhalt des gemeinsamen Verschmelzungsplanes handelt, wird die VRL 2005/56/EG bezüglich dieser Mindestanforderungen durch den spanischen Gesetzgeber defizitär umgesetzt. Art. 5 Satz 2 VRL 2005/56/EG enthält die Wendung „mindestens“, was so zu verstehen ist, dass die beteiligten Gesellschaften den gemeinsamen Verschmelzungsplan ergänzen können. Der gemeinsame Verschmelzungsplan kann demnach zusätzliche Angaben enthalten, jedoch ist das Vorhandensein aller Mindestangaben in dem Verschmelzungsplan unabdingbar.

Bei der grenzüberschreitenden innergemeinschaftlichen Verschmelzung unter Beteiligung einer aufnehmenden AG (bzw. KGaA) ist zusätzlich darauf hin-

---

759 Vgl. Drinhausen in Semler/Stengel, § 122c UmwG, Rn. 18 m.w.N.

760 Vgl. Mayer in Widmann/Mayer, § 122c UmwG, Rz. 91ff.

761 (...) las Formas de entrega de los Títulos o Participaciones representativos del Capital Social de la Sociedad resultante de la Fusión Transfronteriza (...) Los Derechos que vayan a otorgarse en la Sociedad resultante a quienes tengan Derechos Especiales o a los Tenedores de Títulos distintos de los Representativos de Capital o las Opciones que se les ofrezcan (...)

zuweisen, dass jede spanische übertragende Gesellschaft einen Treuhänder für den Empfang der zu gewährenden Aktien und Zuzahlung zu bestellen hat. Durch den Passus werden die Gesellschafter der spanischen übertragenden Gesellschaft davor bewahrt, dass ihre Gesellschaft erlischt, bevor sie die Aktien an der übernehmenden deutschen AG erhalten haben.[762]

In der Praxis wird spätestens bei der Aufstellung des gemeinsamen Verschmelzungsplanes mit Beteiligung einer deutschen Gesellschaft das Fehlen dieser Angabe „de facto" korrigiert, da nach deutschem Recht diese Voraussetzung zu erfüllen ist.[763] Da die Angaben denen des deutschen Rechts entsprechen, kann auf die dortigen Ausführungen verwiesen werden.

d) Voraussichtliche Auswirkung der Verschmelzung auf die Beschäftigung

Art. 5 Satz 2 Buchst d) VRL 2005/56/EG schreibt vor, dass die voraussichtlichen Auswirkungen der grenzüberschreitenden innergemeinschaftlichen Verschmelzung auf die Beschäftigung im Verschmelzungsplan zu erfassen sind. Die Entstehung dieser Bestimmung beruht auf einem Ergänzungswunsch des Europäischen Parlaments.[764]

(1) Deutsches Recht

In deutsches Recht wird Art. 5 Satz 2 Buchst d) VRL durch § 122c Abs. 2 Nr. 4 UmwG umgesetzt. § 122c Abs. 2 Nr. 4 UmwG bestimmt, dass die voraussichtlichen Auswirkungen der grenzüberschreitenden innergemeinschaftlichen Verschmelzung auf die Beschäftigung darzulegen sind.[765]Das Pendant dieser Vorschrift für innerstaatliche Verschmelzungen ist § 5 Abs. 1 Nr. 9 UmwG. Hiernach hat der Verschmelzungsvertrag oder sein Entwurf Angaben über die Folgen der Verschmelzung für die Arbeitnehmer und ihre Vertretungen sowie die insoweit vorgesehenen Maßnahmen zu enthalten.

Welche genaue Ausführungen im gemeinsamen Verschmelzungsplan hinsichtlich dieser Angabe zu machen sind, ist weitgehend nicht geklärt. Für die in den gemeinsamen Verschmelzungsplan aufzunehmenden konkreten Daten kann man sich jedoch an den nach § 5 Abs. 1 Nr. 9 UmwG für innerstaatliche Ver-

---

762 Vgl. Mayer in Widmann/Mayer, § 122c UmwG, Rz. 93

763 § 122c Abs. 2 Nr. 3 UmwG.

764 Ratsdokument 8728/05, 17; ABl. EG Nr. C 92 E/20.

765 Die Vorschrift ist vergleichbar mit § 5 Abs. 1 Nr. 9 UmwG, wonach bei innerstaatlichen Verschmelzungen die Folgen der Verschmelzung für die Arbeitnehmer und ihre Vertretungen sowie die insoweit vorgesehenen Maßnahmen im Verschmelzungsvertrag darzulegen sind.

schmelzungen geforderten Angaben zu den Auswirkungen der Verschmelzung auf Arbeitnehmer orientieren. Es ist allerdings darauf zu achten, dass § 5 Abs. 1 Nr. 9 UmwG und § 122c Abs. 2 Nr. 4 UmwG nicht völlig deckungsgleich sind. Der Wortlaut des § 122c Abs. 2 Nr. 4 UmwG ist im Vergleich zu § 5 Abs.1 Nr. 9 UmwG enger formuliert, da es hier, wie *Mayer* feststellte, lediglich um die „voraussichtlichen" Auswirkungen der Verschmelzung auf die Beschäftigung geht und zudem keine Angaben über die Auswirkungen auf die Arbeitnehmervertretung anspricht.[766]

Es ist anzumerken, dass die Darstellung des Verfahrens zur Festlegung der Arbeitnehmermitbestimmung nicht von § 122c Abs. 2 Nr. 4 UmwG, sondern gesondert von § 122c Abs. 2 Nr. 10 UmwG erfasst ist.[767]

(2) Spanisches Recht

Durch die Implementierung der Dritten Richtlinie 78/855/EWG in spanisches Recht waren bereits fast alle Angaben des Verschmelzungsplanes im alten LSA a.F. Gesetz enthalten. Die voraussichtliche Auswirkung der Verschmelzung auf die Beschäftigung ist jedoch eine neue Bestimmung, die damals in der Dritten Richtlinie nicht festgeschrieben war. Daher wurde sie nicht in dem LSA a.F. umgesetzt.[768]

Für den Mindestinhalt des gemeinsamen Verschmelzungsplanes bei einer grenzüberschreitenden innergemeinschaftlichen Verschmelzung ist Art. 59 LME maßgeblich, der lediglich in Abs. 2 zwei der gesamten Angaben fordert. Für die restlichen Angaben verweist Art. 59 Abs. 1 LME auf Art. 31 LME, der die Angaben für die innerstaatliche Verschmelzung beinhaltet. Der spanische Gesetzgeber implementiert diese Regelung somit durch Art. 59 Abs.1 i.V.m. Art. 31 Abs. 1 Nr. 11 LME in spanisches Recht.

Nach Art. 59 Abs. 1 LME i.V.m. 31 Abs. 1 Nr. 11 LME sind in dem gemeinsamen Verschmelzungsplan u.a. voraussichtliche Versetzungen, Reduktion bzw. Kündigungen der Arbeitnehmer anzugeben.[769]

e) Zeitpunkt der Gewinnberechtigung

Nach Art. 5 Satz 2 Buchst e) der VRL 2005/56/EG muss der Zeitpunkt, ab dem die ausgegebenen Gesellschaftsanteile gewinnberechtigt sind, in dem gemein-

766 Vgl. Mayer in Widmann/Mayer, § 122c UmwG, Rz. 95.

767 Vgl. Drinhausen in Semler/Stengel, § 122c UmwG, Rn. 20.

768 Vgl. Tapia Hermida in Fusiones y OPAS transfronterizas S. 117.

769 Vgl. Ávila Navarro, Modificaciones Estructurales de las Sociedades Mercantiles. Ley 3/2009, S. 374; Memento Sociedades Mercantiles 2010, Rz. 5708.

samen Verschmelzungsplan sowie alle Besonderheiten, die eine Auswirkung auf dieses Recht haben, angegeben werden.

(1) Deutsches Recht

Der deutsche Gesetzgeber setzte Art. 5 Satz 2 Buchst e) der VRL 2005/56/EG durch § 122 c Abs. 2 Nr. 5 UmwG in deutsches Recht um.

Der Zeitpunkt ab dem die ausgegeben Gesellschaftsanteile gewinnberechtigt sind, ist frei wählbar und muss daher nicht mit dem Verschmelzungsstichtag übereinstimmen.[770]Es besteht Vertragsfreiheit für die Festlegung des Zeitpunkts, von dem an die für die Verschmelzung zu gewährenden Anteile gewinnberechtigt sind.[771]Eine Gleichschaltung des Stichtages der Gewinnberechtigung mit dem Verschmelzungsstichtag ist daher möglich. Aufgrund der Verzögerungen und Schwierigkeiten, die insbesondere bei einer grenzüberschreitenden innergemeinschaftlichen Verschmelzung wegen der zweistufigen Rechtsmäßigkeitskontrolle entstehen könnten, ist zu empfehlen, eine variable Festsetzung zu wählen.[772]

(2) Spanisches Recht

Der spanische Gesetzgeber hat im Einklang mit Art. 5 Satz 2 Buchst e) VRL 2005/56/EG in Art. 31 Abs. 1 Nr. 6 LME i.V.m. Art. 59 Abs. 1 LME im spanischen Recht implementiert. Der Inhalt des Art. 31 Abs. 1 Nr. 6 LME stimmt mit dem des § 122c Abs. 2 Nr. 5 UmwG überein. In Spanien besteht ebenfalls Vertragsfreiheit für die Festlegung des Zeitpunkts, von dem an die für die Verschmelzung zu gewährenden Anteile gewinnberechtigt sind.[773] Da der Zeitpunkt der Gewinnberechtigung der ausgegeben Gesellschaftsanteile frei wählbar ist, kann dieser von dem Verschmelzungsstichtag abweichen.[774]

---

770 Vgl. Mayer in Widmann/Mayer, § 122c UmwG, Rz. 100.

771 In Deutschland Vgl. Stratz in Schmitt/Hörtnagl/Stratz, § 5 UmwG, Rn. 59 ff, § 122c UmwG Rn. 20; in Spanien: Ávila Navarro in Modificaciones Estructurales de las Sociedades Mercantiles. Ley 3/2009, S. 370.

772 Vgl. Lutter in Lutter/Hommelhoff SE-Kommentar, Art. 20 SE-VO, Rz. 21, 22 m.w.N; Mayer in Widmann/Mayer, § 122c UmwG, Rz. 101, 108 mit Hinweis auf die Probleme mit der Angemessenheit des Umtauschverhältnis; Stratz in Schmitt/Hörtnagl/Stratz, § 122c UmwG, Rn. 61; Schröer in Semler/Stengel, § 122c UmwG, Rn. 47 m.w.N.

773 Vgl. Memento Sociedades Mercantiles 2010, Rz. 5711.

774 Vgl. Ávila Navarro in Modificaciones Estructurales de las Sociedades Mercantiles. Ley 3/2009, S. 370; Memento Sociedades Mercantiles 2010, Rz. 5711.

f) Verschmelzungsstichtag

Aus Art. 5 Satz 2 Buchst e) der VRL 2005/56/EG ergibt sich die Pflicht, den Stichtag der grenzüberschreitenden innergemeinschaftlichen Verschmelzung im gemeinsamen Verschmelzungsplan anzugeben. Hiernach muss der Verschmelzungsplan den Zeitpunkt, von dem an die Handlungen der sich verschmelzenden Gesellschaften unter dem Gesichtspunkt der Rechnungslegung als für Rechnung der aus der grenzüberschreitenden innergemeinschaftlichen Verschmelzung hervorgehenden Gesellschaft vorgenommen gelten, enthalten.

(1) Deutsches Recht

Der deutsche Gesetzgeber hat Art. 5 Satz 2 Buchst e) der VRL 2005/56/EG durch § 122c Abs. 2 Nr. 6 UmwG in deutsches Recht umgesetzt. Der Wortlaut von § 122c Abs. 2 Nr. 6 UmwG ist nahezu identisch mit § 5 Abs. 1 Nr. 6 UmwG.

Der Verschmelzungsstichtag bestimmt den Termin für den Wechsel der Rechnungslegung. Diesem kommt vor allem für die handels- und damit auch für die steuerrechtliche Gewinnermittlung maßgebliche Bedeutung zu,[775] da ab diesem Zeitpunkt die Einkünfte der übernehmenden Gesellschaft steuerlich zuzuordnen sind.[776] Die beteiligten Gesellschaften können den Verschmelzungsstichtag frei festlegen.[777]

Die grenzüberschreitende innergemeinschaftliche Verschmelzung muss beim zuständigen Handelsregister angemeldet werden. Gemäß § 17 Abs. 2 Satz 4 UmwG ist der Anmeldung zum Handelsregister eine Schlussbilanz[778] der übertragenden Kapitalgesellschaft beizufügen, die auf einen höchstens acht Monate vor der Anmeldung liegenden Zeitpunkt aufgestellt sein muss.[779] Der Verschmelzungsstichtag stimmt grundsätzlich mit dem Zeitpunkt überein, in dem die Gewinnberechtigung der Gesellschafter der übertragenden Gesellschaft an der übernehmenden Gesellschaft beginnt.[780] Die Festlegung des Verschmel-

775 Der steuerliche Übertragungsstichtag wird mit dem Stichtag der handelsrechtlichen Schlussbilanz verknüpft; hierzu siehe Kapitel 5.

776 Ausführlich hierzu siehe Kapitel 5.

777 Vgl. Drinhausen in Semler/Stengel, § 122c UmwG, Rn. 24; Mayer in Widmann/Mayer, § 122c UmwG, Rz. 103

778 Dem § 63 Abs. 2 UmwG ist die folgenden Sätze angefügt: „Die Zwischenbilanz muss nicht aufgestellt werden, wenn die Gesellschaft seit dem letzten Jahresabschluss einen Halbjahresfinanzbericht gemäß § 37w des Wertpapierhandelsgesetzes veröffentlicht hat. Der Halbjahresfinanzbericht tritt zum Zwecke der Vorbereitung der Hauptversammlung an die Stelle der Zwischenbilanz.“

779 § 17 Abs. 2 Satz 4 i.V.m. § 122a Abs. 2 UmwG.

780 Vgl. Drinhausen in Semler/Stengel, § 122c UmwG, Rn. 24 m.w.N.

zungsstichtages bestimmt auch den Stichtag der Schlussbilanz[781], da dieser unmittelbar vor dem Verschmelzungsstichtag liegt. Zugleich wird der steuerliche Übertragungsstichtag nach § 2 UmwStG festgelegt.[782]

Die grenzüberschreitende innergemeinschaftliche Verschmelzung darf bei der übernehmenden bzw. neuen Gesellschaft erst eingetragen werden, wenn eine ggf. erforderliche Vereinbarung über die Beteiligung der Arbeitnehmer geschlossen wurde.[783] Da die Verhandlungen über die Beteiligung der Arbeitnehmer sich bis zu einem Jahr erstrecken können und es somit zur Verzögerungen kommen kann,[784] ist es bezogen auf den Verschmelzungsstichtag (und auch auf den Stichtag des Beginns der Gewinnberechtigung) empfehlenswert, eine variable Stichtagsregelung aufzunehmen.[785]

(2) Spanisches Recht

Art. 5 Satz 2 Buchst e) VRL 2005/56/EG wurde durch Art. 31 Abs. 1 Nr. 7 LME[786] i.V.m. Art. 59 Abs.1 LME im spanischen Recht implementiert. Die übertragende Kapitalgesellschaft besteht über den Tag des Verschmelzungsbeschlusses hinaus noch bis zur Eintragung der Verschmelzung fort.[787] Rechtlich wird die Verschmelzung erst durch die Eintragung in dem zuständigen Handelsregister (*„Registro Mercantil“*) vollzogen.[788]

In Spanien versteht sich ebenfalls der Verschmelzungsstichtag als der Zeitpunkt, von dem an die Handlungen der übertragenden Kapitalgesellschaft als für Rechnung der übernehmenden Kapitalgesellschaft vorgenommen gelten.[789] Ab diesem Zeitpunkt sind die Einkünfte der übernehmenden Gesellschaft steuerlich zuzuordnen (*„Imputación de Rentas“*).[790] Allerdings muss dieser unmittelbar

781 § 17 Abs. 2 UmwG.

782 Vgl. Hörtnagl in Schmitt/Hörtnagl/Stratz, § 122c UmwG, Rn. 22; § 2 UmwStG, Rn. 17.

783 § 122l Abs. 2 UmwG.

784 Vgl. § 21 Abs. 1 und 2 MgVG; ebenso Mayer in Widmann/Mayer, § 122c UmwG, Rz. 106ff.

785 Vgl. Mayer in Widmann/Mayer, § 122c UmwG, Rz. 106.

786 Art. 31 Abs. 1 Nr. 7 LME weist keine Unterschiede zu 235 Abs. 1 Buchst. d) LSA a.F. aus.

787 Vgl. Art. 44 LME; Memento Sociedades Mercantiles 2010, Rz. 5712; Sequeira Martín, RdS 2008, S. 33.

788 Art. 46 LME, i.V.m. Art. 55 LME; hierzu Memento Sociedades Mercantiles 2010, Rz. 5712.

789 Vgl. Largo Gil in Modificaciones Estructurales de Sociedades Mercantiles, Band I, S. 452.

790 Vgl. Art. 105 des spanischen Körperschafsteuergesetz Ley 43/1995; hierzu Memento Sociedades Mercantiles 2009, Rz. 5732.

dem Stichtag der Schlussbilanz der übertragenden Gesellschaft folgen.[791] In Spanien wird ebenfalls der Stichtag der Verschmelzung grundsätzlich mit dem Zeitpunkt übereinstimmen, in dem die Gewinnberechtigung der Gesellschafter der übertragenden Gesellschaft an der übernehmenden Gesellschaft beginnt.[792] Da jedoch die beteiligten spanischen Gesellschaften ebenfalls den Verschmelzungsstichtag frei bestimmen können, kann dieser von dem Zeitpunkt der Gewinnberechtigung der Gesellschafter abweichen.[793] Daraus folgt, dass aus spanischer Sicht ebenfalls die Vereinbarung einer variablen Stichtagsregelung „*Imputación de Rentas pactadad*“ empfehlenswert ist.[794]

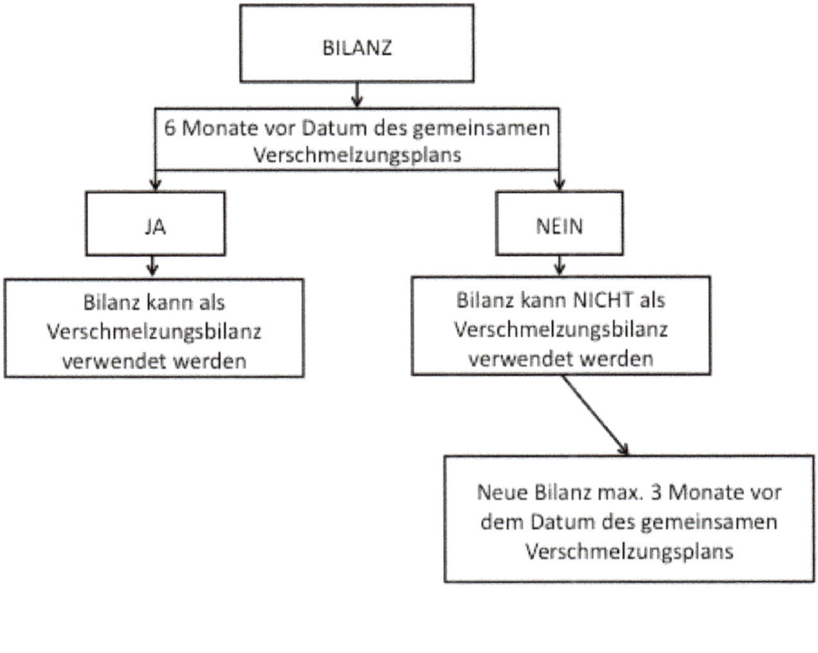

Abb. 1.3: Prüfungsschema nach spanischem Recht[795]

791 Vgl. Sequeira Martín, RdS 2008, S. 33.
792 Vgl. Largo Gil in Modificaciones Estructurales de Sociedades Mercantiles, Band I, S. 453.
793 Vgl. Largo Gil in Modificaciones Estructurales de Sociedades Mercantiles, Band I, S. 452.
794 Vgl. Memento Reorganización Empresarial (Fusiones) 2009/2010, Rz. 4002ff.
795 Vgl. Memento Reorganización Empresarial (Fusiones) 2009/2010, Rz. 7622.

Handelt es sich um prüfungspflichtige Gesellschaften,[796] ist die Verschmelzungsbilanz von den Wirtschaftsprüfern der Gesellschaft zu prüfen. Die Verschmelzungsbilanz muss der zur Fassung des Verschmelzungsbeschlusses einberufenen Gesellschafterversammlung zur Zustimmung vorgelegt werden. Zur Zustimmung ist ihre Aufnahme in die Tagesordnung der Hauptversammlung zwingend erforderlich.[797]

Die Anfechtung der Verschmelzungsbilanz kann für sich allein genommen kein Hindernis für den Verschmelzungsvorgang darstellen.[798]

g) Gewährung von Rechten an Inhaber von Sonderrechten

(1) Deutsches Recht

§ 122c Abs. 2 Nr. 7 UmwG implementiert Art. 5 Buchst. g) VRL 2005/56/EG im deutschen Recht. Der deutsche Gesetzgeber hat die o.g. Bestimmung präzisiert, in dem er klarstellte, dass bei einer Verschmelzung zur Neugründung nicht nur die von der neuen Gesellschaft, sondern auch die von der übernehmenden Kapitalgesellschaft eingeräumten Rechte erfasst werden müssen.

Der gemeinsame Verschmelzungsplan muss Angaben über die Rechte enthalten, die Inhabern von Sonderrechten in einer übertragenden Gesellschaft im Austausch für diese bestehenden Sonderrechte gewährt werden. Gleichfalls anzugeben sind Rechte, die Inhabern von anderen Wertpapieren als Gesellschaftsanteilen gegeben werden.[799]

§ 122c Abs. 2 Nr. 7 UmwG präzisiert nicht, was unter Sonderrechten oder Wertpapieren zu verstehen ist. Sonderrechte können sich insbesondere im Hin-

---

796 Jahresabschluss und Geschäftsführungsbericht müssen für die"SRL" durch einen von der Hauptversammlung zu bestimmenden Rechnungsprüfer geprüft werden (Art.84 LSRL i.V.m. Art.203 Abs.1 LSA). Eine Prüfung ist in den Fällen entbehrlich, in denen eine abgekürzte Bilanz aufgestellt werden kann (Art. 84 LSRL i.V.m. Art. 203 Abs. 2 LSA). Gesellschafter, die gemeinsam über mindestens 5 % des Kapitals verfügen, können eigenständig die Bestellung eines Rechnungsprüfers auf Kosten der Gesellschaft beantragen (Art. 86 Abs.2 und 3 LSRL [Art. 205 Abs.2 LSA]). Die Genehmigung des Jahresabschlusses und der Beschluss über die Verwendung der erzielten Gewinne erfolgt durch die Hauptversammlung innerhalb von 6 Monaten nach dem Jahresabschlussstichtag (Art. 45 Abs.2 LSRL). Die Gewinnverteilung an die Gesellschafter erfolgt dabei im Verhältnis ihrer jeweiligen Anteile, soweit die Satzung keine andere gesetzlich zulässige Verteilung bestimmt (Art.85 LSRL).

797 Vgl. Art. 37 LME.

798 Art. 38 LME.

799 Vgl. Hörtnagl in Schmitt/Hörtnagl/Stratz, § 122c UmwG, Rn. 24; ebenso Drinhausen in Semler/Stengel, § 122c UmwG, Rn. 28.

blick auf die Ausübung des Stimmrechtes und der Gewinnverteilung ergeben. Rechte, die nicht allen Anteilsinhabern im gleichen Maße zustehen, sind unter Sonderrechten zu verstehen.[800] Somit sind Stimmrechte, Benennungs- und Vorschlagsrechte, Rechte auf Geschäftsführung etc. nicht unter Sonderrechten zu subsumieren, da diese allen Gesellschaftern durch die Gesellschaftsanteile in gleichem Maße zustehen.

Unter Sonderrechte und Wertpapiere i.S.d. § 122c Abs. 2 Nr. 7 UmwG sind auch entsprechende Wertpapiere und Sonderrechte nach spanischem Recht erfasst, die Gesellschafter bzw. Gläubiger der beteiligten spanischen Gesellschaften innehaben. Darunter können etwa Gewinnvorzüge, Mehrfach- oder Höchststimmrechte, Schuldverschreibungen, Genussrechte und ähnliches erfasst werden, d es hierbei umRechte geht, die die übernehmende oder die neue Gesellschaft gewährt.[801]

(2) Spanisches Recht

Art. 5 Buchst. g) VRL 2005/56/EG wurde vom Gesetzgeber durch Art. 31 Abs. 1 Nr. 4 i.V.m. Art. 59 Abs. 1 LME in spanisches Recht umgesetzt. Hiernach sind die Sonderrechte anzugeben, die die übernehmende oder neue Gesellschaft diesen Gesellschaftern gewähren wird. Diese Sonderrechte sind bspw. Mehrstimmrechte, Benennungs- und Vorschlagsrechte, Rechte auf Geschäftsführung etc. oder Sonderrechte, die sich die Gründer der Gesellschaft[802] oder die die Gründung betreibenden Personen sog. „Promotoren" vorbehalten. Inhaber von anderen Wertpapieren als Gesellschaftsanteilen sind etwa Inhaber von Schuldverschreibungen oder Genussrechten. Die Angabe von für diese Gesellschafter vorgeschlagenen Maßnahmen ist notwendig, wenn den Sonderrechtsinhabern von anderen Wertpapieren als Gesellschaftsanteilen bei der übernehmenden bzw. hervorgehenden Kapitalgesellschaft keine entsprechenden Sonderrechte eingeräumt werden, sie jedoch in anderer Form eine Entschädigung erhalten.[803]

h)Sondervorteile für Sachverständige, Prüfer und Vertretungs- bzw. Verwaltungsorgane

Art. 5 Buchst. h) VRL 2005/56/EG bestimmt, dass etwaige besondere Vorteile, die den Sachverständigen, die den Verschmelzungsplan prüfen, oder den Mit-

---

800 Vgl. Hörtnagl in Schmitt/Hörtnagl/Stratz, § 122c UmwG, Rn. 24.

801 Vgl. Hörtnagl in Schmitt/Hörtnagl/Stratz, § 122c UmwG, Rn. 24; ebenso Drinhausen in Semler/Stengel, § 122c UmwG, Rn. 28.

802 Vgl. Memento Sociedades Mercantiles 2010, Rz. 5709

803 Vgl. Memento Sociedades Mercantiles 2010, Rz. 5709; etwa Abfindungszahlungen für den Verzicht auf Sonderrechte.

gliedern der Verwaltungs-, Leitungs-, Aufsichts- oder Kontrollorgane der sich verschmelzenden Gesellschaften gewährt werden, in den Verschmelzungsplan Aufnahme finden müssen.

(1) Deutsches Recht

Der deutsche Gesetzgeber setzte Art. 5 Buchst. h) der VRL 2005/56/EG durch § 122c Abs. 2 Nr. 8 UmwG ins deutsche Recht um. In Deutschland entspricht die Vorschrift inhaltlich der Regelung in § 5 Abs. 1 Nr. 8 UmwG und ist ebenfalls mit Art. 20 Abs. 1 Satz 2 Buchst. g) SE-VO vergleichbar.

Jede Art von Vergünstigung, die keine übliche Gegenleistung für die erbrachte Tätigkeit anlässlich der Verschmelzung darstellt, ist als „Besonderer Vorteil" zu qualifizieren.[804] Somit sind im Umkehrschluss bspw. die gewöhnlichen Honorare für die Prüfungsleistungen des Sachverständigen nicht in dem gemeinsamen Verschmelzungsplan anzugeben.[805] Die Gesellschafter sollen entscheiden können, ob den an der Verschmelzung beteiligten unabhängigen Sachverständigen bzw. Vertretungsorganen derartige Vorteile gewährt wurden, was zur Beeinträchtigung der Objektivität und Unabhängigkeit ihrer Entscheidungen geführt haben könnte.[806] Die Vorschrift dient dem Gesellschafterschutz und der Transparenz.

(2) Spanisches Recht

Art. 5 Buchst. h) der VRL 2005/56/EG wurde im spanischen Recht durch Art. 59 Abs. 2 Nr. 1 LME implementiert. Inhaltlich stimmt Art. 59 Abs. 2 Nr. 1 LME mit Art. 31 Abs. 1 Nr. 5 LME überein.

Die Gesellschafter sollen ebenfalls nach spanischem Recht durch die Regelung des Art. 59 Abs. 2 Nr. 1 LME geschützt werden und entscheiden können, ob den an der Verschmelzung beteiligten unabhängigen Prüfern oder Vertretungs- bzw. Verwaltungsorganen Vorteile gewährt wurden und diese eigene finanzielle Interessen verfolgen, die die Objektivität ihrer Entscheidungen beein-

---

804 Vgl. Bayer in Lutter/Hommelhoff SE-Kommentar, Art. 20 SE-VO, Rz. 24; Bayer in Lutter, § 122c UmwG, Rn. 23; Janott in Jannot/Frodermann, Handbuch Europäische Aktiengesellschaft , § 3 Rz. 46.

805 Vgl. Bayer in Lutter/Hommelhoff SE-Kommentar, Art. 20 SE-VO Rz. 24; Bayer in Lutter, § 122c UmwG, Rn. 23; Hörtnagl in Schmitt/Hörtnagl/Stratz, § 122c UmwG, Rn. 25.

806 Vgl. Drinhausen in Semler/Stengel, § 122c UmwG, Rn. 29 m.w.N; vgl. Hörtnagl in Schmitt/Hörtnagl/Stratz, § 122c UmwG, Rn. 25; auch so in Spanien vgl. Memento Sociedades Mercantiles 2009, Rz. 5732 Nr. 6.

flussen könnten.[807] Vor allem soll die Unabhängigkeit der Verwaltungs- bzw. Vertretungsorgane und Sachverständigen dadurch gewährleistet werden.[808]

i) Satzung

(1) Deutsches Recht

Die Satzung bzw. der Gesellschaftsvertrag der übernehmenden oder neuen Gesellschaft gehört gemäß § 122c Abs. 2 Nr. 9 UmwG stets zum zwingenden Mindestinhalt des Verschmelzungsplanes. Diese Vorschrift setzt Art. 5 Abs. 1 Buchst. i) VRL 2005/56/EG in deutsches Recht um.

Für die innerstaatliche Verschmelzung gilt dies bisher nur im Falle der Verschmelzung zur Neugründung,[809] da nur in diesem Fall der Gesellschaftsvertrag bzw. die Satzung des durch die Verschmelzung entstehenden neuen Rechtsträgers festgestellt wird. Bei grenzüberschreitenden innergemeinschaftlichen Verschmelzungen soll hingegen zu Informationszwecken die Satzung der übernehmenden bzw. neuzugründenden Kapitalgesellschaft in jedem Fall Bestandteil des gemeinsamen Verschmelzungsplanes sein, das heißt sowohl im Falle der Verschmelzung zur Neugründung als auch im Fall der Verschmelzung zur Aufnahme.[810] Die Regelung ist sinnvoll, da grundsätzlich die Gesellschafter der deutschen Kapitalgesellschaften mit Satzungen der spanischen oder anderen ausländischen Kapitalgesellschaften (bei der zukunftig beteiligt sein werden) nicht vertraut sind. Die Aufnahme der Satzung kann in Form einer Anlage zum Verschmelzungsplan erfolgen.[811]

(2) Spanisches Recht

Art. 59 Abs. 2 LME, der den Mindestinhalt des gemeinsamenVerschmelzungsplanes bei einer grenzüberschreitenden innergemeinschaftlichen Verschmelzung enthält, beinhaltet keine Sonderregelung zur Angabe der Satzung. Über den Verweis des Art. 59 Abs. 1 LME ist Art. 31 Abs. 1 Nr. 8 LME anwendbar.

---

807 Vgl. Memento Sociedades Mercantiles 2010, Rz. 5710; Memento Sociedades Mercantiles 2009, Rz. 5732 Nr. 6; Memento Reorganización Empresarial (Fusiones) 2009/2010, Rz. 7613.

808 Vgl. Ávila Navarro in Modificaciones Estructurales de las Sociedades Mercantiles. Ley 3/2009, S. 370; Largo Gil in Modificaciones estructurales de las Sociedades Mercantiles, Band I, S. 451.

809 § 37 UmwG.

810 Vgl. Hörtnagl in Schmitt/Hörtnagl/Stratz, § 122c UmwG, Rn. 26.

811 Vgl. Vetter, AG 2006, 613 (618); Becker in HK-Kommentar § 122c UmwG, Rn 33, m.w.N.; Hörtnagl in Schmitt/Hörtnagl/Stratz, § 122c UmwG, Rn. 26.

Hiernach hat der gemeinsame Verschmelzungsplan die Satzung der hervorgehenden Kapitalgesellschaft zu enthalten.

Im gemeinsamen Verschmelzungsplan ist bei einer Verschmelzung zur Aufnahme die Fassung der Satzung der übernehmenden Kapitalgesellschaft aufzunehmen. Hierbei sind die Satzungsänderungen wie ggf. Kapitalerhöhung, Umfirmierung, Sitzänderung, Gegenstand der Gesellschaft, etc. anzugeben.[812] Die Aufnahme der Satzung kann in Form einer Anlage zum gemeinsamen Verschmelzungsplan geschehen.[813]

Bei einer Verschmelzung zur Neugründung ist die Satzung der neuzugründenden Kapitalgesellschaft ebenfalls aufzunehmen. Handelt es sich bei der neuzugründenden Kapitalgesellschaft um eine *"SRL"* oder eine *„SA"*, so haben die jeweiligen Satzungen die folgenden Angaben zu enthalten:

Durch das am 1.9.2010 inkraftgetretene LSC ist der erforderliche Inhalt der Satzung für alle Handelsgesellschaften vereinheitlicht. An den Inhalt der Satzung einer *„Sociedad Anónima"* und der *„Sociedad de Responsabilidad Limitada"* werden folgende Mindestanforderungen gestellt:[814]

- Firma der Gesellschaft;
- Zweck der Gesellschaft und die aus der Verfolgung dieses Zweckes resultierenden geschäftlichen Aktivitäten;
- Bestimmung eines leitenden Organs, das für die Errichtung, Änderung und Verlegung von Zweigniederlassungen zuständig ist;
- Angabe der Höhe des Grundkapitals. Angabe der Höhe des noch nicht eingezahlten Betrages sowie des Zeitraums, in dem dieser eingezahlt werden muss, oder des Ermessens, das den Geschäftsführern zur Bestimmung des Zeitpunkts, zu dem das Kapital einzuzahlen ist eingeräumt wird. Zusätzlich sind der Zeitpunkt anzugeben, an dem das Kapital spätestens einbezahlt sein muss sowie die Form (Kapital oder Sacheinlage);
- Angabe aller in Zusammenhang mit den Aktien bzw. Anteilen stehenden Daten: Anzahl, Nennwert, tatsächlich eingezahlter Betrag, Ausgestaltung der Aktien, Aktienklassen etc.;
- Angaben zur Struktur des Verwaltungsorgans: Die Gründungsurkunde muss nähere Angaben über die Personen enthalten, die anfangs für die Verwaltung und Vertretung der Gesellschaft verantwortlich sind (Zweiteilung in Hauptversammlung und Verwaltungsrat, ohne Trennung in Vorstand und Auf-

---

812 Vgl. Memento Sociedades Mercantiles 2010, Rz. 5713; Ávila Navarro in Modificaciones Estructurales de las Sociedades Mercantiles. Ley 3/2009, S. 371 und 372.

813 Largo Gil in Modificaciones Estructurales de las Sociedades Mercantiles, Band I, S. 454.

814 Art. 9 LSA; hierzu Memento Sociedades Mercantiles 2010, Rz. 427ff.

sichtsrat). Ferner ist die Form der Geschäftsführung anzugeben.[815] Regelung der Beschlussfassung und -umsetzung innerhalb leitender Organe der Gesellschaft (z.B. der Hauptversammlung und des Verwaltungsrats)

j) Verfahren zur Regelung der Arbeitnehmermitbestimmung

Art. 5 Buchst. j) VRL 2005/56/EG bestimmt, dass gegebenenfalls Angaben zu dem Verfahren, nach dem die Einzelheiten über die Beteiligung der Arbeitnehmer an der Festlegung ihrer Mitbestimmungsrechte in der aus der grenzüberschreitenden innergemeinschaftlichen Verschmelzung hervorgehenden Kapitalgesellschaft geregelt werden. Art. 5 Buchst. j) VRL 2005/56/EG verweist auf Art. 16 VRL 2005/56/EG, der das Verfahren über die Beteiligung der Arbeitnehmer an der Festlegung der Mitbestimmungsrechte in der übernehmenden oder neu zu gründenden Gesellschaft regelt.

(1) Deutsches Recht

Art. 5 Abs. 1 Buchst. j) VRL 2005/56/EG wird durch § 122c Abs. 2 Nr. 10 UmwG in deutsches Recht umgesetzt. Hiernach sind im gemeinsamen Verschmelzungsplan Angaben zu dem Verfahren zu machen, nachdem die Einzelheiten über die Beteiligung der Arbeitnehmer an der Festlegung ihrer Mitbestimmungsrechte in der aus der grenzüberschreitenden innergemeinschaftlichen Verschmelzung hervorgehenden Gesellschaft geregelt werden. Die Angaben sind nur erforderlich, wenn es überhaupt zu einem derartigen Verfahren kommt.[816] Sind keine Arbeitnehmer vorhanden oder unterliegen die beteiligten Kapitalgesellschaften vor und nach der Verschmelzung keinen Mitbestimmungsregelungen, sind keine Angaben zu machen. Ebenso bedarf es keiner Angaben, wenn das Verhandlungsverfahren bereits abgeschlossen ist.[817]

---

815 Art. 9 Buchst. h) i.V.m. Art. 124 RRM; ausführlich hierzu Memento Sociedades Mercantiles 2010, Rz. 445. Mögliche Verwaltungsstrukturen sind: Verwaltungsrat (Normalfall), Alleinvertretung oder gemeinschaftlich verantwortliche Geschäftsführer. Für einen Wechsel der Form der Geschäftsführung ist eine Satzungsänderung erforderlich. Außerdem muss die Satzung Angaben darüber enthalten, für welchen Zeitraum die Geschäftsführer ernannt sind und ob sie eine Vergütung erhalten oder ihre Pflichten unentgeltlich erfüllen.

816 Vgl. Drinhausen in Semler/Stengel, § 122c UmwG, Rn. 31

817 Vgl. Drinhausen in Semler/Stengel, § 122c UmwG, Rn. 31

(2) Spanisches Recht

Art. 5 Buchst. j) VRL 2005/56/EG wird durch Art. 59 Abs. 2 Nr. 2 LME i.V.m. Art. 67 LME in spanisches Recht umgesetzt.[818] Nach Art. 59 Abs. 2 Nr. 2 LME sind gegebenenfalls Angaben zu dem Verfahren zu machen, nach dem gemäß Artikel 67 LME die Einzelheiten über die Beteiligung von Arbeitnehmern an der Festlegung ihrer Mitbestimmungsrechte in der aus der grenzüberschreitenden innergemeinschaftlichen Verschmelzung hervorgehenden Gesellschaft geregelt werden.[819]

Art. 67 LME bestimmt, dass das spanische Arbeitsrecht angewendet wird, wenn die aus der grenzüberschreitenden innergemeinschaftlichen Verschmelzung hervorgehende Gesellschaft ihren Sitz in Spanien hat. Insbesondere die Mitbestimmungsrechte der Mitarbeiter richten sich u.a. nach den Bestimmungen des Titels IV des Gesetzes 31/2006 vom 18.10.2006.[820] Ferner findet sich der Grundsatz der Mitbestimmung von Arbeitnehmern in Art. 4 Abs. 1 und 61 des Arbeitnehmerstatuts *„Estatuto de los Trabajadores"* („ET").

Art. 4 Abs. 1 Buchst. g) ET gewährt den Arbeitnehmern ein Grundrecht auf Mitbestimmung. Nach Art. 61 i.V.m. Art. 4 ET haben die Arbeitnehmer unbeschadet anderer Formen von Mitbestimmung einen Anspruch darauf, im Unternehmen über die in diesem Titel geregelten Vertretungsstellen mitzuwirken. Die kollektive Vertretung ist in Art. 62 ff ET im Einzelnen geregelt.

k) Bewertung des Aktiv- und Passivvermögens

Art. 5 Buchst. k) VRL 2005/56/EG, der auf eine Initiative der französischen Delegation zurückgeht,[821] bestimmt, dass Informationen über die Bewertung aller Aktiva und Passiva der übertragenden Gesellschaften, die auf die übernehmende Gesellschaft übergehen, im Verschmelzungsplan anzugeben sind.

(1) Deutsches Recht

Art. 5 Buchst. k) VRL 2005/56/EG wird durch § 122c Nr. 11 UmwG in deutsches Recht umgesetzt.

---

818 Die Regelung entspricht § 122c Abs. 2 Nr. 10 UmwG.

819 In dieser Arbeit wird die arbeitsrechtliche Seite der grenzüberschreitenden innergemeinschaftlichen Verschmelzung nicht näher untersucht.

820 Gesetz 31/2006 v. 18.10.2006; veröffentlicht im BOE Nr. 250 v. 19.10.2006; „Ley 31/2006, sobre Implicación de los Trabajadores en las Sociedades Anónimas y Cooperativas Europeas".

821 Vgl. Neye/Timm DB 2006, 488 (489), Hörtnagl in Schmitt/Hörtnagl/Stratz, § 122c UmwG, Rn. 29 m.w.N.

Im gemeinsamen Verschmelzungsplan ist eine genaue Beschreibung der zu übertragenen Aktiva und Passiva und ihre Zuweisung an die jeweils begünstigte Gesellschaft erforderlich. Angaben zur Bewertung der übernehmenden Gesellschaften sind jedoch nicht vonnöten, obwohl die Angaben zur Bewertung des Aktiv- und Passivvermögens der übernehmenden Gesellschaft hilfreich wären, um eine bessere Information im gemeinsamen Verschmelzungsplan aufnehmen zu können.

Anzugeben ist, zu welchen handelsrechtlichen Werten die Vermögensgegenstände und Verbindlichkeiten der übertragenden Gesellschaft von der aufnehmenden Gesellschaft übernommen werden sollen und wie das Wahlrecht nach § 24 UmwG evtl. ausgeübt wird.[822]

(2) Spanisches Recht

Durch Art. 31 Abs. 1 Nr. 9 i.V.m. Art. 59 Abs. 1 LME wird Art. 5 Buchst. k) VRL 2005/56/EG im spanischen Recht implementiert. Anzugeben ist, zu welchen handelsrechtlichen Werten die Vermögensgegenstände (Aktiva) und Verbindlichkeiten (Passiva) der übertragenden Gesellschaft von der aufnehmenden Gesellschaft übernommen werden sollen.[823] Gemäß Art. 25 Abs. 1 LME sind die tatsächlichen Werte (*„Valor real"*) anzugeben.[824] Die Methode für die Ermittlung dieser tatsächlichen Werte muss nach Art. 34 Abs. 3 LME angemessen sein.[825]

Bei der innerstaatlichen Verschmelzung einer Tochtergesellschaft auf ihre 100%ige Muttergesellschaft ist die Angabe, zu welchen handelsrechtlichen Werten die Vermögensgegenstände (Aktiva) und Verbindlichkeiten (Passiva) der übertragenden Gesellschaft von der aufnehmenden Gesellschaft übernommen werden, nicht erforderlich.[826] Diese Ausnahme greift jedoch bei der grenzüberschreitenden innergemeinschaftlichen Verschmelzung nicht. Folglich ist diese Angabe hier stets zu machen.[827]

---

822 Ebenso Drinhausen in Semler/Stengel, § 122c UmwG, Rn. 35; ebenso Bayer in Lutter, § 122c UmwG, Rn. 26

823 Vgl. Ávila Navarro in Modificaciones Estructurales de las Sociedades Mercantiles. Ley 3/2009, S. 374.

824 Vgl. Memento Sociedades Mercantiles 2010, Rz. 5713.

825 Vgl. Memento Sociedades Mercantiles 2010, Rz. 5712.1.

826 Art. 49 Abs.1 Nr. 1 LME; hierzu Memento Sociedades Mercantiles 2010, Rz. 5713.

827 Art. 49 Abs. 1 LME i.V.m. Art. 59 Abs. 1 LME; hierzu Memento Sociedades Mercantiles 2010, Rz. 5712.1; Ávila Navarro in Modificaciones Estructurales de las Sociedades Mercantiles. Ley 3/2009, S. 374.

l) Stichtag der Schlussbilanzen

der Stichtag der Jahresabschlüsse der an der Verschmelzung beteiligten Gesellschaften, die zur Festlegung der Bedingungen der grenzüberschreitenden innergemeinschaftlichen Verschmelzung verwendet werden, in dem Verschmelzungsplan anzugeben.

(1) Deutsches Recht

Die Regelung wurde durch § 122c Abs. 2 Nr. 12 UmwG im deutschen Recht implementiert. Im gemeinsamen Verschmelzungsplan ist lediglich der Stichtag der Schlussbilanzen aller an der grenzüberschreitenden innergemeinschaftlichen Verschmelzung beteiligten Gesellschaften anzugeben.[828] Der Jahresabschluss selbst ist nicht Bestandteil des gemeinsamen Verschmelzungsplanes.[829]

(2) Spanisches Recht

Die Regelung wurde durch Art. 59 Abs. 1 LME i.V.m. Art. 31 Abs. 1 Nr. 10 LME in spanisches Recht umgesetzt.

Nach Art. 36 LME[830] darf die zuletzt genehmigte Jahresbilanz als Verschmelzungsbilanz verwendet werden, sofern diese Bilanz auf einen nicht länger als sechs Monate vor der Datierung der Aufstellung des gemeinsamen Verschmelzungsplanes liegenden Stichtag aufgestellt wurde.[831]

Erfüllt die Jahresbilanz diese Voraussetzung nicht, ist eine neue Bilanz aufzustellen, deren Stichtag der erste Tag des dritten Monats vor dem Datum der Aufstellung des Verschmelzungsplanes ist.[832] Diese Bilanz ist nach denselben Methoden und Prinzipien aufzustellen, die zur Aufstellung der vorherigen Bilanz benutzt wurden.[833] Nach dem klaren Wortlaut des Art. 31 Abs. Nr. 10 LME ist jedoch nicht die Bilanz beizufügen, sondern nur der Stichtag der Bilanzen anzugeben.[834]

---

828 Vgl. Drinhausen in Semler/Stengel, § 122c UmwG, Rn. 37 m.w.N.; Mayer in Widmann/Mayer, § 122c UmwG, Rz. 141.

829 Vgl. Drinhausen in Semler/Stengel, § 122c UmwG, Rn. 37 m.w.N.

830 Art. 239 LSA a.F. sah vor, dass die zuletzt genehmigte Bilanz auf einen nicht länger als sechs Monate vor dem Datum der Gesellschafterversammlung, auf welcher der Verschmelzungsbeschluss gefasst wird, liegenden Stichtag aufgestellt wurde.

831 Vgl. Sequeira Martín, RdS 2009, 39; Sánchez-Calero Guilarte in Modificaciones Estructurales de Sociedades Mercantiles, Band I, S. 521.

832 Vgl. Sequeira Martín, RdS 2009, 39; Memento Reorganización Empresarial (Fusiones) 2009/2010, Rz. 7624.

833 Vgl. Art. 36 Abs. 2 LME.

834 Vgl. Memento Sociedades Mercantiles 2010, Rz. 5713.1.

Bei der innerstaatlichen Verschmelzung einer Muttergesellschaft ist die Angabe des Stichtags der Schlussbilanzen nicht erforderlich.[835] Diese Vereinfachung gilt jedoch bei der grenzüberschreitenden innergemeinschaftlichen Verschmelzung nicht.[836] Hier ist diese Angabe stets zu machen.[837]

4..6.2.3.5 Bekanntmachung des Verschmelzungsplanes

Gemäß Art. 6 Abs. 1 der VRL 2005/56/EG muss der gemeinsame Verschmelzungsplan auf die im innerstaatlichen Recht jedes Mitgliedstaats vorgesehene Weise - im Einklang mit Art. 3[838] der Richtlinie 68/151/EWG - für jede der sich verschmelzenden Gesellschaften spätestens einen Monat vor der Hauptversammlung der Gesellschafter, auf der darüber zu beschließen ist, bekannt gemacht werden.[839]

a) Kollisionsrecht

Bei der Bekanntmachung des gemeinsamen Verschmelzungsplanes findet ausschließlich das Recht des jeweiligen Mitgliedstaats Anwendung.[840]

---

835 Vgl. Art. 49 Abs. 1 Nr. 1 LME.

836 Vgl. Art. 49 Abs.1 Nr. 1 LME i.V.m. Art. 59 Abs. 1 LME; Memento Sociedades Mercantiles 2010, Rz. 5713.

837 Vgl. Art. 49 Abs. 1 LME i.V.m. Art. 59 Abs. 1 LME; Memento Sociedades Mercantiles 2010, Rz. 5712.1; Ávila Navarro in Modificaciones Estructurales de las Sociedades Mercantiles. Ley 3/2009, S. 374.

838 Hier ist jedoch anzumerken, dass der Verweis auf Art. 3 der Richtlinie 68/151/EWG ungenau ist, da nur Art. 3 Abs. 4 der Richtlinie die Bekanntmachung betrifft.

839 Die Kommission der Europäischen Gemeinschaften plant Änderungen bzw. Vereinfachungen dieser Regelung. Auf die Offenlegung im Handelsregister soll verzichtet werden, wenn der gemeinsame Verschmelzungsplan mindestens einen Monat vor dem Tag der Hauptversammlung auf einer eigenen oder anderen Internetseite veröffentlicht wird. Es muss jedoch auch ein Verweis auf die Internetseite, sowie das Datum der Veröffentlichung des Verschmelzungs- bzw. Spaltungsplans auf einer zentralen elektronischen Plattform veröffentlicht werden; vgl. Vorschlag für eine Richtlinie des Europäischen Parlaments und des Rates zur Änderung der Richtlinien 77/91/EWG, 78/855/EWG und 82/891/EWG des Rates sowie der Richtlinie 2005/56/EG hinsichtlich der Berichts- und Dokumentationspflicht bei Verschmelzungen und Spaltungen; NZG 2009, 50; hierzu Sandhaus, NZG 2009, 41 (44); Largo Gil in Modificaciones Estructurales de las Sociedades Mercantiles, Band I, S. 475 m.w.N.

840 Bereits so Rixen/Böttcher, GmbHR 1993, 572 (574); Ebenroth, MünchKomm-BGB, Rn. 468 ff.

b) Form und Frist der Bekanntmachung

(1) Deutsches Recht

Durch § 122d UmwG wurde die Bekanntmachung des gemeinsamen Verschmelzungsplanes des Art. 6 Abs. 1 VRL 2005/56/EG in deutsches Recht umgesetzt. Nach § 122d UmwG besteht die Möglichkeit lediglich einen Entwurf des gemeinsamen Verschmelzungsplanes bekannt zu machen. § 122d UmwG fordert, dass der Verschmelzungsplan oder sein Entwurf spätestens einen Monat vor der Hauptversammlung der Gesellschafter, die nach § 13 UmwG über die Zustimmung zum Verschmelzungsplan beschließen soll, beim Registergericht in Deutschland eingereicht wird.[841] Für die Fristberechnung sind §§ 187 ff. BGB zu achten.[842]

Nach § 10 i.V.m. § 12 HGB hat der gemeinsame Verschmelzungsplan oder sein Entwurf sowie die Mitteilung der bekannt zu machenden Angaben seit 1.1.2007 im Amtsblatt in elektronischer Form zu erfolgen.[843] Für die Bekanntmachung ist das Amtsgericht am Sitz der beteiligten Gesellschaft zuständig. Im Falle, dass die Gesellschaft einen Doppelsitz hat, ist die Einreichung des gemeinsamen Verschmelzungsplanes oder sogar dessen Entwurf bei beiden Gerichten vorzunehmen.[844] Aus deutscher Sicht erfolgt die Bekanntmachung durch das Registergericht selbst.[845]

(2) Spanisches Recht

Titel II Kapitel II LME, der die grenzüberschreitende innergemeinschaftliche Verschmelzung regelt, enthält keine spezielle Vorschrift zur Bekanntmachung des Verschmelzungsplanes. Die allgemeinen Vorschriften zur Verschmelzung sind somit durch den Verweis des Art. 55 LME anwendbar. Aus Art. 55 LME i.V.m. Art. 32 LME lässt sich keine Möglichkeit der Einreichung eines Entwurfes des Verschmelzungsplanes beim zuständigen Handelsregister herleiten. Aus

---

841 Vgl. Ulrich, Praxis Internationale Steuerberatung 2008, 335; Becker in HK-Kommentar, § 122d UmwG, Rn. 2.

842 Vgl. Drinhausen in Semler/Stengel, § 122d UmwG, Rn. 10.

843 Nach § 61 Abs. 4 Satz 1 EGHGB das Gericht hat die Eintragungen in das Handelsregister bis zum 31.12.2008 zusätzlich zu der elektronischen Bekanntmachung nach § 10 des Handelsgesetzbuchs in der Fassung des Gesetzes über elektronische Handelsregister und Genossenschaftsregister sowie das Unternehmensregister auch in einer Tageszeitung oder einem sonstigen Blatt bekannt zu machen.

844 Vgl. Drinhausen in Semler/Stengel, § 122d UmwG, Rn. 6.

845 Vgl. Drinhausen in Semler/Stengel, § 122d UmwG, Rn. 6.

spanischer Sicht ist somit lediglich die Bekanntmachung des gemeinsmen Verschmelzungsplanes, nicht jedoch dessen Entwurf zulässig.[846]

Gemäß Art. 32 LME[847](i.V.m. Art. 55 LME) sind die Verwaltungsorgane verpflichtet, eine Kopie des gemeinsamen Verschmelzungsplanes bei den Handelsregistern *„Registros Mercantiles"* einzureichen, in deren Bezirk die beteiligten Gesellschaften ihren Sitz haben. Nachdem die Verwalter ein Exemplar des gemeinsamen bereits unterzeichneten Verschmelzungsplanes bei den Handelsregistern eingereicht haben, hat der zuständige Registerbeamte nach Art. 226 Abs. 2 RRM den Verschmelzungsplan innerhalb von fünf Arbeitstagen, dahingehend zu prüfen, ob er die gesetzlichen (materiellen und formellen) Voraussetzungen (Mindestinhalt) erfüllt und, ob dieser rechtmäßig unterschrieben wurde.[848]

Überdies hat der Registerbeamte anschließend das Zentralhandelsregister über die Tatsache der Einreichung des gemeinsamen Verschmelzungsplanes (*„Depósito")* und das Datum der Einreichung zu unterrichten. Dies dient der unverzüglichen Veröffentlichung im spanischen Staatsanzeiger *„Boletín Oficial del Registro MercantilBORME"*.[849] Die Bekanntmachung erfolgt von Amts wegen.[850] Die Einberufung der Hauptversammlung muss mindestens einen Monat vor der Versammlung der Gesellschafter, die über die Zustimmung zum Verschmelzungsplan beschließen soll, erfolgen.[851]

c) Inhalt der Bekanntmachung

(1) Deutsches Recht

In Deutschland hat das Registergericht einen Hinweis auf die Einreichung im elektronischen Bundesanzeiger zu machen.[852] Das Registergericht hat in der Be-

---

846 In der maßgeblichen Fachliteratur ist keinen Hinweis zu finden, dass der Entwurf für diese Zwecke verwendet werden kann. siehe bspw. Memento Sociedades Mercantiles 2010, Rz. 5715.

847 § 226 RRM hat die gleiche Wortlaut wie Art. 32 LME.

848 Vgl. Memento Sociedades Mercantiles 2010, Rz. 5714; Memento Sociedades Mecantiles 2008, Rz. 5731 und 5735; Garrido de Palma in La Ley 3/2009 de las Modificaciones Estructurales de las Sociedades Mercantiles, S. 74.

849 Vgl. Art. 55 LME i.V.m. Art. 226 Abs. 3 RRM; vgl. Memento Sociedades Mercantiles 2010, Rz. 5715.

850 Vgl. Memento Sociedades Mercantiles 2010, Rz. 5715.

851 Art. 55 i.V.m. Art. 40 Abs. 2 LME; hierzu Galeote Munoz in Diario La LEY Nr. 7273.

852 Vgl. Ulrich, Praxis Internationale Steuerberatung 2008, 335 (337).

kanntmachung nach § 10 HGB unverzüglich die folgenden Angaben bekannt zu machen:[853]

- einen Hinweis darauf, dass der gemeinsame Verschmelzungsplan oder sein Entwurf beim Handelsregister eingereicht worden ist,
- Rechtsform, Firma und Sitz der an der grenzüberschreitenden innergemeinschaftlichen Verschmelzung beteiligten Gesellschaften,
- die Register oder *„Registros Mercantiles"* oder vergleichbare ausländische Stellen, bei denen die an der grenzüberschreitenden innergemeinschaftlichen Verschmelzung beteiligten Gesellschaften eingetragen sind, sowie die jeweilige Nummer der Eintragung,
- einen Hinweis auf die Modalitäten für die Ausübung der Rechte der Gläubiger und der Minderheitsgesellschafter der an der grenzüberschreitenden innergemeinschaftlichen Verschmelzung beteiligten Gesellschaften sowie die Anschrift, unter der vollständige Auskünfte über diese Modalitäten kostenlos eingeholt werden können.

(2) Spanisches Recht

Art. 32 Abs. 2 LME i.V.m. Art. 55 LME schreibt fest, dass die Bekanntmachung im spanischen Amtsblatt folgende Angaben zu enthalten hat:[854]

- Rechtsform, Firma und Sitz der verschmelzenden Gesellschaften. Insoweit sind Angaben zu Rechtsform (*„Sociedad Anónima", „Sociedad Limitada"*, etc.) sowie Firmierung und Sitz der Gesellschaften erforderlich.
- Registerangaben „Datos registrales". Die Identifizierung der Gesellschaften wird vereinfacht durch die Spezifizierung der Registerangaben, nämlich Registernummer in Spanien, Band „Tomo", Seite „Folio".

Bei börsennotierter Gesellschaften sind die Verwaltungsorgane verpflichtet, den Verschmelzungsplan an den Börsenbetreiber sowie an die Nationale Kommission des Wertpapiermarktes *„Comisión Nacional del Mercado de Valores"*[855] zu übermitteln.[856]

853 Die Regelung entspricht Art. 21 der SE-VO; Bayer in Lutter/Hommelhoff SE-Kommentar, Art. 21 SE-VO, Rz. 3 ff.

854 Hierzu Memento Sociedades Mercantiles 2010, Rz. 5715 m.w.N.

855 Grundsätzlich unterliegt der komplette Wertpapiermarkt der Aufsicht und Kontrolle der Comisión Nacional del Mercado de Valores (Diese Institution entspricht der deutschen Bundesanstalt für Finanzdienstleistungsaufsicht - BaFin).

856 CNMV-Schreiben 14/1998 v. 28.12.1998; hierzu Memento Sociedades Mercantiles 2010, Rz. 5715.1; Memento Sociedades Mercantiles 2008, Rz. 5735 Precisiones 1;

d) Weitere Mindestangaben nach spanischem Recht

Art. 59 Abs. 1 LME schreibt vor, dass der Mindestinhalt des Art. 31 LME für die grenzüberschreitende innergemeinschaftliche Verschmelzung im gemeinsamen Verschmelzungsplan anzugeben ist. Ausnahmen sind nicht vorgesehen. In Art. 31 Abs. 1 Nr. 3 LME verlangt der spanische Gesetzgeber, dass im Verschmelzungsplan die Auswirkungen der Verschmelzung auf die Industrie anzugeben sind. Diese Angaben werden weder von VRL 2005/56/EG noch nach deutschem Recht verlangt. Bei der Aufstellung des Verschmelzungsplanes einer grenzüberschreitenden innergemeinschaftlichen Verschmelzung sind diese Angaben aufzunehmen, da sich das strengste Recht durchsetzt (Vereinigungstheorie).

Stimmen in der deutschen Literatur[857] vertreten die Meinung, dass die in den Verschmelzungsplan aufzunehmenden Mindestangaben „abschließend" festgelegt sind. Die Aufnahme *„anderer Angaben sei nicht richtlinienkonform, da Art. 5 VRL 2005/56/EG bereits in seinem Wortlaut dies abschließend bestimmt.*[858] Aus der Formulierung „...dieser Plan muss mindestens folgende Angaben enthalten..." ergibt sich, dass der Inhalt ein Minimum an Angaben enthalten muss.[859] Zusätzliche Angaben können[860] oder müssen ggf. im gemeinsamen Verschmelzungsplan aufgenommen werden.[861] So ist bspw. nach spanischem Recht erforderlich, dass die Gesellschaften, die ihr Wahlrecht ausüben und sich für die sog. steuerneutrale Verschmelzung des *"Régimen Especial"* entscheiden, diese

---

Tapia Hermida , RdS 1999, 133 (149, FN 64), Garrido de Palma in Ley 3/2009 de Modificaciones Estructurales de las Sociedades Mercantiles, S. 76.

857 Vgl. Mayer in Widmann/Mayer, § 122c UmwG, Rz. 143; Louven, ZIP 2006, 2021 (2025); Kallmeyer/Kappes, AG 2006, 224, (231); Krause/Kulpa,ZHR 171 (2007) 38, (57); Louven/Dettmeier/Pöschke/Weng BB-Special 3/2006, 1, (14); ebenfalls noch Drinhausen/Keinath, BB 2006, 725, (727); a.A. Bayer/Schmidt, NJW 2006, 401, (402); Drinhausen Semler/Stengel, § 122i UmwG, Rn. 6 zur Aufnahme des Barabfindungsangebots in den Verschmelzungsplan, welche als Verstoß gegen die Vorgaben der Verschmelzungsrichtlinie anzusehen sei.

858 Vgl. Mayer in Umwandlungsrecht und Umwandlungssteuerrecht, S.373 m.w.N.

859 Vgl. Drinhausen in Semler/Stengel, § 122c UmwG, Rn. 38; Hörtnagl in Schmitt/Hörtnagl/Stratz, § 122c UmwG, Rn. 36; ebenso Mambrilla Rivera in Modificaciones Estructurales de las Sociedades Mercantiles, Band I, S. 887.

860 Vgl. Erwägungsgründe Abs. 4 VRL 2005/56/EG

861 Vgl. Memento Sociedades Mercantiles 2010, Rz. 5713.1; Mambrilla Rivera in Modificaciones Estructurales de las Sociedades Mercantiles, Band I, S. 887.

Option ausdrücklich in dem Verschmelzungsplan angeben müssen.[862] Ferner sind im Verschmelzungsplan Angaben zu machen, wenn eine beteiligte Gesellschaft innerhalb der letzten 3 Jahre vor der Verschmelzung ein Darlehen aufgenommen hat, um die Beteiligung einer anderen beteiligten Gesellschaft zu erwerben, damit die Kontrolle über diese erzielt wird (sog. „*Leverage Buy Out*", kurz „*LBO*"). Anschließend wird entweder die Erwerberin auf die Tochtergesellschaft (sog. „*Forward Merger LBO*"), oder die Tochtergesellschaft auf die Erwerberin (sog. „*Reverse Merger LBO*") verschmolzen.[863] Es sind Angaben zu den Finanzmitteln sowie den Zahlungsfristen zu machen.[864]

Würde man der o.g. Auffassung folgen, dass der Inhalt des gemeinsamen Verschmelzungsplanes abschließend festgelegt ist, wäre es, zumindest nach spanischem Recht, nicht möglich eine steuerneutrale Verschmelzung durchzuführen.[865]

4.6.2.4 Verschmelzungsbericht

4.6.2.4.1 Sinn und Zweck der Norm sowie Inhalt des Verschmelzungsberichts

Nach Art. 7 Satz 1 VRL 2005/56/EG haben die Leitungs- oder Verwaltungsorgane der verschmelzenden Gesellschaften einen für die Gesellschafter bestimmten Bericht zu erstellen, in dem die rechtlichen und wirtschaftlichen Aspekte der grenzüberschreitenden innergemeinschaftlichen Verschmelzung erklärt und begründet sowie die Auswirkungen der grenzüberschreitenden (innergemeinschaftlichen) Verschmelzung auf die Gesellschafter, die Gläubiger und die Arbeitnehmer erläutert werden. Der Verschmelzungsbericht soll als Information zum Schutz der Gesellschafter und der Arbeitnehmer dienen.[866]

Für die Erfüllung von Berichts- und Informationspflichten entstehen sehr hohe Verwaltungslasten für die beteiligten Gesellschaften, daher hat die Kommission die ÄndRL 2009/109 erlassen, um diese Belastung zu reduzieren.

---

862 Vgl. Art. 96 Abs. 1 Buchst. a) TRLIS i.V.m. Art. 42 RLIS; vgl. Memento Sociedades Mercantiles 2009, Rz. 5814; Memento Sociedades Mercantiles 2010, Rz. 5713.1 m.w.N.

863 Hierzu Memento Sociedades Mercantiles 2010, Rz. 5798.

864 Art. 35 LME i.V.m. Art. 59 i.V.m. Art. 31 LME, hierzu Memento Sociedades Mercantiles 2010, Rz. 5713.1.

865 Ausführlich zur steuerneutralen Behandlung der Verschmelzung siehe Kapitel 5.

866 Vgl. Hörtnagl in Schmitt/Hörtnagl/Stratz, § 122e UmwG, Rn. 1, 16ff; Tapia Hermida in Fusiones y OPAS transfronterizas, S. 118.

4.6.2.4.2 ÄndRL 2009/109

Die ÄndRL sah u.a. die Ergänzung des Art. 9 Dritte Richtlinie 78/855/EWG[867] vor. Abs. 1 des Art. 9 Richtlinie 78/855/EWG wurde dadurch nicht berührt. Nach Art. 9 Abs. 1 Dritte Richtlinie 78/855/EWG müssen die Verwaltungs- oder Leitungsorgane jeder verschmelzenden Gesellschaft einen ausführlichen schriftlichen Bericht erstellen, in dem der gemeinsame Verschmelzungsplan und insbesondere das Umtauschverhältnis der Aktien rechtlich und wirtschaftlich erläutert und begründet werden. In dem Bericht ist außerdem auf besondere Schwierigkeiten hinzuweisen, sofern diese bei der Bewertung aufgetreten sind.[868]

In Art. 9 Dritte Richtlinie 78/855/EWG wurden zwei neue Absätze eingefügt.

Da die Dritte Richtlinie 78/855/EWG betreffend die Verschmelzung von Aktiengesellschaften mehrfach und erheblich geändert wurde, wurde nun aus Gründen der Klarheit und der Übersichtlichkeit durch die Richtlinie 2011/35/EU[869]kodifiziert. Die Richtlinie 2011/35/EU trat am 1.7.2011 in Kraft.[870]Art. 9 Richtlinie 2011/35/EU erhält nun folgende Fassung:

> „...2. Die Verwaltungs- oder Leitungsorgane jeder beteiligten Gesellschaft unterrichten die Hauptversammlung ihrer Gesellschaft und die Leitungs- oder Verwaltungsorgane der anderen beteiligten Gesellschaften über jede zwischen der Aufstellung des Verschmelzungsplans und dem Tag der Hauptversammlung, die über den Verschmelzungsplan zu beschließen hat, eingetretene wesentliche Veränderung des Aktiv- oder Passivvermögens, damit diese die Hauptversammlung ihrer Gesellschaft unterrichten können.[871]
>
> Der in Absatz 1 genannte Bericht und die in Absatz 2 genannten Informationen werden nicht verlangt, wenn alle Aktionäre und Inhaber anderer mit einem Stimmrecht verbundener Wertpapiere aller an der Verschmelzung beteiligten Gesellschaften darauf verzichtet haben..."

a) Deutsches Recht

Die Umsetzung der ÄndRL 2009/109 (bzw. der Richtlinie 2011/35/EU) in deutsches Recht erfolgte im UmwG. Betroffen sind insbesondere der Verschmel-

---

867 Dritte Richtlinie 78/855/EWG v. 9.10.1978 gemäß Art. 54 Abs. 3 Buchstabe g) des Vertrages betreffend die Verschmelzung von Aktiengesellschaften.

868 Vgl. Mambrilla Rivera in Modificaciones Estructurales de las Sociedades Mercantiles, Band I, S. 901.

869 Richtlinie 2011/35/EU v. 5.4.2011 betreffend die Verschmelzung von Aktiengesellschaften (kodifizierter Text); ABl.EU Nr. L 110/1 v. 29.4.2011.

870 Art 33 Richtlinie 2011/35/EU.

871 Art. 39 Abs. 3 LME enthält diese Regelung, die auch bereits in den aufgehobenen Art. 238 Abs. 2 LSA a.F. vorgesehen war.

zungsbericht (§ 8 UmwG) und die Frage der Notwendigkeit der Beschlussfassung der Hauptversammlung sowie deren Vorbereitung, die in §§ 62, 63 UmwG weiterhin geregelt sind.[872] Nachstehend wird die geltende Rechtslage (nach Umsetzung der VRL 2005/56/EG) erläutert und es werden anschließend die Änderungen durch die Implementierung der ÄndRL 2009/19 (bzw. der Richtlinie 2011/35) dargestellt.

§ 122e UmwG setzt Art. 7 VRL 2005/56/EG in deutsches Recht um.[873] Hiernach haben die Vertretungsorgane der deutschen beteiligten Gesellschaften einen Verschmelzungsbericht nach Maßgabe von § 8 UmwG zu erstellen, wobei § 122e S. 1 UmwG zusätzlich die „ausführliche" Erläuterung der Auswirkungen auf Gläubiger und Arbeitnehmer fordert.[874] Der Verschmelzungsbericht soll den Gesellschaftern ermöglichen, sich rechtzeitig vor der Gesellschafterversammlung über die Verschmelzung zu informieren (Plausibilitätskontrolle),[875] damit diese rechtzeitig auf zuverlässiger Grundlage die wirtschaftliche Zweck- und Rechtsmäßigkeit der Verschmelzung beurteilen können. Der Verschmelzungsbericht der Vertretungsorgane dient in erster Linie der Information gegenüber den Gesellschaftern[876] und ist die Grundlage für die Prüfung der Verschmelzung durch einen oder mehrere unabhängige Sachverständige (Verschmelzungsprüfer).[877] Bei der grenzüberschreitenden innergemeinschaftlichen Verschmelzung erfüllt der Verschmelzungsbericht die Funktion, dem Betriebsrat (falls es keinen Betriebsrat gibt, dann direkt den Arbeitnehmern) frühzeitig über den Inhalt des gemeinsamen Verschmelzungsplanes Auskunft zu geben, damit dieser die Rechte der Arbeitnehmer vertreten kann.[878] In einer innerstaatlichen Verschmelzung erfüllt hingegen nicht der Verschmelzungsbericht, sondern der Verschmelzungsvertrag diese Funktion.[879] Aus der Erfordernis, den Verschmelzungsbericht auch dem Betriebsrat oder, soweit dieser nicht existiert, den Arbeitnehmern zugänglich zu machen, folgt, dass im Gegensatz zu § 8 UmwG diese Vorschrift zusätzlich dem Schutz der Arbeitnehmer dient.[880] Da der Verschmelzungsbericht

872 Ebenso in der Begründung des Gesetzesentwurfes; anrufbar unter: http://dipbt.bundestag.de/dip21/btd/17/031/1703122.pdf

873 Vgl. Simon/Rubner in Kölner Kommentar zum UmwG, § 122e UmwG, Rn. 1.

874 Vgl. Neye/Timm GmbHR 2007, 561; Drinhausen in Semler/Stengel, § 122e UmwG, Rn. 1; vgl. Simon/Rubner in Kölner Kommentar zum UmwG, § 122e UmwG, Rn. 1.

875 Ebenso Mayer in Widmann/Mayer, § 122e UmwG, Rz. 4; Simon/Rubner in Kölner Kommentar zum UmwG, § 122e UmwG, Rn. 2.

876 Ebenso Simon/Rubner in Kölner Kommentar zum UmwG, § 122e UmwG, Rn. 2.

877 Vgl. Mayer in Widmann/Mayer, § 122e UmwG, Rz. 5.

878 Vgl. Mayer in Widmann/Mayer, § 122c UmwG, Rz. 29.

879 § 5 Abs. 3 UmwG.

880 Vgl. Becker in HK-Kommentar § 122e UmwG, Rn. 1 m.w.N.

ausschließlich Gesellschaftern sowie dem Betriebsrat bzw. den Arbeitnehmern, jedoch nicht öffentlich zugängig gemacht werden muss, dient er nicht (zumindest nicht unmittelbar) der Information der Gläubiger.[881]

Die Gesellschafter müssen anhand des Verschmelzungsberichts erkennen können, welche Zwecke, Ziele, Vorteile aber auch Risiken mit der grenzüberschreitenden innergemeinschaftlichen Verschmelzung zusammenhängen. Gesellschafter, Betriebsräte bzw. Arbeitnehmer müssen auf die Besonderheiten einer grenzüberschreitenden innergemeinschaftlichen Verschmelzung hingewiesen werden. Insbesondere ist auf die Konsequenzen einer Herausverschmelzung aus deutscher Sicht einzugehen. Für die Gesellschafter ist besonders darauf hinzuweisen, dass im Falle der Herausverschmelzung die Beteiligung an der deutschen Gesellschaft wegfällt und auf eine Beteiligung an einer spanischen Gesellschaft übertragen wird. Ferner sind unter Bezugnahme auf die Regelungen der spanischen Rechtsordnung und der Satzung der aufnehmenden Kapitalgesellschaft die konkreten Veränderungen gegenüberzustellen und zu erläutern.

Drittes Gesetz zur Änderung des Umwandlungsgesetzes (Drittes UmwG)

Das Bundesjustizministerium legte einen Gesetzesentwurf zur Änderung des Umwandlungsgesetzes (RefE) bereits im Juli 2010 vor.[882]Der Bundesrat[883]hatam 17.6.2011 das vom Bundestag[884]verabschiedete Dritte Gesetz zur Änderung des Umwandlungsgesetzes gebilligt und damit das parlamentarische Verfahren abgeschlossen. Das Dritte UmwG dient der Umsetzung der ÄndRL 2009/109[885]

881 Streitig Becker in HK-Kommentar § 122e Rn. 1 m.w.N.; Vetter AG 2006, 613 (620); Drinhausen in Semler/Stengel, § 122e UmwG, Rn. 2, 3; Behrens, Die grenzüberschreitende Verschmelzung nach der Richtlinie 2005/56/EG (Verschmelzungsrichtlinie) 2007, S. 101; a.A. Kiem, WM 2006, 1091 (1096); Bayer/Schmidt, NJW 2006, 401 (403); Mayer in Widmann/Mayer, § 122e UmwG, Rz. 5.

882 Abrufbar unter: http://www.bmj.de/SharedDocs/Downloads/DE/pdfs/RegE_Drittes_Gesetz_zur_Aenderung_des_Umwandlungsgesetzes.pdf?__blob=publicationFile; hierzu Schulze in jurisPR-HaGesR 7/2010 Anm. 1 m.w.N.

883 Drucksache 287/11; abrufbar unter: http://www.bundesrat.de/SharedDocs/Drucksachen/2011/0201-300/287-11,templateId=raw,property=publicationFile.pdf/287-11.pdf

884 Drucksache 17/5930; abrufbar unter http://dipbt.bundestag.de/dip21/btd/17/059/1705930.pdf.

885 Richtlinie des Europäischen Parlaments und des Rates von 16.9.2009 zur Änderung der Richtlinien 77/91/EWG, 78/855/EWG und 82/891/EWG des Rates sowie der Richtlinie 2005/56/E hinsichtlich der Berichts- und Dokumentationspflicht bei Verschmelzungen und Spaltungen ABl. EG Nr. L 259/14 von 2.10.2009; hierzu Bayer/Schmidt, BB 2010,

(bzw. der Richtlinie 2011/35) und sieht Vereinfachungen bei der Verschmelzung und Spaltung von Unternehmen vor. Das Drittes UmwG trat am 15.7.2011 in Kraft.[886] Das Dritte UmwG wirkt sich insbesondere bei der Umstrukturierung von Aktiengesellschaften aus. Im Gesetz ist eine weitere Vereinfachung der Vorbereitung der Hauptversammlung vorgesehen, die über die Umwandlungsmaßnahme beschließen soll. Dies umfasst die Bereitstellung von Unterlagen zur Unterrichtung der Aktionäre auf elektronischem Wege und die Möglichkeit, auf eine gesonderte Zwischenbilanz zu verzichten. Durch den neuen § 63 Abs. 2 Satz 6 und 7 Drittes UmwG wird Gesellschaften, die innerhalb dieses Sechs-Monats-Zeitraums einen Halbjahresfinanzbericht gemäß § 37w WpHG erstellt haben, gestattet, diesen anstelle einer speziell zu erstellenden Zwischenbilanz auszulegen bzw. zu veröffentlichen.[887]

Gem. § 8 Abs. 3 UmwG ist für eine innerstaatliche Verschmelzung der Verschmelzungsbericht der Vertretungsorgane nicht erforderlich, wenn die Anteilsinhaber aller beteiligten Rechtsträger auf seine Erstellung verzichten oder sich alle Anteile der übertragenden Gesellschaft in der Hand der übernehmenden Gesellschaft befinden. Die Regelung in § 8 Abs. 3 UmwG ist für die grenzüberschreitende innergemeinschaftliche Verschmelzung ausdrücklich ausgeschlossen. Durch das Änderungsgesetz ist nun § 8 Abs. 3 UmwG geändert bzw. durch einen neuen Abs. 3 ersetzt worden.

Der neue Absatz 3 schreibt vor, dass die Vertretungsorgane aller an der Verschmelzung beteiligten Kapitalgesellschaften deren Gesellschafter vor der Beschlussfassung über jede wesentliche Veränderung des Vermögens der Kapitalgesellschaft zu unterrichten haben, die zwischen dem Abschluss des gemeinsamen Verschmelzungsplans oder der dessen Entwurf und dem Zeitpunkt der Beschlussfassung eingetreten ist. Nach dem neuen § 8 Abs. 3 Satz 2 UmwG haben die Vertretungsorgane auch die Vertretungsorgane der anderen beteiligten Kapitalgesellschaften über solche Veränderungen zu unterrichten; diese haben ihrerseits die Gesellschafter der von ihnen vertretenen Kapitalgesellschaften vor der Beschlussfassung zu informieren. M.E. erstreckt sich die Auskunftsverpflichtung dieser Regelung bzgl. der wesentlichen Änderungen auf die spanischen bzw. evtl. restlichen ausländischen beteiligten Gesellschaften.

Die alte Regelung in § 8 Abs. 3 UmwG, die den Verzicht auf den Verschmelzungsbericht ermöglicht, bleibt aus systematischen Gründen weiterhin am Ende des § 8 UmwG erhalten und wurde auf Abs. 4 des § 8 UmwG verscho-

387. Richtlinienvorschlag bereits veröffentlicht in NZG 2009, 50; hierzu Sandhaus, NZG 2009, 41.

886 BGBl. I 2011, 1338; hierzu Heckschen, NJW 2011, 2390.

887 Ebenso Bayer/Schmidt, ZIP 2010, 953, 955; Neye/Jäckel, AG 2010, 237, 239; Diekmann, NZG 2010, 489, 490.

ben. Der Wortlaut bleibt unverändert und wirkungslos für grenzüberschreitende innergemeinschaftliche Verschmelzungsvorgänge.[888]

b) Spanisches Recht

Art. 60 LME i.V.m. Art. 33 LME setzen Art. 7 der VRL 2005/56/EG in spanisches Recht um. Zusammen mit dem gemeinsamen Verschmelzungsplan müssen die Verwalter der an der grenzüberschreitenden innergemeinschaftlichen Verschmelzung beteiligten spanischen Gesellschaften gem. Art. 60 Abs. 1 LME einen Verschmelzungsbericht (*„Informe de los Administradores"*) nach Art. 33 LME verfassen, dessen Inhalt sich nur auf die Gesellschaft, die sie verwalten, erstreckt.[889] Der Wortlaut des Art. 60 Abs. 1 LME beschränkt ausdrücklich die Zugänglichmachung des Verschmelzungsberichts auf Gesellschafter und Arbeitnehmer bzw. deren Vertreter.

Nach Art. 33 LME haben die Verwalter in dem Verschmelzungsbericht ausführlich sowohl die rechtlichen als auch die wirtschaftlichen Aspekte der Verschmelzung, insbesondere im Hinblick auf das Umtauschverhältnis der Anteile und eventuell auftretende Schwierigkeiten bei der Bewertung sowie die Auswirkungen der Verschmelzung auf die Gesellschafter, Gläubiger und Arbeitnehmer zu erklären und zu begründen.[890] Aus dem Wortlaut „mit speziellem Bezug auf" *„con especial referencia"* ergibt sich, dass, ebenfalls wie in Deutschland, Schwerpunkt des Verschmelzungsberichts bei der grenzüberschreitenden innergemeinschaftlichen Verschmelzung die Erläuterung der Ermittlung des Um-

888 § 8 Abs. 4 UmwG „Der Bericht nach Abs. 1 und die Unterrichtung nach Abs. 3 sind nicht erforderlich, wenn
1. alle Gesellschafter aller beteiligten Rechtsträger auf sie verzichten oder
2. sich alle Anteile des übertragenden Rechtsträgers in der Hand des übernehmenden Rechtsträgers befinden. Die Verzichtserklärungen sind notariell zu beurkunden.

889 Vgl. Memento Sociedades Mercantiles 2010, Rz. 5716; Ávila Navarro in Modificaciones Estructurales de las Sociedades Mercantiles. Ley 3/2009, S. 377; Sánchez-Calero Guilarte in Modificaciones Estructurales de las Sociedades Mercantiles, S. 494ff; Garrido de Palma in Ley 3/2009 de las Modificaciones Estructurales de las Sociedades Mercantiles, S. 75. Diese Regelungen der 60 i.V.m. Art. 33 LME waren bereits in Art. 237 LSA vorhanden. Durch Art. 237 wurde Art. 9 der Dritten Richtlinie 78/855/EWG des Rates v. 9. 10. 1978, ABl. EG Nr. L 295 v. 20. 10. 1978, S. 36 in spanisches Recht umgesetzt.

890 Vgl. Memento Sociedades Mercantiles 2010, Rz. 5718; Memento Reorganización Empresarial (Fusiones) 2009/2010, Rz. 7542; Ávila Navarro in Modificaciones Estructurales de las Sociedades Mercantiles. Ley 3/2009, S. 377.

tauschverhältnisses ist.[891] Der Verschmelzungsbericht dient in Spanien zur Information der Gesellschafter und der Arbeitnehmer (bzw. deren Vertretungen) der spanischen Kapitalgesellschaften.[892] Zusätzlich haben die Verwalter die Zwecke, Hintergründe und Zusammenhänge detailliert zu erläutern, die diese Verschmelzung begründen.[893]

Ergänzend sieht Art. 39 Abs. 3 LME eine zusätzliche Unterrichtungspflicht vor. Hiernach sind die Verwaltungsorgane jeder beteiligten Gesellschaft verpflichtet, die Hauptversammlung ihrer Gesellschaft und die Leitungs- oder Verwaltungsorgane der anderen beteiligten (inkl. deutschen/ausländichen) Gesellschaften von deren jeweiliger Hauptversammlung über jede zwischen der Aufstellung des gemeinsamen Verschmelzungsplans und dem Zeitpunkt der Beschlussfassung eingetretene Veränderung des Aktiv- oder Passivvermögens zu unterrichten.[894] Der spanische Gesetzgeber ist mit der Vorschrift einen Schritt voraus, da diese Regelung bereits vor der Verabschiedung der ÄndRL 2009/109 implementiert wurde, die in Art. 9 Abs. 2 ÄndRL 2009/109 diese Bestimmung enthält.[895]

4.6.2.4.3 Normadressat

a) Deutsches Recht

Der Verschmelzungsbericht ist den Gesellschaftern sowie dem zuständigen Betriebsrat oder, falls es keinen Betriebsrat gibt, unmittelbar den Arbeitnehmern der an der grenzüberschreitenden innergemeinschaftlichen Verschmelzung beteiligten deutschen Gesellschaft zugänglich zu machen.[896] Aus dem Wortlaut in §122e Satz 2 UmwG „beteiligte Gesellschaften" folgt, dass der Verschmelzungsbericht der beteiligten deutschen Kapitalgesellschaft lediglich deren Ge-

891 Ebenso Ávila Navarro in Modificaciones Estructurales de las Sociedades Mercantiles. Ley 3/2009 S.3/2009, S. 377.

892 Vgl. Ávila Navarro in Modificaciones Estructurales de las Sociedades Mercantiles. Ley 3/2009, S. 377, 473; Tapia Hermida in Fusiones y OPAS transfronterizas, S. 118, Sánchez-Calero Guilarte in Modificaciones Estructurales de las Sociedades Mercantiles, S. 494ff; Garrido de Palma in Ley 3/2009 de las Modificaciones Estructurales de las Sociedades Mercantiles, S. 75.

893 Vgl. Memento Sociedades Mercantiles 2010, Rz. 5718; Memento Sociedades Mercantiles 2009, Rz. 5741; Sánchez-Calero Guilarte in Modificaciones Estructurales de las Sociedades Mercantiles, S. 494ff; Garrido de Palma in Ley 3/2009 de las Modificaciones Estructurales de las Sociedades Mercantiles, S. 75

894 Die Vorschrift wurde bereits durch Art. 238 Abs. 2 LSA eingeführt; hierzu Memento Sociedades Mercantiles 2009, Rz. 5741.

895 Vgl. Art. 39 Abs. 3 LME.

896 Vgl. Simon/Rubner in Kölner Kommentar zum UmwG, § 122e UmwG, Rn. 1.

sellschaftern und Arbeitnehmern bzw. Betriebsrat zugänglich gemacht werden muss. Eine Zugänglichmachung gegenüber den Gesellschaftern und den Arbeitnehmern bzw. dem Betriebsrat der spanischen Gesellschaft bzw. anderen ausländischen Gesellschaften ist nicht erforderlich.[897]

b) Spanisches Recht

Im Einklang mit Art. 7 VRL 2005/56/EG hat das Verwaltungsorgan jeder der sich verschmelzenden spanischen Kapitalgesellschaften ihren Verschmelzungsbericht ebenfalls nur den Gesellschaftern und den Vertretern der Arbeitnehmer oder - wenn es solche Vertreter nicht gibt - den Arbeitnehmern ihrer Gesellschaft zugänglich zu machen.[898] Da der Verschmelzungsbericht auch detaillierte Erläuterungen über die Auswirkungen der grenzüberschreitenden innergemeinschaftlichen Verschmelzung (auch) für die Gläubiger[899] zu enthalten hat, ist fraglich, warum dieser lediglich Gesellschaftern und Arbeitnehmern bzw. deren Vertretern und nicht Gläubigern zugänglich zu machen ist.[900] Die gleiche Frage stellt sich auch aus deutscher Sicht, da § 122e UmwG ebenfalls den Wortlaut *„Im Verschmelzungsbericht...sind...Auswirkungen der grenzüberschreitenden Verschmelzung auf die Gläubiger..." ...zu erläutern..."* enthält. Aus dem Wortlaut des Gesetzes (weder in Spanien, Art. 33 LME noch in Deutschland, § 122e UmwG) ergibt sich jedoch diese Verpflichtung nicht.

4.6.2.4.4 Zeitraum der Zugänglichmachung und Offenlegung des Verschmelzungsberichts

Art. 7 Satz 2 VRL 2005/56/EG bestimmt, dass der Bericht den Gesellschaftern und den Vertretern der Arbeitnehmer oder - wenn es solche Vertreter nicht gibt - den Arbeitnehmern spätestens einen Monat vor der Gesellschafterversammlung zugänglich zu machen ist.[901]

a) Deutsches Recht

Der Verschmelzungsbericht ist nach § 122e Satz 2 UmwG im Einklang mit Art. 7 Satz 2 VRL 2005/56/EG spätestens einen Monat vor der Versammlung der

897 So in etwa Mayer in Widmann/Mayer, § 122e UmwG, Rz. 8 m.w.N.

898 Vgl. Art. 60 Abs. 1; hierzu Tapia Hermida in Fusiones y OPAS transfronterizas, S. 118; Ávila Navarro in Modificaciones Estructurales de las Sociedades Mercantiles. Ley 3/2009, S. 378, 473.

899 Art. 33 Abs. 1 LME.

900 Ebenso Membrilla Rivera in Modificaciones Estructurales de las Sociedades Mercantiles, S. 494 ff.

901 Hierzu Tapia Hermida in Fusiones y OPAS transfronterizas, S. 118.

Gesellschafter, die nach §122a Abs. 2 i.V.m § 13 UmwG über die Zustimmung zum Verschmelzungsplan beschließen soll, den Anteilsinhabern, dem zuständigen Betriebsrat bzw. den Arbeitnehmern nach § 63 Abs. 1 Nr. 4 UmwG zur Verfügung zu stellen. Dabei genügt stets ein Auslegen der Abschriften des Verschmelzungsberichtes in den Geschäftsräumen der Gesellschaft.[902]

b) Spanisches Recht

Art. 60 Abs. 1 i.V.m. Art. 33 LME bestimmt ebenfalls, dass der von den Vertretungsorganen erstellte Verschmelzungsbericht gem. Art. 33 LME spätestens einen Monat vor der Versammlung den Gesellschaftern sowie dem zuständigen Betriebsrat bzw. direkt den Arbeitnehmern zugänglich zu machen ist.[903] Die Offenlegung des Verschmelzungsberichts erfolgt gemäß Art. 60 Abs. 1 LME bei der Einberufung der Gesellschafterversammlung.[904] Dabei genügt, wie in Deutschland, ein Auslegen in den Geschäftsräumen der Gesellschaft *(„...para su examén en el domicilio social...“).*[905]

Ferner haben nach Art. 55 LME i.V.m Art. 39 Abs. 2 LME alle Gesellschafter sowie Arbeitnehmervertretungen bzw. direkt die Arbeitnehmer das Recht, auf Verlangen unverzüglich und kostenlos eine Abschrift der nach Art. 39 Abs. 1 LME auszulegenden Unterlagen zu erhalten.[906]

4.6.2.4.5 Form

Der Verschmelzungsbericht ist sowohl nach deutschem[907] als auch nach spanischem[908] Recht schriftlich zu erstellen und eigenhändig durch jedes Mitglied des Vertretungs- bzw. Verwaltungsorgans zu unterzeichnen.[909]

---

902 §§ 122e S. 2, 63 I Nr. 4 UmwG.

903 Vgl. Sequira Martín, RdS 2009, 33 (52); Tapia Hermida in Fusiones y OPAS Transfronterizas, S. 118; Memento Sociedades Mercantiles 2010, Rz. 5716

904 Hierzu Ávila Navarro in Modificaciones Estructurales de las Sociedades Mercantiles. Ley 3/2009 S.3/2009, S. 473.

905 Art. 39 Abs. 1 Nr. 2 i.V.m. 55 LME i.V.m. Art. 60 Abs. 1 LME; hierzu Ávila Navarro in Modificaciones Estructurales de las Sociedades Mercantiles. Ley 3/2009 S.3/2009, S. 395.

906 Hierzu Ávila Navarro in Modificaciones Estructurales de las Sociedades Mercantiles. Ley 3/2009 S.3/2009, S. 473.

907 § 122a Abs. 2 i.V.m. § 8 i.V.m. § 122e UmwG i.V.m. § 126 BGB. Nach der Verweisung des § 122a Abs. 2 UmwG gelten die allgemeinen Regelungen in § 8 Abs. 1 Satz 1 und Satz 2 UmwG; Handelsrechtsausschuss des DAV, NZG 2006, 737 (741); Mayer in Widmann/Mayer, § 122e UmwG, Rz. 10 m.w.N.; Simon/Rubner in Kölner Kommentar zum UmwG, § 122e UmwG, Rn. 5 m.w.N.

4.6.2.4.6 Berichtspflichtige Personen

a) Deutsches Recht

Aus deutscher Sicht ist der Verschmelzungsbericht durch das Vertretungsorgan der an der Verschmelzung beteiligten deutschen Gesellschaft zu erstatten.[910] Daraus folgt, dass Träger der Berichtspflicht bei der AG[911] der Vorstand, bei der GmbH die Geschäftsführung,[912] bei der KGaA der Komplementär[913] und bei der dualistischen SE das Leitungsorgan ist.[914] Der Verschmelzungsbericht ist von sämtlichen Vertretungsorganen zu erstatten. Da es sich bei der Berichtspflicht um eine persönliche Wissenserklärung handelt, ist eine Stellvertretung ausgeschlossen.[915]

b) Spanisches Recht

Nach Art. 60 Abs. 1 LME ist der Verschmelzungsbericht durch die Verwalter jeder einzelnen beteiligten spanischen Gesellschaft zu erstatten.[916]

Bei der *„Sociedad Anónima"* und der *„Sociedad de Responsabilidad Limitada"* ist der Verwalter für die Erstattung des Berichtes zuständig.[917] Nach spanischem Recht ist gemäß Art. 124 RRM in der Satzung die Ausgestaltung der Geschäftsführung zu bestimmen. Die Struktur der Verwaltung bzw. des Vorstands kann unterschiedlich ausgestaltet werden. Nach Art. 124 Abs. 1 RRM sind die folgenden Verwaltungsstrukturen zulässig:

- durch eine einzige Person;

---

908 Vgl. Ávila Navarro in Modificaciones Estructurales de las Sociedades Mercantiles. Ley 3/2009, S. 377.

909 § 122a Abs. 2 i.V.m. § 8 i.V.m. § 122e UmwG i.V.m. § 126 BGB; hierzu Simon/Rubner in Kölner Kommentar zum UmwG, § 122e UmwG, Rn. 5 m.w.N.; In Spanien: Memento Sociedades Mercantiles 2010, Rz. 5716; Memento Sociedades Mercantiles 2008, Rz. 5741.

910 §§ 122a Abs. 2 i.V.m. § 8 Abs. 1 Satz 1 UmwG.

911 § 122e Satz 1 i.V.m. § 8 Abs. 1 Satz 1 UmwG i.V.m. § 78 AktG.

912 § 122e Satz 1 i.V.m. § 8 Abs. 1 Satz 1 UmwG i.V.m. § 35 GmbHG.

913 § 122e Satz 1 i.V.m. § 8 Abs. 1 Satz 1 UmwG i.V.m. § 278 Abs. 2 AktG i.V.m. § 164 Satz 1 HGB.

914 Vgl. Becker in HK-Kommentar, § 122e UmwG, Rn. 3.

915 Ebenso Mayer in Widmann/Mayer, § 122e UmwG, Rz. 9 und § 8 UmwG, Rz. 14.

916 Hierzu Sequeira Martín, RdS 2009, 33 (52).

917 Vgl. Memento Sociedades Mercantiles 2008, Rz. 788.3

- durch zwei gemeinsame Vertretungsberechtigte;
- durch mehrere Geschäftsführer, die einzelvertretungsbefugt sind;
- durch den Verwaltungsrat *„Consejo de Administración"*.

Der Verwaltungsrat muss aus mindestens drei Mitgliedern bestehen, aus ihren Reihen muss ein Verwaltungsratsvorsitzender gewählt werden. Die Vertretung des Verwaltungsrats muss grundsätzlich durch alle Mitglieder gemeinsam erfolgen. Die Beschlüsse des Verwaltungsrates werden mit Stimmenmehrheit gefasst.[918]

4.6.2.4.7 Stellungnahme der Arbeitnehmervertreter

Nach Art. 7 Satz 3 VRL 2005/56/EG haben die Leitungs- oder Verwaltungsorgane der beteiligten Gesellschaften dem Bericht eine eventuelle Stellungnahme der Arbeitnehmervertreter beizufügen.[919]

a) Deutsches Recht

Die Regelung des Art. 7 Satz 3 VRL 2005/56/EG wurde in deutsches Recht nicht umgesetzt. Der Grund hierfür ist, dass das Vorliegen oder Nicht-Vorliegen einer etwaigen Stellungnahme des Betriebsrats oder der Vertreter der Arbeitnehmer keine Auswirkungen für das Verschmelzungsverfahren hat, da die Vertretungsorgane bei evtl. Einwendungen des Betriebsrates bzw. Arbeitnehmervertreters nicht verpflichtet sind, diese zu berücksichtigen.[920]

b) Spanisches Recht

In Einklang mit Art. 7 Satz 3 VRL 2005/56/EG schreibt Art. 60 Abs. 2 LME fest, dass in den Fällen, in denen die Verwaltungsorgane einer der verschmelzenden Gesellschaften rechtzeitig eine Stellungnahme der Arbeitnehmervertreter erhalten, sie dem nach Art. 33 LME zu erstattenden Bericht diese Stellungnahme anzufügen haben.[921] Die Arbeitnehmervertretung kann die Stellungnahme

---

918 Gemäß § 124 RRM ist in der Satzung die Struktur der Geschäftsführung zu bestimmen. Eine Kombination von Modellen ist unzulässig.

919 Art. 7 Satz 3 VRL 2005/56/EG.

920 Vgl. Simon/Rubner in Kölner Kommentar zum UmwG, § 122e UmwG, Rn. 19.

921 Vgl. Sequeira Martín, RdS 2009, 33 (52). Im Gegensatz hat der deutsche Gesetzgeber jedoch die Vorgabe des Art. 7 Abs. 3 VRL 2005/56/EG nicht berücksichtigt, da diese Regelung sich an Staaten richtet, die diese Stellungnahme bei innerstaatlichen Verschmelzungen vorsehen, zu denen Deutschland nicht zählt, so dass hier kein Umsetzungsbedarf bestand; Drinhausen/Gesell in Das SEStEG, S. 28 (Fn. 108 m.w.N.).

während der Gesellschafterversammlung direkt den Gesellschaftern gegenüber abgeben oder mündlich ihre Einwendungen mitteilen.[922] Das eventuelle Vorliegen einer Stellungnahme des Betriebsrats oder der Vertreter der Arbeitnehmer hat wie in Deutschland keine Auswirkungen für das Verschmelzungsverfahren, da die Verwaltungsorgane bei etwaigen Einwendungen des Betriebsrates bzw. Arbeitnehmervertreter nicht verpflichtet sind, diese zu berücksichtigen.[923]

4.6.2.4.8 Getrennter oder gemeinsamer Bericht der Vertretungs- bzw. Verwaltungsorgane

Anders als Art. 8 Abs. 2 VRL 2005/56/EG, der explizit eine gemeinsame Berichterstattung durch einen oder mehrere unabhängige Sachverständige (Verschmelzungsprüfer) für alle beteiligten Gesellschaften zulässt, enthält Art. 7 VRL 2005/56/EG keine Ausführungen, ob die Möglichkeit einer gemeinsamen Berichterstattung des Leitungs- oder Verwaltungsorgans besteht. Nach Art. 7 VRL 2005/56/EG soll grundsätzlich jede der verschmelzenden Gesellschaften einen für ihre Gesellschafter bestimmten Bericht erstellen. Aus der Formulierung des Art. 7 VRL 2005/56/EG folgt, dass im Grundsatz jedes Vertretungs- bzw. Verwaltungsorgan einen separaten Bericht zu erstellen hat.[924]

Nachfolgend soll sowohl nach deutschem als auch nach spanischem Recht untersucht werden, ob die Erstattung eines gemeinsamen Berichts nach den jeweiligen Rechtsordnungen zulässig ist.

a) Deutsches Recht

Nach deutschem Recht ist über die Verweisung in § 122e Satz 1 UmwG auf § 8 Abs. 1 Satz 1 Halbsatz 2 UmwG die Möglichkeit, auch für grenzüberschreitende innergemeinschaftliche Verschmelzungen einen gemeinsamen Bericht aufzustellen, gegeben.[925]

---

922 Vgl. Ávila Navarro in Modificaciones Estructurales de las Sociedades Mercantiles. Ley 3/2009, S. 473.

923 Vgl. Ávila Navarro in Modificaciones Estructurales de las Sociedades Mercantiles. Ley 3/2009, S. 473.

924 Hierzu Tapia Hermida in Fusiones y OPAS transfronterizas S. 118.

925 Vgl. Mayer in Widmann/Mayer, § 122e UmwG, Rz. 35; Bayer/Schmidt, NJW 2006, 401 (402); Müller, NZG 2006, 286; Drinhausen in Semler/Stengel, § 122e UmwG, Rn. 5; Becker in HK-Kommentar, § 122e UmwG, Rn. 5; Kiem, 2006, 1091 (1096), Müller, NZG 2006, 286 (288).

Die herrschende Meinung[926] in der deutschen Literatur vertritt zu Recht die Auffassung, dass die Erstattung eines gemeinsamen Verschmelzungsplanes bei einer grenzüberschreitenden innergemeinschaftlichen Verschmelzung nur möglich sein kann, wenn die Rechtsordnungen der beteiligten Gesellschaften ein solches Vorgehen zulassen und dieser inhaltlich die Voraussetzungen aller beteiligten Rechtsordnungen erfüllen.[927] Es kommt somit darauf an, ob auch nach spanischem Recht ein solches Vorgehen zulässig ist.

b) Spanisches Recht

Art. 60 Abs. 1 LME bestimmt, dass die Verwaltungsorgane jeder beteiligten Kapitalgesellschaft einen Verschmelzungsbericht nach den allgemeinen Regelungen zur Verschmelzung des Art. 33 LME[928] zu erstatten haben.[929] Über die Zulässigkeit einer Erstattung eines gemeinsamen Verschmelzungsprüfungsberichtes schweigt der neue Art. 33 LME ebenfalls. Aus der Formulierung *„jedes einzelne Verwaltungsorgan hat einen“* ergibt sich jedoch, dass die Berichte getrennt aufzustellen sind.[930]

Nach Auffassung der spanischen Literatur besteht allerdings bei einer innerstaatlichen spanischen Verschmelzung weiterhin ein Wahlrecht bezüglich der getrennten oder gemeinsamen Berichterstattung trotz der Formulierung *„jedes einzelne Verwaltungsorgan“*.[931] Da diese Option nicht ausdrücklich ausgeschlossen ist, kann m.E. der Verschmelzungsbericht über den Verschmelzungsplan

926 H.M. Mayer in Widmann/Mayer, § 122e UmwG, Rz. 35; ebenso Drinhausen in Semler/Stengel, §122e UmwG, Rz. 5; Müller, NZG 2006, 286 (288); Müller, Der Konzern 2007, 81 (82); Bayer/Schmidt, NJW 2006, 401 (403); Hörtnagl in Schmitt/Hörtnagl/Stratz, § 122e UmwG, Rn. 4; zweifelnd jedoch zustimmend Klein, RNotZ 2007, 565 (592) m.w.N.; Drinhausen Keinath, BB 2006, 725 (728); Kiem, WM 2006, 1091 (1096); Louven, ZIP 2006, 2021 (2026); Vetter, AG 2006, 613 (621); Bayer in Lutter, § 122e UmwG, Rn. 4; Frenzel in Grenzüberschreitende Verschmelzung von Kapitalgesellschaften S. 239; H-F. Müller, ZIP 2007, 1081 (1085); H-F. Müller, Der Konzern 2007, 81 (82); Becker in HK-Kommentar, § 122e UmwG, Rn. 5 m.w.N.

927 Vgl. Drinhausen in Semler/Stengel, § 122e UmwG, Rn. 5; Tebben/Tebben, DB 2007, 2355 (2359)

928 Nach Umsetzung des Art. 7 VRL 2005/56/EG in spanisches Recht wird Art. 237 LSA durch Art. 33 LME ersetzt. Art. 33 LME enthält jedoch die gleiche Formulierung des Art. 237 LSA a.F. hierzu Sequeira Martín, RdS 2009, 33 (38).

929 „.. el Informe de los Administradores de cada una de las Sociedades que participan en la Fusión Transfronteriza…"

930 Vgl. Mambrilla Rivera in Modificaciones Estructurales de las Sociedades Mercantiles, S. 912.

931 Vgl. Memento Sociedades Mercantiles 2010, Rz. 5716; Memento Sociedades Mercantiles 2009, Rz. 5741.

gemeinsam oder getrennt (auch für die grenzüberschreitende innergemeinschaftliche Verschmelzung) erstattet werden.[932]

c) Zwischenergebnis

Nach der VRL 2005/56/EG ist grundsätzlich die Erstattung von getrennten Verschmelzungsberichten vorgesehen. Trotz Fehlens einer entsprechenden Regelung in der VRL 2005/56/EG dürfte bei einer grenzüberschreitenden innergemeinschaftlichen Verschmelzung eine gemeinsame Berichterstattung zulässig sein, wenn dies von den Rechtsordnungen der beteiligten Gesellschaften zugelassen wird und die gemeinsame Berichterstattung inhaltlich die Voraussetzungen aller beteiligten Rechtsordnungen erfüllt.[933]

Nach § 8 Abs. 1 Satz 1 Halbsatz 2 UmwG können bei einer innerstaatlichen Verschmelzung die zuständigen Organe der beteiligten Gesellschaften einen gemeinsamen Verschmelzungsbericht erstatten. Die Ausführungen zeigen, dass aus deutscher Sicht nach § 122e Satz 1 UmwG[934] auf § 8 Abs. 1 Satz 1 Halbsatz 2 UmwG keine Bedenken gegen die Möglichkeit der gemeinsamen Berichterstattung bei grenzüberschreitenden innergemeinschaftlichen Verschmelzungen bestehen, solange den Anforderungen aller beteiligten Rechtsordnungen (Vereinigungstheorie) an den Bericht genüge getan wird.[935] Aus spanischer Sicht ist die gemeinsame Berichterstattung ebenfalls zulässig.[936]

4.6.2.4.9 Keine Verzichtsmöglichkeiten

Im Gegensatz zur Verschmelzungsprüfung ist in der VRL 2005/56/EG für den Verschmelzungsbericht der Vertretungs- bzw. Verwaltungsorgane keine Verzichtsmöglichkeit vorgesehen.[937]

a) Deutsches Recht

Aus deutscher Sicht ist nach § 8 Abs. 3 UmwG die Erstellung des Verschmelzungsberichts bei innerstaatlichen Verschmelzungen überflüssig, wenn entweder

---

932 Ebenso Memento Sociedades Mercantiles 2009, Rz. 5741, Ávila Navarro in Modificaciones Estructurales de las Sociedades Mercantiles. Ley 3/2009, S. 377.

933 Vgl. in Deutschland: Bayer in Lutter, § 122e UmwG, Rn. 4; in Spanien: Tapia Hermida in Fusiones y OPAS, S. 118.

934 Vgl. Kiem, WM 2006, 1091 (1096), Müller, NZG 2006, 286 (288); Mayer in Widmann/Mayer, § 122e UmwG, Rz. 35 m.w.N.

935 Ebenso Drinhausen in Semler/Stengel, § 122e UmwG, Rn. 5.

936 Vgl. Memento Sociedades Mercantiles 2009, Rz. 5741.

937 Vgl. Mayer in Widmann/Mayer, § 122e UmwG, Rz. 37.

die Gesellschafter aller beteiligten Rechtsträger durch notariell beurkundete Erklärung[938] verzichten oder die aufnehmende Gesellschaft alle Anteile an der übertragenden hält. Nach deutschem Recht findet jedoch § 8 Abs. 3 UmwG bei grenzüberschreitenden innergemeinschaftlichen Verschmelzungen gemäß § 122e Satz 3 UmwG ausdrücklich keine Anwendung.[939]

Der Grund für den Ausschluss der Verzichtbarkeit liegt darin, dass der Bericht nicht nur zur Information der Gesellschafter sondern auch der Arbeitnehmer dient (Doppelschutzfunktion[940]). Die Erstattung des Verschmelzungsberichts stellt insoweit das zentrale Informationsinstrument dar.[941] Daraus folgt, dass ein Verzicht der Gesellschafter auf die Erstellung des Verschmelzungsberichts ausgeschlossen ist.

Nach einigen Stimmen der Literatur ist jedoch der Verzicht auf die Berichterstattung bei einer arbeitnehmerlosen Gesellschaft ausnahmsweise möglich.[942]. *Drinhausen*[943] vertritt u.a.[944] außerdem die Meinung, dass ein Verzicht auf den Verschmelzungsbericht auch zulässig sei, wenn die Gesellschafter aller beteiligten Gesellschaften und die zuständigen Betriebsräte oder, falls es keinen Betriebsrat gibt, die betroffenen Arbeitnehmer der an der grenzüberschreitenden innergemeinschaftlichen Verschmelzung beteiligten Gesellschaften auf die Erstellung des Berichts verzichten.

Der deutsche Gesetzgeber hat sich gegen die Empfehlungen, eine Regelung in § 122e UmwG aufzunehmen, die einen Verzicht auf den Verschmelzungsbericht bei Zustimmung aller Gesellschafter, Arbeitnehmer bzw. des Betriebsrates

---

938 Hierzu. Hörtnagl in Schmitt/Hörtnagl/Stratz, § 122e UmwG, Rn. 14.

939 Vgl. Neye/Timm GmbHR 2007, 561.

940 Vgl. Bayer in Lutter, § 122e UmwG, Rn. 15.

941 Vgl. Friedl/Krämer in Formularbuch Recht und Steuern, 6. Auflage 2008, (Rechtsstand: 1.4.2008). Rn. 8.

942 Vgl. Drinhausen in Semler/Stengel, § 122e UmwG, Rn. 13 auf Grundlage des Schutzzwecks der Regelung sei eine teleologische Reduktion möglich; Gesell/Krömker, DB 2006, 2558, 2562; ebenso Bayer/Schmidt, NZG 2006, 841, 842; Louven, ZIP 2006, 2021, 2026; Vetter AG 2006, 613, 620 f., die eine entsprechende gesetzliche Regelung als richtlinienkonform ansehen würden. Zweifelnd hingegen Simon/Rubner, Der Konzern 2006, 835, 838.

943 Vgl. Drinhausen in Semler/Stengel, § 122e UmwG, Rn. 13, m.w.N.

944 Vgl. Simon/Rubner in Kölner Kommentar zum UmwG, § 122e UmwG, Rn. 10, die jedoch bei Vorliegen von Verzichterklärungen von den Anteilsinhabern solange keine Arbeitnehmer vorhanden sind, den Verzicht auf den Bericht als zulässig erachten; a.A Drinhausen in Semler/Stengel, § 122e UmwG, Rn. 13, m.w.N.; Hörtnagl in Schmitt/Hörtnagl/Stratz, § 122e UmwG, Rn. 14.

ermöglicht, entschieden.[945] Die Meinung von *Drinhausen* entspricht § 8 Abs. 3 UmwG, dessen Anwendung in § 122e UmwG ausdrücklich (gegen die Empfehlungen) ausgeschlossen wird. Dieser Meinung ist daher nicht zu folgen.[946]

b) Spanisches Recht

(1) Keine Verzichtsmöglichkeit bei 100%ger Beteiligung

Durch Art. 49 LME wurde nun Art. 250 LSA a.F. ersetzt. Durch den Verweis von Art. 55 LME finden die Sonderregelungen für Sonderfälle „*Fusiones Especiales*“ des Abschnitts VIII Anwendung. Art. 49 LME sieht Erleichterungen für eine Verschmelzung vor, wenn die übernehmende Gesellschaft 100 % der Aktien oder sonstigen Geschäftsanteile an der übertragenden Gesellschaft hält.[947] Daraus folgt, dass bei einer Verschmelzung einer Tochtergesellschaft auf ihre Muttergesellschaft (sog. Aufwärtsverschmelzung – 100%ige Beteiligung) nach Art. 49 Abs. 1 Nr. 2 Satz 1 LME grundsätzlich kein Verschmelzungsbericht von den Verwaltern erforderlich ist.[948]

Art. 49 Abs. 1 Nr. 2 Satz 2 LME beschränkt jedoch diese Erleichterung auf innerstaatliche Vorgänge. Somit ist bei einer grenzüberschreitenden innergemeinschaftlichen Verschmelzung ein Verschmelzungsbericht durch die Verwalter stets zu erstatten.[949]

---

945 Vgl. Bayer/Schmidt, NZG 2006, 841 (842); DNotV, Stellungnahme zum Referentenentwurf Nr. 9b, abrufbar unter www.dnotv.de; Mayer in Widmann/Mayer, § 122e UmwG, Rz. 38 m.w.N.

946 Ebenso Mayer in Widmann/Mayer, § 122e UmwG, Rz. 37; Limmer, Rn. 3129; Simon/Rubner in Kölner Kommentar zum UmwG, § 122e UmwG, Rn. 9ff, die jedoch bei Vorliegen von Verzichterklärungen von den Anteilsinhabern solange keine Arbeitnehmer vorhanden sind, den Verzicht auf den Bericht als zulässig erachten; a.A Drinhausen in Semler/Stengel, § 122e UmwG, Rn. 13, m.w.N.; Hörtnagl in Schmitt/Hörtnagl/Stratz, § 122e UmwG, Rn. 14.

947 Vgl. Memento Sociedades Mercantiles 2010, Rz. 5717.

948 Vgl. Mambrilla Rivera in Modificaciones Estructurales de las Sociedades Mercantiles, Band I, S. 913.

949 Art. 49 Abs. 1 Nr. 2 Satz 2 LME; hierzu Memento Sociedades Mercantiles 2010, Rz. 5717; Ávila Navarro in Modificaciones Estructurales de las Sociedades Mercantiles. Ley 3/2009, S. 379; Sequeira Martín, RdS 2009, 33; Mambrilla Rivera in Modificaciones Estructurales de las Sociedades Mercantiles, Band I, S. 913.

(2) Keine Verzichtsmöglichkeit bei 90%iger Beteiligung

Nach spanischem Recht sind gemäß Art. 50 Abs. 1 Satz 1 LME für eine innerstaatliche Verschmelzung keine Verschmelzungsberichte durch die Verwalter oder die unabhängigen Sachverständigen erforderlich, sofern die übernehmende Gesellschaft mittelbar oder unmittelbar 90 % oder mehr jedoch weniger als 100 % der Anteile an der übertragenden Aktiengesellschaft („*Sociedad Anónima*") oder Gesellschaft mit beschränkter Haftung („*Sociedad de Responsabilidad Limitada*") hält.[950] Voraussetzung hierfür ist jedoch, dass die Minderheitsgesellschafter der übertragenden Gesellschaften im Verschmelzungsplan durch die übernehmende Gesellschaft innerhalb der Frist eines Monats ab dem Datum der Eintragung im Handelsregister ein Angebot für den Erwerb dieser Aktien oder sonstigen Geschäftsanteile erhalten und dieses Angebot als angemessen bewertet wird.[951] Gemäß Art. 50 Abs. 1 Satz 2 LME ist jedoch bei der grenzüberschreitenden innergemeinschaftlichen Verschmelzung die Erstattung des Verschmelzungsberichts durch die Verwalter stets erforderlich.[952]

4.6.2.5 Verschmelzungsprüfung

Art. 8 VRL 2005/56/EG bestimmt, dass grundsätzlich für jede der sich verschmelzenden Kapitalgesellschaften oder alternativ ein einziger für alle Gesellschafter bestimmter schriftlicher Bericht durch einen oder mehrere unabhängige Sachverständige erstellt wird.

4.6.2.5.1 Zweck und Gegenstand der Prüfung

Der Verschmelzungsprüfungsbericht muss nach Art. 8 Abs. 3 Halbsatz 1 der VRL 2005/56/EG zumindest die Angaben nach Art. 10 Abs. 2 der Richtlinie 78/855/EWG enthalten. Hiernach haben die unabhängigen Prüfer (Verschmelzungsprüfer) in dem von ihnen erstellten Bericht in jedem Fall zu erklären, ob das Umtauschverhältnis ihrer Ansicht nach angemessen ist. Diese Erklärung hat zumindest die folgenden Angaben zu enthalten:

---

950 Vgl. Memento Sociedades Mercantiles 2010, Rz. 5717, 5794.

951 Art. 50 Abs. 1 Satz 1 LME; hierzu Memento Sociedades Mercantiles 2010, Rz. 5717, 5788, 5794ff; Ávila Navarro in Modificaciones Estructurales de las Sociedades Mercantiles. Ley 3/2009, S. 377.

952 Vgl. Ávila Navarro in Modificaciones Estructurales de las Sociedades Mercantiles. Ley 3/2009, S. 378, 473; Sequeira Martín, RdS 2009, 33 (52); Memento Sociedades Mercantiles 2010, Rz. 5717, 5794.

- die Bewertungsmethode bzw. –methoden, die zur Ermittlung des Umtauschverhältnisses eingesetzt wurden;
- ob diese Bewertungsmethode bzw. -methoden im vorliegenden Fall als angemessen anzusehen sind und welche Werte sich bei jeder dieser Bewertungsmethoden ergeben; zugleich ist dazu Stellung zu nehmen, welche relative Bedeutung diesen Methoden bei der Bestimmung des zugrunde gelegten Wertes beigemessen wurde.[953]

Im Falle, dass besondere Schwierigkeiten bei der Bewertung aufgetreten sind, ist auf diese in dem Bericht hinzuweisen.[954]

a) Deutsches Recht

Der deutsche Gesetzgeber hat Art. 8 VRL 2005/56/EG durch § 122f UmwG in nationales Recht übernommen.

Die Verschmelzungsprüfung dient dem Schutz der Gesellschafter der an der grenzüberschreitenden innergemeinschaftlichen Verschmelzung beteiligten Gesellschaften.[955] Gegenstand der Prüfung ist daher der gemeinsame Verschmelzungsplan bzw. dessen Entwurf, da dieser formell und materiell unvollständig sein kann und dadurch die Gesellschafter die Richtigkeit des gemeinsamen Verschmelzungsplanes und insbesondere die Angemessenheit des Umtauschverhältnisses nicht abschließend beurteilen könnten.[956]

§ 122f S. 1 UmwG verweist auf § 12 UmwG. Nach § 12 UmwG haben die unabhängigen Sachverständigen (Verschmelzungsprüfer) über das Ergebnis ihrer Prüfung einen schriftlichen Bericht zu erstellen (Verschmelzungsprüfungsbericht).Die Anforderungen an den Verschmelzungsprüfungsbericht richten sich für die beteiligten deutschen Gesellschaften nach § 12 Satz 2 UmwG. Im Einklang mit Art. 8 VRL 2005/56/EG ist Kernstück der Prüfung die Angemessenheit des Umtauschverhältnisses und ggf. die Höhe der baren Zuzahlungen.[957]

Ferner müssen die Sachverständigen in ihrem Verschmelzungsbericht erläutern, nach welcher oder welchen Methoden das zugrundeliegende Umtauschverhältnis bestimmt worden ist sowie, ob diese im vorliegenden Fall verwendete Methode oder Methoden angemessen sind und welche Werte sich bei jeder die-

953 Artikel 10 Abs. 2 Richtlinie 78/855/EWG.

954 Vgl. Tapia Hermida in Fusiones y OPAS Transfronterizas S. 119.

955 Art. 8 Abs. 1 VRL 2005/56; Simon Rubner in Kölner Kommentar zum UmwG, § 122f UmwG, Rn. 3; Becker in MK-Kommentar § 122f UmwG, Rn. 2.

956 Vgl. Mayer in Widmann/Mayer, § 122f UmwG, Rz. 4, Rz. 18.

957 Vgl. Hörtnagl in Schmitt/Hörtnagl/Stratz, § 122f UmwG, Rn. 4; Mayer in Widmann/Mayer, § 122f UmwG, Rz. 18

ser Methoden ergeben. Zugleich ist dazu Stellung zu nehmen, welche relative Bedeutung diesen Methoden bei der Bestimmung des zugrunde gelegten Wertes beigemessen wurde. Darüber hinaus muss der Bericht auch darauf hinweisen, ob bei der Bewertung besondere Schwierigkeiten aufgetreten sind.[958]

b) Spanisches Recht

In Spanien dient die Verschmelzungsprüfung durch die Erstellung eines Verschmelzungsprüfungsberichts *(„Informe de expertos sobre el proyecto de fusión")*ebenfalls in erster Linie dem Schutz der Gesellschafter, die eine Wahl zwischen Verbleib und Austritt in den beteiligten Gesellschaften haben und dem Risiko ausgesetzt sind, aufgrund der grenzüberschreitenden innergemeinschaftlichen Verschmelzung erhebliche Vermögenseinbußen zu erleiden, sowohl seitens der übertragenden wie auch der übernehmenden Gesellschaft.[959] Gegenstand der Prüfung durch den Verschmelzungsprüfer ist somit, wie in Deutschland, die formelle und materielle Richtig- und Vollständigkeit des gemeinsamen Verschmelzungsplanes (jedoch nicht dessen Entwurf).[960]

In Spanien haben die Sachverständigen nach Art. 34 Abs. 3 LME i.V.m. Art. 55 LME ebenfalls in dem Verschmelzungsprüfungsbericht zu erklären:[961]

- ob das Umtauschverhältnis angemessen ist unter Angabe der zu Grunde liegenden Methoden
- ob diese Methode oder Methoden im vorliegenden Fall angemessen sind und welche Werte sich bei jeder dieser Methoden ergeben; zugleich ist dazu Stellung zu nehmen, welche relative Bedeutung diese Methoden bei der Bestimmung des zugrunde gelegten Wertes hatten;
- ob bei der Bewertung besondere Schwierigkeiten aufgetreten sind;
- bei der Verschmelzung zur Aufnahme, ob das Vermögen der übertragenden Gesellschaften zumindest der Kapitalerhöhung bei der übernehmenden Gesellschaft entspricht.[962]

Derzeit ist in Spanien die Frage ungeklärt, ob das Verschmelzungsverfahren angefochten werden soll/kann, wenn der Verschmelzungsprüfer in seinem Be-

958 Vgl. Mayer in Widmann/Mayer, § 122f UmwG, Rz. 18.

959 Vgl. Memento Sociedades Mercantiles 2010, Rz. 5725.

960 Vgl. Garrido de Palma in La Ley 3/2009 de las modificaciones estructurales de las sociedades mercantiles, S. 78.

961 Vgl. Tapia Hermida in Fusiones y OPAS transfronterizas S. 119.

962 Vgl. Sociedades Mercantiles 2010, Rz. 5725 m.w.N.; vgl. Tapia Hermida in Fusiones y OPAS Transfronterizas S. 119.

richt zum Ergebnis kommt, dass das Umtauschverhältnis seiner Ansicht nach nicht angemessen ist.[963] Nach richtiger Auffassung[964] kann das Verschmelzungsverfahren aus diesem Grund nicht angefochten werden, da der Verschmelzungsprüfungsbericht der Hauptversammlung vorgelegt wird, die über den gemeinsamen Verschmelzungsplan beschließt und somit ohnehin die Möglichkeit hat, den Verschmelzungsplan abzulehnen. Wird dem Verschmelzungsplan aufgrund des unangemessenen Umtauschverhältnisses nicht zugestimmt, so ist der Verschmelzungsplan neu zu erstellen und das Umtauschverhältnis entsprechend anzupassen. Anschließend ist ein neuer Bericht durch einen Sachverständigen erstatten zu lassen. Außerdem haben die Gesellschafter einer übertragenden spanischen Kapitalgesellschaft die Möglichkeit, ein Spruchverfahren nach Art. 38 Abs. 2 i.V.m. Art. 55 LME einzuleiten, wenn sie mit dem Umtauschverhältnis nicht einverstanden sind.[965]

4.6.2.5.2 Zeitpunkt für das Vorliegen des Verschmelzungsprüfungsberichts

Über das Prüfungsergebnis soll ein Bericht erstattet werden, der im Einklang mit Art. 8 Abs. 1 VRL2005/56/EG sowohl nach deutschem[966] als auch nach spanischem[967] Recht spätestens einen Monat vor der Gesellschafterversammlung vorliegen muss.[968]

---

963 Vgl. Bereits so in Memento Sociedades Mercantiles 2008, Rz. 5739; Memento Sociedades Mercantiles 2010, Rz. 5725.

964 Vgl. Bereits so in Memento Sociedades Mercantiles 2008, Rz. 5739; Memento Sociedades Mercantiles 2010, Rz. 5725.

965 Hierzu ausführlich unter Verbesserung des Umtauschverhältnisses.

966 § 122f Satz 2 UmwG.

967 Art. 55 LME i.V.m. Art. 39 Abs. 1 Nr. 3 LME i.V.m Art. 40 Abs. 2 LME (für die "SRL" i.V.m. Art. 67 LME); hierzu Sociedades Mercantiles 2010, Rz. 5725. m.w.N.; vgl. Tapia Hermida in Fusiones y OPAS Transfronterizas S. 119.

968 § 122f Satz UmwG i.V.m. § 13 UmwG; hierzu Winkeljohann/Fuhrmann in Handbuch Umwandlungsrecht, S. 554 m.w.N. In Spanien Art. 55 LME i.V.m. Art. 39 Abs. 1 Nr. 3 LME i.V.m Art. 40 Abs. 2 LME (für die "SRL" i.V.m. Art. 67 LME); Sociedades Mercantiles 2010, Rz. 5725 m.w.N.; vgl. Tapia Hermida in Fusiones y OPAS Transfronterizas S. 119.

4.6.2.5.3 Person des Prüfers

Als Verschmelzungsprüfer können je nach Recht der EU-Staaten natürliche oder juristische Personen bestellt werden.[969] Die Anforderungen an die Qualifikationen des Sachverständigen ergeben sich aus den jeweiligen Rechtsordnungen.[970]

a) Deutsches Recht

Die Anforderungen an die Qualifikation des Verschmelzungsprüfers richten sich nach § 122f Satz 1 i.V.m. § 11 Abs. 1 UmwG.[971] Hiernach können Verschmelzungsprüfer Wirtschaftsprüfer und Wirtschaftsprüfungsgesellschaften (natürliche oder juristische Personen) sein. Der Verschmelzungsprüfer muss als solcher gem. § 122f Satz 1 i.V.m. § 11 Abs. 1 UmwG i.V.m. 319 Abs. 1 bis Abs. 3 HGB qualifiziert sein. Hinsichtlich der zivil- und strafrechtlichen Haftung der Prüfer der Verschmelzung finden § 122f Satz 1 i.V.m. § 11 Abs. 2 UmwG i.V.m. § 323 Abs. 2 HGB sowie §§ 314, 315 UmwG Anwendung.[972]

b) Spanisches Recht

Verschmelzungsprüfer können ebenfalls Wirtschaftsprüfer und Wirtschaftsprüfungsgesellschaften sein, die eine entsprechende Qualifikation aufweisen.

Wenn die Prüfung nach spanischem Recht erfolgt, gelten hinsichtlich der zivil- und strafrechtlichen Verantwortlichkeit der Verschmelzungsprüfer kraft der Verweisung in Art. 55 i.V.m. 34 Abs. 4 LME ebenso wie bei nationalen Verschmelzungen die Art. 34 Abs. 4 LME i.V.m. Art. 11 Gesetz 19/1988[973] i.V.m. Art. 42ff des königlichen Dekretes 1636/1990 Reglament des Gesetzes zu Wirtschaftsprüfung.[974]

---

969 Art. 8 Abs. 1 VRL 2005/56/EG ; Memento Sociedades Mercantiles 2008, Rz. 4843; vgl. Tapia Hermida in Fusiones y OPAS Transfronterizas S. 118.

970 Vgl. Tapia Hermida in Fusiones y OPAS Transfronterizas S. 119.

971 Vgl. Drinhausen in Semler/Stengel, § 122f UmwG, Rn. 3 m.w.N.; Hörtnagl in Schmitt/Hörtnagl/Stratz, § 122f UmwG, Rn. 3.

972 Hierzu Bayer in Lutter, § 122f UmwG, Rn. 14 m.w.N.

973 Gesetz 19/1988 v. 12.7.1988 entspricht dem deutschen Wirtschaftsprüfungsgesetz (WPG).

974 Königliches Dekret 1636/1990 v. 20.12.1990 zur Reglementierung des Wirtschaftsprüfungsgesetz, BOE Nr 308 v. 5. 12.1988 ; hierzu Ávila Navarro, Modificaciones Estructurales de las Sociedades Mercantiles. Ley 3/2009, S. 380.

4.6.2.5.4 Sprache

Die durch die Verschmelzungsprüfung bezweckte Schutzfunktion der Gesellschafter würde ins Leere laufen, wenn die Verschmelzungsprüfung in einer Sprache abgefasst wäre, die für die Gesellschafter der beteiligten Gesellschaften nicht verständlich ist.[975]

Der Verschmelzungsbericht ist bei einer getrennten Prüfung in Deutschland in deutscher Sprache zu verfassen oder ins Deutsche zu übersetzen.[976] Entsprechend ist in Spanien der Verschmelzungsbericht in spanischer Sprache abzufassen oder ins Spanische zu übersetzen.[977]

Im Falle, dass die Verwaltungs- und Vertretungsorgane der beteiligten spanischen und deutschen Gesellschaften sich für eine gemeinsame Prüfung entscheiden, ist der Prüfungsbericht sowohl in deutscher[978] als auch in spanischer[979]Sprache abzufassen, da dieser den deutschen[980] und der spanischen[981] Gesellschaftern in ihrer jeweiligen Sprache vorgelegt werden muss. Dabei kann, wie von *Mayer* vorgeschlagen, eine bestimmte Sprachfassung als rechtlich maßgeblich festgesetzt werden. Die andere Sprachfassung ist somit lediglich eine einfache Übersetzung zu Informationszwecken.[982] Selbstverständlich ist die Abfassung des Verschmelzungsprüfungsberichts in einer dritten Sprache bspw. englisch möglich, solange der durch die Verschmelzungsprüfung bezweckte Schutz der Gesellschafter sichergestellt werden kann.

---

975 Vgl. Mayer in Widmann/Mayer, § 122f UmwG, Rz. 23; Lázaro Sánchez in Noticias de la Unión Europea 2006, 25 (29).

976 Vgl. Simon/Rubner in Kölner Kommentar zum UmwG, § 122f UmwG, Rn. 10; Mayer in Widmann/Mayer, § 122f UmwG, Rz. 23; Hörtnagl in Schmitt/Hörtnagl/Stratz, § 122f UmwG, Rn. 5.

977 Vgl. Lázaro Sánchez in Noticias de la Unión Europea 2006, 25 (29).

978 Mayer in Widmann/Mayer, § 122f UmwG, Rz. 23; Drinhausen in Semler/Stengel, § 122f UmwG, Rz. 6 m.w.N.

979 Garcimartín Alférez in Derecho de Sociedades: Problemas de la Ley aplicable, S. 121 abrufbar unter: http://www.uam.es/centros/derecho/privado/mercanti/investigacion/fga%20-%20DER%20INT%20SOC.pdf.; Lázaro Sánchez in Noticias de la Unión Europea 2006, 25.

980 § 122f Satz 2 UmwG.

981 Art. 55 LME i.V.m. Art. 39 Abs. 1 Nr. 3 LME i.V.m Art. 40 Abs. 2 LME (für die"SRL" i.V.m. Art. 67 LME).

982 Mayer in Widmann/Mayer, § 122f UmwG, Rz. 23.

4.6.2.5.5 Getrennte Verschmelzungsprüfung (Grundsatz)

Nach Art. 8 Abs. 1 VRL 2005/56/EG wird grundsätzlich für jede der sich verschmelzenden Gesellschaften ein für die Gesellschafter bestimmter Bericht unabhängiger Sachverständiger erstellt.[983]

Aus der Formulierung des Art. 8 Abs. 1 VRL 2005/56/EG ergibt sich, dass im Grundsatz für jede einzelne Gesellschaft, die sich an einer grenzüberschreitenden innergemeinschaftlichen Verschmelzung beteiligt, ein Verschmelzungsprüfungsbericht durch einen unabhängigen Verschmelzungsprüfer zu erstellen ist.

a) Kollisionsrecht

Entscheiden sich die beteiligten deutschen und spanischen Kapitalgesellschaften für eine getrennte Prüfung, so finden die allgemeinen Grundsätze der Vereinigungstheorie keine Anwendung. Die Gesellschaften entscheiden sich allein und ausschließlich jeweils dem deutschen und dem spanischen Recht zu unterwerfen.[984]

b) Deutsches Recht

§ 122f Satz 1 UmwG ordnet die Prüfung für jede am grenzüberschreitenden innergemeinschaftlichen Verschmelzungsvorgang beteiligte deutsche Kapitalgesellschaft, somit gilt grundsätzlich die Durchführung einer getrennten Prüfung. Soweit bei getrennter Prüfung über § 122f Satz 1 Halbsatz 1 UmwG ausschließlich deutsches Recht zur Anwendung berufen ist, ergeben sich die Anforderungen aus § 11 Abs. 1 UmwG i.V.m. § 319 Abs. 1 bis 3 HGB.

Die Verschmelzungsprüfer werden auf Antrag des Vertretungsorgans vom Landgericht ausgewählt und bestellt.[985] Daraus folgt, dass die Verschmelzungsprüfer grundsätzlich auf getrennten Antrag des Vertretungsorgans bestellt werden.

Nach § 48 UmwG sind für eine innerstaatliche Verschmelzung die Verschmelzungsprüfung und der Verschmelzungsbericht bei einer GmbH nur dann erforderlich, wenn einer ihrer Gesellschafter dies verlangt. Diese Bestimmung

---

983 Vgl. Tapia Hermida in Fusiones y OPAS Transfronterizas S. 118.

984 Vgl. Simon /Rubner in Kölner Kommentar zum UmwG, § 122f UmwG, Rn. 4; Bayer in Lutter, § 122f UmwG, Rn. 3 m.w.N.; Bayer/Schmidt, NZG 2006, 841 (842); Mayer in Widmann/Mayer, § 122f UmwG, Rz. 12 m.w.N.; Müller, NZG 2006, 286 (288); Drinhausen/Keinath, BB 2006, 725 (729); Dinhausen in Semler/Stengel, § 122f UmwG, Rn. 5 m.w.N.

985 § 122f Satz 1 i.V.m. § 10 Abs. 1 Satz 1 UmwG.

findet durch die Umsetzung von Art. 8 VRL 2005/56/EG ausdrücklich in § 122f Satz 1 Halbsatz 1 UmwG keine Anwendung. Nach Art. 8 VRL 2005/56/EG muss die Verschmelzungsprüfung unabhängig davon durchgeführt werden, ob die Gesellschafter diese beantragen oder nicht.

Eine Verschmelzungsprüfung hat gem. §§ 122f Satz 1 Hs. 1 i.V.m 9-12 UmwG grundsätzlich stets für alle rechtlich möglichen grenzüberschreitenden innergemeinschaftlichen Verschmelzungen nach § 122a UmwG und für alle verschmelzungsfähigen Gesellschaften i.S.d. § 122b Abs. 1 zu erfolgen. Daraus folgt, dass bei der GmbH ebenfalls grundsätzlich stets eine Verschmelzungsprüfung durchzuführen ist.

c) Spanisches Recht

Titel II, Kapitel II LME, der die Sondervorschriften für die grenzüberschreitende innergemeinschaftliche Verschmelzung regelt, enthält keine Sonderbestimmungen, die die Bestellung des Verschmelzungsprüfers bei der grenzüberschreitenden innergemeinschaftlichen Verschmelzung regeln. Die allgemeinen Regelungen zur innerstaatlichen Verschmelzung sind somit entsprechend anwendbar. Maßgebliche Vorschrift für die Bestellung des Verschmelzungsprüfers ist hier aufgrund der Verweisung in Art. 55 LME, Art. 34 LME. Sofern bei getrennter Prüfung über Art. 34 LME ausschließlich das spanisches Recht zur Anwendung berufen ist, ergeben sich die Anforderungen aus Art. 34 LME i.V.m. Art. 349 Abs. 2 Nr. 2 RRM i.V.m. 226 RRM.[986]

Wenn eine aufgrund der Verschmelzung hervorgehende oder aufzunehmende Gesellschaft eine *„SA“* oder eine *„SComA“* ist, haben die Verwalter jeder einzelnen Gesellschaft nach Art. 34 Abs. 1 Satz 1 LME[987] beim Handelsregister am Sitz ihrer Gesellschaft die Benennung eines oder mehrerer unabhängiger Sachverständiger zu beantragen, damit diese getrennt[988] einen Bericht über den Verschmelzungsplan erstatten.[989]

Daraus folgt, dass in Spanien ebenfalls grundsätzlich die getrennte Prüfung des Verschmelzungsplanes gilt.

---

986 Vgl. Mambrilla Rivera in Modificaciones Estructurales de las Sociedades Mercantiles, Band I, S. 913.

987 Entspricht § 236 Abs 1 LSA a.F.

988 „Por separado“.

989 Ausführlich zur Anwendbarkeit dieser Regelung für die “Sociedad Limitada” siehe „Sonderregelung für die “Sociedad Limitada””; Art. 34 Abs.1 Satz 1 LME erfasst lediglich die “SA” und die “SComA” jedoch durch den Verweis in Art. 63 LME gilt das Vorgesagte für eine “SRL” (spanische GmbH) entsprechend.

Ist die aus der Verschmelzung resultierende Gesellschaft eine „*SA*" („*Sociedad Anónima*") oder eine „*SComA*" („*Sociedad Comanditaria por Acciones*"), müssen nach Art. 34 Abs. 1 Satz 1 LME (Allgemeiner Teil) die Verwalter jeder einzelnen verschmelzenden Gesellschaft beim Handelsregister am Sitz der Gesellschaft die Bestellung eines oder mehrerer unabhängiger und verschiedener Sachverständiger beantragen, damit sie unabhängig voneinander, einen Bericht über den gemeinsamen Verschmelzungsplan erstellen.[990]

Aus Art. 34 Abs.1 Satz 1 LME ergibt sich im Umkehrschluss, dass keine Prüfungspflicht entsteht, wenn die resultierende bzw. aufnehmende Gesellschaft eine „*Sociedad Limitada*" ist.[991]

In Spanien bestimmt Art. 63 LME, dass für die „*SRL*", die sich an einer innergemeinschaftlichen Verschmelzung beteiligt, die gleichen Regelungen für die „*SA*" und „*SComA*" gelten. Daraus folgt, dass -da für die „*SA*" und die „*SComA*" eine Prüfungspflicht besteht- diese für die „*SRL*" ebenfalls besteht.[992]

4.6.2.5.6 Gemeinsame Verschmelzungsprüfung

Art. 8 Abs. 2 VRL 2005/56/EG sieht vor, dass an Stelle der Heranziehung von unabhängigen Sachverständigen, die für Rechnung jeder einzelnen der sich verschmelzenden Gesellschaften tätig sind, ein oder mehrere unabhängige Sachverständige den gemeinsamen Verschmelzungsplan prüfen und einen gemeinsamen, für alle Gesellschafter bestimmten schriftlichen Verschmelzungsbericht erstellen können. Diese Sachverständigen müssen auf gemeinsamen Antrag dieser Gesellschaften von einem Gericht oder einer Verwaltungsbehörde des EU-Staats, dessen Recht eine der verschmelzenden Gesellschaften oder die aus der grenzüberschreitenden innergemeinschaftlichen Verschmelzung hervorgehende Gesellschaft unterliegt, dazu bestellt werden.

Durch Art. 8 Abs. 2 der VRL 2005/56/EG wird den beteiligten Gesellschaften ein Wahlrecht eingeräumt.[993] Hiernach haben die Vertretungs- bzw. Verwal-

990 Vgl. Art. 34 Abs. 1 Satz 1 LME.

991 Vgl. Memento Sociedades Mercantiles 2010, Rz. 5720ff; Ávila Navarro, Modificaciones Estructurales de las Sociedades Mercantiles. Ley 3/2009 S.3/2009, S. 379.

992 Vgl. Art. 63 i.V.m. Art. 34 LME; ebenso Mambrilla Rivera in Modificaciones Estructurales de las Sociedades Mercantiles, Band I, S. 913.

993 Vgl. Bayer in Lutter, § 122f UmwG, Rn. 2 m.w.N.; Behrens, Die grenzüberschreitende Verschmelzung nach der Richtlinie 2005/56/EG (Verschmelzungsrichtlinie), 2007, s. 107; Beutel, Der neue rechtliche Rahmen grenzüberschreitender Verschmelzungen in der EU, 2008, S. 189; Mayer in Widmann/Mayer, § 122f UmwG, Rz.10; Drinhausen in Semler/Stengel, § 122f UmwG, Rn. 5; Frenzel, Grenzüberschreitende Verschmelzung von Kapitalgesellschaften, S. 264

tungsorgane der Gesellschaften zwischen einer für jede der beteiligten Gesellschaften separaten und einer sich auf alle erstreckenden gemeinsamen Verschmelzungsprüfung die Wahl. Conditio sine qua non hierfür ist, dass (i) eine gemeinsame Verschmelzungsprüfung nach dem jeweiligen nationalen Recht zulässig ist; (ii) die an der grenzüberschreitenden innergemeinschaftlichen Verschmelzung beteiligten Gesellschaften, sich für eine gemeinsame Verschmelzungsprüfung entscheiden und einen gemeinsamen Antrag stellen.[994]

a) Kollisionsrecht

Entscheiden sich eine an grenzüberschreitenden innergemeinschaftlichen Verschmelzungsvorgang beteiligte deutsche Kapitalgesellschaft zusammen mit einer spanischen Kapitalgesellschaft für eine gemeinsame Prüfung, so finden die allgemeinen Grundsätze der Vereinigungstheorie bei der Erstellung des Antrages und der Bestellung des Prüfers zunächst keine Anwendung, da die beteiligten Gesellschaften sich entscheiden, sich allein entweder dem deutschen Recht oder dem spanischen Recht zu unterwerfen.[995]

Zu einer kumulativen Anwendung der verschiedenen Rechtsordnungen kommt es erst in einem zweiten Schritt bei den Inhaltsanforderungen der Prüfung.[996] Bei unterschiedlichen Anforderungen setzt sich das strengere Recht durch.[997] Andernfalls würde im Einzelfall die Möglichkeit bestehen, dass die Anforderungen der strengeren Rechtsordnung durch die Wahl einer gemeinsamen Verschmelzungsprüfung umgangen würde.[998]

b) Deutsches Recht

Die in Art. 8 Abs. 2 der VRL 2005/56/EG eröffnete Möglichkeit einer gemeinsamen Verschmelzungsprüfung findet sich im deutschen Recht nicht „unmittelbar“ in § 122f UmwG wieder, sondern über den Verweis auf §§ 9 bis 12 UmwG.

---

994 Vgl. Mayer in Widmann/Mayer, § 122f UmwG, Rz. 10 und 13.

995 Vgl. Drinhausen in Semler/Stengel, § 122f UmwG, Rn. 5; Mayer in Widmann/Mayer§ 122f UmwG, Rz. 11.

996 Vgl. Mayer in Widmann/Mayer§ 122f UmwG, Rz. 10; Drinhausen in Semler/Stengel, § 122f UmwG, Rn. 5.

997 Vgl. Drinhausen in Semler/Stengel, § 122f UmwG, Rn. 5; Mayer in Widmann/Mayer§ 122f UmwG, Rz. 11; a. A. Bayer in Lutter, § 122f UmwG, Rn. 3; Bayer in Lutter/Hommelhoff SE-Kommentar, Art. 22 SE-VO, Rz. 6.

998 Vgl. Bayer in Lutter, § 122f UmwG, Rn. 3 m.w.N.; Bayer/Schmidt, NZG 2006, 841 (842); Mayer in Widmann/Mayer, § 122f UmwG, Rz. 12 m.w.N.; Müller, NZG 2006, 286 (288); Drinhausen/Keinath, BB 2006, 725 (729).

Der gemeinsame Verschmelzungsplan kann in Deutschland grundsätzlich nach § 9 Abs. 1 Satz 2 UmwG durch einen oder mehrere Verschmelzungsprüfer geprüft werden.[999] Aus § 122f Satz 1 i.V.m. § 10 Abs. 1 Satz 2 UmwG ergibt sich, dass auch bei der grenzüberschreitenden innergemeinschaftlichen Verschmelzung die Bestellung eines gemeinsamen Verschmelzungsprüfers für alle an der Verschmelzung als übertragende oder übernehmende Kapitalgesellschaften beteiligten Rechtsträger zulässig ist. Darüber hinaus eröffnet § 122f S 1 i.V.m. § 12 Abs. 1 Satz 2 UmwG auch bei unterschiedlichen Verschmelzungsprüfern die Möglichkeit der Erstattung eines gemeinsamen Verschmelzungsberichtes. Conditio sine qua non ist allerdings, dass auch die spanische Rechtsordnung dies vorsieht und zulässt.[1000]

c) Spanisches Recht

Nach spanischem Recht können ebenfalls gem. Art. 34 Abs. 1 Satz 2 LME alle-Verwalter beim Handelsregister *„Registro Mercantil"* beantragen, dass ein oder mehrere Prüfer mit der Durchführung einer gemeinsamen Verschmelzungsprüfung beauftragt werden.[1001]

d) Zwischenergebnis

Da sowohl nach deutschem als auch nach spanischem Recht die Möglichkeit besteht, eine gemeinsame Verschmelzungsprüfung durchführen zu lassen, bedarf es einer zusätzlichen entsprechenden Option aller Vertretungs- und Verwaltungsorgane der beteiligten deutschen und spanischen Gesellschaften. Mit der Ausübung der Option, eine gemeinsame Verschmelzungsprüfung durchzuführen, haben sich die Vertretungs- bzw. Verwaltungsorgane ausschließlich entweder für das deutsche oder für das spanische Recht zu entscheiden.[1002]

Die Verschmelzungsprüfung und die Erstellung eines Verschmelzungsberichtes sind auch bei einer *„Sociedad Limitada"* und bei einer GmbH im Rah-

---

999 Vgl. Marsch-Barner in Kallmeyer, Umwandlungsgesetz § 122f UmwG, Rz. 1; Mayer in Widmann/Mayer, § 122f UmwG, Rz. 10; Stahl in Umwandlungen Rz. 330.

1000 Vgl. Hörtnagl in Schmitt/Hörtnagl/Stratz, § 122f UmwG, Rn. 5.

1001 Vgl. Memento Sociedades Mercantiles 2010, Rz. 5721; Mambrilla Rivera in Modificaciones Estructurales de las Sociedades Mercantiles, Band I, S. 913.

1002 Bayer in Lutter, § 122f UmwG, Rn. 3 m.w.N.; H.-F Müller, ZIP 2007, 1081 (1085); Bayer/Schmidt, NZG 2006, 841 (842); Bayer/Schmidt, NJW 2006, 401 (403).

men einer grenzüberschreitenden innergemeinschaftlichen Verschmelzung grundsätzlich erforderlich.[1003]

4.6.2.5.7 Bestellung des Prüfers

Zur Bestellung des Verschmelzungsprüfers enthält die VRL 2005/56/EG keine Sondervorschriften. Wie nachstehend dargelegt wird, erweisen sich die Vorschriften hinsichtlich der Bestellung des Prüfers sowohl nach deutschem als auch nach spanischem Recht als lückenhaft bzw. widersprüchlich.

a) Deutsches Recht

Durch den Verweis von § 122f UmwG ist § 10 UmwG die maßgebliche Vorschrift. § 10 Abs. 2 Satz 1 UmwG schreibt vor, dass das Landgericht am Sitz der übertragenden Gesellschaft für die Bestellung des Verschmelzungsprüfers zuständig ist.[1004]

(1) Herausverschmelzung aus deutscher Sicht

Entscheiden sich alle Gesellschaften für eine gemeinsame Prüfung des gemeinsamen Verschmelzungsplan nach deutschem Recht und ist eine deutsche Kapitalgesellschaft übertragender Rechtsträger, so werden die Prüfer auf gemeinsamen Antrag der Vertretungs- und Verwaltungsorgane der beteiligten Gesellschaften durch das Landgericht, in dessen Bezirk die deutsche übertragende Gesellschaft ihren Sitz hat, bestellt.[1005]

(2) Hereinverschmelzung aus deutscher Sicht

Entscheiden sich jedoch alle Vertretungs- und Verwaltungsorgane für eine gemeinsame Prüfung des Verschmelzungsplanes nach deutschem Recht und ist eine deutsche Kapitalgesellschaft zur Aufnahme oder Neugründung übernehmender Rechtsträger, so werden die Prüfer auf gemeinsamen Antrag der Vertretungs- und Verwaltungsorgane der beteiligten Gesellschaften, durch das Landgericht, in dessen Bezirk die deutsche übertragende Gesellschaft ihren Sitz hat, bestellt.

1003 Siehe Ausnahmen Verzichtbarkeit bei Konzernverschmelzung Abschnitt 4.6.2.5.10 („Up-Stream-Merger“ bzw. Verzicht aller Gesellschafter).

1004 Vgl. Drinhausen in Semler/Stengel, § 122f UmwG, Rn. 4; Simon/Rubner in Kölner Kommentar zum UmwG, § 122f UmwG, Rn. 4 m.w.N.; Stahl in Umwandlungen Rz. 330.

1005 § 10 Abs. 2 Satz 1 UmwG i.V.m. § 122f Satz 1 UmwG.

Problematisch ist jedoch der Fall, dass in vorliegender Konstellation die übertragende Gesellschaft eine spanische Gesellschaft ist, die in Spanien ihren Sitz hat und nur die aufnehmende oder neu zu gründende Gesellschaft ihren Sitz in Deutschland hat. Im Fall der Hereinverschmelzung aus deutscher Sicht würde die Zuständigkeitsregelung des § 10 Abs. 2 Satz 1 UmwG keine Gerichtszuständigkeit in Deutschland eröffnen.[1006]

Entscheidet sich eine am grenzüberschreitenden innergemeinschaftlichen Verschmelzungsvorgang beteiligte deutsche Gesellschaft zusammen mit der spanischen Gesellschaft für eine gemeinsame Verschmelzungsprüfung nach spanischem Recht, so sind auf alle Rechtsfragen, die sich in unmittelbaren Zusammenhang mit diesem Antrag und der Bestellung stellen, nur die spanischen Vorschriften anwendbar.[1007]

b) Spanisches Recht

Titel II Kapitel II enthält keine Regelungen zur Bestellung des Verschmelzungsprüfers. Durch die Verweisung des Art. 55 LME findet die allgemeine Regelung zur innerstaatlichen Verschmelzung des Art. 34 LME Anwendung.[1008] Nach Art. 34 Abs 1 Satz 3 LME (i.V.m. Art. 55 LME) ist der Registerbeamte des Handelsregisters des Bezirks, in dem die aufnehmende Gesellschaft ihren Sitz hat bzw. die neu zu gründende Gesellschaft nach dem gemeinsamen Verschmelzungsplan ihren Sitz haben wird, für die Bestellung des Verschmelzungsprüfers zuständig.[1009]

Da Art. 34 Abs. 1 Satz 3 LME den Begriff „zuständig“ („*competente*“) verwendet, kann der spanische Registerbeamte nur für die Bestellung des Prüfers zuständig sein, wenn das Handelsregister des Bezirkes, in dem die aufnehmende Gesellschaft ihren Sitz hat bzw. die neu zu gründende Gesellschaft nach dem Verschmelzungsplan ihren Sitz haben wird, in Spanien liegt.[1010]

1006 Vgl. Drinhausen in Semler/ Stengel, § 122f UmwG, Rn. 4

1007 Vgl. Mayer in Widmann/Mayer, § 122f UmwG, Rz.16; analog Bayer in Lutter/Hommelhoff SE-Kommentar, Art. 22 SE-VO, Rz. 3 und 6 m.w.N.

1008 Vgl. Mambrilla Rivera in Modificaciones Estructurales de las Sociedades Mercantiles, Band I, S. 913.

1009 Vgl. Sánchez-Calero Guilartre in Modificaciones Estructurales de las Sociedades Mercantiles, Band I, S. 507.

1010 Vgl. Sánchez-Calero Guilartre in Modificaciones Estructurales de las Sociedades Mercantiles, Band I, S. 508.

(1) Herausverschmelzung aus spanischer Sicht

Bei einer Herausverschmelzung aus spanischer Sicht ist nach Art. 55 i.V.m. Art. 34 Abs. 1 Satz 2 LME nicht der spanische Registerbeamte, sondern der deutsche Registerrichter für die Bestellung zuständig, da die aufnehmende bzw. hervorgehende Gesellschaft ihren Sitz in Deutschland hat/haben wird.

(2) Hereinverschmelzung aus spanischer Sicht

Die Verwaltungsorgane aller verschmelzenden Gesellschaften können beim Handelsregister die Bestellung eines oder mehrerer Sachverständiger zur Erstellung eines einheitlichen Berichts beantragen.[1011] Zuständig für die Bestellung des Sachverständigen ist der Registerbeamte des Handelsregisters am Satzungssitz der aufnehmenden bzw. neu zu gründenden Gesellschaft.[1012]

Optieren die Vertretungs- und Verwaltungsorgane der deutschen und spanischen Gesellschaft für eine gemeinsame Prüfung, so können sie sich an das spanische Handelsregister wenden, wenn die aufnehmende bzw. neu zu gründende Gesellschaft ihren Sitz in Spanien hat (aus spanischer Sicht Hereinverschmelzung).

c) Problematische Fälle

Als problematisch erweist sich die Herausverschmelzung sowohl aus deutscher als auch aus spanischer Sicht.

Bei einer Herausverschmelzung aus deutscher Sicht / Hineinverschmelzung aus spanischer Sicht sind sowohl der deutsche Richter als auch der spanische Registerbeamte für die Bestellung zuständig.

Bei einer Herausverschmelzung aus spanischer Sicht / Hineinverschmelzung aus deutscher Sicht sind weder der deutsche Richter noch der spanische Registerbeamte zuständig.

Nach Art. 8 Abs. 2 VRL 2005/56/EG kann die Bestellung des oder der Prüfer auch von der zuständigen Behörde oder dem zuständigen Gericht eines anderen beteiligten Mitgliedstaates vorgenommen werden.[1013] Nach dieser europäischen Vorschrift könnte der spanische Registerbeamte die Bestellung des Verschmelzungsprüfers in Deutschland vornehmen.[1014] Dies ist jedoch nach spanischem Recht von seiner Zuständigkeit ausdrücklich ausgeschlossen. Aus deut-

---

1011 Art. 34 Abs. 1 Satz 2 i.V.m Art. 55 LME.

1012 Art. 34 Abs. 1 Satz 3 i.V.m. Art. 55 LME.

1013 Vgl. Müller, NZG 2006, 286.

1014 Vgl. Simon/Rubner in Kölner Kommentar zum UmwG, § 122f UmwG, Rn. 6.

scher Sicht ist ebenfalls nach § 10 UmwG die Zuständigkeitsregelung ganz auf innerstaatliche Sachverhalte zugeschnitten.

Auch bei einer Verschmelzung zur Neugründung scheidet die Antragstellung aus, wenn die neu zu gründende Kapitalgesellschaft ihren Sitz in Deutschland haben wird, weil im relevanten Zeitpunkt ein Anknüpfungspunkt für ein örtlich zuständiges Gericht mangels einer in Deutschland ansässigen Kapitalgesellschaft (noch) fehlt.[1015]

d) Zwischenergebnis

Sowohl nach deutschem[1016] als auch nach spanischem[1017] Recht ist die Bestellung eines gemeinsamen Verschmelzungsprüfers zulässig.

Die Regelung hinsichtlich der Bestellung eines gemeinsamen Prüfers erweist sich sowohl nach deutschem als auch nach spanischem Recht jedoch als defizitär. Entweder sind bei einer Herausverschmelzung aus deutscher Sicht / Hineinverschmelzung aus spanischer Sicht sowohl der deutsche Richter als auch der spanische Registerbeamte für die gleiche Bestellung des Prüfers zuständig oder bei einer Herausverschmelzung aus spanischer Sicht / Hineinverschmelzung aus deutscher Sicht weder der deutsche Richter noch der spanische Registerbeamte zuständig. Es sollte klargestellt werden, ob die Bestellung eines gemeinsamen Prüfers durch die spanische bzw. deutsche Stelle erfolgen kann.

4.6.2.5.8 Auskunfts- und Einsichtsrecht des Prüfers

Art. 8 der VRL 2005/56/EG räumt den unabhängigen Sachverständigen das Recht ein, von jeder der an der grenzüberschreitenden innergemeinschaftlichen Verschmelzung beteiligten Gesellschaften alle zweckdienlichen Auskünfte und Unterlagen zu erhalten und alle erforderlichen Nachprüfungen vorzunehmen, die sie zur Erfüllung ihrer Aufgabe für erforderlich halten.

a) Deutsches Recht

§ 122f Satz 1 UmwG i.V.m. § 11 Abs. 1 UmwG i.V.m. § 320 Abs. 1 Satz 2 HGB regeln das Einsichtsrecht der Verschmelzungsprüfer. Die bestellten Verschmelzungsprüfer sind hiernach befugt, die Bücher und Schriften sowie sämtli-

---

1015 Vgl. Simon/Rubner in Kölner Kommentar zum UmwG, § 122f UmwG, Rn. 7.

1016 Vgl. Drinhausen in Semler/Stengel, § 122f UmwG, Rn. 5; Mayer in Widmann/Mayer, § 122f UmwG, Rz. 2; Stahl in Umwandlungen Rz. 329.

1017 Vgl. Art. 236 LSA i.V.m. Art.338 und 349 Abs. 2 LSA RRM hierzu Memento Sociedades Mercantiles 2008, Rz. 5736.

che für die Verschmelzung sachdienlichen Unterlagen zu verlangen, die für eine sorgfältige Prüfung der Verschmelzung notwendig sind.[1018] Das Einsichtsrecht der Verschmelzungsprüfer erstreckt sich bei Verschmelzungen insbesondere auf den gemeinsamen Verschmelzungsplan oder seinen Entwurf, Verschmelzungsbericht, Planungsrechnungen und die evtl. Bewertungsgutachten, die bei der Ermittlung des Umtauschverhältnisses erstellt wurden oder evtl. Nachweise und Berechnungen, die bei der Bestimmung des Umtauschverhältnisses auf der Grundlage von Börsenkursen erstellt wurden.[1019]

Das Auskunftsrecht der Verschmelzungsprüfer besteht gegenüber allen an der grenzüberschreitenden innergemeinschaftlichen Verschmelzung beteiligten Gesellschaften. Das Auskunftsrecht erstreckt sich ebenfalls auf die spanischen beteiligten Gesellschaften durch Art. 55 LME i.V.m. Art. 34 Abs. 2 LME, wenn für einen gemeinsamen Verschmelzungsprüfungsbericht optiert wird. Gehört eine an der Verschmelzung beteiligte Gesellschaft einem Konzern an, erstreckt sich das Auskunftsrecht auch auf die Konzernunternehmen. Das bedeutet, dass der Verschmelzungsprüfer dieses Auskunftsrecht auch bei dem Mutterunternehmen und den Tochterunternehmen hat, sowie ebenfalls gegenüber den Abschlußprüfern des Mutterunternehmens und der Tochterunternehmen, wenn eine an der Verschmelzung beteiligte Gesellschaft abhängig oder herrschend ist.[1020]

b) Spanisches Recht

Die Verschmelzungsprüfer sind in Spanien berechtigt, nach Art. 34 Abs. 2 LME[1021] (i.V.m. Art. 55 LME) uneingeschränkt von den sich verschmelzenden Gesellschaften alle Auskünfte und Unterlagen zu verlangen. Dies bedeutet, dass der Verschmelzungsprüfer alle Aufklärungen und Nachweise verlangen kann, die er für sachdienlich erachtet und alle Prüfungen durchführen kann, die er für notwendig hält.[1022]

Das Auskunftsrecht der Verschmelzungsprüfer erstreckt sich bei der Option für eine gemeinsame Verschmelzungsprüfung ebenfalls auf die deutschen Gesellschaften. Nach spanischem Recht sind die bestellten Verschmelzungsprüfer ebenfalls uneingeschränkt befugt, von den zu verschmelzenden Gesellschaften

---

1018 § 122f Satz 1 i.V.m. § 11 Abs. 1 UmwG i.V.m § 320 Abs. 1 Satz 2 und Abs. 2 Satz 1 und 2 HGB.

1019 Ebenso Zeidler in Semler/Stengel, § 11 UmwG, Rn. 8.

1020 Ebenso Zeidler in Semler/Stengel, § 11 UmwG, Rn. 12.

1021 Art. 236 Abs. 3 LSA räumt den Verschmelzungsprüfern dieses Einsichts- und Auskunftsrecht ein.

1022 Vgl. Memento Sociedades Mercantiles 2008, Rz. 5739; Tapia Hermida in Fusiones y OPAS Transfronterizas S. 118 ff; Sánchez-Calero Guilartre in Modificaciones Estructurales de las Sociedades Mercantiles, Band I, S. 514.

alle sachdienlichen Aufklärungen und Nachweise zu verlangen und alle notwendigen Prüfungen durchzuführen.[1023]

4.6.2.5.9 Allgemeiner Verzicht auf die Verschmelzungsprüfung

Nach Art. 8 Abs. 4 der VRL 2005/56/EG sind weder die Prüfung des gemeinsamen Verschmelzungsplanes durch unabhängige Sachverständige noch die Erstellung eines Sachverständigenberichts erforderlich, wenn alle Gesellschafter aller verschmelzenden Gesellschaften darauf verzichten.[1024]

a) Deutsches Recht

Diese Vorschrift wurde in § 122f UmwG in deutsches Recht umgesetzt. So kann nach § 122f Satz 1 UmwG i.V.m. §§ 9 Abs. 2, 8 Abs. 3 UmwG auf die Durchführung einer Prüfung der Verschmelzung sowie auf einen Prüfungsbericht bei einer innergemeinschaftlichen grenzüberschreitenden innergemeinschaftlichen Verschmelzung verzichtet werden, wenn alle Gesellschafter sämtlicher beteiligten deutschen und spanischen Gesellschaften hierauf verzichten.[1025] Die Verzichterklärungen sind notariell zu beurkunden.[1026]

b) Spanisches Recht

Titel II Kapitel II enthält keine Sonderregelung zur Verschmelzungsprüfung, so dass durch den Verweis von Art. 55 LME Art. 34 LME Anwendung findet. Der spanische Gesetzgeber übersetzt somit Art. 8 Abs. 4 VRL 2005/56/EG durch Art. 34 Abs. 5 (i.V.m. Art. 55) LME in spanisches Recht.

1023 Memento Sociedades Mercantiles 2008, Rz. 5739; Tapia Hermida in Fusiones y OPAS Transfronterizas S. 118 ff.

1024 Vgl. Mambrilla Rivera in Modificaciones Estructurales de las Sociedades Mercantiles, Band I, S. 892.

1025 Vgl. Becker in MK-Kommentar § 122f UmwG, Rn. 10; Bayer/Schmidt, NZG 2006, 841 (842); Drinhausen in Semler/Stengel, § 122f UmwG, Rn. 7; Drinhausen/Keinath, RIW, 2006, 81; Drinhausen/Keinath, BB 206, 725 (729); Frenzel RIW 2008, 12; Heckschen DNotZ 2007, 444; Kiem, WM 2006, 1091; Krause/Kulpa, ZHR 171 (2007), 38 (6499, Limmer, ZNotP 2007, 282; Mayer in Widmann/Mayer, § 122f UmwG, Rz. 24; H.-F. Müller, ZIP 2007, 1081 (1085), Neye/Timm DB 2006, 488; Neye/Timm GmbHR 2007, 561; Simon/Rubner, Der Konzern 2006, 835; Winter, Der Konzern 2007, 24; Simon/Rubner in Kölner Kommentar zum UmwG, § 122f UmwG, Rn. 13; Beutel, Der neue rechtliche Rahmen grenzüberschreitender Verschmelzung in der EU, S. 191.

1026 Vgl. Mayer in Widmann/Mayer, § 122f UmwG, Rz. 25.

Das spanische Recht kannte bisher keine Vorschrift, durch die der gemeinsame Verschmelzungsplan durch einen unabhängigen Sachverständigen geprüft bzw. darüber ein Bericht erstellt werden soll, wenn die Gesellschafter aller sich verschmelzenden Gesellschaften darauf verzichten.[1027]

Nach Art. 34 Abs. 5 LME i.V.m. 55 LME sind in Spanien ebenso wenig die Prüfung des gemeinsamen Verschmelzungsplanes durch unabhängige Sachverständige noch die Erstellung eines Sachverständigenberichts erforderlich, wenn die Gesellschafter aller sich verschmelzenden Gesellschaften darauf verzichten.[1028]

c) Zwischenergebnis

Es kann nur richtlinienkonform auf eine Verschmelzungsprüfung nebst Prüfungsbericht verzichtet werden, wenn sowohl alle deutschen als auch alle spanischen Gesellschafter der am grenzüberschreitenden innergemeinschaftlichen Verschmelzungsvorgang beteiligten Kapitalgesellschaften hierauf verzichten.[1029]

Da sich der Schutzzweck des Beurkundungserfordernisses auf deutsche Gesellschaften beschränkt und um die Kumulierung verschiedener nationaler Formanforderungen zu vermeiden, sind nur die Verzichtserklärungen aller Gesellschafter der deutschen Gesellschaft(en) notariell zu beurkunden.[1030]

4.6.2.5.10 Verzichtbarkeit bei Konzernverschmelzung

Nach Art. 15 Abs. 1 1. Spiegelstich VRL 2005/56/EG findet Art. 8 VRL 2005/56/EG ebenfalls keine Anwendung und macht damit einen Verschmelzungsprüfung entbehrlich, wenn die übernehmende Gesellschaft sämtliche in der Gesellschafterversammlung Stimmrecht gewährende Aktien und sonstigen Anteile der übertragenden Gesellschaft bei der Vollziehung einer grenzüberschreitenden innergemeinschaftlichen Verschmelzung zur Aufnahme hält.

1027 Vgl. Mambrilla Rivera in Modificaciones Estructurales de las Sociedades Mercantiles, Band I, S. 892. Gonzalez/Pereda überrascht über „so eine innovative Regelung“, die in der spanischen Rechtsordnung bisher nicht bekannt war und eine Neuigkeit darstellt; in Actualidad Juridica Uría Menéndez 13-2006 abrufbar unter: http://www.uria.com/esp/actualidad_juridica/n13/b04.pdf.

1028 Vgl. Memento Sociedades Mercantiles 2010, Rz. 5720; Sánchez-Calero Guilartre in Modificaciones Estructurales de las Sociedades Mercantiles, Band I, S. 504.

1029 Vgl. Mayer in Widmann/Mayer, § 122f UmwG, Rz. 24.

1030 Vgl. Mayer in Widmann/Mayer, § 122f UmwG, Rz. 25.

a) Deutsches Recht

Nach § 122f Satz 1 Halbsatz 1 i.V.m. §§ 9 Abs. 2, 8 Abs. 3 Satz 2 UmwG sind im Falle einer grenzüberschreitenden innergemeinschaftlichen Verschmelzung bspw. einer „*Sociedad Limitada*" oder „*Sociedad Anónima*" auf ihre 100%ige deutsche Muttergesellschaft weder eine Verschmelzungsprüfung noch ein Prüfungsbericht erforderlich.

b) Spanisches Recht

Nach Art. 250 Abs. 2 LSA a.F. ist als Sonderfall der Verschmelzung zur Aufnahme der Fall vorgesehen, dass die aufnehmende Gesellschaft sämtliche Anteile an der übertragenden Gesellschaft hält (Aufwärtsverschmelzung). Nach Art. 250 Abs. 2 LSA a.F. war bei dieser Konstellation weder eine Kapitalerhöhung der aufnehmenden Gesellschaft noch die Erstellung von Berichten durch die Verwalter und durch die unabhängigen Sachverständigen vonnöten.[1031] Diese Regelung wurde nun durch Art. 55 i.V.m. Art. 34 Abs. 5 i.V.m. Art. 49 Abs. 1 Nr. 2 LME übernommen. Im Falle der Aufwärtsverschmelzung einer 100%igen Tochter auf die Mutter ist die Durchführung einer Verschmelzungsprüfung gem. Art. 55 LME i.V.m. Art. 34 Abs. 5 i.V.m. Art. 49 Abs. 1 Nr. 2 LME entbehrlich.[1032] Dies ist durch Art. 15 Abs. 1 VRL 2005/56/EG gedeckt.

4.6.2.5.11 Gültigkeit des durch den Verschmelzungsprüfer erstatteten Berichtes

a) Deutsches Recht

Nach deutschem Recht existiert keine ausdrückliche Regelung zur Gültigkeit des Verschmelzungsprüfungsberichtes. § 17 Abs. 2 Satz 4 UmwG zu beachten.

b) Spanisches Recht

Nach spanischem Recht haben die Verschmelzungsprüfer innerhalb der Frist eines Monats,[1033] ab dem Zeitpunkt der Annahme des Auftrages, den Verschmelzungsprüfungsbericht zu erstatten.[1034]

1031 Hierzu Uría/Menéndez/Prada in Curso de Derecho Mercantil, Band I, S., 1258.

1032 Vgl. Sequeira Martín in Comentario al Proyecto de la Ley sobre Modificaciones Estructurales de las Sociedades Mercantiles: Fusión y Fusiones Transfronterizas Intracomunitarias, S. 33, 52.

1033 Art. 345 Abs. 1 RRM.

1034 Der Verschmelzungsprüfer kann aus außerordentlichen Gründen die Verlängerung dieser Frist beantragen; vgl. Art. 345 Abs. 2 RRM.

Der Verschmelzungsprüfungsbericht hat eine Gültigkeit von nur drei Monaten, ab dem Datum seiner Erstellung.[1035] Dies bedeutet, dass die Hauptversammlung innerhalb dieser Frist die Verschmelzung zu beschließen hat. Der Prüfer kann jedoch vor Ablauf der Frist die Gültigkeit des Verschmelzungsprüfungsberichtes ratifizieren (bestätigen). In diesem Fall wird die Gültigkeit des Berichts um weitere drei Monate verlängert.[1036]

4.6.3 Beschlussphase/ Zustimmung der Gesellschafter

Art. 9 Abs. 1 VRL 2005/56/EG setzt grundsätzlich für die Durchführung einer grenzüberschreitenden innergemeinschaftlichen Verschmelzung die Fassung eines Verschmelzungsbeschlusses durch die Gesellschafter voraus. Die Gesellschafterversammlung jeder der verschmelzenden Gesellschaften darf über die Zustimmung zu dem gemeinsamen Verschmelzungsplan erst nach Kenntnisnahme des Berichts des Leitungs- oder Verwaltungsorgans (Art. 7 VRL 2005/56/EG) sowie des Berichts des unabhängigen Sachverständigen (Art. 8 VRL 2005/56/EG) (soweit diese nicht entbehrlich sind) beschließen.

Die Gesellschafter müssen vor der Gesellschafterversammlung über die beabsichtigte Verschmelzung umfassend informiert werden. Um dem Informationsrecht gerecht zu werden, verlangt Art. 9 Abs. 1 VRL 2005/56/EG richtigerweise, dass die Zustimmung erst nach Kenntnisnahme durch die Gesellschafter der verschiedenen Berichte erfolgen darf.

Die Gesellschafterversammlung jeder der beteiligten Gesellschaften kann die Verschmelzung davon abhängig machen, dass die Modalitäten für die Mitbestimmung der Arbeitnehmer in der aus der grenzüberschreitenden innergemeinschaftlichen Verschmelzung hervorgehenden Gesellschaft ausdrücklich von ihr bestätigt werden.[1037]

4.6.3.1 Kollisionsrecht

Da bei der Durchführung der Gesellschafterversammlung und dem Beschlussfassungsverfahren jede Gesellschaft allein in ihrem Bereich tätig wird, handelt es sich um interne Vorgänge jeder Gesellschaft.[1038]

1035 Vgl. Art. 347 RRM i.V.m 55 LME i.V.m Art. 34 LME; hierzu Memento Sociedades Mercantiles 2010, Rz. 5724.

1036 Art. 347 RRM; hierzu Memento Sociedades Mercantiles 2008, Rz. 5739.

1037 Art. 9 Abs. 2 VRL 2005/56.

1038 Vgl. Kindler, IntGesR, Rn. 671; Brocker, BB 2010, 971 (975); Garcimartín Alférez in Derecho de Sociedades: Problemas de la Ley aplicable, S. 116 abrufbar unter:

Mangels Sondervorschriften in Art. 9 VRL 2005/56/EG kommt gemäß Art. 4 Abs. 1 Buchst. b) VRL 2005/56/EG im Hinblick auf die Durchführung der Gesellschafterversammlung und des Beschlussfassungsverfahrens allein das jeweilige Gesellschaftsstatut der an der Verschmelzung beteiligten Gesellschaft zur Anwendung.[1039] Demzufolge ergibt sich entsprechend den obigen Erläuterungen eine distributive Anwendung der jeweiligen Gesellschaftsstatuten, d.h. für jede an der Verschmelzung beteiligte Gesellschaft ist lediglich ihr Personalstatut heranzuziehen.[1040]

4.6.3.2 Vorbereitung der Gesellschafterversammlung

a) Deutsches Recht

Der deutsche Gesetzgeber setzte Art. 9 der VRL 2005/56/EG in § 122g UmwG um. § 122g Abs. 2 UmwG enthält die von Art. 15 Abs. 1 2. Spiegelstrich VRL 2005/56/EG vorgesehenen Vereinfachung für die Konzernverschmelzung.Für deutsche Gesellschaften gelten die Sondervorschriften des § 122g UmwG sowie über die Verweisung des § 122a Abs. 2 UmwG die allgemeinen Vorschriften des UmwG und des übrigen Gesellschaftsrechts.[1041]

Vor der Gesellschafterversammlung, in der die grenzüberschreitende innergemeinschaftliche Verschmelzung beschlossen wird, sind einige Voraussetzungen zu erfüllen. Der gemeinsame Verschmelzungsplan, der bei der Verschmelzung der Zustimmung der Gesellschafter der jeweiligen Gesellschaften bedarf,[1042] muss spätestens einen Monat vor der Versammlung dem Register eingereicht werden,[1043] damit das Gericht die in § 122d Satz 2 UmwG enthaltenen Angaben unverzüglich bekannt macht. Die Gesellschafter sind über umfassend über alle relevanten Umstände der geplanten Verschmelzung zu informieren, um sie in die Lage zu versetzen eine sachgerechte Entscheidung über den Verschmelzungsvorgang zu treffen. Dieselben Voraussetzungen, die für die innerstaatliche Verschmelzung zu erfüllen sind, gelten für den Verzicht der Einhaltung von In-

---

http://www.uam.es/centros/derecho/privado/mercanti/investigacion/fga%20-%20DER%20INT%20SOC.pdf.

1039 Vgl. Art. 4 Abs. 2 i.V.m. Art. 4 Buchst. b) VRL 2005/56, Vgl. Heckschen in Widmann/Mayer, § 122g UmwG, Rz.12; Tapia Hermida in Fusiones y OPAS Transfronterizas, S. 120; Klein, RNotZ 2007, 565 (595); Rixen/Böttcher, GmbHR 1993, 572.

1040 Vgl. Tapia Hermida in Fusiones y OPAS Transfronterizas, S. 120.

1041 Vgl. Hörtnagl in Schmitt/Hörtnagl/Stratz, § 122g UmwG, Rn. 1; Drinhausen in Semler/Stengel, § 122g UmwG, Rn. 7 m.w.N.

1042 Vgl. § 13 Abs. 1 Satz 1 i.V.m. § 122a Abs. 2 UmwG; hierzu Hörtnagl Schmitt/Hörtnagl/Stratz, § 122g UmwG, Rn. 2; Brocker, BB 2010, 971.

1043 § 122d Satz 1 UmwG.

formationspflichten sowie Form- und Fristerfordernissen für die Einberufung der Versammlung der Gesellschafter.[1044]

Gemäß der Verweisung des § 122a Abs. 2 UmwG sind die rechtsformspezifischen Regelungen des Zweiten Teils des UmwG anwendbar.[1045]Die Vorschriften des AktG (für AG, KGaA und SE) sowie des GmbHG (für die GmbH) kommen entsprechend zur Anwendung.[1046]

Soweit sich Informationspflichten auf alle an der Verschmelzung beteiligten Gesellschaften beziehen, gilt dies auch für die entsprechenden Unterlagen der beteiligten spanischen Gesellschaften.[1047]

(1) Besonderheiten bei Beteiligung einer AG bzw. SE

Gemäß § 122a i.V.m. § 62 Abs. 3 Satz 1 und § 63 Abs. 1 UmwG besteht die Verpflichtung, einen Monat vor dem Tage der Gesellschafterversammlung oder der Hauptversammlung der übertragenden Gesellschaft die folgenden Unterlagen in dem Geschäftsraum der übernehmenden Gesellschaft zur Einsicht der Aktionäre auszulegen:[1048]

- den gemeisamen Verschmelzungsplan (-vertrag) oder sein Entwurf;
- die Jahresabschlüsse und die Lageberichte der an der Verschmelzung beteiligten Rechtsträger für die letzten drei Geschäftsjahre;
- falls sich der letzte Jahresabschluss auf ein Geschäftsjahr bezieht, das mehr als sechs Monate vor dem Abschluss des Verschmelzungsvertrags oder der Aufstellung des Entwurfs abgelaufen ist, eine Bilanz auf einen Stichtag, der nicht vor dem ersten Tag des dritten Monats liegt, der dem Abschluss oder der Aufstellung vorausgeht (Zwischenbilanz);[1049]

1044 Ebenso Drinhausen in Semler/Stengel, § 122g UmwG, Rn. 7 m.w.N.

1045 Vgl. Brocker, BB 2010, 971.

1046 Vgl. Drinhausen in Semler/Stengel, § 122g UmwG, Rn. 3.

1047 Vgl. Drinhausen in Semler/Stengel, § 122g UmwG, Rn. 4 m.w.N.; Drinhausen/Gesell in Blumenberg/Schäfer, Das SEStEG, S. 30 m.w.N.; Drinhausen/Keinath, BB 2006, 725, 729; Louven, ZIP 2006, 2021.

1048 § 63 Abs. 1 UmwG.

1049 In dem Dritten Gesetz zur Änderung des Umwandlungsgesetzes ist vorgesehen, dass der Halbjahresfinanzbericht zum Zwecke der Vorbereitung der Hauptversammlung an die Stelle der Zwischenbilanz tritt. Daraus soll sich zusätzliche Kostenersparnis ergeben. Dafür soll § 63 wie folgt geändert werden: „Die Zwischenbilanz muss nicht aufgestellt werden, wenn die Gesellschaft seit dem letzten Jahresabschluss einen Halbjahresfinanzbericht gemäß § 37w des Wertpapierhandelsgesetzes veröffentlicht hat. Der

- die Verschmelzungsberichte der Vertretungsorgane nach § 8 UmwG und
- die Verschmelzungsprüfungsberichte des Prüfers nach § 60 i.V.m. § 12 UmwG.

Bei der grenzüberschreitenden innergemeinschaftlichen Verschmelzung unter Beteiligung einer deutschen AG sind auch die entsprechenden Jahresabschlüsse und Lageberichte der beteiligten spanischen Gesellschaften auszulegen. Gleiches gilt für die Verschmelzungsberichte[1050] und die Verschmelzungsprüfungsberichte,[1051] soweit solche angefertigt wurden.

Nach § 122a i.V.m. § 62 Abs. 3 Satz 6 und § 63 Abs. 3 UmwG ist auf Verlangen jedem Aktionär der übernehmenden Gesellschaft unverzüglich und kostenlos eine Abschrift der in § 63 Abs. 1 UmwG[1052] bezeichneten Unterlagen zu erteilen. Durch die Anfügung des § 63 Abs. 3 Satz 2 UmwG können die Unterlagen dem Aktionär mit dessen Einwilligung auf dem Wege elektronischer Kommunikation (per E-Mail) übermittelt werden. Die o.g. Anforderungen sind jedoch nicht zu erfüllen, wenn die Zugänglichkeit der zur Vorbereitung der Hauptversammlung nötigen Unterlagen über die Internetseite der Gesellschaft zur Verfügung gestellt wurde.[1053]

Da der Zweck der Auslegung in einer möglichst umfassenden Information der Gesellschafter besteht, die bei Auslegung oder Übermittlung in bspw. spanischer Sprache in der Regel nicht gewährleistet sein dürfte, vertritt *Drinhausen*[1054]

Halbjahresfinanzbericht tritt zum Zwecke der Vorbereitung der Hauptversammlung an die Stelle der Zwischenbilanz".

1050 Vgl. § 63 Abs. 1 Nr. 4 UmwG.

1051 Vgl. § 63 Abs. 1 Nr. 5 UmwG.

1052 1) der Verschmelzungsvertrag oder sein Entwurf, 2) die Jahresabschlüsse und die Lageberichte der an der Verschmelzung beteiligten Rechtsträger für die letzten drei Geschäftsjahre; 3) falls sich der letzte Jahresabschluss auf ein Geschäftsjahr bezieht, das mehr als sechs Monate vor dem Abschluss des Verschmelzungsvertrags oder der Aufstellung des Entwurfs abgelaufen ist, eine Bilanz auf einen Stichtag, der nicht vor dem ersten Tag des dritten Monats liegt, der dem Abschluss oder der Aufstellung vorausgeht (Zwischenbilanz); 4) die nach § 8 erstatteten Verschmelzungsberichte und 5) die nach § 60 in Verbindung mit § 12 erstatteten Prüfungsberichte.

1053 § 62 Abs. 3 Satz 7 und § 63 Abs. 4 UmwG. Den sich aus Art. 2 Nummer 4 (betr. Art. 11 Abs. 4 der Richtlinie 78/855/EWG) und aus Art. 3 Nummer 5 (betr. Art. 9 Abs. 4 der Richtlinie 82/891/EWG) der Änderungsrichtlinie ergebenden Verpflichtungen ist in Deutschland bereits durch das Gesetz zur Umsetzung der Aktionärsrechterichtlinie (ARUG) v. 30.7.2009 (BGBl. I S. 2479) nachgekommen.

1054 Drinhausen in Semler/Stengel, § 122g UmwG, Rn. 4 m.w.N.; aA Louven, ZIP 2006, 2021, 2027, der angesichts des Aufwands für Übersetzungen die Auslegung in der Sprache des Originals für ausreichend hält.

richtigerweise die Auffassung, dass die Unterlagen jeweils in deutscher Sprache vorliegen müssen, so dass ggf. Übersetzungen anzufertigen sind.

(2) Besonderheiten bei Beteiligung einer GmbH

Bei Beteiligung einer GmbH an der grenzüberschreitenden innergemeinschaftlichen Verschmelzung gelten ähnliche Auslegungs- und Informationspflichten für die Geschäftsführer. Sofern eine GmbH beteiligt ist, sind nach § 49 Abs. 2 i.V.m. 122a Abs. 2 UmwG gemeinsamer Verschmelzungsplan, Jahresabschlüsse und Lageberichte für die letzten drei Geschäftsjahre im Geschäftsraum der GmbH zur Einsichtnahme durch die Gesellschafter ab Einberufung der Hauptversammlung auszulegen.

b) Spanisches Recht

Titel II Kapitel II, in dem sich die Sondervorschriften zur grenzüberschreitenden innergemeinschaftlichen Verschmelzung befinden, enthält lediglich in Art. 61 LME die Regelung nach der die Gesellschafterversammlung jeder der verschmelzenden Gesellschaften die Verschmelzung davon abhängig machen kann, dass die Modalitäten für die Mitbestimmung der Arbeitnehmer in der aus der grenzüberschreitenden innergemeinschaftlichen Verschmelzung hervorgehenden Gesellschaft ausdrücklich von ihr bestätigt werden. Somit wird Art. 9 Abs. 2 VRL 2005/56/EG durch Art. 61 LME in spanisches Recht umgesetzt.

Durch den Verweis von Art. 55 LME sind die allgemeinen Vorschriften zur Verschmelzung anwendbar. Die maßgeblichen Vorschriften sind somit Art. 39 ff LME. Nach Art. 55 LME i.V.m. Art. 40 LME ist bei der grenzüberschreitenden innergemeinschaftlichen Verschmelzung die vorangehende Einberufung (*„Convocatoria“)* unentbehrliche Voraussetzung für die Wirksamkeit der Beschlüsse der Hauptversammlung (*„Junta General„).*

Die vorhergehende Einberufung (*„Convocatoria“)* ist unerlässliche Voraussetzung für die Wirksamkeit der Beschlüsse der Hauptversammlung. Auf die formelle Einberufung, die vorab erfolgen muss, besteht jedoch ausnahmsweise die Möglichkeit zu verzichten, wenn es sich um eine sog. *„Junta Universal“* handelt. In diesem Fall wird die Einberufung als ordnungsgemäß und die Hauptversammlung somit als gültig erachtet, wenn alle Gesellschafter anwesend sind und einstimmig beschließen, eine Versammlung abzuhalten.[1055] Bei der *„Junta*

1055 Vgl. Art. 178 LSC; hierzu Memento Sociedades Mercantiles, 2010, Rz. 514ff.

Universal" handelt es sich hierbei um eine allgemeine Hauptversammlung (Vollversammlung), die nicht vorab angekündigt werden muss.[1056]

Die Gesellschafter müssen über die beabsichtigte Verschmelzung rechtzeitig vor der Gesellschafterversammlung möglichst umfassend informiert werden.[1057] Um dem Informationsrecht gerecht zu werden, darf die Zustimmung erst nach Kenntnisnahme durch die Gesellschafter der verschiedenen Berichte erfolgen.[1058] Für die Zustimmung zum gemeinsamen Verschmelzungsplan ist ausschließlich dieGesellschafterversammlung der jeweiligen Gesellschaft zuständig, so dass ein Delegieren dieser Grundlagenentscheidung auf andere Organe nicht zulässig ist.[1059]

(1) Einberufung

Der gemeinsame Verschmelzungsplan bedarf bei der grenzüberschreitenden innergemeinschaftlichen Verschmelzung nach spanischem Recht der Zustimmung der Gesellschafter der jeweiligen Gesellschaften.[1060] Damit die Gesellschafter dem Verschmelzungsplan zustimmen bzw. diesen ablehnen können, müssen sie zu einer Versammlung einberufen werden.[1061] Die Zustimmung der Gesellschafter der spanischen Gesellschaften erfolgt durch Beschluss.[1062]

Die Einberufung der Hauptversammlung ist Aufgabe des Verwaltungsorgans der jeweiligen beteiligten Gesellschaften.[1063]

Nach Art. 40 Abs. 2 LME i.V.m. 55 LME muss die Einberufung den Mindestinhalt des Verschmelzungsplanes enthalten.[1064]

Ferner ist bei der Veröffentlichung der Einberufung der Hauptversammlung auf das Recht der Gesellschafter und Inhaber von Obligationen oder Sonderrechten hinzuweisen, die o.g. Unterlagen entweder am Sitz der Gesellschaft zur Ansicht oder durch Aushändigung bzw. gebührenfreie Zusendung vollständig zur Verfügung gestellt zu bekommen.[1065]

1056 Vgl. Thömmes/Eicker/Crespo Vazquez/Verdera Rodriguez in Widmann/Mayer, Anhang 3 Spanien, Rz. 9.

1057 Vgl. Memento Sociedades Mercantiles 2010, Rz. 5732ff.

1058 Vgl. Art. 39 LME im Einklang mit Art. 9 Abs. 1 VRL 2005/56.

1059 Vgl. Art. 160 Buchst f) LSC; hierzu Memento Sociedades Mercantiles 2010, Rz. 5735.

1060 Vgl. Art. 40 Abs. 1 i.V.m. Art. 55 LME i.V.m. Art. 160 Buchst. f) LSC.

1061 Vgl. Memento Sociedades Mercantiles 2010, Rz. 5727.

1062 Vgl. Tapia Hermida in Fusiones y OPAS transfronterizas, S. 119; Memento Sociedades Mercantiles 2009, Rz. 5835.

1063 Vgl. Art. 166 LSC; hierzu Sociedades Mercantiles 2010, Rz. 5626ff.

1064 Vgl. Sociedades Mercantiles 2009, Rz. 5756 m.w.N.

1065 Vgl. Art. 40 Abs. 2 i.V.m. Art. 55 LME; hierzu Mambrilla Rivera in Modificaciones Estructurales de las Sociedades Mercantiles, Band I, S. 915.

Folgende Unterlagen sind den Gesellschaftern und Inhabern von Obligationen und Sonderrechten vor der Gesellschafterversammlung zur Verfügung zu stellen:[1066]

- gemeinsamer Verschmelzungsplan;
- die Verschmelzungprüfungsberichte, die von den unabhängigen Sachverständigen über den gemeinsamen Verschmelzungsplan erstellt wurden;
- die Berichte über die Verschmelzung, die von den Verwaltern aller betroffenen Gesellschaften angefertigt wurden;
- die Jahresabschlüsse, Geschäfts- und Lageberichte zusammen mit den entsprechenden Prüfungsberichten der letzten drei Geschäftsjahre der an der Verschmelzung beteiligten Gesellschaften;
- die Verschmelzungsbilanz jeder einzelnen Gesellschaft, sofern sie von der letzten durch die Gesellschafterversammlung genehmigten Bilanz abweicht; bei prüfungspflichtigen Gesellschaften zudem die entsprechenden Prüfungsberichte;
- der Entwurf der Gründungsurkunde der neuen Gesellschaft oder im Falle einer Verschmelzung durch Aufnahme der vollständige Text der Änderungen, die in der Satzung der aufnehmenden Gesellschaft zu machen sind;
- die geltende Fassung der Satzungen aller von der Verschmelzung betroffenen Gesellschaften;
- der vollständige Name und das Alter bei natürlichen Personen bzw. den Gesellschaftsnamen bei juristischen Personen und in jedem Fall die Nationalität und Adresse der Geschäftsführer der von der Verschmelzung betroffenen Gesellschaften sowie das Datum, an dem sie zum Geschäftsführer bestellt worden sind. Die gleichen Angaben sind über alle anderen Personen zu machen, die infolge der Verschmelzung zum Geschäftsführer nominiert werden sollen.

(2) Frist

Die Einberufung der Hauptversammlung („*Junta General*“), die die grenzüberschreitende innergemeinschaftliche Verschmelzung beschließen wird, muss mindestens einen Monat vor dem Tag, an dem die Gesellschafterversammlung abgehalten werden soll, veröffentlicht werden.[1067]

1066 Vgl. Art. 40 Abs. 2 i.V.m. Art. 39 Abs. 1 i.V.m. Art. 55 LME.

1067 Vgl. Art. 40 Abs. 2 LME; Sociedades Mercantiles 2009, Rz. 5756 ff.

Für die Berechnung der Frist wird nach ständiger Rechtsprechung[1068] des „*Tribunal Superior*" der Tag der Veröffentlichung mitberücksichtigt. Gemäß Art. 5 C.C. (spanisches BGB) wird die Frist von einem Datum bis zum gleichen Datum des folgenden Monats gerechnet.

Wird die Einberufung „*Convocatoria*" bspw. am 29. Mai veröffentlicht, so ist dieser Tag in der Berechnung der Frist, die am 28. Juni um 24:00 Uhr endet, zu berücksichtigen[1069]. Die Junta General könnte ab 00:00 Uhr des 29. Juni stattfinden.[1070]

Die Einberufung ist gemäß Art. 55 LME i.V.m. Art. 39 LME i.V.m. Art. 173 LSC[1071] für die SA und für die SRL im spanischen „*Boletín Oficial del Registro Mercantil"(BORME)* und in einer großen Tageszeitung[1072] am Ort des Sitzes der Gesellschaft zu veröffentlichen.[1073]

4.6.3.3 Beschlussfassung

a) Deutsches Recht

Für die Durchführung der Versammlung erforderlichen Beschlussmehrheiten, die Form des Beschlusses und besondere Zustimmungserfordernisse sind keine Sonderregelungen für die grenzüberschreitende innergemeinschaftliche Verschmelzung vorgesehen, so dass die Vorschriften über innerstaatliche Verschmelzungen durch den Verweis des § 122a Abs. 2 UmwG anwendbar sind.[1074]

Grundsätzlich[1075] kann der gemeinsame Verschmelzungsplan nach §122a Abs. 2 i.V.m. § 13 UmwG nur wirksam werden, wenn die Gesellschafter aller beteiligten Gesellschaften ihm zugestimmt haben.[1076] Die Zustimmung zum grenzüberschreitenden innergemeinschaftlichen Verschmelzungsplan erfolgt für

1068 Entscheidung des Tribunal Superior v. 29.3.1994; Entscheidung des Tribunal Superior v. 21.11.1994; hierzu Memento Sociedades Mercantiles 2009, Rz. 551.1.

1069 Entscheidung der DGRN von 31. Mai 2007, BOE v. 22.6.2007, 5.6.2007 und BOE von 4.7.2007

1070 Vgl. Memento Sociedades Mercantiles, Rz. 551.1.

1071 Vormals i.V.m. Art. 97 LSA a.F. für die „SA" und die „SComA" und i.V.m. Art. 46 LSRL für die „SRL" oder „SL"

1072 In der Satzung kann jedoch die Veröffentlichung in mehreren sowie in einer bestimmte Zeitung vorgesehen werden.

1073 Hierzu Memento Sociedades Mercantiles 2010; Rz. 5730; Memento Sociedades Mercantiles 2009, Rz. 549 ff.

1074 Ebenso Klein, RNotZ 2007, 565 (595); Drinhausen in Semler/Stengel, § 122g UmwG, Rn. 6 m.w.N.

1075 Vgl. § 122g Abs. 2 UmwG.

1076 Vgl. Hörtnagl in Schmitt/Hörtnagl/Stratz, § 122g UmwG, Rn. 2.

die beteiligten deutschen Gesellschaften durch Beschlussfassung in der Versammlung ihrer Gesellschafter.[1077]

Für die Beschlussfassung der Gesellschafter sowie für die Bindungswirkung des Beschlusses ist § 13 UmwG und die zusätzlich anwendbaren rechtsformspezifischen Sonderregelungen maßgeblich. Die in § 50, 51 UmwG für die GmbH und §§ 62, 65 UmwG[1078] für die AG, SE und KGaA geregelten Beschlussmehrheiten für innerstaatliche Verschmelzungen gelten ebenfalls bei grenzüberschreitenden innergemeinschaftlichen Verschmelzungen.[1079]

Für die Zustimmung des gemeinsamen Verschmelzungsplanes ist ausschließlich die Hauptversammlung der jeweiligen Gesellschaft zuständig, so dass ein Delegieren dieser Grundlagenentscheidung auf andere Organe der Gesellschaft nicht zulässig ist.[1080]

Der Zustimmungsbeschluss bedarf bei Beteiligung einer deutschen AG neben einer einfachen Stimmenmehrheit auch einer Mehrheit von mindestens drei Vierteln des bei der Beschlussfassung vertretenen Grundkapitals.[1081] Sofern eine deutsche GmbH beteiligt ist, bedarf die Zustimmung der Gesellschafterversammlung zur grenzüberschreitenden innergemeinschaftlichen Verschmelzung einer Zustimmung von mindestens drei Vierteln der abgegebenen Stimmen.[1082]

Gegenstand der Prüfung des Registergerichts vor Erteilung der Verschmelzungsbescheinigung gem. § 122k UmwG ist die ordnungsgemäße Beschlussfassung unter Einhaltung sämtlicher Verfahrensvorschriften.[1083]

Die Gesellschafter einer beteiligten deutschen Kapitalgesellschaft können den Zustimmungsbeschluss nach den allgemeinen Voraussetzungen anfechten.

1077 Vgl. § 122g i.V.m. § 13 Abs. 1 Satz 2 UmwG; vgl. Drinhausen in Semler/Stengel, § 122g UmwG, Rn. 1.

1078 1) Der Verschmelzungsbeschluss der Hauptversammlung bedarf einer Mehrheit, die mindestens 3/4 des bei der Beschlussfassung vertretenen Grundkapitals umfasst. Die Satzung kann eine größere Kapitalmehrheit und weitere Erfordernisse bestimmen. (2) Sind mehrere Gattungen von Aktien vorhanden, so bedarf der Beschluss der Hauptversammlung zu seiner Wirksamkeit der Zustimmung der stimmberechtigten Aktionäre jeder Gattung. Über die Zustimmung haben die Aktionäre jeder Gattung einen Sonderbeschluss zu fassen. Für diesen gilt Abs. 1.

1079 Ebenso Drinhausen in Semler/Stengel, § 122g UmwG, Rn. 6 m.w.N. Hörtnagl in Schmitt/Hörtnagl/Stratz, § 122g UmwG, Rn. 5.

1080 Vgl. Bayer in Lutter/Hommelhoff SE-Kommentar, Art. 23 SE-VO, Rz. 4 m.w.N.

1081 Vgl. § 122a Abs. 2 UmwG i.V.m.§ 65 Abs. 1 Satz 1 UmwG.

1082 Vgl. § 122a Abs. 2 i.V.m § 50 Abs. 1 UmwG.

1083 Ebenso Drinhausen in Semler/Stengel, § 122g UmwG, Rn. 7 m.w.N.

b) Spanisches Recht

Die Ankündigung zur Einberufung der Gesellschafterversammlung muss, wie bereits ausgeführt, im Amtsblatt des Handelregisters („*Boletín Oficial del Registro Mercantil „BORME*“) und in einer großen Tageszeitung mindestens einen Monat vor dem Tag, an dem die Gesellschafterversammlung abgehalten werden soll, veröffentlicht werden. Der grenzüberschreitenden innergemeinschaftlichen Verschmelzungmuss von den Gesellschafterversammlungen aller betroffenen Gesellschaften zugestimmt werden.

Damit die Aktionärsversammlung einer „*SA*“ bzw. die Gesellschafterversammlung einer „*SRL*“ den Verschmelzungsbeschluss fassen kann, sind bestimmte Voraussetzungen zu beachten.

Bei der ersten Einberufung („*Primera Convocatoria*“) der Hauptversammlung („*Junta General*“) müssen die Aktionäre bzw. Anteilseigner, die persönlich oder durch einen Vertreter anwesend sind, mindestens über 50 % der stimmberechtigten Aktien bzw. Anteile verfügen, erst dann hat die Hauptversammlung das Mindestquorum erreicht, um einen Verschmelzungsbeschluss fassen zu können.[1084] Ab diesem Quorum gilt die Gesellschafterversammlung als beschlussfähig („*Constituida*“). Für die Zustimmung des gemeinsamen Verschmelzungsplanes bei der ersten Einberufung ist eine einfache Mehrheit der Anwesenden erforderlich.[1085]

Damit die Hauptversammlung als beschlussfähig („*Constituida*“) gilt, müssen bei der zweiten Einberufung („*Segunda Convocatoria*“) die Aktionäre bzw. Anteilseigner, die persönlich oder durch einen Vertreter anwesend sind, über mindestens 25 % der stimmberechtigten Aktien bzw. Anteile verfügen.[1086]

Vertreten die teilnehmenden Aktionäre bzw. Anteilseigner jedoch weniger als 50 % des gezeichneten Kapitals, bedarf die Zustimmung des gemeinsamen Verschmelzungsplanes bei der zweiten Einberufung einer qualifizierten Mehrheit von 2/3 der Stimmen der persönlich oder durch einen Vertreter bei der Versammlung Anwesenden.[1087] Die Satzung kann die o.g. Mehrheitsverhältnisse und Quorum herauf-, jedoch nicht herabsetzen.[1088]

1084 Vgl. Art. 55 LME i.V.m Art. 194 Abs. 1 LSC. Ausführlich zur SA siehe Memento Sociedades Mercantiles 2010, Rz. 1063.

1085 Vgl. Memento Sociedades Mercantiles 2010, Rz. 5737 m.w.N.; bereits so in Memento Sociedades Mercantiles 2009, Rz. 5759.

1086 Vgl. Art. 55 LME i.V.m Art. 194 Abs. 2 LSC.

1087 Vgl. Art. 55 LME i.V.m Art. 194 Abs. 1 LSC i.V.m. Art. 201 Abs. 2 LSC.

1088 Vgl. Art. 55 LME i.V.m Art. 194 Abs. 3 LSC.

Durch entsprechende Satzungsbestimmungen können die Anforderungen an die Einberufung jedoch abgemildert werden. Überdies kann eine Hauptversammlung trotz Nichtbeachtung von Einberufungsvorschriften abgehalten werden sog. *„Junta Universal"*, wenn das gesamte Kapital anwesend und mit dieser Vorgehensweise einverstanden ist.[1089]

4.6.3.3.1 Entbehrlichkeit der Beschlussfassung

Nach Art. 15 Abs. 1 i.V.m. 9 Abs. 1 VRL 2005/56/EG ist im Falle einer Aufwärtsverschmelzung der 100%igen Tochter auf ihre Muttergesellschaft eine Beschlussfassung nicht erforderlich.

a) Deutsches Recht

(1) Aufwärtsverschmelzung / „Up-Stream-Merger"

Die Regelung, durch die ein Verschmelzungsbeschluss der Gesellschafter der übertragenden Gesellschaft entbehrlich ist, wenn sich sämtliche Anteile der Tochtergesellschaft in der Hand der übernehmenden Muttergesellschaft befinden, wurde durch § 122g Abs. 2 UmwG ins deutsche Recht umgesetzt.[1090] Die Entbehrlichkeit vom Beschlusserfordernis gilt auch, wenn zugleich mehrere 100%ige Tochtergesellschaften auf die Muttergesellschaft verschmolzen werden.[1091] Soweit hingegen zugleich übertragende Kapitalgesellschaften verschmolzen werden, deren Anteile zu weniger als 100% von der übernehmenden Gesellschaft gehalten werden, ist es bei diesen Gesellschaften erforderlich, dass die Gesellschafter stets durch Beschluss zustimmen.[1092]

Lediglich die über die Gesellschaftsanteile vermittelte 100%ige Beteiligung ist maßgeblich.[1093] Ausreichend ist ebenfalls eine mittelbare über Zwischengesellschaften vermittelte 100%ige Beteiligung. Unterbeteiligungen, stille Gesellschaft an der übertragenden Kapitalgesellschaft sowie ähnliche Rechtsverhältnisse werden hingegen nicht berücksichtigt. Dies gilt ebenso für eigene Geschäftsanteile der übertragenden Gesellschaft.[1094]

1089 Vgl. 178 LSC.

1090 Vgl. Bayer/Schmidt, NZG 2006, 841 (843); Müller, der Konzern 2007, 81 (83); Winkeljohann/Fuhrmann in Handbuch des Umwandlungssteuerrechts S. 556.

1091 Vgl. Heckschen in Widmann/Mayer, § 122g UmwG, Rn. 153.

1092 Vgl. Hörtnagl in Schmitt/Hörtnagl/Schmitt § 122g UmwG, Rn. 11.

1093 Vgl. Hörtnagl in Schmitt/Hörtnagl/Schmitt § 122g UmwG, Rn. 12.

1094 Vgl. Hörtnagl in Schmitt/Hörtnagl/Stratz, § 122g UmwG, Rn.14 auch zu § 62 dort Rn. 5; aA Heckschen in Widmann/Mayer§ 122g UmwG, Rz. 145.

(2) Verschmelzung einer zu 90% beteiligten Kapitalgesellschaft

§ 122g UmwG enthält nicht die Regelung, die den Verzicht auf die Zustimmung der Gesellschafterversammlung der übernehmenden Gesellschaft bei einer 90%igen Beteiligung vorsieht.Durch den Verweis von § 122a Abs. 2 UmwG auf die allgemeinen Regelungen der Verschmelzung findet jedoch § 62 Abs. 1 UmwG Anwendung.[1095] Danach ist ein Verschmelzungsbeschluss bei einer deutschen übernehmenden Muttergesellschaft in der Form einer AG, SE oder KGaA entbehrlich, wenn sich das Stammkapital der übertragenden Tochtergesellschaft mindestens zu 90% in der Hand der übernehmenden Kapitalgesellschaft befindet.[1096]Andere Rechtsformen, wie die GmbH sind von dieser Vorschrift nicht erfasst.[1097]

b) Spanisches Recht

(1) "Up-Stream-Merger" (sog. "Fusión Impropia")

Der Verzicht von Art. 9 Abs. 3 VRL 2005/56/EG auf eine Gesellschafterversammlung bei der übernehmenden Kapitalgesellschaft wurde in Art. 61 LME nicht unmittelbar übernommen. Durch den Verweis von Art. 55 LME gilt Art. 49 Abs. 4 LME. Danach ist ein Verschmelzungsbeschluss bei einer spanischen übernehmenden Kapitalgesellschaft entbehrlich, wenn sich unmittelbar 100% des Kapitals der übertragenden Kapitalgesellschaft in der Hand der übernehmenden Kapitalgesellschaft befindet. Damit diese Ausnahme greift, sind jedoch weitere Voraussetzungen -jedoch hier kumulativ- zu erfüllen, nämlich:

- der Verschmelzungsplan muss mindestens einen Monat vor der voraussichtlichen Gesellschafterversammlung durch jede einzelne spanische Kapitalgesellschaft in „BORME“[1098] und einer verbreiteten Tageszeitung[1099] in den Pro-

---

1095 Vgl. Drinhausen in Semler/Stengel, § 122g UmwG, Rn. 15 m.w.N.

1096 Vgl. Hörtnagl in Schmitt/Hörtnagl/Stratz, § 122g UmwG, Rn.14 a.A: Bayer in Lutter, § 122g UmwG, Rn. 35; Simon/Rubner in Kölner Kommentar zum UmwG, § 122g UmwG, Rn. 36.

1097 § 62 Abs. 1 UmwG wurde durch das UmwGÄ geändert, so dass GmbHs ebenfalls erfaßt werden. Aussührlich zur den Änderungen siehe Freytag BB, 2010, 1611.

1098 Nach Art. 242 LSA müsste die Anzeige mindestens drei Mal in „BORME“ veröffentlicht werden.

1099 Es ist denkbar, dass in der Satzung der Gesellschaft eine bestimmte Zeitung vorgegeben ist; vgl. Memento Sociedades Mercantiles 2010, Rz. 5730.

vinzen, in denen die betreffenden Gesellschaften ihren Sitz haben, veröffentlicht werden.

- In der Veröffentlichung muss ausdrücklich auf das Informationsrecht der Gesellschafter und Gläubiger hingewiesen werden, d.h. ein Hinweis, dass zum Zwecke der Überprüfung am Sitz der Gesellschaft folgende Unterlagen zur Verfügung gestellt wurden:
  - gemeinsamer Verschmelzungsplan;
  - ggf. Berichte der unabhängigen Sachverständigen zum gemeinsamen Verschmelzungsplan;
  - die Jahresabschlüsse bzw. Lageberichte der letzten drei Geschäftsjahre aller an der innergemeinschaftlichen Verschmelzung beteiligten Kapitalgesellschaften mit dem jeweiligen Prüfungsbericht der Abschlussprüfer
- Hinweis auf das Recht, auf Verlangen unverzüglich und kostenlos eine Abschrift der nach Art. 39 Abs. 1 LME auszulegenden Unterlagen zu erhalten.1100
- Hinweis auf das Recht der Gesellschafter, die mindestens 1% des Grundkapitals der Gesellschaft innehaben, auf Verlangen innerhalb von 15 Tagen ab der Veröffentlichung des gemeinsamen Verschmelzungsplanes eine Gesellschafterversammlung einzuberufen.1101 Die Gesellschafter können die Einberufung der Gesellschafterversammlung durch einen Notar („Requerimiento Notarial“) auffordern. Die Verwalter sind nach Art. 51 Abs. 2 LME verpflichtet, innerhalb von zwei Monaten ab Eingang der notariellen Aufforderung die Versammlung einzuberufen;
- Hinweis auf das Recht der Gläubiger der übernehmenden Gesellschaft der Verschmelzung innerhalb eines Monats ab Veröffentlichung des gemeinsamen Verschmelzungsplanes zu widersprechen.1102

(2) Verschmelzung einer zu 90 % beteiligten Kapitalgesellschaft (sog. "Absorción Sociedad participada al 90 %")

Der spanische Gesetzgeber hat nicht nur die Entbehrlichkeit der Gesellschafterversammlung bei der übernehmenden Kapitalgesellschaft im Falle des „*Up-Stream-Merger*“ geregelt. Durch Art. 55 LME i.V.m. 51 Abs. 1 i.V.m. Art. 50 Abs. 1 LME ist die Entbehrlichkeit der Gesellschafterversammlung bzw. der Beschlussfassung bei der übernehmenden Kapitalgesellschaft ebenfalls zulässig, wenn eine Gesellschaft, die mindestens 90%, aber nicht alle in der Gesellschaf-

---

1100 Vgl. Ávila Navarro in Modificaciones Estructurales de las Sociedades Mercantiles. Ley 3/2009, S. 473.

1101 Hierzu Memento Sociedades Mercantiles 2010, Rz. 5797.

1102 Vgl. Memento Sociedades Mercantiles 2010, Rz. 5796.

terversammlung Stimmrecht gewährenden Aktien und sonstigen Anteile der übertragenden Gesellschaft(en) unmittelbar hält, eine grenzüberschreitende innergemeinschaftliche Verschmelzung vollzieht. Da die gleichen weiteren Voraussetzungen wie für *„Up-Stream-Merger"* gelten, wird auf die vorstehenden Ausführungen verwiesen. Durch die Vorschrift sind in Spanien, anders als in Deutschland, nicht nur die SA, SE, oder Sociedad Comanditaria por acciones (KGaA) sondern sämtliche Kapitalgesellschaften erfasst. Somit kann auch eine SRL die aufnehmende Muttergesellschaft.

(3) Seitwärtsverschmelzung und Abwärtsverschmelzung

Der spanische Gesetzgeber hat eine Vereinfachung durch den Verzicht auf die Gesellschafterversammlung nicht nur für den Fall der Aufwärtsverschmelzung („*Fusión Impropia*"), sondern auch für den Fall der Abwärtsverschmelzung („*Fusión Inversa*")[1103] und der Seitwärtsverschmelzung[1104] („*Fusión de Hermanas*") vorgesehen. Eine unmittelbare Beteiligung ist nicht erforderlich.[1105]

4.6.3.3.2 Zustimmungsvorbehalt

Die Gesellschafter können gemäß Art. 9 Abs. 2 VRL 2005/56/EG ihre Zustimmung zusätzlich davon abhängig machen, dass die Regelungen der Arbeitnehmermitbestimmung in der übernehmenden oder neu gegründeten Gesellschaft ausdrücklich von dieser genehmigt werden.[1106]

a) Deutsches Recht

Im Gegensatz zu einem nationalen Verschmelzungsvorgang[1107] können die Gesellschafter nach § 122g Abs. 1 UmwG ihre Zustimmung davon abhängig machen, dass die Art und Weise der Mitbestimmung der Arbeitnehmer der übernehmenden oder neuen Gesellschaft ausdrücklich von ihnen bestätigt wird.

1103 Art. 52 LME hierzu Memento Sociedades Mercantiles 2010, Rz. 5792; Mambrilla Rivera in Modificaciones Estructurales de las Sociedades Mercantiles, Band I, S. 915.

1104 Art. 52 LME; hierzu Memento Sociedades Mercantiles 2010, Rz. 5793.

1105 Vgl. Mambrilla Rivera in Modificaciones Estructurales de las Sociedades Mercantiles, Band I, S. 915; Memento Sociedades Mercantiles 2010, Rz. 5793.1. für die „Side-Stream-Merger" und Rz. 5792.1 für die Abwärtsverschmelzung.

1106 Vgl. Art. 9 Abs. 2 VRL 2005/56/EG wurde in Deutschland durch § 122g Abs. 1 UmwG ins nationale Recht umgesetzt; Hörtnagl in Schmitt/Hörtnagl/Stratz, § 122g UmwG, Rn. 7.

1107 Aber wie bei einer grenzüberschreitenden Verschmelzung in eine Europäischen Aktiengesellschaft (SE).

Im Falle, dass die Gesellschafter unter Vorbehalt zustimmen wollen, ist wie folgt zu verfahren: Im ersten Schritt ist der Vorbehalt in den Beschluss über die Zustimmung zum gemeinsamen Verschmelzungsplan aufzunehmen. Da das Erfordernis der qualifizierten Mehrheit in §§ 122 a, 65 UmwG bei Beteiligung einer AG, SE oder KGaA bzw. §§ 122a, 50 UmwG bei Beteiligung einer GmbH dem Schutz der Gesellschafter dient, genügt die einfache Stimmenmehrheit.

Bei der Herausverschmelzung aus deutscher Sicht ist die deutsche Gesellschaft die übertragende Gesellschaft, so dass ihr keine Verschmelzungsbescheinigung nach § 122k UmwG erteilt werden darf, solange ihr die Genehmigung des Mitbestimmungsmodells nicht vorliegt. Falls eine solche Vereinbarung über die Mitbestimmung der Arbeitnehmer nicht oder noch nicht geschlossen wurde, ist eine entsprechende Negativerklärung zu bescheinigen.[1108] Liegt ein solches Attest vor, so ist die Eintragung der Verschmelzung in Spanien nicht möglich, da diese Voraussetzung (Verschmelzungsbescheinigung) nicht erfüllt wurde. Im umgekehrten Fall verhält es sich nicht anders. Ist die deutsche Gesellschaft die übernehmende bzw. neu zu gründende Gesellschaft (Hereinverschmelzung aus deutscher Sicht), so kann die Verschmelzung nicht eingetragen werden, solange die Genehmigung fehlt.[1109]

b) Spanisches Recht

Art. 9 Abs. 2 VRL 2005/56/EG wurde durch Art. 61 LME in das spanische Recht umgesetzt. Hiernach kann die Gesellschafterversammlung jeder der sich verschmelzenden Gesellschaften die Verschmelzung davon abhängig machen, dass die Modalitäten für die Mitbestimmung der Arbeitnehmer in der aus der grenzüberschreitenden innergemeinschaftlichen Verschmelzung hervorgehenden Gesellschaft ausdrücklich von ihr bestätigt werden.[1110]

4.6.3.3.3 Änderung des gemeinsamen Verschmelzungsplanes

a) Deutsches Recht

Dem gemeinsamen Verschmelzungsplan für eine grenzüberschreitende innergemeinschaftliche Verschmelzung muss durch die beteiligten deutschen Gesell-

---

1108 Vgl. Vossius in Widmann/Mayer, § 122k UmwG, Rz. 22.

1109 Vgl. Bayer in Lutter, § 122g UmwG, Rn. 31 m.w.N.

1110 Vgl. Mambrilla Rivera in Modificaciones Estructurales de las Sociedades Mercantiles, Band I, S. 914; Anson Peironcely in Ley 3/2009 de las Modificaciones Estructurales de las Sociedades Mercantiles, S. 113.

schaften durch Beschlussfassung in der Versammlung ihrer Gesellschafter zugestimmt werden.

Nach Beschlussfassung gelten bei Änderung des gemeinsamen Verschmelzungsplanes die gleichen Voraussetzungen wie für die ursprüngliche Aufstellung. Das bedeutet, dass alle beteiligten Kapitalgesellschaften der grenzüberschreitenden innergemeinschaftlichen Verschmelzung unter Berücksichtigung der Änderungen im Verschmelzungsplan durch eine erneute Beschlussfassung zustimmen müssen. Die Gesellschafter können jedoch durch den Beschluss nach § 122g Abs. 1 UmwG nicht nur die Art und Weise der Mitbestimmung der Arbeitnehmer sondern auch evtl. Änderungen im Verschmelzungsplan bestätigen.[1111]

b) Spanisches Recht

Die Zustimmung zum gemeinsamen Verschmelzungsplan erfolgt für die beteiligten spanischen Gesellschaften ebenfalls durch Beschlussfassung in der Versammlung ihrer Gesellschafter.[1112]

Nach Art. 40 Abs. 1 Satz 1 LME hat die Gesellschafterversammlung dem vorgelegten gemeinsamen Verschmelzungsplan ohne jegliche Änderungen wie vorgelegt („*Estrictamente*“) zuzustimmen.[1113] Hat die Gesellschafterversammlung sogar minimale Änderungsvorschläge, welche den vorliegenden gemeinsamen Verschmelzungsplan modifizieren, so gilt der ganze Verschmelzungsplan als abgelehnt.[1114] Wird der gemeinsame Verschmelzungsplan geändert und somit abgelehnt, so ist erneut eine Beschlussfassung aller beteiligten Kapitalgesellschaften herbeizuführen.[1115]Der gemeinsame Verschmelzungsplan kann nach spanischem Recht nur wirksam werden, wenn die Gesellschafter aller beteiligten Gesellschaften ihm durch Beschluss erneut zugestimmt haben.[1116]

1111 Vgl. Heckschen in Widmann/Mayer, § 122g UmwG, Rz. 105 ff.

1112 Vgl. Art. 40 Abs. 1 LME; hierzu Sequeira Martín, RdS 2009, S. 40.

1113 Vgl. Memento Sociedades Mercantiles 2010, Rz. 5742; Ávila Navarro in Modificaciones Estructurales de las Sociedades Mercantiles. Ley 3/2009, S. 408.

1114 Das LME Gesetz hat den Satz 2 eingefügt „.. ajustandose estrictamente.. “, aus dem sich ausdrücklich ergibt, dass der Verschmelzungsplan ohne jegliche Modifizierung zuzustimmen ist; hierzu Sequeira Martín, RdS 2009, S. 40; Garrido de Palma in Ley 3/2009 de Modificaciones Estructurales de las Sociedades Mercantiles, S. 84.

1115 Vgl. Garrido de Palma in Ley 3/2009 de Modificaciones Estructurales de las Sociedades Mercantiles, S. 82.

1116 Vgl. Memento Sociedades Mercantiles 2009, Rz. 5767.

4.6.3.3.4 Unterrichtungspflicht

a) ÄndRL 2009/109

Die ÄnderRL 2009/109 sieht die Ergänzung des Art. 9 der Dritten Richtlinie 78/855/EWG[1117] vor. Die Dritten Richtlinie 78/855/EWG wurde nun wie bereits oben ausgeführt durch die Richtlinie 2011/35/EU kodifiziert.[1118]

Art. 9 Abs. 1 der Dritten Richtlinie 78/855/EWG (= Richtlinie 2011/35/EU) erfuhr keine Änderung. Es wurden jedoch zwei neue Absätze eingefügt, so dass Art. 9 nun bestimmt, dass die Verwaltungs-oder Leitungsorgane jeder beteiligten Gesellschaft die Hauptversammlung ihrer Gesellschaft, und die Verwaltungs- oder Leitungsorgane der anderen beteiligten Gesellschaften, über jede zwischen der Aufstellung des gemeinsamen Verschmelzungsplanes und dem Tag der Hauptversammlung, die über den Verschmelzungsplan zu beschließen hat, eingetretene wesentliche Veränderung des Aktiv- oder Passivvermögen, unterrichten müssen.

b) Deutsches Recht

Teilweise trägt das UmwG den geänderten gemeinschaftsrechtlichen Vorgaben bereits Rechnung. § 62 Abs. 3 UmwG sah bereits vor, dass jedem Aktionär auf dessen Verlangen unverzüglich und kostenlos eine Abschrift der in Absatz 1[1119] bezeichneten Unterlagen zu erteilen ist. Nun ist dem Absatz 3 folgenden Satz angefügt:

„Die Unterlagen können dem Aktionär mit dessen Einwilligung auf dem Wege elektronischer Kommunikation übermittelt werden.“

Der neue § 64 Abs. 1 UmwG erhält im Einklang mit Art 9 der Dritten Richtlinie 78/855/EWG (= Richtlinie 2011/35/EU) die folgende Fassung:... *Der Vorstand hat den Verschmelzungsvertrag oder seinen Entwurf zu Beginn der Verhandlung mündlich zu erläutern und über jede wesentliche Veränderung des*

1117 Dritte Richtlinie 78/855/EWG des Rates v. 9.10.1978 gemäß Art. 54 Abs. 3 Buchstabe g) des Vertrages betreffend die Verschmelzung von Aktiengesellschaften.

1118 Vgl. Abschnitt Verschmelzungsbericht

1119 Diese Unterlagen sind: der Verschmelzungsvertrag oder sein Entwurf; die Jahresabschlüsse und die Lageberichte der an der Verschmelzung beteiligten Rechtsträger für die letzten drei Geschäftsjahre; falls sich der letzte Jahresabschluss auf ein Geschäftsjahr bezieht, das mehr als sechs Monate vor dem Abschluss des Verschmelzungsvertrags oder der Aufstellung des Entwurfs abgelaufen ist, eine Bilanz auf einen Stichtag, der nicht vor dem ersten Tag des dritten Monats liegt, der dem Abschluss oder der Aufstellung vorausgeht (Zwischenbilanz); die nach § 8 erstatteten Verschmelzungsberichte; die nach § 60 in Verbindung mit § 12 erstatteten Prüfungsberichte.

Vermögens der Gesellschaft zu unterrichten, die seit dem Abschluss des Verschmelzungsvertrags oder der Aufstellung des Entwurfs eingetreten ist. Der Vorstand hat über solche Veränderungen auch die Vertretungsorgane der anderen beteiligten Rechtsträger zu unterrichten; diese haben ihrerseits die Anteilsinhaber des von ihnen vertretenen Rechtsträgers vor der Beschlussfassung zu unterrichten...„[1120]

c) Spanisches Recht

In Spanien sieht bereits Art. 39 Abs. 3 LME diese Unterrichtungspflicht vor. Hiernach sind die Verwaltungsorgane jeder beteiligten Gesellschaft verpflichtet, die Hauptversammlung ihrer Gesellschaft und die Leitungs- oder Verwaltungsorgane der anderen beteiligten Gesellschaften - zwecks Unterrichtung von deren jeweiliger Hauptversammlung- über jede zwischen der Aufstellung des Verschmelzungsplanes und dem Zeitpunkt der Beschlussfassung eingetretene Veränderung des Aktiv- oder Passivvermögens zu unterrichten.[1121]

Börsennotierte Unternehmen sind gem. Art. 117 Abs. 1 i.V.m. Art. 2 i.V.m 82 Abs. 5 LMV[1122] verpflichtet, auf der eigenen Homepage des Unternehmens die Verschmelzung zu veröffentlichen, um dem Informationsrecht der Gesellschafter gerecht zu werden.[1123] Die Veröffentlichung auf der Internetseite des Unternehmens kann jedoch (noch) nicht die konventionellen Unterrichtungsmittel ersetzen.[1124]

1120 Beschlussfassung und Emfehlung des Bundestags Drucksache 17/5930 v. 25.5.2011; abrufbar unter: http://dipbt.bundestag.de/dip21/btd/17/059/1705930.pdf

1121 Die Vorschrift wurde bereits durch Art. 238 Abs. 2 LSA eingeführt; hierzu Memento Sociedades Mercantiles 2009, Rz. 5741.

1122 Ley de Mercado de Valores Gesetz 24/1988 von 28.7.1988.

1123 Vgl. Martínez in Modificaciones Estructurales de las Sociedades Mercantiles, Band I, S. 584.

1124 Vgl. Martínez in Modificaciones Estructurales de las Sociedades Mercantiles, Band I, S. 584.

4.6.3.3.5 Veröffentlichung des Beschlusses

a) Deutsches Recht

Aus deutscher Sicht ist die Veröffentlichung des Verschmelzungsbeschlusses nicht erforderlich. Eine Auslegung des Verschmelzungsberichts in den Geschäftsräumen der Gesellschaft ist ausreichend.[1125]

b) Spanisches Recht

Der Verschmelzungsbeschluss ist im spanischen Amtsblatt des Handelsregister „*BORME*“[1126] und in einer verbreiteten Tageszeitung[1127] in den Provinzen, in denen die betreffenden Gesellschaften ihren Sitz haben, zu veröffentlichen.[1128] Die Veröffentlichung ist nunmehr in „*BORME*“ lediglich ein Mal[1129] anstatt wie früher drei Mal ausreichend.[1130]

Die Anzeige hat einen Hinweis auf das Recht der Gesellschafter und Gläubiger auf Erhalt des vollständigen Texts des Verschmelzungsbeschlusses, der Verschmelzungsbilanz sowie auf das Widerspruchsrecht der Gläubiger zu enthalten.[1131]

Die Veröffentlichung ist nach Art. 43 Abs. 2 i.V.m. Art. 55 LME nicht erforderlich, wenn jeder einzelne Gesellschafter und Gläubiger schriftlich an die in den Büchern der Gesellschaft registrierte Adresse über den Verschmelzungs-

---

1125 Vgl. Simon/Rubner in Kölner Kommentar zum UmwG, § 122e UmwG, Rz. 16ff; Mayer in Widmann/Mayer , § 122e UmwG, Rz. 17.

1126 Nach Art. 242 LSA musste die Anzeige mindesten drei Mal in „BORME“ veröffentlicht werden.

1127 Es ist denkbar und zulässig, dass in der Satzung der Gesellschaft eine bestimmte Zeitung vorgegeben ist; vgl. Memento Sociedades Mercantiles 2010, Rz. 5730.

1128 Art. 43 Abs. 1 i.V.m. Art. 55 LME. Die Vorschrift entspricht in etwa Art. 242 LSA a.F. Vgl. Memento Sociedades Mercantiles 2010, Rz. 5778. Nach Art. 242 LSA a.F. war die Veröffentlichung der Anzeige mindestens in zwei Tageszeitungen erforderlich; nun ist nach Einführung des LME Gesetzes lediglich die Anzeige in einer verbreiteten Tageszeitung ausreichend.

1129 Vgl. Sequeira Martín, RdS 2009, 41.

1130 Nach dem alten Recht musste die Anzeige mindestens drei Mal in „BORME“ veröffentlicht werden; vgl. Sociedades Mercantiles 2009, Rz. 5768.

1131 Art. 43 Abs. 1 Satz 2 i.V.m. Art. 55 LME; hierzu Memento Sociedades Mercantiles 2010, Rz. 5731.

beschluss informiert wird.[1132] Der Empfang der Mitteilung muss nachweisbar sein.[1133]

Der Verschmelzungsbeschluss muss notariell (Verschmelzungsurkunde - sog. *„Escritura Pública“*) beurkundet werden.[1134]

Der spanische Gesetzgeber scheint im LME nicht berücksichtigt zu haben, dass die Verschmelzungsurkunde („*Escritura Pública de Fusión*“) das Datum der Veröffentlichung des Verschmelzungsbeschlusses im *„BORME“* zu enthalten hat.[1135] Durch die fehlende Veröffentlichung des Verschmelzungsbeschlusses im „*BORME“*, ist die Ausstellung der Verschmelzungsurkunde wegen Nichterfüllung der Voraussetzungen nicht erlaubt.[1136] Folgerichtig ist die Eintragung in den RM („*Registro Mercantil*“) ohne die Verschmelzungsurkunde nicht zulässig.[1137]

Bei der Veröffentlichung der Beschlussfassung ist auf das Recht der Gesellschafter und Gläubiger auf Erhalt des vollständigen gemeinsamen Verschmelzungsplanes sowie der Verschmelzungsbilanz hinzuweisen.[1138]Zusätzlich hat die Anzeige einen Hinweis auf das Widerspruchsrecht der Gläubiger zu enthalten.[1139]

4.6.3.4 Verbesserung des Umtauschverhältnisses

Die Verbesserung des Umtauschverhältnisses wird in Art. 10 Abs. 3 VRL 2005/56/EG geregelt. Hiernach kann das nach dem Recht eines EU-Staates vorgesehene Verfahren zur Kontrolle und Änderung des Umtauschverhältnisses der Aktien oder sonstigen Anteile oder zur Abfindung von Minderheitsgesellschaftern (Spruchverfahren), das jedoch der Eintragung der grenzüberschreitenden innergemeinschaftlichen Verschmelzung nicht entgegensteht, nur zur Anwendung kommen, wenn die anderen sich verschmelzenden Gesellschaften in EU-

---

1132 Vgl. Memento Sociedades Mercantiles 2010, Rz. 5730 und 5745; Garrido de Palma in Ley 3/2009 de Modificaciones Estructurales de las Sociedades Mercantiles, S. 86.

1133 Bspw. per Einschreiben mit Rückschein, was von der spanischen Notarkammer anerkannt wird. DGRN. Entscheidung v. 5.3.1991, RJ 2529; hierzu Memento Sociedades Mercantiles 2010, Rz. 5730, 5745; Garrido de Palma in Ley 3/2009 de Modificaciones Estructurales de las Sociedades Mercantiles, S. 86.

1134 Vgl. Art. 55 LME i.V.m. Art. 227 Abs. 1 i.V.m. Abs. 2 Nr. 6 RRM.

1135 Diese Verpflichtung ergibt sich aus Art. 227 Abs. 2 Nr. 4 RRM i.V.m. Art. 55 LME.

1136 Vgl. Memento Sociedades Mercantiles 2010, Rz. 5746.

1137 Art. 227 Abs. 1 RRM; Sociedades Mercantiles 2009, Rz. 5768; kritisch lehnt die Möglichkeit der Durchführung einer Verschmelzung ohne Veröffentlichung des Verschmelzungsbeschlusses im „BORME“ ab.

1138 Vgl. Art. 43 Abs. 1 Satz 2 i.V.m. Art. 55 LME, hierzu Garrido de Palma in Ley 3/2009 de Modificaciones Estructurales de las Sociedades Mercantiles, S. 86.

1139 Vgl. Art. 43 Abs. 1 Satz 2 i.V.m. Art. 55 LME.

Staaten, die ein solches Verfahren nicht vorsehen, bei der Zustimmung zum Verschmelzungsplan ausdrücklich akzeptieren, dass die Gesellschafter der erstgenannten Gesellschaft ein solches Verfahren beim zuständigen Gericht beantragen können.

Der Anspruch auf bare Zuzahlung steht nur den Gesellschaftern zu, die ihre Aktien oder sonstigen Anteile umtauschen und nicht jenen, die ausscheiden.Da sich die Zahlung barer Zuzahlungen nach Abschluss eines Spruchverfahrens auf die Vermögenssphäre der Gesellschafter der übernehmenden (ausländischen) Gesellschaft auswirkt, bezweckt Art. 10 Abs. 3 VRL 2005/56/EG - durch die vorherige ausdrückliche Zustimmung zur (möglichen) Durchführung eines Spruchverfahrens - den Schutz der Gesellschafter der beteiligten ausländischen Gesellschaft. Durch ihre ausdrückliche Akzeptanz sollen die Gesellschafter ihre Kenntnis dokumentieren, dass nachträgliche Änderungen eintreten können, obwohl ihre eigene Rechtsordnung ein entsprechendes Verfahren nicht vorsieht.[1140]

a) Deutsches Recht

Im deutschen Recht werden die Interessen der Minderheitsgesellschafter bei der grenzüberschreitenden innergemeinschaftlichen Verschmelzung (unmittelbar) durch § 122h UmwG und § 122i UmwG geschützt.

Während nach § 122i UmwG ein Austrittsrecht gegen Barabfindung für Minderheitsgesellschafter der übertragenden Gesellschaft, die gegen den Verschmelzungsbeschluss Widerspruch zur Niederschrift erklären,[1141] sofern die übernehmende oder neugegründete Gesellschaft nicht dem deutschem Recht unterliegt, gewährt wird, enthält § 122h UmwG lediglich Regelungen zur Verbesserung des Umtauschverhältnisses.[1142] Art. 10 Abs. 3 Satz 1 der VRL 2005/56/EG stellt die Rechtsgrundlage von § 122h UmwG dar.[1143] Da die meisten der EU- bzw. EWR-Staaten ein Verfahren zur Kontrolle und Änderung des Umtauschverhältnisses der Aktien oder sonstigen Anteile (Spruchverfahren) allerdings nicht kennen, kann das Ineinandergreifen des Systems von Klageausschluss und Spruchverfahren für alle EU-Staaten mit der eine grenzüberschreitende inner gemeinschaftliche Verschmelzung durchführt wird, nicht funktionieren.[1144]

1140 Vgl. Hörtnagl in Schmitt/Hörtnagl/Stratz, § 122h UmwG UmwG, Rn. 4.

1141 Hierzu Vossius in Widmann/Mayer, § 122i UmwG, Rz. 10ff.

1142 Vgl. Drinhausen in Semler/Stengel, § 122h UmwG, Rn. 1.

1143 Vgl. Begr.Reg.Ent BT-Drucks. 16/2919, S. 16.

1144 Vgl. Hörtnagl in Schmitt/Hörtnagl/Stratz, § 122h UmwG, Rn. 2; Heckschen in Widmann/Mayer, § 122h UmwG, Rz. 8 m.w.N.

Nach § 122h Abs. 1 UmwG können die Gesellschafter einer deutschen übertragenden Gesellschaft eine Verbesserung des Umtauschverhältnisses ihrer Anteile entsprechend § 14 Abs. 2 und § 15 UmwG verlangen.[1145]

Das Spruchverfahren kommt daher nur dann zur Anwendung, wenn die Gesellschafter sämtlicher an der grenzüberschreitenden innergemeinschaftlichen Verschmelzung beteiligten Gesellschaften, deren Rechtsvorschriften ein dem Spruchverfahren vergleichbares Verfahren nicht vorsehen, diesem ausdrücklich zustimmen.[1146]

Durch die Implementierung des § 122h UmwG wurden die für die grenzüberschreitende innerstaatliche Verschmelzung geltenden Regelungen nach §§ 14 Abs. 2 und 15 UmwG modifiziert. Nach § 14 Abs. 2 UmwG kann bei innerstaatlichen Verschmelzungen eine Klage gegen die Wirksamkeit des Verschmelzungsbeschlusses einer übertragenden Gesellschaft nicht darauf gestützt werden, dass das Umtauschverhältnis der Anteile zu niedrig bemessen ist.[1147] Demzufolge kann die Verschmelzung nicht verhindert werden und es tritt keine Registersperre ein, da die von der Unwirksamkeitsklage ausgeschlossenen Gesellschafter nach § 15 UmwG einen Anspruch gegenüber der übernehmenden Gesellschaft auf Ausgleich eines unangemessenen Umtauschverhältnisses durch bare Zuzahlung haben.[1148]

Da § 122h Abs. 1 UmwG „nur" für die übertragende Gesellschaft gilt, können nur deren Gesellschafter und nicht die Gesellschafter der aufnehmenden Gesellschaft, die mit dem Umtauschverhältnis nicht einverstandenen waren, aufgrund einer Unangemessenheit des Umtauschverhältnisses gem. § 15 UmwG im Wege des Spruchverfahrens unter Ausschluss des Anfechtungsrechts eine Verbesserung der unrichtigen Bemessung des Umtauschverhältnisses gerichtlich geltend machen.[1149] Die Gesellschafter der übernehmenden Gesellschaft können die grenzüberschreitende innergemeinschaftliche Verschmelzung und die regelmäßig mit ihr verbundene Kapitalerhöhung mit der Begründung, das Umtauschverhältnis sei für die Gesellschafter der übertragenden Gesellschaften zu günstig bemessen, anfechten.

Die Anhängigkeit eines Spruchverfahrens steht der Wirksamkeit der Verschmelzung nicht entgegen. Im Rahmen des Spruchverfahrens werden letztendlich die Gesellschafter der übertragenden Gesellschaft[1150] zum Ausgleich des un-

---

1145 Vgl. Heckschen in Widmann/Mayer, § 122h UmwG, Rz. 5.

1146 Vgl. Haritz/von Wolff, GmbHR 2006, 340 (342); Heckschen in Widmann/Mayer, § 122h UmwG, Rz. 8.

1147 Vgl. Drinhausen in Semler/Stengel, § 122h UmwG, Rn. 4.

1148 Vgl. Hörtnagl in Schmitt/Hörtnagl/Stratz, § 122h UmwG, Rn. 1.

1149 Vgl. Drinhausen in Semler/Stengel, § 122h UmwG, Rn. 7.

1150 § 15 Abs. 1 UmwG.

angemessenen Umtauschverhältnisses eine vom Gericht festgesetzte bare Zuzahlung erhalten.[1151] Der materielle Anspruch richtet sich nach § 15 UmwG und die Durchführung nach dem SpruchG[1152], sofern die Voraussetzungen des § 122h Abs. 1 UmwG erfüllt und demzufolge §§ 14 Abs. 2 und 15 UmwG anwendbar sind.[1153]

Wie bereits ausgeführt, bedarf es der Zustimmung der Gesellschafter einer übernehmenden ausländischen (in concreto: spanischen) Gesellschaft nur, wenn das Recht, dem diese Gesellschaften unterliegen, ein Verfahren zur Kontrolle und Änderung des Umtauschverhältnis der Aktien oder sonstigen Anteile nicht vorsieht.[1154] Sofern die ausländischen Rechtsordnungen ein solches Verfahren vorsehen, bedarf die Anwendung von §§ 14 und 15 UmwG bei der deutschen übertragenden Gesellschaft keiner ausdrücklichen Zustimmung der beteiligten ausländischen Gesellschaften im Verschmelzungsbeschluss.[1155] Da das spanische Recht ein vergleichbares Spruchverfahren kennt,[1156] ist die ausdrückliche Zustimmung der Gesellschafter der spanischen übernehmenden Gesellschaft nicht erforderlich.

b) Spanisches Recht

Auf Antrag der Gesellschafter, die mit der Angemessenheit des Umtauschverhältnisses nicht einverstanden sind, kann der Registerbeamte *„Registrador Mercantil"* nach Art. 55 i.V.m. 38 Abs. 2 LME am Sitz der Gesellschaft einen Sachverständigen zur Überprüfung der Angemessenheit des Umtauschverhältnisses bestellen.[1157]

Aus dem Wortlaut des Art. 38 Abs. 2 LME, (*„a solicitud del socio que se considere perjudicado por la relación de canje establecida"*), ergibt sich, dass jeder der Gesellschafter, der das Umtauschverhältnis für unangemessen hält ei-

1151 Vgl. § 2 SpruchG; Zuständig ist das LG am Sitz der übertragenden Gesellschaft.

1152 Gesetz über das gesellschaftsrechtliche Spruchverfahren v. 12.6.2003 BGBl. I S. 838; zuletzt geändert durch Art. 42 FGG-ReformG v. 17. 12. 2008, BGBl. I S. 2586.

1153 Vgl. Hörtnagl in Schmitt/Hörtnagl/Stratz, § 122h UmwG, Rn. 11.

1154 Vgl. Art. 10 Abs. 3 VRL 2005/56, hierzu Hörtnagl in Schmitt/Hörtnagl/Stratz, § 122h UmwG, Rn. 6; dies dürfte auf die meisten EU- bzw. EWR-Staaten zutreffen; vgl. Heckschen in Widmann/ Mayer, § 122h UmwG, Rz. 44; Ochsler, NZG 2006, 161 (164); ein vergleichbares Spruchverfahren ist jedoch in Österreich bekannt; vgl. §§ 225c ff öAktG; Hörtnagl in Schmitt/Hörtnagl/Stratz, § 122h UmwG, Rn. 6; Heckschen in Widmann/ Mayer § 122h UmwG, Rz. 44 m.w.N.

1155 § 122h Abs. 1 i.V.m. § 14 Abs.2 und § 15 UmwG.

1156 Art. 38 Abs. 2 LME.

1157 Art. 55 i.V.m. Art. 38 Abs. 2 LME.

nen solchen Antrag stellen kann. Die Vorschrift ist an jeden einzelnen Gesellschafter adressiert, der mit dem Umtauschverhältnis nicht einverstanden ist.[1158] Damit haben im Gegensatz zu Deutschland nicht nur die Anteilseigner an der übertragenden sondern auch die an der übernehmenden Gesellschaft einen solchen Anspruch.[1159]

Wird bei einer grenzüberschreitenden innergemeinschaftlichen Verschmelzung gemäß Art. 55 i.V.m. Art. 38 Abs. 2 LME ein Antrag auf Bestimmung einer Zuzahlung oder Barabfindung gestellt, bestellt der *„Registro Mercantil“* einen Sachverständigen, sofern dies entweder in der Satzung vorgesehen war oder die Hauptversammlung diesem im Verschmelzungsbeschluss ausdrücklich zugestimmt hat.[1160] Da mit Wirksamwerden der Verschmelzung die übertragende Gesellschafterlischt und vorher ein Recht auf bare Zuzahlung nicht besteht, ist Schuldner der baren Zuzahlung die übernehmende Gesellschaft.[1161]

Der Antrag an den *„Registrador Mercantil“* kann innerhalb eines Monates ab der letzten Veröffentlichung des Verschmelzungsbeschlusses in dem *„BORME“* gestellt werden.[1162] Die Regelungen des RMM gelten entsprechend.[1163]

(1) Herausverschmelzung zur Neugründung: eine deutsche Kapitalgesellschaft auf eine (neu zu gründende) spanische Gesellschaft

Bei einer grenzüberschreitenden innergemeinschaftlichen Verschmelzung von mehreren deutschen Gesellschaften auf eine neugegründete spanische Gesellschaft unterliegt keiner der Gesellschafter dem Recht eines anderen EU- bzw. EWR Staat, sondern dem deutschen Recht. Daher ist ein Eintreten des in § 122h Abs. 1 UmwG vorausgesetzten Szenarios ausgeschlossen.[1164]

(2) Herausverschmelzung zur Aufnahme: Verschmelzung einer (oder mehrerer) deutschen Kapitalgesellschaft(en) auf eine spanische Gesellschaft

Die deutsche A-GmbH soll auf die spanische B-SRL verschmolzen werden. Die Gesellschafter der A-GmbH sind mit dem Umtauschverhältnis nicht einverstanden. In Spanien ist ein vergleichbares Spruchverfahren vorgesehen,[1165] daher ist

---

1158 Vgl. Memento Sociedades Mercantiles 2010, Rz. 5691.

1159 Vgl. Garrido de Palma in Ley 3/2009 de Modificaciones Estructurales de las Sociedades Mercantiles, S. 86; Memento Sociedades Mercantiles 2010, Rz. 5691.

1160 Vgl. Memento Sociedades Mercantiles 2010, Rz. 5691; Garrido de Palma in Ley 3/2009 de Modificaciones Estructurales de las Sociedades Mercantiles, S. 86.

1161 Vgl. Art. 46 i.V.m. Art. 22 i.V.m. Art. 23 LME.

1162 Vgl. Art. 55 i.V.m. Art. 38. Abs. 2 Satz 1 LME.

1163 Vgl. Art. 55 i.V.m. Art. 38. Abs. 2 Satz 2 LME.

1164 Vgl. Hörtnagl in Schmitt/Hörtnagl/Stratz, § 122h UmwG, Rn. 5.

1165 Vgl. Art. 55 i.V.m. Art. 38 Abs. 2 LME.

keine ausdrückliche Zustimmung der Gesellschafter der B-SRL im Verschmelzungsbeschluss erforderlich.[1166] Die Voraussetzungen des § 122h Abs. 1 UmwG sind erfüllt und somit sind §§ 14 und 15 UmwG anwendbar. Antragsberechtigt für das Spruchverfahren ist nach § 3 S. 3 SpruchG jeder in § 122h UmwG bezeichnete Gesellschafter.[1167] Jeder einzelne Gesellschafter der A-GmbH kann, sofern die Voraussetzungen des § 14 Abs. 2 UmwG erfüllt sind, Ausgleich seiner Schlechterstellung durch bare Zuzahlung nach § 15 UmwG verlangen. Dieses Recht steht nur den Gesellschaftern der übertragenden Gesellschaften zu.[1168] Zuständig ist das LG am Sitz der A-GmbH.[1169] Im vorliegenden Fall findet § 122h Abs. 2 UmwG keine Anwendung.

(3) Herausverschmelzung zur Aufnahme unter Beteiligung einer weiteren spanischen Gesellschaft

Die deutsche A-GmbH soll auf die spanische B-SRL verschmolzen werden. Eine weitere spanische Kapitalgesellschaft, nämlich die C-SRL soll ebenfalls auf die B-SRL verschmolzen werden. Die Gesellschafter der A-GmbH und der C-SRL sind mit dem Umtauschverhältnis der Anteile nicht einverstanden. Da in Spanien ein vergleichbares Spruchverfahren vorhanden ist, ist keine Zustimmung der Gesellschafter der B-SRL sowie der C-SRL für die Anwendung des deutschen Spruchverfahrens erforderlich. Die Voraussetzungen des § 122h Abs. 1 UmwG sind erfüllt und somit §§ 14 Abs. 2 und 15 UmwG anwendbar. Jeder einzelne Gesellschafter der A-GmbH kann Ausgleich seiner wirtschaftlichen Schlechterstellung durch bare Zuzahlung verlangen. Die Gesellschafter der A-GmbH können ein Spruchverfahren beim LG am Sitz der A-GmbH einleiten.

Die Gesellschafter der C-SRL können ihren Anspruch entweder nach Art. 55 i.V.m. 38 Abs. 2 LME oder nach § 122h Abs. 2 i.V.m. § 15 UmwG geltend machen. Die C-SRL wird nach dem spanischen Spruchverfahren eine Entscheidung des „*Registro Mercantil*“ erhalten. Da sich die Entscheidung des „*Registro Mercantil*“ mit der Entscheidung des LG widersprechen könnte und Doppelarbeit verursachen würde,[1170] räumt der deutsche Gesetzgeber den spanischen Ge-

1166 Vgl. § 122h Abs. 1 UmwG.

1167 Vgl. § 1 Nr. 4 SpruchG.

1168 § 15 Abs. 1 UmwG.

1169 Vgl. § 2 SpruchG.

1170 Beg. zu § 122h Abs. 2 UmwG BT-Drucks. 16/2919, S 16 „Durch die Regelung werden Doppelarbeit und sich widersprechende Entscheidungen deutscher und ausländischer Gerichte vermieden, wenn von Gesellschaftern. sowohl einer deutschen als auch einer ausländischen Gesellschaft jeweils die Überprüfung des Umtauschverhältnisses ihrer Anteile begehrt wird“.

sellschaftern das Recht ein, das Spruchverfahren vor einem deutschen Gericht einzuleiten.[1171]

(4) Hereinverschmelzung zur Aufnahme: Verschmelzung einer spanischen auf eine deutsche Kapitalgesellschaft

Die spanische B-SRL soll auf die deutsche A-GmbH verschmolzen werden. Die Gesellschafter der B-SRL sind allerdings mit dem Umtauschverhältnis der Anteile nicht einverstanden. Für die Gesellschafter der deutschen A-GmbH findet § 122h UmwG keine Anwendung.[1172] Die Gesellschafter der übernehmenden Gesellschaft (der A-GmbH) können die Verschmelzung und die grundsätzlich mit ihr verbundene Kapitalerhöhung nur mit der Begründung anfechten, das Umtauschverhältnis sei für die Gesellschafter der übertragenden Gesellschaften zu günstig bemessen.[1173] Sie können jedoch kein Spruchverfahren einleiten. Die Gesellschafter der spanischen B-SRL, die Anteile an der A-GmbH erhalten werden, können ein Spruchverfahren nach Art. 55 i.V.m. Art. 38 Abs. 2 LME vor dem *„Registro Mercantil"* einleiten.

Aus dem § 122h Abs. 2 UmwG ergibt sich, dass die Gesellschafter der B-SRL den Anspruch ebenfalls vor einem deutschen Gericht geltend machen könnten. Im vorliegenden Fall können weder Doppelarbeit noch widersprechende Entscheidungen die Folge sein. Obwohl den Gesellschaftern der B-SRL das Recht eingeräumt wird, vor dem deutschen Gericht das Spruchverfahren einzuleiten, ist unwahrscheinlich, dass die Gesellschafter der spanischen B-SRL ein Verfahren vor dem deutschen Gericht anstatt vor dem *„Registro Mercantil"* bevorzugen.

(5) Abwandlung

Zusätzlich zu der B-SRL wird eine weitere deutsche Gesellschaft, die D-GmbH, auf die A-GmbH verschmolzen. Sollten die Gesellschafter der D-GmbH ebenfalls mit dem Umtauschverhältnis nicht einverstanden sein, so können diese ihren Anspruch nach § 14 Abs. 2 und 15 UmwG geltend machen. Im vorliegenden Fall könnten „Doppelarbeit sowie widersprechende Entscheidungen" vorliegen, sodass es aus deutscher Sicht, zu bevorzugen wäre, dass die Gesellschafter der B-SRL das Spruchverfahren ebenfalls vor dem deutschen Gericht einleiten. Aus spanischer Sicht ist es jedoch nicht wahrscheinlich, dass die Gesellschafter der

---

1171 § 122h Abs. 2 UmwG.

1172 Die Vorschrift gilt nur für übertragende Gesellschaften, die deutschem Recht unterliegen; Haritz/von Wolff, GmbHR 2006, 340 (342); Heckschen in Widmann/Mayer, § 122h UmwG, Rz. 6 m.w.N.

1173 Vgl. Samson/Flindt, NZG 2006, 290 (292) m.w.N.

spanischen B-SRL diesen anstatt den direkten Weg vor Ort beim „*Registro Mercantil*“ wählen.

4.6.3.5 Die 10%-Grenze der baren Zuzahlung

Art. 2 der VRL schreibt fest, dass die evtl. bare Zuzahlung 10% des Nennwerts bzw. des rechnerischen Werts dieser Aktien oder sonstigen Anteile nicht überschreiten darf.

Da es sich bei der Verschmelzung um einen „neutralen“ Vorgang handelt, schränkt der Richtliniengeber eine evtl. zunehmender Anhebung der 10%-Grenze für die bare Zuzahlungen ein, damit der prägende Charakter einer Verschmelzung der Gegenleistung in Form eines Umtausches von Gesellschaftsanteilen nicht verloren geht und der Vorgang nicht einer Übernahme mit einer Gegenleistung in Form einer Geldzahlung (Veräußerung) angenähert wird.[1174]

a) Deutsches Recht

Nach § 15 Abs. 1 Satz 1 UmwG kann jeder Gesellschafter des übertragenden Rechtsträgers von dem übernehmenden Rechtsträger eine bare Zuzahlung verlangen. Voraussetzung hierfür ist, dass das Umtauschverhältnis der Anteile bei der übertragenden Kapitalgesellschaft zu niedrig bemessen ist.

Die bare Zuzahlung soll die Wertdifferenz zwischen dem alten und dem neuen Anteil ausgleichen. Die Höhe der bare Zuzahlung (Ausgleich) ergibt sich aus der Gegenüberstellung der tatsächlichen Vermögenslage der Gesellschafter der übertragenden Gesellschaft mit der Vermögenslage, die gegeben wäre, wenn das Umtauschverhältnis der Anteile angemessen bemessen wäre.[1175] Der Anspruch auf bare Zuzahlung ist bezüglich der Höhe nach § 15 Abs. 1 UmwG ausdrücklich nicht beschränkt, sodass die Zuzahlungen den zehnten Teil des auf die gewährten Anteile entfallenden Betrags des Grund- oder Stammkapitals grundsätzlich übersteigen können. Die bare Zuzahlung nach § 15 UmwG wird jedoch bei der GmbH[1176], der AG[1177] und der KGaA[1178] auf den zehnten Teil des auf die

---

1174 Kritisch aus deutscher Sicht, wenn die 10 % Grenze überschritten wird, Neye, ZIP 2005 S. 1893 (1894): „Allerdings geht mit zunehmender Anhebung dieser Grenze der eine Verschmelzung gerade prägende Charakter; als Umtausch von Gesellschaftsanteilen immer mehr verloren. Der Vorgang wird vielmehr einer Übernahme (mit einer Gegenleistung in Form einer Geldzahlung) angenähert“; ebenso Nagel, NZG 2006, 97.

1175 Vgl. Gehling in Semler/Stengel, § 15 UmwG, Rn. 19.

1176 § 54 Abs. 4 UmwG.

1177 § 68 Abs. 3 UmwG.

1178 § 78 Satz 1 i.V.m.. § 68 Abs. 3 UmwG.

gewährten Anteile entfallenden Betrags des Grund- oder Stammkapitals beschränkt.[1179] Sollen nach dem gemeinsamen Verschmelzungsplan bare Zuzahlungen erfolgen, die mehr als 10 % des Nennbetrags aller tatsächlich gewährten Anteile bei der GmbH, AG und der KGaA betragen,[1180] liegt darin ein Verstoß, der zur Nichtigkeit nach § 134 BGB der Bestimmung führt.[1181] Da die übertragende Gesellschaft mit Wirksamwerden der Verschmelzung erlischt[1182] und vorher ein Recht auf bare Zuzahlung nicht besteht, ist Schuldner der baren Zuzahlung die übernehmende Gesellschaft.[1183]

Maßgebend für die Höhe der baren Zuzahlung ist der Tag der Beschlussfassung der Gesellschafter der übertragenden Gesellschaft über die Zustimmung zum gemeinsamen Verschmelzungsplan.[1184]

b) Spanisches Recht

Durch den Verweis des Art. 55 LME findet Art. 25 Abs. 2 LME Anwendung. Art. 25 Abs. 2 LME setzt die Beschränkung des Art. 2 VRL 2005/56/EG in spanisches Recht um.[1185]

Durch die Anhebung der 10%-Grenze für die bare Zuzahlung geht, wie u.a. von *Neye* festgestellt, der eine Verschmelzung prägende Charakter als Umtausch von Gesellschaftsanteilen tendenziell verloren, da der Vorgang vielmehr einer Veräußerung angenähert wird.[1186]

1179 Vgl. so in etwa Gehling in Semler/Stengel, § 15 UmwG, Rn. 21; Rödder in Rödder/Herlinghaus/van Lishaut, § 11 UmwStG, Rz. 145.

1180 Vgl. Neye, ZIP 2005, 1893; Nagel, NZG 2006, 97 m.w.N.

1181 Vgl. bei der GmbH, Reichert in Semler/Stengel, § 54 UmwG, Rn. 50 m.w.N.; Stratz in Schmitt/Hörtnagl/Stratz, § 54 UmwG, Rn. 28; Widmann/Mayer, § 54 UmwG, Rz. 74, 75 m.w.N.; bei der AG Stratz in Schmitt/Hörtnagl/Stratz, § 68 UmwG, Rn. 16ff.

1182 § 20 Abs. 1 Nr. 2 UmwG.

1183 § 20 Abs. 1 Nr. 1 UmwG.

1184 Vgl. Gehling in Semler/Stengel, § 15 UmwG, Rn. 19; Siehe zu Maßnahmen im Fall von Verzögerungen des Wirksamwerdens der Verschmelzung § 5 Rn. 30 sowie zum Bewertungsstichtag § 5 Rn. 59; LG Dortmund DB 1997, 1915; LG Dortmund DB 1996, 2221; LG Düsseldorf AG 1989, 136; Marsch-Barner in Kallmeyer, Rn 2; Bork in Lutter Rn. 3; Baums, FS Zöller, S. 65, 76; Heckschen, DB 1998, 1385, 1393; Stratz in Schmitt/Hörtnagl/Stratz, § 15 UmwG, Rz. 11; aA noch Dehmer Rn. 10.

1185 Vgl. Garrido de Palma in Ley 3/2009 de las Modificaciones Estructurales de las Sociedades Mercantiles, S. 65 und 82. Auch steuerlich ist eine Steuerneutralität nicht gegeben, wenn die 10 % Grenze überschritten wird.

1186 Kritisch aus deutscher Sicht, wenn die 10 % Grenze überschritten wird, Neye, ZIP 2005 S. 1893 (1894): „Allerdings geht mit zunehmender Anhebung dieser Grenze der eine Verschmelzung gerade prägende Charakter; als Umtausch von Gesellschaftsantei-

Nach Art. 57 LME[1187] kann jedoch eine grenzüberschreitende innergemeinschaftlich+e Verschmelzung auch dann durchgeführt werden, wenn nach einem ausländischen Recht für eine der beteiligten Kapitalgesellschaften die 10%-Grenze für die bare Zuzahlung nicht gilt. In Deutschland gilt jedoch diese Grenze bei der GmbH[1188], der AG[1189] und der KGaA[1190].[1191]

4.6.3.6 Austrittsrecht der Minderheitsgesellschafter

Durch Art. 4 Abs. 2 Satz 2 VRL 2005/56/EG werden die EU-Staaten ausdrücklich ermächtigt, Vorschriften zu erlassen, um einen angemessenen Schutz der Minderheitsgesellschafter,[1192] die die grenzüberschreitende innergemeinschaftlichen Verschmelzung abgelehnt haben, zu gewährleisten.[1193] Da kein Gesellschafter gezwungen werden soll, mit dem Wechsel in eine ausländische (in concreto: spanische bzw. deutsche) Rechtsform verbundene Änderungen seiner Rechte und Pflichten hinzunehmen, wird ihnen ein Austrittsrecht gegen Zahlung einer angemessenen Barabfindung gesichert.[1194]

4.6.3.6.1 Kollisionsrecht

Ob den Minderheitsgesellschaftern der verschmelzenden Gesellschaften ein Austrittsrecht zu gewähren ist, ist noch in der lex societatis der jeweiligen Gesellschaften zu bestimmen.[1195] Für die an der Verschmelzung beteiligte deutsche Gesellschaft gilt deutsches Recht und für die beteiligte spanische Gesellschaft entsprechend spanisches Recht.[1196]

---

len immer mehr verloren. Der Vorgang wird vielmehr einer Übernahme (mit einer Gegenleistung in Form einer Geldzahlung) angenähert"; ebenso Nagel, NZG 2006, 97.

1187 Art. 57 LME setzt Art. 3 Abs. 1 der VRL 2005/56/EG in spanisches Recht um.

1188 § 54 Abs. 4 UmwG.

1189 § 68 Abs. 3 UmwG.

1190 § 78 Satz 1 UmwG i.V.m.. § 68 Abs. 3 UmwG.

1191 Ebenso Gehling in Semler/Stengel, § 15 UmwG, Rn. 21.

1192 Sog. "Derecho de separación de los Socios Minoritarios".

1193 Vgl. Art. 4 Abs. 2 VRL 2005/56.

1194 Vgl. Beg. zu § 122i Abs. 1 UmwG, BT-Drucks. 16/2919, S. 16; ebenso Neye/Timm, GmbHR 2007, 561 (564); Becker in HK-Kommentar, § 122i UmwG, Rn. 2; Drinhausen in Semler/Stengel, § 122i UmwG, Rn. 2; Tapia Hermida in Fusiones y OPAS Transfronterizas, S. 124 m.w.N.

1195 Vgl. Escribano Gámir in Derecho de oposición de los acreedores sociales in Modificaciones Estructurales de las Sociedades Mercantiles, Band I, S. 592.

1196 Vgl. Escribano Gámir in Modificaciones Estructurales de las Sociedades Mercantiles, Band I, S. 591, der als Beispiel italienisches Recht zitiert Art.2445, 2503des italienischen HGB von 1942.

4.6.3.6.2 Deutsches Recht

Der deutsche Gesetzgeber hat § 122i UmwG zum Schutz der Minderheitsgesellschafter eingeführt. Rechtsgrundlage der Regelung ist Art. 4 Abs. 2 Satz 2 VRL 2005/56/EG.[1197] Nach § 122i Abs. 1 UmwG wird den widersprechenden Minderheitsgesellschaftern der übertragenden deutschen Gesellschaften ein Austrittsrecht gegen Zahlung einer angemessenen Barabfindung gewährt, wenn die übernehmende oder die aus der grenzüberschreitenden innergemeinschaftlichen Verschmelzung hervorgehende neue Gesellschaft nicht dem deutschen Recht (vorliegend dem spanischen Recht) unterliegt.[1198] Hintergrund dieser Vorschrift ist, dass kein Gesellschafter (einer übertragenden Gesellschaft) gezwungen werden soll, die mit dem Wechsel in eine ausländische Rechtsform verbundene Veränderung seiner Rechtstellung (Rechte und Pflichten) hinzunehmen.[1199] Nur die Veränderung des anwendbaren Rechts für den Gesellschafter ist entscheidend.[1200]

Bei der grenzüberschreitenden innergemeinschaftlichen Verschmelzung einer deutschen auf eine spanische Gesellschaft werden Rechte und Pflichten der Gesellschafter der übertragenden Gesellschaft der spanischen Rechtsordnung unterworfen.

§ 122i Abs. 2 UmwG ist die Vorschrift, die die Voraussetzungen für die Anwendung von § 32 (Ausschluss der Anfechtungsklage zur Überprüfung der Barabfindung) und § 34 (stattdessen Spruchverfahren) bestimmt.[1201] Seinerseits regelt § 122i Abs. 2 UmwG die Anwendbarkeit des Spruchverfahrens zur Überprüfung der Angemessenheit der baren Zuzahlung. Das Spruchverfahren kann, wie bei § 122h UmwG geregelt, nur Anwendung finden, wenn entweder die Rechtsordnungen der anderen beteiligten Gesellschaften ein vergleichbares Verfahren vorsehen oder ihre Gesellschafter der Durchführung des Spruchverfahrens ausdrücklich zustimmen.[1202]

§ 122i Abs. 2 Satz 2 UmwG ist eine parallele Regelung zu § 122h Abs. 2 UmwG, da sich der Anwendungsbereich des § 34 auf die Gesellschafter einer

---

1197 Vgl. Beg. zu § 122i Abs. 1 UmwG BT-Drucks. 16/2919, S 16.

1198 Das deutsche Umwandlungsrecht sieht bereits in § 29 Abs. 1 UmwG eine ähnliche Regelung vor. Hiernach wird bei innerstaatlichen Verschmelzungen ein entsprechendes Austrittsrecht gewährt, wenn die übernehmende oder neue Gesellschaft eine andere Rechtsform hat als die übertragende Gesellschaft.

1199 Vgl. Beg. zu § 122i Abs. 1 UmwG, BT-Drucks. 16/2919, S. 16; ebenso Neye/Timm, GmbHR 2007, 561 (564); Becker in HK-Kommentar, § 122i UmwG, Rn. 2; Drinhausen in Semler/Stengel, § 122i UmwG, Rn. 2.

1200 Vgl. Beg. zu § 122i Abs. 1 UmwG BT-Drucks. 16/2919, S 16.

1201 Vgl. Beg. zu § 122i Abs. 2 UmwG BT-Drucks. 16/2919, S 17.

1202 Vgl. Hörtnagl in Hörtnagl/Stratz/Schmitt, § 122i UmwG, Rn. 3.

spanischen oder anderen ausländischen übertragenden Gesellschaft erstreckt, wenn diese entweder ausdrücklich im Verschmelzungsbeschluss zustimmen oder das Gesellschaftsstatut dieser spanischen oder anderen ausländischen Gesellschaft ein dem Spruchverfahren vergleichbares Verfahren vorsieht und deutsche Gerichte international zuständig sind.[1203]

Der Anspruch auf eine angemessene Abfindung richtet sich in erster Linie gegen die deutsche übertragende Gesellschaft und geht mit Wirksamwerden der Verschmelzung im Wege der Universalsukzession auf die übernehmende oder hervorgehende neue spanische Gesellschaft über.[1204]

§ 122i Abs. 1 UmwG gilt für die Gesellschafter einer deutschen Kapitalgesellschaft, die auf eine spanische Kapitalgesellschaft verschmolzen wird. Das bedeutet, dass das Austrittsrecht nur bei einer Herausverschmelzung, nicht jedoch bei einer Hereinverschmelzung, zur Anwendung kommt.[1205] Die Vorschrift gilt auch nicht, wenn in einem Zuge eine deutsche und eine spanische auf eine andere weitere deutsche Gesellschaft verschmelzen. Hier kommt allenfalls für die Gesellschafter der spanischen Gesellschaft Gesellschafterschutz nach spanischem Recht Art. 62 LME und für die Gesellschafter der deutschen übertragenden Gesellschaft § 29 UmwG in Betracht.[1206]

Nach § 122i Abs. 2 Satz 1 UmwG können die Minderheitsgesellschafter einer deutschen beteiligten Gesellschaft die Angemessenheit eines Abfindungsangebots verlangen.[1207]

4.6.3.6.3 Spanisches Recht

Das Austrittsrecht war bereits in dem LSA a.F.[1208] festgeschrieben. Nach Art. 144 des LSA a.F. konnte die Verschmelzung nur für die Gesellschafter bindend sein, die sich dafür ausgesprochen haben. Die Aktionäre, die nicht zugunsten des Verschmelzungsbeschlusses gestimmt hatten, hatten das Recht aus der Gesellschaft auszuscheiden.[1209] In Art. 320 LSA[1210] implementierte der spanische Ge-

1203 Vgl. Beg. zu § 122i Abs. 2 UmwG BT-Drucks. 16/2919, S 17; ebenso Drinhausen in Semler/Stengel, § 122i UmwG, Rn. 4.

1204 Art. 14 Abs. 1 und 2 VRL 2005/56; Beg. zu § 122i Abs. 1 UmwG BT-Drucks. 16/2919, S 16; Drinhausen in Semler/Stengel, § 122i UmwG, Rn. 7.

1205 Vgl. Müller, ZIP 2004, 1790; Müller, ZIP 2007, 1081.

1206 Vgl. Passarge/Stark, GmbHR 2007, 803.

1207 Umstritten ist, ob Schutzvorschriften nur zugunsten solcher Minderheitsgesellschafter getroffen werden dürfen, die sich nicht gegen die Verschmelzung ausgesprochen haben. Begrenzend nur auf die widersprechenden Minderheitsgesellschafter, Becker in H-K Kommentar § 122i UmwG, Rn. 16.

1208 Régimen jurídico de las Sociedades Anónimas Gesetzesdekret v. 18.8.1951.

1209 Derecho de Separación.

setzgeber bereits eine inhaltlich vergleichbare Regelung für die SE. Art. 320 LSA a.F. gibt den Minderheitsgesellschaftern einer spanischen Gesellschaft das Recht auf Ausscheiden gegen Barabfindung, wenn die künftige SE zur Aufnahme oder Neugründung ihren Sitz außerhalb des spanischen Territoriums haben soll.[1211]

Nun setzt der spanische Gesetzgeber Art. 4 Abs. 2 Satz 2, 10 Abs. 3 Satz 1 VRL 2005/56/EG durch Art. 62 LME in spanisches Recht um. Art. 62 LME entspricht der bereits für die SE eingeführten Regelung zum Austrittsrecht von 320 LSA a.F. und der entsprechenden Regelung zur Sitzverlegung von Art. 99 LME.[1212]

Art. 62 LME gewährt jedem einzelnen Minderheitsgesellschafter einer spanischen Gesellschaft, der die grenzüberschreitende innergemeinschaftliche Verschmelzung abgelehnt hat, das Austrittsrecht. Dem Gesellschafter der spanischen übertragenden Gesellschaft steht ein solches Austrittsrecht zu, wenn die übernehmende Gesellschaft einer ausländischen Rechtsordnung unterliegt und sie ausdrücklich der Verschmelzung widersprochen hat.[1213]

Durch Wahrnehmung des Austrittsrechts üben die Minderheitsgesellschafter entweder ein durch das Gesetz[1214] oder ggf. durch die Satzung[1215] gewährtes Wahlrecht aus.[1216]

Art. 62 LME verweist allgemein auf die Vorschriften des LSRL. Hierbei sind Art. 95 und Art. 96 LSRL gemeint, die nun in das LSC (Art. 346 LSC ff.) eingeflossen sind.

Nach Art. 346 Abs. 3 LSC ist den Minderheitsgesellschaftern das Ausscheidensrecht zu gewähren, wenn einer der in dem LME vorgesehenen Vorgänge stattfindet. Da es sich bei der Verschmelzung um einen durch das LME erfassten Vorgang handelt, ist das Ausscheidensrecht zu gewähren.

4.6.3.6.4 Zwischenergebnis

Sollte eine spanische Gesellschaft auf eine deutsche Kapitalgesellschaft verschmolzen werden, wären die Voraussetzungen des Art. 62 LME erfüllt. Im vor-

1210 Änderung des LSA durch Ley 19/2005, v. 14.11.2005, sobre la Sociedad Anónima Europea domiciliada en España. Veröffentlicht in BOE Nr. 273, v. 15.11.2005 zu deutsch: Gesetz zur Einführung der Europäischen Aktiengesellschaft.

1211 Memento Sociedades Mercantiles 2009, Rz. 2966.3.

1212 Vgl. Sequeira Martín, RdS 2009, 53.

1213 Hierzu Martín de Vidales, Otrosí 2009 Nr. 1, 36; Sequeira Martín, RdS 2009, S. 53.

1214 Art. 62 LME i.V.m. Art. 346 ff LSC (vormalsArt. 95 LSRL).

1215 Vgl. Art. 347 LSC (vormals Art. 96 LSRL).

1216 Memento Sociedades Mercantiles 2009, Rz. 1852.1.

liegenden Fall bleibt der Sitz der Gesellschaft nicht in Spanien erhalten; auch die rechtlichen und tatsächlichen Rahmenbedingungen ändern sich, so dass den Minderheitsgesellschaftern der spanischen übertragenden Kapitalgesellschaft, welche sich gegen die grenzüberschreitende innergemeinschaftliche Verschmelzung ausgesprochen haben, das Austrittsrecht nach Art. 62 LME i.V.m. 346 Abs. 3 LSC zu gewähren ist.[1217]

4.6.3.6.5 Barabfindungsangebot im Verschmelzungsplan

Die Abfindung ist gem. Art. 31 Abs. 1 Nr. 2 LME bereits im gemeinsamen Verschmelzungsplan anzubieten. Diese Formulierung ist an Art. 5 Satz 2 Buchst. b) VRL 2005/56/EG angelehnt. Inhaltlich vergleichbare Regelungen finden sich in Art. 235 Buchst. b) LSA a.F.

Die Verwalter können den Verschmelzungsbeschluss entweder in „*BORME*" veröffentlichen oder jedem einzelnen Gesellschafter, der sich entweder gegen die Verschmelzung ausgesprochen hat oder bei der Beschlussfassung abwesend war, eine schriftliche persönliche Mitteilung zukommen lassen.[1218] Das Austrittsrecht muss innerhalb eines Monats ab der letzten Veröffentlichung des Beschlusses im Amtsblatt des Handelsregisters „*BORME*" oder Empfang der letzten Mitteilung durch die Gesellschafter ausgeübt werden.[1219]

Wie bereits ausgeführt, verweist der Art. 62 LME auf die Regelungen des LSRL (spanisches GmbHG), die nun in das LSC eingeflossen sind. Art. 348 Abs. 2 LSC regelt, dass die Gesellschafter innerhalb eines Monates dieses Recht ausüben sollen. Der Austritt ist eine einseitige empfangsbedürftige Willenserklärung der Gesellschafter, die der der schriftlichen Form bedarf.[1220] Vorliegend ist der schriftliche Widerspruch per Einschreiben mit Rückschein an die „*Administradores*" zu adressieren.[1221]

4.6.3.7 Gläubigerschutz bei der übertragenden Gesellschaft

Da die übertragende Gesellschaft aufgrund der Herausverschmelzung aufgelöst wird, erhalten deren Gläubiger mit der übernehmenden bzw. hervorgehenden neuen Gesellschaft einen neuen Schuldner, der im Fall der grenzüberschreiten-

---

1217 Die Regelung entspricht Art. 315 Abs. 1 Buchst. a) LSA, der die grenzüberschreitende Sitzverlegung der SE regelt.

1218 Art. 55 LME i.V.m. Art. 205 Abs. 2 RRM i.V.m. Art. 97 LSRL; hierzu Memento Sociedades Mercantiles 2009, Rz. 1857.

1219 Vgl. Memento Sociedades Mercantiles 2010, Rz. 5747.

1220 Vgl. Art. 348 Abs. 2 LSC; hierzu Memento Sociedades Mercantiles 2009, Rz. 1857 m.w.N.

1221 Vgl. ebenso Memento Sociedades Mercantiles 2010, Rz. 1333.

den innergemeinschaftlichen Verschmelzung dem ausländischen (in concreto: dem spanischen bzw. dem deutschen Recht) unterliegt. Mit dem Wechsel der maßgeblichen Rechtsordnung des Schuldners, könnte sich das Risiko für die Geltendmachung von Forderungen erhöhen und sich ihre Rechtsverfolgung als kompliziert erweisen.

4.6.3.7.1 Kollisionsrecht

Nach Art. 4 Abs. 2 der VRL 2005/56/EG richtet sich der Schutz der Gläubiger der übertragenden Gesellschaft grundsätzlich nach dem anzuwendenden nationalen Recht.[1222]

4.6.3.7.2 Deutsches Recht

In Deutschland tragen § 122j, 122k und 314a UmwG diesem speziellen Schutzbedürfnis der Gläubiger der übertragenden Gesellschaft bei einer grenzüberschreitenden innergemeinschaftlichen Verschmelzung Rechnung.[1223] § 22 UmwG findet auf Ebene der Gesellschafter der übernehmenden Gesellschaft Anwendung.

Sowohl nach § 22 UmwG als auch nach § 122j UmwG haben die Gläubiger der an der Verschmelzung beteiligten Gesellschaften, wenn sie nicht Befriedigung verlangen können, den Anspruch auf Sicherheitsleitungen.

a) Verhältnis zwischen § 22 UmwG und § 122j UmwG

§ 22 UmwG und § 122j UmwG haben grundsätzlich den gleichen Inhalt. Unterschiede ergeben sich - wie nachfolgend dargelegt wird - hinsichtlich der Anspruchsberechtigten Gläubiger, des Normadressaten und der zeitlichen Komponenten (vor oder nach der Eintragung der Verschmelzung).[1224]

(1) § 22 UmwG

Bei einer rein innerstaatlichen Verschmelzung findet § 22 UmwG sowohl für die Gläubiger der übertragenden als auch für die der übernehmenden Gesellschaft

---

1222 Hierzu Escribano Gámir in Modificaciones Estructurales de las Sociedades Mercantiles, Band I, S. 592ff m.w.N.

1223 Vgl. Passarge/Stark, GmbHR 2007, 803.

1224 Vgl. Passarge/Stark, GmbHR 2007, 803.

Anwendung. Somit ist § 22 UmwG an die Gläubiger aller an der Verschmelzung beteiligten Gesellschaften adressiert.[1225]

In Deutschland steht den Gläubigern der beteiligten Gesellschaften bei einer Verschmelzung nach Erfüllung gewisser Voraussetzungen das Recht zu, Sicherheitsleitungen zu verlangen, wenn sie binnen sechs Monaten nach dem Tag der Bekanntmachung der Eintragung der Verschmelzung des Schuldners den Anspruch nach Grund und Höhe schriftlich anmelden.[1226] In der Bekanntmachung ist den Gläubigern auf diesen Anspruch hinzuweisen. Der Anspruch auf Sicherheitsleistung kann durch Klage gegen die betreffenden Gesellschaften geltend gemacht werden.[1227] § 22 UmwG gewährt lediglich einen Gläubigerschutz nach Eintragung der Verschmelzung und enthält somit lediglich einen nachgeordneten Gläubigerschutz.[1228] Nach § 122j UmwG soll hingegen der Anspruch auf Sicherheitsleistung bereits vor Wirksamwerden der Verschmelzung begründet werden.[1229]

(2) § 122j UmwG

Nach § 122j UmwG sind nur die Gläubiger der deutschen übertragenden Gesellschaft Anspruchsberechtigte, wenn die aus der Verschmelzung hervorgehende Gesellschaft ihren Sitz im Ausland (in concreto in: Spanien) hat oder einer anderen ausländischen Rechtsordnung unterliegt.[1230] § 22 UmwG wird in seinem Anwendungsbereich von § 122j völlig verdrängt.[1231]

b) Voraussetzung des Anspruchs auf Sicherheitsleitung

Damit ein Gläubiger einer deutschen übertragenden Gesellschaft Anspruch auf Sicherheitsleitung nach § 122j Abs. 1, Abs. 2 hat, sind die folgenden Voraussetzungen zu erfüllen:

- Ein Anspruch eines Gläubigers gegen die deutsche(n) übertragende(n) Gesellschaft(en) muss bestehen.

1225 Vgl. Hörtnagl in Schmitt/Hörtnagl/Stratz, § 122j UmwG, Rn. 2.

1226 Vgl. Beg. zu § 122j Abs. UmwG BT-Drucks. 16/2919, S 17; Hörtnagl in Schmitt/Hörtnagl/Stratz, § 122j UmwG, Rn. 1; Grunewald in Lutter, § 22 UmwG, Rz. 14ff; Marsch Barner in Kallmeyer, § 22 UmwG, Rz. 4 ff.; Bayer in Lutter/Hommelhoff SE-Kommentar, Art. 24 SE-VO, Rz. 9.

1227 Vgl. § 22 UmwG; hierzu Vossius in Widmann/Mayer, § 22 UmwG, Rz. 55.

1228 Vgl. Neye/Timm, GmbHR 2007, 561.

1229 Vgl. Hörtnagl in Schmitt/Hörtnagl/Stratz, § 122j UmwG, Rn. 1.

1230 Vgl. Becker in HK-Kommentar, § 122j UmwG, Rn. 2 m.w.N.

1231 Vgl. Vossius in Widmann/Mayer,§ 122j UmwG, Rz. 3.

- Die übernehmende oder hervorgehende Gesellschaft darf nicht dem deutschen Recht unterliegen. Bei der Herausverschmelzung auf eine dem spanischen Recht unterliegende Gesellschaft ist diese Voraussetzung erfüllt.
- Der Anspruch darf vor oder bis zu 15 Tage nach Bekanntmachung des gemeinsamen Verschmelzungsplanes entstanden sein.

- Der Anspruch darf bis zum Ende der in § 122j Abs. 2 UmwG genannten Anmeldefrist nicht fällig sein.[1232]
- Der Anspruch muss binnen zwei Monaten nach dem Tag, an dem der Verschmelzungsplan oder sein Entwurf bekannt gemacht worden ist schriftlich angemeldet werden.[1233]
- Der Gläubiger muss glaubhaft machen, dass durch die Verschmelzung die Erfüllung seiner Forderungen gefährdet wird.[1234]

(1) Hereinverschmelzung zur Aufnahme: Deutsche Gesellschaft als übernehmende Gesellschaft

Wenn die übernehmende Gesellschaft bei einer grenzüberschreitenden innergemeinschaftlichen Verschmelzung dem deutschen Recht unterliegt, findet § 22 UmwG i.V.m. 122a Abs. 2 UmwG Anwendung.[1235] § 122j UmwG ist auf diese Konstellation nicht anwendbar.[1236] Schuldner des Anspruchs auf Sicherheitsleistung ist dabei die übernehmende Gesellschaft.

Bei der Hereinverschmelzung sind die folgenden Szenarien denkbar:

(i) Verschmelzung einer oder mehrerer spanischen (oder weiteren ausländischen) Kapitalgesellschaft/en auf eine deutsche Kapitalgesellschaft zur Aufnahme

Auf dieses Szenario ist § 122j UmwG nicht anwendbar, da laut dieser Vorschrift nur die Gläubiger der übertragenden Kapitalgesellschaft anspruchsberechtigt sind. Die Gläubiger der spanischen (oder eines weiteren EU bzw. EWR-Staates) übertragenden Kapitalgesellschaft werden weder von den Regelungen von § 122j noch von § 22 UmwG geschützt. § 22 i.V.m. § 122a Abs. 2 UmwG kann

---

1232 Vgl. Drinhausen in Semler/Stengel, § 122j UmwG, Rn. 7; Becker in HK-Kommentar, § 122j UmwG, Rn. 2 m.w.N.

1233 § 126 BGB i.V.m. § 122a Abs. 2 UmwG; elektronische Form gem. § 126 Abs. 3 i.V.m. § 126a BGB genügt; ebenso Becker in HK-Kommentar, § 122j UmwG, Rn. 2.

1234 Siehe unter Abschnitt „Glaubhaftmachung".

1235 Vgl. Reg. Entw.-Begr. zu § 122j UmwG.

1236 Vgl. Passarge/Stark, GmbHR 2007, 803.

lediglich für die Gläubiger der deutschen übernehmenden Kapitalgesellschaft Anwendung finden.[1237]

(ii) Hereinverschmelzung aus deutscher Sicht einer oder mehrerer spanischen oder anderen ausländischen sowie einer oder mehrerer deutschen Kapitalgesellschaften auf eine weitere deutsche Kapitalgesellschaft zur Aufnahme oder Neugründung

Auf dieses Szenario findet § 122j UmwG für die deutsche übertragende Kapitalgesellschaft grundsätzlich Anwendung, da es sich um eine grenzüberschreitende innergemeinschaftliche Verschmelzung handelt. De facto kann jedoch § 122j UmwG auf dieses Szenario weder für die Gläubiger der spanischen noch der deutschen noch der weiteren ausländischen übertragenden Kapitalgesellschaften Anwendung finden, da § 122j UmwG ausdrücklich nur die Fälle regelt, bei denen die übernehmende oder neuzugründende Kapitalgesellschaft einem ausländischen (in concreto: dem spanischen) Recht unterliegt.[1238] Da die o.g. Voraussetzungen für die Anwendung von § 122j UmwG nicht erfüllt werden, ist beim vorliegenden Sachverhalt weiterhin § 22 UmwG anwendbar.[1239]

(2) Herausverschmelzung aus deutscher Sicht: Spanische Gesellschaft als aufnehmende bzw. hervorgehende Gesellschaft

Wird eine deutsche auf eine spanische Kapitalgesellschaft zur Aufnahme oder zur Neugründung verschmolzen, liegt aus deutscher Sicht eine Herausverschmelzung vor. Unterliegt die übernehmende oder hervorgehende neue Gesellschaft nicht dem deutschen sondern dem spanischem (bzw. eines anderen EU- oder EWR-Staates) Recht, tritt die spezielle Norm des § 122j UmwG an die Stelle von § 22 UmwG. Die Gläubiger der deutschen Kapitalgesellschaft(en) haben den Anspruch nach § 122j UmwG auf Sicherheitsleistung.[1240]

c) Frist

Die Frist zur Geltendmachung beträgt zwei Monate und beginnt bereits mit der Bekanntmachung des gemeinsamen Verschmelzungsplanes oder seines Entwurfs durch das Registergericht.[1241] Den Gläubigern der übertragenden Gesell-

---

1237 Vgl. Bayer in Lutter, § 122j UmwG, Rn. 7; Passarge/Stark, GmbHR 2007, 803.
1238 Vgl. Hörtnagl in Schmitt/Hörtnagl/Stratz, § 122j UmwG, Rn. 4.
1239 Vgl. Passarge/Stark, GmbHR 2007, 803.
1240 Vgl. Bayer in Lutter, § 122j UmwG, Rn. 8.
1241 Vgl. Art. 6 VRL 2005/56/EG i.V.m. § 122d UmwG, i.V.m. § 10 HGB; hierzu Vossius in Widmann/Mayer, § 122j UmwG, Rz. 22.

schaft ist Sicherheit zu leisten, wenn sie innerhalb dieser Frist nach Bekanntmachung des Verschmelzungsplanes glaubhaft machen, dass durch die Verschmelzung die Erfüllung ihrer Forderung gefährdet wird.

d) Zusätzliche Verstärkung des Gläubigerschutzes durch § 122k Abs.1 Satz 3 i.V.m. 314a UmwG

Durch die Regelungen der § 122k Abs.1 Satz 3 i.V.m. 314a UmwG wird der Gläubigerschutz weiter verstärkt.[1242] Nach § 122k Abs.1 Satz 3 haben Vorstände oder Geschäftsführer der übertragenden deutschen Gesellschaft bei der Anmeldung nach Abs. 1 Satz 1 UmwG eine strafbewehrte Versicherung darüber abzugeben, dass allen Gläubigern, die nach § 122j UmwG einen Anspruch auf Sicherheitsleistung haben, eine angemessene Sicherheit entsprechend geleistet wurde.

Es ist bereits im deutschen Recht bekannt, dass eine objektiv unzutreffende Versicherung, die dem Schutz von bestimmten Interessen dient, durch Strafe geahndet wird.[1243] Der objektive Tatbestand ist die nicht richtige Abgabe einer Versicherung.[1244] Wer entgegen § 122k Abs. 1 Satz 3 eine Versicherung nicht richtig abgibt, wird nach § 314a UmwG mit Freiheitsstrafe bis zu drei Jahren oder mit Geldstrafe belegt.

e) Anspruch auf Sicherheitsleistung

Der deutsche Gesetzgeber hat eine zeitliche Eingrenzung der Forderungen „Übergangsfrist" in Anlehnung an § 15 HGB geschaffen.[1245] Der Anspruch (klagbares Recht) auf Sicherheitsleistung beschränkt sich auf Forderungen, die vor oder sogar bis zu 15 Tage nach Bekanntmachung des gemeinsamen Verschmelzungsplanes entstanden sind.[1246]

f) Glaubhaftmachung einer konkreten Gefährdung des Anspruchs

Den Gläubigern der deutschen übertragenden Gesellschaften steht ein Anspruch auf Sicherheitsleistung nur dann zu, wenn sie glaubhaft machen können, dass durch die grenzüberschreitenden innergemeinschaftliche Verschmelzung zur

---

1242 Vgl. Reg .Entw.-Beg. zu 122j UmwG.

1243 Vgl. § 58 Abs. 1 Nr. 4 Halbs 2, § 82 Abs. 2 Nr. 1 GmbH.

1244 Vgl. Taschke in Semler/Stengel, § 314a UmwG, Rn. 3.

1245 Vgl. Reg .Entw.-Beg. zu 122j UmwG.

1246 Vgl. § 122j Abs. 2 UmwG; hierzu Neye/Timm, GmbHR 2007, 561.

Aufnahme oder Neugründung auf die spanische Kapitalgesellschaft die Erfüllung ihrer Forderung gefährdet ist.[1247]

Es kann nicht allein aus der Tatsache, dass die aufnehmende oder neu zu gründende Kapitalgesellschaft dem spanischen Recht unterliegen wird, automatisch von einer Gefährdung der Gläubigeransprüche bei jeder grenzüberschreitenden innergemeinschaftlichen Verschmelzung ausgegangen werden. Dies reicht zur Glaubhaftmachung der Gefährdung der deutschen Gläubiger nicht aus.[1248]

4.6.3.7.3 Spanisches Recht

Der spanische Gesetzgeber hat die grenzüberschreitende innergemeinschaftliche Verschmelzung in Titel II Kapitel II des LME gesondert als lex specialis geregelt. Da jedoch dieses Kapitel des LME keine spezielle Regelung für die grenzüberschreitende innergemeinschaftliche Verschmelzung enthält, die die Rechte der Gläubiger einer übertragenden spanischen Gesellschaften schützt, sind aufgrund der Verweisung des Art. 55 LME die Vorschriften zur allgemeinen Verschmelzung anwendbar. Maßgebliche Vorschrift für den Schutz der Gläubiger ist hier, aufgrund der Verweisung in Art. 55 LME, Art. 44 LME.

Nach Art. 44 LME[1249] darf eine Verschmelzung erst einen Monat nach der letzten Veröffentlichung des Verschmelzungsbeschlusses oder im Falle einer schriftlichen Mitteilung an alle Gesellschafter und Gläubiger, ab dem Zeitpunkt des Versands der letzten schriftlichen Mitteilung an die Gesellschafter oder Gläubiger, durchgeführt werden.[1250] Nach spanischem Recht ist der Gläubigerschutz der übertragenden spanischen Kapitalgesellschaft präventiv konzipiert, das bedeutet, dass er schon vor Wirksamwerden der Verschmelzung eingreift.[1251]

Während dieser Zeit können die Gläubiger aller spanischen übertragenden Gesellschaften der innergemeinschaftlichen Verschmelzung widersprechen bis ihnen Sicherheiten für ihre Forderungengeleistet werden. Dies gilt jedoch nur für die Forderungen, die bis zum Zeitpunkt vor der Veröffentlichung des Verschmelzungsbeschlusses entstanden und noch nicht fällig waren.[1252]

1247 Vgl. Bayer in Lutter, § 122j UmwG, Rn. 14; Vossius in Widmann/Mayer, § 122j UmwG, Rz. 30ff.

1248 Vgl. Passarge/Stark, GmbHR 2007, 803; Drinhausen in Semler/Stengel, § 122j UmwG, Rn. 9.

1249 Art. 44 LME enthält den gleichen Wortlaut wie Art. 166 LSA n.F.

1250 Vgl. Art. 44 Abs. 1 LME entspricht Art. 243 LSA a.F.

1251 Vgl. Escribano Gámir in Modificacion Estructurales de las Sociedades Mercantiles, Band I, S. 605 m.w.N.

1252 Art. 44 Abs. 2 Satz 1 LME, Sequeira Martín, RdS 2009, S. 33 (43).

Die Gläubiger, die bereits Sicherheiten für ihre Forderungen erhalten haben, können der innergemeinschaftlichen Verschmelzung nicht widersprechen.[1253]Der Anspruch auf Sicherheit steht nur denjenigen Gläubigern zu, die noch keine Befriedigung verlangen können und deren Anspruch somit noch nicht fällig ist.

a) Anspruchsberechtigte

Das LME enthält, anders als das UmwG (§ 22 UmwG gilt für die Gesellschafter der übernehmenden und § 122j UmwG für die übertragenden Gesellschaft(en)) nur eine Vorschrift zum Schutz aller Gläubiger. Das bedeutet, dass diese Vorschrift nicht nur für die Gläubiger der übertragenden Gesellschaft, sondern auch für die der übernehmenden spanischen Kapitalgesellschaften Anwendung findet.[1254]

b) Voraussetzungen

Voraussetzung für einen Anspruch auf Sicherheitsleitung nach Art. 44 LME i.V.m. 55 LME ist, dass ein Anspruch eines Gläubigers gegen die spanische(n) übertragende(n) oder übernehmende(n) Gesellschaft(en) bestehen muss.[1255] Weitere Voraussetzung ist, dass die betreffenden Gläubiger ihren Anspruch binnen einen Monat nach der letzten Veröffentlichung des Verschmelzungsbeschlusses, nach Grund und Höhe (schriftlich[1256]) anmelden und glaubhaft machen, dass durch die Verschmelzung die Erfüllung ihrer Forderung gefährdet wird.

c) Frist

Das Recht auf Sicherheitsleitungen steht den Gläubigern nur im Hinblick auf solche Forderungen zu, die vor oder bis zum Tag der Bekanntmachung des gemeinsamen Verschmelzungsplanes entstanden und nicht fällig sind.[1257] In Deutschland kann den Gläubigern dieses Recht auf Sicherheitsleitungen gewährt werden, wenn die Forderungen vor oder sogar bis zu 15 Tage nach der Bekanntmachung des Verschmelzungsplanes oder seines Entwurfs entstanden sind.

1253 Art. 22 Abs. 2 Satz 2 LME.

1254 Vgl. Art. 44 LME i.V.m. Art. 55 LME; Escribano Gámir in Modificacion Estructurales de las Sociedades Mercantiles, Band I, S. 609 ff.

1255 Vgl. Escribano Gámir in Modificacion Estructurales de las Sociedades Mercantiles, Band I, S. 614 „Existencia de una Relación Obligatoria“

1256 Siehe unten ausführlich unter „Form“.

1257 Vgl. Escribano Gámir in Modificacion Estructurales de las Sociedades Mercantiles, Band I, S. 633; Memento de Sociedades Mercantiles 2010, Rz. 1334.

d) Form

Das LME schweigt über die Form, wie der Widerspruch („*Oposición*") zu erfolgen hat. Es schreibt auch nicht zwingend vor, dass eine Anmeldung des Widerspruchs („*Oposición de los acreedores"*) schriftlich zu erfolgen hat. Vielmehr gilt insoweit der Grundsatz, dass der Widerspruch schriftlich, mündlich oder in anderer Weise erfolgen kann.[1258] Ungeachtet dessen, sollte jedoch eine *„Oposición"* aus Rechtssicherheitsgründen (Nachweisbarkeit) stets schriftlich erfolgen.[1259]

Die Übermittlung einer schriftlichen Anmeldung (bspw. notarielles Schreiben, oder ein Schreiben per Post als Einschreiben mit Rückschein) lassen sich zweckmäßigeinfach und zügig nachweisen. Die Anmeldung ist schriftlich nach Grund und Höhe anzumelden. Eine Anmeldung per Telefax oder in telegrafischer Form ist ausreichend.[1260]

(1) Hereinverschmelzung aus spanischer Sicht (mit einer spanischen als aufnehmende Gesellschaft)

Wenn eine oder mehrere deutsche Gesellschaften auf eine spanische Kapitalgesellschaft verschmolzen werden, finden für die Gläubiger der aufnehmenden Gesellschaft Art. 44 LME i.V.m. 55 LME Anwendung. Die Gläubiger der deutschen übertragenden Kapitalgesellschaft haben, sofern die Voraussetzungen erfüllt sind, den Anspruch auf Sicherheitsleistung nach § 122j UmwG.[1261] Art. 44 LME i.V.m. 55 LME findet ebenfalls bei evtl. Beteiligung an der Verschmelzung einer weiteren übertragenden spanischen Gesellschaft Anwendung.

(2) Herausverschmelzung aus spanischer Sicht (aufnehmende ist eine deutsche Gesellschaft)

Unterliegt die übernehmende oder hervorgehende neue Gesellschaft nicht dem spanischen sondern dem deutschen Recht, findet ebenfalls für die Gläubiger der spanischen Gesellschaften Art. 44 LME i.V.m. 55 LME Anwendung. Die Gläubiger der deutschen übernehmenden Kapitalgesellschaft haben nach § 22 UmwG

1258 Vgl. Escribano Gámir in Modificacion Estructurales de las Sociedades Mercantiles, Band I, S. 633.

1259 Vgl. Escribano Gámir in Modificacion Estructurales de las Sociedades Mercantiles, Band I, S. 633; Memento Sociedades Mercantiles 2010, Rz. 1333

1260 Vgl. Memento Sociedades Mercantiles 2009, Rz. 1333 (precisiones).

1261 Vgl. Passarge/Stark, GmbHR 2007, 803.

erst nach Eintragung der Verschmelzung den Sicherheitsleistunganspruch gegen diese.[1262]

e) Glaubhaftmachung einer konkreten Gefährdung

Die Gläubiger der spanischen Kapitalgesellschaft(en) müssen substanziiert darlegen, dass die Erfüllung der Forderung durch die Verschmelzung gefährdet wird.[1263] Den Gläubigern der spanischen Kapitalgesellschaften steht einen Anspruch auf Sicherheitsleistung nur dann zu, wenn sie glaubhaft machen können, dass durch die grenzüberschreitende innergemeinschaftliche Verschmelzung zur Aufnahme oder Neugründung auf die deutsche Kapitalgesellschaft die Erfüllung ihrer Forderung gefährdet ist.[1264] Dies ist der Fall, wenn die Solvenz der aufnehmenden Gesellschaft durch die Verschmelzung einer mit bspw. erheblichen Bilanzverlusten übertragenden Gesellschaft, beeinträchtigt wird.[1265] Es kann nicht allein aus der Tatsache, dass die aufnehmende oder neuzugründende Kapitalgesellschaft dem deutschen Recht unterliegen wird, bei jeder grenzüberschreitenden innergemeinschaftlichen Verschmelzung automatisch von einer Erfüllungssgefährdung der Forderung ausgegangen werden. Dies reicht, ebenso wenig wie in Deutschland, zur Glaubhaftmachung der Gefährdung der spanischen Gläubiger nicht aus.[1266]

Gemäß Art. 44 Abs. 3 LME i.V.m. Art. 55 LME steht den Gläubigern der spanischen übertragenden und/oder übernehmenden Gesellschaften ein Sicherheitsleistunganspruch nur dann zu, wenn sie glaubhaft machen können, dass eine konkrete Erfüllungsgefährdung ihrer Forderung aus der grenzüberschreitenden innergemeinschaftliche Verschmelzung zur Aufnahme oder Neugründung auf die deutsche Kapitalgesellschaft entsteht.

f) Keine zusätzliche Verstärkung des Gläubigerschutzes

Anders als das deutsche sieht das spanische Recht keine zusätzliche Vorschrift wie § 314a UmwG vor, die den Gläubigerschutz durch eine strafbewehrte Regelung verstärkt.

1262 Vgl. Passarge/Stark, GmbHR 2007, 803.

1263 Vgl. Ávila Navarro in Modificaciones Estructurales de las Sociedades Mercantiles. Ley 3/2009, S. 415.

1264 Vgl. Escribano Gámir in Modificacion Estructurales de las Sociedades Mercantiles, Band I, S. 614 ff.

1265 Vgl. Ávila Navarro in Modificaciones Estructurales de las Sociedades Mercantiles. Ley 3/2009, S. 415.

1266 Vgl. Im Umkehrschluss Ávila Navarro in Modificaciones Estructurales de las Sociedades Mercantiles. Ley 3/2009, S. 415.

4.6.4 Vollzugsphase: Zweistufige Rechtmäßigkeitsprüfung

Art. 10, 11 und 13 der VRL 2005/56/EG enthalten Regelungen für die registerrechtliche Abwicklung der grenzüberschreitenden innergemeinschaftlichen Verschmelzung. Ebenso wie bei der Gründung einer SE[1267] durch Verschmelzung gibt die VRL 2005/56/EG eine zweistufige Rechtsmäßigkeitsprüfung („*Control de Legalidad*") vor.[1268]

Nach Artikel 10 Abs. 1 VRL 2005/56/EG hat jeder EU-Staat eine staatliche Stelle, ein Gericht, einen Notar oder eine sonstige zuständige Behörde zu benennen, die die Rechtmäßigkeit der grenzüberschreitenden innergemeinschaftlichen Verschmelzung im Bezug auf die Verfahrensabschnitte kontrolliert, die seinem Recht unterliegende sich verschmelzende Gesellschaften betreffen.[1269]Das Gericht, der Notar oder die sonstige zuständige Behörde hat in einem ersten Schritt zu überprüfen, ob die Voraussetzungen auf Ebene der übertragenden Gesellschaften, die dem Recht dieses Staates unterliegt, erfüllt sind.[1270] Unverzüglich ist eine sog. Verschmelzungsvorabbescheinigung auszustellen, aus der zweifelsfrei hervorgeht, dass die der Verschmelzung vorangehenden Rechtshandlungen und Formalitäten ordnungsgemäß vollzogen wurden.[1271] Diese Kontrolle stellt die erste Stufe der Rechtsmäßigkeitsprüfung dar, die nach positiver Prüfung mit der Erstellung der Verschmelzungsbescheinigung für die übertragende(n) Gesellschaft(en) endet.[1272]

Anschließend hat in einem zweiten Verfahrensschritt das Gericht, der Notar oder die sonstige zuständige Behörde im Sitzstaat der übernehmenden oder neugegründeten Gesellschaft zu kontrollieren, ob die Durchführung der grenzüberschreitenden innergemeinschaftlichen Verschmelzung und ggf. die Gründung einer neuen Gesellschaft, wenn diese durch den Verschmelzungsvorgang ge-

---

1267 Die zweistufige Rechtmäßigkeitsprüfung für die SE wurde bereits durch Gesetz 19/2005 eingeführt.

1268 Vgl. Tapia Hermida in Fusiones y OPAS Transfronterizas S. 121; Hörtnagl in Schmitt/Hörtnagl/Stratz, § 122k UmwG, Rn. 1; Drinhausen in Semler/Stengel, § 122k UmwG, Rn. 2.

1269 Vgl. Fernández del Pozo in Modificaciones Estructurales de las Sociedades Mercantiles, Band, S. 951, 956; Tapia Hermida in Fusiones y OPAS Transfronterizas S. 121.

1270 Vgl. Memento Sociedades Mercantiles 2010, Rz. 5811.

1271 Art. 10 Abs. 2 VRL 2005/56/EG.

1272 Vgl. Fernández del Pozo in Modificaciones Estructurales de las Sociedades Mercantiles, Band I, S. 951.

schaffene Gesellschaft seinem innerstaatlichen Recht unterliegt, rechtmäßig ist.[1273]

4.6.4.1 Erste Stufe: Verschmelzungsvorabbescheinigung

4.6.4.1.1 Deutsches Recht

Der deutsche Gesetzgeber implementierte Art. 10 Abs. 1 und 2 der VRL 2005/56/EG durch § 122k UmwG[1274] im deutschen Recht.[1275]

a) Normadressaten

Der Anwendungsbereich des § 122k UmwG erfasst das Registerverfahren bis zur Erteilung der Verschmelzungsbescheinigung nur für die deutschen Kapitalgesellschaften, die als übertragende Gesellschaft an der innergemeinschaftlichen Verschmelzung beteiligt sind.[1276] § 122k UmwG ist somit in erster Linie an die deutschen übertragenden Kapitalgesellschaften adressiert. Ferner ist zusätzlich das deutsche Handelsregistergericht als Aussteller bzw. als Empfänger der Verschmelzungsbescheinigung Normadressat.[1277]

Im Fall der Hereinverschmelzung aus deutscher Sicht entfällt grundsätzlich die erste Stufe des Handelsregisterverfahrens in der in Art. 10 VRL 2005/56/EG vorgesehene Form in Deutschland. Die Überprüfung dieser ersten Stufe findet im vorliegenden Fall in Spanien statt, sofern keine weitere deutsche als übertragende Gesellschaft beteiligt ist.[1278] Ist eine weitere deutsche Kapitalgesellschaft als Überträgerin bei einer grenzüberschreitenden innergemeinschaftlichen Hereinverschmelzung aus deutscher Sicht beteiligt, hat das Vertretungsorgan dieser Gesellschaft die Verschmelzung ebenfalls nach § 122k UmwG anzumelden.[1279] Sind mehrere deutsche Gesellschaften Überträgerinnen, so wird für jede einzelne Gesellschaft gesondert eine Verschmelzungsbescheinigung erteilt.[1280]

1273 Vgl. Art. 11 Abs. 1 VRL 2005/56/EG; hierzu Memento Sociedades Mercantiles 2010, Rz. 5811.

1274 Vorläufervorschriften sind §§ 4, 14 SEAG i.V.m. Art. 8 Abs. 8, Art. 25 Abs. 2, Art. 26 SE-VO.

1275 Vgl. Hörtnagl in Schmitt/Hörtnagl/Stratz, § 122k UmwG, Rn. 1 ff.

1276 Vgl. Vossius in Widmann/Mayer, § 122k UmwG, Rz. 3.

1277 Vgl. Vossius in Widmann/Mayer, § 122k UmwG, Rz. 5.1.

1278 Zum ersten Schritt der Rechtsmäßigkeitsprüfung in Spanien siehe Abschnitt Spanisches Recht

1279 Vgl. Hörtnagl in Schmitt/Hörtnagl/Stratz in § 122l UmwG, Rn. 5.

1280 Vgl. Vossius in Widmann/Mayer, § 122k UmwG, Rz. 5.

b) Zuständigkeit

Deutschland hat als zuständiges Gericht für die Kontrolle der Verfahrensabschnitte i.S.d. Art. 10 Abs. 1 VRL 2005/56/EG die Handelsregistergerichte benannt.[1281] In Anlehnung an die Regelung in § 16 Abs. 1 Satz 1 UmwG ist somit das Handelsregistergericht, in dem die übertragende deutsche Gesellschaft eingetragen ist, für die sachliche Prüfung der Rechtsmäßigkeit zuständig.[1282]

c) Anmeldeberechtigte Personen

Die übertragende deutsche Gesellschaft muss die Erfüllung der sie betreffenden Voraussetzungen für die grenzüberschreitende innergemeinschaftliche Verschmelzung zur Eintragung bei dem Handelsregistergericht am Sitz der Gesellschaft anmelden.[1283]

Damit das Handelsregistergericht das Vorliegen der diese Gesellschaft betreffenden Voraussetzungen bei der innergemeinschaftlichen Verschmelzung prüft und bescheinigt, muss das Vertretungsorgan der deutschen Kapitalgesellschaft dies entsprechend beim Registergericht anmelden.[1284]

Der Vorstand bzw. Geschäftsführer einer deutschen Überträgerin AG bzw. GmbH hat die Anmeldung einzureichen.[1285] Bei der KGaA müssen die persönlich haftenden Gesellschafter anmelden, sofern sie nicht von der Geschäftsführung ausgeschlossen sind.[1286] Die Anmeldung durch sämtliche Vertretungsorgane ist nicht vonnöten, so dass diese durch einen gesamtvertretungsberechtigten Geschäftsführer und Prokuristen (sog. unechte Gesamtvertretung) auch zulässig ist.[1287] Die Unterschriftsleistung bei der Anmeldung durch eine vertretungsbe-

---

1281 Vgl. § 122k UmwG; hierzu Hörtnagl in Schmitt/Hörtnagl/Stratz, § 122k UmwG, Rn. 6.

1282 Vgl. Hörtnagl in Schmitt/Hörtnagl/Stratz, § 122k UmwG, Rn. 6.

1283 Vgl. Hörtnagl in Schmitt/Hörtnagl/Stratz, § 122k UmwG, Rn. 7.

1284 Vgl. Vossius in Widmann Mayer § 122k UmwG, Rz. 12.

1285 Vgl. Vossius in Widmann Mayer § 122k UmwG, Rz. 8; Hörtnagl in Schmitt/Hörtnagl/Stratz, § 122k UmwG, Rn. 6.

1286 Vgl. § 283 Nr. 1 AktG.

1287 Vgl. Vossius in Widmann Mayer § 122k UmwG, Rz. 8; hierzu Scheel in Semler/Stengel, § 246 UmwG, Rn. 3 Formwechsel analog anwendbar für die Verschmelzung „.. Soweit die Satzung dies vorsieht, kann also ein Formwechsel (Verschmelzung) auch durch ein Mitglied des Vertretungsorgans zusammen mit einem Prokuristen angemeldet werden. Keine unechte Gesamtvertretung liegt vor, wenn der Formwechsel nicht durch Mitglieder des Vertretungsorgans, sondern nur durch einen oder mehrere Prokuristen angemeldet wird. Prokuristen, selbst wenn ihnen Einzelprokura erteilt wurde, können nicht als Vertretungsorgan der Gesellschaft handeln.... “.

rechtigte Anzahl von Organmitgliedern der Gesellschaft ist ausreichend.[1288]Nicht ausreichend ist hingegen die Anmeldung durch lediglich zwei Prokuristen, da diese nicht die Gesellschaft als Organ vertreten.[1289]

Da § 122k Abs. 1 Satz 2 UmwG ausdrücklich nur die Anwendbarkeit von § 16 Abs. 2 und Abs. 3 UmwG sowie § 17 UmwG anordnet, ist hier eine Anmeldung durch das Vertretungsorgan der übernehmenden Gesellschaft entsprechend § 16 Abs. 1 Satz 2 nicht statthaft.[1290]

d) Form der Anmeldung

Wie für andere Handelsregisteranmeldungen sind sowohl die Anmeldung als auch sämtliche Anlagen in elektronischer Form beim Handelsregister einzureichen.[1291] Zusätzlich sind die Unterschriften der berechtigten Anmelder notariell zu beglaubigen.[1292]

e) Inhalt und Anlagen der Anmeldung

Das Vertretungsorgan der deutschen übertragenden Gesellschaft hat die Erfüllung und Vorliegen der diese Gesellschaft betreffenden Voraussetzungen für eine grenzüberschreitende innergemeinschaftliche Verschmelzung beim Registergericht ihres Sitzes anzumelden. Die Anmeldung hat einen Antrag auf Ausstellung der Verschmelzungsbescheinigung und die Anmeldung der Verschmelzung der Üübertragenden Gesellschaft selbst zu enthalten.[1293]

Das Vertretungsorgan der deutschen übertragenden Gesellschaft hat die in § 17 UmwG genannten Unterlagen der Anmeldung beizufügen und beim Handelsgericht abzugeben. Diese sind nämlich:

- Gemeinsamer Verschmelzungsplan,
- Niederschrift des Verschmelzungsbeschlusses der übertragenden deutschen Gesellschaft,

1288 Ebenso Vossius in Widmann Mayer § 122k UmwG, Rz. 8; Hörtnagl in Schmitt/Hörtnagl/Stratz, § 122k UmwG, Rn. 5; Drinhausen in Semler/Stengel, § 122k UmwG, Rn. 7.

1289 Vgl. Vossius in Widmann Mayer § 122k UmwG, Rz. 8.

1290 Vgl. Hörtnagl in Schmitt/Hörtnagl/Stratz, § 122k UmwG, Rn. 5 m.w.N.; kritisch Handelsrechtsausschuss des DAV NZG 2006, 737 (742).

1291 Hier gilt § 12 HGB.

1292 Vgl. Drinhausen in Semler/Stengel, § 122k UmwG Rn. 7; Vossius in Widmann Mayer § 122k UmwG, Rz. 11; Hörtnagl in Schmitt/Hörtnagl/Stratz, § 122k UmwG, Rn. 5.

1293 Vgl. Vossius in Widmann/Mayer, § 122k UmwG, Rz. 26.

- notwendige Zustimmungserklärungen einzelner Gesellschafter der übertragenden deutschen Gesellschaft, auch der bei Beschlussfassung nicht Erschienenen,
- Verschmelzungsbericht der übertragenden deutschen Gesellschaft,
- Verschmelzungsprüfungsbericht der übertragenden deutschen Gesellschaft oder notariell beurkundete Verzichtserklärungen der Gesellschafter aller an der Verschmelzung beteiligten Gesellschaften,
- ggf. Nachweis über die rechtzeitige Zuleitung des Verschmelzungsplanesoder seines Entwurfs an den Betriebsrat der übertragenden deutschen Gesellschaft,
- Nachweis der ordnungsgemäßen Bekanntmachung gem. §§ 122a Abs. 2, 62 Abs. 3 Satz 4, wenn übertragende Gesellschaft eine AG, KGaA oder SE mit Sitz in Deutschland ist,
- Schlussbilanz der übertragenden deutschen Gesellschaft, die auf einen höchstens acht Monate vor der Anmeldung liegenden Stichtag erstellt worden sein darf.1294

f) Versicherungen, Nachweise und Erklärungen

Durch den Verweis des § 122k Abs. 1 Satz 3 UmwG finden § 16 Abs. 2 und 3 Anwendung. Nach § 16 Abs. 2 und 3 UmwG hat der Vorstand bzw. Geschäftsführer einer deutschen übertragenden AG bzw. GmbH eine Negativerklärung einzureichen. Diese Negativerklärung bezieht sich nur auf die übertragende Gesellschaft. Das Vertretungsorgan hat zu erklären, dass keine Anfechtungsklage gegen die Wirksamkeit des Verschmelzungsbeschlusses erhoben wurde oder - wenn dies doch der Fall war- dass diese entweder rechtskräftig abgewiesen oder zurückgenommen wurde.[1295]

g) Sicherheitsleistung

Nach nach § 122k Abs. 1 Satz 3 UmwG hat jedes einzelne Mitglied des Vertretungsorgans der deutschen übertragenden Kapitalgesellschaft beim Handelsregistergericht zu versichern, dass allen Gläubigern, die einen Anspruch auf Sicherheitsleistung nach § 122j UmwG zustehen, eine angemessene Sicherheit entsprechend geleistet wurde.[1296] Dadurch soll sichergestellt werden, dass die Sicherheitsleistung durch die deutsche übertragende Gesellschaft vor dem Wirk-

1294 Die Schlussbilanz der übertragenden spanischen Gesellschaft darf höchstens sechs Monate vor dem Stichtag der Anmeldung erstellt worden sein

1295 Vgl. Hörtnagl in Schmitt/Hörtnagl/Stratz in § 122k UmwG, Rn. 10 m.w.N.

1296 Vgl. Grunewald, Der Konzern 2007, 106 (Hier war offensichtlich Abs. 1 Satz 3 gemeint); Drinhausen in Semler/Stengel, § 122k UmwG, Rn. 12; Hörtnagl in Schmitt/Hörtnagl/Stratz, § 122k UmwG, Rn. 11.

samwerden der Verschmelzung erfolgt. Jeder einzelne Gläubiger muss seine Ansprüche gegen die Gesellschaft in der von § 122j UmwG vorgesehenen Form fristgerecht bei der Gesellschaft angemeldet und die Gefährdung der Erfüllung seiner Forderung durch die Durchführung der grenzüberschreitenden innergemeinschaftlichen Verschmelzung glaubhaft gemacht haben. Haben also die Gläubiger ihre Ansprüche nicht wie in § 122j UmwG vorgesehen, rechtzeitig angemeldet, muss auch keine Sicherheit geleistet werden.[1297]

Liegt die Versicherung nicht oder nicht vollständig vor, darf das deutsche Handelsregistergericht die Rechtmäßigkeitsprüfung abschließende Verschmelzungsvorabbescheinigung nicht erteilen.[1298] Die Mitglieder der Vertretungsorgane, die entgegen § 122k Abs. 1 Satz 3 UmwG eine Versicherung nicht richtig abgeben, können mit Freiheitsstrafe bis zu drei Jahren oder mit Geldstrafe nach § 314a UmwG[1299] sanktioniert werden.[1300]

Einige Stimmen[1301] in der Literatur vertreten die Meinung, dass ein Handeln sämtlicher organschaftlicher Vertreter nicht erforderlich ist. Dieser Meinung ist nicht zu folgen. Da es sich vorliegend um eine persönliche Erklärung jedes einzelnen Organmitglieds in seiner Eigenschaft als Vertretungsorgan handelt,ist hierder Auffassung von *Passarge und Stark*[1302] zu folgen. Der Gesetzgeber meint mit der Formulierung „Die Mitglieder des Vertretungsorgans“ jedes einzelne Mitglied, sonst hätte er wie bereits in Abs. 1 Satz 1 die Formulierung *„ das Vertretungsorgan (...)hat anzumelden...“* gewählt. Dass die Versicherung durch Mitglieder des Vertretungsorgans in vertretungsberechtigter Zahl ausreichen soll, ist abzulehnen. Dem Wortlaut § 122k UmwG *„Die Mitglieder des Vertretungsorgans“* wäre eine klarere Formulierung wie etwa *„jedes einzelne Mitglied des Vertretungsorgans“* vorzuziehen.[1303]

1297 Vgl. Hörtnagl in Schmitt/Hörtnagl/Stratz, § 122k UmwG, Rn. 11 m.w.N.; kritisch Handelsrechtsausschuss des DAV NZG 2006, 737 (742); Vossius in Widmann/Mayer, § 122k UmwG, Rz. 30.

1298 Vgl. Klein, RNotZ 2007, 565.

1299 Diese Vorschrift wurde durch das Zweite Gesetz zur Änderung des Umwandlungsgesetzes v. 19.4.2007 neu aufgenommen; BGBl. I 2007 S. 542.

1300 Hierzu Taschke in Semler/Stengel, § 314a UmwG, Rn. 2; Klein, RNotZ 2007, 565.

1301 Vgl. Vosiuss in Widmann/Mayer, § 122k UmwG, Rz. 30; Drinhausen in Semler/Stengel, § 122k UmwG, Rn. 7: offen bei Marsch-Barner in Nachtrag zu Kallmeyer, 122k UmwG, Rz. 2; ebenso in Winkeljohann/Fuhrmann in Handbuch Umwandlungssteuerrecht S. 558; Klein, RNotZ 2007, 565 (604); a.A. Passarge/Stark GmbHR 2007, 803; analog SE Kleindiek in Lutter/Hommelhof SE-Kommentar Art. 12 SE-VO, Rz. 10.

1302 Vgl. Passarge/Stark, GmbHR 2007, 803.

1303 Vgl. Passarge/Stark, GmbHR 2007, 803.

h) Vorliegen der Voraussetzungen

Nach § 122k Abs. 2 UmwG werden in der ersten Stufe die Verfahrensvoraussetzungen, die die deutsche übertragende Gesellschaft zu erfüllen hat, durch das Handelsregistergericht geprüft. Hierzu hat das Vertretungsorgan der deutschen übertragenden Kapitalgesellschaft das Vorliegen der sie betreffenden Voraussetzungen unter Beifügung der in § 17 UmwG geforderten bereits oben genannten Unterlagen beim Handelsregistergericht des Sitzes der Gesellschaft anzumelden.

Des Weiteren ist folgendes anzumelden und nachzuweisen:

- Bei der deutschen übertragenden Gesellschaft muss es sich um eine verschmelzungsfähige Kapitalgesellschaft nach § 122b UmwG handeln;[1304]
- Das Vorliegen eines formwirksamen gemeinsamen Verschmelzungsplanes mit dem Inhalt nach § 122c UmwG;[1305]
- Die ordnungsgemäße Bekanntmachung der Verschmelzungsplan nach § 122d UmwG;
- Das Vorliegen eines erstellten und unterzeichneten Verschmelzungsberichtes, welcher den Gesellschaftern, ggf. den zuständigen Betriebsräten bzw. Vertretern der Arbeitnehmer zugeteilt worden ist;[1306]
- Die Einhaltung der Monatsfrist nach § 122e Satz 2 UmwG;[1307]
- Das Vorliegen des Berichts einer Verschmelzungsprüfung nach § 122f UmwG bzw. eines Verzichtes auf Verschmelzungsprüfung;[1308]
- Wirksame Fassung des Verschmelzungsbeschlusses;[1309]
- Ggf. Abschluss einer Vereinbarung über die Mitbestimmung der Arbeitnehmer;[1310]

1304 Aus Sicht des deutschen Rechts sind somit die von § 3 Abs. 1 Nr. 2 UmwG erfassten Rechtsträger, also die Aktiengesellschaft, die Gesellschaft mit beschränkter Haftung, die Kommanditgesellschaft auf Aktien und die SE mit Sitz in Deutschland als verschmelzungsfähige Rechtsträger anerkannt; zu SE siehe auch Klein, RNotZ 2006, 737 m.w.N.; die Verschmelzungsfähigkeit einer SE mit Sitz in Deutschland grundsätzlich zulässig. Dies folgt aus der Generalverweisung des Art. 9 Abs. 1 Buchst. c) ii) der SE-Verordnung (SE-VO)8 und dem Diskriminierungsverbot des Art. 10 SE-VO, wonach die SE einer AG ihres Sitzstaates gleichzustellen ist; ebenso Drinhausen in Semler/Stengel, § 122b UmwG, Rn. 4 ff.

1305 Vgl. Vossius in Widmann/Mayer, § 122k UmwG, Rz. 14.

1306 Vgl. Vossius in Widmann/Mayer, § 122k UmwG, Rz. 16ff.

1307 Vgl. Vossius in Widmann/Mayer, § 122k UmwG, Rz. 19.

1308 Vgl. Vossius in Widmann/Mayer, § 122k UmwG, Rz. 20.

1309 Vgl. Vossius in Widmann/Mayer, § 122k UmwG, Rz. 21.

- Angaben zur Anhängigkeit eines Spruchverfahrens.[1311]
- Nachweis der Erteilung der Zustimmung einzelner Gesellschafter zum Verschmelzungsbeschluss, wenn die Satzung dies vorsieht.

i) Verschmelzungsbescheinigung

Das Handelsregistergericht hat zu prüfen, ob sämtliche Voraussetzungen für die grenzüberschreitende innergemeinschaftliche Verschmelzung für die deutsche übertragende Kapitalgesellschaft vorliegen. Sind alle Voraussetzungen erfüllt, so hat das Handelsregistergericht unverzüglich eine Verschmelzungsbescheinigung auszustellen.[1312] Die Nachricht über die Eintragung der Verschmelzung im Handelsregistergericht der deutschen übertragenden Gesellschaft gilt als Verschmelzungsbescheinigung.[1313]

Ein anhängiges Spruchverfahren ist kein Hinderungsgrund für die Ausstellung der Verschmelzungsbescheinigung.[1314] Dass ein evtl. Spruchverfahren anhängig ist, ist jedoch in der Verschmelzungsbescheinigung zu vermerken.[1315] Ein entsprechender Hinweis ist also in die Eintragungsnachricht aufzunehmen.[1316]

j) Vorläufige Eintragung der Verschmelzung

Aus dem Wortlaut des § 122k Abs. 2 Satz 2 UmwG „die Eintragungsnachricht gilt als Verschmelzungsbescheinigung" ergibt sich, dass die innergemeinschaftliche Verschmelzung beim Handelsregistergericht am Sitz der deutschen übertragenden Kapitalgesellschaft vor der Ausstellung der Verschmelzungsbescheinigung einzutragen ist.[1317] Die Ausstellung einer gesonderten Bescheinigung ist danach aus deutscher Sicht nicht vonnöten.[1318].

Der *„Registro Mercantil"* in Spanien am Sitz der übernehmenden bzw. neu zu gründenden Gesellschaft wird eine Bescheinigung (*„Certificado"*), die Art. 10 Abs. 2 der VRL 2005/56/EG gerecht wird, „aus der zweifelsfrei hervorgeht, dass die der Verschmelzung vorangehenden Rechtshandlungen und Formalitäten ordnungsgemäß vollzogen wurden", verlangen.

1310 Vgl. Vossius in Widmann/Mayer, § 122k UmwG, Rz. 22.

1311 Vgl. Vossius in Widmann/Mayer, § 122k UmwG, Rz. 23.

1312 § 122k Abs. 2 Satz1 UmwG; vgl. Drinhausen in Semler/Stengel, § 122k UmwG, Rn. 17.

1313 § 122k Abs. 2 Satz 2 UmwG.

1314 Reg.EBegr zu § 122k Abs. 2 BT-Drucks. 16/2919.

1315 § 122k Abs. 2 Satz 5 UmwG.

1316 Winkeljohann/Fuhrmann in Handbuch Umwandlungssteuerrecht, S. 567ff.

1317 Vgl. Hörtnagl in Schmitt/Hörtnagl/Stratz in § 122k UmwG, Rn. 18.

1318 Vgl. Begründung zu § 122k Abs. 2 Satz 2, BT-Drucks. 16/2919 S. 17.

Die Eintragungsmitteilung wird vom *„Registro Mercantil*" wahrscheinlich nicht als Bescheinigung i.S.d. Art. 10 Abs. 2 VRL 2005/56/EG akzeptiert, da die Eintragungsmitteilung lediglich einen nicht gesiegelten und nicht einmal unterschrieben Computerausdruck darstellt.[1319] Überdies enthält eine solche Mitteilung nicht die Information, ob die von der Überträgerin und der Übernehmerin aufgestellten gemeinsamen Verschmelzungspläne identisch sind. In der Praxis ist zu empfehlen, den zuständigen *„Registro Mercantil"* zu kontaktieren, um dieses Verfahren abzustimmen.

Vossius[1320] ist zu folgen, dass die Eintragungsmitteilung zwar in Deutschland gültig ist, diese jedoch nicht der Vorabbescheinigung des Art. 10 Abs. 2 VRL 2005/56/EG entspricht, aus der zweifelsfrei hervorgeht, dass die der Verschmelzung vorangehenden Rechtshandlungen und Formalitäten ordnungsgemäß vollzogen wurden[1321].

Dass in Deutschland sogar die Akzeptanz eines durch einen ausländischen Notar beurkundeten Dokuments in Frage gestellt wird, zeigt, dass im umgekehrten Fall auch nichts anderes gelten dürfte. Kein deutsches Handelsregistergericht würde einen weder gesiegelten noch unterschriebenen Computerausdruck als Bescheinigung einer grenzüberschreitenden innergemeinschaftlichen Verschmelzung akzeptieren, der *„Registro Mercantil"* ebenso wenig.

Diese *„schlanke Lösung"* des deutschen Gesetzgebers bei der Ausstellung einer „offiziellen Vorabbescheinigung" wird sich in der Praxis als ungangbarer Weg zeigen.[1322]

Die Eintragung ist aufgrund der fehlenden Wirksamkeit mit dem Vermerk zu versehen, dass die grenzüberschreitende innergemeinschaftliche Verschmelzung unter den Voraussetzungen des Rechts des Staates wirksam wird, dem die übernehmende oder neue Gesellschaft unterliegt.[1323]

Unterliegt die übernehmende oder neue Gesellschaft deutschem Recht, wird die grenzüberschreitende innergemeinschaftliche Hereinverschmelzung mit der Eintragung in das Handelsregister an ihrem Sitz wirksam.[1324]

1319 Vgl. Vossius in Widmann/Mayer, § 122k UmwG, Rz. 52 kritisch aufgrund der Möglichkeit der Selbsterstellung am heimischen PC einer solchen Mitteilung.

1320 Vgl. Vossius in Widmann/Mayer, § 122k UmwG, Rz. 52.

1321 Ebenso zweifelnd Bayer /Schmidt NZG 2006, 841 (843), der die analoge Anwendung wie bei der SE verlangt in der Form eines Beschlusses mit Tatbestand und Entscheidungsgründen.

1322 Vgl. Vossius in Widmann/Mayer, § 122k UmwG, Rz. 51.

1323 § 122k Abs. 2 Satz 3 UmwG.

1324 Vgl. § 122a Abs. 2 UmwG, § 20 Abs. 1 UmwG bzw. §§ 36 Abs. 1, 20 Abs. 1 UmwG; Drinhausen in Semler/Stengel, § 122k UmwG, Rn. 18.

k) Vermerk des Wirksamwerdens sowie Übermittlung von Dokumenten

Das Handelsregistergericht am Sitz einer deutschen übertragenden Gesellschaft hat den Tag des Wirksamwerdens der Verschmelzung zu vermerken, nachdem es eine Mitteilung („*Notificación*")[1325] über die Wirksamkeit der Verschmelzung vom spanischen „*Registro Mercantil*"[1326] der spanischen übernehmenden oder neuen Kapitalgesellschaft erhalten hat.[1327]

Da der Zeitpunkt der Wirksamkeit der Verschmelzung sich, nach dem Recht, dem die übernehmende oder die aus der innergemeinschaftlichen Verschmelzung hervorgehende neue Gesellschaft unterliegt, ergibt, bestimmt sich die Frage, zu welchem Zeitpunkt die Herausverschmelzung (aus deutscher Sicht) wirksam wird, nach spanischem Recht.[1328]

Die Verpflichtung des „*Registro Mercantil*" der spanischen übernehmenden oder neuen Kapitalgesellschaft, dem bzw. den Register(n) der übertragenden Gesellschaft(en) unverzüglich die Wirksamkeit der Verschmelzung zu melden, ist in Art. 13 Satz 2 der VRL 2005/56/EG vorgegeben. Dadurch wird im vorliegenden Fall dem deutschen Handelsregistergericht die Prüfung des Wirksamkeitszeitpunkts nach Maßgabe der spanischen Rechtsordnung erspart.[1329]

l) Übermittlung der Verschmelzungsbescheinigung durch das Vertretungsorgan

Da die Verschmelzungsbescheinigung dem „*Registro Mercantil*" der spanischen übernehmenden Kapitalgesellschaft nicht von Amts wegen übermittelt wird, hat das Vertretungsorgan der deutschen übertragenden Kapitalgesellschaft die Verschmelzungsbescheinigung innerhalb von sechs Monaten nach ihrer Ausstellung zusammen mit dem gemeinsamen Verschmelzungsplan dem „*Registro Mercantil*" der spanischen übernehmenden bzw. neu zu gründenden Kapitalgesellschaft einzureichen.[1330]

1325 Vgl. Art. 66 Abs. 3 LME.

1326 Spanien hat als zuständige Behörde für die Kontrolle der Verfahrensabschnitte i.S.d. Art. 12 der VRL 2005/56/EG den Registro Mercantil benannt.

1327 Vgl. Hörtnagl in Schmitt/Hörtnagl/Stratz in § 122k UmwG, Rn. 18.

1328 Vgl. Art. 12 VRL 2005/56; hierzu Drinhaus in Semler/Stengel, § 122k UmwG, Rn. 23; Hörtnagl in Schmitt/Hörtnagl/Stratz, § 1 UmwG, Rn. 10.

1329 Vgl. Drinhausen in Semler/Stengel, § 122k UmwG, Rn. 24.

1330 Vgl. Hörtnagl in Schmitt/Hörtnagl/Stratz in § 122k UmwG, Rn. 21;Vossius in Widmann/Mayer, § 122k UmwG, Rz. 64, 65.

m) Übermittlung der Verschmelzungsbescheinigung durch das Handelsregistergericht

Nach Eingang der Mitteilung („*Notificación*") über den Tag der Wirksamkeit der innergemeinschaftlichen Verschmelzung des „*Registro Mercantil*", in dem die übernehmende oder neu gegründete Kapitalgesellschaft eingetragen ist, hat das deutsche Handelsregistergericht am Sitz der deutschen übertragenden Kapitalgesellschaft nach § 122k Abs. 4 UmwG die bei ihm aufbewahrten elektronischen Dokumente dem spanischen „*Registro Mercantil*" zu übermitteln.

§ 122k Abs. 4 UmwG entspricht der Änderung von § 19 Abs. 2 Satz 2 UmwG durch das Gesetz über elektronische Handelsregister und Genossenschaftsregister sowie Unternehmensregister (EHUG[1331]).

Durch die Formulierung „*elektronischen Dokumente(...) zu übermitteln*" ist für das Handelsregistergericht eine elektronische Übermittlung eindeutig zulässig. Von der Verpflichtung zur Übermittlung von Dokumenten, die nicht in elektronischer Form vorliegen, hat der deutsche Gesetzgeber im Interesse einer möglichst unbürokratischen Abwicklung abgesehen.[1332]

Für die Bekanntmachung der Eintragung enthält die Norm keine Sonderregelungen, so dass gem. § 122a Abs. 2 UmwG die Vorschriften des § 19 Abs. 3 UmwG zur Anwendung kommen. Die Eintragung ist danach von Amt wegen gem. § 10 HGB bekannt zu machen.

4.6.4.1.2 Spanisches Recht

Durch Art. 64 und Art. 65 LME sind Art. 10 und 11 der VRL 2005/56/EG und somit das Handelsregisterverfahren für an der innergemeinschaftlichen Verschmelzung beteiligte spanische Kapitalgesellschaften in spanisches Recht umgesetzt.[1333] Art. 66 Abs. 1 LME enthält einen Verweis auf die allgemeinen Regelungen zur innerstaatlichen Verschmelzung.[1334]

Im Einklang mit der VRL 2005/56/EG wurde nun ebenfalls das zweistufige Rechtsmäßigkeitsprüfungsverfahren im spanischen Recht implementiert.[1335]

1331 Vgl. BT-Drucks. 16/960.

1332 Begründung zu § 122k Abs. 4, BT-Drucks. 16/2919 S. 18; hierzu Drinhausen in Semler/Stengel, § 122k UmwG, Rn. 25; Winkeljohann/Fuhrmann in Handbuch Umwandlungssteuerrecht, S. 426.

1333 Vgl. Fernández del Pozo in Modificaciones Estructurales de las Sociedades Mercantiles, Band I, S. 950f.

1334 Vgl. Fernández del Pozo in Modificaciones Estructurales de las Sociedades Mercantiles, Band I, S. 961.

1335 Vgl. Tapia Hermida in Fusiones y OPAS Trasnfronterizas S. 121; Ávila Navarro in Modificaciones Estructurales de las Sociedades Mercantiles. Ley 3/2009, S. 485 ff.

Die allgemeinen Vorschriften hinsichtlich des Handelsregisterverfahrens zur innerstaatlichen Verschmelzung sind soweit sich nichts anderes aus den Sonderregelungen zur grenzüberschreitenden innergemeinschaftlichen Verschmelzung ergibt, weiterhin entsprechend anwendbar.[1336]

Durch Art. 64 wurde die erste Stufe der Überprüfung der Verfahrensschritte geregelt. Somit ist Art. 64 LME im spanischen Recht das Äquivalent von § 122k UmwG und regelt entsprechend die Überprüfung der Erfüllung der Voraussetzungen der spanischen herausverschmelzenden Kapitalgesellschaften bis zur Ausstellung der Verschmelzungsvorabbescheinigung.[1337]

a) Normadressaten

Art. 64 LME ist in erster Linie an die spanischen übertragenden Kapitalgesellschaften adressiert. Ferner sind Normadressaten das spanische Handelsregister (*„Registro Mercantil“)* als Aussteller bzw. als Empfänger der Verschmelzungsbescheinigung (*„Certificado previo de Fusión“).*[1338] Da Art. 64 LME lediglich Anwendung findet, wenn eine spanische übertragende Kapitalgesellschaft beteiligt ist, entfällt im Fall der Hereinverschmelzung aus spanischer Sicht die erste Stufe des Handelsregisterverfahrens in Spanien, da dieses spiegelbildlich in Deutschland durchzuführen ist.[1339]

Werden eine deutsche und eine weitere spanische Gesellschaften auf eine spanische Gesellschaft (zur Aufnahme oder Neugründung) verschmolzen, so hat der zuständige Registerbeamte weder für die spanische noch für die deutsche übertragende Gesellschaft ein *„Certificado de Fusión“* nach Art. 64 LME auszustellen. Für die (weitere) spanische übertragende Gesellschaft hat der zuständige Registerbeamte eine Negativerklärung sog. *„Certificado de Inexistencia de Obstaculos Registrales“* nach Art. 231 RRM nach Überprüfung der erforderlichen Unterlagen abzugeben.[1340] Aus der Negativerklärung muss sich eindeutig ergeben, dass für die sich auflösenden spanischen Kapitalgesellschaften keine Hindernisse zur Durchführung der Verschmelzung bestehen.[1341]

1336 Vgl. Art. 55 LME, der die Anwendungssubsidiarität des allgemeinen Rechts hinsichtlich Verschmelzung für die grenzüberschreitende innergemeinschaftliche Verschmelzung bestimmt; vgl. Tapia Hermida in Fusiones y OPAS Transfronterizas S. 122.

1337 Vgl. Tapia Hermida in Fusiones y OPAS Transfronterizas S. 122.

1338 Vgl. Art. 64 LME, hierzu Memento Sociedades Mercantiles 2010, Rz. 5811.1.

1339 Bei der Herausverschmelzung aus deutscher Sicht findet § 122k UmwG auf Ebene der übertragenden deutschen Gesellschaft Anwendung.

1340 Vgl. Ávila Navarro in Modificaciones Estructurales de las Sociedades Mercantiles. Ley 3/2009, S. 487.

1341 Art. 65 Abs. 3 LME; hierzu Ávila Navarro in Modificaciones Estructurales de las Sociedades Mercantiles. Ley 3/2009, S. 487; Memento Sociedades Mercantiles 2010, Rz.

b) Zuständigkeit

Art. 64 LME bestimmt, dass der Registerbeamte des Handelsregisters („*Registro Mercantil“)* am Sitz der jeweiligen übertragenden spanischen Kapitalgesellschaft für die Ausstellung der Verschmelzungsvorabbescheinigung („*Certificado previo de Fusión“)* zuständig ist.[1342]

Nach Art. 64 LME hat der Registerbeamte [1343] die ihm vorgelegten Unterlagen, Informationen und Einträge im Handelsregister („*Datos obrantes*“) sowie die Verschmelzungsbeurkundung („*Escritura pública de Fusión“)* zu überprüfen.[1344] Der Registerbeamte hat nach Überprüfung des Vorliegens und Erfüllung aller Voraussetzung durch die spanischen beteiligten Kapitalgesellschaften für die grenzüberschreitende innergemeinschaftliche Verschmelzung unverzüglich eine Verschmelzungsvorabbescheinigung auszustellen.[1345]

Der Anwendungsbereich des Art. 64 LME erfasst das Registerverfahren bis zur Erteilung der Verschmelzungsvorabbescheinigung lediglich für die spanischen Kapitalgesellschaften, die als übertragende Gesellschaften an der innergemeinschaftlichen Verschmelzung beteiligt sind.[1346] Diese Vorschrift regelt lediglich die Herausverschmelzung aus spanischer Sicht auf Ebene der übertragenden spanischen Gesellschaft.[1347]

c) Prüfungsgegenstand

Prüfungsgegenstand sind die einzelnen Schritte zur Rechtmäßigkeit der grenzüberschreitenden innergemeinschaftlichen Verschmelzung, bspw. Rechtmäßigkeit der Einberufung, Vorbereitung und Durchführung der Gesellschafterver-

---

5811.1; Sequeira Martín, RdS, S. 33 (53). Zum ersten Schritt der Rechtsmäßigkeitsprüfung in Deutschland siehe Abschnitt Deutsches Recht ff.

1342 Art. 64 LME i.V.m. Art. 55 LME i.V.m. Art. 18 Abs. 2 Código de Comercio i.V.m. Art. 6 RRM; hierzu Fernández del Pozo in Modificaciones Estructurales de las Sociedades Mercantiles, Band I, S. 951; Sociedades Mercantiles 2008 R. 2894.1 mit Verweis auf Art. 226 RRM; Memento Sociedades Mercantiles 2010, Rz. 5811.1.

1343 Ebenso für die SE ist der Registrador Mercantil zuständig; durch Gesetzt 19/2005 wurde Art. 321 LSA eingeführt, der dies bestimmt; hierzu Tapia Hermida in Fusiones y OPAS transfronzterizas S. 122.

1344 Vgl. Memento Sociedades Mercantiles 2009, Rz. 2895.

1345 Art. 64 LME; hierzu Ávila Navarro in Modificaciones Estructurales de las Sociedades Mercantiles. Ley 3/2009, S. 486.

1346 Vgl. Kommentierung für die SE analog anwendbar für die innergemeinschaftliche Verschmelzung Rz. 2895.

1347 Vgl. Ávila Navarro in Modificaciones Estructurales de las Sociedades Mercantiles. Ley 3/2009, S. 486.

sammlung, die über die Verschmelzung beschließt, Gewährung des Informationsrechts der Gesellschafter und Gläubiger.[1348] Die verschmelzenden Kapitalgesellschaften haben den verabschiedeten Verschmelzungsbeschluss notariell beurkunden zu lassen.[1349] Die Beurkundung stellt die sog. *„Escritura pública de Fusión"* dar, die beim *„Registro Mercantil"* am Sitz der übertragenden Kapitalgesellschaft zusammen mit der Verschmelzungsbilanz der untergehenden Kapitalgesellschaft einzureichen ist.[1350]

d) Inhalt und Anlagen der Anmeldung

Damit der *„Registrador Mercantil"* überprüfen kann, ob die Voraussetzungen für die grenzüberschreitende innergemeinschaftliche Verschmelzung erfüllt sind, haben die *„Administradores"* der übertragenden spanischen Kapitalgesellschaft die sog. Verschmelzungsurkunde *„Escritura pública de Fusión"* vorzulegen, die nach Art. 64 LME[1351] i.V.m. Art. 66 Abs. 1 LME i.V.m 227 RRM Reglement des Handelsregisters[1352] zumindest folgendes zu enthalten hat:

Eine Versicherung aller Verwaltungsorgane der beteiligten spanischen Kapitalgesellschaften, dass bei Veröffentlichung der Einberufung der Hauptversammlung *„Junta General"* den Gesellschaftern, den Inhabern von Schuldverschreibungen und den Inhabern von sich von den Aktien unterscheidenden Sonderrechten sowie den Vertretern der Arbeitnehmer zum Zwecke der Überprüfung am Sitz der Gesellschaft folgende Unterlagen nach Art. 39 LME zur Verfügung gestellt wurden:[1353]

- gemeinsamer Verschmelzungsplan,
- ggf. Berichte der unabhängigen Sachverständigen zum gemeinsamen Verschmelzungsplan
- Die Berichte der *„Administradores"* jeder einzelnen spanischen Kapitalgesellschaft zum gemeinsamen Verschmelzungsplan,
- Die Jahresabschlüsse bzw. Lageberichte der letzten drei Geschäftsjahre aller an der innergemeinschaftlichen Verschmelzung beteiligten Kapitalgesellschaften mit dem jeweiligen Prüfungsbericht der Abschlussprüfer,

1348 Vgl. Memento Sociedades Mercantiles 2010, Rz. 5811.1.

1349 Vgl. Memento Sociedades Mercantiles 2009, Rz. 5838.1 und 2895.1.

1350 Vgl. Memento Sociedades Mercantiles 2010, Rz. 5752.

1351 Die Vorschrift entspricht § 244 LSA a.F.

1352 Königliches Dekret 1784/1996, v. 19.7.1996.; zum Reglamento del Registro Mercantil.

1353 Art. 66 Abs. 1 i.V.m. Art. 43 Abs. 1 LME i.V.m. Art. 227 RRM; hierzu Fernández del Pozo in Modificaciones Estructurales de las Sociedades Mercantiles, Band I, S. 651.

- Verschmelzungsbilanz jeder einzelnen Kapitalgesellschaft, sofern diese von der letzten durch die Hauptversammlung genehmigten abweicht, ggf. zusammen mit dem hierzu zu erstellenden Prüfungsbericht der Abschlussprüfer der Kapitalgesellschaft,
- Bei einer Verschmelzung zur Neugründung: der Entwurf der notariellen Gründungsurkunde der Kapitalgesellschaft; Bei einer Verschmelzung zur Aufnahme: alle Änderungen in der Satzung,
- Die geltenden Satzungen der an der Verschmelzung beteiligten Kapitalgesellschaften,
- Die Vornamen, Nachnamen und Alter, wenn es sich um natürliche Personen handelt, bzw. Firmenbezeichnung, wenn es sich um juristische Personen handelt; in beiden Fällen ist die Staatsangehörigkeit und Wohnsitz der „*Administradores*" der an der Verschmelzung beteiligten Kapitalgesellschaften anzugeben, das Datum ihrer Amtsübernahme sowie gegebenenfalls dieselben Angaben von denjenigen, die infolge der Verschmelzung als neue „*Administradores*" ernannt werden.

Ferner haben die „*Administradores*" zu versichern, dass sowohl den Gesellschaftern als auch den Gläubigern die o.g. Unterlagen nach Art. 39 LME[1354] zur Verfügung gestellt wurden.

Nach Art. 43 Abs. 1 i.V.m. 66 Abs. 1 LME ist der Verschmelzungsbeschluss nach seiner Annahme im „*BORME*" sowie in einer weitverbreiteten Tageszeitung in den Provinzen zu veröffentlichen, in denen die betreffenden Kapitalgesellschaften ihren Sitz haben. In der Anzeige haben die Verwalter auf das Recht der Gesellschafter und Gläubiger hinzuweisen, den vollständigen Text des Beschlusses und der Verschmelzungsbilanz zur Verfügung gestellt zu bekommen.

Art. 227 Abs. 2 Nr. 2 RRM verlangt von den Verwaltern eine Negativerklärung (sog. „*Declaración de Inexistencia de Impedimentos*"). Sie haben hierbei zu erklären, dass die Gläubiger der Verschmelzung nicht widersprochen haben. Sollten die Gläubiger jedoch der Verschmelzung widersprochen haben, so ist die Identität der Gläubiger, die Höhe der Forderung und die Art der geleisteten Sicherheit in der Erklärung zu erfassen.[1355]

Nach Art. 227 Abs. 2 Nr. 3 und Nr. 4 RRM sind das Datum der Veröffentlichung bzgl. der Einreichung des gemeinsamen Verschmelzungsplanes sowie der Veröffentlichung des Verschmelzungsbeschlusses („*Acuerdo de Fusión*") im „*Boletín Oficial del Registro Mercantil*" wiederzugeben.

1354 Vormals Art. 242 LSA a.F.

1355 Art. 55 LME i.V.m. Art. 227 Abs. 2 Nr. 2 RRM.

Des Weiteren sind nach Art. 227 Abs. 2 Nr. 5 RRM die Verschmelzungsbilanz aller aufzulösenden Gesellschaften sowie ggf. der Bericht des Wirtschaftsprüfers beizufügen.Der vollständige Verschmelzungsbeschluss[1356] soll durch die *„Administradores"* nach Art. 227 Abs. 2 Nr. 6 RRM ebenfalls eingereicht werden.

Sollte sich eine der beteiligten Kapitalgesellschaft in Insolvenz befinden, so ist die Genehmigung des zuständigen Gerichtes zur Verschmelzung erforderlich, welche in der *„Escritura pública"* zu vermerken ist.[1357]

e) Übermittlung der Verschmelzungsbescheinigung durch das Verwaltungsorgan

Da die Verschmelzungsbescheinigung dem Handelsregister am Sitz der deutschen übernehmenden Kapitalgesellschaft nicht von Amts wegen übermittelt wird, hat das Vertretungsorgan der spanischen übertragenden Kapitalgesellschaft die Verschmelzungsbescheinigung innerhalb von sechs Monaten nach ihrer Ausstellung zusammen mit dem gemeinsamen Verschmelzungsplan dem Handelsregister der deutschen übernehmenden bzw. neu zu gründenden Kapitalgesellschaft einzureichen.[1358]

4.6.5 Zweite Stufe: Eintragung der grenzüberschreitenden innergemeinschaftlichen Verschmelzung

4.6.5.1 Deutsches Recht

4.6.5.1.1 Hereinverschmelzung aus deutscher Sicht

§ 122l UmwG[1359] setzt Art. 11 bis 13 der VRL 2005/56/EG in nationales Recht um. Diese enthält Regelungen zum Umfang der registergerichtlichen Prüfung und zur Einreichung von Unterlagen, auf deren Grundlage die Prüfung erfolgt sowie Regelungen zur Eintragung der grenzüberschreitenden innergemeinschaft-

1356 Aus Art. 228 RRM ergibt sich der Mindestinhalt des Verschmelzungsbeschlusses.

1357 Art. 227 Abs. 3 RRM.

1358 Vgl. Art. 65 Abs. 1 Satz 2 LME i.V.m Art. 64 LME; hierzu Memento Sociedades Mercantiles 2010, Rz. 5811.2; Galeote Muñoz in Diarío La Ley. Nr. 7273 v. 30.10.2009.

1359 § 122l entspricht für die grenzüberschreitende innergemeinschaftliche Verschmelzung der Regelung über die Eintragung in § 19 Abs.1 und 2 UmwG für innerstaatliche Verschmelzung.

lichen Verschmelzung und zur Informationsweitergabe unter den deutschen Handelsregistern und den spanischen„*Registros Mercantiles*“.[1360]

Die Anwendung des § 122l UmwG beschränkt sich auf den Fall der Hereinverschmelzung aus deutscher Sicht, somit auf die übernehmenden oder neuen, aus der Verschmelzung hervorgehenden Gesellschaften, die dem deutschen Recht unterliegen.[1361] Die spiegelbildliche Regelung zu § 122l Abs. 3 UmwG findet sich in § 122k Abs. 4 UmwG für den Fall der Herausverschmelzungs aus deutscher Sicht, somit für die übertragende deutsche Gesellschaften.

4.6.5.1.2 Normadressaten

Diese Vorschrift ist bei der grenzberschreitenden innergemeinschaftlichen Hereinverschmelzung in erster Linie an das Vertretungsorgan der deutschen übernehmenden Kapitalgesellschaft, bei der Hereinverschmelzung zur Neugründung an die Vertretungsorgane der spanischen bzw. ausländischen übertragenden Kapitalgesellschaft (en) und an das deutsche Handelsregistergericht am Sitz der übernehmenden bzw. neu zu gründenden Gesellschaft adressiert.[1362]

4.6.5.1.3 Anmeldepflichtiger

Im Falle einer Hereinverschmelzung zur Aufnahme hat das Vertretungsorgan der deutschen übernehmenden Gesellschaft die Verschmelzung zur Eintragung in das Handelsregister anzumelden.[1363]

Bei der Hereinverschmelzung zur Neugründung, bei der die hervorgehende Gesellschaft dem deutschen Recht unterliegt, haben die Verwaltungsorgane aller übertragenden spanischen bzw. ausländischen Kapitalgesellschaften diese Verpflichtung.[1364] Vorliegend ergibt sich also stets eine Anmeldungszuständigkeit der Vertretungs- bzw. Verwaltungsorgane einer oder mehrerer deutscher bzw. ausländischer Kapitalgesellschaften.[1365]

Sowhol bei der Verschmelzung zur Aufnahme als auch bei der Verschmelzung zur Neugründung ist die Anmeldung durch die Vertretungsorgane der beteiligten Gesellschaften in vertretungsberechtigter Anzahl genügend.[1366] Die An-

---

1360 Vgl. Begründung zu § 122l, BT-Drucks. 16/2919 S. 18.

1361 Vgl. Vossius in Widmann/Mayer, § 122l UmwG, Rz. 3.1; Drinhausen in Semler/Stengel, § 122l UmwG, Rn. 1.

1362 Vgl. Vossius in Widmann/Mayer, § 122l UmwG, Rz. 3.1.

1363 Vgl. § 122l Satz 1 UmwG; Bayer in Lutter, § 122l UmwG, Rn. 4.

1364 Vgl. Hörtnagl in Schmitt/Hörtnagl/Stratz in § 122l UmwG, Rn. 3.

1365 Ebenso Drinhausen in Semler/Stengel, § 122l UmwG, Rn. 4.

1366 Vgl. Vossius in Widmann/Mayer, § 122l UmwG, Rz. 6.

meldung hat in öffentlich beglaubigter Form durch notarielle Beglaubigung der Unterschriften der Anmeldenden zu erfolgen.[1367] Im Falle der Hereinverschmelzung zur Neugründung dürfte die Beglaubigung durch einen spanischen Notar grundsätzlich ausreichend sein, wobei die Beglaubigung mit Apostille von den Haag zu versehen ist.[1368]

4.6.5.1.4 Zuständiges Registergericht

Die Anmeldung der Verschmelzung oder der neuen Gesellschaft durch die Vertretungsorgane hat beim Register des Amtsgerichts, in dessen Bezirk die übernehmende oder hervorgehende Gesellschaft ihren Sitz hat bzw. haben wird, zu erfolgen.[1369]

4.6.5.1.5 Inhalt und Gegenstand der Anmeldung

Gegenstand der Anmeldung ist bei einer grenzüberschreitenden innergemeinschaftlichen Verschmelzung zur Aufnahme die Verschmelzung selbst sowie weitere hiermit zussamenhängende Vorgänge/Änderungen (bspw. Kapitalerhöhungen, Änderungen in der Satzung, bei Geschäftsführern, Vorständen, etc).[1370] Bei der grenzüberschreitenden innergemeinschaftlichen Verschmelzung zur Neugründung ist hingegen die neue Gesellschaft zur Eintragung, nicht die Verschmelzung, anzumelden.[1371]

Der Anmeldung sind die Verschmelzungsbescheinigungen nach Art. 64 LME und § 122k UmwG aller übertragenden Gesellschaften, welche nicht älter

---

1367 § 122a Abs. 2 i.V.m. § 12 Abs. 1 HGB. Nach § 12 Abs. 2 Satz 2 HGB ist dafür ein mit einem einfachen elektronischen Zeugnis nach § 39 a BeurkG versehenes Dokument an das Registergericht zu übermitteln, soweit nicht für das Bundesland, in dem das zuständige Registergericht seinen Sitz hat, für eine Übergangszeit die Einreichung in Papierform zulässig ist, Art. 61 Abs. 1 EGHGB.

1368 Vgl. Vossius in Widmann/Mayer, § 122l UmwG, Rz. 16. Mit Spanien gilt das Haager Abkommen zur Befreiung vom Erfordernis der Legalisation, eine Apostille von den Haag ist jedoch seit 25.9.1978 erforderlich; BGBl. 1978 II, S. 1330; abrufbar unter http://www.dnoti.de/DOC/2007/2000.pdf.

1369 Vgl. Hörtnagl in Hörtnagl/Schmitt/Stratz, § 122l UmwG, Rn. 4; Vossius in Widmann/Mayer, § 122l UmwG, Rz. 8.

1370 Vgl. Hörtnagl in Schmitt/Hörtnagl/Stratz, § 122l UmwG, Rn. 1.

1371 Vgl. § 38 Abs. 2. Die Verschmelzung ist Gegenstand der Eintragung im Register der jeweiligen übertragenden Gesellschaft, Vgl. § 38 Abs. 1 für die innerstaatliche und § 122k für die grenzüberschreitende Verschmelzung; ebenso Drinhausen in Semler/Stengel, § 122l UmwG, Rn. 4 m.w.N.; Hörtnagl in Schmitt/Hörtnagl/Stratz, § 122l Rn. 1.

als sechs Monate sein dürfen, der gemeinsame Verschmelzungsplan und gegebenenfalls die Vereinbarung über die Beteiligung der Arbeitnehmer beizufügen.[1372]

§ 16 Abs. 2 und 3 und § 17 UmwG finden auf die übertragenden Gesellschaften keine Anwendung, da die dort geregelten Nachweise für die übertragenden deutschen Kapitalgesellschaften bereits für die Verschmelzungsbescheinigung abgegeben worden sind.[1373]

Auch für eine spanische bzw. ausländische übertragende Gesellschaft sind die sie betreffenden Voraussetzungen der grenzüberschreitenden innergemeinschaftlichen Verschmelzung nach Art. 10 VRL 2005/56/EG bereits in der Verschmelzungsbescheinigung dokumentiert.[1374]

4.6.5.1.6 Prüfungsumfang

Die Prüfung der Eintragungsvoraussetzungen konzentriert sich insbesondere darauf, ob die Gesellschafter aller an der grenzüberschreitenden innergemeinschaftlichen Verschmelzung beteiligten Gesellschaften einem gemeinsamen, gleichlautenden Verschmelzungsplan zugestimmt haben und ob gegebenenfalls eine Vereinbarung über die Beteiligung der Arbeitnehmer geschlossen wurde.[1375] Eine inhaltliche Rechtsmäßigkeitskontrolle des gemeinsamen Verschmelzungsplaneserfolgte bereits für jede übertragende Gesellschaft während der ersten Stufe in Spanien durch den *„Registro Mecantil"*, so dass in Deutschland lediglich eine formelle Kontrolle erfolgt.[1376] Das bedeutet, dass die Eintragungsvoraussetzungen, welche bereits Gegenstand der ersten Untersuchung von dem spanischen *„Registro Mercantil*" zur Ausstellung der Verschmelzungsbescheinigung waren, nicht erneut zu prüfen sind.[1377]

Der gemeinsame Verschmelzungsplan ist von den Vertretungsorganen der deutschen bzw. spanischen (ggf. anderen ausländischen) beteiligten Gesellschaften als einheitliches Dokument zu erstellen; eine Erstellung in separaten Dokumenten ist nicht zulässig.[1378]

Da der gemeinsame Verschmelzungsplan in jeder Gesellschafterversammlung in der jeweiligen Landessprache vorliegen und in der jeweiligen Amtsspra-

---

1372 § 122l Abs. 1 Satz 2 UmwG.

1373 BT-Drucks. 16/2919 Begründung § 122l S, 18; Marsch-Barner in Kallmeyer, § 122l UmwG, Rz. 1.

1374 Art. 64 LME i.V.m. Art. 65 Abs. 3 LME.

1375 Vgl. § 122l Abs. 2 UmwG; Bayer in Lutter, § 122l UmwG, Rn. 14.

1376 Vgl. Bayer in Lutter, § 122l UmwG, Rn. 14.

1377 Vgl. Begründung zu § 122l Abs. 2 Vgl. zu Abs. 1 Satz 3, BT-Drucks. 16/2919 S. 18.

1378 Siehe Ausführungen zur Aufstellung des Verschmelzungsplans.

che eingereicht werden muss, ist er als mehrsprachiges Dokument, nämlich mindestens in deutscher und spanischer Sprache zu erstellen.[1379]

Das deutsche Handelsregistergericht prüft weiterhin die Eintragungsvoraussetzungen des deutschen Rechts.

4.6.5.1.7 Eintragung der grenzüberschreitenden innergemeinschaftlichen Verschmelzung

Hat die deutsche übernehmende Kapitalgesellschaft alle Voraussetzungen für eine grenzüberschreitende innergemeinschaftliche Hereinverschmelzung zur Aufnahme erfüllt und hat die Prüfung der Eintragungsvoraussetzung ebenfalls zu keiner Beanstandung geführt, so hat das Handelsregistergericht die Verschmelzung zur Aufnahme einzutragen. Entsprechendes gilt, wenn die Voraussetzungen zur Verschmelzung zur Neugründung gegeben sind.

Die in § 122l Abs. 3 UmwG enthaltene Mitteilungspflicht entspricht Artikel 13 Satz 2 der VRL 2005/56/EG.

Das deutsche Handelsregistergericht, das für die übernehmende bzw. neugegründete Kapitalgesellschaft zuständig ist, hat nach § 122l Abs. 3 UmwG den Tag der Eintragung der Verschmelzung von Amts wegen jedem *„Registro Mercantil"* mitzuteilen, bei dem eine der übertragenden Gesellschaften ihre Unterlagen zu hinterlegen hatte.[1380]

Der *„Registro Mercantil"* in Spanien hat entsprechend die Eintragung der spanischen untergehenden Gesellschaften aus dem Register zu löschen.[1381]

4.6.5.1.8 Wirksamwerden der innergemeinschaftlichen Verschmelzung im Falle der Hereinverschmelzung aus deutscher Sicht

Nach Art. 12 der VRL 2005/56/EG bestimmt sich der Zeitpunkt, an dem die grenzüberschreitende innergemeinschaftliche Verschmelzung wirksam wird, allein nach dem Recht des EU-Staats, dem die aus der grenzüberschreitenden

---

1379 Vgl. Absch. zur Aufstellung des Verschmelzungsplans.

1380 Vgl. Begründung zu § 122l Abs. 3, BT-Drucks. 16/2919 S. 18.

1381 Vgl. Art. 233 Abs. 2 RRM; Hierzu Tapia Hermida in Fusiones y OPAS Transfronterizas, S. 122; Tapia Hermida berichtet über die Verschmelzung zur Aufnahme einer spanischen AG (Sarrio SA) auf eine andere italienische AG (Reno di Medici S.p.A). Im vorliegenden Fall wurde Sarrio SA nach Art. 260 Abs. 1 Nr. 6 i.V.m Art. 266 LSA ohne Abwicklung aufgelöst und nach der Eintragung der Verschmelzung in Italien nach Art. 233 Bas. 2 RRM von dem Registro Mercantil von Barcelona gelöscht.

innergemeinschaftlichen Verschmelzung hervorgehende Gesellschaft (also die aufnehmende oder neu gegründete Gesellschaft) unterliegt.[1382]

Für die Hereinverschmelzung aus deutscher Sicht bestimmt sich somit der Zeitpunkt, an dem die innergemeinschaftliche Hereinverschmelzung wirksam wird, nach deutschem Recht.[1383] Mit Eintragung ins Handelsregister treten die in § 20 UmwG i.V.m. § 122a Abs. 2 UmwG geregelten Wirkungen (Universalsukzession, Erlöschen der übertragenden Gesellschaft[en], Gesellschafterwerdung) ein.

Der Zeitpunkt der Eintragung ist nach deutschem Verschmelzungsrecht zugleich der Zeitpunkt der Wirksamkeit der Verschmelzung.

4.6.5.2 Spanisches Recht

In der zweiten Stufe überprüft eine nach dem Recht des Sitzstaats der übernehmenden oder neu gegründeten Gesellschaft zuständige Stelle die ordnungsgemäße Durchführung der grenzüberschreitenden innergemeinschfatlichen Verschmelzung und ggf. der Gründung der neuen Gesellschaft.[1384]

Durch Art. 65 LME setzte der spanische Gesetzgeber Art. 11 VRL 2005/56/EG in nationales Recht um und regelt das Registerverfahren für spanische Gesellschaften, die sich entweder als übernehmende Gesellschaften an der innergemeinschaftlichen Verschmelzung zur Aufnahme beteiligen oder als neue Gesellschaften aus einer grenzüberschreitenden innergemeinschaftlichen Verschmelzung zur Neugründung hervorgehen.[1385] Das entsprechende Registerverfahren für die beteiligten deutschen bzw. weiteren ausländischen Gesellschaften richtet sich nach den Vorschriften der deutschen bzw. der jeweiligen ausländischen Rechtsordnung.

Durch Art. 65 und Art. 66 LME wird die Hereinverschmelzung aus spanischer Sich geregelt.

4.6.5.2.1 Hereinverschmelzung aus spanischer Sicht

Der Anwendungsbereich des Art. 65 LME erstreckt sich auf übernehmende oder neu aus der innergemeinschaftlichen Verschmelzung hervorgehende spanische

1382 Hierbei handelt es sich um eine weitere kollisionsrechtliche Regelung, die die VRL 2005/56/EG enthält, Vgl. Beutel, Der neue rechtliche Rahmen grenzüberschreitender Verschmelzungen in der EU S. 127.

1383 Vgl. § 122a Abs. 2 i.V.m.§ 20 UmwG.

1384 Art. 11 VRL 2005/56/EG .

1385 Vgl. Fernández del Pozo in Modificaciones Estructurales de las Sociedades Mercantiles, Band I, S. 668.

Gesellschaften, während Art. 64 LME sich auf übertragende Gesellschaften bezieht, sofern sie spanischem Recht unterliegen.[1386]

4.6.5.2.2 Normadressaten

Art. 65 und Art. 66 LME sind an die *„Registros Mercantiles"* am Sitz der übernehmenden bzw. neuen aus der innergemeinschaftlichen Verschmelzung hervorgehenden Kapitalgesellschaften, die dem spanischen Recht unterliegen, adressiert.[1387]

4.6.5.2.3 Anmeldepflichtiger

Ist eine spanische Kapitalgesellschaft als übernehmende Gesellschaft an einer grenzüberschreitenden innergemeinschaftlichen Verschmelzung zur Aufnahme beteiligt, meldet das Verwaltungsorgan der spanischen aufnehmenden Gesellschaft die grenzüberschreitende innergemeinschfatliche Verschmelzung zur Eintragung in den *„Registro Mercantil"* an. Hierbei sind ggf. die Kapitalerhöhung zur Durchführung der Verschmelzung sowie weitere in diesem Zusammenhang erfolgte Änderungen wie bspw. Satzungsänderungen, Geschäftsführer- bzw. Vorstandsänderungen anzumelden.[1388]

Ausreichend ist dabei das Handeln durch eine vertretungsberechtigte Anzahl von Organmitgliedern der Gesellschaft. Die Anmeldung muss in öffentlich beglaubigter Form erfolgen.[1389]

Geht jedoch eine dem spanischen Recht unterliegende Gesellschaft aus der innergemeinschaftlichen Verschmelzung zur Neugründung hervor, melden die Vertretungsorgane der deutschen übertragenden Gesellschaften zur Eintragung in den *„Registro Mercantil"* am Sitz der hervorgehenden Gesellschaft die Neugründung an.[1390] Vorliegend ist stets die Einholung einer Negativerklärung des zentralen Handelsregisters darüber erforderlich, dass der vorgeschlagene Name[1391] der hervorgehenden Gesellschaft nicht bereits von einer bestehenden Gesellschaft verwendet wird.[1392] Die Negativerklärung hat eine Gültigkeit von 3

1386 Vgl. Memento Sociedades Mercantiles 2010, Rz. 5811.1ff.

1387 Vgl. Memento Sociedades Mercantiles 2010, Rz. 5811.1 ff.

1388 Vgl. Memento Sociedades Mercantiles 2010, Rz. 5753.

1389 Vgl. Memento Sociedades Mercantiles 2010, Rz. 5751.

1390 Vgl. Art. 65 Abs. 1 LME.

1391 Der Bezeichnung oder Name der Gesellschaft wird 6 Monate „reserviert"; vgl. Memento Sociedades Mercantiles 2010, Rz. 5771.

1392 Vgl. Fernández del Pozo in Modificaciones Estructurales de las Sociedades Mercantiles, Band I, S. 962.

Monaten seit ihrer Ausstellung, so dass in der Regel eine Verlängerung der Gültigkeit zu beantragen ist.[1393]

Bei der grenzüberschreitenden innergemeinschfatlichen Verschmelzung zur Neugründung tritt die Prüfung der Gründungsvoraussetzungen der jeweiligen Rechtsform hinzu.[1394]

4.6.5.2.4 Zuständiges Registergericht

Die Anmeldung erfolgt beim Register des Amtsgerichts *„Registro Mercantil"*, in dessen Bezirk die übernehmende bzw. hervorgehende Gesellschaft ihren Sitz hat bzw. haben wird.[1395]

4.6.5.2.5 Inhalt und Gegenstand der Anmeldung

Gegenstand der Anmeldung ist bei einer grenzüberschreitenden innergemeinschaftlichen Verschmelzung zur Aufnahme die Verschmelzung selbst.[1396] Bei der grenzüberschreitenden innergemeinschaftlichen Verschmelzung zur Neugründung ist hingegen, analog zu Deutschland, die neue Gesellschaft zur Eintragung, nicht die Verschmelzung, anzumelden.[1397]

a) Gründung und Gründungsurkunde einer „SA" und einer „SRL"

Die „*SRL*" und die „SA" sind Handelsgesellschaft,[1398] die von den Gesellschaftern durch eine notariell zu beglaubigende Urkunde errichtet werden und ihre Rechtsfähigkeit mit der Eintragung in das Handelsregister *"Registro Mercantil"* erwerben.[1399]

Die Gründungsurkunde muss in Anwesenheit eines Notars von allen Gesellschaftern persönlich oder vertreten durch einen entsprechend Bevollmächtigten unterzeichnet werden.[1400]

Der gesetzliche Mindestumfang der Gründungsurkundesetzt sich wie folgt zusammen:[1401]

1393 Vgl. Memento Sociedades Mercantiles 2010, Rz. 5771.

1394 Vgl. Art. 45 Abs. 2 i.V.m. Art. 66 Abs., 1 LME; vgl. Fernández del Pozo in Modificaciones Estructurales de las Sociedades Mercantiles, Band I, S. 962.

1395 Vgl. Hörtnagl in Hörtnagl/Schmitt/Stratz, § 1221 UmwG, Rn. 4.

1396 Vgl. Memento Sociedades Mercantiles 2010, Rz. 5756.

1397 Vgl. Memento Sociedades Mercantiles 2010, Rz. 5783.

1398 Vgl. Art. 2 LSC (vormals Art. 3 LSRL).

1399 Vgl. Art. 19 i.V.m. Art 20 LSC.

1400 Art. 21 LSC i.V.m. Art. 66 Abs. 1 LME.

1401 Art. 22 LSC.

- persönliche Angaben des/der Gesellschafter(s);
- Erklärung des/der Gesellschafter(s) eine „SRL" zu gründen;
- Höhe der Bareinlage eines jeden Gesellschafters und/oder der Wert der Sacheinlagen sowie die Gesellschaftsanteile, die den Einlagen entsprechen (Zusammensetzung des Stammkapitals);
- die Satzung;
- Organisation der Verwaltung der Gesellschaft, sofern dies nicht in der Satzung geregelt ist;
- persönliche Angaben zu Verwalter(n) (Geschäftsführungsorgan),
- zusätzlich bei der „SA": voraussichtliche Gründungdkosten bis Eintragung ins Handelsregister

Darüber hinaus können in der Gründungsurkunde weitere Regelungen enthalten sein, sofern dies nicht im Widerspruch zu gesetzlichen Vorschriften steht.[1402]

Nach der Beurkundung muss die Gründungsurkunde innerhalb einer Frist von zwei Monaten durch die Gesellschafter oder entsprechend Bevollmächtigte zur Eintragung der Gesellschaft dem Handelsregister eingereicht werden.[1403] Im Anschluss daran ist die Registereintragung der „SA" bzw. der „*SRL*" (wegen ihrer Qualifikation als Handelsgesellschaft) im Amtsblatt des Handelsregisters („*Boletín Oficial del Registro Mercantil", „BORME*")[1404] öffentlich bekannt zu machen.[1405]

b) Die Satzung

Die von der Gründungsurkunde separat zu fassende Satzung[1406] muss mindestens folgende Angaben enthalten:

- Firma der Gesellschaft;
- Sitz der Gesellschaft;
- Gegenstand des Unternehmens;
- Angaben zum Geschäftsjahr;

1402 Art. 28 LSC.

1403 Vgl. Art. 32 Abs. 1 LSC.

1404 Die Veröffentlichung der Eintragung der „SA" und der „SRL" im Amstablatt des Handelsregisters erfolgt von Amts wegen (Art. 379 RRM).

1405 Nach Art. 21 des C.Com. ist die Eintragung einer Handelgesellschaft im Handelsregister öffentlich bekannt zu machen.

1406 Art.23 LSC.

- Betrag des Stammkapitals und die Anteile, in die es sich aufteilt, einschließlich deren Nennwert und fortlaufender Nummerierung;
- Bei der „SA“: Angabe aller in Zusammenhang mit den Aktien stehenden Daten: Anzahl, Nennwert, tatsächlich eingezahlter Betrag, Ausgestaltung der Aktien, etc.
- Organisation des Geschäftsführungsorgans.

Zusätzliche Regelungen können aufgenommen werden, sofern dies nicht gegen zwingende gesetzliche Vorschriften verstößt. Fehlende Angaben insbesondere bezüglich Firma, Unternehmensgegenstand oder Betrag des Gesellschaftskapitals[1407] können hingegen zur Nichtigkeit der Unternehmensgründung führen.

4.6.5.2.6 Einzureichende Unterlagen

Art. 65 Abs. 1 LME bestimmt, dass der „*Registrador Mercantil*“ vor Eintragung der innergemeinschaftlichen Verschmelzung insbesondere zu überprüfen hat, ob sämtliche Gesellschafterversammlungen aller an der Verschmelzung beteiligten Gesellschaften einem gemeinsamen gleichlautenden Verschmelzungsplan zugestimmt haben und im Falle, dass eine Vereinbarung über die Beteiligung der Arbeitnehmer abgeschlossen wurde, ob diese entsprechend berücksichtigt und umgesetzt wurde. Um dies zu überprüfen, sind der gemeinsame Verschmelzungsplan, der den Gesellschaftern der deutschen übertragenden Gesellschaften zur Beschlussfassung vorgelegt wurde, sowie der Verschmelzungsbeschluss beim „*Registro Mercantil*“, ggf. in spanischer Übersetzung, einzureichen.[1408]

Für die Überprüfung der o.g. Vorgänge ist die Einreichung der folgenden Unterlagen vonnöten:

- Gemeinsamer Verschmelzungsplan, aus dem sich ergibt, dass die jeweiligen Gesellschafterversammlungen der grenzüberschreitenden innergemeinschaftlichen Verschmelzung zugestimmt haben,
- Art. 65 Abs. 1 Satz 2 bestimmt, dass die Verschmelzungsbescheinigungen aller deutschen bzw. weiteren ausländischen übertragenden Gesellschaften, welche nicht älter als sechs Monate sein dürfen, von jeder einzelnen Kapitalgesellschaft beim „*Registro Mercantil*“ einzureichen sind.[1409]

1407 Vgl. Gómez-Lafuente in Sociedades de Responsabilidad Limitada, S.69.

1408 Vgl. Fernández del Pozo in Modificaciones Estructurales de las Sociedades Mercantiles, Band I, S. 962.

1409 Vgl. Fernández del Pozo in Modificaciones Estructurales de las Sociedades Mercantiles, Band I, S. 962.

- Vereinbarung über die Beteiligung der Arbeitnehmer, sofern eine solche abgeschlossen wurde.
- Sollte sich zu der übernehmenden spanischen Gesellschaft noch eine weitere übertragende spanische Kapitalgesellschaft bei der grenzüberschreitenden innergemeinschaftlichen Verschmelzung beteiligen, so bestimmt Art. 65 Abs. 3 LME, dass der „*Registro Mercantil*" am Sitz der übernehmenden bzw. neu zu gründenden Gesellschaft für die Rechtsmäßigkeitsprüfung der übertragenden Gesellschaft zuständig ist.

Der „*Registro Mercantil*" am Sitz der übernehmenden bzw. neu zu gründenden Gesellschaft hat die Prüfung anhand der vom „*Registro Mercantil*" des Sitzes der übertragenden Gesellschaft ausgestellten Negativerklärung durchzuführen.

Der „*Registro Mercantil*" der übertragenden spanischen Gesellschaft stellt hier eine sog. Negativerklärung („*Manifestación de Inexistencia de Obstáculos*") anstatt einer Verschmelzungsvorabbescheinigung („*Certificación previa a la Fusión*") aus. Aus der Negativerklärung muss sich ergeben, dass keine Hinderungsgründe zur Durchführung der Verschmelzung für diese Gesellschaft vorliegen.

4.6.5.2.7 Eintragungsmitteilung

Die in Art. 66 Abs. 3 LME enthaltene Mitteilungspflicht entspricht Art. 13 Satz 2 VRL 2005/56/EG.

Der spanische „*Registro Mercantil*", der für die übernehmende bzw. neugegründete Kapitalgesellschaft zuständig ist, hat nach Art. 66 Abs. 3 LME unverzüglich den Tag der Eintragung der Verschmelzung von Amts wegen dem deutschen Handelsregistergericht bzw. anderen „*Registros Mercantiles*" mitzuteilen, bei dem eine der übertragenden Gesellschaften ihre Unterlagen zu hinterlegen hatte.[1411]

4.6.5.2.8 Prüfungsumfang

Bei der Verschmelzung zur Neugründung sind die für die neue Gesellschaft maßgeblichen Gründungsvorschriften anzuwenden. Hierbei sind zusätzlich zur

1410 Vgl. Sequeira Martín, RdS 2009, 54.

1411 Vgl. Sequeira Martín, RdS 2009, S. 54.

Verschmelzungsurkunde dieaufgezählten Unterlagen betreffend der jeweiligen Rechtsform der neuzugründenden Gesellschaft einzureichen.[1412]

Bei der grenzüberschreitenden innergemeinschaftlichen Verschmelzung zur Neugründung einer „*SA*" oder „*SRL*" sind also Gründungsbericht, Gründungsprüfung und Gründungsprüfungsberichterforderlich. Die entsprechenden Unterlagen sind beim „*Registro Mercantil*" einzureichen.

Der Anmeldung sind, wie in Deutschland, die Verschmelzungsbescheinigungen nach Art. 64 LME und § 122k UmwG aller übertragenden Gesellschaften, welche nicht älter als sechs Monate sein dürfen, der gemeinsame Verschmelzungsplan und gegebenenfalls die Vereinbarung über die Beteiligung der Arbeitnehmer beizufügen.[1413]

4.6.5.2.9 Wirksamwerden der Verschmelzung

Artikel 12 der VRL 2005/56/EG schreibt vor, dass der Zeitpunkt des Wirksamwerdens der grenzüberschreitenden innergemeinschaftlichen Verschmelzung sich nach dem Recht des Mitgliedstaats, dem die aus der grenzüberschreitenden innergemeinschaftlichen Verschmelzung hervorgehende Gesellschaft unterliegt, bestimmt.

Da bei einer grenzüberschreitenden innergemeinschaftlichen Hereinverschmelzung aus spanischer Sicht, die aufnehmende bzw. hervorgehende Gesellschaft dem spanischen Recht unterliegt, bestimmt sich der Zeitpunkt der Wirksamkeit der Hereinverschmelzung immer nach spanischem Recht.

Die Verschmelzung kann jedoch erst dann wirksam werden, wenn die Kontrollen nach Artikel 65 LME abgeschlossen sind.

Art. 46 Abs. 1 LME bestimmt, dass eine Verschmelzung zur Neugründung mit der Eintragung der Neugründung der Gesellschaft wirksam wird. Der Zeitpunkt des Wirksamwerdens der Verschmelzung zur Aufnahme bestimmt sich mit der Eintragung der Aufnahme.

Nach Art. 46 Abs. 2 LME hat der „*Registro Mercantil*" eine Mitteilung an die Register der übertragenden Gesellschaften zu machen, damit diese die Eintragungen aus den jeweiligen Registern löschen können.

1412 Art. 55 LME i.V.m. Art. 45 Abs. 2 LME; hierzu Fernández del Pozo in Modificaciones Estructurales de las Sociedades Mercantiles, Band I, S. 656.

1413 Art. 65 LME.

1414 Vgl. Tapia Hermida in Fusiones y OPAS transfronterizas S. 122; Memento Sociedades Mercantiles 2010, Rz. 5812.

1415 Vgl. Art. 11 VRL 2005/56/EG .

1416 Memento Sociedades Mercantiles 2009, Rz. 5779.

1417 Memento Sociedades Mercantiles 2009, Rz. 5779.

Der Zeitpunkt der Eintragung nach spanischem Verschmelzungsrecht entspricht dem Zeitpunkt des Wirksamwerdens der Verschmelzung. Es ist festzuhalten, dass der Zeitpunkt der Eintragung sowohl nach spanischem als auch nach deutschem Verschmelzungsrecht zugleich der Zeitpunkt der Wirksamkeit der Verschmelzung ist.[1418]

4.6.5.2.10Mitteilung an die Register der übertragenden Gesellschaften

Art. 66 Abs. 3 LME verpflichtet den Registerbeamte „*Registrador Mercantil*", jedem „*Registro Mercantil*", bei dem eine der übertragenden Gesellschaften Unterlagen zu hinterlegen hatte, den Tag der Eintragung der Verschmelzung von Amts wegen mitzuteilen. Diese Vorschrift korrespondiert mit § 122k Abs. 4 UmwG.

Im vorliegenden Fall handelt es sich um eine Hereinverschmelzung aus spanischer Sicht, so dass die übertragende Gesellschaft in Deutschland ansässig ist.

Da das deutsche Handelsregistergericht nach § 122k Abs. 2 Satz 3 UmwG die Eintragung der Verschmelzung mit einem Vorläufigkeitsvermerk versehen hat, benötigt das Handelsregistergericht am Sitz der deutschen übertragenden Gesellschaft die Mitteilung des „*Registro Mercantil*" über die Wirksamkeit der Verschmelzung um das Verschmelzungsverfahren abzuschließen.[1419]

Nach Eintritt der Wirksamkeit in Spanien und Erhalt der Mitteilung über das Wirksamwerden („*Notificación del Registro Mercantil*") hat das Handelsregistergericht in Deutschland einen Abschlussvermerk gem. § 122k Abs. 4 UmwG einzutragen. Anschließend übermittelt das deutsche Handelsregister die bei ihm aufbewahrten elektronischen Dokumente dem „*Registro Mercantil*".[1420]

Die deutsche übertragende Gesellschaft darf erst aus dem Handelsregister gelöscht werden, wenn der für die aufnehmende bzw. neuzugründende Gesellschaft zuständige „*Registro Mercantil*" die Eintragungsmitteilung im Bezug auf die Wirksamkeit der Verschmelzung übermittelt hat. Nach einer Herausverschmelzung bleibt jedoch regelmäßig am Sitz der übertragenden Gesellschaft

---

1418 In Deutschland:§ 1221 Abs. 3 UmwG, ebenso Winkeljohann/Fuhrmann in Handbuch Umwandlungssteuerrecht, S. 560. In Spanien: Art. 66 Abs. 1 i.V.m Art. 46 Abs. 1 LME; hierzu Fernández del Pozo in Modificaciones Estructurales de las Sociedades Mercantiles, Band I, S. 668.

1419 Art. 63 Abs. 3 LME; hierzu Ávila Navarro in Modificaciones Estructurales de las Sociedades Mercantiles. Ley 3/2009, S. 488.

1420 Vgl. Winkeljohann/Fuhrmann in Handbuch Umwandlungssteuerrecht, S. 559.

1421 Auf der Rechtsgrundlage des Art. 13 Abs. 2 Satz 2 VRL 2005/56/EG Vgl. Klein, RNotZ 2007565 (605); so Grunewald, Der Konzern 2007, 106 (107); DAV – Handelsrechtsausschuss Stellungnahme zum Register Entwurf NZG 2006, 737 (742).

eine im Handelsregister eingetragene Zweigniederlassung der aufnehmenden Gesellschaft.[1422]

4.6.5.2.11 Veröffentlichung

Nach Art. 66 Abs. 1 LME sind für die spanischen Gesellschaften, die sich an einer innergemeinschaftlichen Verschmelzung beteiligen, die allgemeinen Regelungen zur Veröffentlichung einer innerstaatlichen Verschmelzung anwendbar.[1423] Durch den Verweis ist Art. 234 RRM anwendbar. Die Eintragung im „*Registro Mercantil*" muss im spanischen Staatsanzeiger veröffentlicht werden.[1424]

Das Handelsregistergericht „*Registro Mercantil*" hat nach Art 66 Abs. 2 LME im Rahmen der Bekanntmachung des gemeinsamen Verschmelzungsplanes auch die Art und Weise der Ausübung der Rechte der Gläubiger der an der grenzüberschreitenden innergemeinschaftlichen Verschmelzung beteiligten Gesellschaften sowie die Anschrift, unter der kostenlos vollständige Auskünfte über die Ausübung dieser Rechte eingeholt bzw. zur Verfügung gestellt werden können, bekannt zu machen.[1425]

4.7 Ergebnis zu Kapitel 4

Harmonisierte Regelugen zur Personengesellschaften fehlen

Nach einer ausführlichen Untersuchung der gesellschaftsrechtlichen Rahmenbedingungen in Deutschland und Spanien ist festzuhalten, dass eine grenzüberschreitende innergemeinschaftliche Verschmelzung nach der Legaldefinition des § 122a Abs. 1 UmwG und des Art. 54 LME vorliegt, wenn mindestens eine der beteiligten Gesellschaften dem spanischen bzw. deutschen Recht und mindestens eine beteiligte Gesellschaft dem Recht eines anderen EU- oder EWR-Staates unterliegt. Als verschmelzungsfähige Gesellschaften kommen nach § 122b Abs. 1 UmwG und Art. 54 LME lediglich die Kapitalgesellschaften, wie

---

1422 Ebenso Grunewald, Der Konzern 2007, 106 (107) m.w.N.; vgl. ebenso DAV – Handelsrechtsausschuss Stellungnahme zum Regierungsentwurf NZG 2006, 737 (742).

1423 Hierzu Sequeira Martin in RdS2009, S. 54; ÁvilaNavarro in Modificaciones Estructurales de las Sociedades Mercantiles. Ley 3/2009, S. 488.

1424 Vgl. Ávila Navarro in Modificaciones Estructurales de las Sociedades Mercantiles. Ley 3/2009, S. 488.

1425 Vgl. Art. 66 Abs. 2 LME; Ávila Navarro in Modificaciones Estructurales de las Sociedades Mercantiles. Ley 3/2009, S. 488

sie sich aus Art. 2 Nr. 1 VRL 2005/56/EG ergeben, in Betracht. Es handelt sich dabei:

- in Deutschland um die Rechtsformen der GmbH, der AG, der KGaA und der SE mit Sitz in Deutschland und
- in Spanien um die Rechtsformen der "SRL", der „SA", der „SComA" und der SE mit Sitz in Spanien

In Deutschland sind Personengesellschaften[1426] nicht von §§ 122a ff UmwG erfasst, müssen jedoch angesichts des EuGH-Urteils SEVIC auch mit in Betracht gezogen werden.[1427] Da der EuGH jedoch diesbezüglich keine Vorgaben gemacht hat und die VRL 2005/56/EG lediglich für Kapitalgesellschaften Anwendung findet, bleibt in Deutschland im Falle einer grenzüberschreitenden innergemeinschaftlichen Verschmelzung unter Beteiligung von Personengesellschaften bei der Anwendung der kollisionsrechtlichen Vereinigungstheorie. In Spanien ergibt sich dies unmittelbar qua Gesetz. Gemäß Art. 27 Abs. 2 LME haben die Handelsgesellschaften, somit auch Personenhandelsgesellschaften, die sich an einer grenzüberschreitenden inner- aber auch außergemeinschaftlichen Verschmelzung beteiligen, die kollisionsrechtliche Vereinigungstheorie anzuwenden. Wie die Untersuchung zeigt, fehlt es an einer harmonisierten Regelung für die grenzüberschreitende innergemeinschftliche Verschmelzung unter Beteiligung von Personengesellschaften, die dieses Verfahren vereinfacht.

Gemeinsamer Verschmelzungsplan ist Pflicht

Überdies ergibt sich aus der Untersuchungen, dass zur Durchführung einer grenzüberschreitenden innergemeinschaftlichen Verschmelzung sowohl nach deutschem als auch nach spanischem Recht ein gemeinsamer Verschmelzungsplan zugrunde gelegt werden muss. Da an der grenzüberschreitenden innergemeinschaftlichen Verschmelzung Gesellschaften aus verschiedenen Sprachkreisen (in concreto: zumindest deutsch und spanisch) beteiligt sind, ist dieser in jedem Fall in deutscher und in spanischer Sprache aufzustellen. Ebenfalls ist eine notarielle Beurkundung des gemeinsamen Verschmelzungsplanes nach beiden Rechtsordnungen erforderlich. Der Verschmelzungsplan muss grundsätzlich in beiden Ländern von jedem einzelnen Mitglied des Verwaltungs- und Vertretungsorgans unterzeichnet werden. Bergündete Ausnahmen scheinen in Spanien

1426 Genossenschaften, OWAG, „Sociedades Cooperativas" und „Sociedades sind sowohl in Deutschland als auch in Spanien ausdrücklich ausgeschlossen; vgl. Abschnitt Rechtsformen

1427 Vgl. Abschnitt Einfluss der SEVIC-Entscheidung auf Herein- und Herausverschmelzungen

möglich zu sein, denn nach spanischem Recht ist das evtl. Fehlen der Unterschrift eines Verwalters bzw. Vertreters am Ende des gemeinsamen Verschmelzungsplanes unter Angabe des Grundes zu vermerken.

Als Ergebnis der Untersuchung kann festgehalten werden, dass der deutsche Gesetzgeber die in Art. 5 S. 2 VRL 2005/56/EG aufgeführten Angaben zum Inhalt des Verschmelzungsplanes vollständig in deutsches Recht übernommen hat, während durch den spanischen Gesetzgeber lediglich eine lückenhafte Umsetzung in nationales Recht erfolgte, indem Angaben zu den „Einzelheiten hinsichtlich der Übertragung der Aktien oder sonstigen Gesellschaftsanteilen“ im LME nicht vorgesehen sind.

Dennoch sind die in Art. 5 VRL 2005/56/EG aufgeführten Angaben – entgegen einzelner Stimmen in der Literatur – nicht abschließend, sondern bedürfen in Einzelfällen der einvernehmlichen Ergänzung durch die beteiligten Gesellschaften. Exemplarisch hat der Verschmelzungsplan zwingend, über die Mindestangaben des Art. 5 VRL 2005/56/EG hinaus, Angaben zur Ausübung des Wahlrechts hinsichtlich der Anwendung des „Régimen Especial“[1428]zu enthalten, sofern die spanische Gesellschaft dieses Wahlrecht auszuüben beabsichtigt. Zudem sind in den Fällen eines „LBO“ im Verschmelzungsplan auch hierzu Angaben ebenfalls aufzunehmen.

Der Verschmelzungsplan muss nach spanischem Recht, anders als in Deutschland, den Vertretern der Arbeitnehmer bzw. den Arbeitnehmern der jeweiligen Gesellschaft zugeleitet werden.

Verschmelzungsbericht der Leitungs- oder Verwaltungsorgane

Nach Art. 7 Satz 1 VRL 2005/56/EG haben die Leitungs- oder Verwaltungsorgane der verschmelzenden Gesellschaften einen für die Gesellschafter bestimmten Bericht zu erstellen, in dem die rechtlichen und wirtschaftlichen Aspekte der grenzüberschreitenden innergemeinschaftlichen Verschmelzung erklärt und begründet sowie die Auswirkungen der grenzüberschreitenden innergemeinschaftlichen Verschmelzung auf die Gesellschafter, die Gläubiger und die Arbeitnehmer erläutert werden. Der Verschmelzungsbericht soll somit eine Informationsfunktion zum Schutz der Gesellschafter und der Arbeitnehmer erfüllen. Sowohl in Deutschland als auch in Spanien wurde Art. 7 Satz 1 VRL 2005/56/EG richtlinienkonform in das jeweilige nationale Recht umgesetzt.

Der von den Verwaltern und Vertretern erstellte Verschmelzungsbericht ist den Gesellschaftern und Arbeitnehmern bzw. deren Vertretern – im Einklang mit Art. 7 Satz 2 VRL 2005/56/EG – spätestens einen Monat vor der Hauptversamlung zur Verfügung zu stellen. Das Auslegen des Verschmelzungsberichts in

1428 Vgl. Abschnitt Ausübung der Option

den Geschäftsräumen der Gesellschaft genügt nach beiden Rechtsordnungen diesen Vorgaben. Grundsätzlich muss einen Verschmelzungsbericht für jede einzelne beteiligte Gesellschaft erstellt werden. Allerdings ist sowohl nach deutschem als auch nach spanischem Recht die Erstellung ein gemeinsamer Verschmelzungsbericht für alle an der grenzüberschreitenden innergemeinschaftlichen Verschmelzung beteiligten Gesellschaften zulässig. Auf die Erstellung eines Verschmelzungsberichts darf hingegen weder nach deutschem noch nach spanischem Recht verzichtet werden.

Verschmelzungsprüfung durch unabhängige Sachverständige (Verschmelzungsprüfungsbericht)

Unabhängige Sachverständige haben den gemeinsamen Verschmelzungsplan grundsätzlich für jede einzelne beteiligte Gesellschaft getrennt zu prüfen und gesondert über das Ergebnis zu berichten. Eine gemeinsame Verschmelzungsprüfung ist jedoch sowohl nach deutschem als auch nach spanischem Recht zulässig. In der praktischen Konsequenz führen die jeweiligen nationalen Regelungen in Deutschland und Spanien in diesen Fällen dazu, dass einerseits bei einer Herausverschmelzung aus deutscher Sicht / Hineinverschmelzung aus spanischer Sicht sowohl der deutsche Registerrichter als auch der spanische Registerbeamte für die Bestellung des Prüfers zuständig sind und andererseits im umgekehrten Fall der Hineinverschmelzung aus deutscher Sicht / Herausverschmelzung aus spanischer Sicht weder der deutsche Registerrichter noch der spanische Registerbeamte zuständig sind. Daher sollte in den zuletzt genannten Fällen vorab mit den Registern abgestimmt werden, ob die Bestellung eines gemeinsamen Prüfers durch die spanische bzw. deutsche Stelle erfolgen kann.

Im Gegensatz zu den Regelungen zum Verschmelzungsbericht, der von der Verwaltungs- bzw. Vertretungsorgane erstellt werden muss, kann unter bestimmten Bedingungen auf einen Verschmelzungsprüfungsbericht durch unabhängige Sachverständige sowohl nach deutschem als auch nach spanischem Recht verzichtet werden. Ein eventueller Verschmelzungsprüfungsbericht muss sowohl nach deutschem als auch nach spanischem Recht spätestens einen Monat vor den jeweiligen Beschlüssen über die Zustimmung der jeweiligen Gesellschafterversammlungen der beteiligten Gesellschaften vorliegen.

Verschmelzungsbeschluss

In beiden Rechtsordnungen ist für die Durchführung einer grenzüberschreitenden innergemeinschaftlichen Verschmelzung grundsätzlich die den jeweiligen nationalen Erfordernissen entsprechende Zustimmung der Anteilseigner erforderlich.

Bei der Aufwärtsverschmelzung ist der Zustimmungsbeschluss sowohl nach deutschem (§ 122g Abs. 2 UmwG) als auch nach spanischem (Art. 49 Abs. 1 Nr. 4 i.V.m. Art. 55 LME) Recht entbehrlich.

Gläubigerschutz

Da die übertragende Gesellschaft nach Rechtskraft der Verschmelzung nicht mehr existiert, wird die übernehmende bzw. neu gegründete Gesellschaft qua Gesetz zum neuen Schuldner gegenüber der Gläubiger der übertragenden Gesellschaft. In Deutschland tragen §§ 122j, 122k und 314a UmwG dem speziellen Schutzbedürfnis der Gläubiger der übertragenden Gesellschaft bei einer grenzüberschreitenden innergemeinschaftlichen Verschmelzung Rechnung. Nach § 122j UmwG sind nur die Gläubiger der deutschen übertragenden Gesellschaft berechtigt, Anspruch auf die Leistung einer Sicherheit zu erheben, soweit sie nicht Befriedigung verlangen können, wenn die aus der Verschmelzung hervorgehende Gesellschaft einer anderen Rechtsordnung unterliegt. Den Gläubigern einer deutschen übertragenden Gesellschaft ist nach Erfüllung bestimmter Voraussetzungen Sicherheit zu leisten.

Das LME enthält, anders als das UmwG, nur eine Vorschrift (Art. 44) zum Schutz aller Gläubiger. Das bedeutet, dass diese Vorschrift nicht nur für die Gläubiger der übertragenden Gesellschaft, sondern auch für die der übernehmenden spanischen Kapitalgesellschaften Anwendung findet. Nach Art. 44 LME i.V.m. Art. 55 LME bedeutet dies, dass ein Anspruch eines Gläubigers gegen die spanische(n) übertragende(n) oder übernehmende(n) Gesellschaft(en) bestehen muss. Weitere Voraussetzung ist, dass die betreffenden Gläubiger ihren Anspruch binnen einem Monat nach der letzten Veröffentlichung des Verschmelzungsbeschlusses, dem Grund und der Höhe nach (schriftlich) anmelden und glaubhaft machen, dass durch die Verschmelzung die Erfüllung ihrer Forderung gefährdet wird. Zusätzlich hat nach deutschem Recht jedes einzelne Mitglied des Vertretungsorgans der deutschen übertragenden Kapitalgesellschaft beim Handelsregistergericht zu versichern (strafbewehrte Versicherung), dass allen Gläubigern, die einen Anspruch auf Sicherheitsleistung nach § 122j UmwG haben, eine angemessene Sicherheit geleistet wurde. Nach spanischem Recht existiert hingegen eine solche strafbewehrte Versicherung nicht.

Austrittsrecht der Minderheitsgesellschafter

Art. 4 Abs. 2 Satz 2 VRL 2005/56/EG ermächtigt die EU-Staaten ausdrücklich, Vorschriften zu erlassen, um einen angemessenen Schutz für diejenigen Minderheitsgesellschafter zu gewährleisten, welche der grenzüberschreitenden innergemeinschaftlichen Verschmelzung widersprechen. Da kein Gesellschafter gezwungen werden soll, die mit dem Wechsel in eine ausländische Rechtsform verbundenen Änderungen seiner Rechte und Pflichten hinnehmen zu müssen, wird ihnen ein Austrittsrecht sowohl nach deutschem als auch nach spanischem Recht zugesichert.

Im Fall der Herausverschmelzung wird in beiden Ländern den widersprechenden Minderheitsgesellschaftern der übertragenden Gesellschaften ein Austrittsrecht jedoch nur gegen Zahlung einer angemessenen Barabfindung gewährt, wenn die übernehmende oder die aus der grenzüberschreitenden innergemeinschaftlichen Verschmelzung hervorgehende neue Gesellschaft nicht (mehr) dem Recht der übertragenden Gesellschaft unterliegt.

In beiden Ländern können die Gesellschafter einer übertragenden Gesellschaft eine Verbesserung des Umtauschverhältnisses ihrer Anteile verlangen (Spruchverfahren), wenn die Gesellschafter sämtlicher an der Verschmelzung beteiligten Gesellschaften, deren Rechtsvorschriften ein dem Spruchverfahren vergleichbares Verfahren nicht vorsehen, dem ausdrücklich zustimmen. Da das Recht beider Länder jedoch vergleichbare Regelungen zum Spruchverfahren aufweisen, bedarf dieser Anspruch der widersprechenden Minderheitsgesellschafter bei der übertragenden Gesellschaft gerade keiner ausdrücklichen Zustimmung der beteiligten Gesellschaftern im Verschmelzungsbeschluss. Damit entsprechen sowohl das deutsche als auch das spanische Recht den Vorgaben der VRL 2005/56/EG.

Zweistufige Rechtsmäßigkeitsprüfung

Nach Art. 10 Abs. 1 VRL hat jeder EU-Staat das Gericht, den Notar oder die sonstige zuständige Behörde zu benennen, die die Rechtsmäßigkeit der grenzüberschreitenden innergemeinschaftlichen Verschmelzung in den verschiedenen Verfahrensabschnitten kontrolliert. Die Kontrolle der Rechtsmäßigkeit erfolgt in zwei Stufen. In der ersten Stufe kontrolliert die benannte Stelle die Rechtsmäßigkeit der grenzüberschreitenden innergemeinschaftlichen Verschmelzung für die dem innerstaatlichen Recht unterliegenden verschmelzenden Gesellschaften. Nach Überprüfung, ob diese die Voraussetzungen nach der eigenen Rechtsordnung erfüllen, hat die von dem EU-Staat benannte Stelle jeder der verschmelzenden Gesellschaften unverzüglich eine Bescheinigung auszustellen, aus der zweifelsfrei hervorgeht, dass die der Verschmelzung vorangehenden Rechtshandlungen und Formalitäten ordnungsgemäß vollzogen wurden. In der zweiten Stufe überprüft eine nach dem Recht des Sitzstaats der übernehmenden oder neu gegründeten Gesellschaft benannte Stelle die ordnungsgemäße Durchführung der Verschmelzung und ggf. der Gründung der übernehmenden Gesellschaft.

Sowohl das deutsche als auch das spanische Recht haben die in der VRL 2005/56/EG vorgegebene zweistufige Rechtsmäßigkeitskontrolle implementiert. Fraglich ist allerdings, ob die von dem deutschen Handelsregistergericht ausgestellte Eintragungsnachricht der von der VRL 20005/56/EG verlangten Verschmelzungsbescheinigung gerecht wird.

Wirksamwerden der Verschmelzung

Nach Art. 12 der VRL 2005/56/EG bestimmt sich der Zeitpunkt, an dem die grenzüberschreitende innergemeinschaftliche Verschmelzung wirksam wird, allein nach dem Recht des EU-Staats, dem die aus der grenzüberschreitenden innergemeinschaftlichen Verschmelzung hervorgehende *„sociedad resultante"* Gesellschaft (also die aufnehmende oder neu gegründete Gesellschaft) unterliegt. Für die Hereinverschmelzung aus deutscher Sicht / Herausverschmelzung aus spanischer Sicht bestimmt sich der Zeitpunkt nach deutschem Recht. Der Zeitpunkt der Eintragung ist nach deutschem Verschmelzungsrecht zugleich der Zeitpunkt der Rechtswirksamkeit der Verschmelzung.

Bei einer grenzüberschreitenden innergemeinschaftlichen Hereinverschmelzung aus spanischer Sicht / Herausverschmelzung aus deutscher Sicht bestimmt sich der Zeitpunkt der Wirksamkeit der Hereinverschmelzung nach spanischem Recht. Art. 46 Abs. 1 LME bestimmt, dass eine Verschmelzung zur Neugründung mit der Eintragung der Neugründung der Gesellschaft wirksam wird. Der Zeitpunkt des Wirksamwerdens der Verschmelzung zur Aufnahme bestimmt sich mit der Eintragung der Aufnahme.

5 Steuerrechtliche Behandlung der grenzüberschreitenden innergemeinschaftlichen Verschmelzung

5.1 Die FRL 90/434

Die FRL 90/434[1429] bezweckt die Beseitigung von Hindernissen auf dem Gebiet der direkten Steuern bei grenzüberschreitenden Umstrukturierungen, an denen in zwei oder mehr EU-Staaten ansässige Gesellschaften beteiligt sind.[1430] *...Fusionen, Spaltungen, die Einbringung von Unternehmensanteilen und der Austausch von Anteilen, die Gesellschaften verschiedener* EU*Mitgliedstaaten betreffen, können notwendig sein, um binnenmarktähnliche Verhältnisse in der Gemeinschaft zu schaffen und damit die Errichtung und das Funktionieren des Gemeinsamen Marktes zu gewährleisten....*[1431]

Die FRL 90/434 wurde nach mehr als 20 Jahre andauernden Verhandlungen am 23.7.1990 verabschiedet. Als Rechtsakt des sekundären Gemeinschaftsrechts i.S.d. Art. 288 Abs. 3 AEUV[1432] ist sie aufgrund ihrer Rechtsnatur in den EU-Staaten grundsätzlich nicht unmittelbar anwendbar, sondern bedarf der Umsetzung in das jeweilige mitgliedstaatliche Recht.[1433] Die EU-Staaten sind nach dem Grundsatz der Gemeinschaftstreue (oder Grundsatz der loyalen Zusammenarbeit) gemäß Art. 4 Abs. 3 EUV i.V.m Art. 288 Abs. 3 AEUV[1434] verpflichtet, die Richtlinie fristgemäß, richtig und vollständig in nationales Recht umzusetzen.

1429 Richtlinie 90/434/EWG des Rates von 23.7.1990 über das gemeinsame Steuersystem für Fusionen, Spaltungen, Abspaltungen, die Einbringung von Unternehmensteilen und den Austausch von Anteilen, die Gesellschaften verschiedener Mitgliedstaaten betreffen, sowie für die Verlegung des Sitzes einer Europäischen Gesellschaft oder einer Europäischen Genossenschaft von einem Mitgliedstaat in einen anderen Mitgliedstaat ABl. EU Nr. L 225 S. 1. Zuletzt geändert durch Art. 1 ÄndRL 2006/98/EG v. 20.11.2006 (ABl. EU Nr. L 363 S. 129 . Nr. L1, 1/144).

1430 Ebenso aber mittelbar wg. Umsetzung der Richtlinie 90/434/EWG durch das SEStEG, siehe Kußmaul/Richter/Heyd, IStR 2010, 73 (79)

1431 Erwägungsgründe der FRL 90/434/EWG.

1432 Ex-Art. 249 Abs. 3 EGV

1433 Art. 249 EGV; Die Richtlinie ist für jeden Mitgliedstaat, an den sie gerichtet wird, hinsichtlich des zu erreichenden Zieles verbindlich, überlässt jedoch den innerstaatlichen Stellen die Wahl der Form und der Mittel.

1434 Ex-Art. 10 i.V.m. ex-Art. 249 Abs. 3 EGV

Die FRL 90/434 war grundsätzlich in den EU-Staaten bis spätestens zum 1.1.1992 umzusetzen.[1435]

5.1.1 Die von der FRL 90/434 geregelten Vorgänge

Die FRL 90/434 erfasst die folgenden Vorgänge, sofern daran Gesellschaften aus mindestens zwei zwei EU-Staaten beteiligt sind:

- der Verschmelzung,[1436]
- der Spaltung,[1437]
- der Einbringung von Unternehmensteilen,[1438]
- dem Anteilstausch[1439] sowie
- der grenzüberschreitenden Sitzverlegung.[1440]

Der Untersuchungsgegenstand dieser Arbeit ist lediglich die Verschmelzung.

5.1.2 Definition des steuerlichen Begriffes der Verschmelzung und Darstellung der Verschmelzungsarten

Art. 2 Buchst. a) FRL 90/434 unterscheidet im Einklang mit Art. 2 Abs. 2 VRL 2005/56/EG[1441] drei Formen der Verschmelzung.

- Verschmelzung zur Aufnahme

Bei der Verschmelzung zur Aufnahme übertragen eine oder mehrere Gesellschaften ihr gesamtes Aktiv- und Passivvermögen auf eine bereits bestehende Gesellschaft, die in einem anderen EU-Staat ansässig ist. Die Übertragung führt

1435 Art. 12 Abs. 1 FRL 90/434.

1436 Art. 2 Buchst. a) FRL 90/434.

1437 Art. 2 Buchst. b) und ba) FRL 90/434. Mit der Richtlinie des Rates v. 17.2.2005 (ABl EU Nr. L 58) wurde die FRL 90/434 geändert. Die Änderungen betrafen insbesondere die Aufnahme der Abspaltung neben der bereits geregelten Aufspaltung.

1438 Art. 2 Buchst. c) FRL 90/434.

1439 Art. 2 Buchst. d) FRL 90/434.

1440 Art. 2 Buchst. j) FRL 90/434. Seit der Änderung durch die Richtlinie 2005/19/EG v. 17.2.2005 (ABl. EU Nr. L 58 v. 4.3.2005, S 19-27).

1441 Richtlinie 2005/56/EG des Europäischen Parlaments und des Rates v. 26.10.2005 über die Verschmelzung von Kapitalgesellschaften aus verschiedenen Mitgliedstaaten (ABl. EU Nr. L 310 S. 1, ber. ABl. EU Nr. L 28 S. 40) EU-Dok.-Nr. 3 2005 L 0056, zuletzt geändert durch Art. 4 ÄndRL 2009/109/EG v. 16.9.2009 (ABl. EU Nr. L 259 S. 14).

zur Auflösung der übertragenden Gesellschaft(en) jedoch ohne deren Abwicklung. Sie erfolgt gegen Gewährung von Anteilen am Gesellschaftskapital der übernehmenden bereits existenten Gesellschaft als Kompensation für die untergegangen Anteile an der aufgelösten Gesellschaft sowie gegebenenfalls einer baren Zuzahlung. Die bare Zuzahlung darf 10 % des Nennwertes oder - bei Fehlen eines solchen - des rechnerischen Werts dieser Anteile nicht überschreiten.

- Verschmelzung zur Neugründung

Bei der Verschmelzung zur Neugründung übertragen zwei oder mehr Gesellschaften ihr gesamtes Aktiv- und Passivvermögen auf eine im Zuge des Vorgangs neu gegründete Gesellschaft. Die Übertragung führt zur Auflösung der übertragenden Gesellschaft(en) allerdings ohne deren Abwicklung. Sie erfolgt gegen Gewährung von Anteilen am Gesellschaftskapital der hervorgehenden Gesellschaft sowie gegebenenfalls einer baren Zuzahlung. Auch in dieser Variante darf die bare Zuzahlung 10 % des Nennwerts oder - bei Fehlen eines solchen - des rechnerischen Werts dieser Anteile nicht überschreiten.

- Verschmelzung einer 100%igen Tochtergesellschaft auf ihre Muttergesellschaft

Bei der Aufwärtsverschmelzung überträgt eine Gesellschaft ebenfalls unter Auflösung ohne Abwicklung ihr gesamtes Aktiv- und Passivvermögen auf die Gesellschaft, die allerdings sämtliche Anteile an ihrem Gesellschaftskapital besitzt (sog. *Up-Stream-Merger, Aufwärtsverschmelzung* oder Verschmelzung einer 100%igen Tochtergesellschaft auf ihre Muttergesellschaft) und in einem anderen EU-Staat ansässig ist. Die Aufwärtsverschmelzung stellt eine Sonderform der Verschmelzung zur Aufnahme dar. Der umgekehrte Fall der Verschmelzung der Mutter auf die Tochtergesellschaft oder Abwärtsverschmelzung (sog. Down-Stream-Merger oder) wird hingegen nicht explizit von Art. 2 Buchst. a) FRL 90/434 erfasst. Sie ist allerding, ebenfalls wie die Aufwärtsverschmelzung, eine Sonderform der Verschmelzung zur Aufnahme.[1442]

1442 Vgl. Winkeljohann/Fuhrmann in Handbuch Umwandlungssteuerrecht S. 575 m.w.N.

5.1.3 Subjektiver Anwendungsbereich der FRL 90/434

Art. 3 FRL 90/434 enthält drei Voraussetzungen, die kumulativ zu erfüllen sind, damit eine Gesellschaft in den subjektiven Anwendungsbereich der FRL 90/434 fällt:

1)Die Gesellschaft weist eine der in Buchst. a) des Anhang zur FRL 90/434 angeführten Rechtsformen auf:[1443]

- Für Deutschland ist Art. 3 FRL 90/434 i.V.m. Buchst. e) des Anhangs der FRL 90/434 einschlägig. Der subjektive Anwendungsbereich umfasst hiernach die Gesellschaften deutschen Rechts mit der Bezeichnung "Aktiengesellschaft", "Kommanditgesellschaft auf Aktien", "Gesellschaft mit beschränkter Haftung", "Versicherungsverein auf Gegenseitigkeit", "Erwerbs- und Wirtschaftsgenossenschaft", "Betriebe gewerblicher Art von juristischen Personen des öffentlichen Rechts" und andere nach deutschem Recht gegründete Gesellschaften, die der deutschen Körperschaftsteuer unterliegen;
- Für Spanien ist Art. 3 FRL 90/434 i.V.m. Buchst. h) des Anhangs der FRL 90/434 einschlägig: Der subjektive Anwendungsbereich umfasst hiernach die Gesellschaften spanischen Rechts mit der Bezeichnung *"Sociedad Anónima", "Sociedad Comanditaria por Acciones" und "Sociedad de Responsabilidad Limitada"* sowie die öffentlich-rechtlichen Gesellschaften, deren Tätigkeiten unter das Privatrecht fallen.
- Durch die Richtlinie 2005/19 von 17.2.2005 zur Änderung der FRL 90/434 wurde der subjektive Anwendungsbereich länderübergreifend um die Societas Europaea (SE) und die Societas Europaea Cooperativa (SCE) in Buchst. a)[1444] des Anhangs ergänzt.

1443 Die Fusionsrichtlinie galt bislang für alle Körperschaften mit einer der im Anhang zur Richtlinie aufgelisteten Rechtsformen. Mit der Richtlinie 2005/19/EG werden neue Rechtsformen in diese Liste aufgenommen. Dies bedeutet, dass die Vorteile der Fusionsrichtlinie künftig von mehr Körperschaften in Anspruch genommen werden können, unter anderem auch von der Europäischen Gesellschaft (Verordnung (EG) Nr. 2157/2001 des Rates und Richtlinie 2001/86/EG des Rates), die seit Oktober 2004 als Rechtsform gewählt werden kann (vgl. Pressemitteilung IP/01/1376), und die Europäische Genossenschaft (Verordnung (EG) 1435/2003 des Rates and Richtlinie 2003/72/EG des Rates), die seit 2006 verfügbar ist

1444 „a) Die gemäß der Verordnung (EG) Nr. 2157/2001 des Rates v. 8.10.2001 über das Statut der Europäischen Gesellschaft (SE) und der Richtlinie 2001/86/EG des Rates v. 8.10.2001 zur Ergänzung des Statuts der Europäischen Gesellschaft hinsichtlich der Beteiligung der Arbeitnehmer gegründeten Gesellschaften sowie die gemäß der Verordnung (EG) Nr. 1435/2003 des Rates v. 22.7.2003 über das Statut der Europäischen Genossenschaft (SCE) und der Richtlinie 2003/72/EG des Rates v. 22.7.2003 zur Er-

2) Die Gesellschaft wird nach dem Steuerrecht einesEU-Staats als in diesem Staat ansässig und nicht aufgrund eines Doppelbesteuerungsabkommens mit einem dritten Staat als außerhalb der Gemeinschaft ansässig angesehen.[1445]

3) Die Gesellschaft unterliegt einer der unter Art. 3 Buchst. c) FLR 90/434 aufgezählten Steuern, mithin

- in Deutschland: der Körperschaftsteuer;
- in Spanien: dem impuesto sobre sociedades.

5.1.4 Steuerneutralität

Die FRL 90/434 basiert auf dem Prinzip der Steuerneutralität.[1446] Hinsichtlich einer etwaigen Besteuerung eines Verschmelzungsgewinns, der sich aus dem Unterschied zwischen dem tatsächlichen und dem steuerlichen Wert des übertragenen Aktiv- und Passivvermögens ergeben könnte, sieht die FRL 90/434 einen Steueraufschub vor.[1447] Damit kommt es nicht zu einem definitiven Steuerverzicht, sondern vielmehr zu einer späteren, im Zeitpunkt der tatsächlichen Realisation der stillen Reserven vorgesehenen Besteuerung.[1448]

5.1.5 Betriebsstättenbedingung

Zur Sicherstellung, dass der EU-Staat der übertragenden Gesellschaft nicht das Besteuerungsrecht auf die stillen Reserven der in seinem Hoheitsgebiet belegenen Wirtschaftsgütern verliert (kein steuerneutraler Export stiller Reserven),

---

gänzung des Statuts der Europäischen Genossenschaft hinsichtlich der Beteiligung der Arbeitnehmer gegründeten Genossenschaften".

1445 Art. 3 Buchst. b) FRL 90/434, hierzu Rödder in Rödder/Herlinghaus/van Lishaut § 11 UmwStG, Rz. 35.

1446 Vgl. Erwägungsgründe der FRL 90/434 „...Demzufolge müssen wettbewerbsneutrale steuerliche Regelungen für diese Vorgänge geschaffen werden, um die Anpassung von Unternehmen an die Erfordernisse des gemeinsamen Marktes, eine Erhöhung ihrer Produktivität und eine Stärkung ihrer Wettbewerbsfähigkeit auf Internationaler Ebene zu ermöglichen..." Hierzu Fey in Beck'sches Steuer- und Bilanzrechtslexikon, Fusionsrichtlinie, Rn. 2; Memento Impuesto sobre Sociedades 2008, Rz. 6701.

1447 Vgl. Art. 4 Abs. 1 Buchst. a) FRL 90/434; hierzu Memento Impuesto sobre Sociedades 2008, Rz. 6701.

1448 Vgl. Erwägungsgründe der FRL 90/434/EWG; hierzu Lampe, Steueroptimale Gestaltung eines deutsch-französischen Unternehmenszusammenschlusses, S. 107 m.w.N.; ebenso in Memento Impuesto sobre Sociedades 2008, Rz. 6701.

wird nach Art. 4 Abs. 1 Buchst. b) FRL 90/434 das im Zuge der Verschmelzung übertragene Vermögen einer oder mehreren Betriebsstätte(n) der übernehmenden Gesellschaft weiterhin dem EU-Staat des übertragenden Rechtsträgers zugeordnet.[1449] Da der Begriff „Betriebstätte" weder in der FRL 90/434 noch im primären Europarecht definiert wird, hat die Auslegung des Betriebsstätten-Begriffs nach dem jeweiligen DBA (in concreto: nach Art. 5 des Doppelbesteuerungsabkommens zwischen Spanien und der Bundesrepublik Deutschland) zu erfolgen.

5.1.6 Missbrauchvorbehalt

Ein Missbrauch i.S.d. Art. 11 Abs. 1 Buchst. a) FRL 90/434 ist anzunehmen, wenn der grenzüberschreitende Umstrukturierungsvorgang *„nicht auf wirtschaftlichen Gründen – insbesondere der Umstrukturierung oder der Rationalisierung der beteiligten Gesellschaften beruht*". Diese Formulierung des Art. 11 Abs. 1 Buchst. a) FRL 90/434 führt zu einer Beweislastumkehr. Die Konsequenz ist, dass, soweit nachweislich kein wirtschaftlicher Beweggrund vorliegt, die jeweilige Finanzverwaltung davon ausgehen kann, dass der Umstrukturierungsvorgang *„als hauptsächlichen Beweggrund oder als einen der hauptsächlichen Beweggründe die Steuerhinterziehung oder –umgehung hat"*.

Liegt ein Missbrauch i.S.v. Art. 11 FRL 90/434 vor, kann die Anwendung der steuerneutralen Regelung der FRL 90/434 ganz oder teilweise versagt werden. Das heißt, dass bereits gewährte Vorteile rückgängig gemacht werden können. Wie Art. 11 FRL 90/434 ausgestaltet wird, obliegt allein den jeweiligen EU-Staaten.

1449 Vgl. Kußmaul/Richter/Heyd, IStR 2010, 73; Winkeljohann/Fuhrmann in Handbuch Umwandlungssteuerrecht S. 587.

5.2 Rechtslage in Deutschland

5.2.1 Historische Entwicklung - Umsetzung der FRL 90/434 in Deutschland

Zeitgleich mit dem deutschen Umwandlungsgesetz (UmwG a.F.[1450])wurde am 28.10.1994 ebenfalls ein deutsches Umwandlungssteuergesetz (UmwStG a.F.[1451]) verabschiedet. Beide Gesetze traten mit Wirkung zum 1.1.1995 in Kraft.[1452]

Der deutsche Gesetzgeber hatte durch das UmwStG a.F. die europarechtlichen Vorgaben der FRL 90/434[1453] nur unzureichend und zudem nicht fristgemäß in nationales Recht umgesetzt.[1454] Insbesondere berief sich der deutsche Gesetzgeber dabei auf das Fehlen einer korrespondierenden gesellschaftsrechtlichen Richtlinie[1455] auf europäischer Ebene und beschränkte Umwandlungsvorgänge zunächst auf Rechtsträger mit Sitz in Deutschland (§ 1 Abs.1 UmwG).[1456]Der deutsche Gesetzgeber sah damals keine Veranlassung, die FRL 90/434 in weiterem Umfang umzusetzen.[1457]

Erst als Folge der VRL 2005/56/EG wurden mit Verabschiedung des sog. Gesetzes über steuerliche Begleitmaßnahmen zur Einführung der Europäischen Gesellschaft und zur Änderung weiterer steuerrechtlicher Vorschriften (SE-

1450 V. 28.10.1994 (BGBl. I 1994, S. 3210, ber BGBL I 1995, 428; zuletzt geändert durch MOMIG von 23.10.2008, BGBl I 2008, 2026 und FGG-ReformG

1451 V. 28.10.1994 (BGBl. I 1994, S. 3267).

1452 Vgl. Hörtnagl in Schmitt/Hörtnagl/Stratz, Einf UmwStG, Rn. 2. Die Vorschriften des UmwStG werden flankiert durch das BMF-Schreiben v. 25.3.1998 – IV B7 – S 1978 – 21/98, (Umwandlungssteuer-Erlass, im Folgenden: UmwSt-Erlass), in dem die Finanzverwaltung zu Auslegungs- und Zweifelsfragen des UmwStG Stellung nimmt, BStBl. II 1998, 268.

1453 Die Mitgliedstaaten mussten nach Art. 12 Abs. 1 Satz 1 der Richtlinie die erforderlichen Rechts- und Verwaltungsvorschriften erlassen, um diese Richtlinie vor dem 1.1.1992 umzusetzen.

1454 Umsetzungsfrist war nach Art. 32 Abs. 1 FRL 90/434 der 1.1.1992; hierzu Geyrhalter/Weber, DStR 2006, 146 (151); Schaftlitzl/Widmayer in Das SEStEG, S. 103; Hörtnagl in Schmitt/Hörtnagl/Stratz, Einf. UmwStG, Rn. 14.

1455 Vgl. Hörtnagl in Schmitt/Hörtnagl/Stratz, § 1 UmwStG, Rn. 3.

1456 Sowohl die übertragende als auch die übernehmende Gesellschaften mussten ihren Sitz in Deutschland haben und der unbeschränkten Körperschaftsteuerpflicht unterlegen (§ 1 Abs. 5 UmwStG a.F.); Schießl in Widmann/Mayer, Vor § 11 UmwStG, Rz. 25.

1457 Vgl. BT-Drucks. 12/1108, S. 80; hierzu Hoffmann, NZG 1999, 1077 (1085), Kinzl, AG 2005, 842 (843); Geyrhhalter/Weber, DStR 2006, 146; Schaftlitzl/Widmayer in Das SEStEG, S. 103; Louven/Dettmeier/Pöschke/Wenig, BB-Special 3/2006, 5.

StEG)[1458] die nationalen Steuervorschriften an die europarechtlichen Vorgaben angepasst.[1459] Durch das SEStEG soll ausweislich der Gesetzesbegründung das Ziel der Beseitigung steuerlicher Hemmnisse für die immer wichtiger werdenden grenzüberschreitenden innergemeinschaftlichen Umstrukturierungen von Unternehmen erreicht werden.[1460]

Durch das SEStEG wurden die deutschen steuerrechtlichen Vorschriften zur Umstrukturierung (EStG, KStG, UmwStG) von Gesellschaften an die gesellschafts- bzw. steuerrechtlichen Vorgaben und Entwicklungen des europäischen Rechts angepasst.[1461] Zu diesen Vorgaben und Entwicklungen zählen insbesondere europäische Richtlinien, die zwischenzeitlich ergangene EuGH-Rechtsprechung sowie die Einführung neuer Grundsätze:[1462]

- FRL 90/434,
- SE-VO,
- VRL 2005/56/EG,
- EuGH-Rechtsprechung zum Steuer- und Gesellschaftsrecht (Hughes de Lasteyrie du Saillant[1463], SEVIC[1464], etc.),
- Schaffung von Entstrickungs[1465]- und Verstrickungstatbeständen für den grenzüberschreitenden Transfer von Wirtschaftsgütern,
- Anpassung und Vereinheitlichung der ertragsteuerlichen Vorschriften zur Umwandlung von Gesellschaften bzw. zur Umstrukturierung von Unternehmensgruppen.

1458 BGBl I 2006, 2782.

1459 Vgl. Möhlenbrock in Dötsch/Jost/Pung/Witt in UmwStG Einf. (SEStEG) Tz. 96; Köhler, IStR 2010, 337.

1460 Vgl. Hörtnagl in Schmitt/Hörtnagl/Stratz, Einführung UmwStG, Rn. 14.

1461 Vgl. Drinhausen/Gesell in Das SEStEG, S. 2.

1462 Vgl. Blumenberg/Schäfer in Das SEStEG, Vorwort, S. V ff; Hörtnagl in Schmitt/Hörtnagl/Stratz, Einf UmwStG, Rn. 14.

1463 Vgl. EuGH-Urteil v. 11.3.2004, Rs. C-9/02 ("Hughes des Lasteyrie du Saillant"), Slg. 2004, 2409 = BFH/NV 2004, 211; hierzu Deininger, Wegzug natürlicher Personen von Deutschland nach Österreich unter Berücksichtigung der de Lasteyrie-Entscheidung des EuGH, INF 2004, S. 460.

1464 EuGH-Urteil v. 13.12.2005; Rs. C-411/03; Slg. 2005, I-10805 = ZIP 2005, 2311.

1465 Die Europäisierung des UmwStG wird begleitet von einer umfassenden Sicherstellung des deutschen Besteuerungsrechts für stille Reserven, die unter deutscher Besteuerungshoheit gebildet wurden. Das SEStEG hat zu diesem Zweck für Wirtschaftsgüter des Betriebsvermögens allgemeine Entstrickungstatbestände in § 4 Abs. 1, § 6 Abs. 1 EStG und § 12 Abs. 1 KStG eingeführt mit dem Grundsatz, dass bei Ausschluss oder Beschränkung des deutschen Besteuerungsrechts eine fiktive Entnahme bzw. eine fiktive Veräußerung zum gemeinen Wert der Besteuerung unterliegt.

5.2.2 Definition und Zulässigkeit der grenzüberschreitenden innergemeinschaftlichen Verschmelzung

Das deutsche Umwandlungssteuerrecht war bis zum Inkrafttreten des SEStEG am 12.12.2006[1466] im Wesentlichen[1467] national ausgerichtet.[1468] Erst infolge der Umsetzung der europarechtlichen Vorgaben durch das SEStEG (UmwStG n.F.) wurde § 1 UmwStG n.F. völlig neu gefasst.[1469]

Im UmwStG n.F. findet sich keine Legaldefinition des Begriffes der Verschmelzung. Der deutsche Gesetzgeber greift bewusst nicht auf die Begriffsbestimmung des Art. 2 FRL 90/434 zurück,[1470] sondern knüpft gemäß § 1 Abs. 1 Nr. 1 UmwStG n.F. grds. an die gesellschaftsrechtlichen Vorgaben des deutschen UmwG - mithin § 2 bzw. 122a bis 122l UmwG - an.[1471]Nach § 2 UmwG geht bei der Verschmelzung das gesamte Vermögen von einem oder mehreren Rechtsträgern im Wege der Gesamtrechtsnachfolge[1472] auf einen anderen, bereits bestehenden[1473] oder neu gegründeten[1474] Rechtsträger unter Auflösung ohne Abwicklung über. Die Gesellschafter der übertragenden Rechtsträger werden durch Anteilstausch an dem übernehmenden bzw. neu gegründeten Rechtsträger beteiligt.[1475] Der Vermögensübergang tritt mit Eintragung der Verschmelzung in das Handelsregister der aufnehmenden Gesellschaft kraft Gesetzes des § 20 Abs. 1 Nr. 1 UmwG ein.[1476]

Für steuerliche Zwecke ist nach deutschem Recht sowohl die rein nationale als auch die grenzüberschreitende innergemeinschaftliche Verschmelzung von Gesellschaften auf Gesellschaften in §§ 11 bis 13 UmwStG geregelt.[1477] Während

---

1466 BGBl. I 2006, 2782.

1467 Ausnahme insbesondere die in § 23 UmwStG a. F. geregelten Einbringungsvorgänge innerhalb der EU.

1468 Vgl. Rödder/Schumacher, DStR 2007, 369.

1469 Vgl. Schaftlitzl/Widmayer in Das SEStEG, S. 103.

1470 Vgl. Möhlembrock in Dötsch/Jost/Pung/Möhlembrock UmwStG Einf (SEStEG), Tz. 99.

1471 Vgl. Entwurf des neuen Umwandlungssteuererlasses Tz. 01.30 abrufbar unter http://www.bundesfinanzministerium.de/DE/BMF__Startseite/Aktuelles/BMF__Schreiben/Veroffentlichungen__zu__Steuerarten/koerperschaftsteuer__umwandlungsteuerrecht/013__a,templateId=raw,property=publicationFile.pdf.

1472 § 174 Abs. 1 UmwG.

1473 § 2 Nr. 1 UmwG, Verschmelzung zur Aufnahme.

1474 § 2 Nr. 2 UmwG, Verschmelzung zur Neugründung.

1475 Vgl. § 2 UmwG.

1476 Vgl. § 20 Abs.1 Nr. 1 UmwG.

1477 Vgl. Schmitt in Schmitt/Hörtnagl/Stratz, Vor §§ 11-13 UmwStG, Rn. 8; Hahn, GmbH 2006, 617; Schießl in Widmann/Mayer, Vor § 11 UmwStG, Rz. 36, 52.

§ 11 UmwStG die steuerliche Behandlung der Verschmelzung im Wege der Gesamtübertragung des Vermögens einer Gesellschaft auf eine andere lediglich auf Ebene der übertragenden Gesellschaft regelt, enthält § 12 UmwStG die steuerliche Behandlung bei der aufnehmenden Gesellschaft. § 13 UmwStG ist seinerseits den steuerlichen Folgen der Verschmelzung auf Ebene der Gesellschafter gewidmet.[1478] Dieser Systematik folgend wird im ersten Schritt die steuerliche Behandlung einer Verschmelzung auf Ebene der übertragenden Gesellschaft(en) untersucht gefolgt von der Analyse der steuerlichen Behandlung auf der Ebene der übernehmenden Gesellschaft und anschließend auf der Ebene der Gesellschafter.

§§ 11 bis 13 UmwStG sind nur anwendbar, wenn es sich um eine Verschmelzung i.S.d. § 2 UmwG handelt und sowohl die übertragende als auch die übernehmende Gesellschaft[1479] nach dem Recht eines EU- oder EWR-Staats gegründet worden sind und ihren Sitz und ihre Geschäftsleitung in einem EU- oder EWR-Staat haben.[1480] Ferner sind diese Vorschriften sowohl auf Aufwärtsverschmelzungen, auf Abwärtsverschmelzung als auch auf Seitwärtsverschmelzungen anzuwenden.[1481]

Das Bestehen einer unbeschränkten Steuerpflicht ist keine explizite Voraussetzung für die Zulässigkeit einer grenzüberschreitenden innergemeinschaftlichen Verschmelzung, jedoch wird aufgrund des Erfordernisses von Sitz und Geschäftsleitung in einem EU- oder EWR-Staat regelmäßig eine unbeschränkte Steuerpflicht in einem dieser Staaten vorliegen.[1482] Dabei ist nicht erforderlich, dass sich Sitz und Geschäftsleitung in demselben EU- oder EWR-Staat befinden.[1483] Befindet sich jedoch der Sitz oder die Geschäftsleitung einer Gesellschaft in einem Drittstaat, so scheidet die Anwendung der §§ 11 bis 13 UmwStG aus.[1484]

1478 So in etwa Schmitt in Schmitt/Hörtnagl/Stratz, § 13 UmwStG, Rn. 1.

1479 Im steuerlichen Sinne wird nachfolgend ebenfalls der Begriff „Körperschaft" verwendet.

1480 Vgl. § 1 Abs. 2 UmwStG; Winkeljohann/Fuhrmann in Handbuch Umwandlungssteuerrecht, S. 775.

1481 Vgl. Tz. 11.01 UmwSt-Erlass-Entwurf, abrufbar unter: http://www.bundesfinanzministerium.de/DE/BMF__Startseite/Aktuelles/BMF__Schreiben/Veroffentlichungen__zu__Steuerarten/koerperschaftsteuer__umwandlungsteuerrecht/013__a,templateId=raw,property=publicationFile.pdf.

1482 Ebenso Frotscher, IStR 2006, 65 (71).

1483 Vgl. Rödder in Rödder/Herlinghaus/van Lishaut § 11 UmwStG, Rn. 44.

1484 Vgl. Rödder in Rödder/Herlinghaus/van Lishaut § 11 UmwStG, Rn. 45, Dötsch in Dötsch/Patt/Pung/Möhlenbrock § 11 UmwStG (SEStG), Tz. 2, 31; Schießl in Widmann/Mayer, Vor § 11 UmwStG, Rz, 60; Widmann in Widmann/Mayer, § 1 UmwStG, Rz. 60 ff.

Die §§ 11 - 13 UmwStG gelten aufgrund der Definition des Anwendungsbereiches in § 1 Abs. 1 i.V.m. Abs. 2 Nr. 1 UmwStG zusammenfassend für verschiedene Szenarien, wobei für Zwecke dieser Arbeit lediglich die folgenden Fälle untersucht werden:[1485]

- Grenzüberschreitende innergemeinschaftliche Verschmelzungen von Körperschaften. Die übertragende und die übernehmende Körperschaft sind in verschiedenen EU-Staaten[1486] ansässig. Es wird zwischen folgenden Szenarien unterschieden:
  - Die übertragende Körperschaft ist in Deutschland ansässigund wird auf die übernehmende, in einem anderen EU-/EWR-Staat (bspw. in Spanien) ansässige Körperschaft verschmolzen (Herausverschmelzung zur Aufnahme).
  - Die übertragenden Gesellschaften sind in Deutschland ansässig und werden auf eine neu zu gründende Gesellschaft verschmolzen, die in einem anderen EU-/EWR-Staat (bspw. in Spanien) ansässig sein wird (Herausverschmelzung zur Neugründung).
  - Die übertragende Gesellschaft ist in einem anderen EU-Staat (bspw. in Spanien) ansässig und wird auf die übernehmende in Deutschland ansässige Körperschaft verschmolzen (Hereinverschmelzug zur Aufnahme).
  - Die übertragenden Gesellschaften sind in einem anderen bzw. verschiedenen EU-Staat(en) ansässig (bspw. in Spanien) und werden zur Neugründung auf eine übernehmende in Deutschland ansässige Gesellschaft verschmolzen[1487] (Hereinverschmelzung zur Neugründung).

5.2.3 Herausverschmelzung

5.2.3.1 Steuerliche Folgen der Verschmelzung auf Ebene der übertragenden Körperschaft

Bei der Herausverschmelzung ist die übertragende Körperschaft eine Gesellschaft mit Sitz und Geschäftsleitung in Deutschland. Die übernehmende Körperschaft ist eine Körperschaft, deren Sitz und Ort der Geschäftsleitung nicht in

---

1485 Vgl. Gesetzesbegründung v. 25.9.2006 zu § 11 UmwStG „Allgemeines", BT-Drucks. 16/2710, S. 40.

1486 Bzw. EWR-Staaten.

1487 Vgl. Winkeljohann/Fuhrmann in Handbuch Umwandlungssteuerrecht, S. 769.

Deutschland, jedoch innerhalb der EU- bzw. EWR-Staaten (in concreto: in Spanien) liegt.[1488]

5.2.3.2 Handelsrechtliche Schlussbilanz

Bei der grenzüberschreitenden innergemeinschaftlichen Herausverschmelzung hat die übertragende deutsche Kapitalgesellschaft nach § 122k Abs. 1 UmwG i.V.m. § 17 Abs. 2 UmwG eine handelsrechtliche Verschmelzungsbilanz (Schlussbilanz) auf den Schlussbilanzstichtag aufzustellen,[1489] der dem in Verschmelzungsplan bestimmten handelsrechtlichen Verschmelzungsstichtag vorangeht,[1490] § 122a Abs. 2 UmwG i.V.m. § 122c Abs. 2 Nr. 6 UmwG. Nach § 17 i.V.m. 122a Abs. 2 UmwG kann die handelsrechtliche Schlussbilanz, die der Anmeldung der Verschmelzung zur Eintragung ins Handelsregister beizufügen ist, auf einen höchstens 8 Monate vor der Anmeldung liegenden Stichtag aufgestellt werden. Für die handelsrechtliche Verschmelzungsbilanz sind die Vorschriften über die Jahresbilanz und deren Prüfung entsprechend anzuwenden.

5.2.3.3 Aufstellung der steuerlichen Übertragungsbilanz

Die übertragende Körperschaft hat auf den steuerlichen Übertragungsstichtag zusätzlich eine steuerliche Schlussbilanz aufzustellen, in der die Bewertung nach § 11 UmwStG vorzunehmen ist.[1491] Bei einer grenzüberschreitenden Hereinverschmelzung aus deutscher Sicht verlangt die deutsche Finanzverwaltung, dass auch eine ausländische übertragende (in concreto: spanische) Körperschaft eine unter Zugrundelegung des deutschen Steuerrechts aufgestellte steuerliche Schlussbilanz i. S. d. § 11 UmwStG auf den steuerlichen Übertragungsstichtag einreicht.[1492]

Durch den Ansatz des gemeinen Wertes in Höhe der Differenz zum steuerlichen Buchwert entsteht ein Übertragungsgewinn oder - verlust auf Ebene derü-

---

1488 Vgl. Schießl in Widmann/Mayer, § 11 UmwStG, Rz. 50.53.

1489 Vgl. Rödder in Rödder/Herlinghaus/van Lishaut, § 11 UmwStG, Rz. 53 m.w.N.

1490 H.M. BMF v. 25.3.1998; BStBl. I 1998, 268; Hörtnagl in Schmitt/Hörtnagl/Stratz, § 17 UmwG, Rn. 37; Frotscher in Frotscher/Maas, UmwStG, § 11 UmwStG, Rz. 15, Stand: 15.8.2008; Rödder in Rödder/Herlinghaus/van Lishaut, § 11 UmwStG, Rz. 53 m.w.N.

1491 Vgl. Schießl in Widmann/Mayer, § 11 UmwStG, Rz. 50.51.

1492 Vgl. Tz. 11.02 des Entwurfs des Umwandlungssteuererlasses abrufbar unter: http://www.bundesfinanzministerium.de/DE/BMF__Startseite/Aktuelles/BMF__Schreiben/Veroffentlichungen__zu__Steuerarten/koerperschaftsteuer__umwandlungsteuerrecht/013__a,templateId=raw,property=publicationFile.pdf.

bertragenden Körperschaft, der den allgemeinen Regelungen der Körperschaft- und Gewerbesteuer unterliegt.[1493]

Unabhängig davon, ob Deutschland das Besteuerungsrecht zusteht oder nicht, ist folglich in der steuerlichen Übertragungsbilanz auch ein evtl. vorhandenes ausländisches Betriebsvermögen der Gesellschaft auszuweisen.[1494]

5.2.3.4 Steuerlicher Übertragungsstichtag

Der Stichtag der Schlussbilanz i.S.d. § 17 Abs. 2 UmwG i.V.m. § 122a Abs. 2 UmwG und damit der steuerliche Übertragungsstichtag ist nach h.M.[1495] der Tag, der dem Verschmelzungsstichtag i.S.d. § 5 Abs. 1 Nr. 6 UmwG unmittelbar vorangeht. Der steuerliche Übertragungsstichtag liegt damit stets unmittelbar vor dem handelsrechtlichen Verschmelzungsstichtag, d.h. dem Zeitpunkt, von dem an die Handlungen der übertragenden Gesellschaft als für Rechnung der übernehmenden (spanischen) Körperschaft vorgenommen gelten.[1496]

Bei einer grenzüberschreitenden innergemeinschaftlichen Verschmelzung muss der Heraus- von dem Hereinverschmelzungsfall unterschieden werden:

- In dem Herausverschmelzungsfall treten keine Besonderheiten zur Ermittlung des steuerlichen Übertragungsstichtags auf, da zur Bestimmung des steuerlichen Übertragungsstichtags auf den Stichtag der Bilanz der übertragenden Körperschaft abzustellen ist und es somit nach deutschem Recht bestimmt wird.[1497] Die steuerliche Rückwirkung erfolgt, soweit nicht § 2 Abs. 3 UmwStG greift.
- Im Fall der Hereinverschmelzung aus deutscher Sicht ist die Überträgerin eine spanische Körperschaft, so dass zur Bestimmung des steuerlichen Übertragungsstichtags auf den Stichtag der Bilanz nach spanischem Recht abzustellen ist.[1498] Wenn das ausländische Recht keine dem Vermögensübergang zugrunde liegende Schlussbilanz vorsieht, ist der steuerliche Übertragungs-

1493 Ebenso Schaumburg/Schumacher in Lutter Ahn. 1 nach § 122l UmwG, Rn. 77; Schießl in Widmann/Mayer, § 11 UmwStG, Rz. 50.51.

1494 Vgl. Dötsch in Dötsch/Patt/Pung/Möhlenbrock § 11 UmwStG (SEStG), Tz. 24.

1495 Vgl. van Lishaut in Rödder/Herlinghaus/van Lishaut § 2 UmwStG, Rn. 20; Frotscher in Frotscher/Maas § 11 UmwStG, Rz. 27.

1496 Vgl. Schaumburg/Schumacher in Lutter Anh. 1 nach § 122l UmwG, Rn. 91.

1497 § 2 Abs. 1 UmwStG; vgl. van Lishaut in Rödder/Herlinghaus/van Lishaut Rn 102.

1498 RegEBegr § 2 BT-Drucks. 16/2710; van Lishaut in Rödder/Herlinghaus/van Lishaut Rn 102; Dötsch/Pung, DB 2006, 2704 (2706); Hörtnagl in Schmitt/Hörtnagl/Stratz, § 2 UmwStG, Rn. 109f.

stichtag der Zeitpunkt des Wirksamwerdens der Verschmelzung.[1499] Die ausländische Rückwirkungsfrist kann gleich, kürzer oder länger als das deutsche Pendant von 8 Monaten sein und ist in concreto mit 6 Monaten[1500] in Spanien kürzer als die deutsche Rückwirkungsfrist. Unter Berücksichtigung der Vereinigungstheorie gilt bei einer grenzüberschreitenden innergemeinschaftlichen Verschmelzung unter Beteiligung deutscher und spanischer Körperschaften eine Rückwirkungsfrist von 6 Monaten.

5.2.3.5 Wertansatz bei der übertragenden Körperschaft

In der Schlussbilanz der übertragenden Gesellschaft sieht § 11 Abs. 1 UmwStG grundsätzlich den Ansatz des gemeinen Wertes für alle übergehenden Wirtschaftsgüter vor, einschließlich nach § 3 Abs. 1 UmwStG nicht entgeltlich erworbener und selbst geschaffener immaterieller Wirtschaftsgüter.[1501] Hiervon ist insbesondere ein originärer Firmenwert erfasst.[1502]

Eine besondere Bewertungsvorgabe besteht dabei für Pensionsrückstellungen. Nach § 11 Abs. 1 Satz 2 UmwStG gilt für deren Bewertung der Teilwert[1503] nach § 6a EStG.[1504]

Eine deutsche Körperschaft, die auf eine spanische Körperschaft verschmolzen wird, hat hinsichtlich der übertragenden Wirtschaftsgüter unter den Voraussetzungen des § 11 Abs. 2 UmwStG ein Wahlrecht, den Buchwert oder einen höheren Wert (Zwischenwert), höchstens jedoch den gemeinen Wert, anzusetzen.[1505] Der hierfür erforderliche Antrag ist spätestens bis zur bzw. im Zuge der erstmaligen Abgabe der steuerlichen Schlussbilanz bei dem für die übertragenden Kapitalgesellschaft zuständigen Finanzamt zu stellen.[1506]

Dieses Wahlrecht kann nur ausgeübt werden, sofern

1499 Vgl. Widmann/Mayer, SEStEG, R 119; van Lishaut in Rödder/Herlinghaus/van Lishaut, § 2 UmwStG, Rn 102; Übergang des wirtschaftlichen bzw. des rechtlichen Eigentums, ebenso Hörtnagl, Schmitt/Hörtnagl/Stratz, § 2 UmwStG, Rn. 110.

1500 Art. 91 TRLIS i.V.m. Art. 59 Abs. 1 LME i.V.m. Art. 31 Abs. 1 Nr. 7 LME; ausführlich zur Rückwirkung in Spanien siehe unten Abschnitt 5.5.2.3.6.

1501 Vgl. Rödder in Rödder/Herlinghaus/van Lishaut, § 11 UmwStG, Rz. 2; Schaftlitzl/Widmayer in Das SEStEG, S. 129.

1502 RegEBegr § 3 BR-Drucks. 542/06.

1503 Vgl. Rödder in Rödder/Herlinghaus/van Lishaut, § 11 UmwStG, Rz. 84; Raab in Lippros Basiskommentar Steuerrecht, Rz. 18.

1504 Vgl. Rödder in Rödder/Herlinghaus/van Lishaut, § 11 UmwStG, Rz. 3; Schaftlitzl/Widmayer in Das SEStEG, S. 129.

1505 Vgl. § 11 Abs. 1 Satz 1 UmwStG; Stahl in Umwandlungen, Rz. 281;Schflitz/Widmayer in Das SEStEG, S. 130.

1506 Vgl. § 11 Abs. 3 i.V.m. § 3 Abs. 2 Satz 2 UmwStG; hierzu Stahl in Umwandlungen, Rz. 283; Rödder in Rödder/Herlinghaus/van Lishaut, § 11 UmwStG, Rz. 93.

- sichergestellt ist, dass die übergehenden Wirtschaftsgüter später bei der übernehmenden Kapitalgesellschaft der Besteuerung mit Körperschaftsteuer unterliegen;
- das Recht Deutschlands hinsichtlich der Besteuerung des Gewinns aus der Veräußerung der übertragenen Wirtschaftsgüter bei der übernehmenden Kapitalgesellschaft nicht ausgeschlossen oder beschränkt wird, und
- eine Gegenleistung nicht gewährt wird oder ausschließlich in Gesellschaftsrechten besteht.

Besteht eine Gegenleistung in neuen oder bereits bestehenden Anteilen an der übernehmenden Körperschaft, wie im Fall einer Seitwärts- oder Abwärtsverschmelzung mit Kapitalerhöhung, ist die Voraussetzung zur Buchwertfortführung ebenfalls erfüllt.[1507] Das Gleiche gilt im Falle der Verschmelzung von Körperschaften mit identischen Beteiligungsquoten, wenn keine Anteile gewährt werden, weil die Gesellschafter darauf verzichtet haben.[1508]

Bei einer Aufwärtsverschmelzung ist die übernehmende an der übertragenden Körperschaft beteiligt. Insoweit ist nach § 54 Abs. 1 S. 1 Nr. 1 UmwG eine Kapitalerhöhung im Zusammenhang mit dem Untergang der Anteile an der übertragenden Körperschaft ausgeschlossen, da der Wegfall der Anteile durch den Erwerb der Wirtschaftsgüter ausgeglichen wird, d.h. per Saldo keine Vermögenszuwachs bei der aufnehmenden Körperschaft vorliegt.[1509] Die Finanzverwaltung bestätigt ebenfalls im Tz 11.01 des Entwurfes des Umwandlungssteuererlasses ausdrücklich, dass §§ 11 bis 13 UmwStG sowohl auf Aufwärtsverschmelzungen, auf Abwärtsverschmelzungen als auch auf Seitwärtsverschmelzungen anzuwenden sind.

1507 Vgl. Schaumburg/Schumacher in Lutter, Anh. 1 nach § 1221 UmwG, Rn. 81. Ebenso in Spanien DGT CV v. 31.1.2008; hierzu Memento Fiscal 2010, Rz. 3761, 3760 c); Memento Impuesto sobre Sociedades 2009, Rz. 6708.

1508 §§ 54 Abs. 1 Satz 3, § 68 Abs. 1 Satz 3 UmwG; Schaumburg/Schumacher in Lutter Anh. 1 nach § 1221 UmwG, Rn. 81. Ebenso in Spanien: Memento Fiscal 2010, Rz. 3761.

1509 UmwSt-Erlass, Rz. 11.13, BStBl. II 1998, 268; ebenso Schaumburg/Schumacher in Lutter Anh. 1 nach § 1221 UmwG, Rn. 81 ff; Dötsch in Dötsch/Patt/Pung/Möhlenbrock, § 11 UmwStG (SEStG), Tz. 32; Bärwaldt in Haritz/Menner, § 11 UmwStG, Rn. 52; Haarman in 61. Steuerrechtliche Jahresarbeitstagung Unternehmen 2010, S. 133 m.w.N.

5.2.3.6 Einheitliche Ausübung des Bewertungswahlrechts

Das Bewertungswahlrecht kann nach dem ausdrücklichen Wortlaut des § 11 Abs. 2 S. 1 UmwStG nur „einheitlich“ für sämtliche übergehenden Wirtschaftsgüter ausgeübt werden. Einheitlich bedeutet, dass der Ansatz hinsichtlich aller übergehenden Wirtschaftsgüter entweder zum Buchwert, Zwischenwert oder gemeinen Wert zu erfolgen hat. Eine Mischung von Ansätzen, also etwa teilweise zum Buch- und teilweise zum Zwischenwert oder gemeinen Wert ist nicht zulässig.[1510] Beim Zwischenwertansatz gilt ebenfalls das Prinzip des einheitlichen Wertansatzes. Eine selektive und nicht gleichmäßige Aufdeckung der stillen Reserven einzelner Wirtschaftsgüter, die die Voraussetzungen des § 11 Abs. 2 Satz 1 UmwStG erfüllen, weil diese z.B. eine kurze Restnutzungsdauer aufweisen, ist nicht erlaubt.[1511]

5.2.3.7 Betriebsstättenbedingung im Sitzstaat der übertragenden Gesellschaft

Mit der Verschmelzung einer deutschen auf eine spanische Körperschaft geht das Gesamtvermögen im Wege der Universalsukzession auf die spanische Körperschaft über.[1512] Die deutsche Körperschaft wird ohne Abwicklung aufgelöst.[1513] Spätestens mit der Eintragung der Verschmelzung im Handelsregister der übernehmenden Körperschaft endet die unbeschränkte Steuerpflicht der übertragenden Körperschaft in Deutschland. Die Wirtschaftsgüter der übertragenden Körperschaft bleiben jedoch grundsätzlich in einer deutschen Betriebsstätte[1514] der aufnehmenden Körperschaft steuerverhaftet, d.h. in den entsprechenden Wirtschaftsgütern enthaltene stille Reserven unterliegen weiterhin dem Zugriff des

---

1510 Vgl. § 11 Abs. 2 Satz 1 UmwStG; Schaumburg/Schumacher in Lutter, Anh. 1 nach § 122l UmwG, Rn. 82, Frotscher in Frotscher/Maas, § 11 UmwStG, Rz. 47 (Stand: 19.1.2011).

1511 Vgl. Bärwaldt in Haritz/Menner, § 11 UmwStG, Rn. 36 m.w.N.; Schaumburg/Schumacher in Lutter, Anh. 1 nach § 122l UmwG, Rn. 82; Rödder in Rödder/Herlinghaus/van Lishaut, § 11 UmwStG, Rz. 157; Dötsch in Dötsch/ Jost/Pung/ Möhlembrock, Einf UmwStG (SEStEG), Tz. 99 § 11 Anm. 13; Schmitt in Schmitt/Hörtnagl/Stratz, § 11 UmwStG, Rn. 52; die hier in der Vorauflage § 11 Rn. 43 vertretene a.A. wird aufgegeben.

1512 Vgl. § 12 Abs. 3 Satz 1 UmwStG.

1513 Vgl. § 2 UmwG.

1514 Nach h.M. kommt es dafür i.d.R. auf das Betriebsstättenverständnis im DBA-Sinne an; Rödder in Rödder/Herlinghaus/van Lishaut § 11 UmwStG, Rz. 122 m.w.N.; Winkeljohann/Fuhrmann in Handbuch Umwandlungssteuerrecht, S. 751ff; Kußmaul/Richter/Heyd, IStR 2010, 73 (74).

deutschen Fiskus.[1515] Folglich ist eine steuerneutrale grenzüberschreitende innergemeinschaftliche Verschmelzung insoweit möglich.

5.2.3.8 Zuordnung der Wirtschaftsgüter

Die Durchführung einer steuerneutralen grenzüberschreitenden innergemeinschaftlichen Verschmelzung setzt jedoch die Steuerverhaftung der übergehenden Wirtschaftsgüter in einer deutschen Betriebsstätte voraus.[1516] Es kommt somit entscheidend darauf an, welche Wirtschaftsgüter nach der Herausverschmelzung der in Deutschland belegenen Betriebsstätte oder der nun in Spanien ansässigen übernehmenden bzw. neuzugründenden Körperschaft (Stammhaus) zugeordnet werden können.[1517] Nach Auffassung des BFH können nur diejenigen Wirtschaftsgüter einer in Deutschland verbleibenden Betriebsstätte zugeordnet werden, die im funktionalen Zusammenhang zu der in der Betriebsstätte ausgeübten unmittelbaren unternehmerischen Tätigkeit stehen[1518] bzw. deren Erträge zumindest „Nebenerträge" dieser Tätigkeit darstellen.[1519] Die Finanzverwaltung vertritt die These der „Zentralfunktion des Stammhauses".[1520] Hiernach gilt, dass im Zweifel und mangels funktionaler Bedeutung eines Wirtschaftsgüter stets dem – nach der Verschmelzung dann spanischen -- Stammhaus zuzuordnen wären.

Im Fall der Herausverschmelzung auf eine spanische Körperschaft kommt es somit zu keinem Ausschluss bzw. keiner Beschränkung des deutschen Besteuerungsrechts, wenn sich die Wirtschaftsgüter der übertragenden Körperschaft funktional weiterhin der in Deutschland verbleibenden Betriebsstätte zuordnen lassen.[1521] Das deutsche Vermögen kann zum Buchwert oder zu einem

1515 Betriebsstättenverhaftungsbedingung des Art. 4 Abs. 1 Satz 2 Buchst. b) FRL 90/434; § 49 Abs.1 Nr. 2 Buchst. a) EStG i.V.m. § 2 Nr. 1, § 8 Abs. 1 Satz 1 KStG; Kessler/Huck, IStR 2006, 433; Dötsch in Dötsch/Patt/Pung/Möhlenbrock, § 11 UmwStG (SEStG), Tz. 61a.

1516 Vgl. Kußmaul/Richter/Heyd, IStR 2010, 73 (74).

1517 Vgl. Tz. 03.20 des Betriebsstättenerlasses v. 24. 12. 1999, IV B 4 - S 1300 - 111/99, BStBl I 1999, 1076; hierzu Käbisch/Bunzeck, IWB 2011, 392 (394) m.w.N.; Kußmaul/Richter/Heyd, IStR 2010, 73 (74).

1518 Vgl. BFH von 19.12.2007, I R 66/06, BStBl II 2008, 510, IStR 2008, 367; v. 29. 7. 1992, II R 39/89, BStBl II 1993, 63, BeckRS 1992, 22010400.

1519 Vgl. BFH von 17.12.2003, I R 47/02, BFH/NV 2004, 771, BeckRS 2003, 25003116.

1520 Vgl. Betriebsstättenerlass v. 24. 12. 1999, IV B 4 - S 1300 - 111/99, BStBl I 1999, 1076, BeckVerw 27468, geändert durch BMF v. 25. 8. 2009, IV B 5 - S 1341/07/10004, BStBl I 2009, 888, BeckVerw 228878.

1521 Ebenso Schönfeld, IStR 2011, 497 (499); Winkeljohann/Fuhrmann in Handbuch Umwandlungssteuerrecht, S. 781.

Zwischenwert angesetzt werden, soweit die weiteren o.g. Voraussetzungen des § 11 Abs. 2 UmwStG erfüllt sind.[1522]

Sind die Wirtschaftsgüter hingegen dem spanischen Stammhaus zuzuordnen, wird der Besteuerungszugriff des deutschen Fiskus hinsichtlich des Gewinns aus der Veräußerung oder aus der Nutzung eines Wirtschaftsgutes durch Art. 7 DBA Deutschland-Spanien beschränkt oder ausgeschlossen.[1523] Das Vermögen, das nach der Verschmelzung dem spanischen Stammhaus zuzurechnen ist, kann folglich in der steuerlichen Schlussbilanz nicht zum Buch- oder Zwischenwert, sondern muss zum gemeinen Wert angesetzt werden, da insoweit das deutsche Besteuerungsrecht i.S.v. § 11 Abs. 2 Nr. 2 UmwStG ausgeschlossen bzw. beschränkt ist.[1524] Dies führtzur Aufdeckung und damit Versteuerung der vorhandenen stillen Reserven durch Gleichstellung des Entstrickungsvorganges mit einer Entnahme bzw. einer Veräußerung zum gemeinen Wert.[1525]

Unabhängig von der funktionalen Zuordnung zu Stammhaus oder Betriebsstätte bleiben jedoch das in Deutschland belegene unbewegliche Vermögen und die damit im Zusammenhang stehenden Rechte weiterhin in Deutschland (nach Art. 6 i.V.m. Art. 13 Abs. 1 DBA Deutschland-Spanien) steuerverhaftet. Das Besteuerungsrecht von Deutschland an diesen unbeweglichen Wirtschaftsgütern bleibt uneingeschränkt erhalten.[1526]

Problematisch sind Sachverhalte, bei denen Wirtschaftsgüter funktional nicht eindeutig einer Betriebsstätte zugeordnet werden können.[1527] Dies ist regelmäßig der Fall bei Beteiligungen[1528] und immateriellen Wirtschaftsgütern, wie Patenten und Lizenzen der übertragenden Kapitalgesellschaft, die regelmäßig dem gesamten Unternehmen dienen und daher eine *„sichere Zuordnung"*[1529] zu einer Betriebsstätte im Inland nicht einfach ist.[1530] Diese Wirtschaftsgüter werden nach Auffasung der Finanzverwaltung i.d.R. dem spanischen Stammhaus zuzuordnen sein und müssen in der steuerlichen Schlussbilanz der übertragenden

---

1522 Vgl. Dötsch in Dötsch/Patt/Pung/Möhlenbrock, § 11 UmwStG (SEStG), Tz. 21, 28.

1523 § 11 Abs. 2 i.V.m. Abs. 1 UmwStG.

1524 Vgl. Schmitt in Schmitt/Hörtnagl/Stratz, § 11 UmwStG, Rn. 107 m.w.N.

1525 Vgl. Tz. 2.6.1. des Betriebsstättenerlasses v. 24. 12. 1999, IV B 4 - S 1300 - 111/99, BStBl I 1999, 1076; hierzu Dötsch in Dötsch/Patt/Pung/Möhlenbrock, § 11 UmwStG (SEStG), Tz. 28; Schießl in Widmann/Mayer, § 11 UmwStG, Rz. 50.53.

1526 Art. 13 Abs. 1 i.V.m. Art. 6 DBA Deutschland-Spanien; hierzu Winkeljohann/Fuhrmann in Handbuch Umwandlungssteuerrecht, S. 781.

1527 Vgl. Winkeljohann/Fuhrmann in Handbuch Umwandlungssteuerrecht, S. 782; Kußmaul/Richter/Heyd, IStR 2010, 73.

1528 Vgl. Schießl in Widmann/Mayer, § 11 UmwStG, Rz. 50.53.

1529 Vgl. Köhler, IStR 2010, 337.

1530 Ebenso Kußmaul/Richter/Heyd, IStR 2010, 73 (74); Köhler, IStR 2010, 337.

Körperschaft unter Aufdeckung der stillen Reserven mit dem gemeinen Wert angesetzt werden.[1531] Die Rechtsfolge ist die Aufdeckung und Sofortbesteuerung der stillen Reserven.

Ein weiteres Problem besteht hinsichtlich des Geschäfts- und Firmenwerts, wenn eine deutsche Körperschaft auf eine spanische Körperschaft verschmolzen wird. Das deutsche Besteuerungsrecht an dem Geschäfts- und Firmenwert geht grundsätzlich verloren, da regelmäßig eine Zuordnung des Geschäfts- und Firmenwerts zum Stammhaus erfolgt.[1532] Dies hat zur Konsequenz, dass der Geschäfts- und Firmenwert bei einer grenzüberschreitenden innergemeinschaftlichen Verschmelzung regelmäßig zu versteuern ist.[1533] Da regelmäßig die immateriellen Werte zunehmend die wesentlichsten Wertfaktoren der Unternehmen ausmachen, unterbleiben damit nicht selten wirtschaftlich erforderliche oder sinnvolle Verschmelzungsvorgänge. Eine harmonisierte Regelung, die auch insoweit die Steuerneutralität der Verschmelzung sichert, erscheint erforderlich.

5.2.3.9 Übertragende deutsche Gesellschaft verfügt über eine Betriebsstätte in einem Staat ohne DBA bzw. in einem Staat mit DBA mit Freistellungsmethode oder in einem Staat mit DBA mit Anrechnungsmethode

Wird eine in Deutschland ansässige Körperschaft, die eine Betriebsstätte in einem anderen, Nicht-DBA-Staat unterhält, auf eine in Spanien ansässige Körperschaft verschmolzen, so stellt sich die steuerliche Behandlung wie folgt dar:

Deutschland hat gem. § 8 Abs. 1 KStG i.V.m. § 15 EStG das Besteuerungsrecht an den stillen Reserven der Betriebsstätte vor der grenzüberschreitenden innergemeinschaftlichen Verschmelzung auf Grund des fehlenden DBA.[1534] Nach der Verschmelzung der deutschen auf eine spanische Körperschaft steht Deutschland bzgl. der Wirtschaftsgüter, die sich vor der Verschmelzung in einer ausländischen Betriebsstätte eines Nicht-DBA-Staates befunden haben, kein Besteuerungsrecht mehr zu.[1535] Als Konsequenz kommt es insoweit zur Aufdeckung und damit Versteuerung der vorhandenen stillen Reserven in den Wirtschaftsgütern der Nicht-DBA-Betriebsstätte.

1531 Vgl. BMF-Schreiben von 24.12.1999. BStBl. I 1999, 1076 Rn. 2.4; BFH NV 2004, 711; Blummers, DB 2006, 856; Schmitt in Schmitt/Hörtnagl/Stratz, § 11 UmwStG, Rn. 107 m.w.N.; speziell zu Holdinggesellschaften Kessler/Hueck, IStR 2006, 433; Winkeljohann/Fuhrmann in Handbuch Umwandlungssteuerrecht, S. 782.

1532 Vgl. Schießl in Widmann/Mayer, § 11 UmwStG, Rz. 50.53 ff.

1533 Vgl. Frotscher in Frotscher/Maas, § 11 UmwStG, Rz. 124.

1534 Vgl. Schießl in Widmann/Mayer, § 11 UmwStG, Rz. 50.54.

1535 Vgl. Schießl in Widmann/Mayer, § 11 UmwStG, Rz. 50.54.

Wird eine in Deutschland ansässige Körperschaft mit Betriebsstättenvermögen in einem anderen DBA-Staat auf eine in Spanien ansässige Körperschaft verschmolzen, gilt dies analog für die Wirtschaftsgüter, die sich vor der Verschmelzung in einer ausländischen DBA-Betriebsstätte mit Anrechnungsmethode befunden haben. Grund dafür ist, dass die ausländischen Betriebsstätteneinkünfte vor der Verschmelzung unter Anrechnung der ausländischen Steuer auf Ebene der übertragenden Körperschaft dem deutschen Besteuerungsrecht unterfallen.[1536] Das deutsche Besteuerungsrecht entfällt jedoch nach der Verschmelzung, weil die spanische übernehmende Körperschaft in Deutschland lediglich mit ihrem in Deutschland befindlichen Vermögen, d.h. beschränkt körperschaftsteuerpflichtig wird.[1537]

Befindet sich die Betriebsstätte in einem DBA-Staat mit Freistellungsmethode kommt es infolge der Verschmelzung grds. nicht zum Verlust des deutschen Besteuerungsrechts.[1538] Eine Ausnahme kommt nur bei Eingreifen des § 20 Abs. 2 AStG bzw. des § 50d Abs. 9 EStG in Betracht.[1539]

5.2.3.10 Keine Maßgeblichkeit der Handelsbilanz für die Steuerbilanz

Der Grundsatz der Maßgeblichkeit der Handelsbilanz für die Steuerbilanz wurde in Deutschland in Umwandlungsfällen durch das SEStEG aufgegeben.[1540] Nunmehr regelt § 11 Abs. 1 und 2 UmwStG, mit welchen Werten die übertragende Körperschaft die Wirtschaftsgüter in der steuerlichen Schlussbilanz anzusetzen hat.

5.2.4. Hereinverschmelzung

Bei der Hereinverschmelzung ist die spanische Körperschaft, diejenige die ihr gesamtes Vermögen auf die deutsche Körperschaft überträgt, daher findet § 11 UmwStG auf Ebene der übertragenden spanischen Körperschaft unmittelbar keine Anwendung. Diese Vorschrift gilt mit unmittelbarer Rechtswirkung – wie das UmwG und das UmwStG - insgesamt nur für die beteiligten Körperschaften,

1536 Vgl. Schießl in Widmann/Mayer, § 11 UmwStG, Rz. 50.55.

1537 Vgl. Schießl in Widmann/Mayer, § 11 UmwStG, Rz. 50.55.

1538 Vgl. Schießl in Widmann/Mayer, § 11 UmwStG, Rz. 50.55.

1539 Ebenso Rödder in Rödder/Herlinghaus/van Lishaut, § 11 UmwStG, Rz. 127.

1540 Vgl. BT-Drucks. 16/2710, 37; Stahl in Umwandlungen Rz. 282; Frotscher in Frotscher/Maas, UmwStG, § 11 UmwStG, Rz. 28 m.w.N., Stand: 15.8.2008. So auch Frotscher in Frotscher/Maas, UmwStG, § 11 UmwStG, Rz. 26ff, Stand: 15.8.2008. §§ 3 Abs. 1, 11 Abs. 1 UmwStG i. d. F. des SEStEG.

die der der deutschen Rechtsordnung unterliegen.[1541]Nach spanischem Recht ist zu prüfen, mit welchem Wert die übertragenen Wirtschaftsgüter anzusetzen sind.[1542]

Spanien hat grundsätzlich das Besteuerungsrecht hinsichtlich der Wirtschaftsgüter der spanischen übertragenden Körperschaft, so dass eine Besteuerung in Deutschland unterbleibt, soweit die spanische übertragende Körperschaft nicht über in Deutschland steuerverhaftetes Inlandsvermögen verfügt.[1543]

Die deutschen Regelungen kommen allenfalls zu Anwendung, wenn eine weitere deutsche übertragende Körperschaft an der Hereinverschmelzung beteiligt ist; diese hätte eine Übertragungsbilanz i.S.d. § 11 UmwStG aufzustellen.[1544] Außerdem kommt § 11 UmwStG zur Anwendung, falls die spanische übertragende Körperschaft über eine Betriebsstätte in Deutschland verfügt. Im Sinne der Vereinigungstheorie ist das Bewertungswahlrecht für das ausländische und inländische Betriebsvermögen dann jedoch einheitlich auszuüben.[1545]

Verfügt die übertragende spanische Körperschaft über in Deutschland steuerverhaftetes Vermögen und wird auf eine deutsche Körperschaft hereinverschmolzen, so wird das inländische Besteuerungsrecht hinsichtlich des inländischen Vermögens i.d.R. weder ausgeschlossen noch beschränkt, so dass das von § 11 Abs. 2 Satz 1 Nr. 2 UmwStG eingeräumte Wahlrecht, frei ausgeübt werden kann. D.h., das inländische Vermögen kann auf Antrag mit dem Buch- oder einen Zwischenwert, höchstens jedoch mit dem gemeinen Wert, angesetzt werden.[1546]

1541 Vgl. Hörtnagl in Schmitt/Hörtnagl/Stratz, § 122a UmwG, Rn. 15, der zutreffend die unmittelbare Wirkung nationaler Vorschriften auf inländische Gesellschaften beschränkt. In concreto die Anwendung von § 122a UmwG.

1542 Art. 84 TRLIS.

1543 Ebenso Rödder in Rödder/Herlinghaus/van Lishaut, § 11 UmwStG, Rz. 87 m.w.N.; Möhlenbrock in Dötsch/Patt/Pung/Möhlenbrock, vor § 1 UmwStG (SEStG), Tz. 29.

1544 Schießl in Widmann/Mayer, § 12 UmwStG, Rz. 2.

1545 Aus TZ 11.02 des Entwurfes des neuen UmwSt-Erlasses ergibt sich, dass bei einer grenzüberschreitenden innergemeinschaftlichen Hereinverschmelzung die ausländische Überträgerin eine unter Zugrundelegung des deutschen Steuerrechts aufgestellte Schlussbilanz i.S.d. § 11 UmwStG auf den Übertragungsstichtag einreichen muss.

1546 Vgl. Rödder in Rödder/Herlinghaus/van Lishaut, § 11 UmwStG, Rz. 128.

5.2.5 Steuerliche Folgen auf Ebene der übernehmenden Gesellschaft

5.2.5.1 Handelsbilanz

Bei der Verschmelzung zur Neugründung hat die hervorgehende Körperschaft auf den Tag der Wirksamkeit der Verschmelzung gem. § 242 Abs. 1 HGB eine handelsrechtliche Eröffnungsbilanz, diedas Verhältnis ihres Gesamtvermögens (inkl. Schulden) darstellt, aufzustellen. Bei einer Verschmelzung zur Aufnahme stellt hingegen die Gesamtübertragung der Aktiva und Passiva einen laufenden Geschäftsvorfall des Geschäftsjahres dar.[1547]

Mit welchen Wertansätzen die übernehmende deutsche Gesellschaft die Wirtschaftsgüter in ihr Buchwerk übernimmt, richtet sich nach den allgemeinen Ansatz- und Bewertungsvorschriften des deutschen HGB, insbesondere nach dem Vollständigkeitsgebot und dem Anschaffungsprinzip.[1548] Der Erwerb des Aktivvermögens stellt sich dabei als eine Anschaffung/Veräußerung gegen Übernahme der Verbindlichkeiten zuzüglich Gewährung von Aktien oder Anteilen (bei der Seitwärtsverschmelzung) bzw. gegen Wegfall einer Beteiligung bei der Aufwärtsverschmelzung oder Hingabe zugegangener eigener Anteile bei der Abwärtsverschmelzung dar.[1549]

5.2.5.2 Steuerbilanz

§ 12 UmwStG enthält die Regelungen, die die deutsche übernehmende Körperschaft betreffen. Die Übernehmerin muss nach § 12 Abs. 1 Satz 1 UmwStG das Vermögen der Überträgerin zwingend mit den Werten ansetzen, die sich aus der steuerlichen Übertragungsbilanz i.S.d. § 11 UmwStG ergeben (sog. strenge Wertverknüpfung).[1550]Da das Maßgeblichkeitsprinzip aufgegeben wurde und somit die steuerliche Bewertung allein an der steuerlichen Schlussbilanz der übertragenden Körperschaft auszurichten ist, sind die Ansätze in der Handelsbilanz der übernehmenden Körperschaft für steuerliche Zwecke ohne Bedeutung.[1551]

1547 Vgl. Bula/Schlösser in S/B/B Teil K Anm. 27 ff.; Wisniewski in Haritz/Menner, § 12 UmwStG, Rn. 13 m.w.N.

1548 Vgl. WP Handbuch 2008, Rz. 155 im Umkehrschluss.

1549 Vgl. WP Handbuch 2008, Rz. 156.

1550 Vgl. UmwSt-Erlass Tz. 12.01, BStBl. II 1998, 268; hierzu Schießl in Widmann/Mayer, § 12 UmwStG, Rz. 2; Wisniewski in Haritz/Menner § 12 UmwStG, Rn. 14 m.w.N.

1551 Vgl. Rödder in Rödder/Herlinghaus/van Lishaut § 12 UmwStG, Rz. 43 ff; Wisniewski in Haritz/Menner, § 12 UmwStG, Rn. 14 m.w.N.

5.2.5.3 Änderungen in der Steuerbilanz

Ändern sich nachträglich die Ansatzwerte in der Steuerbilanz, sind die Wertansätze entsprechend bei der übernehmenden Körperschaft nach § 175 Abs. 1 Satz 1 Nr. 2 AOzu berichtigen.[1552] Durch die strenge Wertverknüpfung wird sichergestellt, dass die aufgeschobene Besteuerung der in den übertragenen Wirtschaftsgütern enthaltenen stillen Reserven der übernehmenden bzw. neuzugründenden Körperschaft gewährleistet ist.[1553]

5.2.5.4 Übergang von Verlusten

Verrechenbare Verluste,[1554] verbleibende Verlustvorträge oder von der übertragenden Körperschaft nicht ausgeglichene negative Einkünfte des Umwandlungsjahres sowie ein sog. Zinsvortrag i.S.d. § 4h EStG gehen nach § 12 Abs. 3 i.V.m. § 4 Abs. 2 S. 2 UmwStG n.F. weder bei grenzüberschreitenden innergemeinschatlichen noch bei innerstaatlichen Verschmelzungen auf die übernehmende Körperschaft über.[1555] Somit besteht weder bei der Herein[1556]- noch bei der Herausverschmelzung die Möglichkeit, Verlustvorträge zu importieren bzw. zu exportieren. Solche Verluste der übertragenden Körperschaft können daher nur noch genutzt werden, indem durch den Ansatz der Wirtschaftsgüter zum gemeinen Wert oder ggf. zu einem Zwischenwert ein Übertragungsgewinn entsteht, der auf Ebene der übertragenden deutschen Körperschaft mit den dort vorhandenen (laufenden oder vorgetragenen) Verlusten verrechnet werden kann. Dabei ist allerdings die sog. Mindestbesteuerung[1557] nach § 10d Abs. 2 EStG zu beachten,

---

1552 § 175 Abs. 1 Nr. 2 AO bspw. aufgrund einer steuerlichen Außenprüfung; Wisniewski in Haritz/Menner, § 12 UmwStG, Rn. 21 m.w.N.; Widmann in Widmann/Mayer, § 12 UmwStG, Rz. 7.

1553 Vgl. Schmitt in Schmitt/Hörtnagl/Stratz, § 12 UmwStG, Rn. 11 m.w.N.

1554 Z.B i.S.v. § 15a Abs. 4 EStG.

1555 Ebenso Rödder in Rödder/Herlinghaus/van Lishaut § 12 UmwStG, Rz. 104. Nach § 12 Abs. 3 S. 2 UmwStG a.F. war eine Verlustübertragung auf die übernehmende Körperschaft möglich. Verluste der deutschen übertragenden Gesellschaft können im Falle der Verschmelzung v. Übernehmer nicht mehr genutzt werden. Der Wegfall der Verlustübertragung gilt erstmals bei Verschmelzungen, die nach der Verkündung des SEStEG, somit seit dem 12.12.2006, zur Eintragung in das Handelsregister angemeldet wurden; vgl. Schaflitz/Widmayer in Das SEStEG, S. 133;.

1556 Bei der Hereinverschmelzung bestimmt sich das nach spanischem Rech siehe Abschnitt Rechtslage in Spanien

1557 Nur ein Sockelbetrag von 1 Millionen EUR kann voll mit einem vorhandenen Verlustvortrag verrechnet werden. Der über 1 Mio. Eur hinausgehende Gewinn kann nur zu 60% mit dem Verlustvortrag verrechnet werden, sodass 40 % zu einer Steuerbelastung führen.

so dass ein Verlustvortrag ggf. nur unter Inkaufnahme von Steuerzahlungen im Zeitpunkt der Verschmelzung genutzt werden kann.

5.2.5.5 Herausverschmelzung

Bei einer Herausverschmelzung aus deutscher Sicht wird die übernehmende bzw. neuzugründende spanische Körperschaft mit der inländischen Betriebsstätte in Deutschland beschränkt steuerpflichtig.[1558] § 12 UmwStG findet auf Ebene der übernehmenden Körperschaft Anwendung. Da aber im Falle der Herausverschmelzung aus deutscher Sicht die Übernehmerin eine spanische Körperschaft ist, greift bei der übernehmenden spanischen Körperschaft Art. 85 TRLIS, das Pendant zum deutschen § 12 UmwStG.[1559]

5.2.5.6 Hereinverschmelzung

Bei der Hereinverschmelzung ist die übertragende Körperschaft eine in Spanien ansässige Körperschaft. Die übernehmende Körperschaft ist hingegen eine in Deutschland ansässige Körperschaft. Die deutsche Übernehmerin hat die Wertansätze der spanischen übertragenden Körperschaft hinsichtlich der auf sie übergegangenen Wirtschaftsgüter der in Spanien verbleibenden Betriebsstätte zu übernehmen.[1560]

Die steuerlichen Rechtsfolgen im Fall der Hereinverschmelzung aus deutscher Sicht auf Ebene der übertragenden Körperschaft bestimmen sich ausschließlich nach Maßgabe des spanischen Steuerrechts. Die spanischen übertragenden Körperschaften prüfen nach Art. 84 TRLIS, ob die übergehenden Wirtschaftsgüter einheitlich[1561] entweder mit dem Buchwert oder einem höheren Wert (Zwischenwert), höchstens dem gemeinen Wert, angesetzt werden. Ein etwaiger Übertragungsgewinn unterliegt grundsätzlich nicht der deutschen Besteuerung. Der Übertragungsgewinn ist jedoch der deutschen Besteuerung zu unterwerfen, soweit er auf eine in Deutschland belegene Betriebsstätte der spa-

1558 § 49 Abs. 1 Nr. 2 Buchst. a) EStG i.V.m. § 2 Nr. 1 KStG; Dötsch in Dötsch/Patt/Pung/Möhlenbrock, § 11 UmwStG (SEStG), Tz. 61a.

1559 Zur steuerlichen Behandlung auf Ebene der spanischen übernehmenden Körperschaft siehe Abschnitt Rechtslage in Spanien

1560 Vgl. § 12 Abs. 1 S. 1 UmwStG; Schaumburg/Schumacher in Lutter, Anh. 1 nach § 1221 UmwG, Rn. 93.

1561 Nach deutschem Recht müssen die übergehenden Wirtschaftsgüter einheitlich entweder mit dem Buchwert oder Zwischenwert oder dem gemeinen Wert angesetzt werden. Nach spanischem Recht ist jedoch einen partiellern Ansatz zulässig.

nischen Körperschaft entfällt.[1562]Durch die im Entwurf des UmwSt-Erlasses enthaltene Formulierung *„(...) auch bei einer grenzüberschreitenden Verschmelzung muss eine ausländische Überträgerin unter Zugrundelegung des deutschen Steuerrechts aufgestellte Schlussbilanz i.S.d. § 11 UmwStG auf den Übertragungsstichtag einreichen (...)“ „beansprucht“* die Finanzverwaltung, dass § 11 UmwStG nicht nur in Deutschland, sondern europaweit Anwendung findet. Es ist allerdings klar, dass § 11 UmwStG nicht für alle ausländische Überträgerinnen gelten kann. Dass eine spanische Körperschaft für deutsche steuerliche Zwecke eine Übertragungsbilanz i.S.d. § 11 UmwStG aufzustellen hätte,[1563] kann insoweit Anwendung finden, falls die spanische Übertragerin eine Betriebsstätte im Inland hat. Die spanische Schlussbilanz wird aufgrund von unterschiedliche Bilanzierungs- und Bewertungsmethoden regelmäßig nach der Überleitung von der nach § 11 UmwStG aufgestellte Schlussbilanz abweichen. Auch die ansonsten geforderte strenge Wertverknüpfung würde damit aufgehoben. Die Regelung sollte daher lediglich für deutsche Körperschaften Anwendung finden, da sogar dem deutschen Gesetzgeber die Kompetenz fehlen würde – der Finanzverwaltung erst recht -, eine Regelung zu verabschieden, die für ausländische Gesellschaften gilt.

Die Übertragungsbilanz ist bei dem Finanzamt abzugeben, das zuvor für die Besteuerung der inländischen Betriebsstätte zuständig war.[1564]

Obwohl aus deutscher Sicht die Übernahme der Buchwerte aus der Schlussbilanz der übertragenden spanischen Gesellschaft gesetzlich nicht geregelt ist und die Wertansätze dieser spanischen Schlussbilanz nicht den deutschen GoB und den Vorschriften des HGB entsprechen sollten, wird im Schrifttum die Anschaffungskostenfiktion (als Wahlrecht) des § 24 UmwG als zulässig erachtet. Das bedeutet, dass für die steuerliche Wertansätze bei der übernehmenden deutschen Gesellschaft die allgemeinen (mit den handelsrechtlichen Grundsätzen identischen) Regeln über Anschaffungskosten bei Sacheinlagen gelten mit der Folge, dass die Wertansätze einer handelsrechtlichen Schlussbilanz analog § 24 UmwG als steuerliche Übernahmewerte anzusetzen wären.[1565]

Für die in Spanien befindlichen Wirtschaftsgüter der übertragenden Körperschaft gilt das Wertansatzwahlrecht gem. Art. 84 TRLIS.[1566] § 11 UmwStG steht

1562 Vgl. Dötsch in Dötsch/Patt/Pung/Möhlenbrock § 11 UmwStG (SEStG), Tz. 61a; Schießl in Widmann/Mayer, § 12 UmwStG, Rz. 50.39.

1563 BStBl. II 1998, 268 (Entwurf des neuen UmwSt-Erlasses, Stand 10.12.2009), Tz. 11.01.

1564 Ebenso Schießl in Widmann/Mayer, § 12 UmwStG, Rz. 50.39.

1565 WP Handbuch 2008, Rz. 156 ff.

1566 Zur steuerlichen Behandlung nach spanischem Recht siehe Abschnitt Rechtslage in Deutschland

dem nicht entgegen, da dieser das entsprechende deutsche Pendant zur spanischen Regelung darstellt.Stimmen in der Literatur vertreten die Meinung, dass diese Wirtschaftsgüter zwingend nach § 4 Abs. 1 Satz 7, § 6 Abs. 1 Nr. 5 Buchst. a) EStG mit dem gemeinen Wert anzusetzen seien.[1567] Diesen Stimmen ist nicht zu folgen.[1568] Da die Hereinverschmelzung aus deutscher Sicht/Herausverschmelzung aus spanischer Sicht auf Ebene der spanischen übertragenden Körperschaft nach spanischem Steuerrecht zu würdigen ist, richtet sich der Wertansatz nach spanischem Recht.[1569] Auf Ebene der spanischen übertragenden Körperschaft ist nach Art. 84 TRLIS zu prüfen, mit welchem Wert die übertragenden Wirtschaftsgüter angesetzt werden. Sind die Voraussetzungen erfüllt, dass die übertragende Körperschaft die Wirtschaftsgüter mit den Buchwerten *„valor contable"* ansetzt, weil die fraglichen Wirtschaftsgüter in Spanien steuerverhaftet bleiben und das spanische Besteuerungsrecht nicht verloren geht, so hat die deutsche übernehmende Körperschaft diese Werte zu übernehmen.[1570] Wären jedoch die Wirtschaftsgüter stets mit dem gemeinen Wert anzusetzen, wie teilweise vertreten wird,[1571] so käme es stets zur Aufdeckung der stillen Reserven. Die Konsequenz wäre, dass eine Hereinverschmelzung nicht steuerneutral durchführbar wäre.

Ferner gibt es, wie *Schießel* richtigerweise feststellt, für die Anwendung des § 4 Abs. 1 Satz 7 i.V.m. § 6 Abs. 1 Nr. 5 Buchst. a) EStG weder im Gesetzeswortlaut noch in der Gesetzesbegründung des § 11 UmwStG eine Grundlage. Des Weiteren würde der zwingende Ansatz der gemeinen Werte bei einer Hereinverschmelzung gegenüber einer rein innerstaatlichen Verschmelzung, bei der ein Wertansatzwahlrecht besteht, eine Diskriminierung darstellen. Die übertragende EU-/EWR-Körperschaft wäre schlechter gestellt als eine inländische Körperschaft.[1572]

Lediglich in den Fällen, in denen durch den Verschmelzungssvorgang das deutsche Besteuerungsrecht erstmals begründet wird, z.B. weil Wirtschaftsgüter wie Beteiligungen oder Geschäfts- und Firmenwerte nicht mehr der ausländischen Betriebsstätte, sondern dem inländischen Stammhaus zuzuordnen sind,

---

1567 Vgl. Hagemann/Jakob/Ropohl/Viebrock, NWB-Sonderheft 1/2007, 32; Patt in Dötsch/Jost/Pung/Witt, § 20 UmwStG (SEStG), Tz. 228; Ley FR 2007, 109 (112).

1568 Ebenso Schießl in Widmann/Mayer, § 11 UmwStG, Rz. 50.43.

1569 Zur steuerlichen Behandlung nach spanischem Recht siehe Abschnitt Rechtslage in Deutschland

1570 § 12 Abs. 1 Satz 1 UmwStG; Schießl in Widmann/Mayer, § 11 UmwStG, Rz. 50.43.

1571 Vgl. Hagemann/Jakob/Ropohl/Viebrock, NWB-Sonderheft 1/2007, 32; Patt in Dötsch/Jost/Pung/Witt, § 20 UmwStG, Rz. 228; Ley, FR 2007, 109 (112); a.A. zutreffend Schießl in Widmann/Mayer, § 11 UmwStG, Rz. 50.43.

1572 § 12 Abs. 1 Satz 1 UmwStG; Schießl in Widmann/Mayer, § 11 UmwStG, Rz. 50.43.

kommt § 6 Abs. 1 Nr. 5 EStG zur Anwendung. Die Wirtschaftsgüter der spanischen übertragenden Körperschaft müssen mit dem gemeinen Wert angesetzt und die ggf. vorhandenen stillen Reserven aufgedeckt werden. Dies erscheint konsequent, da Spanien im vorliegenden Fall regelmäßig das Besteuerungsrecht an den übertragenen Wirtschaftsgütern verliert und ein Besteuerungsrecht in Deutschland begründet wird. Die deutsche übernehmende Körperschaft hat die Wertansätze der spanischen Überträgerin zu übernehmen.[1573]

5.2.5.7 Beteiligungskorrekturgewinn

Die Regelung zur Rückgängigmachung früherer steuerwirksamer Teilwertabschreibungen auf Anteile der übernehmenden an der übertragenden Körperschaft in Fällen des „*Up-Stream-Merger*" ist in § 12 Abs. 1 Satz 2 UmwStG zu finden.[1574] Dies erfolgt durch den Verweis auf § 4 Abs. 1 Satz 2 und Satz 3 UmwStG. Für den Fall des „*Down-Stream-Merger*" enthält § 11 Abs. 2 Satz 2 eine entsprechende Regelung.[1575] Die Zuschreibung ist nunmehr auf den gemeinen Wert der Beteiligung begrenzt;[1576] eine den gemeinen Wert übersteigende Zuschreibung bis zur Höhe der ursprünglichen Anschaffungskosten ist nicht zulässig.[1577]

Außerdem sind nun durch die Ausdehnung des SEStEG ausdrücklich auch steuerwirksame Abzüge nach § 6b EStG und „ähnliche Abzüge" rückgängig zu machen.[1578]

5.2.6 Steuerliche Folgen auf Gesellschafterebene

§ 12 UmwStG ist die maßgebliche Vorschrift, die fast alle[1579] Regelungen der steuerlichen Behandlung einer Verschmelzung auf der Ebene der übernehmenden Körperschaft enthält.[1580] Ziel der Vorschrift ist es, im Grundsatz sicherzustel-

---

1573 § 12 Abs. 1 Satz 1 UmwStG; (strenge Wertverknüpfung) ebenso Schaumburg/Schumacher in Lutter, Anh. 1 nach § 1221 UmwG, Rn. 83; Schießl in Widmann/Mayer, § 11 UmwStG, Rz. 50.43.

1574 Bis zum SEStEG war die Regelung in § 12 Abs. 2 Satz 2 UmwStG enthalten.

1575 Vgl. Dötsch in Dötsch/Patt/Pung/Möhlenbrock, § 12 UmwStG (SEStG), Tz. 9.

1576 Im Unterschied zu § 12 Abs. 2 UmwStG a.F.

1577 Vgl. Dötsch in Dötsch/Patt/Pung/Möhlenbrock, § 12 UmwStG (SEStG), Tz. 9.

1578 Vgl. Dötsch in Dötsch/Patt/Pung/Möhlenbrock, § 12 UmwStG (SEStG), Tz. 9.

1579 § 29 Abs. 1 KStG regelt die Auswirkungen der Verschmelzung auf das steuerliche Einlagekonto der übernehmenden Körperschaft sowie § 40 Abs. 1, 3 KStG die Auswirkungen auf Körperschaftsteuerguthaben nach § 37 KStG und Körperschaftsteuererhöhungen nach § 38 KStG.

1580 Vgl. Schmitt in Schmitt/Hörtnagl/Stratz, § 13 UmwStG, Rn. 1.

len, dass die in den Anteilen gebundenen stillen Reserven auch im Falle eines verschmelzungsbedingten Anteilstausches einer Besteuerung in Deutschland zugeführt werden können, soweit in Deutschland ein Besteuerungsrecht an den stillen Reserven in den Anteilen an der übertragenden Körperschaft besteht.

5.2.6.1 Grundsatz: Anteilstausch /Doppelfiktion Anteilsveräußerung und Anschaffung zum gemeinen Wert

Die Gesellschafter der übertragenden Körperschaft erhalten an Stelle der untergehenden Anteile an der übertragenden Körperschaft nunmehr Anteile an der übernehmenden bzw. neu zu gründenden Körperschaft. Dieser Anteiltausch wird grundsätzlich wie eine Veräußerung bzw. Anschaffung versteuert. Die untergehenden Anteile an der übertragenden Körperschaft gelten grundsätzlich als zum gemeinen Wert veräußert. Ein evtl. Veräußerungsgewinn, der sich aus der Differenz zwischen Buchwert und gemeinen Wert ergibt, ist steuerpflichtig. Die für diesen Anteiltausch an der neuzugründenden bzw. übernehmenden Körperschaft erhaltenen Anteile gelten entsprechend als zum gemeinen Wert angeschafft.[1581]

Die (fingierte) Veräußerung/Anschaffung der Geschäftsanteile hat mit der zivilrechtlichen Wirksamkeit der grenzüberschreitenden innergemeinschaftlichen Verschmelzung zu erfolgen,[1582] was bedeutet, dass die Rückwirkungsfiktion des § 2 Abs. 1 UmwStG insoweit nicht greift.[1583]

5.2.6.2 Sonderfall: Auf Antrag Buchwertansatz

Wird das Besteuerungsrecht durch die Verschmelzung nicht ausgeschlossen oder beschränkt, so kann der Gesellschafter einen Antrag auf Fortführung der Buchwerte oder der Anschaffungskosten stellen. Die in den Anteilen an der untergehenden Körperschaft vorhandenen stillen Reserven gehen in diesem Fall auf die durch den Anteilstausch ersatzweise erhaltenen Anteile an der übernehmenden Körperschaft über.[1584]

Bei der Herausverschmelzung aus deutscher Sicht kommt es für die Anwendbarkeit des § 13 Abs. 2 Satz 1 Nr. 1 UmwStG zunächst darauf an, ob der Gesellschafter in Deutschland unbeschränkt einkommensteuerpflichtigist und i.S.d. Art. 4 DBA Deutschland-Spanien als ansässig gilt. Die Besteuerung des

---

1581 § 13 Abs. 1 UmwStG; hierzu Schaflitz/Widmayer in Das SEStEG, S. 134; Schaumburg/Schumacher in Lutter Anh.1 nach § 122l UmwG Rn. 109.

1582 § 20 Abs.1 Nr. 3 UmwG; Schaumburg/Schumacher in Lutter Anh.1 nach § 122l UmwG, Rn. 109.

1583 Vgl. Schaumburg/Schumacher in Lutter Anh.1 nach § 122l UmwG, Rn. 109.

1584 § 13 Abs. 2 Satz 1 Nr. 1 UmwStG.

evtl. Gewinns aus der Veräußerung der Anteile wird grundsätzlich[1585] nicht eingeschränkt, da Art. 13 Abs. 6 DBA Deutschland-Spanien[1586] das Besteuerungsrecht dem Wohnsitzstaat des in Deutschland ansässigen Gesellschafters zuordnet.[1587]

Sind sämtliche Voraussetzungen kumulativ erfüllt, so greift die Ausnahmeregelung des §13 Abs. 2 Satz 1 Nr. 1 UmwStG stets dann ein, wenn der Bundesrepublik Deutschland auf Grund einer dem Art. 13 Abs. 2, Abs. 4 und Abs. 5 OECD-MA entsprechenden Regelung das Besteuerungsrecht hinsichtlich der Gewinne aus den Anteilen an der übernehmenden Körperschaft zusteht.[1588] Art. 13 Abs. 6 des DBA Deutschland-Spanien hat die o.g. Regelung des OECD-MA zur Zuweisung des Besteuerungsrecht für Gewinne aus der Veräußerung von Anteilen an Kapitalgesellschaften übernommen,[1589] mit der Folge, dass das Besteuerungsrecht an den Anteilen nur Deutschland als dem Ansässigkeitsstaat des Gesellschafters zusteht. Da das Besteuerungsrecht Deutschlands damit weder ausgeschlossen noch beschränkt wird, kann der Gesellschafter von der Antragsmöglichkeit des § 13 Abs. 2 Satz 1 Nr. 1 UmwStG Gebrauch machen.

Der Antrag ist von dem Gesellschafter im Rahmen seiner Steuererklärung für den Veranlagungszeitraum bei seinem zuständigen Finanzamt, in dem der Anteilsaustausch erfolgt, zu stellen.

Bei der Hereinverschmelzung gilt entsprechendes für die Gesellschafter, die in Deutschland unbeschränkt einkommensteuerpflichtigund i.S.d. Art. 4DBA Deutschland-Spanien ansässig sind, da die Besteuerung des Gewinns aus der Veräußerung der Anteile nicht eingeschränkt wird. Das deutsche Besteuerungsrecht besteht nach Art. 13 Abs. 6 DBA Deutschland-Spanien[1590] auch an den Geschäftsanteilen an einer deutschen übernehmenden bzw. hervorgehenden Körperschaft uneingeschränkt fort.[1591]

1585 Siehe Ausnahme bspw. nach Art. 13. Abs. 2 DBA Spanien. Hiernach werden Gewinne, die eine bspw. in Deutschland ansässige Person aus der Veräußerung von Anteilen an einer Gesellschaft erzielt, deren Aktivvermögen zu mindestens zu 50% unmittelbar oder mittelbar unbeweglichem Vermögen bestehet, das in Spanien liegt, in Spanien versteuert.

1586 Im Einklang mit Art. 13. Abs. 4 OECD-MA.

1587 Vgl. Dötsch in Dötsch/Patt/Pung/Möhlenbrock, § 13 UmwStG (SEStEG), Tz. 23.

1588 Vgl. BR-Drucks. 542/06 v. 11. 8. 2006, Begr. zu Art. 6, § 13 Abs. 2 UmwStG.

1589 Vgl. die Übersicht bei Vogel Art. 13 Anm. 18, 38, 57 j, 74.

1590 Im Einklang mit Art. 13. Abs. 4 OECD-MA.

1591 Vgl. Dötsch in Dötsch/Patt/Pung/Möhlenbrock, § 13 UmWStG (SEStEG), Tz. 23.

5.2.6.3 Fälle des Art. 8 FRL 90/434

Auch wenn die Voraussetzungen des § 13 Abs 2 Satz 1 Nr. 1 UmwStG nicht erfüllt sind, erfolgt der Anteilaustausch nicht zwingend zum gemeinen Wert.[1592] Nach § 13 Abs. 2 Satz 1 Nr. 2 UmwStG wird den Gesellschaftern der übertragenden Körperschaft ein Wertansatzwahlrecht eingeräumt, dass – trotz der Beschränkung oder des Ausschlusses des deutschen Besteuerungsrechts, weil nach der Verschmelzung das DBA das Besteuerungsrecht der Gewinne aus der Anteilsveräußerung nicht dem Wohnsitsstaat des Gesellschaters sondern dem Ansässigkeitsstaat der Körperschaft zurordent – auf Antrag der Buchwert der Anteile an der übertragenden Körperschaft angesetzt werden kann, wenn die EU-Staaten bei einer Verschmelzung Art. 8 FRL 90/434 anzuwenden haben.[1593] Diese Möglichkeit besteht jedoch lediglich hinsichtlich bestimmter Körperschaften i.S.d. FRL 90/434.[1594] § 13 UmwStG lässt nach seinem insoweit eindeutigen Wortlaut auf der Gesellschafterebene nicht die Wahl von Zwischenwerten zu, obwohl Art. 8 Abs. 3 FRL 90/434 diese Möglichkeit eröffnet.

1592 § 13 Abs. 2 Nr. 2 UmwStG; hierzu Trossen in Rödder/Herlinghaus/van Lishaut § 13 UmwStG, Rz. 39ff.

1593 § 13 Abs. 2 Nr. 2 UmwStG.

1594 Liste der Gesellschaften im Sinne von Art. 3 Buchst a) i.V.m. Anhang Buchst e) für Deutschland i.V.m. Buchst h) für Spanien sowie Buchst. a) für die SE.
e) die Gesellschaften deutschen Rechts mit der Bezeichnung „Aktiengesellschaft", „Kommanditgesellschaft auf Aktien", „Gesellschaft mit beschränkter Haftung", „Versicherungsverein auf Gegenseitigkeit", „Erwerbs- und Wirtschaftsgenossenschaft", „Betriebe gewerblicher Art von juristischen Personen des öffentlichen Rechts" und andere nach deutschem Recht gegründete Gesellschaften, die der deutschen Körperschaftsteuer unterliegen;
h) die Gesellschaften spanischen Rechts mit der Bezeichnung „sociedad anónima", „sociedad comanditaria por acciones" und „sociedad de responsabilidad limitada" sowie die öffentlich-rechtlichen Gesellschaften, deren Tätigkeit unter das Privatrecht fällt;.
Die gemäß der Verordnung (EG) Nr. 2157/2001 des Rates v. 8.10.2001 über das Statut der Europäischen Gesellschaft (SE) und der Richtlinie 2001/86/EG des Rates v. 8.10.2001 zur Ergänzung des Statuts der Europäischen Gesellschaft hinsichtlich der Beteiligung der Arbeitnehmer gegründeten Gesellschaften sowie die gemäß der Verordnung (EG) Nr. 1435/2003 des Rates v. 22.7.2003 über das Statut der Europäischen Genossenschaft (SCE) und der Richtlinie 2003/72/EG des Rates v. 22.7.2003 zur Ergänzung des Statuts der Europäischen Genossenschaft hinsichtlich der Beteiligung der Arbeitnehmer gegründeten Genossenschaften. neu gef. mWv 24. 3. 2005 durch RL v. 17. 2. 2005 (ABl. EU Nr. L 58 S. 19); geänd. mit Wirkung v. 1. 1. 2007 durch RL v. 20. 11. 2006 (ABl. EU Nr. L 363 S. 129).

Nach Art. 8 Abs. 6 FRL 90/434 sind die EU-Staaten dann aber nicht gehindert, den Gewinn aus einer späteren Veräußerung der verschmelzungsbedingten erhaltenen Anteile in gleicher Weise zu besteuern wie den Erlös aus einer Veräußerung der vor dem Erwerb vorhandenen Anteile.[1595] D.h. der spätere Veräußerungsgewinn wird ungeachtet einer evtl. entgegenstehenden DBA-Regelung durch Deutschland besteuert werden.[1596]

Für die Ermittlung der Einkünfte auf Ebene der Gesellschafter der übertragenden Körperschaft sind die allgemeine Grundsätze des §§ 17, 22 Nr. 2 EStG, § 21 UmwStG bzw. 4, 5 EStG. § 8b KStG, § 3 Nr. 40 EStG anzuwenden. Die Vorschriften des jeweils anwendbaren Doppelbesteuerungsabkommen (mit Ausnahme des in § 13 Abs. 2 Nr. 2 UmwStG normierten treaty-overrides) finden entsprechend Anwendung.[1597]

5.2.6.4 Fußstapfentheorie

Nach § 13 Abs. 2 Satz 2 UmwStG treten die Anteile an der übernehmenden Körperschaft steuerlich an die Stelle der Anteile der übertragenden Körperschaft an (sog. Fußstapfentheorie, Flohtheorie[1598] oder Infizierungstheorie[1599]). Die steuerlichen Merkmale der Anteile an der Überträgerin springen auf die an ihre Stelle tretenden Anteile an der Übernehmerin über.[1600]

5.2.6.5 Bare Zuzahlung und Barabfindung

Bare Zuzahlungen, die wg. des Umtauschverhältnisses an die Gesellschafter der übertragenden Gesellschaft zu leisten sind, zählen zu Gegenleistungen, die nicht in Gesellschaftsrechten bestehen. Wenn Gesellschafter im Rahmen der Verschmelzung bare Zuzahlungen oder bei Ausscheiden eine Barabfindungszahlung

---

1595 Vgl. Trossen in Rödder/Herlinghaus/van Lishaut § 13 UmwStG, Rz. 41.

1596 Dies erfolgt auf der Rechtsgrundlage des Art. 8 Abs. 6 FRL 90/434 der den Mitgliedstaaten gestattet, den Gewinn auf einer nachfolgenden Veräußerung der erworbenen Anteile in gleicher Weise zu besteuern, wie den Gewinn aus einer Veräußerung der vor dem Erwerb vorhandenen Anteile.

1597 Vgl. Widmann in Widmann/Mayer, § 13 UmwStG, Rz. 13, Rz. 224.

1598 Vgl. Trossen in Rödder/Herlinghaus/van Lishaut, § 13 UmwStG, Rz. 45; Dötsch in Dötsch/Patt/Pung/Möhlenbrock, § 13 UmwStG (SEStEG), Tz. 28.

1599 Vgl. Dötsch in Dötsch/Patt/Pung/Möhlenbrock, § 13 UmwStG (SEStEG), Tz. 27; Trossen in Rödder/Herlinghaus/van Lishaut, § 13 UmwStG, Rz. 45.

1600 Vgl. Trossen in Rödder/Herlinghaus/van Lishaut, § 13 UmwStG, Rz. 45.

erhalten, entsteht ein Veräußerungsgewinn, der nach allgemeinen Grundsätzen besteuert wird.[1601]

5.2.6.6 Anteile im Privatvermögen

Gehören die Anteile an der übertragenden Körperschaft nicht zu einem Betriebsvermögen, sondern zu einem Privatvermögen, treten nach § 13 Abs. 2 Satz 3 UmwStG an die Stelle des Buchwerts die Anschaffungskosten.[1602]

5.3 Gewerbesteuer

Die gewerbesteuerliche Behandlung einer innerstaatlichen Verschmelzung von Kapitalgesellschaften ist in § 19 UmwStG geregelt. Diese Vorschrift findet bei der grenzüberschreitenden innergemeinschaftlichen Verschmelzung entsprechende Anwendung. Zweck des § 19 UmwStG ist es, bei der Verschmelzung einer Körperschaft auf eine andere Körperschaft die Möglichkeit der Buchwertübertragung und ggf. die Sicherstellung der Erfassung der stillen Reserven für die Gewerbesteuer zu gewährleisten. Gem. § 19 Abs. 1 UmwStG finden §§ 11 bis 15 UmwStG auch für die Ermittlung des Gewerbeertrags sowohl der übertragenden als auch der übernehmenden Kapitalgesellschaft sowie u.U. des Gesellschafters der übertragenden Körperschaft Anwendung.[1603]

Auf Ebene der übertragenden Körperschaft unterliegt ein evtl. vorhandener Verschmelzungsgewinn gem. § 19 Abs. 1 i.V.m. § 11 UmwStG der Gewerbesteuer. Ein evtl. Übertragungsgewinn entsteht zum steuerlichen Übertragungsstichtag. Die Gewerbesteuerschuld, die bei der übertragenden Körperschaft entsteht, geht eine logische Sekunde nach dem Übertragungsstichtag im Wege der Gesamtrechtsnachfolge auf die übernehmende Körperschaft über.

Auf Ebene der übernehmenden Kapitalgesellschaft gilt:

- die übernehmende Körperschaft muss nach § 19 Abs. 1 i.V.m. § 12 Abs. 1 Satz 2 UmwStG für gewerbesteuerliche Zwecke die Schlussbilanzwerte der

---

1601 Vgl. Dötsch in Dötsch/Patt/Pung/Möhlenbrock, § 13 UmwStG (SEStEG), Tz. 27; Dötsch in Dötsch/Patt/Pung/Möhlenbrock, § 11 UmwStG (SEStEG), Tz. 36; Trossen in Rödder/Herlinghaus/van Lishaut, § 13 UmwStG, Rz. 11. Nach UmwG dürfen bare Zuzahlungen bei einer Verschmelzung grundsätzlich 10% des Gesamtbetrags der gewährten Anteile an der Übernehmerin nicht übersteigen; hierzu siehe Absch. 4.6.3.4.5.

1602 Vgl. Dötsch in Dötsch/Patt/Pung/Möhlenbrock, § 13 UmwStG (SEStEG), Tz. 31, Trossen in Rödder/Herlinghaus/van Lishaut, § 13 UmwStG, Rz. 50.

1603 § 19 Abs. 1 UmwStG.

übertragenden Gesellschaft übernehmen. Ein Beteiligungskorrekturgewinn ist der Gewerbesteuer zu unterwerfen.

- Das Übernahmeergebnis bleibt gem. § 19 Abs.1 i.V.m. § 12 Abs. 2 Satz 1 UmwStG bei der Ermittlung des Gewerbeertrags außer Ansatz.
- Ein evtl. Übernahmefolgegewinn ist gem. § 19 Abs. 1 i.V.m. § 12 Abs. 4 UmwStG gewerbesteuerpflichtig. Die sog. Konfusionsrücklage reduziert gem. § 19 Abs. 1 i.V.m. § 12 Abs. 4 UmwStG den Gewerbeertrag.
- Ein evtl. vorhandener gewerbesteuerlicher Verlustvortrag i.S.d. § 10a GewStG der übertragenden Körperschaft geht gem. § 19 Abs. 2 i.V.m. § 12 Abs. 3 i.V.m. § 4 Abs. 2 Satz 2 UmwStG auf die übernehmende bzw. neu zu gründende Körperschaft nicht (mehr) über.[1604]

5.4 Indirekte Steuern

5.4.1 Umsatzsteuer

Damit die Verschmelzung umsatzsteuerlich relevant ist, müssen die beteiligten Gesellschaften Unternehmer i.S.d. § 2 Abs 1 UStG sein. Die übertragende Körperschaft ist i.d.R. Unternehmer i.S.d. § 2 Abs. 1 UStG und die durch die Verschmelzung zu übertragenden Wirtschaftsgüter gehören zu seinem umsatzsteuerlichen Unternehmensvermögen. Andernfalls ist der Vorgang aus umsatzsteuerlicher Sicht von vornherein irrelevant.[1605] Da mit der Eintragung der Verschmelzung in das Handelsregister des Sitzes der übernehmenden Körperschaft alle Vermögensgegenstände im Wege der Gesamtrechtsnachfolge nach § 20 Abs. 1 Nr. 1 UmwG auf die übernehmende bzw. neuzugründende Körperschaft übergehen und die übertragende Körperschaft erlischt (§ 20 Abs. 1 Nr. 2 UmwG), liegt umsatzsteuerlich eine Geschäftsveräußerung in Ganze (durch den Übergang des Gesamtvermögens der übertragenden auf die übernehmende bzw. neuzugründende Körperschaft) vor.

Die grenzüberschreitende innergemeinschaftliche Verschmelzung einer Körperschaft auf eine andere Körperschaft stellt somit aus umsatzsteuerlicher Sicht eine nicht steuerbare Geschäftsveräußerung im Ganzen i.S.d. § 1 Abs. 1a UStG dar.[1606]

1604 § 19 Abs. 2 UmwStG.

1605 Ebenso Rasche in Rödder/Herlinghaus/van Lishaut, Anh. 9 UmwStG, Rz. 9.

1606 Vgl. Rasche in Rödder/Herlinghaus/van Lishaut, Anh. 9 UmwStG, Rz. 10 und 11 m.w.N

Da die steuerliche Rückwirkung für die USt nicht gilt, erlischt die USt-Pflicht der übertragenden Kapitalgesellschaft nach § 16 Abs. 3 i.V.m. Abs. 1 Satz 2 UStG erst mit der Eintragung der Verschmelzung in das Handelsregister (§ 20 Abs. 1 Nr. 2 UmwG). Bis zu diesem Datum sind daher USt-Voranmeldungen abzugeben.[1607]

5.4.2 Grunderwerbsteuer

Befindet sich im Vermögen der übertragenden Kapitalgesellschaft auch deutsches Grundvermögen i.S.d. § 2 GrEStG, welches aufgrund der grenzüberschreitenden innergemeinschaftlichen Verschmelzung auf die übernehmende Kapitalgesellschaft übergeht, so fällt gem. § 1 Abs. 1 Nr. 3 GrEStG insoweit Grunderwerbsteuer an. Wenn die übertragende Kapitalgesellschaft auf ihre (100%ige) Muttergesellschaft verschmolzen wird, unterliegt dieser Vorgang nach § 1 Abs. 1 Nr. 3 GrEStG ebenfalls der Grunderwerbsteuer.[1608]

Bemessungsgrundlage ist gem. § 8 Abs. 2 Satz 1 Nr. 2 GrEStG der im Wege der Bedarfsbewertung ermittelte Grundbesitzwert i.S.v. § 138 Abs. 2 oder 3 BewG. Gem. Tz 04.43 UmwSt-Erlass[1609] ist die GrESt bei Verschmelzungsfällen sofort abzugsfähig.

5.5 Rechtslage in Spanien

5.5.1 Rechtsquellen des spanischen Steuerrechts

In Spanien sind die gesamten steuerlichen Regelungen auf eine Vielzahl von Einzelgesetzen verteilt.

Die steuerliche Behandlung einer grenzüberschreitenden innergemeinschaftlichen Verschmelzung wird in Spanien u.a. durch die folgenden Gesetze geregelt:

1607 Vgl. Rasche in Rödder/Herlinghaus/van Lishaut, Anh. 9 UmwStG, Rz. 13 m.w.N

1608 Vgl. FG München v. 16.2.200 – 4 K 1695/97, EFG; hierzu Rasche in Rödder/Herlinghaus/van Lishaut, Anh. 8 UmwStG, Rz. 10 m.w.N

1609 BStBl. II 1998, 268 in der aktuellen Fassung.

- das spanische Körperschaftsteuergesetz *(„Ley del Impuesto sobre Sociedades“*[1610]*/*LIS*),* das durch das königliche Gesetzesdekret 4/2004[1611]*(„Texto Refundido de Ley del Impuesto sobre Sociedades“/*TRLIS*)* konsolidiert wurde;
- die spanische Abgabeordnung (AO)1612(„Ley General de Tributaria“/LGT);1613
- das spanische Einkommensteuergesetz („Ley de Impuesto sobre la renta de las Personas Físicas”/LIRPF);1614
- das Gesetz zur Besteuerung des Einkommens von in Spanien beschränkt Steuerpflichtigen – in Spanien Nichtansässige („Ley de Impuesto sobre la renta de no residentes“/LIRNR).

5.5.1.1 Spanisches Umwandlungssteuergesetz

Anders als in Deutschland, wo die gesamten steuerlichen Vorschriften zur Umwandlung[1615] in einem eigenständigen Gesetz, dem Umwandlungssteuergesetz (UmwStG),[1616] zusammengefasst sind, regelt der spanische Gesetzgeber die steuerliche Behandlung von Umwandlungsvorgängen (Verschmelzung, Ab- und Aufspaltung, Einbringung und Austausch von Anteilen) in dem TRLIS. Das spanische Körperschaftsteuergesetz (TRLIS)[1617] ist durch die Durchführungsregelungen des königlichen Dekret 1777/2004[1618] (RLIS) konkretisiert.

1610 Gesetz 43/1995 v. 27.12.1995; BOE Nr. 310 v. 28.12.1995, S. 37072. Es ist zu beachten, dass in den autonomen Provinzen Baskenland und Navarra besondere Steuervorschriften gelten.

1611 Das Gesetz 43/1995; wurde durch Königliches Gesetzesdekret 4/2004 konsolidiert; Königliches Gesetzesdekret 4/2004 v. 5.3.2004; BOE v. 11.3.2004, S. 10951; zuletzt geändert durch Gesetz 35/2006 v. 28.11.2006; BOE Nr. 285 v. 26.11.2006, S. 41734.

1612 BGBl. I 2003, S. 3866, S. 61; zuletzt geändert durch Art. 13 Abs. 9 BilanzrechtsmodernisierungsG v. 25.5.2009 (BGBl. I 2009, S. 1102).

1613 Ley 58/2003 Ley General Tributaria; BOE Nr. 302 v. 18.12.2003, S. 44987 und zuletzt geändert durch Ley 36/2006 v. 29.11.2006; BOE Nr. 286 v. 30.11.2006, S. 42087.

1614 Das Königliche Gesetzesdekret 3/2004 v. 5.3.2004; BOE Nr. 60. v. 10.3.2004, S. 10670; zuletzt geändert durch Gesetz 35/2006 v. 28.11.2006; BOE Nr. 285 v. 26.11.2006, S. 41734.

1615 Im breiteren Sinne, so dass hier die Verschmelzung, Formwechsel, Sitzverlegung, Spaltung erfasst sind.

1616 A.a.O.

1617 In der aktuellen Fassung.

1618 Königliches Dekret 1777/2004 v. 30.7.2004 über die Reglementierung des spanischen Körperschaftsteuergesetzes (RIS), veröffentlicht in BOE v. 6.8.2004. Die RIS entspricht der deutschen KSt-Durchführungsverordnung (KStDV).

5.5.2 Anmerkung zum spanischen Körperschaftsteuerrechtsystem

5.5.2.1 Spanisches Körperschaftsteuergesetz / Ley de Impuesto sobre sociedades

In Spanien ist die Körperschaftsteuer, so wie in Deutschland, eine direkte Steuer. Die Körperschaftsteuer ist die Einkommensteuer von in Spanien ansässigen juristischen Personen (Gesellschaften).[1619] Dementsprechend beginnt das spanische TRLIS mit der Bestimmung der persönlichen Steuerpflicht.

Steuersubjekt bei der Körperschaftsteuer sind grundsätzlich[1620] alle juristischen Personen.[1621] Unbeschränkt körperschaftsteuerpflichtig sind insbesondere die Kapitalgesellschaften (*„Sociedad Anónima“/*SA*), „Sociedad comanditaria por acciones“/ S.Comp.A* und *„Sociedad de Responsabilidad Limitada“/*SRL*)*.

5.5.2.1.1 Historische Entwicklung

a) Körperschaftsteuersystem ab dem Jahr 1992

Seit Spanien im Jahr 1986 Mitglied der Europäischen Union wurde[1622], mussten Anpassungen an die EU-Vorschriften vorgenommen werden u.a. durch die Umsetzung verschiedener EU-Richtlinien in spanisches Recht.

Am 1.1.1992 trat das Gesetz 29/1991[1623] über Anpassung einiger nationaler steuerlicher Begriffe an die europäischen Richtlinien und Direktiven in Kraft. In diesem Gesetz waren die Vorschriften des Gesetzes 19/1989[1624] zur Teilreform und der Anpassung der nationalen Handelsgesetzgebung an Richtlinien der Europäischen Gemeinschaft auf dem Gebiet des Gesellschaftsrechts (*„Ley de reforma parcial y adaptación de la legislación mercantil a las directivas de la Comunidad Económica Europea (CEE) en materia de sociedades“)* eingeflossen.[1625] Mit dem Inkrafttreten des Gesetzes 29/1991 wurde das alte Gesetz

---

1619 Vgl. Art. 1 i.V.m. Art. 7 Abs. 1 Buchst. a) i.V.m. Art. 8 TRLIS; hierzu Stepholt/Bascopé IStR 2006, 441

1620 Obwohl die spanische GbR als eine juristische Person gilt, wird sie von dem TRLIS nicht erfasst, vgl. Art. 7 Abs. 1 Buchst a).

1621 Vgl. Art. 7 Abs. 1 Buchst. a) TRLIS; hierzu Stepholt/Bascopé IStR 2006, 441

1622 Vgl. http://www.eu-info.de/europa/EU-Staaten/5407/.

1623 Gesetz 29/1991 v. 16.12.1991; BOE Nr. 301 v. 17.12.1991 Ley de adecuación de determinados conceptos impositivos a las directivas y reglamentos de las comunidades europeas. Hierzu Benítez Castelar in Fusiones y adquisiciones de Empresas, S. 907.

1624 Gesetz 19/1989 v. 25.7.1989; BOE Nr. 178 v. 27.7.1989, S. 24085.

1625 Vgl. Benítez Castelar in Fusiones y adquisiciones de Empresas, S. 907.

76/1980[1626] zur steuerlichen Behandlung der Verschmelzung von Gesellschaften *(„Ley sobre Regimen fiscal de las Fusiones de Empresas")*außer Kraft gesetzt.[1627]

b) Umsetzung der FRL 90/434 in Spanien

Mit Inkrafttreten des Gesetzes 29/1991 am 1.1.1992[1628] wurden die Regelungen der FRL 90/434 rechtzeitig[1629] in spanisches Recht umgesetzt.[1630] Jegliche Steuervergünstigungen, die das Gesetz 76/80 für Verschmelzungen noch vorsah, wurden hiermit ersatzlos gestrichen.[1631] Ebenso wurde die bis dahin obligatorische Genehmigung durch die Finanzverwaltung für die Durchführung einer Verschmelzung nicht mehr erforderlich.[1632]

Durch das Gesetz 29/1991 wurden nicht nur die Sonderregelungen für Verschmelzungen sondern auch für Spaltungen, Einbringungen und den Austausch von Anteilen im Einklang mit der FRL 90/434/EWG grundlegend geändert.[1633]

Die neuen Prinzipien der FRL 90/434/EWG, nämlich die Steuerneutralität und das Eingriffsverbot der Finanzverwaltung, flossen in das Gesetz 29/1991 ein.[1634]

1626 Gesetz 76/1980 v. 26.12.1980 veröffentlicht im BOE Nr. 0009 v. 10.1.1981.

1627 Vgl. Memento Impuesto de Sociedades 2008, Rz. 6701.

1628 Zweite Schlussbestimmung des Gesetzes 29/1991; dieses Gesetz trat am 1.1.1992 in Kraft.

1629 Art. 32 Abs. 1 FRL 90/434.

1630 Vgl. Erwägungsgrunde des Gesetzes 29/1991; Memento Fusiones 2005/2006, Rz. 505 Präzisierung 2. Zur Umsetzung der Fusionsrichtlinie siehe Studie über die Umsetzung der Fusionsrichtlinie (direkte Besteuerung) von Ernst und Young. Die erstellte Studie bietet einen umfassenden Überblick der Umsetzung der Fusionsbesteuerungsrichtlinie (Richtlinie des Rates 90/434/EWG und ihre Änderungen) in den 27 EU-Staaten. Die Untersuchung soll der Europäischen Kommission ermöglichen, die Notwendigkeit einer weiteren EU-weiten Aktion in diesem Bereich zu prüfen. Laut Untersuchung wurde die Fusionsbesteuerungsrichtlinie von den meisten EU-Staaten richtig umgesetzt. Sie blieb aber unzureichend genutzt, weil das Gesellschaftsrecht, das grenzüberschreitende Fusionen erlaubt, in vielen Ländern erst vor kurzem in Kraft getreten ist. abrufbar unter:.
http://ec.europa.eu/taxation_customs/common/publications/studies/index_de.htm

1631 Vgl. Erwägungsgrunde des Gesetzes 29/1991.

1632 Vgl. Erwägungsgrunde des Gesetzes 29/1991; Memento Fusiones2009/2010, Rz. 505; Memento Fusiones 2005/2006, Rz. 505.

1633 Vgl. Erwägungsgrunde des Gesetzes 29/1991; hierzu Benitez Castelar in Fusiones y adquisiciones de Empresas, S. 907.

1634 Vgl. Erwägungsgrunde des Gesetzes 29/1991; Memento Fusiones 2009/2010, Rz. 505; Memento Fusiones 2005/2006, Rz. 505.

Durch die Einführung des Neutralitätsgrundsatzes der FRL 90/434/EWG darf keine zusätzliche Steuerlast zum Zeitpunkt des Verschmelzungsvorgangs (neutraler Vorgang) entstehen, so dass alle anfallenden Steuern erst zu einem späteren Zeitpunkt der tatsächlichen Realisierung fällig werden (Steueraufschub) *„sog. diferimento de la tributación"*.[1635]

Ziel des Neutralitätsprinzips war es, die Durchführung einer solchen Umstrukturierung nicht zu verhindern bzw. nicht zu befördern (*„ni estímulo ni obstáculo"*), wie es durch die Gewährung der Steuerermäßigungen[1636] zuvor der Fall war.[1637]

c) Weiterentwicklung ab dem 1.1. 1996

Am 1.1.1996 trat das LIS in Kraft, das zugleich das Gesetz 29/1991 außer Kraft setzte. Das aus dem Jahre 1995 stammende LIS enthielt in Titel VII Kapitel VIII die als Sonderregelungen zu Verschmelzung, Spaltungen, Einbringung von Unternehmensteilen und den Austausch von Anteilen *„Régimen especial de las fusiones, escisiones, aportaciones de activos y canje de valores"* bezeichneten Regelungen zur Umwandlung.[1638] Die ab 1995 erfolgten diversen Gesetzesänderungen sind in die Konsolidierung[1639] dieses Körperschaftsteuergesetzes eingeflossen *sog.* TRLIS *„Texto Refundido de la Ley de Sobre Impuesto de Sociedades"*.[1640]Durch das Gesetz 25/2006[1641] wurde nun im Jahre 2006 das TRLIS geändert. Die o.g. Bezeichnung wurde mit Sonderregelungen zu Verschmelzung, Spaltungen, Einbringung von Unternehmensteilen und den Austausch von Anteilen, die Gesellschaften verschiedener EU-Staaten sowie der Sitzverlegung einer SE oder einer EWIR *„Régimen especial de las fusiones, escisiones, apor-*

1635 Vgl. Memento Fusiones2009/2010, Rz. 505; Memento Fusiones 2005/2006, Rz. 505, Präzisierung 2; Benítez Castelar in Fusiones y adquisiciones de Empresas, S. 907ff.

1636 Das alte Gesetz 76/80 gewährte Steuerbefreiungen unter Bestimmte Voraussetzungen von sogar 99% bei der Gewinnrealisierung im Rahmen einer Verschmelzung, hierzu Memento Fusiones 2005/2006, Rz. 505 Präzisierung 1; Benitez Castelar in Fusiones y adquisiciones de Empresas, S. 908.

1637 Vgl. Erwägungsgrunde des Gesetzes 29/1991; Memento Fusiones 2009/2010, Rz. 506.

1638 Hierzu Memento Impuesto sobre Sociedades 2008, Rz. 6702.

1639 Königliches Gesetzesdekret 4/2004 v. 5.3.2004 über die Neufassung des Körperschaftsteuergesetzes, im spanischen Bundesgesetzblatt v. 11.3.2004 und 25.3.2004 veröffentlicht (Real Decreto Legislativo 4/2004 que aprueba el Texto refundido de la Ley del Impuesto sobre Sociedades; "Boletín Oficial del Estado" 11.3.2004 corrección de 25.3.2004)

1640 Hierzu Stepholt/Bascopé IStR 2006, 441 m.w.N; Ferreiro Lapatza/ Sartorio Albalat in Derecho Tributario Parte Especial / Impuesto sobre Sociedades, Aufl. 2004, S. 31.

1641 Gesetz 25/2006 v. 17.7.2006; BOE Nr. 170 v. 18.7.2006, S. 26950.

taciones de activos, canje de valores y cambio de domicilio social de una Sociedad Europea o una Sociedad Cooperativa Europea de un Estado miembro a otro de la Unión Europea" überschrieben. Diese Sonderregelungen sind nun in Kapitel VIII des Titel VII TRLIS enthalten.[1642]

5.5.2.1.2 Grundsätze spanischer Besteuerung

a) Unbeschränkte Steuerpflicht

In Spanien besteht eine unbeschränkte Steuerpflicht für alle Gesellschaften, die nach spanischem Recht gegründet wurden oder deren satzungsmäßiger Sitz oder der Ort deren Geschäftsleitung in Spanien befindet.[1643] Ansässige Gesellschaften unterliegen der Körperschaftsteuer mit ihrem weltweiten Einkommen.[1644]

Lässt sich der Ort der Geschäftsleitung nicht eindeutig bestimmen, wird das Einkommen der Gesellschaft an dem Ort besteuert, an dem sich die buchmäßig wertvollsten Vermögensgegenstände der Gesellschaft befinden.[1645]

b) Besteuerungszeitraum und -grundlagen

Der Besteuerungszeitraum entspricht dem Geschäftsjahr der Gesellschaft, darf aber ein Kalenderjahr (12 Monate) nicht überschreiten.[1646] Das Wirtschaftsjahr kann dem Kalenderjahr entsprechen, dies ist jedoch nicht zwingend erforderlich.[1647]

5.5.2.1.3 Maßgeblichkeitsprinzip / Bemessungsgrundlage

Ausgangspunkt für die Ermittlung des steuerpflichtigen Einkommens ist die Handelsbilanz.[1648]

Die Erstellung der Handelsbilanz richtet sich grundsätzlich nach den Regelungen des sog. *„Plan General de contabilidad"*.[1649] Nach Art. 10 Nr. 3 TRLIS gilt in Spanien das Maßgeblichkeitsprinzip. Abweichungen von der Handelsbilanz sind jedoch zulässig, sofern diese ausdrücklich in TRLIS geregelt sind.

1642 Gesetz 25/2006 v. 17.7.2006; BOE v. 18.7.2006, S. 26950.

1643 Vgl. Art. 8 TRLIS; Stepholt/Bascopé IStR 2006, 441.

1644 Vgl. Art. 4 Abs.1 TRLIS (unter zusätzlicher Beachtung von DBA).

1645 Vgl. Art. 8 Abs. 4 Satz 2 TRLIS

1646 Art. 26 TRLIS hierzu Memento Impuesto sobre Sociedades 2010.

1647 Hierzu Stepholt/Bascopé IStR 2006, 441; Memento Impuesto sobre Sociedades 2010, Rz. 232.

1648 Art. 10 TRLIS.

1649 Der sog. PGC 2008 ist am 1.1.2008 in kraftgetreten und in BOE von 20.11.2008 veröffentlicht.

5.5.2.1.4 Körperschaftsteuersätze

Die spanische Regierung hat ihre Pläne zur graduellen Senkung des allgemeinen Körperschaftsteuersatzes von 35% auf 30% umgesetzt.[1650] Ab dem 1.1.2007 wurde der Steuersatz in einem ersten Schritt von 35% auf 32,5%[1651] gesenkt.[1652] Seit dem 1.1.2008 beträgt der allgemeine Körperschaftsteuersatz in Spanien 30%.[1653]

Kapitalgesellschaften, deren vorangegangener Jahresumsatz[1654] 10 Mio. EUR[1655] nicht übersteigt, werden als sog. "kleine Gesellschaften[1656]" angesehen.[1657] Bei diesen "kleinen Gesellschaften" gilt für ein zu versteuerndes Einkommen von 0 € bis 300.000 EUR ein verminderter Steuersatz von 25%[1658] Einkommen, welches die Grenze von 300.000,00 EUR übersteigt, wird mit 30% besteuert.[1659]

5.5.2.1.5 Steuersubjekt

Körperschaftsteuersubjekte sind grundsätzlich nur juristische Personen mit Sitz[1660]oder Geschäftsleitung[1661] in Spanien. Zu diesen zählen vor allem die

---

1650 Vgl. Art. 28 Abs. 1 TRLIS; 35% bis zum 31.12.2006 hierzu Memento Impuesto sobre Sociedades Rz. 7742 und 80 55.

1651 Art. 28 Abs. 1 TRLIS i.V.m. 8. Schlussbestimmung L 35/2006.

1652 Hierzu Stepholt/Bascopé, IStR-LB 2006, 6.

1653 Vgl. Art. 28 Abs.1 TRLIS i.V.m 8. Schlussbestimmung L 35/2006.

1654 Importe neto de la cifra de negocios.

1655 Vgl. Art. 108 Abs. 1 TRLIS.

1656 "Sociedades de reducida dimensión" oder auch "pequenas y medianas empresas" sog. "PYMES".

1657 Vgl. Art.108 T.RLIS, zuletzt geändert durch Königliches Gesetzdekret (Real Decreto-ley) 13/2010 v. 3.12.2010; veröffentlicht im BOE v. 3.12.2010; Nr. 293, S. 101055.

1658 Vgl. Art. 114 Ab. 1 Buchst. a) i.V.m. Art. 108 TRLIS i.V.m. 8. Schlussbestimmung L 35/2006; zuletzt geändert durch Königliches Gesetzdekret (Real Decreto-ley) 13/2010 v. 3.12.2010; veröffentlicht im BOE v. 3.12.2010; Nr. 293, S. 101055.

1659 Vgl. Art. 114 Abs. 1 Buchst. b) i.V.m. Art. 108 TRLIS i.V.m. 8. Schlussbestimmung L 35/2006; zuletzt geändert durch Königliches Gesetzdekret (Real Decreto-ley) 13/2010 v. 3.12.2010; veröffentlicht im BOE v. 3.12.2010; Nr. 293, S. 101055.

1660 Nach Art. 8 TRLIS ist die Ansässigkeit in Spanien (Residencia o domicilio fiscal) gegeben, wenn eines der drei folgenden Merkmale vorhanden ist: Gründung nach spanischem Recht, Sitz oder tatsächliche Geschäftleitung in Spanien.

1661 Siehe Art. 7 i.V.m. Art. 8 Abs. 1 Buchst. c) TRLIS. Der Ort der Geschäftsleitung ist der Mittelpunkt der geschäftlichen Oberleitung. Das ist der Ort, wo die für das Unternehmen maßgeblichen Entscheidungen (dirección y control conjunto de actividades) getroffen werden. Hier kommt es ausschließlich auf die tatsächlichen Verhältnisse an, Art. 8 Abs. 2 TRLIS.

„*"SA"*[1662] *"Sociedad Anónima*", die *"SRL*".[1663]*"Sociedad de Responsabilidad Limitada*" sowie die *"SComA"*[1664] *"Sociedad Comanditaria por Acciones*", aber auch die *"Sociedades Patrimoniales"*[1665], die *"Agrupaciones de interés Económico Españolas y Europeas"*[1666]sowie die *"Uniones Temporales"*.[1667]

"Sociedades Civiles"[1668] sind – obwohl sie als rechtsfähig gelten[1669] – von der Körperschaftsteuer ausgenommen und gelten steuerlich als transparent.[1670] Regelungsgegenstand des TRLIS ist die Besteuerung des Einkommens von Steuersubjekten, die nicht natürliche Personen sind.

5.5.2.1.6 Regelungen zum Verlustvortrag / Verlustrücktrag

Analog zu den Regelungen in Deutschland ist der Abzug von Verlusten grundsätzlich nur bei der Gesellschaft möglich, bei der auch der Verlust eingetreten ist.[1671]

Der Verlustausgleich ist stets so weit durchzuführen, bis die Summe der Einkünfte Null beträgt. Soweit ein Verlustausgleich erfolglos bleibt, kann ein verbleibender Verlustbetrag erst in den folgenden Jahren abgezogen werden. Die Vorschriften zum Verlustvortrag finden sich in Art. 25 TRLIS.[1672] Hiernach ist es möglich, Verluste bis zu 15 Jahre vorzutragen.[1673]

Der Abzug eines restlichen Verlustbetrags im vorangegangenen Veranlagungszeitraum (sog. Verlustrücktrag) ist in Spanien, anders als in Deutschland, nicht vorgesehen.[1674]

1662 Spanische Aktiengesellschaft.

1663 Spanische Gesellschaft mit beschränkter Haftung; ausführlich zu gesellschafts- und steuerrechtlicher Behandlung der spanischen GmbH Bascopé/Hering, GmbHR 2005, 609.

1664 Spanische Kommanditgesellschaft auf Aktien.

1665 Vermögensgesellschaften i.S.d. Art. 61 TRLIS; hierzu: Ferreiro Lapatza/Sartorio Albalat in Derecho Tributario Parte Especial / Impuesto sobre Sociedades, S. 160 ff.

1666 Spanische und Europäische Wirtschaftliche Interessenvereinigungen, sog. EWIV.

1667 Joint Venture.

1668 Spanische Gesellschaft bürgerlichen Rechts.

1669 Siehe Art. 7 Abs. 1 Buchst. a) TRLIS.

1670 Siehe Art. 7 Abs. 1 Buchst. a) TRLIS; hierzu Ferreiro Lapatza/ Sartorio Albalat in Derecho Tributario Parte Especial / Impuesto sobre Sociedades, S. 126.

1671 Vgl. Art. 25 TRLIS.

1672 Bis 12.3.2004 waren sie in Art. 23 des Ley 43/1995 geregelt.

1673 Vgl. Stepholt/Bascopé/Hering, IStR-LB 2006, 441.

1674 Vgl. Bascopé/Hering, GmbHR 2005, 609 m.w.N. .

5.5.2.2 Steuerliche Behandlung der grenzüberschreitenden innergemeinschaftlichen Verschmelzung im Rahmen des regimen fiscal especial des Art. 83 bis Art. 96 TRLIS

5.5.2.2.1 Definition Terminologie

Im Einklang mit dem Wortlaut des Art. 2 Abs. 2 VRL 2005/56/EG bzw. des Art. 2 Buchst. a) der FRL 90/434 definiert Art. 83 Abs. 1 LIS die Verschmelzung als den Vorgang, durch den[1675]

- eine oder mehrere Gesellschaften im Wege der Auflösung jedoch ohne Abwicklung ihr gesamtes Aktiv- und Passivvermögen auf eine bereits bestehende Gesellschaft (Verschmelzung zur Aufnahme) gegen Gewährung von Anteilen am Gesellschaftskapital der anderen Gesellschaft an ihre eigenen Gesellschafter und gegebenenfalls einer baren Zuzahlung übertragen; Letztere darf 10 % des Nennwertes oder - bei Fehlen eines solchen - des rechnerischen Werts dieser Anteile nicht überschreiten;[1676]
- mindestens zwei oder mehr Gesellschaften im Wege der Auflösung jedoch ohne Abwicklung ihr gesamtes Aktiv- und Passivvermögen auf eine von ihnen neu gegründete (Verschmelzung zur Neugründung) Gesellschaft gegen Gewährung von Anteilen am Gesellschaftskapital der neuen Gesellschaft an ihre eigenen Gesellschafter und gegebenenfalls einer baren Zuzahlung übertragen; Letztere darf 10 % des Nennwerts oder - bei Fehlen eines solchen - des rechnerischen Werts dieser Anteile nicht überschreiten;[1677]
- eine Gesellschaft unter ihrer Auflösung jedoch ohne Abwicklung ihr gesamtes Aktiv- und Passivvermögen auf die Gesellschaft überträgt, die sämtliche Anteile an ihrem Gesellschaftskapital besitzt (Konzernverschmelzung).[1678]

5.5.2.2 Wahlrecht zwischen „regimen fiscal general" und „regimen fiscal especial"

Im Einklang mit der FRL 90/434/EWG sieht das allgemeine Besteuerungssystem *"Régimen General"* grundsätzlich den Ansatz des gemeinen Wertes für die

---

1675 Vgl. Benítez Castelar in Fusiones y adquisiciones de Empresas, S. 913

1676 Art. 83 Nr. 1 Buchst a) TRLIS; hierzu Benítez Castelar in Fusiones y adquisiciones de Empresas, S. 912.

1677 Art. 83 Nr. 1 Buchst b) TRLIS; hierzu Benítez Castelar in Fusiones y adquisiciones de Empresas, S. 913.

1678 Art. 83 Nr.1 Buchst c); hierzu Benítez Castelar in Fusiones y adquisiciones de Empresas, S. 913.

übergehenden Wirtschaftsgüter der übertragenden Gesellschaft vor.[1679]In der Bemessungsgrundlage der beteiligten Gesellschaften wird die Differenz (Verschmelzungsgewinn oder -verlust) zwischen dem normalen Verkehrswert *(„valor normal de mercado")* der empfangenen Vermögensgegenstände und dem Buchwert *(„valor contable")* der übertragenen Vermögensgegenstände berücksichtigt.[1680]

Die Gesellschaften können jedoch, sofern sie bestimmte Voraussetzungen erfüllt haben, für die Anwendung des speziellen Besteuerungssystems *"régimen especial"* optieren. Bei der Verschmelzung unter Anwendung des speziellen Besteuerungssystemerfolgt gem. Art. 84 TRLIS keine Besteuerung des Gewinns, der sich aus dem Unterschied zwischen dem tatsächlichen Wert des übertragenen Aktiv- und Passivvermögens und dessen Buchwert ergibt.[1681] Es findet ein Steueraufschub der Besteuerung sog. *„diferimento"* statt, d.h. dass die Besteuerung auf Ebene der übernehmenden Gesellschaft unterbleibt, wird verlagert und grundsätzlich erst bis zum Zeitpunkt der tatsächlichen Veräußerung (Realisierung) der Wirtschaftsgüter aufgeschoben.[1682]

Wie bereits dargelegt, darf sich die Finanzverwaltung nach dem Eingriffsverbotsprinzip in die genannten Vorgänge nicht aktiv einschalten. Die beteiligten Gesellschaften müssen sich nach den neuen Bestimmungen weder vor noch nach der Verschmelzung um eine behördliche Genehmigung bemühen.Sie sind lediglich verpflichtet, der Finanzverwaltung die Ausübung des Wahlrechts mitzuteilen.[1683]

Nach Art. 96 Abs. 1 TRLIS ist conditio sine qua non für die Anwendung des *"régimen especial"*, dass die unten genannten Voraussetzungen erfüllt sind und die Ausübung der Option ausdrücklich der Finanzverwaltung mitgeteilt wird.[1684]

Wenn bei der Verschmelzung nicht ausdrücklich für den *„régimen especial"* optiert wird, wird die Verschmelzung steuerlich wie eine Betriebsaufgabe nach dem *"régimen general"* behandelt. Dann führt die Verschmelzung bei der übertragenden Gesellschaft insbesondere zur Aufdeckung und sofortigen Versteuerung sämtlicher stiller Reserven.[1685]

1679 Vgl. Art. 15 i.V.m. Art. 18 i.V.m. Art. 30 TRLIS; Memento Reorganización Empresarial (Fusiones) 2009/2010, Rz. 508.

1680 Vgl. Memento Reorganización Empresarial (Fusiones) 2009/2010, Rz. 600 ff.

1681 Art. 15 Abs. 2 TRLIS; hierzu Memento Reorganización Empresarial (Fusiones) 2009/2010, Rz. 1505 ff.

1682 Hierzu Memento Reorganización Empresarial (Fusiones) 2009/2010, Rz. 1500 ff.

1683 Vgl. Memento Reorganización Empresarial (Fusiones) 2009/2010, Rz. 505.

1684 Hierzu Memento Fiscal 2010, Rz. 3788; Memento Impuesto sobre Sociedades 2009, Rz. 7491; Memento Reorganización Empresarial (Fusiones) 2009/2010, Rz. 5005.

1685 Art. 96 TRLIS i.V.m. Art. 42 RLIS; hierzu Memento Fiscal 2010, Rz. 3787.

5.5.2.2.3 Steuerliche Voraussetzungen einer steuerneutralen Verschmelzung

a) Prinzip der wirtschaftlichen gerechtfertigten Zwecke (Mißbrauchsvorbehalt)

In Spanien können gemäß Art. 96 Abs. 2 TRLIS, der Art. 11 Abs. 1 Buchst. a) FRL 90/434/EWG ins spanisches Recht umsetzt, Umstrukturierungen steuerneutral durchgeführt werden, solange diese nicht nur steuerliche, sondern auch wirtschaftliche gerechtfertigte Zwecke (*„motivos económicos válidos"* /Missbrauchsvorbehalt) verfolgen.[1686]

Sofern keine vernünftigen wirtschaftlichen Gründe - insbesondere der Umstrukturierung oder der Rationalisierung der beteiligten Gesellschaften – vorliegen, lässt die Finanzverwaltung nach Art. 96 Abs. 2 TRLIS die Anwendung des *„regimén especial"* nicht zu. Auch dann nicht, wenn der Beweggrund nicht in der Umgehung *„evasión fiscal"* oder Steuerhinterziehung *„fraude fiscal"* liegt.[1687] Das Steuersubjekt hat zu beweisen, dass die Beweggründe für die Verschmelzung wirtschaftlich gerechtfertigte Zwecke waren.[1688] Die steuerliche Optimierung ist jedoch durchaus als Beweggrund zulässig.[1689]

b) Die 10% Grenze der baren Zuzahlung

Art. 1 FRL 90/434 schreibt im Einklang mit Art. 2 der VRL 2005/56/EG fest, dass bei der grenzüberschreitenden innergemeinschaftlichen Verschmelzung die übertragende(n) Gesellschaft(en) zum Zeitpunkt ihrer Auflösung ohne Abwicklung ihr gesamtes Vermögen gegen Gewährung von Aktien oder sonstigen Anteilen am Gesellschaftskapital der neuen bzw. der aufnehmenden Gesellschaft an ihre eigenen Gesellschafter und gegebenenfalls einer baren Zuzahlung übertragen.

Sowohl bei der Verschmelzung zur Neugründung als auch bei der zur Aufnahme darf eine evtl. Zuzahlung 10 % des Nennwerts oder — bei Fehlen eines solchen — des rechnerischen Werts dieser Aktien oder sonstigen Anteile nicht überschreiten.

Der spanische Gesetzgeber hat diese steuerliche Definition des Begriffs Verschmelzung des Art. 1 FRL 90/434 in spanisches Recht wortlautgetreu in Art. 83 Abs. 1 TRLIS umgesetzt. Die spanische Gesetzesdefinition verlangt so-

---

1686 Vgl. Memento Sociedades Mercantiles 2009, Rz. 5813.

1687 Vgl. Memento Reorganización Empresarial (Fusiones) 2009/2010, Rz. 5045 m.w.N.

1688 Vgl. Memento Reorganización Empresarial (Fusiones) 2009/2010, Rz. 5045.

1689 Vgl. Memento Reorganización Empresarial (Fusiones) 2009/2010, Rz. 5045 m.w.N.

mit ebenfalls, dass die Zuzahlung 10 % des Nennwerts dieser Aktien oder sonstigen Anteile nicht überschreiten darf.[1690] Wird die bare Zuzahlung die 10%-Grenze übersteigen, so kann der Vorgang zwar gesellschafts-, nicht aber steuerrechtlich als Verschmelzung gelten. Die rechtliche Konsequenz ist, dass hier das *„régimen especial"* keine Anwendung findet und somit keine Steuerneutralität gewährt wird.[1691]

5.5.2.2.4 Ausübung der Option

Die Gesellschaften, die die Voraussetzungen des Art. 84 TRLIS erfüllt haben, können sich dazu entscheiden das spezielle Besteuerungssystem anzuwenden. Dieses Wahlrecht muss, anders als in Deutschland, nicht einheitlich ausgeübt werden, so dass eine übertragende Gesellschaft auf die Anwendung ganz oder teilweise verzichten kann, indem sie in ihre Bemessungsgrundlage die Veräußerungsgewinne aus der Übertragung ihres Aktiv- und Passivvermögens ganz oder teilweise einbezieht.

Gesellschaftsrechtlich haben die Verwalter der an der Verschmelzung beteiligten Gesellschaften nach Art. 59 Abs. 1 i.V.m. 31 Abs. 1 LME (in Deutschland nach § 122c UmwG) einen gemeinsamen Verschmelzungsplan aufzustellen und zu unterzeichnen.[1692]

Stimmen in der deutschen Literatur[1693] vertreten die Meinung, dass die in den Verschmelzungsplan aufzunehmenden Mindestangaben „abschließend" festgelegt sind.[1694] Die Aufnahme *„anderer Angaben seien nicht richtlinienkonform, da Art. 5 VRL 2005/56/EG bereits in seinem Wortlaut dies abschließend bestimme".*[1695] Damit eine Verschmelzung steuerneutral unter Anwendung des speziellen Besteuerungssystems nach spanischem Recht durchgeführt werden kann, ist es zwingend erforderlich, dass sowohl im gemeinsamen Verschmelzungsplan als

---

1690 Vgl. Art. 83 Abs. 1 TRLIS; hierzu Memento Fiscal 2010, Rz. 3761; Memento Reorganización Empresarial (Fusiones) 2009/2010, Rz. 5813

1691 Vgl. Memento Reorganización Empresarial (Fusiones) 2009/2010, Rz. 1045 ausführlich in Rz. 1023.

1692 Vgl. Memento Impuesto sobre Sociedades 2008, Rz. 7493.

1693 Vgl. Mayer in Widmann/Mayer, § 122c UmwG, Rz. 143; Louven, ZIP 2006, 2021 (2025); Kallmeyer/Kappes, AG 2006, 224, (231); Krause/Kulpa ZHR 171 (2007) 38, (57); Louven/Dettmeier/Pöschke/Wenig, BB-Special 3/2006, 1 (14); ebenfalls noch Drinhausen/Keinath, BB 2006, 725 (727); a.A. Bayer/Schmidt, NJW 2006, 401, (402); Drinhausen Semler/Stengel, § 122i UmwG, Rn. 6 zur Aufnahme des Barabfindungsangebots in den Verschmelzungsplan, welche als Verstoß gegen die Vorgaben der Verschmelzungsrichtlinie anzusehen sei.

1694 Siehe oben Kapitel 4: Fakultativer Inhalt des Verschmelzungsplanes.

1695 Vgl. Mayer in Umwandlungsrecht und Umwandlungsteuerrecht S.373 m.w.N.

auch im Verschmelzungsbeschluss der spanischen Gesellschaften, die Option *(„opción del régimen especial")* ausgeübt wird und in diesen Dokumenten die Angaben zur Option ausdrücklich enthalten sind.[1696] Nach Art. 96 Abs. 1 Buchst. a) TRLIS kann die Erfüllung der Voraussetzungen (Angabe über die Ausübung des Wahlrechts im Verschmelzungsplan) nur von den spanischen Gesellschaften verlangt werden. Nachdem die Vertretungs- bzw. Verwaltungsorgane der deutschen und spanischen Gesellschaften einen gemeinsamen (inhaltsgleichen) Verschmelzungsplan aufzustellen haben, ist die spanische Anforderung der Angabe über die Ausübung der Option zum *„régimen especial"* im dem gemeinsamen Verschmelzungsplan zwingend aufzunehmen, da auf Basis der Vereinigungstheorie immer das strengste Recht anzuwenden ist (in concreto: das spanische Recht). Der gemeinsame Verschmelzungsplan unter Beteiligung deutscher und spanischer Gesellschaften hat somit diese Angaben zu enthalten, sofern eine steuerneutrale Verschmelzung unter Anwendung des *"régimen especial"* erwünscht ist.

Die ausdrückliche Angabe der Option sowohl im Verschmelzungsplan als auch im Verschmelzungsbeschluss hat konstitutive Wirkung.[1697] Die Mitteilung der Ausübung sowie sämtliche erforderliche Unterlagen an die Finanzverwaltung stellen lediglich formale Erfordernisse dar.[1698] Die Ausübung der Option erfolgt somit durch die Angabe im gemeinsamen Verschmelzungsplan sowie im Verschmelzungsbeschluss und wird durch die Abgabe der Steuererklärung der verbleibenden Betriebsstätte vervollständigt.[1699]

a) Mitteilung der Ausübung des Wahlrechts zur Anwendung des "regimen especial"

Nach Art. 42 RLIS ist das Wahlrecht für das *„regimen especial"* einer Verschmelzung gegenüber der Finanzverwaltung mitzuteilen sog. *„comunicación de la opción"*.[1700]

1696 Vgl. Art. 96 Abs. 1 Buchst. a) TRLIS i.V.m. Art. 42 Nr. 1 RLIS; Memento Reorganización Empresarial (Fusiones) 2009/2010, Rz.: 5005ff; Benítez Castelar in Fusiones y adquisiciones de Empresas, S. 909.

1697 Vgl. hierzu Memento Reorganización Empresarial (Fusiones) 2009/2010, Rz. 5032 m.w.N.

1698 Vgl. hierzu Memento Reorganización Empresarial (Fusiones) 2009/2010, Rz. 5032 m.w.N.; DGT v. 22.8.2003.

1699 Vgl. Memento Reorganización Empresarial (Fusiones) 2009/2010, Rz.: 5006 c); Memento Fiscal 2010, Rz. 3786; Memento Impuesto sobre Sociedades 2009, Rz. 7490.

1700 Art. 96 Abs. 1 Buchst a); hierzu Memento Reorganización Empresarial (Fusiones) 2009/2010, Rz. 5015 insbesondere Rz. 5020 a); Memento Fiscal 2010, Rz. 3786; Benítez Castelar in Fusiones y adquisiciones de Empresas, S. 909.

(1) Zuständigkeit: Allgemeines Prinzip

Nach dem spanischem TRLIS gilt das Prinzip, dass für die Einreichung der Mitteilung stets die übernehmende Gesellschaft verantwortlich ist.[1701]

(i) Hereinverschmelzung: Übernehmende Gesellschaft hat ihren Sitz in Spanien, übertragende Gesellschaften in Deutschland

Werden eine oder mehrere deutsche (oder andere EU- bzw. EWR-Staaten stammende) Gesellschaften auf eine spanische übernehmende bzw. neu zu gründende spanische Gesellschaft verschmolzen, ist die übernehmende Gesellschaft sowohl für die Ausübung als auch für die Mitteilung bzw. Bekanntgabe der Option[1702] gegenüber der spanischen Finanzverwaltung zuständig.[1703] Die Mitteilung über die Option muss an das Finanzamt am Sitz der spanischen übernehmenden Gesellschaft eingereicht werden.[1704]

(ii) Herausverschmelzung: Übernehmende Gesellschaft hat ihren Sitz in Deutschland, übertragende Gesellschaft in Spanien

Die Regelung würde jedoch bei der grenzüberschreitenden Herausverschmelzung (aus spanischer Sicht) ins Leere laufen, da die übernehmende Gesellschaft keine spanische Gesellschaft ist.[1705] Aus dem Wortlaut des Art. 43 Abs. 2 TRLIS, der den Austausch von Anteilen regelt, ist die übertragende spanische Gesellschaft für die Ausübung der Option zuständig, wenn die Übernehmerin eine ausländische Gesellschaft ist und keine Betriebsstätte in Spanien verbleibt.[1706]

Da durch die Verschmelzung die spanische Gesellschaft aufgelöst wird und durch die Gesamtrechtsnachfolge deren Rechte und Pflichten dieser auf die deutsche Übernehmerin übergehen[1707], vertreten maßgebliche Meinungen in der Literatur und Praxis[1708] die Auffassung, dass letztlich doch die übernehmende deutsche Gesellschaft für die hinsichtlich der Ausübung der Option verantwort-

---

1701 Art. 84 LIS i.V.m. Art. 42 und 43 RLIS; Memento Fusiones 2005/2006, Rz. 5005.

1702 „comunicación de la opción“

1703 Vgl. Memento Reorganización Empresarial (Fusiones) 2009/2010, Rz. 5020.

1704 Art. 42 Abs. 2 RLIS in der Fassung des Königlichen Dekretes 1793/2008 von 3.11.2008 zur Änderung des RLIS 1777/2004 von 30.7.2004 .

1705 Vgl. Memento Fiscal 2010, Rz. 3788.

1706 Vgl. Memento Reorganización Empresarial (Fusiones) 2009/2010, Rz.: 5006; bereits so Memento Fusiones 2005/2006, Rz. 5005.

1707 Vgl. Art. 90 Abs. 4 TRLIS.

1708 Vgl. Memento Fusiones 2005/2006, Rz. 5020; Reorganización Empresarial 2009/2010, Rz. 5020.

lich ist. Da diese Vorschrift so konzipiert wurde, dass die Mitteilung erst dann eingereicht werden darf, wenn die Verschmelzung ins Handelsregister eingetragen wurde und somit die übertragende Gesellschaft bereits aufgelöst wurde, ist dieser Auffassung zu folgen. Sofern die spanische Gesellschaft bei der Verschmelzung für das *"régimen especial"* optiert, ist die deutsche Gesellschaft verpflichtet die Mitteilung gegenüber dem zuständigen Finanzamt am Sitz der übertragenden Gesellschaft bzw. der spanischen Betriebsstätte, falls eine vorhanden, einzureichen.[1709]

(iii) Zwischenergebnis

Die übernehmende Gesellschaft ist stets zuständig für die Mitteilung der Verschmelzung gegenüber dem Finanzministerium *„Ministerio de Economía y Comercio"* sowie der spanischen Finanzverwaltung, und zwar unbeschadet, ob diese ihren Sitz in Spanien oder im Ausland hat.[1710] Dabei ist es irrelevant, ob sich die Gesellschafter der Gesellschaften in Spanien oder im Ausland befinden.[1711]

(2) Information der übernehmenden Gesellschaft

Die schriftliche Mitteilung hat nach Art. 44 RLIS die folgenden Angaben zu enthalten bzw. sind folgende Unterlagen beizufügen:[1712]

- Benennung der Firma zur Identifizierung aller an der Verschmelzung beteiligten Gesellschaften sowie die Beschreibung des durchgeführten Verschmelzungsverfahrens,
- Eine Kopie der öffentlichen Verschmelzungsurkunde *„copia de escritura pública de fusión"*, die im Handelsregister eingetragen wurde. In jedem Fall muss die Verschmelzungsurkunde ausdrücklich Angaben zur Ausübung des Wahlrechts enthalten.[1713]
- Alle Unterlagen, die der öffentlichen Verschmelzungsurkunde für die Eintragung ins Handelsregister beizufügen sind; dies sind in Einzelnen:
  - gemeinsamer Verschmelzungsplan;

1709 Hierzu Memento Reorganización Empresarial (Fusiones) 2009/2010, Rz. 5015 insbesondere Rz. 5020 a).

1710 Hierzu Memento Reorganización Empresarial (Fusiones) 2009/2010, Rz. 5020 a).

1711 Hierzu Memento Reorganización Empresarial (Fusiones) 2009/2010, Rz. 5020 a).

1712 Art. 44 RLIS.

1713 Art. 44 Buchst. a) RLIS; hierzu Memento Reorganización Empresarial (Fusiones) 2009/2010, Rz. 5027; Memento Fiscal 2010, Rz. 3788; Memento Impuesto sobre Sociedades 2010, Rz. 7502.

- Exemplar der Zeitungen, in denen die Gesellschafterversammlung einberufen wurde, sowie derer in denen der Verschmelzungsbeschluss veröffentlicht wurde;
- die von den unabhängigen Sachverständigen über den Verschmelzungsplan erstellten Berichte;
- die von den „*administradores*" aller betroffenen Gesellschaften angefertigten Berichte über die Verschmelzung.

(3) Mitteilungsfrist der Ausübung der Option „comunicación de la opción"

Die Mitteilung über die Ausübung der Option für das *„Regimen Especial"* ist innerhalb der drei ersten Monate ab Eintragung der Verschmelzung in das Handelsregister einzureichen.[1714]

Bei der Hereinverschmelzung aus spanischer Sicht ist die Mitteilung bei dem Finanzamt, das für die übernehmende Gesellschaft zuständig ist, einzureichen.

Bei der Herausverschmelzung aus spanischer Sicht hat, sofern eine Betriebsstätte in Spanien verbleibt, die übernehmende deutsche Gesellschaft nach Art. 45 RLIS eine schriftliche Mitteilung bei dem für die Betriebsstätte zuständigen Finanzamt einzureichen. Verbleibt jedoch keine Betriebsstätte in Spanien, ist die Mitteilung bei der zuständigen Finanzbehörde des Zentralamt für Steuern (*„Delegación de la Agencia Estatal de Administración Tributaria" –AEAT)* einzureichen.[1715]

5.5.2.3 Steuerliche Auswirkungen der Verschmelzung auf Ebene der übertragenden Gesellschaft

Die übertragende Gesellschaft hat, wie es in Deutschland ebenso der Fall ist, das übertragene Vermögen grundsätzlich zum gemeinen Wert anzusetzen.[1716] Durch die Herausverschmelzung aus spanischer Sicht wird das gesamte Aktiv- und Passivvermögen der spanischen auf die deutsche Gesellschaft übertragen. Aufgrund des Übergangs des Gesamtvermögens entstehen auf der Ebene der übertragenden Gesellschaft entweder positive oder negative Einkünfte aus der Diffe-

1714 Vgl. Art. 42 Abs. 3 RLIS, hierzu. Memento Reorganización Empresarial (Fusiones) 2009/2010, Rz. 5015; hierzu Benítez Castelar in Fusiones y adquisiciones de Empresas, S. 909.

1715 Art. 96 LIS i.V.m. Art. 42 Abs. 1 des Königlichen Dekretes 1777/2004 v. 30.7.2004 über die Reglementierung des spanischen Körperschaftsteuergesetzes (RIS), veröffentlicht in BOE v. 6.8.2004.

1716 Vgl. Memento Sociedades Mercantiles 2009, Rz. 5820.

renz zwischen dem gemeinen Wert *(„valor de mercado")* und dem Buchwert *(„valor contable")* der übertragenen Wirtschaftsgüter abzüglich zwischenzeitlicher Abschreibungen und sonstiger Wertminderungen, die in der Buchhaltung erfasst und steuerlich absetzbar waren.[1717] Diese Differenz ist nach dem *"Régimen General"* in die Bemessungsgrundlage der übertragenden Körperschaftsteuer einzubeziehen.[1718]

Optiert jedoch die übertragende Gesellschaft zur Anwendung des *"régimen especial"*, ist, sofern die Voraussetzungen des Art. 84 Abs. 1 i.V.m. Art. 83 Abs. 1 TRLIS erfüllt sind, eine steuerneutrale Verschmelzung möglich. Die stillen Reserven die in den Wirtschaftsgütern der übertragenden Gesellschaft ruhen, werden jedoch nach Art. 84 Abs. 1 Buchst. a) TRLIS nicht versteuert. Ihre Besteuerung wird auf die übernehmende Gesellschaft verlagert und grundsätzlich bis zum Zeitpunkt der endgültigen Veräußerung der übertragenen Wirtschaftsgüter aufgeschoben.[1719] Das bedeutet Steueraufschub ohne sofortige Aufdeckung der im übergehenden Vermögen enthaltenen stillen Reserven.

Art. 84 Abs. 1 i.V.m. Art. 83 Abs. 1 TRLIS schreiben vor, dass Einkünfte, die sich aus einem Verschmelzungsvorgang ergeben, nicht in die Bemessungsgrundlage der übertragenden Gesellschaft, jedoch stets in die Rechnungslegung *„siempre en la contabilidad"*, einzubeziehen sind, soweit:[1720]

- eine Kapitalgesellschaft, die in Spanien ansässig ist, ihre in Spanien belegenen Wirtschaftsgüter oder Rechte auf eine andere in Spanien ansässige Gesellschaft, die nicht von der Körperschaftsteuer befreit ist, oder auf eine nicht in Spanien ansässige Gesellschaft, die die Wirtschaftsgüter im Rahmen einer Betriebsstätte in Spanien nutzt, überträgt. Der Ausschluss aus der Bemessungsgrundlage ist jedoch nur zulässig sofern die übertragenen Wirtschaftsgüter der spanischen Betriebsstätte zuzuordnen sind. Die Überführung der Wirtschaftsgüter außerhalb des spanischen Territoriums anlässlich der Verschmelzung führen jedoch zur Einbeziehung in die Bemessungsrundlage der Betriebsstätte in dem Veranlagungszeitraum, in dem die Überführung erfolgt;[1721]

1717 Vgl. Memento Reorganización Empresarial (Fusiones) 2009/2010, Rz. 5006.

1718 Vgl. Memento Reorganización Empresarial (Fusiones) 2009/2010, Rz. 5006.

1719 Ebenso Memento Fiscal 2008, Rz. 3802.

1720 Art. 84 TRLIS wurde durch Art. 3 Abs. 5 des Gesetzes 25/2006 von 17.7.2006 in BOE Nr. 170 von 18.7.2006 veröffentlicht, geändert, vgl. Memento Sociedades Mercantiles 2009, Rz. 5820.

1721 Art. 84 Abs. 1 Buchst. a) TRLIS i.d.F des Art. 3 Abs. 5 des Gesetzes 25/2006 von 17.7.2006 in BOE Nr. 170 von 18.7.2006.

- eine Kapitalgesellschaft, die in Spanien ansässig ist, ihre außerhalb der EU belegene Betriebsstätte auf eine in Spanien ansässige Kapitalgesellschaft, die der Körperschaftsteuer unterliegt und die nicht steuerbefreit ist, überträgt;[1722]
- eine Kapitalgesellschaft, die in Spanien nicht ansässig ist, ihre in Spanien belegene Betriebsstätte auf eine nicht in Spanien ansässige Gesellschaft überträgt. Hierbei werden lediglich die Einkünfte von der Besteuerung ausgenommen, die aus der Übertragung solcher Wirtschaftsgüter entstehen, die nach der Übertragung von der nicht ansässigen Kapitalgesellschaft in ihrer spanischen Betriebsstätte genutzt werden. Bei Überführung dieser Wirtschaftsgüter in Regionen außerhalb des spanischen Territoriums ist die Differenz zwischen dem gemeinen Wert und dem Buchwert unter Berücksichtigung aller maßgeblichen Korrekturvorschriften in das zu versteuernde Einkommen der Betriebsstätte einzubeziehen;[1723]
- eine in Spanien ansässige Kapitalgesellschaft ihre Betriebsstätte, die in einem anderen EU-Staat ansässig ist, auf eine andere Gesellschaft überträgt. Diese Gesellschaft ist ebenfalls in einem anderen Mitgliedstaat ansässig und entspricht zudem einer der im Anhang der FRL 90/434 aufgeführten Gesellschaftsrechtsformen. Sie unterliegt nicht der in Art. 3 FRL 90/434 festgeschriebenen Steuer und ist nicht steuerbefreit. Ist die übernehmende Gesellschaft steuerbefreit, so ist keine Anwendung der Buchst. a) b) und c) dieses Artikels möglich.[1724]
- eine Ausklammerung aus der Bemessungsgrundlage ist möglich, obwohl die übernehmende Gesellschaft einem anderen Steuersatz unterworfen ist, wenn für die übernehmende Gesellschaft aufgrund ihrer Rechtsform ein anderer Steuersatz gilt. Bis zum Zeitpunkt der Gewinnrealisierung wird der Gewinn nach dem Steuersatz der übertragenden Gesellschaft besteuert.

Durch die Einbeziehung der Einkünfte aus der Übertragung des gesamten oder eines Teils des Vermögens in die Bemessungsgrundlage, kann auf das sich aus dem vorherigen Absatz ergebende Besteuerungssystem verzichtet werden.[1725]

Die spanische Finanzverwaltung hat zu überprüfen, ob die o.g. Voraussetzungen nach Art. 84 TRLIS erfüllt sind und das spanische Besteuerungsrecht nicht ausgeschlossen oder beschränkt wird.

1722 Art. 84 Abs. 1 Buchst. b) TRLIS i.d.F des Art. 3 Abs. 5 des Gesetzes 25/2006 von 17.7.2006 in BOE Nr. 170 von 18.7.2006.

1723 Art. 84 Abs. 1 Buchst. c) TRLIS i.d.F des Art. 3 Abs. 5 des Gesetzes 25/2006 von 17.7.2006 in BOE Nr. 170 von 18.7.2006.

1724 Art. 84 Abs. 1 Buchst. d) TRLIS i.d.F des Art. 3 Abs. 5 des Gesetzes 25/2006 von 17.7.2006 in BOE Nr. 170 von 18.7.2006.

1725 Vgl. Art. 84 Abs. 2 TRLIS.

5.5.2.3.1 Übertragung von Schiffen und Flugzeugen

Nach Art. 84 Abs. 3 TRLIS sind entstandenen Einkünfte in jedem Fall in die Bemessungsgrundlage einzubeziehen, wenn es sich um Einkünfte aus der Übertragung von Schiffen oder Flugzeugen handelt und die übernehmende Gesellschaft nicht in Spanien ansässig ist.[1726] Dies wäre bei einer Herausverschmelzung der Fall, wenn die übernehmende Gesellschaft eine Gesellschaft ist, die bspw. in Deutschland ihren Sitz hat. Die gleiche steuerliche Behandlung gilt für Einkünfte aus der Übertragung von beweglichen Wirtschaftsgütern, die den Betriebvon diesen Schiffen oder Flugzeugen dienen, sofern die Gesellschaft im internationalen Schiffs- oder Flugverkehr tätig ist.[1727]

Tab. 1.3: Überblick der Auswirkung der Übertragung von Wirtschaftsgütern[1728]

Übertragende Gesellschaft ansässig in:	Wirtschaftsgüter sind in	Übernehmende Gesellschaft ansässig in:	Auswirkung /Rechtsgrundlage
		Spanien	Aufschiebung (diferimento) Art. 84 Abs. 1 Buchst. a) TRLIS
	Spanien	DEUTSCHLAND bzw. anderen EU- EWR-Staaten	Aufschiebung (diferimento) Art. 84 Abs. 1 Buchst. a) TRLIS
		EU Ausland	Aufschiebung („diferimento") Art. 84 Abs. 1 Buchst. a) TRLIS

1726 Das ergibt sich auch aus Art. 22 Abs. 3 DBA Spanien-Deutschland (…) Seeschiffe und Luftfahrzeuge im internationalen Verkehr und Betriebsvermögen, das nicht unbewegliches Vermögen darstellt und dem Betrieb dieser Schiffe und Luftfahrzeuge dient, können nur in dem Vertragstaat besteuert werden, in dem sich der Ort der tatsächlichen Geschäftsleitung des Unternehmens befindet (…); hierzu Benítez Castelar in Fusiones y adquisiciones de Empresas, S. 922.

1727 Art. 22 Abs. 3 DBA Spanien-Deutschland; ebenso Thömes/Eicker/Crespo Vazquez/Verdera Rodriguez in Widman/Mayer Anh. 3: Spanien (Stand: März 2001) UmwG/UmwStG; Memento Fiscal 2008, Rz. 3802.

1728 Tabelle aus Memento Reorganización Empresarial (Fusiones) 2009/2010, Rz Rz. 1506.

Spanien	DEUTSCHLAND (EU)	Spanien	Aufschiebung („diferimento“) Art. 84 Abs. 1 Buchst. a) LIS
		DEUTSCHLAND oder anderen EU- bzw. EWR-Staaten	Aufschiebung („diferimento“) Art. 84 Abs. 1 Buchst. a) LIS
		EU Ausland	Besteuerung
	EU Ausland	Spanien	Aufschiebung („diferimento“) Art. 84 Abs. 1 Buchst. b) LIS
		DEUTSCHLAND oder EU- bzw. EWR Länder	Besteuerung
		EU Ausland	Besteuerung

5.5.2.3.2 Betriebsstättenbedingung im Sitzstaat der übertragenden Gesellschaft

Wird eine spanische auf eine deutsche Gesellschaft herausverschmolzen, so wird das spanische Besteuerungsrecht nicht beschränkt, da grundsätzlich nach der Verschmelzung eine spanische Betriebsstätte zurück bleibt.[1729] Spanien behält hinsichtlich der Gewinne der Betriebsstätte weiterhin das Besteuerungsrecht.[1730] Von der Einbeziehung in die Bemessungsgrundlage kann lediglich der Gewinn für die Wirtschaftsgüter ausgeschlossen werden, die tatsächlich der spanischen Betriebsstätte zuzuordnen sind.[1731]

Beispiel:

Die spanische Lopez"SL" wird auf die deutsche Müller GmbH verschmolzen. Die Lopez"SL" besitzt lediglich einen Betrieb in Madrid. Nach der Verschmelzung weist die Müller GmbH eine Betriebsstätte in Spanien auf. Gewinne

1729 Vgl. Memento Fiscal 2010, Rz. 3788; Memento Impuesto sobre Sociedades 2010, Rz. 7502.

1730 Art. 7 DBA Deutschland-Spanien.

1731 Vgl. Memento Fiscal 2008; Rz. 3796; Memento Impuesto sobre Sociedades 2008; Rz. 6788, 6792ff.

der Betriebsstätte (Art. 5 DBA Deutschland-Spanien) werden weiterhin in Spanien besteuert.[1732]

5.5.2.3.3 Überführung von Wirtschaftsgütern ins Ausland anlässlich der Verschmelzung

Die Überführung von Wirtschaftsgütern ins Ausland anlässlich der Verschmelzung führt grundsätzlich zur Gewinnrealisierung der darin enthaltenen stillen Reserven bei der Betriebsstätte durch Einbeziehung in die Bemessungsgrundlage in dem Veranlagungszeitraum in dem die Wirtschaftsgüter überführt wurden.[1733]

5.5.2.3.4 Holdinggesellschaften

Das Kernproblem bei der grenzüberschreitenden innergemeinschaftlichen Herausverschmelzung einer Holdinggesellschaft stellt der Wegfall der Beteiligungen dar, da diese in der Regel, ebenso wie in Deutschland, dem (deutschen) Stammhaus und nicht der in Spanien verbleibenden Betriebstätte zugeordnet wird.[1734] Die Zuordnung der Beteiligung dem deutschen Stammhaus führt zur deren Versteuerung. Abhängig von den Umstrukturierungsszenarien ergeben sich die folgenden Auswirkungen bei einer grenzüberschreitenden innergemeinschaftlichen Verschmelzung unter Beteiligung einer spanischen Holdinggesellschaft:

- Verschmilzt eine spanische übertragende Holdinggesellschaft auf eine andere spanische Gesellschaft, so findet der Steueraufschub Anwendung.[1735] Spanien behält weiterhin das Besteuerungsrecht bei der übernehmenden spanischen Gesellschaft, ungeachtet der Tatsache, dass die übertragende Holdinggesellschaft eine Beteiligung an ausländischen, bspw. deutschen Gesellschaften oder spanischen Gesellschaften, hält.[1736]
- Verschmilzt jedoch die spanische Holdinggesellschaft, die Anteile an spanischen und ausländischen Gesellschaften hält, auf eine deutsche Gesellschaft, fällt das Besteuerungsrecht Spaniens hinsichtlich der Beteiligung aufgrund der Verschmelzung weg.[1737] Soweit die Beteiligung nicht der Betriebsstätte zugeordnet, sondern dem deutschen übernehmenden bzw. hervorgehenden

1732 Art. 7 DBA Deutschland-Spanien.

1733 Vgl. Memento Fiscal 2008, Rz. 3796.

1734 Vgl. Memento Impuesto sobre Sociedades 2008, Rz. 6785.2.

1735 Vgl. Memento Reorganización Empresarial (Fusiones) 2009/2010, Rz. 1525.

1736 Vgl. Memento Reorganización Empresarial (Fusiones) 2009/2010, Rz. 1525 a); Memento Impuesto sobre Sociedades 2008, Rz. 6785.2 a).

1737 Art. 13 Abs. 3 DBA Deutschland-Spanien.

Stammhaus zugeordnet wird, ist der Steueraufschub nicht möglich.[1738] Die Differenz zwischen gemeinen Wert und Buchwert muss in die Bemessungsgrundlage der übertragenden spanischen Gesellschaft einbezogen werden.[1739]

5.5.2.3.5 Übergang von Verlustvorträgen

In Spanien können verbleibende Verlustvorträge grundsätzlich nur mit positiven Einkünften der gleichen Gesellschaft, die die Verluste erlitten hat, verrechnet werden.[1740] Das Recht auf Verrechnung von Verlusten ist nach spanischem Recht grundsätzlich nicht von einem auf ein anderes Steuersubjekt übertragbar *„intransferibles"*, auch nicht nach der Übertragung im Wege einer Universalsukzession.[1741]

Der spanische Gesetzgeber setzt voraus, dass die übertragene Gesellschaftmit der Gesellschaft, die den Verlust erlitten hat, identischsein muss, Die Verluste der übertragenden Gesellschaft gehen nicht im Rahmen des *"régimen general"* auf die übernehmende Gesellschaft über.[1742]

Abweichend von diesem Grundsatz sieht jedoch Art. 90 Abs. 3 Satz 1 TRLIS nach Optierung zum *"régimen especial"* unter bestimmten Voraussetzungen die Möglichkeit vor, dass Verlustvorträge der übertragenden Gesellschaft auf die übernehmende Gesellschaft übergehen.[1743]

Der *"régimen especial"* bewirkt beim Verschmelzungsvorgang, dass die Rechte und Steuerpflichten der übertragenden Gesellschaft auf die übernehmende Gesellschaft im Wege der Universalsukzession übergehen.[1744]

Wenn die übernehmende Gesellschaft an der übertragenden Gesellschaft beteiligt ist oder beide Gesellschaften eine Unternehmensgruppe *„Grupo de Sociedades"* i.S.d. § 42 C.Com. bilden, ist nach Art 90 Abs. 3 Satz 2 TRLIS der zur Verrechnung zur Verfügung stehende Verlustvortrag (*„la base imponible negativa susceptible de compensación")*um den Betrag der positiven Differenz

1738 Vgl. Memento Reorganización Empresarial (Fusiones) 2009/2010, Rz. 1525 b); auch bereits Memento Impuesto sobre Sociedades 2008, Rz. 6785.2 Beispiel b).

1739 Art. 15 TRLIS i.d.F. des Gesetzes 30/2005; Memento Impuesto sobre Sociedades 2008, Rz. 6785.2.

1740 Vgl. Memento Fiscal 2008, Rz. 3812.

1741 Vgl. Art. 25 TRLIS; hierzu Memento Reorganización Empresarial (Fusiones) 2009/2010, Rz. 538; Memento Fusiones 2005/2006, Rz. 538 und 3760.

1742 Vgl. Art. 25 TRLIS; hierzu Memento Reorganización Empresarial (Fusiones) 2009/2010, Rz. 538; Memento Fusiones 2005/2006, Rz. 538 und 3760.

1743 Vgl. Memento Fiscal 2008, Rz. 3812; Memento Impuesto sobre Sociedades 2008, Rz. 7235ff; Memento Sociedades Mercantiles 2009, Rz. 5827; Memento Fusiones 2005/2006 Rz. 538; 3750ff.

1744 Art. 90 Abs. 1, 3 i.V.m. Art. 83 TRLIS.

zwischen dem Wert der Einlage der Gesellschafter, die der Beteiligung bzw. der Beteiligung der Unternehmensgruppe an der übertragenden Gesellschaft entspricht, und dem Buchwert zu kürzen.[1745]

Nach Art. 90 Abs. 3 Satz 3 TRLIS sind die Verlustvorträge in keinem Fall verrechenbar, wenn sie den der übertragenden Gesellschaft erlittenen Verlusten entsprechen und eine Wertminderung der Beteiligung der aufnehmenden Gesellschaft an der übertragenden Gesellschaft bedeuten oder wenn sie der Wertminderung der Beteiligung einer anderen Gesellschaft entsprechen und wenn alle diese Gesellschaften eine Unternehmensgruppe i.S.d. § 42 C. Com. bilden.[1746]

Nach Art. 90 Abs. 4 TRLIS gehen verbleibende Verlustvorträge auf eine übernehmende Gesellschaft auch dann über, wenn diese übernehmende eine ausländische Gesellschaft ist (Export von Verlustvorträgen). Aus spanischer Sicht wäre es zulässig, dass die Verlustvorträge einer spanischen Gesellschaft auf eine deutsche übernehmende Gesellschaft übergehen.[1747] Da jedoch nach deutschem Recht Verlustvorträge einer übertragenden Gesellschaft nicht auf die übernehmende Gesellschaft übergehen,[1748] hat die spanische Regelung auf die deutsche übernehmende Gesellschaft keine Auswirkungen. Die Verluste einer spanischen Gesellschaft gehen somit nicht auf die deutsche übernehmende Gesellschaft über.

Art. 90 Abs. 4 LIS bestimmt, dass der Eintritt in die Rechte und Pflichten der übertragenden Gesellschaft sich ausschließlich auf solche Rechte und Pflichten bezieht, die nach spanischem Recht entstehen. Nach dem Gesetzestext können Verlustvorträge einer ausländischen übertragenden Gesellschaft auf eine spanische Gesellschaft nicht übergehen. Mit der Vorschrift soll der „Import" von Verlustvorträgen vermieden werden. Verschmilzt eine spanische übertragende Gesellschaft, bei der verrechenbare Verlustvorträge vorhanden sind, auf eine andere übernehmende spanische Gesellschaft unter Anwendung des *"régimen especial"*, gehen die Verlustvorträge auf die letztere über. Ist jedoch die deutsche Gesellschaft die Übertragerin und wäre die Übertragung dieser Verlustvorträge aus deutscher Sicht zulässig, würde diese Übertragung nach spani-

1745 Art. 90 Abs. 3 Satz 2 TRLIS; ausführlich zur Gruppenbesteuerung in Spanien siehe Stepholt/Bascopé/Hering, European Taxation 2008, 403.

1746 Vgl. Art. 90 Abs. 3 Satz 2 TRLIS.

1747 Vgl. Memento Reorganización Empresarial (Fusiones) 2009/2010, Rz. 3750, Rz. 3758, Insbesondere Rz. 3760 siehe Beschluss der Oberfinanzverwaltung DGT v. 28.4.2000.

1748 § 12 Abs. 3 UmwStG.

schem Recht scheitern. Die Regelung stellt eine Diskriminierung ausländischer Gesellschaften dar.[1749]

5.5.2.3.6 Möglichkeit der steuerlichen Rückwirkung bei der Verschmelzung

Im spanischen Steuerrecht gilt grundsätzlich ein allgemeines Rückwirkungsverbot, das jedoch durch gesetzliche Ausnahmetatbestände durchbrochen wird. Art. 91 TRLIS verweist für die Ermittlung des Einkommens und des Vermögens der übertragenden Gesellschaft ausdrücklich auf die gesellschaftsrechtlichen Vorschriften. Nach Art. 31 Abs. 1 Nr. 7 LME i.V.m. 59 Abs. 1 LME (i.V.m. Art. 91 TRLIS) hat der gemeinsame Verschmelzungsplan den Verschmelzungsstichtag zu enthalten. D.h. der Zeitpunkt, von dem an die Handlungen der übertragenden Gesellschaften als für Rechnungen der übernehmenden Gesellschaft vorgenommen gelten.[1750]

Die zuletzt genehmigte Bilanz kann nach Art. 36 Abs. 1 LME als Verschmelzungsbilanz verwendet werden, sofern diese Bilanz auf einen nicht länger als sechs Monate vor dem Datum der Gesellschafterversammlung, auf welcher der Verschmelzungsbeschluss gefasst wird, liegenden Stichtag aufgestellt wurde.[1751]

Durch den Verweis des Art. 91 TRLIS wird der steuerliche Übertragungsstichtag mit dem Stichtag der handelsrechtlichen Schlussbilanz verknüpft.[1752] Die Parteien können im gemeinsamen Verschmelzungsplan einen Übertragungsstichtag vereinbaren, der von der handelsrechtlichen Regelung abweicht. Die Verschmelzung wird nach spanischem und auch nach deutschem Recht mit Eintragung in den *„Registro Mercantil"* bzw. Handelsregister wirksam, und somit erfolgt ab diesem Zeitpunkt zivilrechtlich der Vermögensübergang, Anteilstausch und ggf. das Erlöschen der übertragenden Gesellschaft. Steuerrechtlich sind ab dem in gemeinsamen Verschmelzungsplan vereinbarten Stichtag die Einkünfte der übernehmenden Gesellschaft zuzurechnen.[1753] Dieser (rückwirken-

---

1749 Daraus folgt, dass steuerlich in Spanien innerstaatliche Verschmelzungen und grenzüberschreitende Verschmelzungen unterschiedlich behandelt werden; vgl. Rn. 14 der SEVIC-Entscheidung.

1750 Vgl. Memento Reorganización Empresarial (Fusiones) 2009/2010, Rz. 4002ff; Memento Impuesto sobre Sociedades 2008, Rz. 7291ff.

1751 Art. 36 Abs. 1 LME.

1752 Art. 91 TRLIS i.V.m. Art. 31 Abs. 1 Nr. 7 LME i.V.m. Art. 59 Abs. 1 LME.

1753 Vgl. Memento Fiscal 2010, Rz. 3802; Memento Impuesto sobre Sociedades 2008; Rz. 7290 ff.

de) Stichtag gilt also als Tag der *„retroacción contable"* und ist für die steuerliche Ermittlung maßgeblich.[1754]

Die übertragende spanische Gesellschaft ist verpflichtet eine Körperschaftsteuererklärung zu erstellen und spätestens 6 Monate und 25 Tage nach der Auflösung einzureichen.[1755] Da die Gesellschaft aufgelöst wird, geht diese Verpflichtung auf die übernehmende Gesellschaft als Rechtsnachfolger im Zuge der Universalsukzession über.[1756]

Beispiel [1757]

> Im Jahr 01 soll eine Verschmelzung zur Aufnahme erfolgen. Für beide Gesellschaften, die Müller GmbH und die Lopez"SL", entspricht das Wirtschaftsjahr dem Kalenderjahr.
> Letzte Bilanz zum 31.12.00
> Handelsrechtlicher Stichtag ("retroacción contable"[1758]): 1.1.01
> Verschmelzungsbeschluss: 20.05.01
> Eintragung der Verschmelzungsurkunde in das Registro Mercantil: 20.8.00
> Einkünfte der Müller GmbH als übernehmender Gesellschaft in 01 EUR 10.000
> Einkünfte der Lopez"SL" als übertragender Gesellschaft bis zur Auflösung: EUR 4.000

Die übertragende Gesellschaft löst sich mit Eintragung der Verschmelzungsurkunde in das Registro Mercantil auf, somit endet ihr Veranlagungszeitraum am 20.8.00. Lopez"SL" bzw. Müller GmbH als Rechtsnachfolger hat eine Körperschafsteuererklärung beim spanischen Finanzamt spätestens nach sechs Monaten und 25 Tagen einzureichen. Da im Verschmelzungsplan vereinbart wurde, dass der 1.1.01 der Zeitpunkt ist, von dem an die Handlungen der sich verschmelzenden Gesellschaften unter dem Gesichtspunkt der Rechnungslegung als für Rechnung der aus der grenzüberschreitenden innergemeinschaftlichen Verschmelzung hervorgehenden Gesellschaft vorgenommen gelten, hat die Lo-

---

1754 Vgl. Art. 91 TRLSI i.V.m. Art. 31 Nr. 7 LME; Memento Sociedades Mercantiles 2009, Rz. 5821

1755 Vgl. Art. 136 Abs. 1 TRLIS

1756 Vgl. Memento Impuesto sobre Sociedades 2008; Rz. 7294

1757 Vgl. Beispiel in Anlehnung auf Beispiel Memento Impuesto sobre Sociedades 2008; Rz. 7295.

1758 Art. 91 TRLIS i.V.m. Art. 31 Nr. 7 LME steuerlicher Übertragungsstichtag.

pez"SL" eine Null-Erklärung einzureichen. Die Müller GmbH hat jedoch Einkünfte in Höhe von EUR 14.000 in VZ 01

Beispiel[1759]

> Im Jahr 01 soll eine Verschmelzung zur Aufnahme erfolgen. Für beide Gesellschaften, die Müller GmbH und die Lopez"SL", entspricht das Wirtschaftsjahr dem Kalenderjahr.
> Letzte Bilanz zum 31.12.00
> Handelsrechtlicher Stichtag („retroacción contable"): 1.4.01
> Verschmelzungsbeschluss: 20.6.01
> Eintragung der Verschmelzungsurkunde in den „Registro Mercantil": 20.2.02
> Einkünfte der Müller GmbH als übernehmender Gesellschaft in 01 EUR 10.000
> Einkünfte der Müller GmbH als übernehmender Gesellschaft in 02 EUR 12.000
> Einkünfte der Lopez"SL" als übertragender Gesellschaft vom 1.1.01 bis zum 1.4.01: EUR 3.000
> Einkünfte der Lopez "SL" als übertragender Gesellschaft vom 1.4.01 bis zum 31.12.01: EUR 8.000
> Einkünfte der Lopez"SL" als übertragender Gesellschaft vom 1.1.02 bis zur Auflösung am 20.2.02: EUR 5.000
> Für die Lopez"SL" endet der Veranlagungszeitraum 01 am 31.12.01 und VZ 02 mit der Auflösung durch die Eintragung der Verschmelzungsurkunde in das Registro Mercantil am 20.2.02. Die Lopez"SL" hat Einkünfte i.H.v. EUR 3.000 im ersten VZ 01 bis 1.4. Für VZ ab dem 1.4.01 bis zur Auflösung ist eine „Null-Erklärung" einzureichen.
> Die Müller GmbH hat im VZ 01 Einkünfte i.H.v. EUR 18.000. Im VZ 02 hat die Müller GmbH Einkünfte i.H.v. EUR 17.000.

5.5.2.4 Steuerliche Folgen auf Ebene der übernehmenden Gesellschaft

Die Übertragung des Betriebsvermögens der deutschen Gesellschaft im Wege der Universalsukzession durch Auflösung ohne Abwicklung auf die spanische

---

1759 Vgl. in Anlehnung auf Beispiel von Memento Impuesto sobre Sociedades 2008; Rz. 7306.

Gesellschaft führt im Regelfall zur Begründung einer Betriebsstätte der spanischen Gesellschaft in Deutschland.[1760]

5.5.2.4.1 Wertverknüpfung

Die übernehmende Gesellschaft hat für die auf sie übertragenen Wirtschaftsgüter die gleichen Werte zu übernehmen, die die übertragende Gesellschaft vor der Verschmelzung in ihrer Bilanz angesetzt hat.[1761]

Nach Art. 85 Abs. 1 Satz 2 TRLIS sind diese Werte aufgrund des Verschmelzungsvorgangs an die bereits tatsächlich versteuerten Einkünfte anzupassen.

5.5.2.4.2 Nichtfestsetzung/ Steueraufschub („Diferimento")

Ein Übernahmegewinn bzw. Übernahmeverlust bleibt steuerlich außer Ansatz. Die Realisierung eines Veräußerungsgewinns wird auf Seiten der übernehmenden Gesellschaft bis auf den Zeitpunkt aufgeschoben, zu dem die erhaltenen Anteile weiterveräußert werden.[1762]

5.5.2.5 Steuerliche Folgen auf Gesellschafterebene

Die steuerlichen Folgen einer Verschmelzung auf Ebene der Gesellschafter sind in Art. 88 ff TRLIS geregelt.[1763]

Bei der Verschmelzung bekommt der Gesellschafter der übertragenden Gesellschaft neue Anteile an der aufnehmenden bzw. neu zu gründenden Gesellschaft zu einem festgelegten Tauschkurs. Es liegt ein Anteilstausch vor. Durch den Anteilstausch entstehen grundsätzlich bei jedem Gesellschafter Einkünfte, die der direkten Besteuerung unterliegen.[1764]

Der Betrag der resultierenden Einkünfte wird durch die Differenz zwischen dem normalen Verkehrswert (*„valor real"*) der erhaltenen Anteile und dem Wert der eingetauschten Anteile nach den Vorschriften der Einkommensteuer (IRPF)[1765] (soweit der Gesellschafter eine natürliche Person ist) bzw. nach denen der Körperschaftsteuer (TRLIS) (soweit es sich um eine juristische Person han-

1760 Vgl. Schmitt in Schmitt/Hörtnagl/Stratz, § 11 UmwStG, Rn. 106.
1761 Art. 85 Abs. 1 Satz 1 TRLIS.
1762 Art. 84 Abs. 1 TRLIS.
1763 Vgl. Benitez Castelar in Fusiones y adquisiciones de Empresas, S. 937.
1764 Vgl. Benitez Castelar in Fusiones y adquisiciones de Empresas, S. 937.
1765 Art. 37 Abs. 1 Buchst. e) IRPF Ley 35/2006; hierzu Banacloche Pérez in La Ley 3/2009 de las Modificaciones Estructurales de las Sociedades Mercantiles, S. 250.

delt) oder IRNR[1766] (soweit es sich um beschränkte Steuerpflichtige handelt) bestimmt.

Die übertragende Gesellschaft kann für die Anwendung des speziellen Besteuerungssystems optieren, in dem sie die Veräußerungsgewinne aus der Übertragung ihres Aktiv- und Passivvermögens ganz oder teilweise in ihre Bemessungsgrundlage einbezieht.[1767] Dies gilt auf Ebene der Gesellschafter nicht. Optiert die Gesellschaft zur Anwendung des speziellen Besteuerungssystems, sind ihre Gesellschafter an die dort gewählte Werte gebunden.[1768]

Nach dem speziellen Besteuerungssystem kann eine sofortige Besteuerung ganz oder teilweise vermieden werden.[1769] Es erfolgt insoweit ein steuerneutraler Tausch der Anteile, so dass die stillen Reserven, die in der untergehenden Gesellschaft enthalten sind, nicht aufzudecken und zu versteuern sind, da die bei dem Anteilstausch entstehenden Einkünfte der Bemessungsgrundlage der Gesellschafter nicht hinzugerechnet werden. Hintergrund ist die steuerliche Neutralität des Vorgangs zu gewährleisten. Art. 88 Abs. 2 letzter Satz TRLIS bestimmt, dass die erhaltenen Anteile so angesehen werden, als ob sie bereits seit dem Zeitpunkt, zu dem der Gesellschafter die eingebrachten Anteile erworben hat, gehalten werden.

Der Anteilstausch aufgrund einer Verschmelzung generiert bei dem Gesellschafter einen Gewinn bzw. Verlust, der sich aus dem Differenzbetrag aus dem Wertansatz zwischen dem gemeinen Wert der Anteile der übernehmenden Gesellschaft (*„valor normal de mercado de los valores“)* und dem Buchwert der Anteile der übertragenden Gesellschaft (*„valor contable de los valores entregados“)* nach den Vorschriften der Einkommensteuer[1770] (soweit der Gesellschafter eine natürliche Person ist) bzw. nach denen der Körperschaftsteuer[1771] (soweit es sich um eine juristische Person handelt) ermittelt. Die Vorschriften der Doppelbesteuerungsabkommen kommen zur Anwendung.

Die stillen Reserven, die in der untergehenden Gesellschaft enthalten sind, gehen auf die neuen Anteile an der übernehmenden Gesellschaft über. Der

1766 Besteuerung nichtansässiger Gesellschafter.

1767 Vgl. Art. 84 Abs. 2 TRLIS; Memento Reorganización Empresarial (Fusiones) 2009/2010; Rz.1687, 1685; Banacloche Pérez in La Ley 3/2009 de las Modificaciones Estructurales de las Sociedades Mercantiles, S. 250.

1768 Vgl. Art. 88 Abs. 1 TRLIS; Memento Reorganización Empresarial 2009/2010; Rz. 2506; vgl. Benítez Castelar in Fusiones y adquisiciones de Empresas, S. 937.

1769 Hier sind nicht nur Ertragsteuer sondern auch indirekte Steuern gemeint, die im Abschnitt „Indirekte Steuer“ untersucht werden.

1770 Vgl. Art. 37 LIRPF, hierzu Memento Impuesto sobre Sociedades 2008; Rz. 6946.

1771 Vgl. Art. 15 Abs. 3 TRLIS, hierzu Memento Impuesto sobre Sociedades 2008; Rz. 6946.

Tausch der Anteile wird unabhängig von der Ausübung des Bewertungswahlrechts auf Ebene der übertragenden Gesellschaft stets steuerneutral vollzogen.[1772]

Art. 87 Abs. 1 TRLIS bestimmt die Voraussetzungen damit das *"régimen especial"* und damit die Steuerneutralität Anwendung finden kann. Hiernach sind hinsichtlich des Sitzstaates der betroffenen Gesellschafter und Gesellschaften die folgenden Voraussetzungen zu erfüllen:

Die Gesellschafter der übertragenden Gesellschaft müssen in Spanien oder in einem anderen EU-Staat ansässig sein. Im Falle, dass sie in einem Drittstaat ansässig sind, müssen die als Gegenleistung erhaltenen Anteile das Kapital einer in Spanien ansässigen Gesellschaft verkörpern.

Sowohl die übernehmende als auch die übertragenden Gesellschaften müssen ihren Sitz in Spanien oder im Territorium in dem die FRL 90/434 (bspw. Deutchland) Anwendung findet, haben

Als Grundsatz gilt, solange das Besteuerungsrecht Spaniens nicht ausgeschlossen oder beschränkt wird, findet die Aufschiebung der Besteuerung hinsichtlich der Anteile statt.[1773]

5.5.2.5.1 Herausverschmelzung einer spanischen Kapitalgesellschaft mit in Spanien ansässigen Gesellschaftern auf eine deutsche Kapitalgesellschaft

Da die Gesellschafter in Spanien ansässig sind, verliert Spanien durch die Verschmelzung das Besteuerungsrecht nicht. Im vorliegenden Fall findet das sog. *"régimen especial"* Anwendung. Der Veräußerungsgewinn wird später besteuert, ungeachtet, ob das Betriebsvermögen ins Ausland überführt wird oder nicht. Letztlich wirkt sich dies lediglich bei der Anwendung des Steueraufschubs der übertragenden Gesellschaft aus.[1774]

5.5.2.5.2 Herausverschmelzung einer spanischen Kapitalgesellschaft mit in der EU (bzw. ausländischen) ansässigen Gesellschaftern auf eine deutsche Kapitalgesellschaft

Da die Gesellschafter außerhalb des spanischen Territoriums ansässig sind, besteht seitens Spaniens i.d.R. kein Besteuerungsrecht hinsichtlich der Anteile an der Überträgerin. Besteht jedoch ausnahmsweise ein spanisches Besteuerungsrecht, findet im vorliegenden Fall ebenfalls das *"régimen especial"* für die An-

---

1772 Vgl. Memento Impuesto sobre Sociedades 2008, Rz. 6810 und 6948.

1773 Vgl. Memento Reorganización Empresarial (Fusiones) 2009/2010, Rz.2519.

1774 Vgl. Memento Impuesto sobre Sociedades 2008, Rz. 6953; Memento Reorganización Empresarial (Fusiones) 2009/2010, Rz. 1510.

teilseigner, die in einem EU-Staat ansässig sind, Anwendung.[1775] Der spätere Veräußerungsgewinn wird ungeachtet der DBA-Regelungen besteuert.[1776]

Sind die Gesellschafter der übertragenden Gesellschaft in einem Steuerparadies oder außerhalb der EU ansässig, führt die Verschmelzung stets zur Sofortbesteuerung der stillen Reserven, die in der untergehenden Gesellschaft enthalten sind. Die Begründung hierfür ist, dass dieses Szenario von der FRL 90/434 nicht erfasst ist und das Besteuerungsrecht von Spanien hinsichtlich der Besteuerung der Anteile an der übernehmenden Gesellschaft ausgeschlossen wird.[1777]

5.5.2.5.3 Wegzug des Gesellschafters aus Spanien

Obschon der spanische Gesetzgeber mit der europäischen Entwicklung Schritt gehalten hat, scheint er jedoch auf das Urteil der EuGH in der Rs. Hughes Lastyrie Saillant[1778] nicht reagiert zu haben.

Im Falle, dass ein Gesellschafter den Status als Steuerresident nach seinem Wegzug aus Spanien, sogar innerhalb der EU, verliert, werden nach Art. 88 Abs. 3 TRLIS[1779] alle Einkünfte aus dem Anteilstausch für den fraglichen Zeitraum entsprechend den einkommens- bzw. körperschaftsteuerrechtlichen Vorschriften besteuert. Vorliegen entsteht eine Steuerpflichtigkeit für Einkommen, das noch nicht realisiert wurde und über das der Gesellschafter noch nicht verfügt.

Nach Art. 88 Abs. 3 TRLIS wird jedoch dem Steuersubjekt (juristische oder natürliche Person) ein Steueraufschub gewährt, solange er eine Sicherheit für die fällige Steuerlast anbietet. Der Steuerpflichtige hat Sicherheiten i.H. der erwarteten Steuerlastzu leisten. Nur dann kann die Zahlung bis zu dem Zeitpunkt, zu dem die fraglichen Anteile erneut übertragen werden, hinausgeschoben werden.[1780]

Diese Vorschrift ist nicht im Einklang mit dem o.g. EuGH-Urteil, da der Steuerpflichtige, der im Rahmen der Ausübung der Niederlassungsfreiheit seinen Wohnsitz ins Ausland verlegt, wird gegenüber eines Gesellschafters, der

1775 Vgl. Memento Reorganización Empresarial (Fusiones) 2009/2010, Rz. 2525 und 2526 Beispiel Buchst. e); Memento Impuesto sobre Sociedades 2008, Rz. 6953.

1776 Vgl. Memento Reorganización Empresarial (Fusiones) 2009/2010, Rz. 2525 und 2526 Beispiel Buchst. e); Memento Impuesto sobre Sociedades 2008, Rz. 6953.

1777 Vgl. Memento Reorganización Empresarial (Fusiones) 2009/2010, Rz. 2525.

1778 EuGH-Urteil v. 11.3.2004, Rs. C-9/02, Slg. 2004, I-2409 ff - Hughes de Lasteyrie du Saillant / Ministère de l'Économie, des Finances et de l'Industrie.

1779 Vgl. Art. 87 Abs. 4 TRLIS in der Fassung des Gesetzes 16/2007 (8. Zusatzbestimmung Nr. 16); vgl. Memento Reorganización Empresarial (Fusiones) 2009/2010; Rz. 2343.

1780 Vgl. Memento Reorganización Empresarial (Fusiones) 2009/2010, Rz. 2343 ff.

seinen Wohnsitz in Spanien beibehält, benachteiligt. Auch die Möglichkeit des Steueraufschubes ändert nichts daran.[1781]

5.5.2.5.4 Bare Zuzahlung, Barabfindung

Zusätzliche Barzahlungen, die von den Gesellschaftern in Hinblick auf die gewährten Anteile geleistet bzw. erhalten werden, werden vom Anteilswert entsprechend abgezogen bzw. hinzugerechnet.

5.5.2.6 Direkte Besteuerung auf Ebene der Gesellschafter der übernehmenden Gesellschaft

Die TRLIS enthält keine Sonderregelungen betreffend der Behandlung der Gesellschafter der übernehmenden Gesellschaft

Die Verschmelzung hat auf Ebene der Gesellschafter der übernehmenden Gesellschaft grundsätzlich keine steuerlichen Auswirkungen, da ihre Anteile von der Verschmelzung nicht betroffen sind und keinerlei Einkünfte infolge der Verschmelzung erzielt werden.

5.5.3 Indirekte Steuern

5.5.3.1 Umsatzsteuer

Die Umsatzsteuer, die in Spanien im *„Ley de Impuesto al Valor Agregado“*/LIVA geregelt ist, ist eine indirekte allgemeine Verbrauchersteuer, der grundsätzlich alle Umsätze Waren und Dienstleistungen unterliegen. Gem. Art. 5 LIVA ist Unternehmer, wer eine wirtschaftliche Tätigkeit unabhängig und an einem beliebigen Ort bzw. zu einem beliebigen Zweck und Ergebnis „selbstständig“ ausübt.[1782] Die an der Verschmelzung beteiligten übertragenden Gesell-

---

1781 EuGH-Urteil v. 11.3.2004, Rs. C-9/02, Slg. 2004, I-2409 ff; Rz 46 - Hughes de Lasteyrie du Saillant / Ministère de l'Économie, des Finances et de l'Industrie; hierzu ebenso Izzo-Wagner, Kollisionsrecht und Gesellschaftsrecht nach der EuGH-Rechtsprechung und europäischen Normgebung, S. 95.

1782 Der spanische Gesetzgeber hat die Mehrwertsteuerrichtlinie in spanisches Recht umgesetzt. Da die Umsatzsteuer in Spanien harmonisiert ist, entsprechen die Begriffe Unternehmer, Steuerbarkeit dem deutschen Verständnis dieser Begriffe. Als „wirtschaftliche Tätigkeit“ gelten alle Tätigkeiten eines Erzeugers, Händlers oder Dienstleistenden einschließlich der Tätigkeiten der Urproduzenten, der Landwirte sowie der freien Berufe und der diesen gleichgestellten Berufe. Die Tätigkeit von Lohn- und Gehaltsempfängern und sonstigen Personen gilt nicht als selbstständige Tätigkeit, soweit diese Personengruppen an ihren Arbeitgeber durch einen Arbeitsvertrag oder ein sonstiges Rechtsverhältnis gebunden sind, das ein Verhältnis der Unterordnung schafft.

schaften sind i.d.R. Unternehmer i.S.d Art. 5 LIVA. Andernfalls wäre der Verschmelzungsvorgang irrelevant aus umsatzsteuerlicher Sicht. Grundsätzlich stellt in Spanien die Übertragung von Gesellschaftsrechten einen umsatzsteuerbaren Leistungsaustausch i.S.d. LIVA[1783] dar. Bei der Übertragung von Gesellschaftsrechten wäre der allgemeine Mehrwertsteuersatz anwendbar, der 16%[1784] beträgt.[1785]

Soweit es sich um eine Verschmelzung i.S.d. Art. 83[1786] TRLIS handelt, wird eine Geschäftsveräußerung im Ganzen i.S.d. Art. 7 Abs. 1 Buchst. b) LIVA angenommen. Die im Rahmen einer Verschmelzung erfolgende Gesamtvermögensübertragung gegen Übertragung von Gesellschaftsrechten ist somit kein umsatzsteuerbarer Leistungsaustausch i.S.d. LIVA.[1787] Es ist stets erforderlich, dass es sich um eine Gesamtübertragung *(„transmisión de la totalidad del patrimonio“)* handelt.[1788] Dies dürfte jedoch bei einer Verschmelzung stets der Fall sein.

1783 Vgl. Art. 4 Abs. 1 i.V.m Abs. 2 Buchst. b) LIVA in der Neufassung von 1.1.2009.

1784 Vgl. Art. 90 Abs. 1 Ley 37/1992 in der Neufassung v. 1.1.2009.

1785 In Spanien sind drei Steuersätze anzusetzen. Ein allgemeiner Steuersatz von 16%. Ein reduzierter Steuersatz von 7% wird angewendet auf den Erwerb von Nahrungsmitteln allgemein (hier sind jedoch u.a. alkoholische Getränke, Tabak und Tafelwasser ausgeschlossen), für andere Produkte des Ärzte- und Chirurgiebedarfs, Immobilien, Dienstleistungen der Hotellerie sowie der Personentransport und den Bau von Wohnraum und Renovierung. Vgl. Art. 91 Abs 1 Ley 37/1992 in der Neufassung v. 1.1.2009. Ein stark reduzierter Steuersatz von 4% (Art. 91 Abs. 2 Ley 37/1992 in der Neufassung v. 1.1.2009) wird für Grundnahrungsmittel wie Brot, Mehl, Getreide, Eier, Milch, Käse, Gemüse, Obst Bücher, Zeitschriften; Zeltungen, die nicht nur oder wesentlich Werbung enthalten, sowie audiovisuelle Produkte (DVD, Video), Medikamente, Software angesetzt.

1786 Alle Vorgänge des Art. 83 sind nicht umsatzsteuerbare; vgl. Memento Reorganización Empresarial (Fusiones) 2009/2010, Rz. 5321.

1787 Vgl. Memento Reorganización Empresarial (Fusiones) 2009/2010, Rz. 5320 ff; Banacloche Pérez in Ley 3/2009 de las Modificaciones estructurales de las Sociedades Mercantiles, S. 252.

1788 Art. 7 LIVA, Banacloche Pérez in Ley 3/2009 de las Modificaciones estructurales de las Sociedades Mercantiles, S. 252.

5.5.3.2 Steuer auf die entgeltliche Vermögensübertragung und Register-/Stempelsteuer

Das Königliche Gesetzesdekret 1/1993,[1789] das als LITPyIAJD bekannt ist, erfasst folgende steuerliche Tatbestände:

In Spanien wird eine Steuer auf die entgeltliche Vermögensübertragung *„impuesto sobre transmisiones patrimoniales sog ITP"*[1790] (entsprechend Grunderwerbsteuer) erhoben. Sie erfasst alle entgeltlichen Übertragungen von Vermögen zwischen natürlichen (inter vivos) und auch juristischen Personen.

Ebenfalls erfasst sind Rechtsakte bzw. Rechtshandlungen *„operaciones societarias"*[1791]

Sonstige notariell protokollierte Rechtsakte sind steuerliche Tatbestände der Steuer auf protokollierte Rechtsakte oder Rechtsgeschäfte *sog. „Impuesto sobre Actos Jurídicos DocumentadosIAJD"*,. Hier sind alle gesellschaftsrechtlichen, verwaltungsrechtlichen Rechtsakte sowie allgemeine Rechtsakte bzw. Rechtshandlungen, die einer notariellen Protokollierung bedürfen, erfasst.

Grundsätzlich fällt bei der Gründung einer Gesellschaft,[1792] einer Kapitalerhöhung oder jedwedem sonstigen notariell protokollierten (Register-/Stempelsteuer[1793]) Rechtsgeschäft, entweder die sog. IAJD oder die sog. ITP i.H.v. 1% an. In keinem Fall dürfen im gleichen Rechtsgeschäft beide Steuern anfallen.[1794]

Beispiel:

Eine Gesellschaft erhöht ihr Kapital und ein Gesellschafter legt dafür ein Grundstück in die Gesellschaft ein. Der Gesellschafter überträgt das Grundstück, so dass hier grundsätzlich die Tatbestandsvoraussetzungen der ITP erfüllt wären. Gleichzeitig ist jedoch die Kapitalerhöhung ebenfalls ein Rechtsgeschäft, das der notariellen Protokollierung bedarf. Hier

---

1789 Königliches Gesetzesdekret 1/1993 von 24.9.1993; BOE Nr. 251 von 20/10/1993 zur Konsolidierung des Gesetzes über Vermögensübertragung und Dokumentation und Protokollierung von Rechtsgeschäfte bzw. Rechtsakte (Real Decreto Legislativo 1/1993, de 24 de septiembre, por el que se aprueba el Texto Refundido de la Ley del Impuesto sobre Transmisiones Patrimoniales y Actos Jurídicos Documentados).

1790 Art. 7 bis Art. 18 TR LITPyAJD.

1791 Art. 19 bis Art. 26 TR LITPyAJD.

1792 Vgl. zur Gründung einer"SRL" siehe Bascopé/Hering, GmbHR 2005, 609 (614).

1793 Art. 27 bis Art. 44 TR LITPyAJD.

1794 Art. 19 Abs. 2 TR LITPyAJD, hierzu Banacloche Pérez in Ley 3/2009 de las Modificaciones estructurales de las Sociedades Mercantiles, S. 251.

sind auch die steuerlichen Tatbestandsvoraussetzungen des IAJD erfüllt. Da die IAJD allerdings lex specialis gegenüber der ITP ist, fällt vorliegend nur diese Steuer und nicht die ITP an. Kumuliert können beide Steuern vorliegend nicht anfallen.

Bei einer Verschmelzung zur Neugründung oder zur Aufnahme mit Kapitalerhöhung wären ebenfalls sowohl die steuerlichen Tatbestandsvoraussetzungen der ITP als auch der IAJD erfüllt (Gründung der neuen Gesellschaft, Kapitalerhöhung, etc.). Sind jedoch die Voraussetzungen für eine steuerneutrale Verschmelzung erfüllt, so werden weder ITP noch IAJD erhoben.[1795] Damit soll das Steuerneutralitätsprinzip gesichert werden.

Für Zwecke der *„ITP, IAJD, Impuesto sobre Actos Jurídicos Documentados"* werden die Verschmelzung oder Spaltung von Unternehmen als nicht steuerbarer Vorgang angesehen.[1796]

5.5.3.3 Vermögenssteuer auf Wertsteigerungen städtischer Grundstücke „Impuesto sobre el Incremento del Valor de los Terrenos de naturaleza Urbana"

In Spanien wird eine Vermögenssteuer auf die Wertsteigerung städtischer Grundstücke „Impuesto sobre el Incremento del Valor de los Terrenos de naturaleza Urbana" erhoben.

Die Vermögenssteuer auf Wertsteigerungen städtischer Grundstücke ist eine kommunale Abgabe, die allerdings bei Grundvermögen im Rahmen der Übertragung des gesamten Aktiv- und Passivvermögens infolge einer Verschmelzung nicht anfällt.[1797]

1795 Art. 19 Abs. 2 Nr. 1 und Art. 21 TR LITPyAJD; Memento Reorganización Empresarial (Fusiones) 2009/2010, Rz. 5300 ff.; Banacloche Pérez in Ley 3/2009 de las Modificaciones estructurales de las Sociedades Mercantiles, S. 251.

1796 Vgl. Art. 45 Abs. 1 Buchst. B) Nr. 10 i.V.m. Art. 21 TR LITPyAJD i.V.m. Art. 83 und 94 TRLIS; hierzu Memento Fiscal 2008, Rz. 3792; Memento Reorganización Empresarial (Fusiones) 2009/2010, Rz. 5300 ff.

1797 Vgl. Zweite Zusatzbestimmung TR LITPyAJD; Memento Fiscal 2008, Rz. 3794; Memento Impuesto sobre Sociedades 2008, Rz. 7550.

5.6 Ergebnis zu Kapitel 5

Nach einer ausführlichen Untersuchung der steuerlichen Rahmenbedingungen für eine grenzüberschreitende innergemeinschaftliche Verschmelzung auf europäischer Ebene in Deutschland und in Spanien, wurde gezeigt, dass die FRL 90/434 in das jeweilige nationale Recht umgesetzt wurde.

Beachtenswert ist, dass der spanische Gesetzgeber die harmonisierenden Regelungen der FRL 90/434 in allen wesentlichen Punkten zu Beginn des Jahres 1992, somit fristkonform, in das spanische Recht umsetzte. Nach Umsetzung der FRL 90/434 wurde die Durchführung einer grenzüberschreitenden innergemeinschaftlichen Verschmelzung in der Regel steuerneutral ermöglicht. Die europarechtlichen Vorgaben der FRL 90/434 zur Verschmelzung und Spaltung wurden vom deutschen Gesetzgeber aufgrund des Fehlens der gesellschaftsrechtlichen Voraussetzungen hingegen ignoriert.Das deutsche Steuerrecht unterwarf sowohl die Herein- als auch die Herausverschmelzung der Besteuerung nach den allgemeinen Regeln und behandelte daher diese beide Fälle als grundsätzlich steuerpflichtigen Vorgänge. Der deutsche Gesetzgeber implementierte die FRL 90/434 mit Inkrafttreten des SEStEG am 13.12.2006 und ermöglichte erst fast 20 Jahre später eine grundsätlich steuerneutrale grezüberschreitende innergemeinschaftliche Verschmelzung.

Der Grundsatz der Steuerneutralität grenzüberschreitender innergemeinschaftlicher Verschmelzungen wird grundsätzlich gewährleistet und somit in der Regel ein Zwang zur Auflösung stiller Reserven bei diesen Vorgängen vermieden. Zur Besteuerung soll es kommen, wenn eine tatsächliche Gewinnrealisation, z.B. durch Veräußerung, erfolgt. Lediglich bei immateriellen Wirtschaftgütern, wie insbesondere dem Geschäfts- und Firmenwert, wird es jedoch aufgrund des bestehenden Zuordnungsvorrangs zum Stammhaus statt zur (verbleibenden) Betriebsstätte häufig zur sofortigen Aufdeckung der stillen Reserven kommen. Um das Risiko der Aufdeckung der stillen Reserven zu vermeiden, werden in der Praxis in diesen Fällen nicht selten Verschmelzungen unterbleiben, so dass die vorgenannten Ziele faktisch doch nicht erreicht werden kann. Es fehlt an einer harmonisierten Regelung, die diese Fälle behandelt.

Aus den vorstehenden Ausführungen wird ersichtlich, dass die Durchführung einer grenzüberschreitenden innergemeinschaftlichen Verschmelzung unter Beteiligung deutscher und spanischer Kapitalgesellschaften in verschiedenen Konstellationen grundsätzlich steuerneutral möglich ist.

6 Fazit und Ausblick

Primäre Zielsetzung des Vertrages von Rom zur Gründung der EWG war die Verwirklichung eines gemeinsamen Binnenmarktes zwischen den EU-Staaten mit freiem Waren-, Personen-, Dienstleistungs- und Kapitalverkehr. Zur Grundfreiheit der o.g. Personenfreizügigkeit gehört die Niederlassungsfreiheit.Um dieses Ziel zu erreichen, mussten Barrieren und Hindernisse abgebaut werden. Dabei ging es um weitreichende Maßnahmen u.a. durch die Vereinheitlichung technischer Normen sowie Angleichung der unterschiedlichen Steuern (Arten und Höhe), Aufhebung, Änderung oder Anpassung von Gesetzen, Verordnungen, etc. Zwar sind bislang noch nicht alle Hindernisse und Barrieren vollständig abgebaut, jedoch nähert sich der Rechtszustand Schritt für Schritt diesem Ziel.

Eine bedeutende Ausprägung der Niederlassungsfreiheit der Artt. 49 und 54 AEUV (ex-Artt. 43 und 48 EGV) war und ist die Ermöglichung einer grenzüberschreitenden innergemeinschaftlichen Verschmelzung von Kapitalgesellschaften. Es kam jedoch lange nicht zu einer entsprechenden Verständigung der EU-Staaten, da die großen Unterschiede der EU-Staaten in den Fragen der Mitbestimmung und der steuerrechtlichen Behandlung dieser Vorgänge schier unüberwindlich erschienen. Als jedoch diese Barrieren aus steuerrechtlicher und mitbestimmungsrechtlicher Sicht für die SE überwunden wurden, hat der Grundkonsens, der letztendlich zur Einführung der Europäischen Gesellschaft (Societas Europaea, SE) geführt hat, unmittelbar im Anschluss daran den Weg für die Verabschiedung der Richtlinie über die Verschmelzung von Kapitalgesellschaften aus verschiedenen Mitgliedstaaten (VRL 2005/56/EG) und deren Umsetzung in nationales Recht durch die nationalen Gesetzgeber geebnet.

Mit der Umsetzung der FRL 90/434 und der VRL 2005/56/EG sowohl in deutsches als auch in spanisches Recht wurden zweifellos wichtige Schritte zur Verwirklichung eines funktionierenden europäischen Binnenmarktes vollzogen. Nach einer ausführlichen Untersuchung konnte gezeigt werden, dass beide Richtlinien rechtssichere und praktikable Instrumente zur Durchführung grenzüberschreitender innergemeinschaftlicher Verschmelzungen unter Beteiligung von Kapitalgesellschaften darstellen und zu gesellschaftsrechtlichen Vereinfachungen bei einer gleichzeitig weitgehenden Eröffnung der Steuerneutralität führen. Es wäre jedoch wünschenswert, wenn auch eine einheitliche Regelung der maßgeblichen Sprache des Verschmelzungsplanes sowie dessen notarieller Beurkundung erreicht werden würde. Auch die bereits ausführlich erläuterte Problematik der Zuständigkeit bei der Bestellung des Verschmelzungsprüfers bedarf im Sinne der Rechtssicherheit einer eindeutigen Klärung.

Die primärrechtlich garantierte Mobilität von Gesellschaften im europäischen Binnenmarkt muss jedoch durch weitere und detailliertere sekundärrechtliche Regelungen ausgefüllt und konkretisiert werden, um Umwandlungen mit europäischem Bezug zwischen den EU-Staaten besser aufeinander abzustimmen. Insbesondere vor dem Hintergrund der SEVIC-Entscheidung, wonach die Durchführung grenzüberschreitender innergemeinschaftlicher Verschmelzungen durch die Niederlassungsfreiheit der Artt. 49 und 54 AEUV (ex-Artt. 43 und 48 EGV) gedeckt ist, wird deutlich, dass sämtliche in Art. 54 (ex-Art. 48 EGV) genannten Gesellschaften Subjekt grenzüberschreitender innergemeinschaftlicher Verschmelzungen sein können.

Aus deutscher Sicht dürfte nach der SEVIC-Entscheidung mithin an der Zulässigkeit grenzüberschreitender innergemeinschaftlicher Verschmelzungen von Personengesellschaften kein Zweifel mehr bestehen. Das spanische Recht lässt die Beteiligung von Personengesellschaften an solchen Vorgängen sogar ausdrücklich zu. Für die Durchführung solcher Verschmelzungen liegen jedoch, anders als bei Kapitalgesellschaften, keine harmonisierten sekundärrechtlichen Vorschriften vor. Die Umsetzung dieser Verschmelzungen richtet sich derzeit ausschließlich nach den – nicht harmonisierten – Gesellschaftsstatuten der betroffenen Gesellschaften nach Maßgabe der Vereinigungstheorie. Folglich ist auch insoweit eine gemeinschaftsrechtliche Richtlinie zu fordern, um Verschmelzungen von Personengesellschaften, die dem Recht verschiedener EU-Staaten unterliegen, zu erleichtern und damit zur Rechtssicherheit, der Vollendung und dem reibungslosen Funktionieren des Binnenmarkts beizutragen.

Auch andere Umwandlungsmodalitäten, wie die grenzüberschreitende innergemeinschaftliche Spaltung, dürften aus deutscher Sicht auf der Grundlage der Niederlassungsfreiheit zulässig sein. Auch insoweit hat Spanien eine Vorreiterrolle übernommen, indem die Spaltung dort bereits gesetzlich geregelt ist. Derzeit müssen die an Spaltungen beteiligten Gesellschaften nach der Vereinigungstheorie zwei unharmonisierte Rechtsordnungen nebeneinander berücksichtigen, wobei jedoch regelmäßig Anpassungsschwierigkeiten und rechtliche Grauzonen zu erkennen und zu bewältigen sind. Sowohl ein generelles Verbot als auch eine faktische Verhinderung dieser grenzüberschreitenden Gestaltungen sind mit der Niederlassungsfreiheit unvereinbar und stellen einen Verstoß gegen die primärrechtlich garantierte Mobilität von Gesellschaften im europäischen Binnenmarkt dar. Mit der ÄndRL 2009/109 hat der Richtliniengeber nunmehr einen weiteren Schritt in Richtung der Vereinfachung von Verschmelzungen und Spaltungen gemacht.

Steuerlich wird durch die Umsetzung der FRL 90/434 in deutsches und spanisches Recht regelmäßig ein Zwang zur Auflösung stiller Reserven bei grenzüberschreitenden innergemeinschaftlichen Verschmelzungen vermieden, d.h. der

Grundsatz der Steuerneutralität grenzüberschreitender innergemeinschaftlicher Vorgänge gewährleistet. Eine Besteuerung soll vielmehr erst dann erfolgen, wenn eine tatsächliche Gewinnrealisation, z.B. durch Veräußerung, erfolgt. Bei immateriellen Wirtschaftgütern, wie insbesondere dem Geschäfts- und Firmenwert, wird es jedoch – faktisch und eindeutig im Widerspruch zur Zielvorgabe – aufgrund des bestehenden Zuordnungsvorrangs zum Stammhaus statt zur (verbleibenden) Betriebsstätte regelmäßig zur sofortigen Aufdeckung der stillen Reserven kommen. Da die immateriellen Werte zunehmend die wesentlichsten Wertfaktoren der Unternehmen ausmachen, unterbleiben damit nicht selten wirtschaftlich erforderliche oder sinnvolle Verschmelzungsvorgänge. Eine harmonisierte Regelung, die auch insoweit die Steuerneutralität der Verschmelzung sichert, erscheint erforderlich, zumindest aber erstrebenswert.

Ferner konnte gezeigt werden, dass der spanische dem deutschen Gesetzgeber seit Jahren einen Schritt voraus ist, da er bereits im Jahr 1992 im wesentlichen alle Konsequenzen aus der FRL 90/434 gezogen hat und seitdem auf diese Weise grenzüberschreitende innergemeinschaftliche Verschmelzungen grundsätzlich steuerneutral ermöglicht hat. Bemerkenswert ist die rechtzeitige Umsetzung der FRL 90/434 in spanisches Recht, obwohl Spanien kein Niedrigsteuerland ist und – wie Deutschland – stets mit der Verlagerung von Steuersubstrat in Niedrigsteuerländer zu kämpfen hat.[1798]

Der spanische Gesetzgeber hat mit der umfassenden Reform einen mutigen Schritt unternommen und das *„régimen especial"* weitgehend liberalisiert. Ferner hat der spanische Gesetzgeber mit der Verabschiedung des LME nicht nur die grenzüberschreitende innergemeinschaftliche (und auch außergemeinschaftliche) Verschmelzung, sondern auch die Spaltung und Sitzverlegung auf eine gesetzliche Grundlage gestellt. Ausweislich der Gesetzesbegründung des LME verfolgt der spanische Gesetzgeber damit vor allem eine Verbesserung der Rahmenbedingungen für die spanische Wirtschaft durch die Eröffnung von Umstrukturierungsmöglichkeiten und deren Flexibilisierung sowie der angemessenen Berücksichtigung des Schutzes von Anlegern, Gläubigern und Arbeitnehmern.

Mit der Verabschiedung des LSChat der spanische Gesetzgeber einen weiteren Schritt in Richtung Modernisierung des spanischen Gesellschaftsrechts gemacht, da er hiermit die bisher auf mehrere Gesetze verteilte gesellschaftsrechtlichen Vorschriften betreffend Kapitalgesellschaften harmonisiert und in einem

1798 Siehe die verschiedenen Ländervergleiche der OECD abrufbar unter http://www.oecd.org/document/60/0,3343,en_2649_34533_1942460_1_1_1_1,00.html

neuen, gemeinsamen Gesetz zusammenfasst.[1799] Die spanische Rechtsordnung bietet damit im Vergleich zur deutschen flexiblere und liberalere Rahmenbedingungen für die Verfolgung unternehmerischer Zwecke im grenzüberschreitenden europäischen Markt.

Über eine lange Zeit hält Deutschland nunmehr schon an einer eher konservativen Haltung fest. Dies wird an der Tatsache deutlich, dass bis vor kurzem die Rechtsprechung einhellig und das Schrifttum mehrheitlich der mobilitätsfeindlichen Sitztheorie folgten.[1800] Nachdem, um die deutsche Rechtsordnung wettbewerbsfähig zu halten, über die Notwendigkeit gesetzgeberischer Maßnahmen immer offener diskutiert wurde, hat der deutsche Gesetzgeber diesen Anpassungsbedarf erkannt und das deutsche Recht – um mit dem Europarecht Schritt zu halten – in den letzten Jahren – aus deutscher Sicht vermeintlich rasant – weiterentwickelt. Die verbleibenden Varianten grenzüberschreitender Umwandlungen (Verschmelzungen unter Beteiligung von Personen(handels)gesellschaften, Formwechsel, Spaltungen) werden jedoch weiterhin nicht durch das deutsche Umwandlungsrecht abgedeckt, obwohl sie primärrechtlich durch die Niederlassungsfreiheit der Gesellschaften Artt. 49, 54 AEUV (ex-Artt. 43, 48 EGV) garantiert sind.

Mit Blick auf das bestehende europäische Primär- und Sekundärrecht sowie die diesbezügliche EuGH-Rechtsprechung ist jedoch zu begrüßen, dass der deutsche Gesetzgeber mit den neuen Vorschriften im UmwG und im UmwStG für deutsche Kapitalgesellschaften die grenzüberschreitende innergemeinschaftliche Verschmelzung mit anderen Kapitalgesellschaften aus EU-Staaten (und auch mit EWR-Staaten) ermöglicht hat.

Für Personengesellschaften und andere Rechträger sowie für weitere Umwandlungsformen fehlen jedoch bisher einheitliche nationale gesetzliche Regelungen. Diese sind allerdings auf Grund des Anwendungsvorrangs des europäischen Primärrechts, welches sämtliche Formen grenzüberschreitender innergemeinschaftlicher Umwandlungen schützt, grundsätzlich rechtlich zulässig. Für alle andere Umwandlungsmodalitäten, die ebenfalls von der Niederlassungsfreiheit gedeckt sind, ist in absehbarer Zeit nicht zu erwarten, dass die Europäische Kommission eine Harmonisierung mit Nachdruck herbeiführen wird. Vor diesem Hintergrund sollte sich der deutsche Gesetzgeber aus eigenem Antrieb für andere grenzüberschreitende innergemeinschaftliche Umwandlungsmodalitäten und Rechtsformen öffnen und die rechtlichen Grundlagen für eine umfassende steuerliche Neutralität von Umwandlungsvorgängen ermöglichen. Diese sind

1799 Vgl. Bascopé/Stepholt, IStR-LB 2010, 39; ausführlich zu LSC siehe Abschnitt 2.2.1.2.1. Buchst d)

1800 Vgl. Fortshoff in Grenzüberschreitende Gesellschaften, S. 60 m.w.N.

zurzeit wegen der bestehenden Rechtsunsicherheit über die einzuhaltenden Verfahrensvorschriften nahezu nicht praktikabel bzw. nur im Wege umständlicher und kostenintensiver Hilfskonstruktionen durchführbar. Eine Öffnung des deutschen Umwandlungsrechts für alle Varianten grenzüberschreitender Umwandlungen und Gesellschaften i.S.d. Art. 54 AEUV ist somit dringend geboten.

Die Europäische Kommission ist ebenfalls aufgefordert, die Arbeiten an der 14. Sitzverlegungsrichtlinie wieder aufzunehmen. Trotz großer Relevanz der Cartesio-Entscheidung im Bereich Mobilität der Gesellschaften innerhalb des Binnenmarkts konnte gezeigt werden, dass diese für die grenzüberschreitende innergemeinschaftliche Verschmelzung folgenlos ist, da die Verschmelzung bereits für die Herein- und Herausverschmelzung geregelt ist. Nach der Cartesio-Entscheidung steht es dem vom Wegzug betroffenen EU-Staat frei, diesen Wegzug (Sitzverlegung) mit dem Verlust des bisherigen Gesellschaftsstatuts zu sanktionieren und somit die primärrechtliche Niederlassungsfreiheit im Wegzugsfall zu beschränken. Seinerseits hat der spanische Gesetzgeber rechtzeitig erkannt, dass in einer globalen Wirtschaftswelt die Mobilität von Unternehmen einen sehr hohen Stellenwert einnimmt und aus eigener Initiative – ohne die Verabschiedung einer europäischen Sitzverlegungsrichtlinie – die grenzüberschreitenden identitätswahrende Sitzverlegung gesetzlich geregelt. Es bleibt zu hoffen, dass sich der deutsche Gesetzgeber den spanischen Gesetzgeber als Vorbild begreift und die grenzüberschreitende Sitzverlegung in deutsches Recht implementiert.[1801]

Nach einer ausführlichen Untersuchung der kollisions,- gesellschafts- und steuerrechtlichen Rahmenbedingungen für die Durchführung einer grenzüberschreitenden innergemeinschaftlichen Verschmelzung konnte gezeigt werden, dass die grenzüberschreitende innergemeinschaftliche Heraus- und die Hereinverschmelzung derzeit nur für Kapitalgesellschaften eine rechtlich gesichert gangbare Alternative zur Gestaltung innerhalb der EU ist.

1801 Ebenso Leible/Hoffmann DB 2008, 58.

Literaturverzeichnis

Adolff, Johannes; Konkurrierende Bewertungssysteme bei der grenzüberschreitenden Verschmelzung von Aktiengesellschaften ZHR 173 (2009), S. 67-100

Albadejo, Manuel; Diez Alabart, Silvia (Hrsg.); Comentarios al Código Civil y Compilaciones Forales Madrid 1978

Álvarez Arjona; José María; Carrasco Perera, Ángel (Hrsg.); Fusiones y Adquisiciones de Empresas, 1.Auflage, Navarra 2004

Ansón Peironcely; Rafael; Banacloche Pérez, Julio; Garrido de Palma, Víctor (Hrsg.); Ley 3/2009 de las Modificaciones Estructurales de las Sociedades Mercantiles. 1. Aufl. Pamplona 2010

Arbeitsgemeinschaft der Fachanwälte für Steuerrecht e.V.; 60. Steuerrechtliche Jahresarbeitstagung Unternehmen 2009 Arbeitsbuch

Deutsche Anwaltsinstitut e.V. (Hrsg.); 61. Steuerrechtliche Jahresarbeitstagung Unternehmen 2010 Arbeitsbuch

Arroyo, Ignacio; Embid, José Miguel (Hrsg.); Comentarios a la Ley de Sociedades Anónimas, - Band I-III;Kommentar; 1. Aufl. Madrid 2001

Ávila Navarro, Pedro; Modificaciones Estructurales de las Sociedades Mercantiles. Ley 3/2009

Ballreich; Hilbert; Fallkommentar Umwandlungsrecht, Darmstadt 2006

Bamberger, Heinz Georg; Roth, Herbert (Hrsg.); Beck´scher Online Kommentar EGBGB Stand 1.9.2009 Edition 15 Mainz und Regensburg 2007

Bascopé Chávez, Hugo Rolando; Hering, Alexander; Die spanische Gesellschaft mit beschränkter Haftung (Sociedad deResponsabilidad Limitada,"SRL"). Errichtung, Organisation, Liquidation und Besteuerung GmbHR 2005, S. 609-615

Bascopé Chávez, Hugo Rolando, Stepholt, Ralf; Alle gesellschaftsrechtlichen Regelungen zu spanischen Kapitalgesellschaften nunmehr harmonisiert und im „Ley de Sociedades de Capital" zusammengefasst ISTR-LB 2010, S. 88

Bayer, Walter; Auswirkungen der Niederlassungsfreiheit nach den EuGH-Entscheidungen Inspire Art und Überseering auf die deutsche Unternehmensmitbestimmung AG 2004, S. 534-538

Grenzenlose Mobilität in Europa – VRL 2005/56/EG in Kraft, BB 2006, Die erste Seite

Bayer, Walter; Schmidt, Jessica; Der Referentenentwurf zum 3. UmwÄndG: Vereinfachungen bei Verschmelzungen und Spaltungen und ein neuer verschmelzungsspezifischer Squeeze out ZIP 2010, 953BB-Rechtsprechungs- und Gesetzgebungsreport im Europäischen Gesellschaftsrecht 2008/09 BB 2010, 387-394

Der Schutz der grenzüberschreitenden Verschmelzung durch die Niederlassungsfreiheit - Zugleich Besprechung von EuGH v 13.12.2005– Rs. C- 411/03, ZIP 2005, 2311 – SEVIC ZIP 2006, S. 210-213

Die neue Richtlinie über die grenzüberschreitede Verschmelzung von Kapitalgesellschaften - Inhalt und Anregungen zur Umsetzung in Deutschland NJW 2006, S. 401-406

Auswirkungen der Niederlassungsfreiheit nach den EuGH-Entscheidungen Inspire Art und Überseering auf die deutsche Unternehmensmitbestimmung AG 2004, S. 534-538

Becher, Herbert; Wörterbuch der Rechts- und Wirtschaftssprache, Teil II Deutsch-Spanisch (Herbert Becher) 3. Auflage, CH Beck´sche Verlagsbuchhandlung München, 1989

Behrens, Peter; Der Anerkennungsbegriff des Internationalen Gesellschaftsrechts ZGR 1978, S. 499-514

Niederlassungsfreiheit und Internationales Gesellschaftsrecht, Rabels Z 52 (1988), S. 498-525

Die grenzüberschreitende Sitzverlegung von Gesellschaften in der EWG - Zu EuGH, 27-09-1988 – Rs. 81/87 - Daily Mail and General Trust PLC IPRax 1989, S. 354-361

Das Internationale Gesellschaftsrecht nach dem Centros-Urteil des

EuGH IPRax 1999, S. 323-331

Das Internationale Gesellschaftsrecht nach dem Überseering-Urteil des EuGH und den Schlussanträgen zu Inspire Art IPRax 2003, S. 193-207

Die neue Lektion aus Luxemburg zur internationalen Mobilität von Gesellschaften: Grenzüberschreitende Verschmelzungen sind möglich! EuZW 2006, S. 65

Benecke, Martina; Schnitger, Arne; Änderungsrichtlinie zur Fusionsrichtlinie: Vermeidung der wirtschaftlichen Doppelbesteuerung und Aufnahme transparenter Gesellschaften – zwei unvereinbare Ziele? – Teil IIStR 2005, S. 606-612

Beul, Rene; Anmerkung zu EuGH Urteil C-411/03 vom 13.12.2005 IStR 2006, S. 34-36

Beutel, David; Der neue rechtliche Rahmen grenzüberschreitender Verschmelzungen in der EU; Diss. München 2008

Blanco Fernández, José María; La Nacionalidad de la sociedad en la Ley de Sociedades Anónimas RDM 1992, S. 245

Blumenberg, Jens; Schäfer, Karl P.(Hrsg.); Das SEStEG, 1. Aufl. München, 2007

Brocker, Moritz;Die grenzüberschreitende Verschmelzung von Kapitalgesellschaften BB 2010, S. 971-977

Büchting, Hans-Ulrich; Heussen, Benno; Beck´sches Rechtsanwalts-Handbuch, 9.Aufl., München 2007

Bungert, Hartwin; Grenzüberschreitende Verschmelzungsmobilität– Anmerkung zur SEVIC-Entscheidung des EuGH BB 2006, S. 53-56

Calvo Caravaca Alfonso Luis; Comentarios al Código Civil y Compilaciones Forales, Band I, Vol II, Art. 8 al Art. 16 del Código Civil. Aufl. 2; Madrid, 1995

Campos Nave, Jose; Steuerliche Aspekte der Sitzverlegung von Kapitalgesellschaften in das europäische Ausland BB 2005, S. 2660-2664

Carlé, Dieter; Korn, Klaus; Stahl, Rudolf; Strahl, Martin (Hrsg.); Umwandlungen Praxisleitfaden Umwandlungen und Einbringung nach neuem Recht; Bonn, Berlin 2007

Dauner-Lieb, Barbara; Simon, Stefan (Hrsg.); Kölner Kommentar zum Umwandlungsgesetz,1. Auflage 2009

Dauses, Manfred (Hrsg.); Handbuch des EU-Wirtschaftsrecht, 23. Ergänzungslieferung 2008

Decher, Christian; Grenzüberschreitende Umstrukturierungen jenseits von SE und Verschmelzungsrichtlinie Der Konzern 2006, S. 805-811

Dikmann; Hans; Änderung des Umwandlungsgesetzes NZG 2010, 489

Dorr, Robert; Stukenborg, Gabriela; „Going to the Chapel“: Grenzüberschreitende Ehe im Gesellschaftsrecht – Die ersten transnationale Verschmelzung nach dem UmwG (1994) DB 2003, S. 647-653

Dötsch, Ewald; Patt, Joachim; Pung, Alexandra;Möhlenbrock, Rolf; Umwandlungssteuerrecht, 6. Auflage 2007

Dötsch, Ewald; Jost, Werner; Pung, Alexandra; Witt, Georg; Kommentar zum KStG und EStG, Loseblatt-Slg. Stand: 2007

Drinhausen, Florian; Keinath, Astrid; Die grenzüberschreitende Verschmelzung inländischer Gesellschaften nach Erlass der Richtlinie zur grenzüberschreitenden Verschmelzung von Kapitalgesellschaften in Europa BB 2006, S. 725-732

Drinhausen, Florian; Gesell, Harald; Gesellschaftsrechtliche Gestaltungsmöglichkeiten grenzüberschreitender Mobilität von Unternehmen in EuropaBB-Special 2006, S. 3-17

Drobing, Ulrich; Kritische Bemerkungen zum Vorentwurf eines EWG-Übereinkommen über die Anerkennung von Gesellschaf- ten ZHR 129 (1967), 93-120

Drygala, Tim; Die Mauer bröckelt – Bemerkungen zur Bewegungsfreiheit deutscher Unternehmen in Europa – Zugleich Besprechung der Schlussanträge des EuGH-GA vom 7.7.2005 – Rs. C- 411/03 ZIP 2005, S. 1995-2000

Eidenmüller, Horst (Hrsg.); Ausländische Kapitalgesellschaften im deutschen Recht Einzeldarstellung 2004

Eyles, Uwe;Das Niederlassungsrecht der Kapitalgesellschaften in derEuropäischen Gemeinschaft und seine Verwirklichung auf der Grundlage primären und sekundären Gemeinschaftsrechts – Inhalt und Grenzen einer Überlagerung des deutschen Gesellschaftsrechts und Unternehmensrechts durch das öffentliche Wirtschaftsrecht der Europäischen Gemeinschaft; Diss. Konstanz 1990

Fernandez de la Gandára, Luis; Calvo Caravaca, Alfonso-Luis; Derecho Mercantil Internacional, 2. Aufl.;Madrid 1995

Fey, Achim; Beck'sches Steuer- und Bilanzrechtslexikon, Edition 1/2009

Figna, Winfried; Fürstenau, Daniel; Steuerliche Praxisfragen bei grenzüberschreitenden Verschmelzungen BB-Special 5/2011, 12-18

Fisahn, Andreas; Mushoff, Tobias; Vorwirkung und unmittelbare Wirkung europäischer Richtlinien EuR 2005, 222-230

Forsthoff, Ulrich; Internationale Verschmelzungsrichtlinie: Verhältnis zur Niederlassungsfreiheit und Vorwirkung; Handlungszwang für Mitbestimmungsreform DStR 2006, S. 613-618

Freytag, Lars; Neues zum Recht der Konzernverschmelzung und des Squeeze out BB 2010, S. 1611-1618

Frischhut, Markus; Grenzüberschreitende Verschmelzungen von Kapitalgesellschaften – ein Überblick über die Zehnte gesellschaftsrechtliche Richtlinie EWS 2006, S. 55-60

Frotscher, Gerrit; Kommentar zum Körperschaft-, Gewerbe- und Umwandlungssteuergesetz Online

Ganske, Joachim; Umwandlungsrecht 1. Aufl., Düsseldorf 1994

Garcimartín Alférez; Francisco José; Derecho de Sociedades, Parte General Problemas de Ley; aplicable, Band VI, Volumen I,

Gesell, Harald; Krömker, Michael; Grenzüberschreitende Verschmelzungen nach SEVIC: PraxisBericht über die Verschmelzung einer niederländischen auf eine deutsche Gesellschaft DB 2006, S. 2558-2563

Geyrhalter, Volker; Weber, Thomas; Die Schlussanträge des Generalanwalts in Sachen SEVIC Systems AG, NZG 2005, S. 837-838 Transnationale Verschmelzungen – im Spannungsfeld zwischen SEVIC Systems und der VRL 2005/56 DStR 2006, S. 146-151

Gómez Purrúa; Juan Manuel; La Fusión de Sociedades Anónimas en el Derecho Espanol y Comunitario; Diss. Sevilla 1989

Gottschalk, Eckart; Anmerkung zu EuGH-Urteil C 411/03 vom 13.12.2005 EuZW 2006, S. 83-84

Grambow, Tobias; Arbeits- und gesellschaftsrechtliche Fragen bei grenzüberschreitenden Verschmelzungen unter Beteiligung einer Europäischen Gesellschaft (Societas Europaea - SE), Der Konzern 2009, S. 97-104

Grambow, Tobias; Stadler, Ramona; Grenzüberschreitende Verschmelzungen unter Beteiligung einer Europäischen Gesellschaft (Societas Europaea – SE) BB 2010, S. 977-980

Grohmann, Uwe; Gruschinske, Nancy; Die identitätswahrende grenzüberschreitende Satzungssitzverlegung in Europa – Schein oder Realität?GmbHR 2008, 27ff

Großerichter, Helge; Ausländische kapitalgesellschaftenim deutschen Rechtsraum: Das deutsche Internationale Gesellschaftsrecht und seine Perspektiven nach der Entscheidung „Überseering" DStR 2003, S. 159-169

Großfeld, Bernhard; König, Thomas; Das Internationale Gesellschaftsrecht in der Europäischen Gemeinschaft RIW 1992, S. 433-440

Grundmann, Stefan; Europäisches Gesellschaftsrecht. Eine systematische Darstellung unter Einbeziehungdes Kapitalmarktrechts; Heidelberg 2004

Grunewald, Barbara; Der Gläubigerschutz bei grenzüberschreitenden Verschmelzungen nach dem Entwurf eines zweiten Gesetzes zur Änderung des UmwG Der Konzern 2007, S. 106-108

Hagemann, Jens; Jakob, Burkhard; Ropohl, Florian; Viebrock, Björn; Das Neue Konzept der Verstrickung und Entstrickung sowie die Neufassung des Umwandlungssteuergesetzes, NWB-Sonderheft 1/2007,

Haritz, Detlef; Anmerkung zu EuGH Urteil C-411/03 vom 13.12.2005GmbHR 2006, S. 140-144

Haritz, Detlef; von Wolff, Bodo; Internationalisierung des deutschen Umwandlungsrechts - Zum Entwurf eines Zweiten Gesetzes zur Änderung des Umwandlungsgesetzes GmbHR 2006, S. 340-345

Heckschen, Heribert; Die Novelle des Umwandlungsgesetzes – Erleichterung für Verschmelzungen und Squeeze-out NJW 2011, 2390-2395

Herrle, Sebastian; Ermöglichung grenzüberschreitender Verschmelzungen von Kapitalgesellschaften durch Änderung des Umwandlungsgesetzes - Umsetzung der Verschmelzungsrichtlinie unter Vernachlässigung der primärrechtlichen Rahmenbedingungen EuZW 2007, S. 295-300

Hirte, Heribert; Bücker, Thomas(Hrsg.); Grenzüberschreitende Gesellschaften, 2. Aufl. Berlin /München

Hoffmann, Jochen; Die Bildung der Aventis S. A. - ein Lehrstück des europäischen Gesellschaftsrechts NZG 1999, S. 1077-1085

Hruschka, Franz; Hellmann, Dieter; Bewertungswahlrechte bei grenzüberschreitenden Umwandlungen DStR 2010, 1961-1965

Institut der Wirtschaftsprüfer (IDW) (Hrsg); Wirtschaftsprüfungshandbuch 2008, Band II Düsseldorf 2007

Inwinkl, Petra; Schneider, Georg; Fusionsverbote nach der Internationalen Verschmelzungsrichtlinie 2005/56/EG und dem österreichischen EU-VerschG RIW 2008, 4-11

Izzo-Wagner; Anna Lucia; Kollisionsrecht und Gesellschaftsrecht nach der EuGH-Rechtsprechung und europäischen Normgebung; Diss. Frankfurt 2009

Käbisch, Volker; Bunzeck, Gerd; Grenzüberschreitende Umstrukturierungen nach dem Erlassentwurf zum UmwStG vom 2.5.2011, IWB 2011, S. 392-401

Käbisch, Volver; Bunzeck, Gerd; Grenzüberschreitende Umstrukturierungen nach dem Erlassentwurf zum UmwStG vom 2.5.2011, IWB 2011, 392-400

Kallmeyer, Harald; Kappes, Stephan; Grenzüberschreitende Verschmelzungen und Spaltungen nach SEVIC Systems und der EU-VRL 2005/56 AG 2006, S. 224-238

Kallmeyer, Harald (Hrsg.); Umwandlungsgesetz - Verschmelzung, Spaltung und Formwechsel bei Handelsgesellschaften, 3. neu bearb. Auflage, 2006

Kappes, Stephan; Zulässigkeit grenzüberschreitender Verschmelzungen, NZG 2006, S. 101-103

Kieninger, Eva-Maria; Wettbewerb der Privatrechtsordnungen im Europäischen Binnenmarkt – Studien zur Privatrechtskoordinierung in der Europäischen Union auf den Gebieten des Gesellschafts- und Vertragsrechts, Verlag Mohr Siebeck, Tübingen, 2002 = Beiträge zum ausländischen und internationalen Privatrecht, Band 74

(Habilitationsschrift, 2001)
Grenzüberschreitende Verschmelzungen in der EU – das SEVIC-Urteil des EuGH EWS 2006, S. 49-54

Klein, Stefan; Grenzüberschreitende Verschmelzung von Kapitalgesellschaften RNotZ 2007, S. 565-608

Kleinert, Jens; Schwarz, Nikolai; Droht vom EuGH ein neues "Daily Mail"? Neue Vorlage zu Einschränkungen der Niederlassungsfreiheit beim Wegzug in anderen EU-Staat, GmbHR 2006, R 365

Köhler, Stefan; Grenzüberschreitende Outbound-Verschmelzung und Sitzverlegung vor dem Hintergrund der jüngsten BFH-Rechtsprechung, IStR 2010, S. 337-344

Kraft, Gerhard; Bron, Jan; Grundfreiheiten und grenzüberschreitende Verschmelzung im Lichte aktueller EuGH-Rechtsprechung (SEVIC), IStR 2006, S. 26-36

Krause, Nils; Kulpa, Norman; Grenzüberschreitene Verschmelzungen, ZHR 171 (2007), S. 38

Kulenkamp, Sabrina; Die grenzüberschreitende Verschmelzung von Kapitalgesellschaften in der EU, Diss, 2009

Kuntz, Thilo; Internationales Umwandlungsrecht - zugleich eine Besprechung des Urteils „SEVIC Systems“, IStR 2006, S. 224-232

Kußmaul, Heinz; Richter, Lutz; Heyd, Steffen; Ausgewählte Problemfelder der Hinausverschmelzung von Kapitalgesellschaften aus Deutschland, IStR 2010, S. 73-79

Lampe, Holger; Steueroptimale Gestaltung eines deutsch-französischen Unternehmenszusammenschlusses, Diss. Düsseldorf 2006

Largo Gil, Rita; La Fusión de Sociedades Mercantiles. Fase preliminar y Proyecto de Fusión e Informes, Madrid 1992
Propuesta de Directiva sobre las Fusiones Transfronterizas de las Sociedades de Capital, RdS 2004, S. 377-384

Lázaro Sánchez; Emilio Jesús; Fusión Internacional (e „intracomunitaria”) Noticias de la Unión Europea (CISS) 2002, S. 25-38

Lefebvre, Francis;
Memento Sociedades Mercantiles 2010 ISBN: 978-84-92612-30-7
Memento Sociedades Mercantiles 2009 ISBN: 978-84-96535-88-6
Memento Sociedades Mercantiles 2008 ISBN: 978-84-92612-30-

7Memento Fiscal 2010 ISBN: 9788492612550
Memento Fiscal 2009 ISBN: 978-84-92612-03-1
Memento Fiscal 2008 ISBN: 9788496535-68-8
Impuesto sobre Sociedades 2009 ISBN: 9788492612192
Impuesto sobre Sociedades 2008 ISBN: 9788496535-77-0

Leible, Stefan; Hoffmann, Jochen; Grenzüberschreitende Verschmelzungen im Binnenmarkt nach "SEVIC" - Zugleich eine Besprechung von EuGH, RIW 2006, S. 140 - SEVIC; RIW 2006, S. 161-168

Cartesio – fortgeltende Sitztheorie, grenzüberschreitender Formwechsel und Verbot materiellrechtlicher Wegzugsbeschränkungen, DB 2008, S. 58-63

Leña Fernandez; Rafael Rueda Perez; Manuel Angel; Derecho de Separación y Exclusión de Socios en la Sociedad Limitada, 1. Aufl., Comares 1997

Lennerz, Ursula; Die internationale Verschmelzung und Spaltung unter Beteiligung deutscher Gesellschaften, Diss. Köln 2001

Leutner, Gerd; Wagner, Thomas; Verabschiedung der EG-Verschmelzungsrichtlinie, GpR 2006, 32-35

Lohmann, Adrian; Bascopé Chávez, Hugo Rolando; Liquidationsbesteuerung von Körperschaften: Ermittlung des Abwicklungsgewinns bei Vornahme von Zwischenveranlagungen, GmbHR 2006, S. 1313-1316

Louven, Christoph; Umsetzung der Verschmelzungsrichtlinie, Anmerkung aus der Praxis zum RegE eines Zweiten Gesetzes zur Änderung des UmwG vom 9.8.2006, ZIP 2006, S. 2021 -2028

Louven, Christoph; Dettmeier, Michael; Pöschke, Moritz; Wenig, Andreas; Optionen grenzüberschreitender Verschmelzungen innerhalb der EU - gesellschafts- und steuerrechtliche Grundlagen, BB 2006, S. 1-16

Lutter, Marcus; Empfehlen sich für die Zusammenfassung europäischer Unternehmen neben oder statt der europäischen Handelsgesellschaft und der internationalen Fusion weitere Möglichkeiten der Gestaltung auf dem Gebiete des Gesellschaftsrechts? Gutachten für den 48. Juristentag 1970. In Verhandlungen des 48. Deutschen Juristentages. München 1970. Bd. 1 (Gutachten) Teil H.
Umwandlungsgesetz, 4. Aufl., Köln 2009, Zit.:in Lutter, UmwG

Lutter, Marcus; Hommelhoff, Peter; SE- Kommentar, Köln 2008

Lutter, Marcus; Drygala, Tim; Internationale Verschmelzungen in Europa, JZ 2006, S. 770-776

Martí Moya, Vanessa; Armonización en Materia de Concentraciones Intraeuropeas: la décima Directiva sobre Fusiones Transfronterizas de las Sociedades de Capital, RdS 2006, S. 299-317

Martín de Vidales, Mónica; La Reforma del Régimen legal de las Modificaciones Estructurales de las Sociedades, OTROSÍ 2009, S. 36-40

Maul Silja; Teichmann Christoph; Wenz Martin; Der Richtlinienvorschlag zur grenzüberschreitenden Verschmelzung von Kapitalgesellschaften, BB 2003, S. 2633-2640

Meilicke Raback; Die EuGH-Entscheidung in der Rechtssache SEVIC und die Folgen für das deutsche Umwandlungsrecht nach Handels- und Steuerrecht, GmbHR 2006, S. 123-127

Menendez, Aurelio; Uria, Rodrigo; Curso de Derecho Mercantil Band I.- Empresario, Establecimiento Mercantil y Actividad Empresarial. - 2. Aufl., Madrid 2006

Müller, Hans-Fiedrich; Die grenzüberschreitende Verschmelzung nach dem neuen Richtlinienentwurf der EU-Kommission, ZIP 2004, S. 1790–1797

Die grenzüberschreitende Verschmelzung nach dem Referentenentwurf des Bundesjustizministeriums, NZG 2006, S. 286-290

Nagel, Bernhard; Die Richtlinie zur grenzüberschreitenden Verschmelzung, NZG 2006, S. 97-101

Nettesheim, Martin; Das Recht der Europäischen Union (38. EL 2009) Das Recht der Europäischen Union Band I - III: EUV/EGV. Band IV: Sekundärrecht (A. Verbraucher- und Datenschutzrecht, B. Öffentliches Auftragswesen). Band V: Sekundärrecht (E. Außenwirtschaftsrecht) Loseblattausgabe Kommentar; 40. Auflage München 2010.

Neye, Hans Werner; Jäcke, Holger; Umwandlungsrecht zwischen Brüssel und Berlin: Der Referentenentwurf für ein Drittes Gesetz zur Änderung des Umwandlungsgesetzes, AG 2010, 237-241

Neye, Hans Werner; BB-Gesetzgebungsreport: Bundestag beschließt neues Umwandlungsrecht, Die neue Richtlinie zur grenzüberschreitenden Verschmelzung von Kapitalgesellschaften, ZIP2005, S. 1893-1898

Neye, Hans Werner; Timm, Birte; Mehr Mobilität für die GmbH in Europa, GmbHR 2007, S. 561-565
Die geplante Umsetzung der Richtlinie zur grenüberschreitenden Verschmelzung von Kapitalgesellschaften im Umwandlungsgesetz, DB 2006 488

Passarge, Malte; Stark, Mario; Gläubigerschutz bei grenzüberschreitenden Verschmelzungen nach dem Zweiten Gesetz zur Änderung des Umwandlungsgesetze, GmbHR 2007, S. 803-807

Paz-Ares u.a.(Hrsg.); Comentario del Código Civil, Band I, Madrid 1991

Pérez Milla; Jose Javier; Fusión Internacional de Sociedades Anónimasen el Espacio Jurídico Europeo Pamplona 1996

Pfeifer, Gero; Heilmeier, Matthias; Einreichung und Bekanntmachung des Verschmelzungsplans bei grenzüberschreitender Verschmelzung Praxisprobleme im Umgang mit § 122d UmwG, GmbHR 2009, S. 1317-1321

Preißer, Michael; Die Steuerberaterprüfung Band 3 – Verfahrensrecht, Umsatzsteuerrecht und Erbschaftssteuerrecht, 2. Auflage, 2003

Priester, Joachim; Personengesellschaften im Umwandlungsrecht – Praxisrelevante Fragen und offene Posten, DStR 2005, S. 788-794

Rebmann, Kurt; Säcker, Franz Jürgen; Rixecker Roland (Hrsg.); Münchener Kommentar zum Bürgerlichen Gesetzbuch München 2006

Rixen, Siegfried; Böttcher, Reinhard; Erfahrungsbericht über eine transnationale Verschmelzung, GmbHR 1993, S. 572

Rödder, Thomas; Herlinghaus, Andreas; van Lishaut, Ingo; Umwandlungsteuerrecht Kommentar; 5. Auflage, Köln 2008

Rodríguez Artigas, Fernando; Alonso Ureba, Alberto; Fernández de la Gándara, Luis; Velasco San Pedro, Luis; Quijano González, Jesús; Esteban Velasco, Gaudencio (Hrsg.); Modificaciones Estructurales de las Sociedades Mercantiles, Band I und II, Navarra 2009

Samson, Christophe; Flindt, Sybille; Internationale Unternehmenszusammenschlüsse, NZG 2006, S. 290-296

Sánchez Calero, Francisco Javier; La Propuesta de la Comisión de la CEE de Décima Directiva referente a las Fusiones Transfronterizas de Sociedades Anónimas y su Incidencia en la Posición Jurídica de los Trabajadores de las Sociedades fusionadas, conforme al Derecho Español in Noticias de la Unión Europea 1989, S. 61

Sánchez Calero, Francisco Javier (Hrsg); Comentarios a la Ley de Sociedades Anónimas, Band VII, Madrid 1993

Sánchez Olivan, Jose; La Fusión de Sociedades. Estudio Económico, Jurídico y Fiscal; 3. Aufl. Madrid 1991

Sánchez Rus, H.; La Fusión Transfronteriza de Sociedades Anónimas desde la Perspectiva del Derecho

Sandhaus, Sebastian; Richtlinienvorschlag der Kommission zur Vereinfachung der Berichts- und Dokumentationspflichten bei Verschmelzungen und Spaltungen, NZG 2009, S. 41-49

Saß, Gert; Die geänderte steuerliche EU-Fusionsrichtlinie vom 17.2.2005, DB 2005, S. 1238-1240

Schindler, Philipp; Generalthema II: Die Änderung der Fusionsbesteuerungsrichtlinie, IStR 2005, S. 551-557

Schmidt, Claudia; Maul, Silja; Niederlassungsfreiheit: Eintragung einer grenzüberschreitenden Verschmelzung in das nationale Handelsregister darf nicht verweigert werden – SEVIC Systems, BB 2006, S. 11-14

Schmidt, Jessica; Stellungnahme der Centrale für GmbH Dr. Otto Schmidt vom 16.3.2006 zum Referentenentwurf eines Zweiten Gesetzes zur Änderung des Umwandlungsgesetzes, GmbHR 2006, S. 418-421

Schmitt, Joachim; Hörtnagl, Robert; Stratz, Rolf-Christian (Hrsg.); Umwandlungsrecht/Umwandlungsteuerrecht Kommentar; 5. Auflage, München 2009

Schönfeld, Jens; Ausgewählte Internationale Aspekte des neuen Umwanlungssteuererlasses, IStR 2011, 497

Schönherr,Frank; Lemaitre, Claus; Gilt die Rückwirkungsfunktion nach dem UmwStG auch für die Bewertung von Wirtschaftsgütern in Gestalt der Anteile des übernehmenden Rechtsträgers?, GmbHR 2005, S. 912-917

Schwarze, Jürgen; von der Groeben, Hans; Kommentar zum Vertrag über die Europäische Union und zur Gründung der Europäischen Gemeinschaft, 6. Auflage Baden-Baden 2003

Schwedhelm, Rolf; Grenzüberschreitende Verschmelzung nach neuem Recht - Neue Chancen und Risiken nach der Änderung von UmwG und UmwStG, GmbH-StB 2007, S. 182-185.

Sedemund, Jan; EU-weite Verschmelzungen Gesellschaftsrechtliche Vorgaben und steuerliche Implikationen des SEVIC-Urteils des EuGH vom 13.12.2005, BB 2006, S. 519-522

Semler, Johannes; Stengel, Arndt; Umwandlungsgesetz mit Spruchverfahrensgesetz, Kommentar; 2. Auflage, München 2007

Siems, Mathias; SEVIC: Der letzte Mosaikstein im Internationalen Gesellschaftsrecht der EU? EuZW 2006, S. 135-140

Simon, Stefan; Leuering, Dieter; Grenzüberschreitende Verschmelzungen; NJW-Spezial 2006, S. 75-76

Simon, Stefan; Rubner, Daniel; Die Umsetzung der Richtlinie über grenzüberschreitende Verschmelzungen ins deutsche Recht, Der Konzern 2006, S. 835-843

Spahlinger, Andreas; Wegen, Gerhard; Deutsche Gesellschaften in grenzüberschreitenden Umwandlungen nach „SEVIC" und der in der Praxis, NZG 2006, S. 721-728

Steiger, Axel; Grenzüberschreitende Fusion und Sitzverlegung von Kapitalgesellschaften innerhalb der EU nach spanischem und portugiesischem Recht; Diss. Frankfurt am Main 1997Grenzüberschreitende Sitzverlegung von Kapitalgesellschafften in Spanien und Portugal, RIW 1998, S. 695-698

Stepholt, Ralf; Bascopé Chávez, Hugo Rolando; Hering, Alexander; Die Gruppenbesteuerung in Spanien, IStR 2006, S. 441-447 Group Taxation in Spain, European Taxation 2008, S. 403-408

Stepholt, Ralf ; Bascopé Chávez, Hugo Rolando; Harmonisierung der grenzüberschreitenden innergemeinschaftlichen Verschmelzung durch Umsetzung der Verschmelzungsrichtlinie (2005/56/EG) mit der Verabschiedung des Ley sobre Modificaciones Estructurales de las Sociedades Mercantiles, IStR-LB 2009, S. 39-40

Tapia Hermida; Alberto, Javier; Aspectos juridico-mercantiles de la Fusion Transfronteriza de Sociedades Anónimas Cotizadas, RdS 1999,

S. 133-173, Fusiones y OPAS Transfronterizas, 1. Aufl., Pamplona 2007

Ulrich, Stephan; Verschmelzung von ausländischen Tochtergesellschaften auf die deutsche Konzernmutter, Praxis Internationale Steuerberatung 2008, S. 335-341

Uría, Rodrigo; Menéndez, Aurelio; Iglesias Prada, Juan Luis; in Curso de Derecho Mercantil, Band I, Fusión y Escisión de Sociedades Kap. 52, S. 1257

Veil, Rüdiger; Kollisionsrechtliche und sachrechtliche Lösungen für eine Verschmelzung und eine Spaltung über die Grenze, Der Konzern 2007, S. 98-106

Vetter, Jochen; Die Regelung der grenzüberschreitenden Verschmelzung im UmwG? - Einige Bemerkungen aus Sicht der Praxis, AG 2006, S. 613-626

von Bar, Christian; Internationales Privatrecht Band 2: Besonderer TeilLehrbuch/Studienliteratur, 1991

Wachter, Thomas; Aktuelle Probleme bei der Ltd. § Co KG – Gleichzeitig Anmerkung zu LG Bielefeld v. 11.8.2005 – 24 T 19/05, GmbHR 2006, S. 79Zur Frage der Eintragungsfähigkeit der Verschmelzung einer inländischen GmbH auf eine englische Limited in das Handelsregister von deren inländischer Zweigniederlassung, GmbHR 2006, S. 601-603
Startschuss für grenzüberschreitende Verschmelzungen, GmbHR 2007, R161-R162Anmerkung zu OLG München Beschluss 31 Wx 9/06 vom 2.5.2006, GmbHR 2006, S. 601-603

Walzel, Daisy; Becker, Thomas;Grundzüge der Richtlinienrechtsprechung des EuGH Jura 2007, S. 653–661

Wenglorz, Georg; Die grenzüberschreitende „Heraus"- Verschmelzung einer deutschen Kapitalgesellschaft: Und es geht doch!, BB2004, S. 1061-1066

Widmann, Segfried; Brandenberg, Hermann; Crezelius, Georg; Mayer, Dieter; Rieger, Norbert; Winkemann, Thomas; Arbeitsbuch der Tagung „Umwandlungsrecht und Umwandlungssteuerrecht" München, 2007 Deutsches Anwaltsinstitut e.V., Fachinstitute für Steuerrecht/Handels- und Gesellschaftsrecht

Widmann, Siegfried;
Mayer, Dieter (Hrsg.)Umwandlungsrecht/Umwandlungsteuerrecht Kommentar; Loseblatt, 92. Ergänzungslieferung Bonn, Berlin 2007

Winter, Michael;
"Grenzüberschreitende Verschmelzungen - ein Update", GmbHR 2008, S. 532Planung und Vorbereitung einer grenzüberschreitenden Verschmelzung, Der Konzern 2007, S. 24-34

Wissenschaftlicher Beirat
des Fachbereichs Steuern
der Ernst & Young AG
Thesen zur Wegzugsbesteuerung, BB 2005, S. 2166-2169

Internetrecherche last visited: 01.07.2011

Alarcon Elorrieta de, Maria Luisa
Parello Schumann, Andrea Una Aproximación a la Propuesta de Directiva de Fusiones Transfronterizas de Sociedades de Capitales; abrufbar unter:
http://www.jausaslegal.com/resources/doc/articles_es_Fusiones%20 Transfronterizas_enero04.pdf

Born, Wolf-Ruthart; Deutsche Handelskammer für Spanien Jahrbuch 2007/2008,
http://www.ahk.es/fileadmin/ahk_spanien/INFORME_2007_2008_0 1.pdf
Jahrbuch 2008/2009; abrufbar unter:
http://www.ahk.es/fileadmin/ahk_spanien/Revista/2009_Informe_An ual_01.pdf

Caceres, Javier; in Süddeutsche Zeitung v. 25.5.2009Bilden statt bauen, Spanien braucht ein neues Wachstumsmodell; abrufbar unter:http://archiv.sueddeutsche.de/sueddz/index.php?id=A45198160 _EGTPOGWPPTPSWSGRSOTHOAP

Europa Press; in El Economista v. 5.11.2009
Economía/Empresas.- Inditex eleva al 78% su participación en Zara Alemania tras la compra del 28% a su socio Otto; abrufbar unter:
http://www.eleconomista.es/mercados-cotizaciones/noticias/1282/03/06/Economia-Empresas--Inditex-eleva-al-78-su-participacion-en-Zara-Alemania-tras-la-compra-del-

28-a-su-socio-Otto-.html

in El Economista v. 1.11.2006:
Banco Santander desembarca en Alemania al comprar con un grupo de inversores el 27% del HSH Nordbank por 1.250 millones (Die Santander Bank erwirbt 27% der HSH Norbank,); abrufbar unter:http://www.eleconomista.es/mercados-cotizaciones/noticias/63392/09/06/Banco-Santander-desembarca-en-Alemania-al-comprar-con-un-grupo-de-inversores-el-27-del-HSH-Nordbank-por-1250-millones.html

in El Economista v. 5.11.2009
Economía/Empresas.- (Ampliación) Telefónica compra el operador alemán Hansenet a Telecom Italia por 900 millones; abrufbar unter:http://www.eleconomista.es/mercados-cotizaciones/noticias/1673609/11/09/Economia-Empresas-Ampliacion-Telefonica-compra-el-operador-aleman-Hansenet-a-Telecom-Italia-por-900-millones-.html

Europäisches Parlament
http://www.europarl.europa.eu/sides/getDoc.do?pubRef=-//EP//TEXT+TA+P6-TA-2009-0086+0+DOC+XML+V0//DE#BKMD-5

Garcimartín Alférez, Francisco; in Derecho de Sociedades: Problemas de la Ley aplicable; abrufbar unter: http://www.uam.es/centros/derecho/privado/mercanti/investigacion/fga%20-%20DER%20INT%20SOC.pdf.

Garcimartín Alférez, Francisco; in Derecho de Sociedades: Problemas de la Ley aplicable; abrufbar unter: http://www.uam.es/centros/derecho/privado/mercanti/investigacion/fga%20-%20DER%20INT%20SOC.pdf.

Gonzáles Solis, Sonsoles;Pereda Espeso, Jaime; La Directiva 2005/56 del Reglamento Europeo y del Consejo de 26 de octubre de 2005 relativa a las Fusiones Transfronterizas de las Sociedades de Capital , S. 49-61; Actualidad Jurídica / Publicaciones Uría & Menéndez Nr. 13 vom Januar 2006 abrufbar unter http://www.uria.com/esp/actualidad_juridica/n13/b04.pdf. und Revista española de capital de Riesgo Nr. 0, 2006

Gonzalez, Sonsoles; Pereda; Jaime; La Directiva 2005/56/CE del Parlamento Europeo y del Consejo de 26 de octubre de 2005 relativa a las Fusiones Transfronterizas de las Sociedades de Capital, http://www.uria.com/esp/actualidad_juridica/n13/b04.pdf

Jennewein, Klaus; Grenzüberschreitende Verschmelzung einer österreichischen GmbH auf ihre deutsche Muttergesellschaft; abrufbar unter:http://iusmaps.blogspot.com/2008/07/grenzberschreitende-verschmelzung-einer.html.

O.VBundesverband der Deutschen Industrie e.V. (BDI) Konjunktur-Report v. 26.1.201http://www.bdi.eu/rd-ext/konjunktur/ausgabe_01_26012011.html.

O.V.in Handelsblatt v. 2.2.2007, Eon legt bei Endesa noch einmal nach; abrufbar unter: http://www.handelsblatt.com/Unternehmen/industrie/eon-legt-bei-endesa-noch-einmal-nach;1219947.

O.V.in Focus v. 2.2.2007 Endesa-Übernahme. E.on stockt Milliardenangebot auf; abrufbar unter http://www.focus.de/finanzen/boerse/endesa-uebernahme_aid_123942.html

O.V.in Blog perfumerias v. 27.12.2007Die spanische Gruppe Puig kaufte im Jahr 2007 PDH; abrufbar unter: www.blogperfumerias.com/2007/12/27/puig-compra-la-empresa-alemana-de-distribucion-pdh/

O.V. Auslandshandelskammer Jahrbuch der deutschen Handelskammer für Spanien 2008/2009 http://www.ahk.es/fileadmin/ahk_spanien/Publikationen/informe_anual_2009-10_al/index.html

O.V. Zentrale für Unterrichtsmaterialien im Internet e.V. http://www.zum.de/Faecher/Ek/BAY/mek/mek/lk12_1/industry/politik/binnen.htm

O.V. Organisation for Economic Co-operation and Development OECD http://www.oecd.org/document/60/0,3343,en_2649_34533_1942460_1_1_1_1,00.html

O.V.Süddeutsche Zeitung v. 17.6.2011 ACS am Ziel/ Hochtief spricht Spanischabrufbar unter: http://www.sueddeutsche.de/wirtschaft/mehrheit-perfekt-prozent-acs-uebernimmt-mehrheit-an-hochtief-1.1109876.

O.V.Auswärtiges Amt / Länderinformationen Spanien; abrufbar unter:http://www.auswaertiges-amt.de/diplo/de/Laenderinformationen/Spanien/Wirtschaft.html

O.V.PWC : Euro-Krise: Auswirkungen auf deutsche UnternehmenUmfrage unter 500 deutschen Unternehmen http://www.pwc.de/de/mittelstand/assets/Studie-Eurokrise-V05-DRUCK.pdf

Salgado, Elena; http://www.ahk.es/fileadmin/ahk_spanien/Publikationen/informe_anual_2009-10_al/index.html

Sánchez-Calero Guilarte, Juan; Blog Sánchez-Calero v. 13.4.2009Hacia un nuevo Derecho de Sociedades de Capital;abrufbar unter:http://jsanchezcalero.blogspot.com/2009/04/hacia-un-nuevo-derecho-de-sociedades-de.html

Tapia Hermida,Alberto Javier; Métodos de Concentración Transfronteriza Intracomunitaria de Sociedades Cotizadas: Fusiones, OPAS y Otros Métodos Alternativos: Las Directivas 2004/25/CE Y 2005/56/CE, S. 5; abrufbar unter http://eprints.ucm.es/6115/1/A._Tapia.Concentraciones_intracomunitarias_de_sociedades.pdf

Winkelmann, Holger; Der Gerichtshof der Europäischen Union (EuGH), abrufbar unter www.migrationsrecht.net/.../1096-der-gerichtshof-der-europaeischen-union- eugh.htm

Ziesemer, Bernd; in Handelsblatt v. 4.9.2001 In die Ehe getrieben; abrufbar unter http://www.handelsblatt.com/archiv/kommentar-in-die-ehe-getrieben;456344